JN421263

헌 법 I

이 경 주 저

청목출판사

들어가는 말

말도 많았던 로스쿨이 개원하고 3년의 세월이 지났다. 그러나 여전히 논란의 와중에 있는 것이 현실이다. 그 많은 논란 중의 하나는 한국판 로스쿨인 법학전문대학원에서 무엇을 그리고 어떻게 강의할 것인가이다.

일반적으로 로스쿨 강의는 영미법 국가 특히 미국의 법학교육 시스템으로서 사례 중심(Case Method)의 강의와 문답식(Socratic Method) 강의, 세미나 등으로 상징된다. 반면에 이제까지의 한국의 법학교육은 학부에서는 주로 강론식 강의(Vorlesung)에 중심을 두고, 일반대학원에서 세미나식 수업을 부분적으로 진행하여 왔다. 헌법강좌 또한 이러한 틀을 크게 벗어나지 못하였다.

종래의 법학강좌 그리고 헌법강좌가 이러한 틀을 크게 벗어나지 못한 데는 나름의 현실적인 이유도 없지 않다. 대륙법계에 속하는 한국 헌법을 강의하기 위해서는 일반이론을 중심으로 개념을 숙지시키고 이에 기초하여 현실 문제에 다가가 보는 것이 나름대로의 효율성이 있었기 때문이다. 헌법1, 헌법2, 헌법판례, 헌법연습과 같은 커리큘럼에 의한 헌법강좌의 구성이 대표적인 예일 것이다.

그러나 이러한 강좌구성의 현실에 문제점 또한 없는 것이 아니었다. 헌법이 현실의 규범이 되기보다는 수험용 규범이 되기 십상이었다. 특히 2000년 이후 예를 들면 '노무현 탄핵심판'사건 등과 같은 다종다양한 헌법문제는 현실의 헌법문제, 현재의 헌법문제에 대한 예비법조인은 물론 주권자 일반의 관심을 첨예하게 촉구하기 충분하였다.

하지만, 종래의 강좌 틀과 강의 방식을 일거에 벗어던지기에는 한국판 로스쿨인 법학전문대학원의 일거수 일투족이 오체불만족이다. 우리 법문화의 근본적 변화없이 그저 건물과 간판만 바꾼 현실은 무엇보다 문제이다. 게다가 새로운 법조양성 시스템의 도입이라는 기치에도 불구하고 변호사시험이라는 좁은 병목을 지나야하는 현실도 문제다. 새로운 '고시' 앞에 비장하게 서 있는 수험생에게 수험공부는 그저 알아서 하라고 하기에도 무책임한 애기다. 나아가, 로스쿨의 원조격인 미국에서조차도 일고 있는 지나친 케이스 중심의 강의에 대한 비판, 문답식 강의의 제한적인 사용 현실 등도 조금은 고려하지 않을 수 없다.

이러한 생각에 터 잡아, 본 교재는 종래의 헌법강의 교재의 틀을 살리면서도 전체적인 편재를 바꾸고, 사례를 전면적으로 가미하는 등 몇 가지 새로운 시도를 하고자 하였다.

강의의 방식 또한 단순한 강론식 강의의 틀을 벗어나 풍부한 사례에 대한 문답을 가미한 강의를 할 것을 목표로 만들어졌다. 그래서 일부의 내용은 미국 로스쿨에서 학생들이 애용하는 Hornbook시리즈처럼 헌법재판소의 결정문 내용이 발췌되기도 하고, Legaliness 같이 일반 연구서의 기술내용이 수험서처럼 요약되어 있기도 하고, 일부의 내용은 종래의 헌법교과서처럼 기술되기도 하였다. 또 여기에 더 하여 시사적인 쟁점 및 교재에 일률적으로 담기 어려운 것들은 개별 수업시간에 복사물을 배포할 것을 염두에 두고 있다.

따라서 본 교재는 법과대학 시절의 헌법교과서가 보이는 두껍고도 중후한 그리고 형식적으로 완결되어 보이는 책이라기보다는 우선은 그야말로 강의를 위한 교재 묶음적인 성격도 없지 않다. 그러나 형식적 간소성에도 불구하고 강의 내용면에서는 개원 이전부터 조금씩 시도해 보던 몇 가지 새로운 시도를 확대하여 보고 있다.

첫째, 사례를 대대적으로 활용하고 있다. 이 책이 로스쿨 강의를 염두에 두고 만들어 진 것도 있지만, 인권이라는 것이 현실문제로 다루어지고 현재의 문제로 다루어질 때 그 실천적 성격이 드러난다는 점, 사례를 중심으로 이해하였을 때 인권에 대한 구체적인 이해가 촉진된다는 점 때문이다.

사례를 다루는 데 있어서는 침해된 인권을 어떻게 구제할 것인가에 많은 시간과 지면을 할애하였다. 종래의 법과대학의 헌법학 강좌는 헌법1과 헌법2에서는 이론을 주입하고, 헌법판례와 헌법연습 시간을 통하여 총체적 헌법이해를 완성한다는 포트폴리오를 가지고 진행되었으나, 본 강좌에서는 개별 인권들의 침해 사례와 구제수단들을 구체적으로 다루어 보는 과정에서 개별 인권들에 대한 이해를 촉진하는 역발상을 하고자 한다. 이른바 케이스 메쏘드(Case method)의 도입이 되겠다.

도입부분(헌법의 개념, 인권의 이해)을 제외한 대부분의 장에서 구체적인 사례를 중심으로 인권관련 일반이론들을 설명하고자 하고 있고, 이러한 일반이론들을 간명하게 설명하기 좋은 사례들을 선별하였다. 종래의 교과서들이 일반이론만을 설명하거나 또는 일반이론의 설명에 곁들여 이런저런 헌재결정들을 요약하여 놓은 것과 달리 이 책에서는 우리 사회의 인권보장의 방향성과 관련하여 사례를 엄선하고, 사례를 통으로 이해하고, 어떤 사회적 맥락 속에서 총체적으로 이해하여야 하는지를 강조하고자 하였다.

둘째, 인권의 수호자에 대한 다양한 이미지를 정립하고자 하였다. 종래의 일반 헌법교과서, 헌법판례 교과서는 지나치게 헌법재판소 중심적이다. 헌법재판소의 결정을 중심으로 인권을 다루고 있으나, 사실 우리 사회에서 인권의 보장자는 헌법재판소뿐만이 아니다. 대법원도 인권의 보장자가 될 수 있으며, 국민의 대표기관인 국회도 입법을 통하여 인권의 보장자가 될 수 있다. 최근 주목을 받고 있는 국가인권위원회도 인권 보장의 한 축을 담당할 수 있다.

그래서 제3장 인권의 침해와 구제에서는 구제기관별로 사례를 다루고 있다. 인권침해에 대한 실무적 구제수단을 강조하면서도 인권침해에 대한 구제수단의 인식 지평도 조금 넓혀 보고자 하였기 때문이다. 종래의 법과대학 체제 하의 헌법강좌는 주로 법원 또는 헌법재판소에 의한 구제에 지나친 방점을 둔 나머지 국가인권위원회 등 비사법적 구제기관에 의한 구제 가능성 등에 소홀히 한 면이 없지 않았었다.

그런데 생각해 보면 연간 법조인 1,500명 양성시대에 돌입하게 될 경우 이제 새로운 시대의 법조인들은 전통적인 법조삼륜에 그치지 않고 의정활동을 통한 인권옹호, NGO 등 다양한 직역에서 인권 옹호 등 헌법관련 공익활동분야에 보다 폭넓게 종사할 것으로 예상되는 바 구제유형을 다양화할 필요가 있다. 또한 이러한 인식 확장 작업은 1990년 이후 이미 진행되고 때론 분출되고 있는 우리 사회의 다종양한 형태의 헌법현상을 예외적이고 우연적인 것이 아니라 헌법학의 한 영역으로 자리매김해 보기 위한 조그마한 시도로서 필요하다고 생각된다.

이 책이 세상의 빛을 보게 된 데에는 많은 분들의 크고 작은 도움이 있었다. 일일이 거명하지 못했더라도 진심으로 감사의 말씀을 드리며 이 자리를 빌어 계속적인 지도편달을 당부드린다. 읽어보기 등의 신문기사나 논평 등 일부 자료는 헌법문제가 다양한 현실문제임을 드러내기 위해 가공하지 않고 출처를 밝혀 인용하는 경우가 있는데 당사자들께도 다시 한 번 감사의 말씀을 드린다. 어려운 출판계의 일정에도 불구하고 출판을 맡아 주신 청목출판사의 유성열 사장님, 최명성 이사님께 감사의 말씀드린다. 끝으로 자료정리와 교정에 진력하여 준 이호영, 김대현 씨에게도 감사의 말씀을 드리며 앞날의 무궁한 발전을 기원한다.

아무쪼록 이 책을 통하여 독자 여러분들이 헌법을 살아 숨쉬는 헌법으로 이해하는 첫걸음을 훌륭하게 내딛기를 바라며, 필자 또한 생동감 있는 교과서로의 계속적인 진화를 도모하고자 한다.

2012년 3월 5일

이경주

차 례

들어가는 말/3

제 1 장 헌법의 개념 — 11
제 1 절 헌법이란 ······ 11
제 2 절 근대적 의미의 헌법과 현대적 의미의 헌법 ······ 20
제 3 절 헌법의 기능과 특질 ······ 41
제 4 절 헌법현상의 논리적 구조 ······ 45

제 2 장 인권의 이해 — 55
제 1 절 인권의 개념과 제한 ······ 55
제 2 절 인권의 분류와 체계 ······ 60
제 3 절 인권제한의 한계 ······ 70
제 4 절 인권보장과 헌법해석 ······ 88

제 3 장 인권의 침해와 구제 — 105
제 1 절 헌법재판소에 의한 구제 ······ 105
제 2 절 법원에 의한 구제 ······ 135
제 3 절 국회에 의한 구제 ······ 149
제 4 절 국가인권위원회에 의한 구제 ······ 170

제 4 장 인권의 갈등과 효력 — 191
제 1 절 인권의 주체와 효력 ······ 191
제 2 절 인권의 경합과 충돌1 ······ 199
제 3 절 인권의 경합과 충돌2 ······ 219

제 5 장 인권제한의 한계 — 237
제 1 절 본질내용침해금지의 원칙 ······ 237
제 2 절 과잉금지의 원칙 ······ 256
제 3 절 이중기준의 원칙 ······ 272

제 6 장 법 앞의 평등 ---- 291
제 1 절 평등의 원칙 ···· 291
제 2 절 차별과 평등우대조치 ···· 301
제 3 절 평등심사의 원칙 ···· 309
제 4 절 제대군인가산점제와 평등권 ···· 319

제 7 장 인권의 쟁점 ---- 339
제 1 절 허위사실과 표현의 자유 ···· 339
제 2 절 야간옥외집회 금지와 집회의 자유 ···· 354
제 3 절 재외국민과 선거권 ···· 374
제 4 절 주민소환과 주권 ···· 400
제 5 절 토지거래허가제와 재산권 ···· 424
제 6 절 최저생계비와 인간다운 생활을 할 권리 ···· 446
제 7 절 찬양고무죄와 정치적 의사표현 ···· 462
제 8 절 사죄광고와 양심의 자유 ···· 475
제 9 절 청소년보호와 예술의 자유 ···· 485
제10절 국가배상청구권 ···· 508

제 8 장 종합연습 ---- 535
제 1 절 일반 논술형 ···· 535
제 2 절 기록제시 논술형1 ···· 548
1. 인터넷 실명제/548
2. 불온서적과 알 권리/562
3. 최저생계비고시/570
4. 게임물 수입추천제/581

▣ 부록 / 헌법관계법령 ···· 589

◈ 사항 색인 ···· 623
◈ 판례 색인 ···· 626

제1장

헌법의 개념

제 1 절　헌법이란
제 2 절　근대적 의미의 헌법과 현대적 의미의 헌법
제 3 절　헌법의 기능과 특질
제 4 절　헌법현상의 논리적 구조

제 1 장

헌법의 개념

제1절 헌법이란

다음은 조선시대의 경국대전에 대한 일반적 기술이다. 이에 따르면 경국대전은 국가의 통치체제가 정비되어 감에 따라 국가 통치제제의 근본과 관련한 조직적이고 통일된 법전으로서 1481년에 완성되었고, 1485년부터 시행되었음을 알 수 있다.

생각해 보기

→ 그렇다면 경국대전은 헌법인가?

조선왕조는 개국과 더불어 법전 편찬에 착수, 고려 말 이래의 각종 법령 및 판례법과 관습법을 수집하여 1397년(태조 6) "경제육전(經濟六典)"을 제정, 시행하였다. "경제육전"을 수정하여 태종 때에 "속육전(續六典)"이 만들어지고, 세종 때에도 법전의 보완작업이 계속되었다. 국가체제가 더욱 정비되어 감에 따라 상호모순된 내용들을 바로잡고 미비된 내용을 보완하여 조직적이고 통일된 법전을 만들 필요가 더욱 커졌다. 세조는 즉위하자마자 당시의 모든 법을 전체적으로 조화시키고 집대성한 법전을 만들기 위해 육전상정소(六典詳定所)를 설치하고, 최항(崔恒)·서거정(徐居正) 등에게 명하여 편찬작업을 시작하게 하였다.

1460년(세조 6) 먼저 '호전(戶典)'이 완성되고, 1466년에는 편찬이 일단락되었다. 예종 때에 2차 작업이 끝났으나 예종의 죽음으로 시행되지 못하다가, 성종 대에 들어와서 수정이 계속되었으며, 1474년에는 4차 "경국대전"이 만들어졌다. 1481년에는 다시 감교청(勘校廳)을 설치하고 많은 내용을 수정하여 5차 《경국대전》을 완성하였고, 1485년부터 시행되었다.

그후 개별 법령이 계속 마련되어 1492년에는 "대전집록(大典輯錄)", 1555년(명종 10)에는 "경국대전주해", 1698년(숙종 24)에는 "수교집록(受敎輯錄)" 등이 만들어졌다. 1706년(숙종 32)의

"전록통고(典錄通考)"는 위의 법령집을 "경국대전"의 조문과 함께 묶은 것이다.

1. 헌법의 어원

헌법이라는 말은 라틴어의 Constituer(창설하다, 설치하다, 정돈하다)에서 비롯되었다. 불어권에서는 constitution 또는 droit constitutionnel, 영어권에서는 constitution 또는 constitutional law, 독일어권에 가서는 Verfassungsrecht로 표현되었다. 이런 말들은 결국 기본법, 기초법의 의미를 갖게 되는데, 이러한 말들이 동양어문화권으로 유입되면서 憲制, 憲綱, 約憲, 憲法이라는 말들로 표현되게 되었다.[1)]

오늘날의 우리에게는 헌법이라는 말이 너무나 당연한 것처럼 여겨지고 있으나 따지고 보면 헌법이라는 말은 법이라는 말이 중복되고 있음을 알 수 있다. 따라서 그런 의미에서는 헌제라든지 헌강이라는 표현도 국가의 기본법의 의미를 나타낼 수도 있을 것이다. 어느 것이 적절한 가에 대해서는 여러 가지 의견이 있을 수 있는데, 특히 헌법을 어떻게 이해하는가에 따라서도 다를 수 있다. 독일에서는 헌법을 국가의 법적 기본질서로서(Die Verfassung als rechtlich Grundordnung des Staates) 이해하는 경향이 있었는데 이 경우라면 國憲으로 번역하는 것이 적절할 수도 있었을 것이다.

더군다나 오늘날에는 헌법에 대한 이해방식도 변화하고 있다. 전통적으로는 헌법을 국가와 조직의 구성에 관한 기본법으로 이해하고 개인과 개인의 관계는 침해하지 않는 것으로 이해하였으나 오늘날에 와서는 헌법을 국가와 사회에 관한 기본법으로 이해하여 개인과 개인과의 관계도 규율하는 문서로 이해하기도 한다.

2. 고유한 의미의 헌법

고유한 의미의 헌법이란 국가의 통치체제에 관한 기본적인 사항을 정한 법을 말한다. 예를 들면, 고구려시대의 팔조금법이라든가 고려의 훈요십조라든가 조선시대의 경국대전도 그 당시 시대상황에서의 국가통치체제의 기본적인 사항을 정한 것이었다는 점에서는 고유한 의미의 헌법에 속한다고 할 수 있을 것이다.

이와 같이 고유한 의미의 헌법은 어떤 특정한 시대에만 존재하는 것이 아니라 시대와 역사를 뛰어넘어, 그리고 국가가 있고 그 국가의 통치체제에 관한 기본적인 사항을 정한

1) 계희열, 『헌법학(상)』, 박영사, 2005년, 3쪽 이하 참조.

것이면 헌법이라고 할 수 있다. 이때의 국가란 반드시 근대적인 의미의 국가일 것은 아니고 중세의 국가이든 고대의 국가이든 국가가 존립하기 시작할 때부터의 국가를 의미한다.

이러한 헌법은 동양의 것이든 서양의 것이든 상관없이 그 내용이 국가통치체제의 기본적인 사항에 관한 것이면 충분하고, 문서로 되어 있는 것이어도 되고 관습과 같은 형태의 것이어도 상관없다.

3. 근대국가와 헌법

근대적인 의미의 헌법은 고유한 의미의 헌법과 달리 특정한 시대의 헌법을 의미한다. 다시 말해 근대 시민혁명 이후에 근대국가들이 수립되고 국가의 통치체제 등에 관한 중요한 사항이 문서로 규정되게 되었는데, 이와 같이 근대 시민혁명 이후의 시대적 배경 하에서 만들어진 헌법이다.

근대적인 의미의 헌법은 특정한 내용의 헌법을 의미한다. 프랑스 시민혁명 후에 만들어진 1789년 프랑스 인권선언 제16조에는 권리보장이 확보되지 않고 권력분립도 정해지지 않은 모든 사회는 헌법을 갖지 않는다(Toute société dans laquelle la garantie des droits n 'est pas assurée, ni la séparation des pouvoirs déterminée, n 'a point de constitution)고 표현하고 있는데, 이를 뒤집어 보면, 모름지기 헌법이란 권리보장과 이를 위한 권력분립의 문서를 의미하게 된다.

이로부터 근대적인 의미의 헌법이란 인권보장과 이를 위한 권력분립의 문서라는 정의가 생겨나게 되었다. 다만, 모든 근대국가가 성문의 헌법전을 가진 것은 아니고 영국과 같은 나라의 경우는 근대적인 시민혁명을 거쳤음에도 불구하고 성문 헌법전을 갖지 아니하고, 각종 법률이나 헌법관습 등을 통하여 근대적인 헌정사를 운영하기도 한다.

생각해 보기

- 조선의 근대적 개혁의 일환으로 고종은 갑오개혁을 실시하고 정치혁신을 위한 기본강력으로 다음과 같은 내용의 홍범 14개 조항을 선포하였다. 이 홍범 14조는 근대적인 의미의 헌법이라고 할 수 있는가?

> 일본의 후원으로 보수세력을 극복하고 개화를 추진해오던 개화당은 드디어 김홍집(金弘集) 내각을 탄생시키고 내정을 정비, 일련의 개혁을 단행하였다. 1895년(고종 32) 1월 7일, 고종은 세자와 대원군·종친 및 백관을 거느리고 종묘에 나아가 먼저 독립의 서고문(誓告文)을 고하고 이를 선포하였다. 다음날에는 이를 전국민에게 반포하였다.

홍범 14조는 근세 최초의 순한글체와 순한문체 및 국한문 혼용체의 세 가지로 작성하여 발표하였는데, 순한글체에서는 홍범 14조를 '열 네 가지 큰 법'이라 표기하였다. 그 내용은 다음과 같다.
① 청국에 의존하는 생각을 끊고 자주독립의 기초를 세운다. ② 왕실전범(王室典範)을 작성하여 대통(大統)의 계승과 종실(宗室)·척신(戚臣)의 구별을 밝힌다. ③ 국왕이 정전에 나아가 정사를 친히 각 대신에게 물어 처리하되, 왕후·비빈·종실 및 척신이 간여함을 용납치 아니한다. ④ 왕실사무와 국정사무를 분리하여 서로 혼동하지 않는다. ⑤ 의정부와 각 아문(衙門)의 직무권한의 한계를 명백히 규정한다. ⑥ 부세(賦稅)는 모두 법령으로 정하고 명목을 더하여 거두지 못한다. ⑦ 조세부과와 징수 및 경비지출은 모두 탁지아문(度支衙門)에서 관장한다. ⑧ 왕실은 솔선하여 경비를 절약해서 각 아문과 지방관의 모범이 되게 한다. ⑨ 왕실과 각 관부(官府)에서 사용하는 경비는 1년간의 예산을 세워 재정의 기초를 확립한다. ⑩ 지방관제도를 속히 개정하여 지방관리의 직권을 한정한다. ⑪ 널리 자질이 있는 젊은이를 외국에 파견하여 학술과 기예(技藝)를 익히도록 한다. ⑫ 장교를 교육하고 징병제도를 정하여 군제(軍制)의 기초를 확립한다. ⑬ 민법 및 형법을 엄정히 정하여 함부로 가두거나 벌하지 말며, 백성의 생명과 재산을 보호한다. ⑭ 사람을 쓰는 데 문벌(門閥)을 가리지 않고 널리 인재를 등용한다.

생각해 보기

↔ 1948년 대한민국 헌법은 근대적인 의미의 헌법인가?

제1장 총강

제1조 대한민국은 민주공화국이다.

제2조 대한민국의 주권은 국민에게 있고 모든 권력은 국민으로부터 나온다.

제3조 대한민국의 국민되는 요건은 법률로써 정한다.

제4조 대한민국의 영토는 한반도와 그 부속도서로 한다.

제5조 대한민국은 정치, 경제, 사회, 문화의 모든 영역에 있어서 각인의 자유, 평등과 창의를 존중하고 보장하며 공공복리의 향상을 위하여 이를 보호하고 정리하는 의무를 진다.

제6조 대한민국은 모든 침략적인 전쟁을 부인한다. 국군은 국토방위의 신성한 의무를 수행함을 사명으로 한다.

제2장 국민의 권리의무

제9조 모든 국민은 신체의 자유를 갖는다.

제12조 모든 국민은 신앙과 양심의 자유를 가진다.

제15조 재산권은 보장된다. 그 내용과 한계는 법률로써 정한다. 재산권의 행사는 공공복리에 적합하도록 하여야 한다.

제28조 모든 국민의 자유와 권리는 헌법에 열거되지 아니한 이유로써 경시되지 아니한다. 국민의 자유와 권리를 제한하는 법률의 제정은 질서유지와 공공복리를 위하여 필요한 경우에 한한다.

第3장 국회
第31조 입법권은 국회가 행한다.
第4장 정부
第51조 대통령은 행정권의 수반이며 외국에 대하여 국가를 대표한다.
第5장 법원
第76조 사법권은 법관으로 조직된 법원이 행한다.

4. 형식적 의미의 헌법과 실질적 의미의 헌법

형식적 의미의 헌법이란 헌법전의 형식으로 존재하거나 최고의 형식적 효력을 가진 규범을 말한다. 예를 들어 1987년 대한민국헌법 전체, 1987년 대한민국 헌법의 제12조 거주이전의 자유, 제24조 선거권 등이 그것이다. 또 미연방헌법도 형식적 의미의 헌법이며, 동 헌법 수정 제18조 금주조항도 형식적 의미의 헌법이다. 스위스 헌법 제25조a에는 도살(屠殺)금지 조항이 들어 있는데 이 또한 헌법전의 형식에 존재하기 때문에 헌법이라고 할 수 있다.

반면에 실질적 의미의 헌법이란 국가적 공동생활에 관한 기본적인 사항을 규정하는 법규범 전체를 의미한다. 여기에는 헌법전 뿐만 아니라, 국회법, 정부조직법, 법원조직법, 국적법, 등도 포함된다.

두 개념은 대체로 일치하지만 반드시 일치하는 것은 아니다. 예를 들어 스위스 헌법의 도살금지조항이라든가 미연방헌법의 금주조항은 헌법전에 실려 있지만, 인권보장과 권력분립을 위한 내용의 것이라고는 보기 어려워 형식적 의미의 헌법에는 속하지만 실질적 의미의 헌법에는 속하지 않는다.

두 개념은 일치시킬 필요는 있지만 반드시 일치할 필요는 없다. 예를 들어 국회의원 선거구라든지 귀화요건 등을 헌법에 규정하게 되면 개정의 필요성이 있더라도 개헌정족수에 따라야 하기 때문에 개정이 어려워져 오히려 인권보장을 저해할 수도 있다.

생각해 보기

↔ 국가인권위원회법은 실질적 의미의 헌법에 속하는가?

제1조 (목적) 이 법은 국가인권위원회를 설립하여 모든 개인이 가지는 불가침의 기본적 인권을 보호하고 그 수준을 향상시킴으로써 인간으로서의 존엄과 가치를 구현하고 민주적 기본질서의 확립에 이바지함을 목적으로 한다.

제2조 (정의) 이 법에서 사용하는 용어의 정의는 다음과 같다.

1. "인권"이라 함은 「헌법」 및 법률에서 보장하거나 대한민국이 가입・비준한 국제인권조약 및 국제관습법에서 인정하는 인간으로서의 존엄과 가치 및 자유와 권리를 말한다.

4. "평등권침해의 차별행위"라 함은 합리적인 이유 없이 성별, 종교, 장애, 나이, 사회적 신분, 출신지역(출생지, 등록기준지, 성년이 되기 전의 주된 거주지역 등을 말한다), 출신국가, 출신민족, 용모 등 신체조건, 기혼・미혼・별거・이혼・사별・재혼・사실혼 등 혼인 여부, 임신 또는 출산, 가족형태 또는 가족상황, 인종, 피부색, 사상 또는 정치적 의견, 형의 효력이 실효된 전과, 성적(성적) 지향, 학력, 병력(병력) 등을 이유로 한 다음 각 목의 어느 하나에 해당하는 행위를 말한다. 다만, 현존하는 차별을 해소하기 위하여 특정한 사람(특정한 사람들의 집단을 포함한다. 이하 같다)을 잠정적으로 우대하는 행위와 이를 내용으로 하는 법령의 제・개정 및 정책의 수립・집행은 평등권침해의 차별행위(이하 "차별행위"라 한다)로 보지 아니한다.

가. 고용(모집, 채용, 교육, 배치, 승진, 임금 및 임금 외의 금품 지급, 자금의 융자, 정년, 퇴직, 해고 등을 포함한다)과 관련하여 특정한 사람을 우대・배제・구별하거나 불리하게 대우하는 행위

나. 재화・용역・교통수단・상업시설・토지・주거시설의 공급이나 이용과 관련하여 특정한 사람을 우대・배제・구별하거나 불리하게 대우하는 행위

다. 교육시설이나 직업훈련기관에서의 교육・훈련이나 그 이용과 관련하여 특정한 사람을 우대・배제・구별하거나 불리하게 대우하는 행위

라. 성희롱 행위

◉읽을거리

[어제의 오늘] 1919년 미국 의회, 금주법 가결

금주법은 1919년 1월 17일 미국 의회에서 미국 헌법 18차 수정안을 비준하여 제정한 법으로, 그 해 10월8일 연방의회를 통과했다. 주류를 만들지 못하게 하고 판매·운반·수출입까지 막는다는 게 주된 내용이다. 이 법안은 각 주의 승인을 얻어 20년 1월 미 전역에서 발효됐다. 입안자인 하원의원 앤드루 J 볼스테드의 이름을 따 볼스테드법이라고도 불린다.

알코올 중독과 태업, 범죄를 줄이기 위해서라는 명분을 내세웠으나 실제로는 양조업에 종사하는 독일계 이민자들이 부를 축적하는 것을 견제하기 위해서였다. 독일 잠수함이 영국 호화 여객선 루시타니아호를 격침한 사건을 계기로, 이 배에 타고 있던 자국민 128명을 잃은 미국이 제1차 세계대전에 참전하게 되면서 독일에 대한 감정이 좋지 않았던 것도 영향을 미쳤다. 또 20년대 교회를 중심으로 미국의 자유로운 사회 분위기를 퇴폐적인 것으로 생각한 기독교 근본주의자들의 반음주 운동도 금주법 제정의 한 배경이 됐다.

이렇게 해서 금주법 시대가 열렸지만 현실은 법안의 취지와 전혀 다른 방향으로 전개됐다. 뉴욕의 경우 금주법 시행 전 1만5,000개이던 술집이 금주법 시행 후 3만2,000개로 오히려 증가했다. 금주법을 비웃기라도 하듯 무허가 술집들의 개업이 줄을 이은 것이다. 밀주 제조로 거대한 마피아 조직을 거느리게 된 알 카포네를 비롯해 술을 밀수·밀송·밀매하는 조직폭력배들이 창궐했고 주류사업 이익을 노린 폭력조직 간 살인사건 등도 잇따랐다. '광란의 20년대'라는 조어가 탄생될 정도였다. 폭력조직들이 조성한 검은 돈과 서민들로부터 벌금 명목으로 받아낸 돈은 부패 경찰의 주머니를 채우는 데 쓰였다.

29년 대공황이 미국 경제를 강타하면서 금주법은 급격히 힘을 잃기 시작했다. 경제위기로 기존 양조업자들의 불만이 빗발치고 서민들의 살림살이가 궁핍해지자 프랭클린 루스벨트 미국 대통령은 금주법 완화에 나섰다. 결국 33년 금주법은 수정헌법 21조에 의해 폐지됐고 역사상 유례를 찾기 힘든 금주법 시대도 10여년 만에 막을 내렸다. 미국 서민들이 대대적으로 환영했음은 물론이다. 이후 금주는 각 주법이나 지방조례에 맡겨졌고 단계적으로 자취를 감추었다. 인류의 역사와 동고동락해온 술을 금지한 금주법은 어쩌면 출발 당시부터 실패를 예고하고 있었는지도 모른다.

〈경향신문〉, 2010년 10월 7일, 권재현 기자

5. 관습헌법

신행정수도의 건설을 위한 특별조치법 위헌확인(2004헌마554), 신행정수도의건설을위한 특별조치법 위헌확인(재심)사건(2004헌아47) 및 공주지역행정중심복합도시건설을위한특별법(2005헌마579)을 통하여 신행정수도건설이 헌법문제로 사회적 관심을 끈 바 있다. 아래 읽어보기의 결정문 일부를 참조하여 다음 설문에 답하시오.

생각해 보기

- 관습헌법은 실질적 의미의 헌법인가?
- 수도는 헌법사항인가?
- 헌법개정과 관습헌법 개정의 차이점은?

◈읽어보기

신행정수도의 건설을 위한 특별조치법 위헌확인

(헌재 2004. 10. 21. 2004헌마554·566)

관습헌법이 성립하기 위하여서는 관습이 성립하는 사항이 단지 법률로 정할 사항이 아니라 반드시 헌법에 의하여 규율되어 법률에 대하여 효력상 우위를 가져야 할 만큼 헌법적으로 중요한 기본적 사항이 되어야 한다. 일반적으로 실질적인 헌법사항이라고 함은 널리 국가의 조직에 관한 사항이나 국가기관의 권한 구성에 관한 사항 혹은 개인의 국가권력에 대한 지위를 포함하여 말하는 것이지만, **관습헌법은 이와 같은 일반적인 헌법사항에 해당하는 내용 중에서도 특히 국가의 기본적이고 핵심적인 사항으로서 법률에 의하여 규율하는 것이 적합하지 아니한 사항을 대상으로 한다.** 일반적인 헌법사항 중 과연 어디까지가 이러한 기본적이고 핵심적인 헌법사항에 해당하는지 여부는 일반추상적인 기준을 설정하여 재단할 수는 없고, 개별적 문제사항에서 헌법적 원칙성과 중요성 및 헌법원리를 통하여 평가하는 구체적 판단에 의하여 확정하여야 한다.

관습헌법이 성립하기 위하여서는 관습법의 성립에서 요구되는 일반적 성립 요건이 충족되어야 한다. 첫째, 기본적 헌법사항에 관하여 어떠한 관행 내지 관례가 존재하고, 둘째, 그 관행은 국민이 그 존재를 인식하고 사라지지 않을 관행이라고 인정할 만큼 충분한 기간 동안 반복 내지 계속되어야 하며(반복·계속성), 셋째, 관행은 지속성을 가져야 하는 것으로서 그 중간에 반대되는 관행이 이루어져서는 아니 되고(항상성), 넷째, 관행은 여러 가지 해석이 가능할 정도로 모호한 것이 아닌 명확한 내용을 가진 것이어야 한다(명료성). 또한 다섯째, 이러한 관행이 헌법관습으로서 국민들의 승인 내지 확신 또는 폭넓은 컨센서스를 얻어 국민이 강제력을 가진다고 믿고 있어야 한다(국민적 합의).

헌법기관의 소재지, 특히 국가를 대표하는 대통령과 민주주의적 통치원리에 핵심적 역할을 하는 의회의 소재지를 정하는 문제는 국가의 정체성(正體性)을 표현하는 실질적 헌법사항의 하나이다. 여기서 국가의 정체성이란 국가의 정서적 통일의 원천으로서 그 국민의 역사와 경험, 문화와 정치 및 경제, 그 권력구조나 정신적 상징 등이 종합적으로 표출됨으로써 형성되는 국가적 특성이라 할 수 있다. 수도를 설정하는 것 이외에도 국명(國名)을 정하는 것, 우리말을 국어(國語)로 하고 우리글을 한글로 하는 것, 영토를 획정하고 국가주권의 소재를 밝히는 것 등이 국가의 정체성에 관한 기본적 헌법사항이 된다고 할 것이다. 수도를 설정하거나 이전하는 것은 국회와 대통령 등 최고 헌법기관들의 위치를 설정하여 국가조직의 근간을 장소적으로 배치하는 것으로서, 국가생활에 관한 국민의 근본적 결단임과 동시에 국가를 구성하는 기반이 되는 핵심적 헌법사항에 속한다.

우리 헌법전상으로는 '수도가 서울'이라는 명문의 조항이 존재하지 아니한다. 그러나 현재의 서울 지역이 수도인 것은 그 명칭상으로도 자명한 것으로서, 대한민국의 성립 이전부터 국민들이 이미 역사적, 전통적 사실로 의식적 혹은 무의식적으로 인식하고 있었으며, 대한민국의 건국에 즈음하여서도 국가의 기본구성에 관한 당연한 전제사실 내지 자명한 사실로서 아무런 의문도 제기될 수 없는 것이었다. 따라서 제헌헌법 등 우리 헌법제정의 시초부터 '서울에 수도(서울)를 둔다.'는 등의 동어반복적인 당연한 사실을 확인하는 헌법조항을 설치하는 것은 무의미하고 불필요한 것이었다. 서울이 바로 수도인 것은 국가생활의 오랜 전통과 관습에서 확고하게 형성된 자명한 사실 또는 전제된 사실로서 모든 국민이 우리나라의 국가구성에 관한 강제력 있는 법규범으로 인식하고 있는 것이다.

서울이 우리나라의 수도인 것은 조선시대 이래 600여 년 간 우리나라의 국가생활에 관한 당연한 규범적 사실이 되어 왔으므로 우리나라의 국가생활에 있어서 전통적으로 형성되어있는 계속적 관행이라고 평가할 수 있고(계속성), 이러한 관행은 변함없이 오랜 기간 실효적으로 지속되어 중간에 깨어진 일이 없으며(항상성), 서울이 수도라는 사실은 우리나라의 국민이라면 개인적 견해 차이를 보일 수 없는 명확한 내용을 가진 것이며(명료성), 나아가 이러한 관행은 오랜 세월간 굳어져 와서 국민들의 승인과 폭넓은 컨센서스를 이미 얻어(국민적 합의) 국민이 실효성과 강제력을 가진다고 믿고 있는 국가생활의 기본사항이라고 할 것이다. 따라서 서울이 수도라는 점은 우리의 제정헌법이 있기 전부터 전통적으로 존재하여온 헌법적 관습이며 우리 헌법조항에서 명문으로 밝힌 것은 아니지만 자명하고 헌법에 전제된 규범으로서, 관습헌법으로 성립된 불문헌법에 해당한다.

제2절 근대적 의미의 헌법과 현대적 의미의 헌법

1. 근대혁명과 헌법

1) 근대 입헌주의 헌법

1789년 프랑스혁명의 결과 만들어진 프랑스 제1공화국 헌법은 근대입헌주의 헌법의 전형이다. 혁명 당시 프랑스는 자본주의적 생산관계의 진전에도 불구하고 정치체제는 여전히 절대주의적 지배체제(앙시앙 레짐)를 유지하고 있었던 바, 경제체제와 정치체제간의 모순, 계급 계층간의 모순, 새로운 사회이념과 오래된 사회이념간의 충돌 등 사회적 모순이 극심하였다.

봉건시대 말에 해당하는 절대주의 시대의 의회격인 삼부회의에는 고전적인 지배계층인 사제(제1신분), 귀족(제2신분)과 같은 특권계급 이외에도 새로운 유력 계층으로 경제적 능력을 보유한 부르주아 계급이 등장하였다. 삼부회의의 일부를 담당하게 된 이들 제3신분은 신분제의 모순 속에서 수탈당하던 농민, 쌍뀔로트(sans-culottes), 천민(plébéien) 등과 함께 비특권 계급으로서 절대주의체제에 대한 공동의 변화욕구를 가지고 있었다. 특히 구체제의 모순에 대하여 자각적 체제 변혁 의식을 갖고 있었던 부르주아적 계급은 쌍뀔로트, 노동자, 천민 등 비특권 계급의 협조 하에 구체제를 타파하는 정치혁명에 성공, 신분제를 타파하고 특권층의 기반을 파괴하였다. 그리고 이러한 정치혁명의 결과를 문서화한 새로운 헌법을 제정하였다.

그러나 그 과정에서 부르주아 계급은 수적으로는 다수를 차지하던 상뀔로트, 노동자, 농민, 천민 등 광범위한 기층민 즉 민중(la populaire)의 독자적인 요구를 배제하면서도 부르주아 계급의 자유로운 경제활동과 정치참여를 확보하고자 하였다.

농노와 성직자 그리고 귀족

인간은 자유의 몸으로 태어났으나 어디에서나 사슬에 묶여 있다.
J.J. Rousseau

(1) 군주주권의 부정

비특권 계급은 구체제의 핵심인 군주주권을 부정하고, 정치와 사회의 근본을 헌법에 정하여 그 헌법에 따라 정치를 해야 한다고 주장하였다. 이들은 통치권의 담당자는 헌법을 통하여 국민으로부터 명백히 수권 받은 권한밖에 행사할 수 없다고 하여 군주주권을 부정하였다.

프랑스혁명 1

프랑스혁명 2

자유의 여신

(2) 인권보장의 명문화

개인의 권리는 이제 절대 군주에 의한 시혜의 산물이 아니라, 태어나면서부터 개개인이 갖는 것이며 불가침한 것으로 선언되고 명문화되었다.

시민과 인간의(de l 'home et du citoyen) 권리의(des droi) 선언(Declaration)이라는 다소길고 복잡한 정식 이름을 가진 이른바 '1789년 인권선언'은 인권을 생래적이고 불가침한 것으로 명문화하였고, 1791년 제1공화국 헌법은 '1789년 인권선언'의 존중을 명시하였다.

이제 정치의 목적은 인권보장이며 군주를 위한 수단으로서의 정치가 아니라 인권보장을 위한 수단으로서 정치를 규정하고자 하였다. 권력담당자의 이익을 위해 권력을 행사하는 것을 금지하고, 인권의 본질은 입법권으로도 제한할 수 없는 것으로 하였다.

특히 구체제의 근간을 이루었던 신분적 질서를 근본적으로 부정하기 위하여 인신의 자유 등 일반적 자유권을 보장하였고, 자본주의적 경제질서를 공고히 하기 위하여 재산권의 보장과 같은 경제적 자유권의 보장을 확고히 하였다.

그리고 교양과 납세의 능력이 있는 시민의 정치적 참여와 인권보장의 최후수단으로서 권력에 대한 저항권 등을 규정하였다.

(3) 국민(Nation)주권의 채택과 대의제

군주주권을 부정하고 탄생한 새로운 정부의 주권자를 누구로 할 것인지, 새로운 정치체제를 어떤 모습으로 정할 것인지는 매우 첨예한 문제였다. 특히 비특권계급의 주요한 세력 중의 하나인 부르주아계급과 또 다른 주요 세력의 하나인 상뀔로트를 위시한 이른바 민중계급은 특권계급 타파 및 구체제의 부정이라는 측면에서는 공통의 목표의식을 가지고 있었지만, 새로운 정치체제의 내용에 대하여서는 다른 생각을 갖는 오월동주의 관계에 있었다.

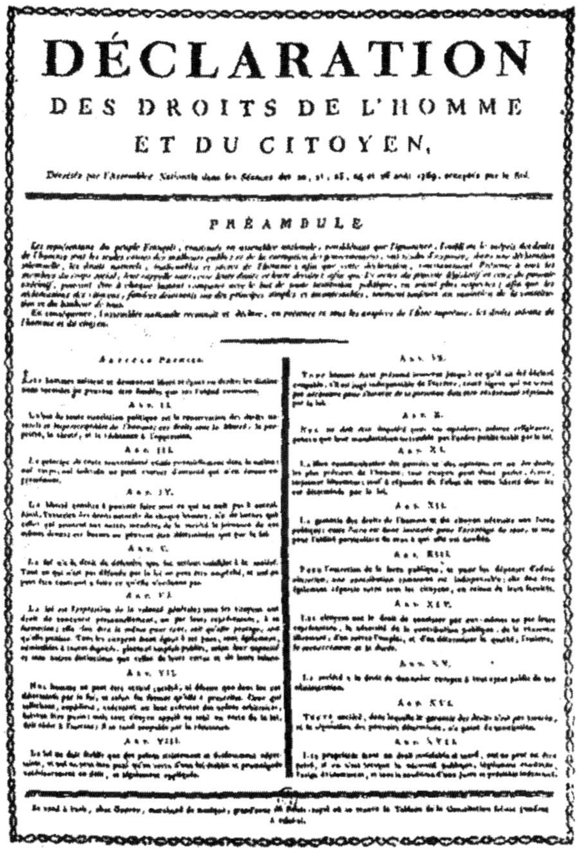
DÉCLARATION
DES DROITS DE L'HOMME
ET DU CITOYEN,

PRÉAMBULE

인간과 시민의 권리선언

부르주아 계급은 군주주권의 부정이 곧 유권자 개개인의 주인됨을 의미하는 것이 아니라 유권자를 포함한 국민 전체(성인 비유권자, 연소자, 뿐만 아니라 과거의 국민은 물론 미래의 국민까지를 포함한 국민 전체)의 주권자 됨을 의미한다고 주장하였다. 이들 국민 전체의 이익을 대변하기 위해서는 교양있고 납세 능력있는 사람들이 국민전체의 뜻을 대의하여야 하며 이를 위해서는 대표의 선출이 최선이라고 주장(Nation주권)하였다.

반면에 쌍뀔로트를 위시한 민중세력은 군주주권의 부정은 유권자 개개인의 주인됨을 의미하며, 주권자 개개인이 정치에 직접 참여하는 것이 최선이나 주권자가 소환가능한 대표를 뽑는다면 차선으로 인정할 수 있다고 주장(Peuple주권)하였다.

상호 그럴 듯한 명분을 가지고 있지만 국민(Nation)주권의 채택이 되게 되면, 납세의 능력이 없고 교육을 제대로 받지 못한 상태에 있던 다수의 민중세력이 사실상 정치에서 배제되는 처지에 놓이게 되며, 국민(Peuple)주권이 채택되면 경제력은 있지만 수적으로는 소수에 불과한 부르주아 계급이 정치적 주도권을 상실할 수 있는 처지에 놓이게 될 수 있어 어떤 주장을 채택하는가는 피를 말리는 접전이 불가피한 대목이었다.

(4) 권력분립제

구체제로 상징되는 절대군주제는 군주 1인에게 입법권, 사법권, 행정권 모두를 집중시키는 절대주의 체제였다. 이러한 절대주의 체제를 부정하고 탄생한 새로운 헌법은 국가권력의 분립을 목표로 하였다.

국가 작용을 그 성질에 따라 입법, 행정, 사법으로 나누어 각각의 기관에 분담시켜 상호 억제와 균형을 이루게 하였다. 여기서 입법이란 모든 국민과 사건을 대상으로 적용되는 추상적 · 일반적 법규범의 제정을 말하며, 행정이란 법규범을 구체적인 경우에 집행하는 것이고, 사법이란 법적 분쟁의 경우에 법규범을 해석하고 적용하는 것이다.

(5) 성문헌법주의

근대 입헌국가에서는 국민의 자유와 권리를 명시적으로 명확하게 보장하는 방편으로서, 또 국민의 정치적 통합을 이룩하는 수단으로서, 그리고 국가질서 형성의 고정화 · 항구화의 방편으로서 헌법을 성문화하여야 한다는 사상이 지배적이었다. 그리하여 성문헌법은 다른 일반법률과 구별되어 그 개정절차를 까다롭게 하는 경성헌법일 것이 요청되었다.

2) 외견 입헌주의 헌법

(1) 권력분립의 형해화

부르주아혁명의 여파가 유럽전역에 퍼지자 체제의 전복을 두려워하였던 지배층은 자신들이 중심이 되어 부르주아 혁명의 내용을 일부 도입함으로서 구체제하의 영향력을 유지하고자 하였다. 그 대표적인 국가가 독일이다.

1850년 프로이센 헌법은 외견입헌주의 헌법으로 자본주의 전개에 필요한 질서를 보장하고 구체제를 온존시켰다. 그 결과 근대입헌주의 헌법의 핵심요소인 국민주권, 권력분립, 인권보장은 형해화되었다.

헌법은 수권규범이 아니라 제한규범에 지나지 않았고 인권은 본질적인 내용마저도 법률로 제한할 수 있었다. 그 법률을 제정하는 의회의 다수는 군주가 임명하거나 군주의 수족들이었다. 그것도 모자라서 군주는 칙령을 제정할 수 있었고, 이 칙령에는 인권 침해적인 내용이 다수를 이루었다. 국가작용 중 입법권에 속한다고 특별히 규정하지 않은 대다수의 국가작용은 군주의 권한이었으며 행정권의 영역에 포섭되었다(공제설).

이러한 내용들을 주권이론의 측면에서 합리화시킨 것은 국가주권론 그리고 법인설이었다. 이 이론에 의하면 주권자는 국민전체(Nation)이나 유권자 개개인(Peuple)이나 군주가 아니라 법인인 국가일뿐이다. 국민은 통치권의 소유자가 아니며 주권자는 국가이다. 각 기관은 통치권의 소유자인 국가를 위해 일해야 하고 군주는 최고결정기관이 된다. 그리고 주권은 최고기관 권한을 의미하게 된다. 이러한 논리는 군주의 주권조차도 부정하는 것 같지만 실질적으로 최고결정기관으로서의 군주의 권한을 보장하는 외투의 기능을 하였다. 따라서 권력분립은 형해화될 수밖에 없었다.

지방차지에 관한 규정은 있었으나, 위임사무의 비중이 커서 주민자치라고 하기에는 그 이름이 무색하였다.

독일 이외의 후발 자본주의 국가에서도 선발 자본주의 국가들과 겨루기 위하여 위로부터의 근대화를 단행하였는데 일본의 메이지 헌법도 그 산물이었다. 일본의 메이지 헌법은 독일류의 외견입헌주의헌법을 모방하면서도 군주를 신격화(천황주권)하여 외견성을 일층 강화하였다.

(2) 국민주권의 부정과 법치국가

외견입헌주의 국가 독일에서는 국민주권과 군주주권을 회피하기 위하여 국가를 권리의 주체로 설정하는 국가론(법학적 국가론)이 등장하는데 주권이 군주도 국민(Nation)도 인민(peuple)도 아닌 국가에 있다고 주장하기 위해서는 그 국가의 성격에 대한 설명이 필요하였다. 즉 주권은 국가에 있지만 그 국가는 인치가 아닌 법이 다스리는 법치국가(Rechtsstaat)이며 이 때의 법은 의회제정법을 의미한다는 것이다. 그리고 법치국가는 기본권보장과 이를 위한 권력분립 등을 내용으로 한다는 것이다.

비스마르크(독일)

그러나 법률을 제정하는 의회의 다수를 군주가 임명한 자나 군주의 측근이 차지하고 있던 실정을 감안한다면 외견입헌주의 시기의 독일의 법치국가는 인권침해적인 법률일지라도 법률이라는 이름만 띠고 있으면 이를 기반으로 국민을 다스릴 수 있다는 식의 '법률이 다스리는 국가(Gesetzstaat)'였다고 할 것이다.

한편, 영국에서는 군주 즉 사람에 의한 지배를 견제하기 위한 개념으로 법의 지배(Rule of Law)라는 개념을 내세웠다. 영국의 대표적인 공법학자인 다이시(A.V. Dicey)는 의회의 제정법의 우위(supremacy of law)가 법의 지배의 실질적 내용이라고 표현하였다.

3) 민중의 헌법사상과 국민(Peuple)주권

상뀔로트를 위시한 민중세력의 헌법사상은 비록 공식적으로 채택되지는 않았지만, 헌법사적으로는 많은 시사점을 제공하였다.

우선 바를레라는 사람의 일련의 문서에 따르면 실질적 평등과 생존권·노동권·휴식권 등까지 거론되고 있는데, 이러한 생각들은 바이마르 헌법 이후의 현대 입헌주의 헌법에서도 채택하였거나 오늘날의 각종 헌법개정시 도입되어 가고 있는 내용들이다. 또한 국민(Peuple)주권론이 주창하는 유권자에 의한 발안권, 유권자에 의한 대표 소환권 등도 부분적이나마 현대 헌법이 확대하여 가고 있는 내용들이다.

2. 근대 입헌주의 헌법의 빛과 그림자[2)]

1) 근대입헌주의 시민헌법의 빛

근대 시민혁명을 거쳐 출현한 근대입헌주의 헌법, 특히 프랑스의 경우는 다음과 같은 역사적 의의를 갖는다.

(1) 봉건체제로부터의 해방

첫째, 봉건체제로부터의 해방을 의미한다. 봉건체제는 특권신분(제1신분, 제2신분)과 비특권신분(제3신분)으로 구성되는 신분체제이며, 봉건적 소유제도와 군주주권에 의해 지탱되는 체제였다. 특권신분은 인구의 2-3%에 불과하였다. 근대시민혁명은 모든 국민을 불가침의 인권소유자로 격상시켰을 뿐만 아니라 법적으로는 평등한 가치의 소유자라고 규정함으로써 특권과 신분제도를 부정하였다. 이는 인간해방의 새로운 시대가 도래하고 있음을 의미하기도 하였다.

(2) 국민과 권력의 상호관계의 변화

둘째, 국민과 권력의 관계 변화를 의미하였다. 구체제 하에서의 국민은 그저 지배의 대상일 뿐이었다. 그러나 근대입헌주의 헌법 하에서의 국민은 인권 소유자로 격상됨으로써 권력의 목적, 정치의 목적이 되었다. 국민의 인권을 보장하는 것을 정치와 권력 그리고 권력담당자의 목적이라고 여겼으며, 이와 같은 목적달성을 위해서 권력이 존재한다고 생각했

---

2) 杉原泰雄, 이경주 역, 『헌법의 역사』, 이론과 실천, 1999년, 115쪽 이하.

다.

이를 확인한 것이 국민(nation)주권론 이다. 주권 또는 통치권은 국민(nation)의 소유물이므로, 주권을 현실적으로 담당하고 있는 자는 국민을 위해 주권을 행사해야만 하며, 자기 이익을 위해 행사해서는 안된다. 프랑스혁명의 이론적 지도자중의 한 사람인 시이예스(E. Sieyès, 1748-1836)는 프랑스혁명 전야인 1789년 1월에 출간된 『제3신분이란 무엇인가』라는 유명한 저서에서 다음과 같이 강조하였다. 새로이 수립될 체제는 국민대표제를 취하는데 이때의 대표는 자기 고유의 권리로써 권력을 행사하는 대표가 아니라 타인 즉 국민을 위해 권력을 행사하는 대표이다.

(3) 자본주의 전개의 보장

셋째, 자본주의 전개의 보장을 의미하였다. 자본주의를 본격적으로 펼치기 위해서는 토지나 기계와 같은 생산수단의 사유를 보장하고, 노동력을 포함한 상품의 자유로운 유통과 판매를 보장해야 한다. 이를 위해서는 재산권, 노동의 자유, 영업의 자유, 거주·이전의 자유, 계약자유 등이 보장되어야 한다. 근대시민혁명과 근대입헌주의 시민헌법은 이를 불가침의 인권으로 보장하였다.

특히 프랑스혁명은 자본주의 전개를 보다 확실하게 하기 위해 헌법과 법률로 다음과 같은 주목할 만한 두 가지의 대응을 하였다.

① 헌법에 국민(nation)주권과 대의제를 도입하였다. 유권자가 국가권력을 직접 통제할 수 없게 하여 체제안정을 도모하고자 하였다. ② 화폐, 도량형, 언어를 통일하기 위하여 지방자치제도를 도입하였고, 지방자치입법권을 부여했다. 이는 봉건적 할거체제를 부정하고 통일적 국내시장을 창출하기 위한 것이기도 하였다.

이와 같이 프랑스혁명을 전형으로 하는 근대 시민혁명은 정치혁명에 그치지 않고 자본주의 전개를 확보하기 위한 사회혁명으로서의 성격도 띠고 있었다.

애덤 스미스(Adam Smith, 1723-1790)는 『국부론』(1776년)에서 ① 생산력 증가가 분업(사회적·공장내적)에 기초한다는 것, ② 분업이 시장크기에 따라 확대·축소한다는 것, ③ 시장이 자유상업에 의해 최대한 확대된다는 것, ④ 따라서 자유상업이야말로 생산력 증대를 가져온다는 것을 강조하였다. 「제한체제가 일소되면 자유롭고 단순한 체제가 자연스레 확립된다. 저마다 정의의 법을 침해하지 않는 한 자유방임되어 마음대로 자신의 이익을 추구하고 공장과 자본을 가지고 다른 사람 또는 다른 단체와 경쟁할 수 있다」고 한 바 있다.

근대적 의미의 헌법은 부르주아체제의 성서와 같은 역할을 하였고, 『국부론』은 근대 초기 부르주아의 경제적 성서와 같은 역할을 하였다.

(4) 문학 · 예술 · 과학의 발달

넷째, 문학 · 예술 · 과학의 비약적인 발전을 가져왔다. 근대시민혁명 후, 정신활동의 자유(정신적 자유권)가 보장되면서, 문학 · 예술 · 과학이 비약적이고도 폭발적으로 발전하였다. 특히 감성 · 공상 · 주관 · 개성 · 형식의 자유를 중시하는 로맨티시즘(Romanticism)이 시대를 풍미하였다. 이러한 풍조는 프랑스혁명 후인 19세기 전반, 유럽대륙을 지배하였다.

자유보장에 그치지 않고 정신의 중요성이 고양되고 문학 · 예술인구의 저변이 확대되면서 문학 · 예술이 발전하는 것은 사필귀정이었을 것이다. 이들 분야의 괄목할 만한 발전은 국경을 넘어 전 유럽을 풍미하였다. F. 리스트, F. 쇼팽, H. 하이네가 자유를 갈망하며 프랑스로 찾아들었다. 비록 프랑스를 찾아들지는 않았더라도, 베에토벤은 프랑스혁명에 주목하고서 이를 작품활동에 반영하고자 하였다. 예를 들면 프랑스혁명의 계승자로서 나폴레옹에게 주목하고 교향곡3번 「영웅」을 작곡하여 나폴레옹에게 바쳤다는 것은 유명한 일화이다.

과학 분야에서도 마찬가지였다. 구체제하에서는 공교육의 발달을 기대할 수 없었다. 당시의 대부분의 프랑스인은 문맹이었다. 1789년 프랑스 인권선언은 문맹을 깨치는 중요한 계기가 되었다. 이 선언문을 읽기 위해서는 글자를 배우고 익혀야 했기 때문이다.

프랑스혁명 직후 초등교육이 공교육으로서 정비되었다. 그리고 선발시험을 거쳐야만 하는 고등교육기관도 창설되었다. 국립학사원(Institut Nationale)과 국립박물관을 비롯한 연구시설과 조직도 뒤를 이어 창설되었다.

이와 같이 교육과 연구시설 및 제도가 정비된 것은 영국의 영향이 컸다. 프랑스가 시민혁명으로 홍역을 치루고 있을 때 영국은 이미 산업혁명의 소용돌이 속에 있었고, 교육과 연구에 의해 뒷받침되지 않고서는 산업혁명이 완수될 수 없다고 절감하고 있던 터였다. 그러므로 프랑스혁명기의 프랑스정부에서도 과학자를 받아들여 중요한 역할을 맡겼을 것임은 두말할 나위 없을 것이다.

교육과 연구시설 및 제도가 정비되면서 놀랄만한 성과가 나타났다. 그 결과 19세기 전반의 프랑스의 과학은 「세계의 패권」을 쥐었으며, 특히 화학과 물리학은 프랑스가 압도적인 지도력을 확보하기도 하였다. 이와 같은 과학의 발전은 프랑스 산업혁명의 원동력이 되어, 프랑스 자본주의를 비약적으로 발전시키는 역할을 하였다.

공업에도 획기적인 변화가 있었다. 산업혁명을 거치면서 생산이 기계화, 집중화되었으며, 기계제대공장이 본격적으로 출현하면서 생산도 대규모화하기 시작하였다. 예를 들어 금속공업에서는 고로(高爐), 거대동력햄머, 압연기가 사용되게 되었고, 목탄정연(精鍊)에 대신하여 코우크스정연(精鍊)이 일반화되었다. 코우크스고로(高爐)는 1840년에는 41개였으나

1847년에는 107개로 증가하였고, 코우크스정연(精鍊)은 1847년에는 정연(精鍊)물 전체의 45%에 달하였다. 또한 1832년 철도가 개통됨에 따라 시장도 비약적으로 확대되었다.

2) 근대 입헌주의 헌법의 그림자

(1) 성(性)에 의한 차별

근대입헌주의 헌법 하에서도 여성은 선거법, 민법, 형법 등 많은 법분야에서 차별을 당하였다.[3] 국민의 반은 인권을 전면적 또는 부분적으로 제한당하였던 셈이다.

예를 들면 선거법상 여성은 선거에 참가할 수 없었다. 프랑스에서 여성이 선거에 참가한 것은 제2차 세계대전 후의 일이었다. 나폴레옹민법전(1804년)은 처를 무능력자로 보았다. 혼자서는 매매나 임대차등의 법률행위를 할 수 없는 자로 간주되어 처의 법률행위에는 남편의 동의가 원칙적으로 필요하였다(제5편 제6장). 제213조에도 「남편은 처를 보호해야 하며, 처는 남편에 복종해야 한다」고 규정하여 처를 남편에 종속된 자로 규정하고 있다. 또한 나폴레옹 형법전(1810년)도 여성차별조항이 있다. 간통죄를 예를 들면, 처의 간통에 대해서는 3개월부터 2년의 금고를 규정하고 있는데 비해, 남편의 간통에 대해서는 100프랑에서 2000프랑의 벌금에 그치고 있으며, 그것도 간통상대를 집에 끌어들인 경우에 한정하여 적용할 것을 규정하고 있었다(제337조, 제339조).

이와 같은 성차별이 존속하는 이유는 근대입헌주의 시민헌법이 법앞의 평등을 규정하면서도 성차별 금지를 명문으로 규정하지 않은데 일차적인 원인이 있다. 또한 법앞의 평등에도 불구하고 성차별은 합리적인 차별로 간주된 데에 이차적인 원인이 있다. 합리적 차별론에 기초한 성차별은 여성은 임신·출산·체력 등의 자연적 특성상 불평등할 수밖에 없다('자연적 남녀불평등론', '특성론')는 생각을 바탕에 깔고 있으며, 그에 기초하여 육아·가사 등의 집안일은 여성고유의 일이고 바깥일은 남성 차지라고 하는 '성역할 분담론'에 근거하고 있다. 이와 같은 성차별 정당화론은 유감스럽게도 지역과 문화의 차이에도 불구하고 근대사회에서 일반적으로 통용되고 말았다.

(2) 자유방임체제와 그 실현

① 자유방임체제

근대입헌주의 시민헌법의 인권보장은 자유권 중심의 체제이었다. 다른 사람의 인권을 침

---

3) 근대 시민혁명의 대표적 문서인 '1789년 인권선언'의 정식명칭인 시민과 인간의(de l 'home et du citoyen)의 권리의(des droi) 선언(Declaration)도 현실적으로도 남성 인간(l 'home)의 권리선언이었다는 페미니즘계의 신랄한 비판이 있다.

해하지 않는 한 저마다가 자유롭게 인권을 행사할 수 있고, 계약에 따라서는 다른 사람의 인권조차도 제한할 수 있다는 '사적 자치'의 체제이었다. '자유란 타인을 해치지 않으면서 할 수 있는 것을 다 할 수 있는 것이다'(1789년 인권선언 제4조), 그리고 '사람은 노동과 시간을 계약할 수 있다. 그러나 신체를 팔 수는 없다. 신체는 양도할 수 없는 재산이기 때문이다'(1795년 인권선언 제15조)라는 조항은 근대입헌주의 헌법의 인권보장이 자유권 중심이었음을 시사하고 있다.

정부는 이와 같은 인권보장체제를 확보하기 위해 치안과 국방유지 등의 '야경' 역할을 열심히 하면 좋은 정부로 여겨졌다. 「최소한의 정부야말로 최고의 정부」(The least government is the best government)였으며, 자유방임이야말로 근대입헌주의 시민헌법 하의 정부가 해야 할 역할이었다. 이러한 정부 하에서는 '보이지 않는 손'에 의해 사회전체의 이익이 달성된다고 보는 「예정조화」론이 신봉되었다.

② 자유방임체제의 실현-「원생적 노동관계의 출현」

이러한 자유방임체제는 사회정책학적 용어를 빌리자면 '원생적 노동관계'를 초래하여, 임노동자를 중심으로 하는 민중에게 비인간적인 생활상태를 강요하였다. '원생적 노동관계'란 공장법과 노동기준법 등으로 노동조건을 규제하기 전까지의 시기에 나타났던 노골적인 착취관계하의 노동관계를 의미한다. 이는 극도의 저임금장시간노동과 임노동자의 생명단축과 직결되는 육체적 혹사 그리고 이러한 사태에 대한 정부의 외면 또는 방치를 그 특색으로 한다. 구체적으로는 다음과 같다.

(i) 저임금 장시간노동

㉠ 19세기 중엽 프랑스 노동자의 평균구속시간은 1일 15시간(실노동시간은 13-14시간정도, 식사 등의 휴식시간 1-2시간)이었다. 이러한 사정은 19세기 초엽의 영국 노동자도 마찬가지여서 1일 평균 14-16시간의 장시간 노동을 하였다. 그러나 이와 같은 장시간 노동에도 불구하고 임금은 낮았다. 1835년 남성 노동자의 일당은 2프랑, 여성 노동자의 일당은 1프랑이었다.

게다가 이러한 평균일당은 단순일용노동자나 직조공과 같은 최저임금 노동자의 평균임금을 제외한 것인 만큼, 당시의 실제 평균임금은 이보다도 훨씬 낮았을 것이다. 당시 일용계약・일당제였다고는 하지만, 노동자가 저축을 할 만한 여력이 없는데다가 생활고에 시달렸기 때문에 일당조차도 우선지급(avances)받아 겨우 생활하는 경우가 많았다. 게다가 사용자는 이러한 상황을 악용하여 까다로운 조건을 붙여서 우선지급을 하였다. 이러한 상황 때문에 기아선상의 저임금조차도 더욱 낮아 질 수밖에 없었다. 또한 노동자수첩제도에 의해 고용자가 요구하는 경우에는 우선지급금을 언제라도 정산해야 하였다. 정산을 하지 않으면 다른 직업을 가질 수가 없었다. 결과적으로 우선지급제도는 노동자의 의사에 반하는 가혹노동을 노동자에게 강제하는 수단이 되고 말았다.

임금을 둘러싼 노사분쟁에서도 사용자에게 유리한 입증제도가 도입되었다. '급여액, 지난해 지급임금, 올해 지급된 우선지급임금에 대해서는 고용주의 주장을 신뢰한다'고 나폴레옹 민법전 제1781조에 규정되어 있었다. 더구나 당시의 고용계약은 구두로 체결되는 경우가 많았기 때문에 이러한 입증제도는 결국 사용자를 위한 위력적인 기능을 하였다.

> ㉡ 드 모르그라는 남작의 조사에 따르면, 당시, 공업도시에서는 자식 둘이 있는 노동자부부 가정의 경우 연간 860프랑-식비 570프랑, 주거비 130프랑, 의복비 140프랑, 잡비 19프랑-이 필요했다고 한다. 아끼고 절약하더라도 760프랑은 최소한 필요하였다는 것이다.
>
> 이 760프랑은 아버지가 일당 1.5프랑으로 연간 300일 동안 일하여 450프랑, 어머니가 0.9프랑으로 200일간 벌어서 180프랑, 아이들이 0.5프랑으로 260일 일하여 130프랑을 벌 때에만 충족되는 액수이다. 그러나 아버지가 연간 300일 일하는 것은 곤란했다. 당시의 남성임노동자의 연간평균 노동일수는, 공업·농업을 평균하여 260일에 지나지 않았다. 만일에 일용 노동자였다면, 휴일에는 수입이 없을 뿐만 아니라, 병을 앓거나 불경기를 만나면 실업자신세가 되고 말았으니 그 처지의 곤궁함은 이루 말할 수 없었을 것이다. 잘 알려져 있듯이, 자본주의 전개와 더불어 10년에 한번 정도씩 경제공황(1825년, 1836년, 1847년, 1857년, 1866년)이 닥쳤다.

이러한 상황 하에서 어머니와 아이들은 가계유지를 위한 필요불가결한 노동력이었다. 하지만, 어머니와 아이들이 일을 하더라도 노동자 가정은 가족의 재생산은 물론 목숨을 부지하는 것조차도 힘든 지경이었다.

㉢ 이러한 비참한 노동조건이 조성된 원인은 계약 자유라는 이름으로 노동력을 터무니없는 헐값으로 살 수 있었기 때문이었다. 나폴레옹 민법전 제1134조 등에는 노동력 헐값 사기를 보장하기 위해 '적법하게 이루어진 계약은 체결당사자에 대하여 법률의 효력을 갖는다', '계약은 당사자 쌍방의 합의에 의하든지 법률이 정하는 사유가 아니면 취소할 수 없다', '계약은 성실히 이행해야 한다'고 규정하고 있었다.

가스조명, 스팀·엔진, 기계 등을 도입한 산업혁명도 비참한 노동조건을 만든 또 하나의 원인제공자이었다. 이들을 도입함으로써 장시간 노동이 가능해졌을 뿐만 아니라 미숙련노동자, 부녀와 아동노동도 노동력 시장에 내몰리게 되어, 숙련노동자와 남성노동자의 노동조건을 악화시키는 역할을 담당하였다. 그리고 산업혁명은 과학발달과 이를 가능케 한 학문자유 등 인권보장에 의해 뒷받침되었다.

'진보'가 동시에 '퇴보'를 뒷받침하는 꼴이었다. 즉 신시대의 도래가 부르주아 계급에게는 '인간해방'의 가능성을 열었지만, 임노동자에게는 '인간소외'상태를 초래하고 만 것이다.

이와 유사한 상태는 영국에서도 볼 수 있었다. 엥겔스(F. Engels, 1820-1895)의 「영국노동자계급의 상태」(1845년)에 의하면 다음과 같은 증언과 지적이 잇따르고 있다. 「나는 내 딸을 공장에 보내는 것 보다는 차라리 구걸을 시키는 쪽이 낫다고 생각한다. 공장은 생지옥이 따로 없다. 거리의 창녀들은 그놈의 공장 때문에 이 신세가 되었다고 한탄한다」. 「공장에 매인 몸이 되는 것은 다른 형태의 예속과 마찬가지로 아니 그 이상으로 가혹한 것이다. 고용주에게 시집도 가기 전에 첫날밤을 바쳐야하는 것은 두말 할 나위없다. 공장주는 여성노동자들의 육체까지도 지배하고 있는 셈이었다. 해고되는 것은 백의 아흔 아홉까지는 가지 않더라 하더라도 백의 아흔의 경우는 정조를 지키기 위해 감내해야 하는 형벌이었다.」

일본의 경우에도 이러한 원생적 노동관계가 존재하였다. 노사관계는 저임금 장시간노동 이외에도 신체적 구속을 받고 있었다. 예를 들어 여공은 기숙사제도에 몸이 매어 신체의 자유를 구속당하였다. 광산노동자는 현장식당제도(역자 주:이른바 함바제도), 창고제도, 징벌방제도가 있어서 노동자의 노동뿐만 아니라 일상생활까지 관리 당하였고 신체를 구속당하였다. 게다가 일본은 이러한 '원생적 노동관계'가 자본주의 초기단계에 그치지 않고 1916년 공장법 시행 후에도 계속되었다. 농업에서는 반(半)봉건적 지주 소작관계가 존재하였다. 소작료는 현물이었으며, 평균적으로 수확량의 50%(흉작시에는 60-70%)에 달하는 소작료를 지주에게 바쳐야 하였다. 봉건적 농노에 버금갈 만한 수준이었다. 그러다 보니 흉작이 들거나 불황이 닥치면 자녀를 팔지 않을 수 없는 경우도 수두룩하였다.

横山源之助 "日本下層社會(1899년)", 農商務省商工局 "職工事情(1903년)", 細井和喜藏 "女工哀史(1925년)"

(ii) 평균수명의 저하

㉠ 나폴레옹이 전쟁을 했던 1806년만 하더라도 프랑스인의 평균수명은 28세였다. 그러나 산업혁명이 고조되고 있던 1840년의 프랑스인 평균수명은 20세로 곤두박질치고 있었다. 이와 같은 하락은 일하다 죽은 노동자가 늘어났기 때문이었다.

㉡ 저임금장시간노동 외에도 비위생적인 직장 환경도 평균수명을 단축시키는데 한 몫을 하였다. 환기·방재시설조차도 정비되지 않은 공장에서 일하고 빈민굴화된 비위생적인 주거환경에서 잠을 자는 생활이 계속되었으니, 질병이 끊이질 않고 노동재해가 속출했다.

꽁시데랑(V. Considérant)은 당시의 평균적 노동자의 모습을 다음과 같이 그렸다. 남성노동자는 눈은 찌부러지고 누렇게 떴으며, 볼따귀에는 핏기가 없다. 얼굴은 퀭하고, 사지는 축 늘어져 있다. 여성노동자도 질병은 필수고, 애를 갖기도 전에 빈혈증에 걸리는 것은 선택이다. 피부는 노인처럼 말라 비틀어져 도무지 애를 낳을 수 있을 사람으로는 보이지 않는다.

저축한 돈도 없고 생존권보장도 안된 상태에서 질병에 걸리거나 직장을 잃는 것은 죽으라는 소리와 다름없었다.

㉢ 이러한 노동자계급 사망은 성인 노동자의 사망뿐만이 아니라 아동노동자의 극도로 높은 비율의 사망과 노동자 가정의 유아사망까지도 의미하였다.

아동노동이 공장에서 학대받는 것은 예삿일이었다. 노르망디의 몇몇 공장에서는 채찍이 아예 노동용구에 포함되어 있었다. 아동들은 장시간에 걸쳐 부자연스러운 노동을 강요당하면서 신체가 허약해질 대로 허약해지고 만 것이다.

비레르메(R. L. Villermé)라는 의사는 아동노동에 대하여 다음과 같이 지적하였다. '자세를 바꿀 수도 없을 만큼 비좁은 방에서 매일 16~17시간 서서 일하는 것은 노동이 아니라 고문이다. 영양실조에 걸려 퀭한 눈빛의 여섯이나 여덟살 나이의 아이들이 새벽 다섯시에 먼 길을 걸어 공장에 나가서, 밤 늦은 시간에 집에 돌아 와야 하는 처지인데, 그런 아이들에게 고문이 가해지는 셈이다.'

페노(A. Pénot)는 뮤르즈시의 통계조사로부터 그 비참함을 다음과 같이 지적했다. 공장경영자와 대상인의 아이들은 태어나면 평균 28세의 수명을 갖는다고 한다지만, 직조공과 제사공의 아이들은 고작해야 평균수명이 한 살 반밖에 되지 않았다. 그래서인지 대부분의 노동자는 자기 아이가 죽어도 그저 무표정하게 바라볼 수밖에 없으며, 심지어는 잘됐다는 표정으로 보고 있다고 지적하고 있다.

당시의 증언자들은 노동자들의 상태를 '현대판 노예제', '지옥이 따로 없다'라고 표현하고 있다.

프랑스 자본주의와 노동자계급의 상태를 과학적으로 분석한 바 있는 꽁시데랑(V. Considérant, 1808-1893)은 다음과 같이 당시 사정을 그려내고 있다. '가난한 사람은 재능을 떨쳐 보일 길이 없다. 아이들은 교육을 받을 기회가 없기 때문에 사람 모습을 하고서도 개나 돼지처럼 살고 있다. 사람들은 배고파 죽는 것이 두려워서 일터로 나간다. 노동은 (기쁨이 아니라) 힘들고도 힘든 그저 일에 불과하다. 노동자계급은 병으로 몸뚱아리가 썩어 문드러져서 죽어갈 때까지 일한다. 상류계급의 그럴싸한 한끼 식사와 호화스런 향락을 위해 공장에서 논밭에서 소나 말처럼 혹사당하고 허리가 구부정해진 사람들의 무리가 있는데 이들이 바로 노동자 계급이다.'

(iii) 사태를 방치한 정부

정부는 이와 같은 노동자의 상태를 방치하거나 법적으로 인정하는 일이 고작이었다. '계약 자유'를 중심으로 하는 경제활동 자유를 보장하기 위해서는 어쩔 수 없다는 식이었다.

㉠ 나폴레옹 민법전은 계약자유를 보장하기 위해 체결된 계약에 법규범성(법적 구속력)

을 인정할 뿐만 아니라, 임금을 둘러싼 노사간 분쟁시 사용자에게 유리한 입증제도마저도 인정하였다.

㉡ 노동자의 단결과 쟁의행위를 금지하였다. 노동자는 노동조건을 유지하거나 개선하기 위한 단결과 쟁의행위를 할 수 없었다.

1791년6월14일법('르 샤프리에법')은 노동자와 사용자 모두에게 일시적이건 영속적이건 간에 단결을 해서는 안되고 단결하는 경우에는 형벌을 부가하도록 하였다. 1803년 4월2일법은 '르 샤프리에법'의 단결금지의 뜻을 확인하면서도 쟁의를 위한 일시적 단결금지에 대해서는 노사간에 차등을 두어, 노동자가 이를 위반했을 경우에는 형벌을 강화하였다. 1810년2월22일의 나폴레옹형법전은 쟁의를 위한 일시적 단결에 대한 노사간 차별을 더욱 더 강화하고, 영속적 단결(직업적 결사)을 금지하였다.

나폴레옹 형법전은 쟁의를 위한 일시적 단결권행사에 대해 다음과 같이 규정하고 있다. 즉 사용자가 「임금인하를 위해 사용자끼리 일시적으로 단결하려고 하거나 단결행동을 시작한 경우 6개월에서 1개월의 금고 및 200프랑에서 300프랑의 벌금에 처한다」(제414조)고 규정하고, 노동자가 임금인상을 위해 일시적으로 단결하려고 하거나 단결행동을 시작한 경우 최저 1개월에서 최고 3개월의 금고에 처한다」, 「주모자와 추진자는 2년부터 5년의 금고에 처한다」(제415조)고 규정하였다.

이와 같은 형법전에 의한 규제는 1864년 5월 25일법 및 1884년 3월 21일법으로 저마다의 '쟁의를 위한 일시적 단결권 및 영속적 단결권'이 인정될 때까지 계속되었다.

영국에서도 이와 같은 규제방식을 취하다가 1824-25년 법률로 1799-1800년 법률(단결금지법)을 폐지하였다.

미국에서도 연방최고재판소 판결(1842년 Hunt사건)로 쟁의권이 인정되었다.

㉢ 노동자에게는 선거권도 인정하지 않았다. 프랑스에서도 19세기 전반 제한선거제도를 취하고 있었다. 그러므로 노동자는 선거권행사를 통하여 열악한 노동조건과 생활조건을 개선할 수 있는 여지마저도 없었다.

예를 들면, 노동자를 중심으로 하는 민중이 커다란 역할을 했던 1830년의 '7월혁명' 후의 '7월왕정'하에서도 상황은 그다지 다를 바 없었다.

'7월혁명'의 결과 성립한 1830년 8월 14일 헌장은 의원의 피선거권과 선거권 연령을 30세와 25세로 정하고 그 밖의 조건은 법률로 정한다고 규정하였다(제32조, 제34조). 1831년 4월 19일 선거법은 피선거권에 대해 직접세 500프랑, 선거권에 대해서는 직접세 200프랑의 납세자로 규정하고 있다.

'7월왕정'하에서는 산업혁명에 의한 산업자본주의의 본격적인 전개와 그에 따른 산업부르주아 계급을 중심으로 하는 중간층의 증대 및 200프랑 이상의 직접세 납입자가 증가한 탓에 유권자수가 늘어났다. 그러나 1846년의 선거에서도 유권자 1,000인 이상의 선거구(소선거구)는 전국 459선거구 가운데서도 몇 개에 불과하였을 뿐, 대부분의 선거구는 수백인 유권자의 선거구이었으며, 200인 이하의 선거구도 30개 이상 되었다.

의원 선거는 노동자에게는 별세계의 이야기였다. 게다가 '7월 왕정'의 의회는 선거로 뽑히는 의원으로 구성되는 대의원과 그렇지 않은 의원으로 구성되는 귀족원으로 구성되었으며, 법률제정에는 귀족원의 동의와 국왕의 재가가 필요하였다. 이러한 점에서 노동자가 원하는 법률이 성립될 가능성은 거의 없었다고 봐도 과언이 아니다.

3) 다양한 사회주의사상의 등장

(1) 다양한 사회주의 사상의 시대

이러한 노동자를 중심으로 하는 민중의 상태는 프랑스혁명에 대한 비판적 성찰과 심각한 현상비판을 불러일으켰다. '무엇을 위한 프랑스혁명이었던가', '제2의 프랑스혁명이 필요하지 않을까'라는 것이었다.

이와 같은 성찰과 비판을 배경으로 프랑스에서는 19세기 전반에 생시몽(C. H. de Saint-Simon, 1760-1825), 푸리에(C. Fourier, 1772-1837) 등의 다종다양한 사회주의 사상의 주창자들이 우후죽순처럼 나타났다. 1848년에는 '공산당선언'이 발표되었다. 그 다양함에도 불구하고 이들이 주장하는 것의 공통점은 노동자를 중심으로 하는 프랑스민중의 현상태를 타개하기 위해서는 사회주의 사상이 도입이 불가피하다는 것이었다.

19세기 전반의 사회주의 사상이 사회주의를 실현하고 유지하기 위해 어떠한 국가권력을 창출하려고 했었는가, 다시 말해 어떠한 국가론과 주권론을 갖고 있었는지에 대하여 다음과 같이 몇 가지 지적해 보고자 한다.

첫째, 푸르동(P. J. Proudhon)과 푸리에처럼 사회주의를 실현하고 유지하기 위해서는 국가의 역할이 중요하지 않다고 보는 아나키즘적인 경향도 있었다. 이들은 주권론과 국가론에 대해 적극적으로 언급하지 않았다. 이들은 이성의 힘이 끝내 승리하리라고 믿고 이성적으로 나아가는 이상사회를 그려내는데 주력하였다.

둘째, 사회주의를 실현하고 유지하기 위한 수단으로서 국가권력을 중시하는 입장에서도 권력의 계급성을 중시하지 않는 생시몽과 같은 경향도 있었다. 이들은 권력을 규율하는 주권원리와 주권자의 정치참여를 그다지 중요하게 보지 않았다. 특히 생시몽은 엘리트의 덕성을 신뢰하여 위로부터의 개혁에 의한 사회주의 실현을 주장하였다.

셋째, 사회주의를 실현하고 유지하기 위한 수단으로서 국가권력을 중시하면서도 국민(peuple)주권을 주장하고, 민중의 정치참가를 중시하는 경향도 있었다. 보나로티(P. M. Bounarroti), 꽁시데랑(V. Considerant) 등은 프랑스혁명기의 민중이 생각했던 헌법사상을 계승하여 발전시키려는 노력을 하였다. 특히 보나로티는 "이른바 바뵈프(Babeuf)의 평등을 위한 음모"(1828년)라는 문서에서 '바뵈프 음모'(1796년)의 사회주의와 국민(peuple)주권 구상을 면밀히 소개하였다.

(2) 19세기 후반의 계급투쟁

노동자계급은 자신들의 비인간적인 생활경험에 기초하여 다양한 사회주의 사상에 접하게 되면서, 부르주와계급과는 다른 자신들의 계급적 이해를 자각하여 '대자적 계급'으로 성장한다. 프랑스 혁명사가들은 1848년 '2월혁명' 후의 '6월사건'에서 노동자계급이 '대자적 계급'으로 성장하였다고 지적한다.

'2월혁명'은 보통선거와 공화제를 지향하여 공화파 부르주아계급과 소부르주아계급, 노동자계급이 참가함으로써 이루어졌다. 혁명후의 임시정부는 루이 블랑 등의 사회주의자들도 참가하였다. 이러한 사정으로 말미암아 임시정부는 실업구제를 위한 국영작업소를 설치하는 등의 적극적인 자세를 보이기도 하였다. 그러나 6월에 들어서면 재정부담을 이유로 국영작업소마저도 폐지하고 말았다. 노동자들은 굶어 죽는 것보다 총탄에 맞아 죽기를 원한다는 슬로건을 내걸고 파리 동부지구에 바리케이드를 치고 국영작업소 폐지에 저항하였다. 그리고 이를 계기로 6월 23일부터 26일 사이에 '6월사건'이 일어났다. 국민의회는 계엄을 선언하고, 이를 군대로 탄압하였다. 소부르주아계급을 포함하여 다른 모든 계급이 노동자 탄압에 가담하였다.

많은 노동자가 바리케이드 안에서 죽거나 다쳤다. 일부의 주장에 의하면, 죽은 자가 3,000명, 부상자가 5,000명이라고도 한다. 체포된 자는 2만 5천명에 이르렀다. 유배를 당한 자는 4,000명(일부의 주장에 의하면 1만 5천명 이상), 처형된 자는 1,500인(일부의 주장에 의하면, 3,000인 이상)이었다고 한다. 이러한 6월 사건을 경험하면서 노동자계급은 대자적 계급으로 성장하였다는 것이다.

새로운 계급의식의 노동자 계급은 직장에서 노동조건을 개선하기 위한 투쟁을 전개하는데 그치지 않고, 1860년대에는 정치투쟁도 전개하였다. 예를 들면 국민(nation)주권에 기초한 '전국민의 대표'제론을 비판하고 정치에서의 노동자계급의 자율적 행동의 필요성을 역설하는 한편, '노동자대표'의 문제를 제기한 1864년의 '60인선언'과 '국민(peuple)주권'과 '국민(peuple)대표'제를 적극적으로 실행하려고 한 1869년의 「베르빌강령」*등을 채택한 것은 그 구체적인 예가 될 것이다.

그리고 이러한 투쟁의 도달점은 1871년의 파리 콤뮨이었다. 파리콤뮨은 역사상 최초의 사회주의혁명을 위한 실천이고, 역사상 처음으로 출현한 노동자계급중심의 민중권력이고, 노동자계급을 중심으로 한 민중의 헌법사상이 구체적으로 시도된 실제의 사례였다.

* 파리북부의 노동자지구 베르빌은 1869년 총선거에서 집회를 모체로 하여 선거위원회를 조직하고 선거강령을 작성하였다. 급진파 후보자 강베타(L. Gambetta)가 이를 수락하고 후보자가 되었다. 명령적 위임을 실행한 사례이다.

3. 현대 입헌주의 헌법

1) 현대 입헌주의 헌법의 등장

위와 같은 위기적 상황은 제1차 대전 후 더욱 증폭되었는데 1917년 러시아에서는 프로레타리아 혁명이 일어나 근대입헌주의 헌법을 부르주아헌법으로 규정하고 이를 전면적으로 부정하였다.

또한 독일도 심각한 위기 상황을 맞게 되었는데 1918년 3월에서 7월에 걸쳐 이루어진 서부전선에서의 대공세에 실패한 후 모순이 심화되어 1918년 11월에는 킬 지역 등에서 노병평의회가 권력을 장악하기에 이르렀다. 이에 사민당의 에베르트가 수상에 취임하고 사민당과 중앙당 민주당에 의한 연립정권이 수립되어 정국 수습에 나섰는데 근대입헌주의 헌법의 형식성과 모순을 헌법적 차원에서 수정 또는 시정하려는 작업이 이루어졌다. 재산권에 대한 공공복리 적합성, 노동3권을 비롯한 사회적 기본권의 명문화가 그 대표적인 것이다. 독일의 바이마르헌법을 현대 입헌주의 헌법의 효시로 부르는 것은 이와 같은 이유 때문이다.

2) 현대 입헌주의 헌법의 주요 내용

(1) 근대헌법의 수정과 실체적 인권보장

현대 입헌주의 헌법에는 근대헌법에서의 자유주의적 성향으로 인한 형식적 보장보다는 실질적 인권보장을 이루기 위하여 경제적 자유권이 제한되고 사회권의 개념이 도입되었다. 이러한 시도는 자본주의의 안정성을 높이고 이윤추구를 확고히 하기 위한 것이기도 했다. 정치적 영역에서는 참정권을 보장하기 위해 직접보통선거제도를 규정하고 직접민주제가 일부 도입된다. 그 결과 의원선거의 기능이 달라졌으며 해산제도도 도입되었다. 또 평등조항에 근대헌법에서와는 달리 성차별금지를 명시하기 시작하였다.

또한 현대시민헌법이 근대헌법의 폐단을 시정하기 위한 것이었던 만큼 인권보장이 확대·강화되었다. 이를 위해 자유권의 보강과 수정이 이루어졌는데 특히 형사절차와 행정절차에서의 신체적 자유권의 보장이 인권보장의 기초임을 천명하였다. 또 공권력의 위법한 행사에 대하여 국가배상청구권, 형사보상청구권 등을 보장하고 위헌법률심사까지 인정함으로써 실체적 보장이 가능하도록 하고 있다.

① 사회권의 보장

자본주의의 발전과 더불어 부의 편재, 빈곤의 확대와 실업자의 범람, 그로 인한 노사간의 대립의 격화 등이 심각한 사회문제로서 제기되고, 이에 따라 헌법상 자유권의 보장도 형식적으로 되었다. 이를 계기로 모든 사회구성원들의 최저한의 생존을 보장하고 실질적 평등이라는 사회정의를 구현하기 위한 사회권이 강조되었다.

② 실질적·절차적 법치주의의 확립

근대적 법치주의는 군주의 권력을 제한한다는 측면에서는 의회에 의한 행정권의 통제를 가능하게 하는 것이었다. 그러나 20세기 초반에 이르러서는 형식적인 면에 치중한 나머지 법에 의하기만 하면 국민의 자유와 권리를 얼마든지 제한할 수 있다는 법률만능주의의 사고에 휩쓸리게 된다. 그리하여 제2차 세계대전 이후에는 법률의 형식뿐 아니라 그 내용과 절차까지도 정의의 원칙에 합치하는 것이어야 한다는 실질적·절차적 법치주의가 등장하였다.

(2) 의회제 민주주의로의 전환

현대적 의미의 헌법 하에서 의회는 근대적 의미의 헌법에서의 의회주의·고전적 대표제·순수대표제의 원리가 의회제 민주주의·현대 대표제·반대표제의 원리로 변한다.

전자에서는 민선의회가 법률을 정했고 의회와 의원은 유권자로부터 독립되어 있었기 때문에 자유위임과 면책특권이 인정되었다. 그에 반하여 후자에서는 인민주권 원리, 보통선거의 보장에 따라 의회와 의원, 유권자의 관계가 독립적이지 못하고 다수인 민중이 선거를 좌우하게 되었다.

그 결과 의원들은 민중에게 영향을 끼칠만한 조직이 필요해지고, 유권자는 통합적 의사를 효율적으로 국정에 반영할 필요가 발생하여 정당이 생성되었다. 이러한 현상과 맥을 같이하여 의회결정사항을 정하는 일에 국민의 승인이 필요해지자 국민투표를 통해 국정의 중요사안을 결정하는 직접 민주주의적 의사결정방식이 등장한다. 의회제 민주주의란 이와 같이 의회제 민주주의가 가미된 것을 말한다. 그러나 완전한 직접민주주의 형태가 아니기 때문에 반대표제라고도 한다.

↠ 정당정치의 활성화

국민주권원리를 실현하는 제도적 장치로서 대의제는 전체 국민의 대표자로서의 대표사상을 강조하였다. 한편 정당이란 당파적 이익을 대변함으로써 전체 국민의 의사를 왜곡시킨다는 평가를 받기도 하였다. 그렇지만 현대에 이르러 정당은 의회와 집행부를 연결하는 고리로서 국가의사의 결정과 국정운영에서 주도적인 위치를 차지하게 되었다.

(3) 권력분립제의 변용

근대적 의미의 헌법은 3권분립을 이상적인 형태로 본다. 그러나 현대적 의미의 헌법 하에서는 행정국가 현상이 강해진다. 정책을 결정하는 행정부가 법률의 발안과 심의의 중심이 되고 위임입법이 늘어나 입법권마저도 좌지우지하는 현상이 두드러지게 되었다.

한편 법치주의의 폐해는 입법자의 다수가 소수의 의사를 무시함으로써 헌법의 최고규범적 효력을 부인하는 사태에까지 이른다. 이러한 현상에 대한 반성 및 그 제도적 예방책으로서 헌법재판제도가 도입되어 위헌법률에 의한 헌법침해 또는 국민의 기본권침해를 방지하는 역할을 수행하게 되었다.

↠ 위헌법률심사제도의 강화

인권보장과 민주주의 보장을 위해 사법국가 · 재판국가로써의 역할을 증대하여 공권력의 남용을 막고자 하는 현상이 나타나고 있다.

그 핵심적인 제도가 바로 위헌법률심사제도이다. 위헌법률심사제란 법률의 위헌 여부를 심판하여 위헌법률을 무효화하는 제도로서, 시행하는 나라에 따라 일반법원에서 수행하는 경우가 있고 독립된 헌법재판소를 설치한 경우가 있다.

↠ 행정국가의 경향

근대국가는 과거의 지배계급이었던 귀족 및 승려계급의 신분적 특권을 박탈하고 정치적 평등을 달성하기 위해 형식적 평등을 강조하였다. 그리하여 모든 국가정책이 일반적이고 추상적인 규범을 정립하는 입법을 중심으로 수립되었다. 그러나 현대적 사회국가에 들어서서는 경제적 약자인 일부 국민에 대해 구체적으로 경제적 급부를 행할 뿐 아니라 그에 따라 행정의 영역이 넓어져 상당히 전문적 정책입안이 요구되게 된다. 결국 국민의 대표자로서의 역할보다는 전문적인 행정적 판단이 요청됨으로써 점차 입법국가에서 행정국가로 이행하게 되었다.

(4) 지방자치의 강화

근대헌법과는 달리 현대헌법은 주민의 정치참여를 확보하기 위하여 지방자치제도를 적극적으로 인정하고 있다.

(5) 침략전쟁부인과 국제평화주의의 헌법규범화

양차 세계대전을 거치면서 인류는 전쟁의 회오리에 휘말렸고 그에 따라 반인륜적 대량살상이 일어났다. 이에 대한 반성에 기초하여 헌법규범에 침략전쟁부인과 평화주의원리를 명문화하였다. 이는 전쟁의 참화를 예방하기 위해서는 개별국가권력에 대한 통제가 필요하다는 인식을 반영한 것이다.

생각해 보기

- 외견적 입헌주의 헌법과 진정한 입헌주의 헌법의 차이
- 근대적 의미의 헌법의 기본원리

제 3 절 헌법의 기능과 특질

1. 헌법의 분류

1) 전통적 분류

(1) 존재형식에 따른 분류

성문헌법은 성문화된 형식적 헌법전을 의미한다. 세계 최초의 근대적 성문헌법은 1776년의 버지니아헌법이고, 그 이후 세계 각국은 대개 성문헌법을 가지고 있다. 불문헌법은 성문화된 형식적 헌법전을 가지지 않은 경우의 헌법이다. 대표적인 경우로는 영국헌법을 들 수 있다. 그러나 영국도 권리장전(1689년), 의회법(1911년) 등 많은 성문법률에 의해 규율화되고 있는 실정이다.

(2) 개정방법에 따른 분류

개정절차의 곤란 정도에 따른 구분으로서 경성헌법은 일반법률의 개정절차와 다르거나 그보다 까다로운 절차와 방법으로 개정되는 헌법이다. 성문헌법은 대개 경성(硬性)헌법이다. 이에 대하여 연성(軟性)헌법은 일반법률을 개정하는 것과 동일한 절차와 방법으로 개정할 수 있는 헌법이다.

(3) 제정주체에 의한 분류

흠정헌법은 군주가 단독으로 제정한 헌법이고, 민정헌법은 국민이 단독으로 제정한 헌법이며, 협약헌법은 군주와 국민의 협약으로 성립한 헌법이다. 국약헌법은 국가간의 협약에 따라 성립한 헌법이다.

2) 뢰벤슈타인의 분류방법

(1) 존재론적 분류

우선 헌법의 효력에 따른 존재론적 분류이다. 규범적 헌법이란 헌법규정과 헌법현실이 비교적 일치하는 헌법이다. 이러한 헌법은 "몸에 맞고 실제로 입고 다니는 옷"에 비유할 수 있다. 서구의 헌법들이 이에 해당한다.

명목적 헌법이란 헌법규정과 사회현실이 현저히 불일치하는 경우이다. 훌륭한 헌법을 가지고 있지만 사회현실이 그러한 헌법규범에 미치지 못하는 경우이다. 이러한 헌법은 "몸이 옷에 맞을 때를 기다려 그때까지 옷장 속에 보관하여 두는 옷"에 비유하기도 한다. 주로 제2차 세계대전 이후에 독립된 신생독립국들이 이에 해당한다.

장식적 헌법이란 개인의 자유와 권리가 보장되지 아니하고 권력집단의 지배를 안정화시키고 영구화하는 데 이용되는 도구로 전락한 경우의 헌법이다. 이러한 헌법은 "옷이 아니라 하나의 장식품"에 비유할 수 있다.

(2) 독창적 헌법과 모방적 헌법

유래에 따른 분류이다. 독창적 헌법은 다른 헌법을 모방하지 아니한 독창적 내용을 가진 미국의 대통령제헌법, 옛 소련의 사회주의헌법, 5권 분립의 1931년 중화민국헌법 등이 속한다. 모방적 헌법이란 외국의 헌법을 그 나라의 정치적 현실에 맞게 변형시켜 재구성한 헌법이다.

2. 헌법의 특질

1) 헌법의 사실적 특질

(1) 정치성

헌법의 제정 및 개정과정은 법적 현상이 아니라 실정법을 초월한 사실적 정치행위로 이루어지는 경우가 많다. 이러한 측면에서 헌법의 영역은 정치적 세력들이 각축하는 정치의 장이다. 칼 슈미트의 헌법에 대한 이해가 대표적이다. "정치적 세력들이 항쟁한 결과 절대적 승리를 쟁취한 단일 세력이 있는 경우에는 그 세력이 원하는 지배체제를, 그렇지 아니한 경우에는 여러 세력이 타협에 의하여 그들이 원하는 장차의 지배체제를 문서로써 확인한 것 이외의 아무것도 아니다."

(2) 이념성

어느 헌법이나 그 특유의 이념과 가치질서를 표명하고 있다. 그래서 일정한 이념이나 가치질서를 구현하려고 하는 점에 헌법의 존재가치가 있고, 헌법에 내재하는 이념 또는 가치질서야말로 헌법정신의 중핵이다.

예를 들어서 근대적 의미의 헌법이 부르주아 계급의 정치적 헤게모니와 개인적 자유의 보장을 내실로 하는 부르주아적 자유주의를 중심으로 하고, 현대 사회국가의 헌법은 법치주의와 사회국가의 원리를 내실로 하는 사회적 법치주의를 중심으로 하며, 사회주의국가 헌법은 프롤레타리아독재와 생산수단의 사회적 공유제를 내실로 하는 사회주의를 그 특유의 이념 내지 가치질서로 하고 있다.

그러므로 헌법해석에서도 이데올로기나 가치질서의 문제가 중시되지만, 이데올로기 또는 가치질서를 둘러싼 헌법투쟁이 전개되기도 한다. 즉, 헌법해석이 순수한 논리해석만으로 그칠 수 없는 이유도 바로 이러한 이념적 성격 때문이다.

(3) 역사성

헌법은 일정한 역사적 상황에서 성립하는 역사적 산물이다. 근대 입헌주의헌법은 근대 시민혁명을 배경으로 하여 군주세력과 제3신분세력의 투쟁과정에서 성립한 것이며, 사회국가적 헌법은 노동계급의 정치적 성장에 따른 역사적 상황을 반영하고 있는 것이다.

2) 헌법의 규범적 특질

(1) 최고규범성

헌법은 한 나라의 최고규범이다. 따라서 다른 법규범보다 우월한 효력이 인정된다. 이러한 헌법의 최고규범성은 헌법이 국민적 합의를 내용으로 하고 주권자인 국민에 의하여 제정되었다는 데서 유래한다. 위헌법률심사제도는 헌법의 최고규범성을 보장하기 위한 대표적 제도이다.

(2) 인권보장규범성

근대 이후 헌법은 국민의 인권을 보장하는 것을 그 본질적 징표로 하고 있다. 국가는 국가의 안전보장과 질서유지 또는 공공복리를 위하여 필요한 경우에만 국민의 기본권을 법률로써 제한할 수 있다. 이 경우에도 기본권의 본질적 내용만큼은 침해할 수 없다.

(3) 조직 · 수권규범성

헌법은 국가권력을 조직하는 규범으로써 국회에는 입법권을 부여하고, 정부에는 행정권을 부여하며, 법원에는 사법권을 부여하는 수권(授權)규범이다.

(4) 권력제한규범성

헌법은 기본권을 보장하기 위하여 국가권력을 제한하는 역할을 한다. 그 수단으로서 국가기관을 분립시키고 서로 견제하게 하는 제한규범이 되기도 한다.

(5) 자기보장규범성

법률과 명령 등 하위규범과는 달리 헌법에는 실효성을 확보하거나 그 내용을 직접 강제할 수 있는 기관이나 수단을 구비하고 있지 않다.

생각해 보기

- 헌법의 기능과 특질

제 4 절 헌법현상의 논리적 구조

1. 헌법학과 헌법현상

헌법학에서는 여러 가지 사회현상 가운데 헌법현상을 대상으로 하고 있다. 따라서 헌법현상은 매우 종합적인 구조를 가지고 있다. 대표적인 헌법현상은 헌법규범이나 헌법제도일 것이다. 우리가 헌법하면 생각나는 것이 당장 헌법전이고 이러한 형식적 의미의 헌법전 뿐만 아니라 실질적 의미의 헌법에 해당하는 국회법, 정부조직법, 법원조직법, 국가인권위원회법 등이 떠오를 것이다. 또한 사유재산제도, 정당제도 등과 같은 헌법제도들도 헌법하면 떠오르는 대표적인 헌법현상들일 것이다.

그러나 헌법현상은 규범과 제도에 그치는 것이 아니라 이러한 규범을 어떤 헌법의식을 가지고 어떻게 해석하느냐, 헌법규범과 제도에 의해서 형성된 다양한 헌법적 관계를 어떻게 파악할 것인가도 헌법을 종합적으로 이해하는데 있어서 매우 중요하다.

2. 헌법현상의 논리적 구조

이하에서는 헌법현상을 종합적이고 총체적으로 파악하기 위한 논리적 구조를 헌법의식, 헌법규범, 헌법제도, 헌법관계로 나누어 살펴보기로 한다.

1) 헌법의식

헌법의식이란 헌법에 대한 다양한 생각들을 말한다. 여기에는 개인적인 소박한 발상에서부터 체계적인 헌법사상에 이르기까지 다양한 형태로 존재한다. 비정규직 노동자도 좀 사람답게 살 수 있어야 한다든지, 헌법은 정치적 결단이어야 한다든지, 인권은 천부적인 것이라든지, 국가와 사회는 자유주의에 기초하여야 한다든지, 헌법은 결국은 경제적 토대를 반영한다라든지 등등의 형태로 다양하게 존재한다. 일본의 하세가와 마사야스(長谷川正安) 교수는 헌법감각, 헌법지식, 헌법해석, 헌법학설=헌법이론의 네 가지 기본형태를 지적하기도 한다.

이러한 헌법의식 가운데 헌법현상을 파악하는데 있어 주목해야 할 것은 사회적 의식으로서의 헌법의식일 것이다. 예를 들어 자유주의가 헌법의 기본바탕이어야 한다든지 자유민주주의가 국시이다와 같이 사회 집단적 의식으로서의 헌법의식이 헌법현상을 파악하는데 있어서 중요한 역할을 한다. 왜냐하면 헌법현상 전체의 성립을 가능하게 하는 본원적인 현상이기 때문이다. 이와 같은 연유로 헌법의식은 이데올로기론의 차원에서 접근하기도 한다.[4)]

개인이나 사회의 헌법의식은 경제적 사회적 관계에 의존되는 경우가 대부분이다. 개인이나 사회가 처한 물질적, 정치적 그 밖의 생활조건에 의해 형성되거나 제약되는 경우가 많기 때문이다.

헌법의식 중 실무와 관련하여 가장 고심하여야 할 것 중의 하나는 헌법해석의 문제이다. 헌법해석이라는 특수한 활동을 매개로 하지 않는 한 헌법규범은 인식할 수 없기 때문이다. 그런 의미에서 헌법해석은 인식론의 문제, 인식작용의 문제이기도 하다.

폰 사비니의 4단계 해석론은 대표적인 법해석론이고, 이를 헌법에 적용하면 헌법해석론이 된다(제3장 인권보장과 헌법해석에서 상술). 사비니는 문리적(문법적) 해석, 논리적(체계적) 해석,목적론적 해석,역사적 해석을 들고 있다. 사비니의 4단계 해석론은 그 후 많은 사람들에 의해 보완되고 세분화되어 7단계 해석론으로 발전하기도 하였다.

독일의 비스마르크 체제하에서는 라반트로 대표되는 실증주의적 국법학이 주류를 이루었다. 이는 형식논리를 기초로 하는 법률해석론이었다. 토마(Thoma), 켈젠(H. Kelsen), 안슈츠(Anschüts)에 의해 대표되는 실증주의적 국법학, 또는 헌법해석학은 제1차 세계대전 직후까지 지배적인 지위를 차지하였으나 바이마르헌법이 들어서고 나서는 이른바 정신과학적 방법에 기초한 헌법론에 그 자리를 내주었다.

제2차 세계대전 후에는 목적론적 해석이 주류를 이루었다. 나치체제 하에서 퇴보한 헌법현실을 전후 민주화의 영향 하에 새로이 만들어진 본 기본법을 통해 개혁하고자 하였던 바, 본 기본법의 전향적인 요소를 발견하고자 하는 해석이 필요했었을 것이다. 예를 들면 오센뷜(F. Ossenbül)은 헌법의 목적론적 해석의 원리 또는 요건을 다음과 같이 밝히고 있다. 헌법의 통일성과 전체상의 확인, 헌법규범의 상호관계, 시민적 자유의 추정원칙, 이념의 역사적 고찰, 미래지향적 해석, 합목적성 등의 요건을 제시하였다.[5)]

이처럼 헌법해석은 헌법의식의 한 발현형태이기 때문에 해석을 하는 주체의 사회적 정치적 입장 등에 의해 달라진다. 또 상호 대항하거나 갈등하기도 한다. 즉 그 사회의 공권

4) 카게야마 히데야(影山日出彌), 이경주 역, 『현대헌법학의 이론』, 이성과 현실, 1989년, 63쪽 이하 참조.
5) 같은 책, 74쪽.

력에 의해 담보되는 헌법해석은 그 사회의 지배적인 계층이나 계급 또는 이에 동조하는 중간층 및 헌법학자에 의해 이루어지고, 이와 다른 계층이나 계급의 경우 다른 관점의 헌법해석을 내놓기도 한다. 예를 들면, 종부세와 관련하여 우리 사회의 일부는 이를 합헌이라고 해석하였지만, 우리 사회의 또 다른 일부는 이를 위헌이라고 해석하였던 것은 기억에도 생생하다(구 종합부동산세법 제5조 등 위헌소원 등, 헌재2008. 11. 13./2006헌바112, 2007헌바71 · 88 · 94, 2008헌바3 · 62, 2008헌가12 병합). 신문법 관련하여서도 사회적 경제적 처지에 따른 상반된 헌법해석으로 갈등하기도 하였다(신문등의자유와기능보장에관한법률 제16조 등 위헌확인 등, 헌재2006. 6. 29./2005헌마165 · 314 · 555 · 807, 2006헌가3,병합).

헌법해석의 직접적인 대상은 헌법규범과 헌법관계 및 양자의 상호관계이다. 일반적으로 헌법해석에 의해 이들 대인적 범위(사회관계) 및 대상적 범위가 명확히 된다.

2) 헌법규범

각종 헌법의식은 헌법해석을 통하여도 경쟁하고 대립하기도 하지만, 보다 근원적으로는 헌법제정과정이나 개정과정을 통해 경쟁하고 각축한다. 그리고 주도적인 헌법의식이 보편적인 의사형태를 취하여 헌법규범화한다.

헌법규범은 제헌과정 등의 국가활동을 매개로 하여 객관화되는데, 그 형성과정은 두 가지 경로로 이루어진다. 첫째는 객관적인 측면이다. 어떤 규범을 정립하는 과정에는 우선 경제적인 이해관계가 중요한 역할을 한다. 경제적 이해관계는 이익의식으로, 이익의식은 헌법의식으로 발전하고 이것이 헌법규범화한다. 둘째는 주관적인 측면이다. 어떤 규범을 정립하는 과정에는 일정한 헌법의식도 일정한 역할을 한다. 일정한 헌법의식이 헌법제정활동에 영향을 미치고 헌법제정과정을 통하여 국가적 의사 또는 국민적 의사라는 이름으로 탈바꿈한 뒤 헌법규범화하기도 한다.

헌법규범이 헌법의식의 각축이라고는 하지만, 근대사회에서는 전근대사회와 달리 어느 일방의 헌법의식이 노골적으로 규범화하지는 않는다. 첫째, 헌법규범은 일반적인 표현을 통하여 규범화한다. 둘째, 주도 세력의 공통적인 생활조건에 기초한 평균적 의사로 나타난다. 셋째, 헌법규범은 주도세력의 평균적 의사만 일방적으로 규정하는 것이 아니라 그 밖의 모든 사회구성원에 대해서도 일반적 타당성을 갖는 형태로 규범화한다.[6]

예를 들어 헌법 제37조 제2항 인권제한의 목적으로 들고 있는 질서유지나 공공복리를 보자. 이때의 질서는 우리 사회를 주도하는 세력들이 생각하는 질서(재산권의 보장, 시장

6) 같은 책, 81쪽.

경제)를 의미하고, 주도 세력 내에서도 예를 들어 경제주체들 가운데서도 대기업과 중소기업의 이해관계가 다르지만 질서유지, 공공복리라는 일반적인 표현으로 나타나고 그 말을 통하여 대기업이든 중소기업이든 경제질서에 대한 평균적인 어떤 내용을 담을 수 있다고 본다. 또한 질서유지, 공공복리라는 표현에는 주도적인 사회세력의 평균적 의사뿐만 일반적으로 의미하는 것이 아니라 그 밖의 모든 사회구성원들도 질서유지나 공공복리라는 규범에 일반적 타당성을 느낀다. 또 그러기 때문에 헌법규범화될 수 있었을 것이다.

헌법규범의 이러한 양태는 헌법해석의 역동성을 가능케 하기도 한다. 사회적 소수자 및 이를 대변하는 법률가들에게는 질서유지나 공공복리의 의미내용을 달리 해석하여 사회적 다수자 또는 유력자와 경쟁하고 각축하게 된다.

3) 헌법제도

헌법제도란 우선 헌법에 의해 만들어진 유형의 시설이라고 할 수 있다. 국회, 정부, 법원, 정당과 같이 눈에 보이는 모습을 띠고 있다. 뿐만 아니라 국회, 정부, 법원, 정당 등을 운영하고 움직이는 원칙이나 규칙들까지를 포함한다. 재판제도는 재판의 절차, 구성, 원칙, 권한 등에 관한 헌법규범에 포함된 규칙들로 이루어진다. 정부도 정부조직, 구성, 작용, 절차 등의 원칙과 규칙들로 이루어졌다.

헌법제도와 관련하여 논란이 되는 것은 제도보장이론을 어떻게 평가할 것인가 하는 문제이다. 독일 바이마르 시대에 뢰벤슈타인, 루돌프 후버, 클라인 등의 공법학자가 검토한 제도보장이론은 연혁적으로는 동기가 순수하지 못하였기 때문이다. 제도보장이론은 바이마르헌법에서의 인권보장 특히 제5장 경제생활의 헌법규정에 대한 해석론 및 후속 입법과 연관이 있다. 제도보장이론은 파격적인 재산권제한 규정 및 이에 기초한 재산권제한입법을 무력화시키기 위해 행정뿐만 아니라 입법자도 침해할 수 없는 제도적 보장이 필요하다는 논지를 내용으로 하였다.

볼프(M. Wolff)와 같은 사람은 바이마르헌법 제153조 제1항 전단의 내용에 대해, 이 규정이 개개의 권리주체의 구체적 사권을 보장할 뿐만 아니라 법제도로서의 사적소유도 유지하는 것, 즉 제도보장을 정한 것이라고 해석하였다. 이와 같이 제도보장이론은 바이마르헌법에 의해 규정되었던 사회경제적 개혁조치(사회화, 토지개혁 등)를 규정한 각종 입법으로부터 자본주의 재산제도를 옹호하는 이론으로서 역할을 하였다.[7)]

그러나 제2차 세계대전 후의 독일 공법학에서는 이를 넘어 권리보장규정의 일반적 유형

7) 같은 책, 119쪽.

화의 관점에서 파악하고 그 유의미성을 인정하고 있다. 따라서 헌법제도의 논의범주에서 배제할 필요는 없을 것이다.

4) 헌법관계

헌법관계란 헌법을 전제로 하여 존재하는 사회관계이다. 친구관계, 동료관계와 같은 사회관계와 달리 국가에 의해 제정된 헌법을 전제로 하여 형성되는 관계이다. 가령 표현의 자유규정을 전제로 한 국가와 국민의 관계와 같은 것이 그것이다. 좀 더 구체적으로 예를 들어 이야기하면 헌법 제21조의 표현의 자유를 전제로 국가권력의 하나인 입법부가 영화법을 제정하고 이 영화법 제12조에 '영화상영을 위해서는 사전심의필을 받도록 규정'한 경우에 있어서 국가와 국민의 관계 같은 것이다.

> ↠ 사례
>
> 영화감독 강 아무개 등은 최근 논란이 되고 있는 수평적이지 못한 한미관계의 현주소를 직시하기 위한 사회성 짙은 영화를 만들기로 하고, "오 꿈의 나라"라는 영화를 제작하였다. 그러나 영화를 상영함에 있어서 상영전에 공연윤리위원회의 심의를 받지 아니함으로써 영화법 제12조 제1항에 위반하였다는 공소사실로 기소되어 서울지방법원 89노6866으로 사건 계속중이다.

헌법관계는 권력적 성격을 갖는다. 위 사례의 경우, 영화법 제12조에 의하면 영화를 상영하고자 하는 개인은 사전심의필을 받아야 하지만, 심의필을 받지 아니한 경우 징역 또는 벌금형에 처하도록 하고 있다(제3장 제1절 헌법재판소에 의한 구제 참조).

헌법관계는 상호대립하기도 한다. 위 사례의 경우 인권의 향유주체로서의 영화감독 강아무개의 표현의 자유는 영화법을 통하여 제한하려는 국가권력과의 헌법관계가 형성되기도 하지만, 규제법률이 위헌이라고 하여 헌법 제111조에 따라 헌법소송을 제기하는 경우에는 헌법재판소와 강아무개간의 헌법관계도 형성된다.

헌법관계는 모순을 포함하기도 한다. 위 사례와 관련하여 헌법재판소는 영화법 제12조가 위헌이라고 결정한 바 있다. 이 경우 영화법을 통하여 영화를 사전심의 하려는 행정부와 영화감독 강아무개의 헌법관계와 영화법이 위헌이라는 결정을 한 헌법재판소와 영화감독 강아무래의 헌법관계는 서로 대립의 관계이다.

헌법관계는 중층적이다. 위 사례의 경우, 표현의 자유를 둘러싼 국가와 개인의 헌법관계에는 영화법 제12조(사전심의제)를 규정한 입법부와 강아무개와의 관계, 영화법 제12조에 따라 사전심의를 하는 공연윤리위원회와 강아무개의 관계(행정법관계), 영화법 제12조를 위반하는 경우 이를 규제하는 법무부와 강아무개의 관계(형사법관계) 등의 헌법관계가 중

첩된다.[8]

헌법관계는 **주로 경제적 이해관계를 반영**하기도 하며 경우에 따라서는 상대적으로 독립적이기도 하다. 경우에 따라서는 헌법재판소나 법원의 결정이 경제적 이해관계나 질서를 오히려 바꾸기도 한다.

또한 헌법재판소의 위헌결정은 새로운 헌법관계를 형성시키기도 한다. 예를 들어 영화법이 폐지되고 영화진흥법이 제정되게 되면, 영화감독은 사전심의를 받지 않고도 표현의 자유를 향유할 수 있게 된다.

이상에서 보는 것처럼 헌법관계의 성립, 변경 및 소멸은 항상 헌법규범을 불가결한 전제로 하고 있다. 나아가 헌법규범은 헌법사실과도 밀접한 관계에 있다. 국회의원의 사망이라는 사실을 매개로 사망한 국회의원과 국가간의 헌법관계는 소멸한다.

이러한 헌법관계의 주요한 구성요소는 첫째, 권리주체이다. 전근대시대에는 노예와 농노는 권리주체성을 인정받지 못하였지만, 근대시민혁명 이후에는 적어도 형식적으로는 만인에게 권리주체성을 인정하였다. 둘째, 권리내용이다. 헌법관계의 내용은 헌법규범에 의해 미리 확정되어 있는 헌법상의 인권 및 의무, 국가기관의 헌법상 권한(입법권, 집행권, 사법권 등)과 의무이다.[9] 셋째, 실현행위이다. 즉 권리내용 등을 실현하고자 하는 작위 또는 부작위이다. 권리주체는 헌법규범 등에 의해 정해진 권리, 권한 및 의무의 범주 내에서 이를 현실화하기 위하여 협조하거나 각축한다. 이러한 실현행위가 헌법관계의 객체를 구성한다.

---

8) 같은 책, 122쪽 이하 참조.

9) 같은 책, 147쪽.

◉읽을거리

헌법재판소의 종부세 헌법불합치결정 기득권층에 유리하게 결정

[껍데기만 남은 종부세]

재판관 8명 종부세 대상, '이해당사자'가 판단한 셈
헌재 종부세 결정에 재판관별 '재산상 특성' 나타나
사유재산권에 항상 민감…기득권층 유리하게 결정

» 헌재 재판관별 의견

헌법재판소 재판관별 의견	목영준	민형기	김희옥	이공현	이강국(소장)	조대현	김종대	이동흡	송두환
세대별 합산 과세	위헌	위헌	위헌	위헌	위헌	합헌	합헌	위헌	위헌
거주목적 1주택자 과세	일부헌법불합치	위헌	위헌	위헌	위헌	합헌	합헌	위헌	위헌

헌법재판소는 그동안 기본권 가운데 특히 사유재산권에 민감한 반응을 보여 왔다. 이번 종합부동산세법 일부 위헌 결정 역시 이런 경향의 연장선으로 풀이된다.

국정감사 자료를 보면, 헌재 재판관 9명의 평균 재산신고액은 27억5500만원이며, 9명 중 8명이 종부세 부과 대상이다. 종부세 문제에 대해 헌재 재판관들도 직접적인 '이해당사자'인 셈이다. 민주당 박영선 의원실 자료를 보면, 김희옥·이공현 재판관은 올해 3천만원 이상, 목영준·송두환 재판관은 1천만원 이상의 종부세를 내야 한다. 다른 재판관들도 김종대 재판관을 빼고는 수백만원씩의 종부세 부과 대상자다.

우연의 일치일지 모르지만, 이날 헌재 결정에서도 재판관들의 재산상의 특성이 묘하게 나타났다. 종부세 부과 대상이 아닌 김종대 재판관, 재산이 상대적으로 적은 편인 조대현 재판관만이 위헌 또는 헌법불합치 결정이 내려진 두 쟁점에 대해 합헌 의견을 냈다.

헌재는 부동산투기 억제와 소득재분배 효과를 노린 중요 세금 관련 정책이나 법률을 번번이 탄핵해 왔다. 토지초과이득세 헌법불합치 결정(1994년)이나 택지소유상한제 위헌 결정(1999년)이 대표적이다. 이를 비롯해 1988년 문을 연 헌재가 지난해 말까지 위헌법률 심판사건에서 내린 위헌 결정(헌법불합치, 한정위헌 포함) 209건 가운데 재산권과 관련한 위헌 결정이 50건이다. 상속세법 조항에 대해서는 16차례나 위헌 결정을 내렸다. 소득세법 조항 위헌 결정도 8차례나 된다. 지방세법(12차례), 국세기본법(8차례), 법인세법(6차례) 조항도 뒤지지 않는다. 건축법, 개발이익환수법 조항까지 합치면 재산권 관련 위헌 결정 비율은 더 늘어난다. 이런 결과는 재산권 관련 위헌소송 청구가 많기 때문이라고 설명할 수도 있지만, 헌재가 경제적 기득권층에 기울어진 결정을 해왔다는 비판을 물리치기 어려워 보인다.

김승환 전북대 교수(헌법학)는 "헌재는 사회적 강자와 사회적 약자가 갈등을 일으키는 법 조항, 특히 경제 관련 조항들에서는 강자의 편을 들어주는 결정을 내려 왔다"며 "재판관들의 사회경제적 위치도 이런 경향에 영향을 끼친다"고 분석했다.

〈한겨레〉, 2008년 11월 13일 김남일 기자

제2장

인권의 이해

제 1 절 인권의 개념과 제한
제 2 절 인권의 분류와 체계
제 3 절 인권제한의 한계
제 4 절 인권보장과 해석

제 2 장

인권의 이해

제 1 절 인권의 개념과 제한

1. 인권의 어원

인권(Droits de l 'homme=human rights=Menschenrechte=인간의 권리)이란 인간이 인간으로서 당연히 가지는 권리를 의미한다. 그러나 1848년 프랑크프르트 헌법을 비롯하여 비스마르크 헌정체제 하에서는 기본권(Grundrecht)이라는 표현을 사용하였다. 이에 따르면 기본권이란 인권 가운데 헌법이 보장하는 국민의 기본적 권리를 의미하는 제한적인 의미로 사용되었다.

제2차 세계대전을 종결로 이끌었던 포츠담 선언에서는 기본적 인권(fundamental human rights)이라는 표현을 사용하기도 하였다. 다만, 이때의 기본적이라는 형용사는 기본권(Grundrecht)에서의 기본적 이라는 의미와 달리 인권(human rights)의 근본성을 강조한 것으로 여겨진다. 이러한 것은 유엔헌장에서 인권을 인권이라고 단순표현하지 아니하고 인권 및 기본적 자유(human rights & fundamental freedoms)라고 표현한데서도 잘 드러난다.

한편 영미의 연구자들, 예를 들어 프라이스(R.Price)와 같은 학자는 인권의 자유와의 연관성을 강조하고 그 주체로서의 시민을 묶어서 시민적 자유(civil liberty)라는 표현을 쓰기도 한다.

2. 인권의 뜻

인권개념은 자유와 밀접불가분의 관계에 있다. 사실 우리 헌법전에도 제10조(국가는 개인이 가지는 불가침의 기본적 인권을 확인하고…)를 제외하면, 인권, 또는 기본권이라는 명문의 표현은 발견하기 어렵다. 1987년 헌법을 보더라도 제2장에서 국민의 권리와 의무라고 하고 있지 인권과 의무 또는 기본권과 의무라는 표현은 쓰지 않고 있다. 또 제2장의 구체적인 내용을 보더라도 '언론 출판 집회 결사의 자유', '신체의 자유'와 같이 자유라는 표현을 쓰고 있을 뿐이다.

그렇다면 인권은 무엇이고 자유는 무엇인가 하는 의문이 생기고 양자의 관계는 어떻게 되는지 의문이 아닐 수 없다. 결론을 미리 말한다면, 자유와 인권은 밀접불가분한 관계에 있다. 다시 말하여 인권은 자유를 확보하기 위한 권리이라고 말하여도 과언이 아닐 것이다.

그것은 근대적 의미의 헌법, 근대적 의미의 인권개념과도 밀접불가분하다. 근대적 의미의 헌법에서의 인권은 인권침해의 주범을 국가권력으로 보고 국가권력이 남용되지 않도록 권력을 분립하고 권력에 대한 견제를 통하여 자유가 확보되리라고 보았기 때문이다. 그러한 역사적인 연원을 고려한다면, 인권이란 개인의 자유에 대한 국가적 간섭의 배제를 요청할 수 있는 권리이다. 이와 같이 인권을 개념규정하게 되면 인권이 대국가적 방어권으로서의 성격을 갖는다는 말과 쉽게 상통하게 된다.

결국 인권을 이해하기 위해서는 자유가 무엇인지에 대한 의미규정도 동시에 이루어져야 한다. 자유에 대한 이해는 주의, 신조, 세계관, 종교, 성격 등등에 따라서 그야말로 천차만별이고 저마다 다를 수 있다. 그런 가운데서도 프랑스 인권선언 제4조는 자유에 대한 근대적 이해의 단초를 제공하여 줄 수 있을 것이다. 이에 따르면 "자유란 남을 해하지 않는 범위 내에서 할 수 있는 모든 것을 다하는 것이다. 따라서 각자의 자연권행사는 사회의 타 구성원에게도 동일한 권리 향수를 확보하기 위한 것 이외에는 한계를 갖지 않는다. 이들 한계는 법률에 의하지 않으면 안된다.(La liberté consiste à pouvoir faire tout ce qui ne nuit pas à autrui : ainsi l'exercice des droits naturels de chaque homme n'a de bornes que celles qui assurent aux autres Membres de la Société, la jouissance de ces mêmes droits. Ces bornes ne peuvent être déterminées que par la Loi.)"

이러한 근대적 자유는 남에게 해를 끼치더라도 자기가 하고 싶은 것을 모두 다하는 방종과도 구별된다. 현행 헌법 제37조 제2항에서 '국민의 자유는 질서유지를 위하여 법률로써 제한할 수 있다'고 하고 있는데, 이때의 질서유지 즉 인권제한의 목적은 프랑스 인권선언 제4조에서 말하는 '해를 끼치는 경우'의 대표적인 사례라고도 할 수 있을 것이다.

이상을 종합하면 인권이란 '개인의 자유를 국가가 침해하여서는 안된다고 주장할 수 있는 권리', '국가에 대한 간섭배제요청권'이라고도 할 수 있을 것이다.

3. 인권의 성격

인권은 자연권으로서의 성격을 갖는다. 근대적 헌법의 사상적 기초가 된 자연법 사상에 따르면 인간의 권리는 실정법에 의해서 창설된 권리와 달리 태어나면서부터 갖는 권리이다. 자연법사상은 그 기원이 고대에까지 거슬러 올라갈 수 있는데, 근대적인 자연권사상은 영국에 있어서의 홉스의 인권(자기보존권과 자유권)사상과 로크의 인권(재산권, 저항권)사상, 프랑스에 있어서는 루소의 자유권과 평등권사상을 꼽을 수 있다. 이러한 근대적 자연법 사상은 17~18세기 영국 · 미국 · 프랑스에 있어서 시민혁명의 사상적 지도이념이 되었으며, 시민혁명의 성공으로 근대 헌법상의 인권보장으로 성문화되고 확립되었다. 특히, 프랑스 시민혁명후의 1789년 인권선언(정식명칭은 인간과 시민의 권리선언) 제1조에서는 '인간은 자유롭고 평등한 권리를 가지고 태어나며 생존한다'고 하여 인권의 생래성을 강조한 바 있다.

인권은 주관적 공권으로서의 성격을 갖는다. 인권이란 '국가가 자유를 침해하여서는 안된다고 주장할 수 있는 권리', '자유에 대한 국가에 대한 간섭배제요청권'이라고도 할 수 있는데, 이는 인권의 공권적 성격 즉 국가권력에 대한 대항적 성격을 잘 나타내고 있는 것이다. 인권이 대국가적 효력을 갖는다는 것은 이러한 공권성에 기인한다.

또한 인권은 '개인의 자유'에 대한 국가의 간섭배제를 요청할 수 있는 권리라고 할 수 있는데, 이는 인권의 주관적 성격 즉 개인의 권리에 대한 간섭배제요청의 권리이기도 하다. 그래서 인권을 주관적 공권이라고도 한다.

인권은 사회의 공서양속 또는 사회질서의 중요한 내용으로서의 성격도 갖는다. 전통적인 인권개념에 따르면 개인의 자유침해의 주범은 국가였지만, 현대 사회에 이르면 개인의 자유를 침해하는 것은 비단 국가권력뿐만이 아니라 회사와 같은 조직, 또는 타인에 의해서도 빈번하게 이루어진다. 이러한 사회변화에 발맞춰 인권의 효력을 국가 뿐만 아니라 사인에게도 확장시켜야 한다는 논의가 확산되게 이르렀다. 프로야구선수의 드래프트제도와 관련한 '지명권효력정지' 사건에서 법원은 "지명권제도를 합의한 야구규약은 신청인의 헌법상 보장된 직업선택의 자유를 지나치게 제한하는 것으로서 이는 선량한 풍속 기타 사회질서에 위반한 사항을 내용으로 하는 법률행위가 되어 무효"라고 함으로써 인권이 사회질서의 중요한 근간임을 밝힌 바 있다.

> 독일헌법 제1조 ② 독일국민은 세계 모든 인간 공동체, 평화 및 정의의 기초로써 불가침의 양도할 수 없는 인권을 신봉한다.

4. 인권의 제한

인권은 자기가 하고 싶은 것을 자유롭게 할 수 있도록 국가의 간섭배제를 요청할 수 있는 권리이지만, 남을 해하지 않는 한계(프랑스 인권선언 제4조)내에서 이루어져야 한다. 독일 헌법 제2조 제1항에서는 "권리행사가 타인의 권리를 침해하는 것이어서는 아니되고, 헌법질서에 위반되어서는 아니되며, 도덕률에 반하는 것이어서는 안 된다"고 표현하고 있다.

현행 우리 헌법 제37조 제2항에서도 "국민의 모든 자유와 권리는 국가안전보장, 질서유지, 공공복리를 위하여 필요한 경우에 한하여 법률로써 제한할 수 있으며, 제한하는 경우에도 본질적인 내용을 침해하여서는 안된다"고 규정하고 있는데, 이때의 질서유지 공공복리와 같은 것이 남을 해하는 것을 예시한 것이라고 볼 수 있겠다.

다만, 국가안전보장이 인권의 한계를 예시한 것인가에 대해서는 주의가 요구된다. 원래 우리 헌법상 인권제한의 목적은 질서유지와 공공복리에 불과하였고 이것만으로도 인권제한의 목적을 내세우기 충분하였으나 1972년 유신헌법에서부터 국가안전보장이라는 불확정개념이 헌법에 유입되었음을 상기할 필요가 있다. 굳이 이를 합리화하자면 국가안전보장은 대외적 질서유지를 의미한다고도 할 수 있을 것이나, 장기집권에 반대하는 사람들을 처벌하는 법규들을 만들고 남북간 대결태세를 고취하기 위한 명분으로 도입되었다는 것은 헌정사를 통해 확인할 수 있다. 따라서 이를 삭제하는 것이 바람직하다 할 것이다. 만일 삭제하기 곤란하다면 거나 존속하는 기간에는 매우 제한적으로 축소해석하여야 할 것이다.

5. 인권의 제한과 우리 헌법 제37조 제2항

현행 헌법 제37조 2항에서는 국민의 모든 자유와 권리는 국가안전보장, 질서유지 또는 공공복리를 위하여 필요한 경우에 한하여 법률로써 제한할 수 있으며, 제한하는 경우에도 자유와 권리의 본질적인 내용을 침해할 수 없다고 규정하고 있다.

질서유지란 '사회의 안녕질서'를 의미하며, 여기에는 헌법의 기본질서 이외에 타인의 권리유지, 도덕질서유지, 사회의 공공질서유지 등이 포함되어 있다고 볼 수 있다. 질서유지를 위하여 인권을 제한하는 경우에도 현상유지적인 소극적 의미만을 내포하는 것으로 볼 수 있을 것이다. 질서유지를 위하여 기본권을 제한하는 법률에는 형법을 비롯하여 경찰법, 집회및시위에관한법률, 경찰관직무집행법, 도로교통법, 미성년자보호법, 소방법, 경범죄처벌법 등 다수의 법률이 있다.

공공복리란 현상유지적 개념으로서의 질서유지와 달리 현상타파적인 개념이다. 국민공동의 행복과 이익, 사회생활을 하는 만인공통의 공존공영의 이익은 다양한 견해에서 해석할 수 있다.

공공복리를 위한 기본권제한은 질서유지와는 달리 적극적인 성격을 내포하며 주된 대상을 재산권으로 삼는다. 국토이용관리법, 토지수용법, 건축법, 도시계획법, 하천법, 도로법, 삼림법 등에 보면 공공복리를 위한 입법목적을 내걸고 있음을 쉽게 발견할 수 있다.

◉읽을거리

1948년 헌법 제28조 제2항: 국민의 자유와 권리를 제한하는 법률의 규정은 질서유지와 공공복리를 위하여 필요한 경우에 한한다.

1962년 헌법 제32조 제2항: 국민의 모든 자유와 권리는 질서유지 또는 공공복리를 위하여 필요한 경우에 한하여 법률로써 제한할 수 있으며, 제한하는 경우에도 자유와 권리의 본질적인 내용을 침해할 수 없다.

1972년 헌법 제32조 제2항: 국민의 자유와 권리를 제한하는 법률의 제정은 국가안전보장, 질서유지 또는 공공복리를 위하여 필요한 경우에 한한다.

생각해 보기

↠ 헌법재판소의 아래 결정에 대해 논평하시오.

기본권이란 헌법에서 어떤 법익을 기본적 권리로 인정하고 이를 보장할 때 생겨나는 것이어서 헌법을 떠나 기본권이란 개념을 생각할 수 없고, 헌법은 국가의 존립을 전제로 하므로, 결국 기본권은 국가의 존립을 떠나서 관념할 수 없다. 따라서 국가의 존립은 기본권의 개념적 기초이자 기본권 보장의 전제라 할 것이다. (재판관 조대현의 보충의견)

2007년 전시증원연습 등 위헌확인 (헌재 2009. 5. 28./ 2007헌마369)

제 2 절 인권의 분류와 체계

1. 인권보장의 이념- 인간으로서의 존엄과 가치(제10조)

두 번에 걸친 세계 대전은 수많은 물자의 파괴를 가져왔다. 그러나 물자의 파괴보다도 더 인류를 비참하게 하였던 것은 인명이 손실되는 과정에서 발생한 인간존엄성 파괴현상이었다. 인간이 물자취급 되고 동원물품이 되는 가운데서 인간이 인간으로서 존립할 수 있는 영역은 더 이상 존재하지 않았다. 그리고 인간의 존엄성을 파괴하는데 앞장섰던 것은 국가권력이라는 이름의 폭력이었고 이를 옹호한 것은 법이라는 기술이었다.

이와 같은 인간존엄성 파괴현상에 대한 반성에서 비롯하여 제2차 세계 대전 후에 새로이 만들어진 헌법전에는 다음과 같은 특기할 만한 변화가 있었다. 다시 말해 헌법의 기본정신을 인간의 존엄과 가치를 지키는데 두게 되었다. 전범국가였던 독일은 기본법 제1조에서 「인간의 존엄(die Würde des Menschen)은 불가침이다」라고 하여 인간의 존엄을 헌법의 최고가치로서 내걸고 있다.

우리 헌법도 제10조에서 「국민은 인간으로서의 존엄과 가치를 갖는다」고 규정하고 있다.

그리고 더 나아가 이것을 국제적인 규범으로 만들고자 하였다. 특히 히틀러시대와 일본군국주의 통치시대에 자행된 가공할 만한 인권침해와 대량학살을 효과적으로 막지 못한 데에는 국제인권법이 부재한 탓이라고 생각하여 국제적인 권리장전을 만들고자 하였다. 1948년 12월 유엔총회에서 세계인권선언(Universal Declaration of Human Rights)이 채택되었고, 그 제1조에는 「모든 인간은 자유롭게 태어났으며, 동등한 존엄성과 권리를 갖는다」고 선언하고 있다.

1966년 12월 유엔총회에서는 '경제적 · 사회적 · 문화적 권리에 관한 국제규약'(The Covenant on Economic, Social & Cultural Rights)과 '시민적 · 정치적 권리에 관한 국제규약'(The Covenant on Civil & Political Rights)이 채택되었다. 그리고 여기에 우리나라도 1990년에 가입하였다.

그 밖에도 '집단살해범죄의 방지 및 처벌에 관한 협약' 등이 체결되었다. 나치의 집단살해(genocide)에 의해 수백만의 유태인들과 그 외 다른 국적이나 인종 및 종교에 속한 사람들이 처형되는 것을 경험한 후, 세계 여러 정부들이 이러한 범죄를 불법화시키는 협약을 체결한 것이다.

이상에서 알 수 있듯이 인간의 존엄과 가치를 지키고 옹호하는 것은 인권해석의 최고이념이 되고 있다고 할 것이다.

2. 법 앞의 평등(제11조1항)

근대국가를 지배하는 양대 이념은 자유와 평등이었다. 이들 자유와 평등은 상호제한적이면서 동시에 상호보완적인 관계에 있다. 자유의 보장이 없는 평등은 무의미한 것이고, 평등을 전제로 하지 않는 자유란 공허한 것이 될 수밖에 없다.

일반적 평등의 원칙은 모든 인간을 원칙적으로 평등하게 다룰 것을 요구하는 법원칙을 말한다. 그 중심내용은 '기회의 균등' 내지 '자의의 금지'라고 할 수 있다.

3. 일반적 자유와 인권

1) **인신의 자유** 생명권
신체를 훼손당하지 않을 권리,
신체의 자유 (제12조, 제13조, 제28조)

2) **사생활의 자유** 사생활의 비밀과 자유 (제17조)
주거의 자유 (제16조)
통신의 자유

3) **정신적 자유** 양심의 자유 (제19조)
종교의 자유 (제20조 1항)
언론·출판의 자유 (제21조)
집회·결사의 자유 (제21조)
학문과 예술의 자유 (제22조)

4. 경제적 자유와 인권

1) 재산권(제23조), 지적 재산권, 토지재산권(토지공개념)
2) 직업선택의 자유(제15조)
3) 소비자의 권리(제124조)

5. 정치적 자유와 인권

1) 참정권 - 국정에 참여하거나 국가기관을 구성하는 권리(선거권 · 공무담임권 등)
2) 선거권(제24조)
3) 정치적 자유 - 언론, 출판, 집회, 결사의 자유권(제21조)

6. 청구권적 인권 – 권리보장적 인권

1) 청원권(제26조) - 국가기관에 대해 일정한 사항에 대해 의견 · 희망 진술권
2) 재판청구권(제27조) - 법관에 의해 법률에 의한 재판을 받을 권리
3) 국가배상청구권(제29조) - 공무원의 직무상 불법행위로 인한 손해에 대한 배상청구
4) 국가보상청구권(제23조)

7. 사회권

1) 인간다운 생활권(제34조) - 존엄성에 상응하는 건강하고 문화적인 생활 영위권
2) 사회보장 수급권 - 사회보장급여를 청구할 수 있는 권리
3) 교육을 받을 권리(제31조)
4) 근로의 권리(제32조)
5) 근로3권(제33조)

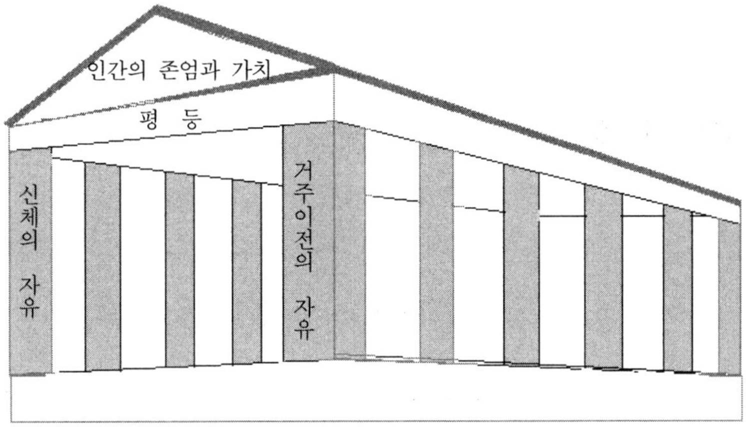

8. 헌법에 열거되지 아니한 인권

1) 제37조 제1항: 국민의 자유와 권리는 헌법에 열거되지 아니한 이유로 경시되지 아니한다.
2) 구체적인 예: 생명권, 신체를 훼손당하지 아니할 권리, 평화적 생존권, 발전에 대한 권리, 인류공동유산 혜택의 권리, 일조권, 휴식권, 수면권, 스포츠권

3) 행복추구권과의 관계

1948년 헌법
제28조 국민의 모든 자유와 권리는 헌법에 열거되지 아니한 이유로써 경시되지 아니한다.

1962년 헌법
제8조 모든 국민은 인간으로서의 존엄과 가치를 가지며, 이를 위하여 국가는 국민의 기본적 인권을 최대한으로 보장할 의무를 지닌다.
제32조 국민의 자유와 권리는 헌법에 열거되지 아니한 이유로 경시되지 아니한다.

1980년 헌법
제9조 모든 국민은 인간으로서의 존엄과 가치를 가지며 행복을 추구할 권리를 가진다.
제35조 국민의 자유와 권리는 헌법에 열거되지 아니한 이유로 경시되지 아니한다.

생각해 보기

↠ 제3세대의 인권이란 무엇인가?

◈읽어보기

평화적 생존권, 전쟁위험 속 꽃핀 대항담론

이경주(인하대학교, 법과대학)

신속기동군화 및 이를 위한 군사변환 등 이른바 미국의 군사전략의 변화로 말미암아 한반도가 전쟁위험에 처할 가능성이 높아지고 있다는 지적이 끊이지 않고 있다. 특히 평택으로의 미군기지 이전이 용산기지의 수평 후방이동이 아니라 신속기동군화전략을 수행하기 위한 적극적 확대이전이라는 점에서 평택 주민은 물론 전국민적 항의가 거세어지고 있다. 나아가 이에 대한 대항담론으로 평화권 또는 평화적 생존권에 대한 논의가 그 어느 때보다도 활발하다.

평화적 생존, 모든 인권의 출발

평화적 생존권의 이념적 기초는 다름 아닌 현행 헌법의 평화주의 원리이다. 평화주의란 헌법의 기본원리 중의 하나이며, 헌법의 이념적 기초, 지도원리를 의미한다. 현행 헌법의 경우 전문과 본문의 제5조(침략전쟁부인, 국군의 사명으로서의 국토방위) 등에 표현되고 있다. 헌법원리로서의 평화주의는 다른 헌법조항을 비롯한 모든 법령의 해석기준이 되며, 입법권의 범위와 한계 그리고 국가정책결정의 방향을 제시하는 것이어서 국가기관과 국민이 존중해야할 최고의 가치규범이다.

〈출처〉 '평화바람' 홈페이지

평화적 생존권은 이러한 평화주의를 인권적 관점에서 재구성한 것이다. 평화주의에 기초하여 침략전쟁을 부인하지 않으면, 두 번에 걸친 세계대전에서 보는 것처럼 침략전쟁이 난무하여 인간의 평화적 생존이 위협받을 것이고, 평화적 생존이 보장되지 않은 상황에서, 즉 사람이 죽거나 죽을 상황에 처한 상황에서는 사생활의 자유니 거주이전의 자유니 표현의 자유니 하는 자유와 권리는 제대로 보장받을 수 없기 때문이다.

그래서 국가가 전쟁을 하지 않도록 국가권력을 견제할 필요가 있는데, 이것이 바로 평화적 생존권이다. 국가가 전쟁을 대외정책수단으로 삼지 않도록 평화적 생존권이라는 인권의 이름으로 견제할 수 있어야 할 것이다.

평화적 생존권, 우리 헌법도 보장해

평화적 생존권이야말로 인권의 출발점임에도 불구하고 과연 평화란 무엇이며 평화적 생존은 무엇을 의미하는 것이냐에 대해서는 다양한 의견이 존재한다.

우선 평화가 무엇이냐도 사실은 논쟁거리 중의 하나이다. 어떤 사람들은 '전쟁이 없는 상태'를 평화라고 좁게 해석하지만, 평화학이나 정치경제학 등에서는 '빈곤, 기아 등 구조적 폭력이 없는 상태'야말로 진정한 평화라고 넓고 근원적으로 해석한다. 넓은 의미의 평화 개념을 취하는 것이 근본적이긴 하겠지만, 그렇게 되면 다른 인권보다 태어난 지 얼마 안 되는 새로운 권리, 즉 제3세대의 권리로서의 평화적 생존권이 마치 모든 인권을 가리키는 포괄적 인권개념으로 변할 우려도 없지 않다. 따라서 '평화적 생존'의 의미를 상대적으로 좁게 특정하여 보는 것도 단기적으로는 무의미한 일은 아닐 것이다.

그렇다면 평화적 생존이란 일단 모든 전쟁과 공포로부터 벗어나서 생존하는 것으로 하되, 매우 좁게는 전쟁과 군대없이 평화적으로 생존하는 것을 의미하게 된다. 이러한 평화적 생존의 개념에 기초하게 되면 평화적 생존권은 징병거부권을 핵심으로 하게 될 것이다. 그러나 조금 넓게 해석하면 전쟁과 군대없이 평화적으로 사는 것뿐만 아니라 군사적 목적을 위한 기본권 침해 없이 사는 것, 전쟁위험에 처하지 않고 평화적으로 생존할 권리까지 포함하게 될 것이다. 일본 헌법의 경우, 전문에서 "우리는 전세계의 국민이 평등하게 공포와 결핍으로부터 벗어나 평화롭게 생존할 권리를 갖고 있음을 확인한다"고 명시하고 있기도 하다.

그렇다면 우리 헌법의 경우는 어떨까. 평화적 생존권이 헌법적 근거가 있는가, 헌법에 명문의 규정이 있는가 하는 것을 따져볼 필요가 있다. 물론 현행 헌법에는 명문의 문구가 존재하지 않는다. 그렇다고 헌법의 권리가 아닌 것은 아니다. 생명권과 알 권리 그리고 사상의 자유가 헌법에 명문의 규정이 없음에도 불구하고 인간의 생래적 권리이듯이, 평화적 생존권 역시 헌법에 열거되지 않았지만 경시해서는 안 될 제3세대의 인권인 것이다. 그래서 현행 헌법 제37조 제1항에서는 '국민의 자유와 권리는 헌법에 열거되지 아니한 이유로 경시해서는 안된다'고 규정하고 있다. 따라서 평화적 생존권이 인간의 존엄과 권리를 향상시키는 권리임을 생각한다면 비록 헌법에 열거되지는 않았다 하더라도 경시되어서는 안될 인권인 것이다.

헌법재판소도 지난 2월 23일 평택주민들이 낸 용산기지 이전협상 관련 헌법소원을 각하하면서도 헌법 제10조와 제37조 제1항으로부터 평화적 생존권을 이끌어낼 수 있으며, "그 기본 내용은 침략전쟁에 강제되지 않고 평화적 생존을 할 수 있도록 국가에 요청할 수 있는 권리"라고 하여 평화적 생존권의 권리성을 인정한 바 있다.

평화를 위협하는 모든 국가에 대한 방어권

평화와 평화적 생존의 개념을 어떻게 파악하는가에 따라서도 평화적 생존권의 내용이 많이 달라지겠지만, 개별 국가의 역사적, 국제관계적 특수성, 개별 국가의 국가와 국민의 관계 등에 따라서도 평화적 생존권의 의미내용은 큰 편차를 보인다. 비교헌법사적으로 보더라도 그렇다.

이를 종합하여 보면 평화적 생존권의 내용으로 포함될 수 있는 내용으로는 다음과 같은 내용 등을 들 수 있을 것이다. 즉, 국가에 의한 침략전쟁의 부인, 집단적 자위권의 부인, 군비보유의 배제, 국가에 의한 평화 저해 행위(무기수출)의 배제, 국가에 의한 평화적 생존 저해 행위(징병제)의 배제, 군사적 목적의 기본권 제한(재산수용, 표현자유 제한) 금지, 전쟁위험에 처하지 않을 권리 등을 들 수 있을 것이다.

〈평화적 생존권 외침은 서울에서도 울려퍼지고 있다.〉

이 중 현행 우리 헌법의 규정과 체계를 고려하여 본다면, 현행 헌법 제5조는 제37조 제1항과 더불어 평화적 생존권의 헌법적 근거가 될 수 있을 것이다. 이에 기초하여 평화적 생존권은 침략전쟁의 부인, 개별적 자위권의 인정과 문민통제권 등을 포함한다고 할 것이다. 이를 대내외적인 측면으로 표현하면, 대내적으로는 침략을 위한 군사적 목적의 기본권 제한과 본질내용 침해금지를 요구할 권리, 타국에 대한 무력공격에 가담하지 않도록 요구할 권리, 군사외교정책이 전쟁위험을 유발하지 않도록 요구할 권리를 의미한다. 대외적으로는 타국에 대하여도 자국을 전쟁위험에 끌어들이지 않도록 요구할 권리 등을 포함한다 할 것이다.

평화적 생존권의 효력은 국가에 미친다. 즉 국가권력을 견제하고 국가권력의 간섭으로부터 개인을 방어하는 권리이다. 평화적 생존을 저해할 우려가 있는 평택기지 건설을 위하여 토지소유권을 제한하거나 수용하려 하는 경우 이러한 간섭의 배제를 국가에 대하여 요구하는 권리이다.

또한 평화적 생존권은 타국에 의하여 전쟁위험에 처할 위험이 있는 경우에는 이를 거부할 대국제적인 방어권이기도 하다. 평택에 미군기지가 확장 이전되면서 평택주민들 사이에서는 평택미군기지가 중국 등 외국을 염두에 둔 신속기동군 기지로 사용될 것을 우려하고 그렇게 되면 우리 의사와 관계없이 미국이 주도하는 전쟁에 휩쓸리게 될 위험성이 있으며 이것이야말로 평화적 생존권의 침해라고 항의하고 있다.

평화로운 생존은 모든 인권의 출발점이라는 '공지의 사실'이 평택기지반대운동을 통해 다시금 환기되고 있는 4월이다.

↣ 미군의 서울지역으로부터 평택으로의 이전에 관한 한미간 협정 등 위헌확인

(2006. 2. 23./2005헌마268 전원재판부)

【판시사항】

1. 미군기지의 이전이 헌법상 자기결정권의 보호범위에 포함되는지 여부(소극)

2. '대한민국과 미합중국 간의 미합중국 군대의 서울역지역으로부터의 이전에 관한 협정'과 '대한민국과 미합중국 간의 미합중국 군대의 서울지역으로부터의 이전에 관한 협정의 이행을 위한 합의권고에 관한 합의서' 및 '2002년 3월 29일 서명된 대한민국과 미합중국 간의 연합토지관리계획협정에 관한 개정협정'(이하 이들을 '이 사건 조약들'이라 한다)이 평화적 생존권의 침해가능성이 있는지 여부(소극)

3. 권리침해를 받을 우려가 있다 하더라도 장래에 잠재적으로 나타날 수 있는 것이므로 권리침해의 '직접성'이나 '현재성'을 부인한 사례

4. 단순히 일반 헌법규정(제6조, 제60조)이나 헌법원칙에 위반된다는 주장이 기본권침해에 대한 구제라는 헌법소원의 적법요건을 충족시키지 못하였다는 사례

【결정요지】

1. 미군기지의 이전은 공공정책의 결정 내지 시행에 해당하는 것으로서 인근 지역에 거주하는 사람들의 삶을 결정함에 있어서 사회적 영향을 미치게 되나, 개인의 인격이나 운명에 관한 사항은 아니며 각자의 개성에 따른 개인적 선택에 직접적인 제한을 가하는 것이 아니다. 따라서 그와 같은 사항은 헌법상 자기결정권의 보호범위에 포함된다고 볼 수 없다.

2. 오늘날 전쟁과 테러 혹은 무력행위로부터 자유로워야 하는 것은 인간의 존엄과 가치를 실현하고 행복을 추구하기 위한 기본 전제가 되는 것이므로 헌법 제10조와 제37조 제1항으로부터 **평화적 생존권**이라는 이름으로 이를 보호하는 것이 필요하며, 그 기본 내용은 침략전쟁에 강제되지 않고 평화적 생존을 할 수 있도록 국가에 요청할 수 있는 권리라고 볼 수 있다. 그런데 이 사건 조약들은 미군기지의 이전을 위한 것이고, 그 내용만으로는 장차 우리나라가 침략적 전쟁에 휩싸이게 된다는 것을 인정하기 곤란하므로 이 사건에서 **평화적 생존권**의 침해가능성이 있다고 할 수 없다.

3. 이 사건 조약들에 의해서 청구인들의 환경권, 재판절차진술권, 행복추구권, 평등권, 재산권이 바로 침해되는 것이 아니고, 미군부대 이전 후에 청구인들이 권리침해를 받을 우려가 있다 하더라도 이는 장래에 잠재적으로 나타날 수 있는 것이므로 권리침해의 '직접성'이나 '현재성'을 인정할 수 없다.

4. 청구인들은 이 사건 조약들이 일반 헌법규정(제5조, 제60조)에 위반된다는 주장을 하였으나, 기본권 침해의 가능성이 없이 단순히 일반 헌법규정이나 헌법원칙에 위반된다는 주장은 기본권침해에 대한 구제라는 헌법소원의 적법요건을 충족시키지 못하는 것이다.

생각해 보기

➻ 이처럼 인권은 헌법에 열거되지 아니한 것 이외에도 다양하게 열거할 수 있는데, 그렇다고 하여 열거 할 수만 있다면 모든 권리가 인정받을 수 있을 것인가?

◈읽어보기

배우 김부선씨 대마초 처벌 위헌심판제청 신청

수원지법 형사3부는 21일 마약법 위반 혐의로 2심 재판이 진행중인 영화배우 김부선(43)씨가 마약류 관리법에 대한 위헌법률 심판제청을 신청했다고 밝혔다.

김 피고인은 위헌법률 심판제청 신청서에서 "대마초는 신체위해 정도가 낮고 환각제가 아니며 사회적으로 위험하지 않다"라는 등의 이유로 "대마초 처벌 규정은 헌법의 행복추구권과 과잉금지 원칙에 위배된다"고 주장했다.

김 피고인은 또 신청서에서 외국 연구기관의 보고서를 인용해 "소량의 대마초 사용에 대해 처벌하지 않는 것이 세계적 추세"라고 주장했다.

재판부는 신청의 타당성 여부를 검토해 위헌의 소지가 있다고 판단될 경우 헌법재판소에 위헌법률 심판제청을 하게 된다.

김부선씨 지난 8월 10일 수원지법 성남지원에서 대마초를 흡연한 혐의로 징역 8월에 집행유예 2년이 선고되자 항소했다.

〈노컷뉴스〉, 2004년 10월 21일, CBS 이동직기자

➻ 마약류관리에 관한 법률 제61조 제1항 제7호 등 위헌소원

(헌재 2005.11.24./ 2005헌바46 전원재판부)

【결정요지】

1. 법 제61조 제1항은 대마 흡연자를 법 제2조 제4호 가목의 향정신성의약품의 원료가 되는 식물을 흡연한 자와 같은 법정형으로 처벌하고 있으나, 대마의 사용자가 흡연 행위를 한 후 그에 그치지 않고 환각상태에서 다른 강력한 범죄로 나아갈 경우와 같은 사회적인 위험성의 측면에서

보면 대마의 흡연 행위가 법 제2조 제4호 가목 소정의 향정신성의약품 원료식물의 흡연 등의 행위보다 사회적 위험성 면에서 결코 약하다고 만은 할 수 없고, 법 제61조 제1항이 위 두 경우를 같은 법정형으로 처벌하도록 규정하고 있으면서도 5년 이하의 징역이나 5천만 원 이하의 벌금에 처하도록 법정형의 상한만을 정하여 그 죄질에 따라 법원이 적절한 선고형을 정하는 것이 가능하도록 하고 있으므로, 단순히 법률규정 자체가 향정신성의약품과 대마 자체가 가진 위험성의 비례관계를 엄격히 지키지 않았다는 이유로 과잉금지의 원칙에 반하여 행복추구권을 침해하는 것이라고 할 수는 없다.

2. 대마에 포함된 환각성분 및 발암물질, 대마사용으로 인한 환각상태에서 다른 범죄로 나아갈 위험성, 대마에 관한 우리의 역사와 문화, 입법 당시의 시대적 상황과 국민일반의 가치관 내지 법감정, 범죄의 실태와 죄질 및 보호법익, 그리고 범죄예방효과 등을 종합적으로 고려할 때 이 사건 법률조항이 술, 담배의 경우와 달리 대마의 수수 및 흡연을 범죄로 규정해 처벌하는 것은 합리적인 이유가 있으므로 평등의 원칙에 위반되지 아니한다.

【청구인의 주장】

모든 국민은 자기의 신체에 중대하고 심각한 침해를 발생시켜 사회윤리에 해를 끼칠 정도가 아닌 한 자기가 추구하는 행복관념에 따라 자유롭게 행동하면서 살 권리가 있는바, 법이 규제하고 있는 마약류 중에서 마약으로서의 독성이 상대적으로 가장 약한 대마초에 대하여 그 흡연 및 수수행위를 처벌하는 것은 부당하고, 나아가 그 법정형 또한 과도하므로 위 조항은 과잉금지의 원칙에 위반하여 행복추구권을 침해한다.

국민은 국가권력으로부터 다른 기호 생활을 하는 사람들과 차별 취급을 받지 않을 권리가 있는데, 대마는 환각성, 금단성, 의존성 등에서 마약으로서의 특성이 약하고 술이나 담배보다도 신체에 해롭지 않음에도 불구하고 술과 담배는 금지 하지 않으면서도 대마초 흡연과 수수행위를 형사처벌하도록 규정한 이 사건 법률조항은 헌법 제11조 제1항의 평등의 원칙에도 위반된다.

【헌재의 판단】 - 대마의 흡연, 수수행위의 자유에 대한 헌법적 근거

헌법 제10조 전문은 "모든 국민은 인간으로서의 존엄과 가치를 지니며, 행복을 추구할 권리를 가진다."고 규정하여 행복추구권을 보장하고 있는바, 인간으로서의 존엄과 가치를 실현하고 행복을 추구하기 위하여서는 누구나 자유로이 의사를 결정하고 그에 기하여 자율적인 생활을 형성할 수 있어야 하므로, 행복추구권은 그의 구체적인 표현으로서 일반적인 행동자유권을 포함한다(헌재 1991. 6. 3. 89헌마204).

일반적 행동자유권은 적극적으로 자유롭게 행동을 하는 것은 물론 소극적으로 행동을 하지 않을 자유도 포함되고, 가치있는 행동만 보호영역으로 하는 것은 아닌 것인바(헌재 2003. 10. 30. 2002헌마518), 개인이 대마를 자유롭게 수수하고 흡연할 자유도 헌법 제10조의 행복추구권에서 나오는 일반적 행동자유권의 보호영역에 속한다. 이 사건 법률조항은 대마의 흡연과 수수를 금지하고 그 위반행위에 대하여 형벌을 가함으로써 청구인의 행복추구권을 제한하고 있다.

제 3 절 인권제한의 한계

1. 일반적 법률유보에 의한 인권의 제한

제37조 제2항은 '국민의 모든 자유와 권리는 국가안전보장 · 질서유지 · 공공복리를 위하여 필요한 경우에 한하여 **법률로써** 제한할 수 있으며, 제한하는 경우에도 자유와 권리의 본질적인 내용을 침해할 수 없다'고 함으로써 인권제한의 일반원칙을 규정하고 있다. 제37조 제2항에서 말하는 '자유와 권리'에는 원칙적으로 모든 인권이 포함된다.

생각해 보기

↠ 일반적 법률유보와 개별적 법률유보의 차이점?

◈읽어보기

독일헌법 제2조 ① 누구든 타인의 권리를 침해하지 않고, 헌법적 질서 또는 도덕률을 위배하지 않는 범위 내에서, 각자의 인격을 자유로이 발현할 권리를 갖는다.

◈읽어보기

대한민국헌법

제1장 총강

제1조 ① 대한민국은 민주공화국이다.
② 대한민국의 주권은 국민에게 있고, 모든 권력은 국민으로부터 나온다.
제2조 ① 대한민국의 국민이 되는 요건은 법률로 정한다.
② 국가는 법률이 정하는 바에 의하여 재외국민을 보호할 의무를 진다.
제3조 대한민국의 영토는 한반도와 그 부속도서로 한다.
제4조 대한민국은 통일을 지향하며, 자유민주적 기본질서에 입각한 평화적 통일정책을 수립하고 이를 추진한다.
제5조 ① 대한민국은 국제평화의 유지에 노력하고 침략적 전쟁을 부인한다.
② 국군은 국가의 안전보장과 국토방위의 신성한 의무를 수행함을 사명으로 하며, 그 정치적

중립성은 준수된다.

제6조 ① 헌법에 의하여 체결·공포된 조약과 일반적으로 승인된 국제법규는 국내법과 같은 효력을 가진다.

② 외국인은 국제법과 조약이 정하는 바에 의하여 그 지위가 보장된다.

제7조 ① 공무원은 국민전체에 대한 봉사자이며, 국민에 대하여 책임을 진다.

② 공무원의 신분과 정치적 중립성은 법률이 정하는 바에 의하여 보장된다.

제8조 ① 정당의 설립은 자유이며, 복수정당제는 보장된다.

② 정당은 그 목적·조직과 활동이 민주적이어야 하며, 국민의 정치적 의사형성에 참여하는 데 필요한 조직을 가져야 한다.

③ 정당은 법률이 정하는 바에 의하여 국가의 보호를 받으며, 국가는 법률이 정하는 바에 의하여 정당운영에 필요한 자금을 보조할 수 있다.

④ 정당의 목적이나 활동이 민주적 기본질서에 위배될 때에는 정부는 헌법재판소에 그 해산을 제소할 수 있고, 정당은 헌법재판소의 심판에 의하여 해산된다.

제9조 국가는 전통문화의 계승·발전과 민족문화의 창달에 노력하여야 한다.

제2장 국민의 권리와 의무

제10조 모든 국민은 인간으로서의 존엄과 가치를 가지며, 행복을 추구할 권리를 가진다. 국가는 개인이 가지는 불가침의 기본적 인권을 확인하고 이를 보장할 의무를 진다.

제11조 ① 모든 국민은 법 앞에 평등하다. 누구든지 성별·종교 또는 사회적 신분에 의하여 정치적·경제적·사회적·문화적 생활의 모든 영역에 있어서 차별을 받지 아니한다.

② 사회적 특수계급의 제도는 인정되지 아니하며, 어떠한 형태로도 이를 창설할 수 없다.

③ 훈장 등의 영전은 이를 받은 자에게만 효력이 있고, 어떠한 특권도 이에 따르지 아니한다.

제12조 ① 모든 국민은 신체의 자유를 가진다. 누구든지 **법률에 의하지 아니하고는** 체포·구속·압수·수색 또는 심문을 받지 아니하며, **법률과 적법한 절차에 의하지 아니하고는** 처벌·보안처분 또는 강제노역을 받지 아니한다.

② 모든 국민은 고문을 받지 아니하며, 형사상 자기에게 불리한 진술을 강요당하지 아니한다.

③ 체포·구속·압수 또는 수색을 할 때에는 적법한 절차에 따라 검사의 신청에 의하여 법관이 발부한 영장을 제시하여야 한다. 다만, 현행범인인 경우와 장기 3년 이상의 형에 해당하는 죄를 범하고 도피 또는 증거인멸의 염려가 있을 때에는 사후에 영장을 청구할 수 있다.

④ 누구든지 체포 또는 구속을 당한 때에는 즉시 변호인의 조력을 받을 권리를 가진다. 다만, 형사피고인이 스스로 변호인을 구할 수 없을 때에는 **법률이 정하는 바에 의하여** 국가가 변호인을 붙인다.

⑤ 누구든지 체포 또는 구속의 이유와 변호인의 조력을 받을 권리가 있음을 고지받지 아니하고는 체포 또는 구속을 당하지 아니한다. 체포 또는 구속을 당한 자의 가족 등 법률이 정하는 자에게는 그 이유와 일시·장소가 지체없이 통지되어야 한다.

⑥ 누구든지 체포 또는 구속을 당한 때에는 적부의 심사를 법원에 청구할 권리를 가진다.

⑦ 피고인의 자백이 고문·폭행·협박·구속의 부당한 장기화 또는 기망 기타의 방법에 의하여

자의로 진술된 것이 아니라고 인정될 때 또는 정식재판에 있어서 피고인의 자백이 그에게 불리한 유일한 증거일 때에는 이를 유죄의 증거로 삼거나 이를 이유로 처벌할 수 없다.

제13조 ① 모든 국민은 행위시의 법률에 의하여 범죄를 구성하지 아니하는 행위로 소추되지 아니하며, 동일한 범죄에 대하여 거듭 처벌받지 아니한다.

② 모든 국민은 소급입법에 의하여 참정권의 제한을 받거나 재산권을 박탈당하지 아니한다.

③ 모든 국민은 자기의 행위가 아닌 친족의 행위로 인하여 불이익한 처우를 받지 아니한다.

제14조 모든 국민은 거주·이전의 자유를 가진다.

제15조 모든 국민은 직업선택의 자유를 가진다.

제16조 모든 국민은 주거의 자유를 침해받지 아니한다. 주거에 대한 압수나 수색을 할 때에는 검사의 신청에 의하여 법관이 발부한 영장을 제시하여야 한다.

제17조 모든 국민은 사생활의 비밀과 자유를 침해받지 아니한다.

제18조 모든 국민은 통신의 비밀을 침해받지 아니한다.

제19조 모든 국민은 양심의 자유를 가진다.

제20조 ① 모든 국민은 종교의 자유를 가진다.

② 국교는 인정되지 아니하며, 종교와 정치는 분리된다.

제21조 ① 모든 국민은 언론·출판의 자유와 집회·결사의 자유를 가진다.

② 언론·출판에 대한 허가나 검열과 집회·결사에 대한 허가는 인정되지 아니한다.

③ 통신·방송의 시설기준과 신문의 기능을 보장하기 위하여 필요한 사항은 법률로 정한다.

④ 언론·출판은 타인의 명예나 권리 또는 공중도덕이나 사회윤리를 침해하여서는 아니된다. 언론·출판이 타인의 명예나 권리를 침해한 때에는 피해자는 이에 대한 피해의 배상을 청구할 수 있다.

제22조 ① 모든 국민은 학문과 예술의 자유를 가진다.

② 저작자·발명가·과학기술자와 예술가의 권리는 법률로써 보호한다.

제23조 ① 모든 국민의 재산권은 보장된다. **그 내용과 한계는 법률로 정한다.**

② 재산권의 행사는 공공복리에 적합하도록 하여야 한다.

③ 공공필요에 의한 재산권의 수용·사용 또는 제한 및 그에 대한 보상은 **법률로써 하되**, 정당한 보상을 지급하여야 한다.

제24조 모든 국민은 **법률이 정하는 바에 의하여** 선거권을 가진다.

제25조 모든 국민은 **법률이 정하는 바에 의하여** 공무담임권을 가진다.

제26조 ① 모든 국민은 **법률이 정하는 바에 의하여** 국가기관에 문서로 청원할 권리를 가진다.

② 국가는 청원에 대하여 심사할 의무를 진다.

제27조 ① 모든 국민은 헌법과 법률이 정한 법관에 의하여 법률에 의한 재판을 받을 권리를 가진다.

② 군인 또는 군무원이 아닌 국민은 대한민국의 영역 안에서는 중대한 군사상 기밀·초병·초소·유독음식물공급·포로·군용물에 관한 죄 중 법률이 정한 경우와 비상계엄이 선포된 경우를 제외하고는 군사법원의 재판을 받지 아니한다.

③ 모든 국민은 신속한 재판을 받을 권리를 가진다. 형사피고인은 상당한 이유가 없는 한 지체없이 공개재판을 받을 권리를 가진다.

④ 형사피고인은 유죄의 판결이 확정될 때까지는 무죄로 추정된다.

⑤ 형사피해자는 법률이 정하는 바에 의하여 당해 사건의 재판절차에서 진술할 수 있다.

제28조 형사피의자 또는 형사피고인으로서 구속되었던 자가 법률이 정하는 불기소처분을 받거나 무죄판결을 받은 때에는 법률이 정하는 바에 의하여 국가에 정당한 보상을 청구할 수 있다.

제29조 ① 공무원의 직무상 불법행위로 손해를 받은 국민은 법률이 정하는 바에 의하여 국가 또는 공공단체에 정당한 배상을 청구할 수 있다. 이 경우 공무원 자신의 책임은 면제되지 아니한다.

② 군인·군무원·경찰공무원 기타 법률이 정하는 자가 전투·훈련 등 직무집행과 관련하여 받은 손해에 대하여는 법률이 정하는 보상 외에 국가 또는 공공단체에 공무원의 직무상 불법행위로 인하여 배상은 청구할 수 없다.

제30조 타인의 범죄행위로 인하여 생명·신체에 대한 피해를 받은 국민은 법률이 정하는 바에 의하여 국가로부터 구조를 받을 수 있다.

제31조 ① 모든 국민은 능력에 따라 균등하게 교육을 받을 권리를 가진다.

② 모든 국민은 그 보호하는 자녀에게 적어도 초등교육과 법률이 정하는 교육을 받게 할 의무를 진다.

③ 의무교육은 무상으로 한다.

④ 교육의 자주성·전문성·정치적 중립성 및 대학의 자율성은 법률이 정하는 바에 의하여 보장된다.

⑤ 국가는 평생교육을 진흥하여야 한다.

⑥ 학교교육 및 평생교육을 포함한 교육제도와 그 운영, 교육재정 및 교원의 지위에 관한 기본적인 사항은 법률로 정한다.

제32조 ① 모든 국민은 근로의 권리를 가진다. 국가는 사회적·경제적 방법으로 근로자의 고용의 증진과 적정임금의 보장에 노력하여야 하며, 법률이 정하는 바에 의하여 최저임금제를 시행하여야 한다.

② 모든 국민은 근로의 의무를 진다. 국가는 근로의 의무의 내용과 조건을 민주주의원칙에 따라 법률로 정한다.

③ 근로조건의 기준은 인간의 존엄성을 보장하도록 법률로 정한다.

④ 여자의 근로는 특별한 보호를 받으며, 고용·임금 및 근로조건에 있어서 부당한 차별을 받지 아니한다.

⑤ 연소자의 근로는 특별한 보호를 받는다.

⑥ 국가유공자·상이군경 및 전몰군경의 유가족은 법률이 정하는 바에 의하여 우선적으로 근로의 기회를 부여받는다.

제33조 ① 근로자는 근로조건의 향상을 위하여 자주적인 단결권·단체교섭권 및 단체행동권을 가진다.

② 공무원인 근로자는 **법률이 정하는 자**에 한하여 단결권·단체교섭권 및 단체행동권을 가진다.

③ **법률이 정하는** 주요방위산업체에 종사하는 근로자의 단체행동권은 법률이 정하는 바에 의하여 이를 제한하거나 인정하지 아니할 수 있다.

제34조 ① 모든 국민은 인간다운 생활을 할 권리를 가진다.

② 국가는 사회보장 · 사회복지의 증진에 노력할 의무를 진다.
③ 국가는 여자의 복지와 권익의 향상을 위하여 노력하여야 한다.
④ 국가는 노인과 청소년의 복지향상을 위한 정책을 실시할 의무를 진다.
⑤ 신체장애자 및 질병 · 노령 기타의 사유로 생활능력이 없는 국민은 법률이 정하는 바에 의하여 국가의 보호를 받는다.
⑥ 국가는 재해를 예방하고 그 위험으로부터 국민을 보호하기 위하여 노력하여야 한다.
第35조 ① 모든 국민은 건강하고 쾌적한 환경에서 생활할 권리를 가지며, 국가와 국민은 환경보전을 위하여 노력하여야 한다.
② 환경권의 내용과 행사에 관하여는 법률로 정한다.
③ 국가는 주택개발정책 등을 통하여 모든 국민이 쾌적한 주거생활을 할 수 있도록 노력하여야 한다.
第36조 ① 혼인과 가족생활은 개인의 존엄과 양성의 평등을 기초로 성립되고 유지되어야 하며, 국가는 이를 보장한다.
② 국가는 모성의 보호를 위하여 노력하여야 한다.
③ 모든 국민은 보건에 관하여 국가의 보호를 받는다.
第37조 ① 국민의 자유와 권리는 헌법에 열거되지 아니한 이유로 경시되지 아니한다.
② 국민의 모든 자유와 권리는 국가안전보장 · 질서유지 또는 공공복리를 위하여 필요한 경우에 한하여 법률로써 제한할 수 있으며, 제한하는 경우에도 자유와 권리의 본질적인 내용을 침해할 수 없다.
第38조 모든 국민은 법률이 정하는 바에 의하여 납세의 의무를 진다.
第39조 ① 모든 국민은 법률이 정하는 바에 의하여 국방의 의무를 진다.
② 누구든지 병역의무의 이행으로 인하여 불이익한 처우를 받지 아니한다.

2. 인권제한의 목적 - 목적상의 한계

1) 질서유지

'사회의 안녕질서'를 의미하며, 여기에는 헌법의 기본질서 이외에 타인의 권리유지, 도덕질서유지, 사회의 공공질서유지 등이 포함되어 있다고 볼 수 있다. 질서유지를 위하여 인권을 제한하는 경우에도 현상유지적인 소극적 의미만을 내포하는 것으로 보아야 한다.

질서유지를 위하여 인권을 제한하는 법률에는 형법을 비롯하여 경찰법, 집회및시위에관한법률, 경찰관직무집행법, 도로교통법, 미성년자보호법, 소방법, 경범죄처벌법 등 다수의 법률이 있다.

2) 국가안전보장

국가안전보장의 개념은 매우 추상적이고 다의적인 불확정 개념이다. 게다가 질서유지의 개념에 국가안전보장과 같은 넓은 의미의 질서유지개념이 포함된다는 점을 고려하면 이 개념의 입지는 찾아보기 힘들다. 다만 헌법재판소는 국가안전보장의 개념을 '국가의 존립, 헌법의 기본질서유지 등을 포함하는 개념으로서 결국 국가의 독립, 영토의 보전, 헌법과 법률의 기능, 헌법에 의하여 설치된 국가기관의 유지 등의 의미'로 이해하고 있다(89헌가104).

헌법재판소처럼, 국가의 안전보장 개념을 이해하더라도 국가의 안전보장과 정권의 안전보장은 엄격히 구별하여야 한다. 국가안전보장이 질서유지 외에 인권제한의 또 다른 근거로 헌법에 자리한 것이 72년의 소위 유신헌법이었음은 그 남용의 위험을 방증한다.

◈읽어보기

> 1948년헌법 제28조 ② 국민의 자유와 권리를 제한하는 법률의 규정은 질서유지와 공공복리를 위하여 필요한 경우에 한한다.
> 1962년헌법 제32조 ② 국민의 모든 자유와 권리는 질서유지 또는 공공복리를 위하여 필요한 경우에 한하여 법률로써 제한할 수 있으며, 제한하는 경우에도 자유와 권리의 본질적인 내용을 침해할 수 없다.
> 1972년헌법 제32조 ② 국민의 자유와 권리를 제한하는 법률의 제정은 국가안전보장, 질서유지 또는 공공복리를 위하여 필요한 경우에 한한다.

3) 공공복리

현상유지적 개념으로서의 질서유지 개념과 달리 인권제한의 또 다른 사유인 공공복리는 현상타파적 개념이다. 공공복리를 위한 인권제한은 국가안전보장이나 질서유지와는 달리 적극적인 성격을 내포하며 주된 대상을 재산권으로 삼기 때문에 국토이용관리법, 토지수용법, 건축법, 도시계획법, 하천법, 도로법, 산림법 등에서 뚜렷하다.

3. 인권 제한의 형식 – 형식상의 한계

제37조 제2항은 인권을 제한하는 법규범의 형식을 '법률'로 한정하고 있다. 이때의 법률이란 국회에서 정립한 형식적 의미의 법률을 말한다. 인권을 제한하는 법률은 일반적이어

야 함과 동시에 명확해야 한다.

일반적 법률이란 불특정한 다수인을 상대로(규범수신인의 일반성) 불특정한 다수의 경우를 규율(추상성 혹은 규율대상의 일반성)하는 법률을 의미하는 바, 원칙적으로 특정인을 대상으로 하거나 구체적으로 특정된 사항을 법률의 내용으로 할 수 없다.

또한 법률은 명확성을 가져야 한다. 인권제한법률이 불명확한 경우에는 '불명확하기 때문에 무효(void of vagueness)'라는 이론이 적용된다. 헌법재판소는 형벌을 규정하는 법률의 명확성에 대해 '법률이 처벌하고자 하는 행위가 무엇이며 그에 대한 형벌이 어떠한 것인지를 누구나 예견할 수 있고, 그에 따라 자신의 행위를 결정할 수 있는' 상태로 본다(98헌가10).

또 인권제한법률은 그 제한의 대상이 되는 인권을 구체적으로 적시하여야 하며, 인권 일반을 제한한다고 규정하는 것은 허용될 수 없다.

생각해 보기

↔ **형식상의 한계와 관련하여,** 제37조 제2항에서 인권을 '법'으로 제한할 수 있다고 하지 않고 '법률'로 제한한다고 하고 있는데, 이때의 '법률'로 제한한다는 것은 무슨 의미인가?

◈읽어보기

성문법의 체계와 규범통제

***헌법**

인권보장과 이를 위한 권력분립의 문서. 헌법은 그 나라 국내법 중에서 최상에 위치하여 모든 하위법규의 근거·기준·한계가 되는 법이다. 이와 같이 일국의 법규범은 헌법을 최고법규로 하고, 그 아래 법률, 명령 또는 규칙, 조례 등의 각종 규범이 있게 마련이다. 여기서 최고법규라 함은 그 효력에 있어서 다른 어떠한 국내법규보다도 우월하다는 것, 다시 말하면 헌법에 위반하는 법률, 명령 또는 규칙 그 밖의 행위는 그 효력을 유지할 수 없다는 것을 말한다. 이것을 법의 단계적 구조라고 말한다(예: 켈젠의 법단계설). 하위규범의 하나인 법률의 위헌여부를 심판하는 것을 위헌법률심사라고 하며, 우리도 헌법 제107조 제1항에 "법률이 헌법에 위반되지는 여부가 재판의 전제가 되는 경우에는 법원은 헌법재판소에 제청하여 그 심판에 의하여 재판한다"고 규정함으로써 이를 시행하고 있다.

이처럼 헌법이 그 나라의 법질서에서 차지하는 비중이나 기능이 극히 중요하기 때문에 이러한 헌법을 제정하는 데나 개정하는 데에는 특별히 어렵고 복잡한 절차를 규정하여 함부로 제정하거나 개정할 수 없도록 하고 있다. 좀더 구체적으로 말하면, 법률의 제정 또는 개정을 위한 의결정족수는 재적의원 과반수의 출석과 출석의원 과반수이다. 반면에 헌법 개정을 위한 의결 정족수는 재적의원 2/3의 찬성과 유권자 과반수의 투표와 투표자 과반수의 찬성을 얻어야 하는 등 여러 가지 신중한 절차를 마련하고 있다.

우리의 현행헌법은 전문, 제1장 총강, 제2장 국민의 권리와 의무, 제3장 국회, 제4장 정부, 제5장 법원, 제6장 헌법재판소, 제7장 선거관리, 제8장 지방자치, 제9장 경제, 제10장 헌법개정, 부칙으로 구성되고 있다.

**** 법률**

의회제정법을 말한다. 일상생활에서 가장 많이 혼용되는 개념 중의 하나는 법률과 법이라는 개념이다. 우리가 일반적으로 '법'철학, '법'질서, '법'률가라고 할 때의 법 또는 법률은 넓은 의미의 법(law, Recht)이라고 할 수 있으며, 현행 헌법 제37조 2항에서 언급되고 있는 것과 같은 법률은 좁은 의미의 법률, 형식적 의미의 법률을 의미한다. 독일, 프랑스 등에서는 서명·공포하여 제정된 이와 같은 좁은 의미의 법률(Gesetzes, droit)과 넓은 의미의 법(Recht, loi)을 구별하여 비교적 엄밀히 구분하여 사용한다. 법률은 국민의 대표기관이 제정하는 법이므로 그 법은 국민의 의사로 간주되며, 그 법에 복종하는 것은 타율적 지배가 아니라, 자율적 지배에 의한 것이라고 한다. 이것을 자기구속의 원칙이라고도 한다.

현행헌법은 일정한 입법사항을 열거하여 법률에 의하지 않고는 이를 제한할 수 없다는 '법률의 유보'를 규정하고 있는 동시에(제37조2항), 법률의 명령에 대한 우월적 효력을 인정하는 '법률의 우위'를 규정함으로써 법률이 제1차적 법원(法源)임을 명시하고 있다(제107조 2항[10]).

***** 명령과 규칙**

1. 명령

1) 의의 : 명령이란 국회의 의결을 거치지 아니하고 행정기관에 의하여 발하는 성문법규를 말한다. 이러한 명령은 법률에 근거하여 제정되므로 법률보다 하위에 있으며, 법률에 특별한 규정이 없는 한 헌법상의 입법사항을 규정할 수 없으며, 명령에 의하여 법률을 개폐하지 못한다.

2) 명령 제정의 필요성 : 행정국가화 현상이 심화되고 있는 오늘날에는 국회입법의 원칙과 법률에 의한 인권제한의 원칙에 대한 예외가 증대되고 있다. 또 모든 입법사항을 국회가 직접 규정한다는 것이 기술적으로 어려워졌기 때문이기도 하다. 오늘날에 와서는 위임명령·집행명령/법규명령과 행정명령으로 분류될 수 있는 행정입법이 증대하고 있다.

3) 명령의 종류 : 행정입법은 그 제정자가 누구냐에 따라 대통령령·총리령·부령으로 나눌 수

10) 헌법 제107조 제2항 "명령·규칙 또는 처분이 헌법이나 법률에 위반되는 여부가 재판의 전제가 된 경우에는 대법원은 이를 최종적으로 심사할 권한을 가진다." 이 조항과 관련해 헌법재판소는 "헌법 제107조 제2항이 규정한 명령·규칙에 대한 대법원의 최종심사권이란 구체적인 소송사건에서 명령·규칙의 위헌여부가 재판의 전제가 되었을 경우 법률의 경우와는 달리 헌법재판소에 제청할 것 없이 대법원이 최종적으로 심사할 수 있다는 의미이며, 명령·규칙 그 자체에 의하여 직접 기본권이 침해되었음을 이유로 하여 헌법소원심판을 청구하는 것은 위 헌법규정과는 아무런 상관이 없는 문제"이고, "따라서 입법부·행정부·사법부에서 제정한 규칙이 별도의 집행행위를 기다리지 않고 직접 기본권을 침해하는 것일 때에는 모두 헌법소원심판의 대상이 될 수 있다"고 함으로써 규칙의 헌법소원 대상성을 인정하였다. (법무사법 시행규칙에 대한 헌법소원, 헌재 1990. 10. 15./ 89헌마178 참조)

있다. 우리 헌법은 대통령령에 관해서는 헌법 제75조가, 총리령과 부령에 관해서는 헌법 제95조가 이를 규정하고 있다. 대통령령·총리령·부령도 명령의 성질에 따라 법규명령과 비법규명령(행정명령)으로 나뉜다.

법규명령은 다시 위임명령과 집행명령으로 나누어진다. 위임명령은 법률의 위임에 따라 발하는 명령을 말한다. 법률의 위임이라 함은 일정한 사항에 관하여 법률이 스스로 규정하지 아니하고 명령으로 정할 것을 수권하는 것을 말한다. 집행명령이라 함은 법률을 집행하기 위하여 필요한 세칙을 정하는 명령이다. 여기서 법률을 집행한다는 것은 법률의 규정을 구체적인 경우에 적용하여 법을 완성시키는 것을 말한다. 집행명령을 '법률의 시행령'이라고도 한다.

비법규명령인 행정명령은 행정규칙이라고도 불리는데, 그 형식에 따라 훈령, 예규, 통첩, 지시 등으로 분류하며 고시, 준칙 등 다양하게 불리우고 있다. 예를 들어 계호근무준칙(법무부훈령 제422호), 최저생계비 고시 등이 있다.

2. 규칙

규칙이란 자율성이 생명인 법원, 국회 등의 국가기관이 그 소관사무에 관하여 법률에 저촉되지 않는 범위 내에서 내부규율과 사무처리에 관하여 제정하는 규범이다. 대법원규칙, 국회규칙, 중앙선거관리위원회규칙 등이 있다. 대법원은 공정한 재판을 담당하는 법원의 최고기관으로서 외부의 간섭 없이 그 내부규율과 사무처리를 할 수 있도록 자율성을 확립하는 것이 강력히 요청되며, 마찬가지로 중앙선거관리위원회도 민주정치의 생명인 선거의 공정을 위하여 그 자율성을 보장하려는 것이다.

****** 자치법규**

1. 조례

지방의회가 제정하는 자치를 위하여 제정하는 규범을 말한다. 자치입법으로는 지방의회가 명령의 범위 안에서 그 사무에 관하여 정하는 조례와 지방자치단체의 장이 명령과 조례의 범위 안에서 그 권한에 속하는 사무에 관하여 정하는 규칙이 있다.

1) 조례제정권의 근거 : 조례는 지방자치단체가 자치입법권에 의거하여 정립하는 자주법이다. 헌법 제117조 제1항에서는 지방자치단체가 법령의 범위 안에서 자치에 관한 규정을 제정할 수 있다고 규정하고 있다.

2) 조례의 효력: 조례의 형식적 효력은 법률과 명령보다 하위에 있으며 그 규정사항도 법률과 명령에 위반할 수 없다. 주민의 권리의무에 관한 사항이나, 벌칙을 규정할 때에는 법률의 위임이 있어야 한다. 그리고 지방자치단체의 구역 내의 사무일지라도 국가의 사무인 때에는 이를 조례로써 규정할 수 없다.

3) 조례와 법 앞의 평등: 조례도 법규의 성질을 갖는다는 점에서는 법규와 다를 것이 없지만, 법률에 의한 규제는 전국에 걸친 획일적인 것인데 대하여 조례에 의한 규제는 지역에 따라 상이하다.

2. **규칙** : 각급지방자치단체의 장은 법령 또는 조례가 위임한 범위 안에서 그 권한에 속하는 범위 안에서 그 권한에 속하는 사무에 관하여 규칙을 제정할 수 있다.

생각해 보기

→ 명령으로는 인권을 제한할 수 없는가?

> 제75조 대통령은 법률에서 구체적으로 범위를 정하여 위임받은 사항과 법률을 집행하기 위하여 필요한 사항에 관하여 대통령령을 발할 수 있다.
>
> 제95조 국무총리 또는 행정각부의 장은 소관사무에 관하여 법률이나 대통령령의 위임 또는 직권으로 총리령 또는 부령을 발할 수 있다.
>
> 제76조 ① 대통령은 내우·외환·천재·지변 또는 중대한 재정·경제상의 위기에 있어서 국가의 안전보장 또는 공공의 안녕질서를 유지하기 위하여 긴급한 조치가 필요하고 국회의 집회를 기다릴 여유가 없을 때에 한하여 최소한으로 필요한 재정·경제상의 처분을 하거나 이에 관하여 법률의 효력을 가지는 명령을 발할 수 있다.
> ② 대통령은 국가의 안위에 관계되는 중대한 교전상태에 있어서 국가를 보위하기 위하여 긴급한 조치가 필요하고 국회의 집회가 불가능한 때에 한하여 법률의 효력을 가지는 명령을 발할 수 있다.
>
> 제77조 ① 대통령은 전시·사변 또는 이에 준하는 국가비상사태에 있어서 병력으로써 군사상의 필요에 응하거나 공공의 안녕질서를 유지할 필요가 있을 때에는 법률이 정하는 바에 의하여 계엄을 선포할 수 있다.
> ② 계엄은 비상계엄과 경비계엄으로 한다.
> ③ 비상계엄이 선포된 때에는 법률이 정하는 바에 의하여 영장제도, 언론·출판·집회·결사의 자유, 정부나 법원의 권한에 관하여 특별한 조치를 할 수 있다.
>
> 계엄법
>
> 제9조 ① 비상계엄지역 안에서 계엄사령관은 군사상 필요한 때에는 체포 구금 압수 수색 거주 이전 언론 출판 집회 결사 또는 단체행동에 대하여 특별한 조치를 할 수 있다.

4. 인권 제한의 정도

1) 본질내용 침해 금지의 원칙 - 내용상의 한계

현행 헌법에서는 인권을 '제한하는 경우에도 자유와 권리의 본질적인 내용을 침해할 수 없다'고 규정하고 있다. 인권의 본질적인 내용이라 함은 해당 인권의 핵심이 되는 실체를 말하고 본질적인 내용의 침해라 함은 그 침해로 말미암아 해당 자유나 권리가 유명무실한 것이 되어버리는 정도의 침해를 말한다.

➻ 사례 - 생명권과 사형제도

1. 선행학습

1) 생명권의 의의

(1) 생명=살아 있다는 것

「생명은 한번 잃으면 영원히 회복할 수 없고, 이 세상 무엇과도 바꿀 수 없는 절대적 존재이며, 한사람의 생명은 전 지구보다 무겁고 또 귀중하고 엄숙한 것이며, 존엄한 인간존재의 근원인 것이다」. (1967년 9월 19일 대법원판례; 이하 대판 67도988)

(2) 생명권

① 생명을 단절하는 국가적 행위 불용

② 생명에 대한 위협을 방치하는 국가적 부작위 불용

③ 제3자로부터의 침해로부터 보호요청권

2) 생명권의 헌법적 근거

「인간의 생명은 고귀하고, 이 세상에서 무엇과도 바꿀 수 없는 존엄한 인간존재의 근원이다. 이러한 생명에 대한 권리는 비록 헌법에 명문의 규정이 없다하더라도 인간의 생존본능과 존재목적에 바탕을 둔 선험적이고 자연법적인 권리로서 헌법에 규정된 모든 인권의 전제로서 기능하는 인권 중의 인권이라 할 것이다」.

(헌재 1996.11.28/ 95헌바11-형법 제250조 등 위헌소원)

3) 주체-내·외국인, 태아

4) 본질적인 내용과 제한의 한계

2. 헌재의 결정- 형법 제250조 등 위헌소원 (1996.11.28/ 95헌바1)

1) 주문: 사형제도는 헌법에 위반되지 않는다.

2) 사건의 개요

정석범은 살인과 특수강간 등의 혐의로 기소되어 제1심 및 항소심에서 사형을 선고받고 대법원에 상고를 함과 동시에 살인죄에 대한 법정형의 하나로서 사형을 규정한 형법 제250조 제1항 등에 대한 위헌심판의 제청을 하였으나 대법원은 청구인 정석범의 신청을 기각하였다.

이에 정석범은 헌법재판소법 제68조 제2항에 따라 헌법소원심판을 청구하였다.

3) 청구인의 주장요지

① 인간의 생명권은 인간의 존엄과 가치를 규정한 헌법 제10조 내지 일반적인 권리보호조항인 헌법 제37조 1항에 의해 보장되고, 생명권에 대한 침해는 성질상 생명의 박탈을 의미하므로 인권의 일반유보조항인 헌법 제37조 2항에 의해서도 제한 할 수 없다. 그렇지 않다하더라도 생명권은 헌법 제12조에 의해 보장되는 신체의 자유의 **본질적인 내용**이므로 법률로써도 이를 제한할 수 없는 것이다.

② 재판도 하나의 제도로서 인간이 행하는 것이므로 오판의 가능성을 배제할 수 없으며 오판에

의한 사형집행은 인간의 생명을 영구히 박탈하는 구제할 수 없는 결과를 초래한다.

③ 사형의 범죄에 대한 일반예방적 효과는 학문적 가설일 뿐 과학적으로 입증된 바가 없고, 형벌의 본질이 응보에서 교육으로 옮겨가고 있는 추세임을 감안할 때 사형을 인정하는 것은 교화와 개선의 노력을 포기하는 것이다.

④ 사형으로 응징될 만한 범죄의 경우 범인의 인격이나 성향보다는 국가전체의 구조적 모순에서 오히려 비난의 요소가 있다고 보여지는 경우가 많은데도 생명을 박탈하는 극단적인 방법의 선택은 형사정책의 본질을 왜곡하는 임시방편에 불과하다

⑤ 그러므로 사형제도는 헌법 제10조(인간의 존엄과 가치), 헌법제12조(신체의 자유), 헌법 제37조1항(헌법에 열거되지 아니한 권리), 37조2항(본질적 침해금지)에 위배된다.

4) 판단

① 생명권은 절대적으로 보아야 함이 당연하고 인간의 존엄성 존중과 생명권보장이란 헌법정신에 비추어 볼 때 생명권에 대한 법률유보를 인정하여 형법에 사형제도를 규정한 것은 법리상 모순이라고 볼 수도 있다.

② 그러나 현실적으로 정당한 이유 없이 타인의 생명을 부정하거나 그에 못지않은 중대한 공익을 침해한 경우에 법은 기준을 제시할 수밖에 없다. 이러한 경우 비록 생명이 이념적으로 절대적 가치를 지닌 것이라 하더라도 생명에 대한 법적 평가가 예외적으로 허용될 수 있으므로, 생명권 역시 헌법 제37조 2항에 의한 일반적 법률유보의 대상이 될 수밖에 없다. 그러므로 형법의 사형제도는 헌법의 위반이 아니다.

③ 비례의 원칙에 따라 최소한 동등한 가치가 있는 다른 생명 또는 공익을 보호하기 위한 불가피성이 충족되는 예외적인 경우에만 적용되는 한 본질적 내용침해금지의 원칙에 반한다고 할 수 없다.

↠ 헌정사 돌아보기

1948년 헌법 제28조 ② 국민의 자유와 권리를 제한하는 법률의 제정은 질서유지와 공공복리를 위하여 필요한 경우에 한한다.

1960년 헌법 제28조 ② 국민의 모든 자유와 권리는 질서유지와 공공복리를 위하여 필요한 경우에 한하여 법률로써 제한할 수 있다. 단 그 제한은 자유와 권리의 본질적인 내용을 훼손하여서는 아니되며 언론출판에 대한 허가를 규정할 수 없다.

1962년 헌법 제32조 ② 국민의 모든 자유와 권리는 질서유지 또는 공공복리를 위하여 필요한 경우에 한하여 법률로써 제한할 수 있으며, 제한하는 경우에도 자유와 권리의 본질적인 내용을 침해할 수 없다.

1972년 헌법 제32조 ② 국민의 자유와 권리를 제한하는 법률의 제정은 국가안전보장, 질서유지 또는 공공복리를 위하여 필요한 경우에 한한다.

2) 과잉금지의 원칙 – 방법상의 한계

질서유지나 공공복리를 위한 목적이 분명하고 제한의 형식으로써 법률의 형식을 갖추고 나아가 본질적인 내용을 침해하지 않는 범위에 있다고 한다면 설령 과잉된 제한이 가해지더라도 헌법에 합치하는가가 문제가 될 수 있다.

현행 헌법 제37조 제2항에서는 '필요한 경우에 한하여' 법률로써 제한할 수 있다고 함으로써 공익을 위하여 행해지는 인권의 제한도 그 필요한 최소한의 정도에 그쳐야 함(과잉금지의 원칙)을 명문으로 밝히고 있다.[11)]

↦ 사례 – 구속기간 연장의 특칙과 신체의 자유

1. 선행학습

1) 신체의 자유의 의의

2) 연혁

(1) 근대 시민헌법과 신체의 자유
(2) 우리 헌법과 신체의 자유

3) 내용

(1) 불법한 체포·구속으로부터의 자유(제12조 제1항)
逮捕-수사기관이 피의자를 인치하여 일정기간 유치하는 강제처분(형소법 제200조의2)
拘束-수사기관이 피의자를 일정한 장소에 구인하여 일시적 또는 계속적으로 구금하는 것(형소법 제69조)
(2) 불법한 압수·수색으로부터의 자유(제12조 제1항)
押收-증거물 또는 몰수할 것으로 판단되는 물건의 점유를 취득하는 행위(형소법106조)
搜索-물건이나 사람을 발견하기 위하여 사람의 신체나 물건 기타의 장소에 대하여 행해지는 검색(형소법109조)

11) 헌법 제10조 제2문에 따른 국가의 기본권보호의무와 관련해서는 ㉠ 국가의 소극적 침해금지의무, ㉡ 국가가 인권을 최대한 실정법화할 의무, ㉢ 국가가 인권을 적극적으로 실현할 의무, ㉣ 사인에 의한 인권침해로부터 보호할 의무, ㉤ 과소보호금지의 원칙 등이 있다. 이 중 '과소보호금지의 원칙'은 국가의 기본권 보호의무의 이행정도와 관련하여 헌법이 요구하는 최저한도의 보호수준을 하회하여서는 아니된다는 의미를 갖는다.

4) 형사피의자·형사피고인의 형사절차상의 인권보장과 무죄추정의 원칙

(1) 의의 - 형사절차와 관련하여 아직 공소의 제기가 없는 피의자는 물론이고 공소가 제기된 피고인까지도 유죄의 판결이 확정될 때까지는 원칙적으로 죄가 없는 자에 준하여 다루어져야 하고 그 불이익은 필요최소한에 그쳐야 한다. (1990.11.19/ 90헌가48, 변호사법 제15조에 대한 위헌심판)

(2) 내용 -① 형사피고인(제27조 4항)+형사피의자

② 불구속 수사의 원칙과 예외적 구속수사

③ 기소자측의 입증책임

④ 의심스러울 때는 피고인의 이익으로

⑤ 필요이상의 강제조치에 대한 시정

2. 헌재결정 -국가보안법 제19조에 대한 헌법소원 (헌재1992.4.14/ 90헌바82)

1) 주문; 구속기간의 과도한 연장을 인정한 국가보안법 제19조 중 제7조 및 제10의 죄에 관한 구속기간연장부분은 헌법에 위반된다.

2) 사건의 개요

최은석 등은 1990년 2월 16일 국보법 위반 등 혐의로 구속되어 치안본부 대공분실에서 수사를 받으면서 국보법 제19조 제1항에 의해 같은 달 26일부터 구속기간이 1차 연장되었고, 3월 6일 서울지방검찰청에 송치되어 수사를 받던 중 3월 16일부터 구속기간이 1차 연장되고, 국보법 제19조 2항에 의해 같은 달 26일부터 다시 구속기간이 2차 연장되었다가 1990년 4월 4일 전원 국보법 제7조 위반으로 서울형사지법에 공소제기되었다. 최은석 등은 서울 구치소에 있으면서 헌법소원 심판청구를 하였다.

3) 청구인의 주장요지

① 형소법 제202조 및 203조를 종합하여 보면, 경찰수사단계에서는 10일 이내의 한도에서, 검찰수사단계에서는 20일 이내의 한도에서 피의자를 구속할 수 있게 되어 있어 결국 일반 형사피의자는 구속기간이 합계 30일을 초과할 수 없도록 되어 있다.

② 그런데 국보법 제3조 내지 10조 위반 피의자의경우는 예외를 설정하여 경찰과 검사에 대하여 각 10일씩을 연장할 수 있도록 허용하여, 합계 최대 50일까지 구속할 수 있게 하였다. 이는 일반형사피의자와 합리적 이유없이 차별하여 수사기관에 **과도한 장기구속을 허용**하는 것이다.

③ 그래서 헌법 제11조의 평등권, 제12조의 신체의 자유 및 제27조 3항의 신속한 재판을 받을 권리를 침해하는 위헌법률이다.

4) 판단

① 신체의 자유는 정신적 자유와 더불어 헌법이념의 핵심인 인간의 존엄과 가치를 구현하기 위한 가장 기본적인 자유로서 모든 인권 보장의 전제조건이다. 그러기에 헌법은 제12조, 제13조를 규정하고 제27조에서 신속한 재판을 받을 권리와 함께 무죄추정의 원칙을 규정함으로써 신체의 자유보장을 위한 세심한 배려를 하고 있다.

> ② 무죄추정의 원칙으로 인하여 불구속수사·불구속재판을 원칙으로 하고 예외적으로 피의자 또는 피고인이 도피할 우려가 있거나 증거를 인멸할 우려가 있는 때에 한하여 구속수사 또는 구속재판이 인정될 따름이며 구속수사 또는 구속재판이 허용될 경우라도 인신의 구속은 신체의 자유에 대한 본질적인 제약임에 비추어 그 **구속기간은 가능한 최소한에 그쳐야 한다.** 특히 수사기관에 의한 신체구속은 신체적·정신적 고통 외에도 자백강요, 사술, 고문 등의 사전예방을 위해서도 최소한에 그쳐야 한다.
>
> ③ 법무부장관은 의견서에서 국보법 위반범죄는 지능적이고 조직적이어서 단기간의 수사로는 배후관계의 규명이나 증거포착이 어려우므로 충분한 사수기간을 보장해주어야 한다고 주장한다. 그러나 국보법 3조 내지 10조 위반의 죄라고 해서 모두가 반드시 다른 범죄보다 지능적이거나 조직적이라고 말할 수 없고 형사소송법상의 최장구속기간 30일 이내에 공소제기 여부를 결정하기가 어려우리만큼 사건이 복잡하거나 증거수집이 어려운 죄라고 일률적으로 인정할 수 없다.
>
> ④ 제7조(찬양고무) 및 제10조(불고지)의 죄는 구성요건이 특별히 복잡할 것도 아니고 사건의 성질상 증거수집이 더욱 어려운 것도 아니어서 굳이 수사기관에서 일반형사사건의 최장구속기간 30일보다 더 오래 구속할 필요가 인정되지 아니한다.
>
> ⑤ 그러므로 국보법 제19조 중 구속기간연장을 동법 제7조 및 제10조의 범죄에 대해서도 적용한 부분은 헌법에 위반된다.

미국의 경우 연방헌법 수정 제14조에서 "어떤 주도 적법절차(due process of law)에 의하지 아니하고는 어떠한 사람으로부터도 생명 자유 또는 재산을 박탈할 수 없으며"라고 하고 있는데 학설과 판례는 이를 과잉금지 원칙의 근거규정으로 원용하고 있다.

남아공 헌법의 경우 제36조 제1항에서 "권리장전 상의 권리는 일반적으로 적용되는 법으로써만 제한할 수 있으며, 그 제한은 (중간생략) 합리적이고 정당하여야 하며, 권리의 성질, 제한 목적의 중요성, 제한의 성질과 정도, 제한과 그 목적간의 관계, 목적달성을 위한 수단 가운데 덜 제한적인 수단일 것을 포함하는 모든 관련 요소를 고려하여야 한다"고 하여 과잉금지의 원칙을 비교적 상세히 언급하고 있기도 하다.

(3) 이중기준의 원칙

인권의 성질에 따라 그 제한의 정도뿐만 아니라 제한의 기준도 달라져야(이중기준의 원칙) 할 것이다. 이중기준의 원칙이란 인권 중에서 정신적 자유와 경제적 자유를 구별하여 전자의 가치는 후자의 가치에 우월하는 것이므로 양자에 대한 제한방법 내지 제한기준도 달리하여야 한다는 이론이다. 정신적 자유는 원칙적으로 제한되지 아니하며, 예외적으로 제한이 인정되는 경우에도 그와 같은 제한입법의 합헌성에 관한 판단은 경제적 자유에 대한 그것보다도 엄격하게 해석해야 한다는 것이다.

따라서 표현의 자유의 제한에 관해서는 검열과 같은 사전억제 금지의 원칙, 제한의 사유와 정도에 관한 명확성의 원칙, 명백하고 현존하는 위험의 원칙과 같은 엄격한 요건이 충족될 필요가 있다.

➻ 사례 - 화재보험법 강제 가입과 이중 기준의 원칙

1. 선행학습

1) 이중기준 원칙의 의의와 연혁

1938년 Carolene Products co. 사건의 판결문을 작성한 스톤(Stone) 대법관이 주장한 이래 미연방대법원의 판례원칙으로 자리잡은 위헌심사기준이다. "자유권을 신체 및 정신적 자유와 경제적 자유로 이분하고, 정신적 자유개념에 경제적 자유보다 우월적 지위를 부여하여 정신적 자유와 관계된 입법에 대해서는 경제적 자유에 관한 입법보다 엄격한 사법심사를 행한다"는 재판기준을 의미한다.

2) 사법심사의 척도

첫째, 합리성 기준(rationality test)- 입법목적 및 입법수단에 대하여 실질적 심사를 하지 아니하고 최소한의 합리성 심사만을 한다. 이는 주로 경제적 자유영역에 대한 입법에 대한 과잉금지위반여부를 심사할 때 적용된다.

둘째, 엄격한 심사기준(strict test)- 입법목적이 단지 최소한의 합리성이 있는 것만으로는 부족하고 필요불가결하여야 한다. 또한 목적달성을 위한 **수단 역시 목적달성에 불가결하여야 한다.** 주로 평등권, 표현의 자유, 종교의 자유, 형사절차에 관한 인권제한의 경우에 사용되는 심사척도이다.

셋째, 엄격한 합리성 기준(strict rationality test)은 인권제한의 목적이 합리성을 갖을 것은 물론이고 그 목적 실현을 위해 선택한 **수단이 목적과 실질적으로 관련되어야 한다.** 이러한 심사척도는 주로 성, 인종 등에 대한 차별 또는 인권제한을 목적으로 하는 입법의 과잉금지원칙 위반여부를 판단할 때 사용된다.

2. 헌재결정 - 화재로 인한 피해보상과 보험가입에 관한 법률 제5조1항의 위헌여부에 관한 헌법소원(헌재1991. 6. 3./89헌마204)

1) 주문

화재로 인한 재해보상과 보험가입에 관한 법률(1973.2.6.법률 제2482호) (이하 화재보험법이라고 약칭) 제5조의 "특수건물" 부분에 동법 제2조 제3호 가목 소정의 "4층 이상의 건물"을 포함시키는 것은 헌법에 위반된다.

2) 사건의 개요

변호사를 하고 있는 ○○씨는 자신 소유의 건물이 화재보험법 제5조 제1항에 따라 의무적으로 신체손해배상 특약부화재보험의 가입의무를 부과하고 있는 것은 문제라고 생각하고 위 조항에 기초한 보험료 60여만원의 반환청구소송을 제기하였고, 이 소송 과정에서 해당 법률의 위헌여부의 심판을 제청하였으나 기각당하자 헌법소원을 제기하였다.

3) 청구인의 주장요지

① 화재보험법은 입법권을 가진 국회에서 제정된 법률이 아니고 정당한 입법권을 가졌다고볼 수 없는 이른바 10월 유신 당시의 비상국무회의에서 제정된 것이므로 당연 무효의 법률이다.

② 보험계약의 체결 여부는 국민의 자유에 속하는 사항이므로 공공복리를 위하여 필요한 경우가 아니면 보험계약의 체결을 강제하는 것은 헌법상 보장된 국민의 재산권 및 사생활의 자유를 침해하는 것이며, 위 법률이 가입을 강제하고 있는 **신체손해배상 특약부 화재보험**은 건물의 화재로 인하여 건물소유자가 입는 **재산적인 손해의 보상을 주된 내용으로 하는 것**이고 타인에 대한 손해배상책임의 이행을 위한 부분은 부수적인 것에 불과하여 그러한 보험에의 가입강제는 헌법상 인정되는 기본권 제한의 한계를 넘어선 것이고 위 법률에 의하여 화재보험회사에게 특혜를 부여한 것은 헌법상 평등원칙에도 위배된다.

4) 판단

① 이른바 계약자유의 원칙이란 계약을 체결할 것인가의 여부, 체결한다면 어떠한 내용의, 어떠한 상대방과의 관계에서, 어떠한 방식으로 계약을 체결하느냐 하는 것도 당사자 자신이 자기의사로 결정하는 자유뿐만 아니라, 원치 않으면 계약을 체결하지 않을 자유를 말하여, 이는 헌법상의 행복추구권속에 함축된 **일반적 행동자유권으로부터 파생되는 것**이라 할 것이다.

② 화재보험계약체결의 강제가 체계부조화의 문제점이 있고 또 기본권 침해의 요소가 없지 않은 제도라면, 이는 어디까지나 예외적인 것이어야 하며 엄격한 요건 아래서만 인정되어야 할 것이다. 즉, **목적달성을 위하여** 최소한의 범위로 국한시켜 야 하며 다른 합법적인 대체수단이 없는 **필요부득이한 제한**이어야 한다.

③ 화재보험법 제5조의 "특수건물"부분에 동법 제2조 제3항 가목 소정의 "4층 이상의 건물"를 포함시켜 보험가입을 강제하는 것은 개인의 경제상의 자유와 창의의 존중을 기본으로 하는 경제질서와 과잉금지의 원칙에 합치되지 아니하여 헌법에 위반된다.

5) **소수의견**(변정수, 김양균)

① 특수건물의 재산권 특성상 헌법정책적으로 그 제한 가능성이 인정되어 보험가입강제에 의한 재산권 제한의 정당성과 합리성이 인정되는 이상, 보험가입을 강제할 수 있는 특수건물의 범위를 어떻게 정할 것인지는 어디까지나 입법정책의 문제로서 순수한 정책판단 문제이지 헌법판단 사항은 아니며, 이를 가지고 헌법에 위반된다고 할 수 없다.

② 재산권 보장에 관한 헌법 제23조, 경제질서에 관한 헌법 제119조의 각 규정에서 볼 때 우리 헌법의 경제체제는 사유재산제를 바탕으로 하면서 법치주의에 입각한 재산권의 사회성, 공공성을 강조하는 사회적 시장경제체제임을 알 수 있다. 따라서 **헌법상 보장된 재산권행사의 내용으로서의 사용·수익·처분의 자유 및 그에 따른 계약의 자유는 신체 및 정신적 자유와는 달리 그 행사에 많은 제약이 따르게 되었으며 특히 헌법 제37조 제2항에 의하여 공공복리를 위한 제한이 광범위하게 예정되어 있다.** 그리고 헌법 제34조 제2항은 국가는 "사회보장, 사회복지의 증진에 노력할

의무를 진다."고 규정하고 같은 조 제6항은 "국가는 재해를 예방하고 그 위험으로부터 국민을 보호하기 위하여 노력하여야 한다."라고 규정하여 사회보장, 사회복지증진의무 뿐만 아니라 국가의 재해방지의무까지도 명시함으로써 사회국가실현의 국가적 의무를 제시하고 있다. 특히 제6공화국 헌법에 새로이 규정된 헌법 제34조 제6항은 재해를 단순히 개인의 문제로 보지 않고 사회전체의 문제로 인식하여 재해에 대비한 국가의 개입, 규제를 통한 재산권의 제한을 예정(인정)하고 있는 것이다. 이렇게 볼 때 국가는 그의 의무이행을 위하여 경우에 따라서는 보험가입 의무도 국민에게 부과할 수 있다고 할 것이며 그것이 합리적인 근거에 의한 것일 때에는 오히려 국가의 사회국가실현이라는 헌법적 의무를 구체화하는 것으로서 이를 가리켜 헌법위반이라고 말할 수 없을 것이다.

화재보험법 제5조 제1항에서 보험가입이 강제되는 재산은 4층 이상의 건물, 국유건물, 교육시설, 백화점, 시장, 의료시설, 숙박업소, 공장, 공동주택 기타 다수인이 출입 또는 근무하거나 거주하는 건물인바(화재보험법 제2조 제3호), 이러한 건물은 그 규모가 크고 다수인이 출입 또는 근무하거나 거주하는 건물로서 이에 대한 화재발생을 첫째 재산피해의 규모가 클 가능성이 많고, 둘째 다수인의 인명피해의 위험성이 크며, 셋째 화재로 인해 피해를 입는 당사자나 가족 및 입주자의 생활보호문제가 발생하며, 넷째 대형화재로 인한 기업의 부실화 또는 도산이 국민경제에 미치는 영향이 크다는 점 등 단순히 개인의 차원을 넘어 국가나 사회의 문제라 할 수 있기 때문에 이러한 특수건물의 소유자에게 화재로 인한 인적·물적 피해에 대한 보험가입을 강제하는 것은 특수건물의 사회경제적 기능을 다하게 하고 인명피해에 대한 적정상 보상이 가능하도록 하기 위한 공공적 필요에 의한 것으로서 결국 국가가 지고 있는 헌법상의 사회보장, 사회복지증진 의무와 재해예방의무를 이행하기 위한 법률이므로 이는 **합리적 근거가 있는 법률**이라고 할 것이다. 그리고 화재보험법 제5조 제1항에 의한 보험가입강제는 특수건물에 대한 화재보험가입의 자유를 제한하였을 뿐 재산권의 실체를 사용·수익·처분하는 권능까지 배제하거나 박탈하는 것이 아니고 오히려 화재로 인한 재산상의 손실에 대한 보험보호를 꾀하고 있다는 점에서 재산권이나 평등권·행동자유권 등의 본질적 내용을 침해한 것이라고도 보기 어렵다 할 것이다.

② 이사건 화재보험법에 의한 보험가입강제는 재산적·경제적 권리(자유)와 관련된 헌법적 제한으로서 그에 관한 **합헌성의 판단기준은, 신체 및 정신작용과 관련된 인신보호를 위한 기본권 등에 대한 제한의 합헌성 판단기준이 엄격하게 적용되는 것과는 달리 관대하게 적용됨으로써 국가의 재량의 범위를 비교적 넓게 인정하는 것이 현대민주국가의 추세이며 이것이 이른바 기본권 제한입법에 있어서 적용되어야 할 2중 기준의 원칙이다.** 헌법 제23조 제1항은 모든 국민의 재산권을 보장하되 그 내용과 한계는 법률로 정하도록 함으로써 재산권에 대하여는 장래의 사회경제적 입법에 문호를 개방시켜 놓고 있으므로 그 규제에 관하여 입법자의 재량의 여지도 넓으며 따라서 이 사건과 같은 재산권 규제입법에 대하여는 다른 자유권에 대한 규제입법과는 달리 어떤 **합리적 기초에 기하고 있다는 가정을 달리 배제할 만한 사실이 존재하지 아니하는 한 입법자의 판단을 존중하여 그 재량의 여지를 가능한 한 넓게 인정해야 할 것이다.**

그럼에도 불구하고 다수의견이 4층 이상의 건물 부분에 대하여 그러한 건물의 분포상황이나 그 기능, 화재의 위험성 및 화재보험에서 차지하는 비중 등에 대하여 아무런 조사도 아니한 채 헌법판단을 한 것은 이러한 경제관계 규제입법에서의 위헌판단의 기준을 무시하여 기본권 제한입법의 한계로서 요구되는 비례의 원칙 내지 과잉금지의 원칙을 잘못 적용하는 우(愚)를 범하고 있다고 아니할 수 없다.

제 4 절 인권보장과 헌법해석

1. 헌법해석과 인권보장

헌법의 해석이란 헌법규범의 의미내용을 밝힘으로서 헌법적 쟁점을 해결하려는 헌법인식작용이다. 헌법규범은 일반적이고 추상적인 성격의 규정을 많이 내포하고 있기 때문에 헌법에 의한 보충의 필요성이 일반법률에 비하여 훨씬 크다.

인권제한의 목적으로 모두가 자명한 것으로 이해하고 있는 공공의 복리라고 하는 것은 대표적인 불확정 개념이다. 예를 들어, 공공의 복리라고 하였을 때 무엇이 공공복리인지, 누가 공공인 것인지, 누구를 위한 것인지 등 해석의 필요성이 다양하다.

과잉금지의 원칙과 같은 원칙을 해석하는 경우도 마찬가지이다. 수단이 적절한지, 피해를 최소화할 수 있는지에 대한 판단은 법률과 헌법에 대한 이해 방식, 누구를 위한 관점에 설 것인가에 따라서 다양한 해석이 가능하다.

예를 들어 대마초 흡연을 둘러싸고도 청구인측은 "모든 국민은 자기의 신체에 중대하고 심각한 침해를 발생시켜 사회윤리에 해를 끼칠 정도가 아닌 한 자기가 추구하는 행복관념에 따라 자유롭게 행동하면서 살 권리가 있는바, 법이 규제하고 있는 마약류 중에서 마약으로서의 독성이 상대적으로 가장 약한 대마초에 대하여 그 흡연 및 수수행위를 처벌하는 것은 부당하고, 나아가 그 법정형 또한 과도하므로 위 조항은 과잉금지의 원칙에 위반하여 행복추구권을 침해한다"고 주장한다.

반면에 위헌법률심판을 기각한 법원은 "이 사건 법률조항은 대마의 흡연과 수수를 금지하고 그 위반행위에 대하여 형벌을 부과함으로써 청구인의 행복추구권을 제한하고 있으나, 대마의 사용으로 인해 국민 건강에 미치는 악영향을 방지함으로써 국민보건 향상이라는 공익을 도모하고 있으므로 그 입법목적의 정당성이 인정되고, 대마초의 흡연과 수수를 금지하고 그 위반자에 대하여 형사처벌하는 것은 국민보건 향상이라는 입법목적을 효율적으로 달성하기 위한 조치로서 그 방법이 적정하며, 법정형에 5년 이하의 징역 또는 5,000만원 이하의 벌금형에 처하도록 규정함으로써 법원이 벌금형을 선택할 수도 있을 뿐만 아니라 법정형에 하한도 없어 사건에 따른 적정한 양형이 가능한 점에 비추어 최소침해성의 원칙에 반하지 아니하고, 위 조항으로 인해 보호되는 공익과 제한되는 기본권 사이에 법익의 균형을 갖추고 있는 등 과잉금지의 원칙을 준수하였으므로 행복추구권의 본질적 내용을 침해하였다고 볼 수 없다."고 판단하고 있다.

2. 4단계 해석론

헌법해석은 추상적이고 불확정적인 헌법규범에 일정한 가치나 법원리 또는 법정책적 고려 등 현실적 요소들을 도입하여 그 규범내용을 채워주고 확정하는 작업이다.[12)]

헌법해석의 방법론으로는 폰 사비니에 의해 제시된 전통적 법률해석의 방법이 널리 이용되고 있다. 사비니는 법률해석의 방법으로 문리 해석, 논리 해석, 목적 해석, 역사적 해석의 방법을 제시하였고, 그 후 많은 사람들에 의해 세분화되고 보완되었다.

1) 문리해석

문리해석이란 법률을 문구 그 자체에 충실하게 해석하는 방법을 의미하며, 가장 원칙적인 법률해석방법이다. 그러나 문리해석에 과도하게 의존하게 되면 아래 국가보안법 제7조 제1항의 해석에서와 같은 문제점이 발생한다.

국가보안법 제7조 제1항 : 반국가단체나 그 구성원 또는 그 지령을 받은 자의 활동을 찬양·고무 또는 이에 동조하거나 기타의 방법으로 반국가단체를 이롭게 한 자는 7년 이하의 징역에 처한다.

위 조항을 만일 **문리 그대로 해석·운영한다면** 헌법상의 언론·출판, 학문·예술의 자유를 위축시킬 염려가 있다. 북한을 반국가단체로 보는 한 북한집단 자체 뿐 아니라 그 구성원인 주민의 모든 분야의 활동도 찬양·고무해서는 아니되며, 북한집단이나 그 주민의 주장과 일치되는 언동을 하여서는 아니되고 그 밖의 북한집단에 이롭게 된다는 인식하에 북한집단에 대해 일체 긍정적인 평가활동을 하여서는 안된다. 그 언동의 동기나 의도 혹은 그 내용은 묻지 않으며, 그 내용이 국가의 존립·안전이나 자유민주적 기본질서에 명백한 위해를 줄 정도의 것이든 아니든 막론하고 금지되고 이를 어기면 형사처벌받게 되는 형벌과잉을 초래할 염려가 있다.

국가보안법 제7조에 대한 위헌심판 (헌재1990. 4. 2./ 89헌가113)

2) 논리해석

(1) 논리해석이란 **법문(法文)의 자구(字句)에 불구하고 법의 논리적 구조에 따라 법률을**

12) 권영성, 헌법해석학의 방법론에 관한 연구, 헌법연구 제3집, 1975년; 계희열, 『헌법학(상)』, 박영사, 2004년을 참조.

해석하는 방법이다.

논리해석은 학리해석(學理解釋)의 하나로서, 법문의 자구대로 해석하는 문리해석(文理解釋)에 대응하는 개념이다. 물론 논리해석도 문리해석을 기초로 하며, 그에 논리적 사유를 거쳐서 법의 진의를 확정한다.

> 공직선거법 제266조 (선거범죄로 인한 공무담임권의 제한)
>
> ① 다른 법률의 규정에도 불구하고 제230조(매수 및 이해유도죄) 등의 죄를 범함으로 인하여 징역형의 선고를 받은 자는 그 집행을 받지 아니하기로 확정된 후 또는 그 형의 집행이 종료되거나 면제된 후 10년간, 형의 선고를 받은 자는 그 형이 확정된 후 10년간, 100만원 이상의 벌금형의 선고를 받은 자는 그 형이 확정된 후 5년간 다음 각 호의 1에 해당하는 직에 취임하거나 임용될 수 없다.
>
> 공선법 제266조 제1항은 공선법의 일정한 조항을 위반하여 벌금 100만 원 이상을 선고받은 사람은 일정한 기간 공무원으로 취임하거나 임용될 수 없다고 규정하고 있다. 이는 공무원이 아닌 자가 공무원으로 취임하거나 임용될 수 없다는 뜻을 규정하였을 뿐이므로, 이미 공무원으로 된 자의 공무원 자격을 상실시키거나 정지시키는 취지라고 해석할 수 없다. 구 '정치자금에 관한 법률' 제33조의6이 일정한 공직에 "취임하거나 임용될 수 없으며 이미 취임 또는 임용된 자는 그 직에서 퇴직한다"고 명확하게 규정하고 있는 점에 비추어 보면, 공무원으로 "취임하거나 임용될 수 없다"고 규정한 공선법 제266조 제1항을 이미 공무원으로 취임한 자의 공무원 자격을 상실시키거나 정지시키는 취지도 포함하는 것이라고 해석하는 것은 문리해석의 한계를 넘는다고 보지 않을 수 없다.
>
> 따라서 공무원으로 "취임하거나 임용될 수 없다"고 규정한 공선법 제266조 제1항이 이미 취임한 공무원의 자격을 상실시키거나 정지시키는 법률에 해당된다고 보아 국가공무원법 제33조 제1항 제6호의 "공무원의 자격을 상실시키는 법률"에 해당된다고 해석하는 것은 공선법 제266조 제1항의 내용을 확장해석하여 개인의 권리로 구체화된 공무담임권을 침해하는 것이어서 헌법 제25조(공무담임권), 제37조 제2항(기본권제한의 법률유보 원칙)에 위반된다고 보아야 한다. 헌법재판소 2005. 10. 27. 선고 2004헌바41 결정은 위와 같은 문제점에 대해서는 판단하지 않았으므로 이 사건에 관한 선례로 참고할 수 없다. 재판관 조대현의 반대의견(한정위헌)
>
> **공직선거법 제266조 제1항 위헌소원** (헌재 2008.4.24./ 2006헌바43)

(2) 논리해석의 방법에는 여러 가지가 있다.

유추해석(類推解釋)은 어떠한 사항에 관하여 명문의 규정이 없는 경우에 그와 유사한 사항에 관한 다른 규정을 그 사항에 대하여도 적용하는 것이다. 그런데, 죄형법정주의(罪刑法定主義)의 원칙에 따라 형법규정(刑法規定)의 유추해석은 인정되지 않는다.

> "소, 말, 돼지를 작업장 아닌 곳에서 도살, 처리한 자는 7년 이하의 징역 또는 1억원 이하의 벌

금에 처한다" 라는 축산물 가공 처리법 제45조의 규정에 대하여, 흑염소를 도축하는 행위도 범죄라고 해석하면 안된다.

확장/확대해석(擴大解釋)은 법규의 자구(字句)의 의미를 그 입법취지에 비추어 보통의 일반적인 의미보다 넓게 해석하는 것이다.

1. 형법 제 366조에서 규정하고 있는 재물 손괴죄는, 물건의 형태를 파괴한 것뿐만 아니라, 밥그릇에 방뇨(放尿)하는 것도 해당한다.
2. 상해는 생리적 장애뿐만 아니라 여성의 머리카락을 자르는 것도 포함한다.
3. 형법 제319조의 주거침입죄의 경우 주거의 범위에 연구소나 대학 강의실, 자동차 등을 포함한다고 해석한다.

축소해석(縮小解釋)은 법률의 문언(文言)을 문리(文理)보다 좁게 엄격히 해석하는 방식이다.

민법 제764조 (명예훼손의 경우의 특칙) 타인의 명예를 훼손한 자에 대하여는 법원은 피해자의 청구에 의하여 손해배상에 가름하거나 손해배상과 함께 명예회복에 적당한 처분을 명할 수 있다.

따라서 민법 제764조가 사죄광고제도를 포함하는 취지라면 그에 의한 기본권 제한에 있어서 그 선택된 수단이 목적에 적합하지 않을 뿐 아니라 그 정도 또한 과잉하여 비례의 원칙이 정한 한계를 벗어난 것으로 헌법 제37조 제2항에 의하여 정당화 될 수 없어 헌법 제19조에 위반되는 동시에 헌법상 보장되는 인격권의 침해에 이르게 된다고 할 것이다. 그렇다면 민법 제764조가 동조 소정의 "명예회복에 적당한 처분" 에 사죄광고를 포함시키는 것이라면 동 규정은 헌법에 위반될 수 밖에 없다. 바꾸어 말하면 민법 제764조는 동조 소정의 "명예회복에 적당한 처분" 에 사죄광고가 포함되지 않는다고 하여야 헌법에 위반되지 않는다. 이는 민법 제764조와 같이 불확정개념으로 되어 있거나 다의적인 해석 가능성이 있는 조문에 대하여 한정축소해석을 통하여 얻어진 일정한 합헌적 의미를 천명한 것이며, 그 의미를 넘어선 확대를 바로 헌법에 위반되어 채택할 수 없다는 뜻이다.

민법 제764조 "명예회복에 적당한 처분"에 사죄광고를 포함시키는 것은 헌법에 위반된다는 것은 의미는, 동조 소정의 처분에 사죄광고가 포함되지 않는다고 하여야 헌법에 위반되지 아니한다는 것으로서, 이는 동조와 같이 불확정개념으로 되어 있거나 다의적인 해석가능성이 있는 조문에 대하여 한정축소해석을 통하여 얻어진 일정한 합의적 의미)를 천명한 것이며, 그 의미를 넘어선 확대는 바로 헌법에 위반되어 채택할 수 없다는 뜻이다.

반대해석(反對解釋)은 법문이 규정하는 요건과 반대의 요건이 존재하는 경우에 법문의 규정과 반대의 판단을 추론하여 해석하는 것이다. 명문으로 규정되지 않은 경우에 규정되어 있는 것과 반대로 해석하는 것이다.

1. "소멸 시효의 이익은 미리 포기하지 못한다."에 따라서 소멸 시효의 이익은 사후에 포기할 수 있다.
2. "사람은 생존한 동안 권리와 의무의 주체가 된다." 에 따라서 사람이 죽으면 권리와 의무의 주체가 아니다.

물론해석(勿論解釋): 법문의 내용에 그 이외의 사항도 당연히 포함되는 것으로 해석하는 것이다.(법문에 일정한 사례를 규정하고 있는 경우에 그 이외의 사례에도 사물의 성질상 당연히 인정되는 것.)

1. "이 거리에는 자전차의 통행을 금함" 이라는 푯말은 당연히 자동차도 통행을 금지하여야 한다.
2. 다리 위에 '자동차 운행 금지'라는 푯말이 있으면, 당연히 중장비차량의 통행이 금지되어야 한다.

보정해석(補正解釋)은 법문의 용어에 착오(錯誤)가 명백한 경우에 그 자구를 보정하여 해석하는 것이다.

연혁해석(沿革解釋)은 법의 제안이유서나 의사록 등을 참작하여 해석하는 것이다.

비교해석(比較解釋)은 외국의 입법례(立法例)와 비교하여 해석하는 것이다.

3) 목적해석

목적론적 해석은 법을 제정한 목적을 고려하여 그에 합당하게 해석하는 것이다.

↠ 사례

청소년의성보호에관한법률(2000. 2. 3. 법률 제6261호로 제정된 것) 제2조(정의) 이 법에서 사용하는 용어의 정의는 다음과 같다.

1.2. 생략

3. "청소년이용음란물"이라 함은 청소년이 등장하여 제2호 각목의 1에 해당하는 행위를 하거나, **청소년의 수치심을 야기시키는 신체의 전부 또는 일부** 등을 노골적으로 노출하여 음란한 내용을 표현한 것으로서, 필름·비디오물·게임물 또는 컴퓨터 기타 통신매체를 통한 영상 등의 형태로 된 것을 말한다.

*이 사건 법률의 입법경과와 입법목적, 같은 법률의 다른 규정들과의 체계조화적 해석, 관계부

처의 법률해석, 다른 처벌법규와의 법정형 비교 등을 고려하여 **목적론적으로 해석할 때** 제2조 제3호 및 제8조 제1항의 '청소년이용음란물'에는 실제인물인 청소년이 등장하여야 한다고 보아야 함이 명백하고, 따라서 법률적용단계에서 다의적으로 해석될 우려가 없이 건전한 법관의 양식이나 조리에 따른 보충적인 해석에 의하여 그 의미가 구체화되어 해결될 수 있는 이상 죄형법정주의에 있어서의 명확성의 원칙을 위반하였다고 볼 수 없다.

이 사건 법률의 위 각 규정에 의하여 언론・출판 등 표현의 자유가 다소 제한된다 하더라도 청소년의 성을 보호한다는 입법목적과 청소년이용음란물의 성격과 그 제작행위 등 범죄의 죄질과 그 제작 유통에 따른 파급효과, 법정형 등을 감안하면 헌법 제37조 제2항의 과잉금지의 원칙 내지 비례의 원칙에 반하지 아니하여 표현의 자유를 침해한다고 할 수 없을 뿐 아니라 그 본질적인 내용을 침해한다고 볼 수도 없다.

**이 사건 법률 제2조 제3호가 '청소년이용음란물'의 하나로 규정하고 있는 "청소년의 수치심을 야기시키는 신체의 전부 또는 일부 등을 노골적으로 노출하여 음란한 내용을 표현한 것으로서, 필름・비디오물・게임물 또는 컴퓨터 기타 통신매체를 통한 영상 등의 형태로 된 것"이라는 부분 중 "청소년의 수치심을 야기시키는" 부분 전체가 "신체의 전부 또는 일부"를 수식하는 것인지, "청소년의" 부분이 위 "신체의 전부 또는 일부"를 수식하는 것인지의 여부가 불명하다.

전자로 해석하면, 그 표현물에 청소년이 등장하는지 여부에 관계없이, 즉 신체 노출자가 청소년인지 여부에 관계없이 청소년의 입장에서 보아 그 노출된 신체의 전부 또는 일부가 수치심을 야기시키면 '청소년이용음란물'에 해당하나,/후자로 해석하는 경우에는 그 표현물에 청소년이 등장할 것을 전제로 청소년이 수치심을 야기시키는 신체의 전부 또는 일부를 노출시켜야 그에 해당한다고 말할 수 있다.

청소년을 이용하여 음란물을 제작・배포하는 행위 등으로부터 청소년을 보호・구제한다는 이 사건 **법률의 제정목적에 비추어 보면 후자의 해석이 타당하다고 할 것이나** 청소년에 대한 폭넓은 보호를 염두에 둔다면 전자의 해석도 무시할 수 없는바, 그 해석 여하에 따라 이 사건 법률 제8조 제1항의 구성요건 해당성 여부도 달라지게 된다는 점에서 위 각 규정은 명확성의 원칙을 내용으로 하는 죄형법정주의에 위반된다는 의심이 있고, 특히 본건에 있어서와 같이 그 표현물에 실제인물이 아닌 만화의 주인공이 등장하는 경우에는 그 등장인물이 청소년, 즉 19세 미만의 남녀에 해당하는지 여부를 판단하기 어렵다.

청소년의 성보호에 관한 법률 제2조 3호 등 위헌(헌재 2002.4.25./ 2001헌가27)

4) 역사 해석

민법(2005. 3. 31. 법률 제7427호로 개정되기 전의 것)

제778조 (호주의 정의) 일가의 계통을 계승한 자, 분가한 자 또는 기타 사유로 인하여 일가를 창립하거나 부흥한 자는 호주가 된다.

민법 제781조 (자의 입적, 성과 본) ① 자는 부의 성과 본을 따르고 부가에 입적한다.

민법 제826조 (부부간의 의무) ③ 처는 부의 가에 입적한다.

헌법 제36조 제1항은 "혼인과 가족생활은 개인의 존엄과 양성의 평등을 기초로 성립되고 유지되어야 하며, 국가는 이를 보장한다."라고 규정함으로써 민주적인 혼인제도와 가족제도를 헌법적 차원에서 보장하고 있다.

그러나 혼인과 가족생활은 인류의 역사와 더불어 전통과 관습의 모습으로 존재하면서 오늘에까지 이어져 온 것이므로, 혼인과 가족관계를 규율하는 가족법은 전통성 · 보수성 · 윤리성을 강하게 가질 수밖에 없다. 따라서 혼인과 가족관계에 관한 헌법규정을 해석함에 있어서도 가족법의 전통적 성격을 고려하지 않을 수 없고, 이를 도외시한 헌법해석은 규범과 현실의 괴리를 심화시켜 헌법생활의 혼란을 초래할 우려가 크다고 할 것이다.

민법 제781조 제1항 본문 후단부분 위헌제청(헌재 2005.2.3./2001헌가9 · 10 · 11 · 12 · 13 · 14 · 15. 2004 헌가 5(병합))

3. 헌법해석의 쟁점

국가보안법 제7조(찬양 · 고무 등)

① 반국가단체나 그 구성원 또는 그 지령을 받은 자의 활동을 찬양 · 고무 또는 이에 동조하거나 기타의 방법으로 반국가단체를 이롭게 한 자는 7년 이하의 징역에 처한다.

② 국외공산계열의 활동을 찬양 · 고무 또는 이에 동조하거나 기타의 방법으로 반국가단체를 이롭게 한 자도 제1항의 형과 같다.

③ 제1항 및 제2항의 행위를 목적으로 하는 단체를 구성하거나 이에 가입한 자는 1년 이상의 유기징역에 처한다.

④ 제3항에 규정된 단체의 구성원으로서 사회질서의 혼란을 조성할 우려가 있는 사항에 관하여 허위사실을 날조 · 유포 또는 사실을 왜곡하여 전파한 자는 2년 이상의 유기징역에 처한다.

⑤ 제1항 내지 제4항의 행위를 할 목적으로 문서 · 도서 기타의 표현물을 제작 · 수입 · 복사) · 소지 · 운반 · 반포 · 판매 또는 취득한 자는 그 각 항에 정한 형에 처한다.

⑥~⑦ 생략

↔ 사례

[주문]

국가보안법 제7조 제1항 및 제5항(1980.12.31. 법률 제3318호)은 각 그 소정 행위가 국가의 존립 · 안전을 위태롭게 하거나 자유민주적 기본질서에 위해를 줄 경우에 적용된다고 할 것이므로 이러한 해석 하에 헌법에 위반되지 아니한다.

[이유]

1. 사건의 개요

제청신청인들은 1989.10.10. 이 사건 제청법원인 마산지방법원 충무지원에 국가보안법 위반 등의 죄로 기소되었는데(위 지원 89고단 625사건) 그 기소된 내용중 국가보안법 위반의 점의 요지는 제청신청인들이 반국가단체를 이롭게 할 목적으로 도서 및 표현물을 소지하고 이를 반포하였는 바 이는 국가보안법 제7조 제5항, 제1항의 죄에 해당한다는 것이다.

제청법원은 제청신청인들의 제청신청에 따라 1989.11.10. 헌법재판소에 위 89고단 625사건 재판의 전제가 되는 국가보안법 제7조 제1항 및 제5항의 위헌여부의 심판을 제청하였다.

2. 위헌심판 제청이유와 관계인의 의견

가. 제청법원의 제청이유 요지는 헌법 제12조 제1항 후문 후단은 이른바 죄형법정주의를 규정한 것으로서 죄형법정주의에서 말하는 법률은 국민이 처벌가능성을 예측할 수 있을 정도로 구체적이고 명확하게 규정되어야 하고 지나치게 포괄적이고 애매하거나 막연하고 불명확한 처벌법규는 자의적인 행정권의 행사에 의한 국민의 기본권 침해의 여지를 가지게 되기 때문에 삼권분립 내지 법치주의의 이념과 죄형법정주의의 원칙에 어긋나는 위헌의 법률이고, 헌법 제37조 제2항 소정의 국민의 자유와 권리를 구체적으로 적시할 것을 요하며 기본권 일반을 제한한다는 형식의 입법은 위헌이라고 할 것인데 국가보안법 제7조 제1항 및 제5항은 반국가단체를 어떠한 방법으로든지 이롭게 한 자를 모두 처벌할 수 있다는 지나치게 포괄적이고 막연한 규정이므로 헌법 제12조 제1항과 제37조 제2항 전문의 규정에 위반되고 그 결과 국민의 자유와 권리의 본질적 내용을 침해할 우려가 있어 위와 같은 본질적 내용의 침해금지를 규정한 헌법 제37조 제2항 후문의 규정에도 위반된다는 의문이 있다는 취지이다.

나. 제청신청인의 의견은 국가보안법 제7조 제1항 및 제5항 소정 범죄의 구성요건인 "반국가단체나 그 구성원 또는 지령을 받은 자", "찬양", "고무", "동조", **"기타의 방법", "이롭게" 등의 개념은 포괄적이고 애매하여 불명확**하므로 위 각 법 조항은 헌법상의 죄형법정주의에 위반하여 무효이다라는 것이다.

다. 법무부장관의 의견

(1) 국가보안법 제7조 제1항 및 제5항의 규정이 지나치게 포괄적이고 막연하다는 제청이유에 대하여는 국민의 자유와 권리를 제한하는 법률이 구체성과 명확성을 갖추어야 한다는 점에 관하여는 별다른 이론이 없으나 이는 형사처벌법규에 있어서 법관이나 법률학자들의 법해석이 필요없을 정도로 구성요건이 구체적이어야 한다는 의미는 아니며 사회평균인의 입장에서 합리적으로 판단할 때 그 구성요건이 무엇을 금지하고 있는지를 알 수 있을 정도로 특정되어 있으면 족할 것으로 외견상 용어가 추상적인 것처럼 보이더라도 헌법정신에 맞도록 해석되는 경우에는 그것을 가

지고 구체성과 명확성을 결여하였다고 할 수는 없는 것인 바, 국가보안법 제7조 제1항과 제5항의 규정은 이러한 견지에서 특정되어 있다고 할 수 있으며, 더욱이 판례와 학설에 의하여 국가보안법 제7조에서 사용된 개념들의 구체적인 의미와 내용이 명확히 정립되어 있으므로 국가보안법 제7조 제1항 및 제5항의 규정이 지나치게 포괄적이고 막연한 것이라고는 할 수 없다는 취지이다.

(2) 국민의 자유와 권리의 본질적 내용을 침해할 우려가 있다는 제청이유에 대하여는 국가보안법 제7조 제1항 및 제5항은 구체성과 명확성을 갖추었으므로 위 각 조항이 지나치게 포괄적이고 막연하여 기본권의 본질적 내용을 침해할 우려가 있다고는 할 수 없을 뿐만 아니라 반국가단체의 활동을 찬양·고무·동조하거나 이를 목적으로 이적 표현물을 제작·반포하는 등의 행위는 국가안보에 실질적 해악을 초래할 수 있는 명백하고도 현존하는 위험이 있으므로 위와 같은 행위를 처벌하는 것이 표현의 자유의 본질적 내용 침해라고는 할 수 없고 대부분의 국가도 이와 같이 국가안보를 위하여 표현의 자유를 제한하는 법률을 가지고 있으며, 한편 국가보안법 제7조 제1항 및 제5항은 내면적인 자유로서의 학문연구나 순수한 예술창작자체를 제한하는 법률이 아니므로 학문·예술의 자유의 본질적 내용을 침해하는 것도 아니라는 것이다.

3. 판 단

가. 먼저 국가보안법 제7조 제1항에 관하여 본다.

여기에서 "반국가단체나 그 구성원 또는 그 지령을 받은 자의 활동을 찬양·고무 또는 이에 동조하거나 기타의 방법으로 반국가단체를 이롭게 한 자는 7년 이하의 징역에 처한다"고 규정하고 있다.

우선 위 조문의 문제점들을 차례로 살펴보기로 한다. 먼저 문제될 것은 단순히 반국가단체의 "구성원"의 활동에 대하여 찬양·고무 또는 이에 동조하였으면 동조 제1항 소정의 범죄구성요건에 해당되도록 규정한 것인데 **문자 그대로 보면 반국가단체의 간부나 지도적 임무에 종사하는 자나 반국가단체의 통치이념의 추종자가 아닌 단순한 구성원 즉 북한집단의 주민이면 모두 포함되게 되어 있는 점이다.** … 여기에다가 "활동" 역시 어떠한 제한도 가하고 있지 아니하다. 문리해석을 하면 반국가단체나 그 구성원 또는 그 지령을 받은 자의 정치·군사·경제·사회·문화·체육 등 모든 분야의 활동을 포괄하는 것일 수 밖에 없으며 대한민국의 존립·안전을 위태롭게 하거나 자유민주적 기본질서에 위해를 줄 수 있는 활동이 아닌 것 까지도 미치게 될 광범위한 개념이다. …

다음 **"동조" 부문에 관하여 보면 문리대로 한다면** 반국가단체나 그 구성원 또는 그 지령을 받은 자의 활동에 동조하는 것만으로 범죄가 성립되게 되어 있으므로 북한집단의 주장과 일치하기만 하면 그 내용에 관계없이 그 의사발표의 동기를 불문하고 모두 처벌받을 위험이 있는 포괄성을 띠고 있다. … 나아가 … 반국가단체의 활동의 찬양·고무 또는 이에 버금가는 방법이라기보다는, 반국가단체의 활동을 찬양·고무 또는 이에 동조하는 방법이 아닌 다른 모든 방법으로 반국가단체를 이롭게 하는 행위를 가리키는 것으로 보여진다. 따라서 사물의 변별능력을 제대로 갖춘 일반인의 이해와 판단으로서는 행위유형을 정형화할 해석의 합리적 기준을 찾기 어려운 개념이며 구성요건의 내포와 외연이 미치는 한계를 가리기 어려운 광범성을 지닌 것임에 틀림없다. 기타의 방법 이하의 부분인 반국가단체를 "이롭게 한" 행위는 군사·정치·경제·사회·문화·체육 등 어떠한 영역에서든 이롭게 하는 행위라면 모두 포함된다. 대한민국과 반국가단체인 북한집단과는 적대관계가 지속되어 왔음에 비추어 대한민국정부에 해가 되는 경우라면 반사적으로 북한집단을 이롭게 하는 행위가 될 수 밖에 없다. … 그 의도가 어디에 있건 정부에 신랄한 비판이면 결국 여기의 "기타의 방법으로 이롭게 한" 경우에 견강부회를 시킬 여지가 있다. 이렇듯 제7조 제1항의 찬양·고무죄는 "구성원", "활동", "동조", "기타의 방법", "이롭게 한" 등 무려 다섯 군데의 용어가 지나치게 다의적이고 그 적용범위가 광범위하다.

그러나 이와 같은 문언해석 그대로의 내용이 국가보안법 제7조 제1항의 제도 본지일 것으로는 결코 보여지지 않으며, **문언을 그대로 해석·운영한다면 다음과 같은 문제가 생긴다.**

첫째로 만일 **문리 그대로 해석·운영한다면** 헌법상의 언론·출판, 학문·예술의 자유를 위축시킬 염려가 있다. 북한을 반국가단체로 보는 한 북한집단 자체 뿐 아니라 그 구성원인 주민의 모든 분야의 활동도 찬양·고무해서는 아니되며, 북한집단이나 그 주민의 주장과 일치되는 언동을 하여서는 아니되고 그 밖의 북한집단에 이롭게 된다는 인식하에 북한집단에 대해 일체 긍정적인 평가활동을 하여서는 안된다. 그 언동의 동기나 의도 혹은 그 내용은 묻지 않으며, 그 내용이 국가의 존립·안전이나 자유민주적 기본질서에 명백한 위해를 줄 정도의 것이든 아니든 막론하고 금지되고 이를 어기면 형사처벌받게 되는 형벌과잉을 초래할 염려가 있다. … 다시 말하면 국가의 존립·안전의 법익 수호의 목적도 달함이 없이 국민의 표현의 자유만 위협하고 위축시킬 경우가 나타날 것이다. 헌법 제37조 제2항은 국민의 자유와 권리는 질서유지 또는 공공복리 이외 국가안전보장을 위하여 필요한 경우에 한하여 법률로써 제한할 수 있도록 규정하였다. 따라서 국가의 안전보장의 희생위에 언론·출판의 자유, 학문·예술의 자유가 보장될 수는 없지만, 국가안전보장과 관계없는 경우에는 그것이 북한 집단이나 그 구성원인 주민에 관한 것이라 하여도 그와 같은 자유를 보장하는 것이 헌법이다. … 따라서 국가보안법 제7조 제1항이 국가안전보장이나 자유민주적 기본질서의 수호에 관계없는 경우까지 확대적용될 만큼 불투명하고 구체성이 결여되어 있다는 것은 분명히 헌법 제37조 제2항을 어겨 헌법 제21조 제1항의 언론·출판의 자유와 헌법 제22조 제1항의 학문·예술의 자유를 침해할 개연성 나아가 그와 같은 자유의 전제가 되는 헌법 제19조의 양심의 자유의 침해가능성을 남기는 것이다.

둘째로 문리 그대로 적용범위가 과도하게 **광범위하고 다의적인 것이 되면 법운영 당국에 의한 자의적 집행을 허용할 소지가 생길 것이다.** 차별적으로 법을 집행하는 이른바 선별집행이 가능할 수 있다. 법규의 문언대로 확대적용하느냐 한정적으로 축소적용하느냐는 법운영 당국의 재량의 여지가 있으므로 사람에 따라서는 법규의 문언 그대로 적용하여 합헌적인 행위까지도 처벌하여 기본적 인권을 침해할 수 있는가 하면, 그 운영당국은 가능한 한의 축소해석을 통해 위헌성을 띠는 행위마저 처벌을 면제시킬 수 있다. 다시 말하면 법운영 당국으로서 가장 경계하여야 할 편의적·자의적 법운영이 가능할 수 있다. … 돌이켜 찬양·고무죄의 구성요건에 대하여 넓게 보았느냐, 좁게 보았느냐의 해석범위의 문제와 당시 처해 있던 시대적 상황과 밀접한 관련이 있었던 것은 부인될 수 없는 사실이며, 이것은 여기의 찬양·고무죄의 적용범위의 과도한 광범성과 그 다의성이 큰 요인이었다고 볼 것이다. … 이러한 의미에서도 과도한 광범성은 잠재적인 명확성 결여의 경우로 볼 수 있기 때문에 형벌법규에 관한 명확성의 원칙에 위배되는 한가지 예에 해당될 수 있다. 이리하여 어떠한 것이 범죄인가를 법제정 기관인 입법자가 법률로 확정하는 것이 아니라 사실상 법운영 당국이 재량으로 정하는 결과가 되어 법치주의에 위배되고 죄형법정주의에 저촉될 소지가 생겨날 것이다.

셋째로 제7조 제1항의 찬양·고무죄를 문언 그대로 해석한다면 헌법전문의 "평화적 통일의 사명에 입각하여 정의·인도와 동포애로써 민족의 단결을 공고히 하고"의 부분과 헌법 제4조의 평화적 통일지향의 규정에 양립하기 어려운 문제점이 생길 수도 있다. 물론 여기의 통일은 대한민국의 존립과 안전을 부정하는 것은 아니고 또 자유민주적 기본질서에 위해를 주는 것도 아니며 오히려 그에 바탕을 둔 통일인 것이다. 그러나 제6공화국 헌법이 지향하는 통일은 평화적 통일이기 때문에 마치 냉전시대처럼 빙탄불상용의 적대관계에서 접촉·대화를 무조건 피하는 것으로 일관할 수는 없는 것이고 자유민주적 기본질서에 입각한 통일을 위하여 때로는 북한을 정치적 실체로 인정함도 불가피하게 된다. … 그러나 앞서 본 바와 같은 찬양·고무 죄의 처벌범위의 광범성 때문에 자유민주적 기본질서에 입각한 통일정책의 추구나 단순한 동포애의 발휘에 지나지 않을 경우라도 그 문언상으로는 북한의 활동에 동조하거나 북한을 이롭게 하는 것이 된다는 해석으로 처벌될 위험이 있다.

이상 본 바 문제의 소재는 법문의 다의성과 그 적용범위의 광범성에 있으며 이 때문에 국가존립·안전을 위태롭게 하거나 자유민주적 기본질서에 해악을 줄 구체적인 위험이 없는 경우까지도 형사처벌이 확대될 위헌적 요소가 생기게 되어 있는 점이며, 이는 단순한 입법 정책의 문제를 떠난 것이다. **그러나 제7조 제1항의 그 다의성 때문에 위헌문제가 생길 수 있다고 해서 전면위헌으로 완전폐기되어야 할 규정으로는 보지 않으며** 완전폐기에서 오는 법의 공백과 혼란도 문제지만, 남북간에 일찍이 전쟁이 있었고 아직도 휴전상태에서 남북이 막강한 군사력으로 대치하며 긴장상태가 계속되고 있는 마당에서는 완전폐기함에서 오는 국가적 불이익이 폐기함으로써 오는 이익보다는 이익형량상 더 클 것이다. … 따라서 제7조 제1항은 이와 별도로 그 존재의의가 있다고 할 것이며 또 침략행위나 민주체제전복을 부추기는 내용의 언동까지도 표현의 자유라는 이름으로 보호하는 것이 헌법이 아닐진대 여기에 합헌적이고 긍정적인 면도 간과할 수 없을 것으로, 다만 위헌적 요소가 있어서 정비되어야 할 불완전한 것일 뿐이다. **어떤 법률의 개념이 다의적이고 그 어의의 테두리 안에서 여러 가지 해석이 가능할 때 헌법을 그 최고 법규로 하는 통일적인 법질서의 형성을 위하여 헌법에 합치되는 해석 즉 합헌적인 해석을 택하여야 하며, 이에 의하여 위헌적인 결과가 될 해석을 배제하면서 합헌적이고 긍정적인 면은 살려야 한다는 것이 헌법의 일반 법리이다. 이러한 합헌적 제한해석과 주문예는 헌법재판제도가 정착된 여러나라에 있어서 널리 활용되는 통례인 것으로서 법률에 일부합헌적 요소가 있음에도 불구하고 위헌적 요소 때문에 전면위헌을 선언할 때 생길 수 있는 큰 충격을 완화하기 위한 방안이기도 하다.** 국가보안법 제7조 제1항 소정의 찬양·고무·동조 그리고 이롭게 하는 행위 모두가 곧바로 국가의 존립·안전을 위태롭게 하거나 또는 자유민주적 기본질서에 위해를 줄 위험이 있는 것이 아니므로 그 행위일체를 어의대로 해석하여 모두 처벌한다면 합헌적인 행위까지도 처벌하게 되어 위헌이 되게 된다는 것은 앞서 본 바이다. 그렇다면 그 가운데서 국가의 존립·안전이나 자유민주적 기본질서에 무해한 행위는 처벌에서 배제하고, 이에 실질적 해악을 미칠 명백한 위험성이 있는 경우로 처벌을 축소제한하는 것이 헌법 전문·제4조·제8조 제4항·제37조 제2항에 합치되는 해석일 것이다. 이러한 제한해석은 표현의 자유의 우월적 지위에 비추어 당연한 요청이라 하겠다. … 국가보안법 제1조는 "이 법은 국가의 안전을 위태롭게 하는 반국가활동을 규제함으로써 국가의 안전과 국민의 생존 및 자유를 확보함을 목적으로 한다"고 규정하고 있다. 결국 국가보안법은 국가의 안전을 보장하고 자유민주적 기본질서의 파괴에 대처하기 위한데 그 목적이 있는 것이므로 위에 밝힌 제한해석은 그 입법목적에도 부합하는 것이 될 것이다. … 이처럼 입법목적 등 합리적 기준으로 위 다의적인 규정을 한정적 제한해석을 할 때 제7조 제1항의 보호법익을 살리면서도 전면 위헌의 문제를 피할 길이 열릴 것이며 이로써 언론·출판의 자유나 학문·예술 또는 양심의 자유의 위축문제나 이와 같은 기본권의 본질적 침해의 우려는 해소될 것이고, 허용될 행위와 금지되는 행위의 기준제시로 법운영 당국의 제도외적 오용 내지 남용으로 인한 기본권침해의 사태는 피해질 것이며, 이 정도의 기준제시로 처벌범위를 좁히면 외국의 입법례나 판례·학설에 비추어 법운영 당국의 해석권에 의하여 제도 본지를 충분히 살릴 수 있을 것으로 처벌범위의 불명확성 때문에 생기는 죄형법정주의 위배의 소지는 없어지고, 나아가 국가의 존립·안전을 저해함이 없이 자유민주적 기본질서에 입각한 평화적 통일정책추진의 헌법적 과제는 이룩할 수 있을 것이다. 그러므로 제7조 제1항이 헌법의 규정에 전면 위배된다는 주장은 받아들이기 어렵다고 할 것이다. …

나. 다음 국가보안법 제7조 제5항의 규정에 관하여 본다.

이는 제1항 내지 제4항의 행위를 할 목적으로 문서, 도화 기타의 표현물을 제작, 수입, 복사, 소지, 운반, 반포, 판매 또는 취득한 행위에 대한 처벌규정이다. 제5항은 제1항을 요건으로 하고 있는데, 제1항에 앞서 본 바와 같이 그 개념이 다의적이고 광범위한 문제점이 있는 이상 **문리에 충실한 해석을 하면 제5항에도 같은 위헌적인 요소가 생길 수 있으며,** 제2항은 제1항과의 관계에서 반국가단체 대신 국외 공산계열로 바뀌어졌다는 것 뿐이므로 결국 제2항 때문에도 제5항에 위헌적 요소가 있다 하겠고, 제3·4항은 제1·2항을 전제로 하고 있으므로 제3·4항 때문에도 제5항에 앞서 본 바와 같은 문제가 생길 수 있을 것이다. 특히 … **제7조 제5항 문언대로라면 북한을 비롯한 공산국가 발행의 서적이라면 민주주의 체제를 전복하고 공산화를 획책하기 위한 수단이 아닌 것까지도 이적표현물이 되어 이에의 접근이 무제한하게 금기가 될 위험이 있다.** … 이로써 앞서 제7조 제1항에 대해서 본 바 같은 표현의 자유 등의 위축문제, 민주체제 전복으로부터의 방어의 차원에서 국가존립·안전에 무해한 서적의 제작·소지 등 까지 처벌되는 자의적 집행의 우려, 또 자유민주적 기본질서에 입각한 평화정착의 노력과 통일정책의 추진을 위한 남북간의 문화교류에 지장을 줄 가능성이 있다. 따라서 제7조 제5항도 제1항의 경우와 마찬가지로 국가보안법의 입법목적 등에 맞추어 그 소정행위에 의하여 국가의 존립·안전이나 자유민주적 기본질서에 실질적 해악을 줄 명백한 위험성이 있는 경우에 적용되는 것으로 해석할 것이다. 이와 같이 해석되는 이상, 제7조 제5항 역시 전면위헌이라고 할 수 없다. …

4. 재판관 변정수의 반대의견

가. 국가보안법 제7조 제1항은 형벌규정이므로 죄형법정주의에 의하여 그 구성요건은 명확해야 할 것이며, 더구나 위 규정은 민주주의의 제도적 토대라고 할 수 있는 표현의 자유에 대한 제한을 수반하는 법률이므로 다른 형벌규정에서 보다도 그 명확성이 더욱 강하게 요구되는 것이다. 그런데 위 법률조항은 그 구성요건이 너무 막연하고 불명확한 규정들로 이루어져 있다. "반국가단체나 그

구성원 또는 그 지령을 받은 자의 활동"이라는 규정도 불명확하고 "찬양, 고무, 동조"라는 각각의 의미도 불명확하며, 찬양, 고무, 동조 등의 대상에 "반국가단체나 그 지령을 받은 자의 활동"만이 아니라 "반국가단체의 구성원의 활동"까지 포함하게 되면 처벌대상은 무한히 확대될 수 있으며 이러한 법리가 부당함은 일일이 예를 들 필요가 없는 것이다. 또한 찬양, 고무, 동조에 이어지는 "기타의 방법으로 반국가단체를 이롭게 한 자"하는 규정 역시 불명확하다. **"기타의 방법"의 의미를 반국가단체를 이롭게 한 모든 행위를 지칭하는 것으로 해석한다면** 이는 구성요건의 설정을 사실상 포기하는 것이나 다름이 없고, 그 의미를 한정하여 찬양, 고무, 동조에 유사한 행위를 가리키는 것으로 해석한다면 죄형법정주의의 또 다른 내용인 형벌규정에서의 **유추해석금지의 원칙에 반한다.** 도대체 표현의 자유를 규율하는 형벌규정에 "기타의 방법"이라는 구성요건을 둔 것 자체가 이미 죄형법정주의의 본질을 훼손한 것이다. "이롭게 한"이라는 규정 또한 애매모호하기 짝이 없는 것이어서 과연 어떤행위가 반국가단체를 이롭게 한 것이냐는 오로지 수사기관이나 법관의 주관적 해석에 맡겨질 수밖에 없어 자의적해석의 여지도 있는 막연한 규정이다.

나. "국민에 의한 정치"이자 "여론에 의한 정치"인 민주정치가 제대로 그 기능을 발휘하기 위하여서는 합리적이고 건설적인 사상 또는 그 의견의 형성이 필요하며 그러기 위해서는 국민이 국가나 사회로부터 그에 필요한 정보를 광범위하게 수집할 수 있어야 하는데 이는 언론·출판 등의 표현의 자유가 보장됨으로써만이 가능한 것이다. 이런 점에서 표현의 자유는 민주주의의 제도적 토대라고 할 수 있어 헌법에서 보장된 여러 기본권 가운데에서도 특히 중요한 기본권이며, 그러기에 의사표현에 대하여 형벌을 과하는 법률은 최고도의 명확성이 요구될 뿐더러 그 의사표현행위를 처벌하기 위해서는 그것이 장래에 있어 국가나 사회에 단지 해로운 결과를 가져올 수 있는 성향을 띠었다는 것만으로는 부족하고, 법률에 의하여 금지된 해악을 초래할 **명백하고도 현실적인 위험성이 입증된 경우에 한정되어야 하는 것이다(명백하고도 현존하는 위험의 원칙).** 그런데 국가보안법 제7조 제1항의 "찬양, 고무, 동조"등은 의사표현의 형태를 가리키고 있는 점에서 공통되고 따라서 위 법률조항은 의사표현의 자유를 제한하고 형벌을 과하는 규정이면서도 앞서 "가"항에서 지적한 것처럼 구성요건이 너무 애매하여 명확성이 결여되고 지나치게 광범위할 뿐더러 반국가단체에 이로울 수 있는 의사표현은 그것이 대한민국에 현실적으로 해악을 끼칠 위험성이 명백한 경우이건 아니건 간에 무조건 규제대상으로 삼는 것이어서 정부에 대한 비판이나 북한 등 공산계열에 관한 진실한 보도나 정당한 평가 또는 합리적인 언급조차도 권력의 선택에 따라 처벌할 수 있게 되어 있어 위 법률조항은 북한 등 공산계열이나 통일분야에 관한 국민의 알권리를 철저히 봉쇄하여 민주주의의 기초인 건전한 여론형성을 저해하는 기능으로 작용하고 있는 것이 분명하다.

(중간 생략)

마. 헌법은 그 전문에서 "평화적 통일의 사명에 입각하여 정의·인도와 동포애로써 민족의 단결을 공고히 하고"라고 하였고 제4조에서 "대한민국은 통일을 지향하며, 자유민주적 기본질서에 입각한 평화적 통일정책을 수립하고 이를 추진한다"라고 하여 평화통일을 헌법이념의 하나로 선언하고 있다. 그런데 평화적 통일은 남북한이 무력을 배제하고 서로 대등한 지위에서의 합의를

통하여 통일을 이루는 방법 밖에 생각할 수 없고 그러자면 우선 남한과 북한이 적대관계를 청산하여 화해하고 협력하여야 하며 상대방을 무조건 헐뜯을 것이 아니라 잘한 일에는 칭찬도 하고 옳은 일에는 동조도 하여야 하며 상호 교류도 하여야 한다. … 그리고 이러한 일은 어디까지나 북한이 불법집단 내지 반국가단체로서 처벌대상이 되지 않는다는 전제에서만 가능한 것이다. 그런데 국가보안법은 처벌규정의 핵심근거로서 "반국가단체"라는 개념을 설정하고 있으며, 그 동안의 국가보안법 운영실정에서 볼 때 북한이 으뜸가는 반국가단체에 해당되는 것은 분명한 사실이다. 따라서 북한을 반국가단체로 규정지음으로써 북한을 정부로 참칭하거나 국가를 변란할 것을 목적으로 하는 범죄단체임을 전제로 하는 국가보안법의 여러 규정은 헌법의 평화통일조항과 상충된다.

바. 다수의견은, 국가보안법 제7조 제1항 및 제5항의 불명확성, 광범위성과 표현의 자유의 과도한 침해 및 평화통일이념과의 모순 등 위헌성을 지적하면서도 위 법률조항들은 각 그 소정행위가 대한민국의 안전·존립을 위태롭게 하거나 자유민주적 기본질서에 위해를 줄 경우에 한하여 적용되는 것으로 해석할 수 있다고 보고 그러한 해석하에 합헌이라는 것이나 **위 법률조항들이 그와 같이 한정적으로 적용되는 것으로 해석되지 아니할 뿐더러 설사 그와 같은 해석이 가능하다고 하더라도 대한민국의 안전·존립을 위태롭게 하는 행위냐 아니냐 또는 자유민주적 기본질서에 위해를 주는 행위냐, 아니냐 역시 객관적으로 뚜렷한 기준 내지 그 한계를 정할 수 없는 매우 애매모호하고 불명확한 것이어서 결국 수사기관이나 법관의 주관적 해석에 맡길 수 밖에 없는 구성요건이므로 이것 또한 죄형법정주의에 반한다.**

다수의견은 위 법률조항들의 구성요건이 불명확하고 광범위하므로 이것의 적용범위를 되도록 축소하여 보자는 취지로 이해되나 그렇지 않아도 **불명확하고 광범위한 구성요건에다 또 다시 불명확한 구성요건을 보태는 것이 되어 과연 신체의 자유나 표현의 자유보장을 위하여 어느 정도의 효과가 있을 것인지 의문이다.** 위 법률조항들의 위헌성을 인정하였으면 헌법재판소로서는 마땅히 위헌을 선언하는 것이 국민에 대한 책무이다. 위 법률조항들처럼 그 위헌성이 너무도 뚜렷한 법률을 아무리 **주문과 같이 한정적으로 제한해석하여 합헌결정을 내린다 하더라도 그 위헌성이 치유되는 것이 아니다.**

주문과 같은 형태의 이른바 한정합헌결정 또는 변형결정이 우리 법제상 허용될 수 없는 것임은 이미 내가 1989년 7월 21일 선고 89헌마38 상속세법 제32조의 2의 위헌여부에 관한 헌법소원사건, 1989년 9월 8일 선고 88헌가6 국회의원선거법 제33조, 제34조의 위헌심판사건 및 1990년 1월 15일 선고 89헌가103 노동쟁의조정법 제13조의 2 등에 대한 위헌심판사건에서 소수의견으로 자세히 밝힌 바 있으므로 더 이상 언급하지 않는다.

국가보안법 제7조에 대한 위헌심판 (헌재 1990.4.2./89헌가113)

제3장

인권의 침해와 구제

제 1 절　헌법재판소에 의한 구제
제 2 절　법원에 의한 구제
제 3 절　국회에 의한 구제
제 4 절　국가인권위원회에 의한 구제

제 3 장

인권의 침해와 구제

제 1 절 헌법재판소에 의한 구제

I. 사례

영화감독 강 아무개 등은 최근 논란이 되고 있는 수평적이지 못한 한미관계의 현주소를 직시하기 위한 사회성 짙은 영화를 만들기로 하고, "오 꿈의 나라"라는 영화를 제작하였다. 그러나 영화를 상영함에 있어서 상영전에 공연윤리위원회의 심의를 받지 아니함으로써 영화법 제12조 제1항에 위반하였다는 공소사실로 기소되어 서울지방법원에서 사건 계속중이다.

참조 : 영화법 제12조등 위헌제청 (헌재 1996.10.04./ 93헌가13 결정)

[공부거리]

인권의 경합
표현의 자유와 검열

[심판대상조문]

영화법 제12조(심의)

① 영화(그 예고편을 포함한다)는 그 상영 전에 공연법에 의하여 설치된 공연윤리위원회의 심의를 받아야 한다.

② 제1항의 규정에 의한 심의를 필하지 아니한 영화는 이를 상영하지 못한다.

[참조조문]

동법 제13조(심의기준)

① 공연윤리위원회 또는 방송심의위원회는 제12조 제1항 또는 제4항의 규정에 의한 심의에 있어서 다음 각호의 1에 해당한다고 인정되는 영화에 대하여는 이를 심의필한 것으로 결정하지 못한다. 다만, 그 해당 부분을 삭제하여도 상영에 지장이 없다고 인정될 때에는 그 부분을 삭제하고 심의필을 결정할 수 있다.

1. 헌법의 기본질서에 위배되거나 국가의 권위를 손상할 우려가 있을 때
2. 공서양속을 해하거나 사회질서를 문란하게 할 우려가 있을 때
3. 국제간의 우의를 훼손할 우려가 있을 때
4. 국민정신을 해이하게 할 우려가 있을 때

한편, 심판의 대상과 관련이 되는 벌칙규정으로는 법 제32조 제5호가 있고, 그 내용은 다음과 같다.

제32조(벌칙) 다음 각호의 1에 해당하는 자는 2년 이하의 징역 또는 500만원 이하의 벌금에 처한다.

5. 제12조 제1항 또는 제4항의 규정에 의한 심의를 받지 아니하고 영화를 상영한 자

[참조판례]

교육법 제157조에 관한 헌법소원, 헌재 1992.11.12./89헌마88 결정

정기간행물의등록등에관한법률 제10조등에 대한 헌법소원, 헌재 1992.6.26./90헌바26 결정

1. 당사자[13)] 등의 주장

1) 영화감독 강 아무개의 주장

(1) 영화상영의 자유 역시 언론·출판의 자유에 의한 보장을 받으므로 그에 대한 어떠한 형식의 사전통제도 모두 언론·출판에 대한 **검열을 금지한 헌법규정**에 정면으로 위배된다.

법은 구 법에 문화부장관의 검열을 받아야 한다는 것을 공륜의 사전심의를 받아야 한다고 개정하였으나,

① 우선 공륜의 구성면에서, 공륜 위원은 문화체육부장관(제정당시에는 문화부장관이었으나 그 뒤 1993. 3. 6. 법률 제4541호에 의한 정부조직법의 개정으로 문화체육부장관으로 되었다, 이하 "문화체육부장관"이라 한다)의 독자적 판단에 의하여 위촉하게 되어 있고, 위원장과 부위원장의 선출은 장관의 승인을 받아야 하며, 위원장은 심의결과를 장관에게 보고하여야 하고, 정부의 예산에 의하여 운영되고 있는 점에서 공륜은 검열기관에 해당하고,

② 또한 공륜은 영화에 대한 심의를 필하여 주지 않을 수도 있고 내용을 삭제하여 심의필을 할 수도 있으며, 더욱이 공륜의 심의를 받지 아니한 경우 행정적 수단이 아닌 형벌적 제재를 과할 수 있도록 한 점에서 **공륜의 사전심의제도는 본질적으로 사전검열제도**에 해당하며,

③ 심의기준이 자의적으로 규정되어 있고, 실제의 심의과정에서도 검열자의 개인적인 사상, 기호나 영화의 구체적인 장면에 따라 다르게 적용되어 왔다는 점에 미루어 보더라도 심의기준 자체에 위헌성이 있음을 알 수 있고,

④ 공륜의 심의에 대하여 즉각적인 구제방법이 보장되어 있지 않은 점에서도 사전심의제도는 헌법에 위반된다.

---

13) 헌법재판에 있어 당사자란 주로 청구인과 피청구인을 말한다. 청구인이란 자기이름으로 심판을 청구하는 자를 말하고, 그 상대방인 자를 피청구인이라 한다. 헌법재판소가 관장하는 심판 중 위헌법률심판과 헌법소원은 피청구인이 국회이거나, 정부인 관계로 특정하기 쉽지 않고, 직권·서면심리 방식에 의하고 있으므로 이들 헌법재판은 청구인을 기본으로 하여 심판한다(청구당사자주의). 이들 심판의 경우 위헌법률심판청구서와 헌법소원심판의 기재사항에 관한 규정(헌법재판소법 제23조, 제71조)에도 피청구인에 대한 별다른 규정을 하고 있지 아니하다.

탄핵심판, 정당해산심판 및 권한쟁의심판은 당사자의 구두변론에 의한 심리구조로 되어 있고 청구인과 피청구인을 특정해야 한다. 이 경우 정부가 피청구인 또는 종된 당사자인 경우가 많은데 법무부 장관이 이를 대표하거나 주무장관이 이해관계인으로서의 의견을 제출한다.

(2) 영화의 영향력에 대한 막연한 두려움과 선입견에 입각한 영화상영의 자유에 대한 제한론은 영상산업이 비약적으로 발달하여 영화가 하나의 표현수단으로 일상적이며 대중적인 수단으로 정착한 현재에는 시대착오적인 주장이다. 세계 각국이 영화산업의 육성, 발전을 위하여 노력을 하고 있는데 반하여 우리나라에서만 사전심의제를 통하여 이를 규제함으로써 영화인들의 창의력을 말살하고 한국영화의 국제경쟁력을 약화시키고 있다.

또한 국민정서와 청소년보호를 위한다는 명목으로 사전심의제를 정당화하려는 견해가 있으나, 위와 같은 사전심의방법이 그 적절한 방법으로 되지 못함이 이미 증명되었고, 영화에 대하여는 자율적 수준의 영화등급심사와 그 엄격한 시행에 의하여서만 해악방지의 목적을 달성할 수 있다(사단법인 한국영화인협회가 마련한 영상진흥법 개정시안은 이에 좋은 참고가 된다).

2) 문화체육부장관의 의견

(1) 영화에 대한 검열제도는 1984.12. 법 개정시 이미 폐지되었고, 법은 영화 상영에 대한 규제를 공륜의 사전심의 형태로 운영하고 있다. 이러한 법에 의한 공륜의 사전심의제도는,

① 공륜 위원이 예술·언론·방송·출판·공연·교육 등에 관하여 학식과 경험이 풍부한 사람들 중에서 위촉되고 있으며, 특히 영화심의위원은 영화감독, 평론가 등 영화전문가와 신문사 논설위원, 대학교수, 여류작가, 여성·청소년단체간부 등 민간전문인들로 구성되어 결국 자율적인 심의체제로 운영되고 있는 점,

② 심의 후 법시행령 제20조의2의 규정에 따라 심의필증을 미리 교부하고 5일 이내에 결과를 문화체육부장관에게 사후 보고하는데 지나지 아니하고, 심의 전이나 후의 행정부의 간섭이 없는 점 등에 비추어 이를 사전검열이라고 할 수 없다.

(2) 언론·출판의 자유도 내재적 한계가 있고, 헌법 제37조 제2항에 따른 법률에 의한 제한이 있을 수 있다. 선진 외국에서도 영상매체에 대한 사전심의나 제약을 법률로써 제도화하고 있으며, 판례도 이를 합헌이라고 하고 있다.

특히, 영상매체는 신문·잡지 등 출판매체와는 달리 일반대중에게 영상이라는 생동감있고 충격적인 방법으로 동시에 광역적으로 전달되기 때문에 파급되는 영향력이나 충격이 엄청나다는 특수성이 있다. 영화의 폭력, 음란화로 인한 청소년에 대한 폐해를 시정하기 위한 노력이 현재에도 세계적으로 행해지고 있는 추세에 있다.

(3) 공륜의 심의기준은 법과 법시행령 및 공연윤리심의규정 등에 구체적이고도 명확하

게 규정되어 있으므로, 이를 막연하기 때문에 위헌이라고 하는 주장은 성립될 수 없다.

2. 헌법재판소의 판단

1) 표현의 자유의 보호영역

영화도 의사표현의 한 수단이므로 영화의 제작 및 상영은 다른 의사표현수단과 마찬가지로 언론·출판의 자유에 의한 보장을 받음은 물론, 영화는 학문적 연구결과를 발표하는 수단이 되기도 하고 예술표현의 수단이 되기도 하므로 그 제작 및 상영은 학문·예술의 자유에 의하여도 보장을 받는다.

2) 검열인지의 여부

(1) 헌법 제21조 제2항의 검열은 행정권이 주체가 되어 사상이나 의견 등이 발표되기 이전에 예방적 조치로서 그 내용을 심사, 선별하여 발표를 사전에 억제하는, 즉 **허가받지 아니한 것의 발표를 금지하는 제도**를 뜻한다. 그러므로 검열은 일반적으로 허가를 받기 위한 표현물의 **제출의무**, 행정권이 주체가 된 **사전심사절차**, 허가를 받지 아니한 **의사표현의 금지** 및 심사절차를 관철할 수 있는 **강제수단** 등의 요건을 갖춘 경우에만 이에 해당하는 것이다.

(2) 헌법 제21조 제1항이 언론·출판에 대한 검열금지를 규정한 것은 비록 헌법 제37조 제2항이 국민의 자유와 권리를 국가안전보장·질 서유지 또는 공공복리를 위하여 필요한 경우에 한하여 법률로써 제한할 수 있도록 규정하고 있다고 할지라도 언론·출판에 대하여는 검열을 수단으로 한 제한만은 법률로써도 허용되지 아니 한다는 것을 밝힌 것이다.

(3) 검열금지의 원칙은 모든 형태의 사전적인 규제를 금지하는 것이 아니고 단지 의사표현의 발표 여부가 오로지 행정권의 허가에 달려있는 사전심사만을 금지하는 것을 뜻하며, 또한 정신작품의 발표 이후에 비로소 취해지는 사후적인 사법적 규제를 금지하지 않는다. 따라서 심의기관에서 허가절차를 통하여 영화의 상영 여부를 종국적으로 결정할 수 있도록 하는 것은 검열에 해당하나, 예컨대 영화의 상영으로 인한 실정법위반의 가능성을 사전에 막고, 청소년 등에 대한 상영이 부적절할 경우 이를 **유통단계에서 효과적으로 관리할 수 있도록 미리 등급을 심사하는 것은 사전검열이 아니다.**

(4) 영화법 제12조 제1항, 제2항 및 제13조 제1항이 규정하고 있는 영화에 대한 심의제의 내용은 심의기관인 공연윤리위원회가 영화의 상영에 앞서 그 내용을 심사하여 심의기준에 적합하지 아니한 영화에 대하여는 상영을 금지할 수 있고, 심의를 받지 아니하고 영화를 상영할 경우에는 형사처벌까지 가능하도록 한 것이 그 핵심이므로 이는 명백히 헌법 제21조 제1항이 금지한 사전검열제도를 채택한 것이다.

3) 공연윤리위원회의 행정기관성

검열을 행정기관이 아닌 독립적인 위원회에서 행한다고 하더라도 행정권이 주체가 되어 검열절차를 형성하고 검열기관의 구성에 지속적인 영향을 미칠 수 있는 경우라면 실질적으로 검열기관은 행정기관이라고 보아야 한다. 그러므로 공연윤리위원회가 민간인으로 구성된 자율적인 기관이라고 할지라도 영화법에서 영화에 대한 사전허가제도를 채택하고, 공연법에 의하여 공연윤리위원회를 설치토록 하여 행정권이 공연윤리위원회의 구성에 지속적인 영향을 미칠 수 있게 하였으므로 공연윤리위원회는 검열기관으로 볼 수밖에 없다.

Ⅱ. 해설

1. 인권의 경합

1) 인권 경합의 의의

인권의 경합이란 하나의 인권주체가 국가에 대해 동시에 여러 가지 인권을 주장하는 경우를 말한다. 본 사례의 경우, 영화감독 강아무개는 영화법 제12조의 사전심의제에 의해 자신이 만든 영화 '오 꿈의 나라'가 상영되지 못한 것을 가지고, 헌법 제21조에서 규정하고 있는 표현의 자유, 헌법 제22조에서 규정하고 있는 예술의 자유가 침해되었다고 동시에 주장할 수 있는데 이러한 경우를 인권의 경합이라고 한다.

2) 인권의 유사경합

하나의 인권주체가 동시에 여러 가지 인권침해를 주장한다고 하여 모두 인권의 경합이라고 할 수는 없다. 예를 들면 학문적 표현을 이용한 광고행위가 국가권력에 의해 금지되는 경우 이에 대하여서는 일단 학문의 자유와 영업의 자유침해를 생각해 볼 수 있다. 그러나 광고행위의 내용에 학문적 표현이 사용되었다고 하여 학문의 자유가 침해되었다고는 할 수 없으며 영업의 자유가 침해되었다고 주장하면 될 것이다. 이러한 경우를 유사경합 또는 부진정 경합이라고 한다.

3) 인권경합의 해결방법

인권이 경합하는 경우 이를 해결하는 방법은 다양하다. 제한 가능성이 상이한 경우에 제한의 가능성이 보다 적은 인권(최강효력설)의 적용을 주장하기도 하며, 경합하는 인권이 다른 인권에 비하여 특별법적 관계에 있는 경우(법조경합설) 이의 적용을 통하여 해결하기도 한다.

예를 들어 경찰청장은 퇴직일부터 2년 이내에는 정당의 발기인이나 당원이 될 수 없도록 정한 경찰법 제11조 제4항의 규정 등이 자신들의 **직업선택의 자유**와 **공무담임권을 침해**하였다고 헌법소원심판을 청구한 청구들의 주장에 대하여 헌법재판소는 '공무담임권은 직업의 자유에 우선하여 적용되는 **특별법적 규정**이므로 공무담임권이 우선적용되어야 한다.'(헌재 1999.12.23/ 99헌마135)고 결정 한 바 있다.

그러나 인권의 효력의 정도나 일반 특별법 관계의 설정이 쉽지 않은 점을 고려한다면, 여러 인권 중에서 문제의 사안과 **직접적인 관련**이 있는 인권이 우선적으로 적용되어야 할 것이고, 최강효력설 및 법조경합설에 의한 문제 해결을 보완적으로 고려하여야 할 것이다. 예를 들어 공항 항만 등 국가 중요시설에서 경비업무를 담당하는 자들에게 일체의 쟁의행위를 금지하고 있는 경비업법 제15조가 자신들의 **집회의 자유**와 **단체행동권**을 침해했다고 주장한 사건에서 헌법재판소는 '**가장 밀접**하게 관련되고 가장 침해의 정도가 큰 인권은 단체행동권이므로 이에 한정하여 판단하기로 한다'(헌재 2009.10.29/ 2007헌마1359)고 판시한 바 있다. 나아가 경우에 따라서는 문제의 사안과 관련이 있는 모든 인권의 적용을 주장할 수 밖에 없는 경우도 있다.

4) 본 사안의 경우

본 사안의 경우 일반적 표현의 자유(헌법 제21조) 침해와 예술표현의 자유(헌법 제22조) 침해 모두를 주장하여 볼 수 있을 것이다.

이를 해결하기 위해 위에서 언급한 해결방법을 적용해 보면 첫째, 일차적으로 유사경합에 해당하지 않음을 알 수 있다. 둘째, 사안과의 관련성 정도를 따져 본다면 둘 다 우열을 가릴 수 없을 만큼 밀접한 관련이 있음을 알 수 있다. 셋째, 법조경합의 관점에서 보면 예술표현의 자유가 일반적 표현의 자유보다 특별한 관계에 있고 예술표현의 자유를 주장하는 것이 인권을 더 두텁게 보장할 수 있을 것이라고 생각되기도 한다.

그러나 우리나라의 헌정사를 돌이켜 보면, 오히려 예술의 자유에 대하여서는 검열의 가능성을 열어 두는 등 예술의 자유에 대한 제한이 훨씬 심하였다.[14] 또한 헌법교과서들조차도 예술에 자유에 대한 검열이 타당하다고 한동안 기술되었었다. 그러므로 제한의 가능성이 보다 작은 헌법 제21조의 침해를 주장하는 것이 타당하다고 사료된다.

따라서 본 사안의 경우 표현의 자유의 침해를 주장하면 될 것이다. 헌법재판소가 이러한 논거에 따른 것인지는 명확하지 않지만, 법원이 헌법 제21조 침해와 헌법 제22조 침해가 의심된다며 청구한 '영화법 제12조 등에 대한 위헌제청'사건(헌재 1996.10.4/ 93헌가13)에서 헌법재판소는 표현의 자유침해여부를 가지고 판단하고 있다.

2. 표현의 자유와 제한

1) 표현의 자유

헌법 제21조는 '모든 국민은 언론・출판의 자유와 집회・결사의 자유를 가진다'고 규정하고 있다. 전통적으로 개인의 사상 또는 의견을 표현하는 대표적인 방법은 언론・출판・집회・결사였다는 점에서 헌법 제21조는 표현의 자유에 관한 조항으로 불리우고 있다.

그러나 오늘날에 있어서는 언론출판・집회・결사 이외에도 다양한 방법으로 표현하는 것이 가능해지고 있는데, 영화에 의한 표현, 인터넷에 의한 표현은 그 대표적인 예이다. 특히 인터넷 매체에 의한 의사표현은 종이매체에 의한 의사표현을 압도할 정도로 그 힘을 더하여 가고 있다. 이러한 역사적 맥락을 고려한다면 헌법 제21조에서 언급하고 있는 언론출판・집회・결사는 표현방법을 열거한 것(열거설)이 아니라 예시한 것(예시설)이라고 보아야 할 것이다.

헌법재판소도 '영화법 제12조 등에 대한 위헌제청'사건(헌재 1996.10.4/ 93헌가13)에서 '**영화도** 사상 양심 및 지식 경험 등을 표현하는 수단의 하나이므로, 영화(에 의한 표현)의 자유도 언론 출판의 자유에 **포함**된다'고 판시한 바 있다.

그 밖에도 현대적 의미의 언론 출판의 자유에는 알권리[15], 액세스권[16], 반론권[17], 언론

---

14) 1962년 헌법 제18조 ② 언론출판에 대한 허가나 검열과 집회 결사에 대한 허가는 인정되지 아니한다. 다만, 공중도덕과 사회윤리를 위해서는 영화나 연예에 대한 검열을 할 수 있다.

15) 모든 정보원으로부터 일반적 정보를 수집하고 또 처리할 수 있는 권리를 말한다. 개인에게는 공공기관과 사회집단 등에 대하여 정보공개를 요구할 수 있는 권리를 의미하고, 언론기관에게는 공공기관과 사회집단 등에 대하여 정보공개를 청구할 수 있는 권리만이 아니라 취재의 자유를 의미한다.

16) 일반국민이 자신의 사상이나 의견을 발표하기 위하여 언론매체에 자유로이 접근하여 그것을 이용할 수 있는 권리를 말한다.

기관설립권[18] 등을 포함하고 있다.

2) 표현의 자유의 제한

(1) 사전제한

표현을 사전 억제하기 위한 제도는 행정기관에 의한 사전억제와 사법기관에 의한 사전억제제도로 대별할 수 있다. 사상 의견 등이 발표되기 이전에 국가기관이 그 내용을 심사 선별하여 일정한 사상이나 의견의 표현을 사전에 억제하는 제도는 표현의 자유에 대한 중대한 제한이라는 측면에서 깊은 성찰이 요구된다.

특히 행정권이 주체가 되어 표현을 사전억제하는 제도는 관제언론이나 집권세력에게 무해한 여론만을 허용하는 위험한 결과를 초래하기 때문에 용납될 수 없다. 이는 한국 헌정사를 돌이켜 보아도 생생하다. 유신헌법에서는 두 말할 나위없고 1980년 헌정 하에서도 **보도지침 등** 언론에 대한 행정권의 직접적 간접적 검열이 온전하였다. 이와 같은 맥락에서 1987년 헌법 제21조 제2항에서는 '언론출판에 대한 허가나 검열과 집회 결사에 대한 허가는 인정되지 아니한다'고 이를 명문화하였다.

다만, 사법기관이 주체가 된 표현의 자유에 대한 사전제한에 대해서는 일률적으로 검열이라고 하기 어렵다. 예를 들어 발매금지 가처분 또는 법원의 판결로 표현을 사전억제할 수도 있는데, 우리나라의 경우 국가기관에 의한 표현의 사전억제 모두를 헌법 제21조 제2항이 금지하는 검열이나 허가로 보고 있지는 않다.

> 헌법 제21조 2항에서 규정한 검열금지 원칙은 모든 형태의 사전적인 규제를 금지하는 것이 아니고, 단지 의사표현의 발표여부가 오로지 행정권의 허가에 달려 있는 사전심사만을 금지하는 것을 뜻하므로 이 사건 법률조항에 의한 방영금지가처분은 행정권에 의한 사전심사나 금지처분이 아니다. 개별 당사자 간의 분쟁에 관하여 사법부가 사법절차에 의하여 심리, 결정하는 것이어서 헌법에서 금지하는 사전검열에 해당하지 않는다.
>
> **민사소송법 제741조 2항 위헌소원** (헌재 2001.8.30./ 2000헌바36)

'영화법 제12조 등에 대한 위헌제청'사건(헌재 1996.10.4/ 93헌가13)에서도 헌법재판소는 검열이란 '행정권이 주체가 되어 표현을 사전억제'하는 것이라고 제한적으로 보고 있다.

---

17) 정기간행물이나 방송 등에서 공표된 사실적 주장에 의하여 피해를 입은 자가 발행인이나 방송사업자에게 서면으로 반론보도문을 게재해 주거나 반론보도를 방송해 줄 것을 청구할 수 있는 권리를 말한다.

18) 언론·출판의 자유는 언론기관을 자유로이 설립할 수 있는 언론기관설립의 자유까지도 그 내용으로 한다. 그러므로 헌법이나 법률이 신문·통신·방송 등의 시설기준을 지나칠 정도로 과중하게 규정할 경우에는 언론·출판의 자유를 부당하게 제한하는 것이 된다.

(2) 사후제한

표현을 사후적으로 억제하는 것은 허용된다. 현행 헌법 제37조 제2항에서는 질서유지 등 정당한 목적이 있는 경우에 한하여 법률에 의거한 모든 인권의 제한의 제한 가능성을 열어두고 있다. 이를 일반적 법률유보에 의한 인권제한이라고 한다. 따라서 표현의 자유 역시 질서유지를 위하여 법률에 의거하여 본질적인 내용을 침해하지 않고 과잉되지 않는 범위에서 제한할 수 있다.

그러나 그러한 경우에도 **명백하고 현존하는 위험**이 있어야 하며, 제한 법률의 내용이 막연한 경우에는 무효(void of Vagueness)가 될 수 있다. 미국의 경우 1919년 쉔크(Schenck)판결에서 '명백하고 현존하는 위험의 원칙'을 표현의 자유에 대한 합헌성 판단기준으로 삼았다.

3. 헌법 제21조 제2항과 검열금지의 원칙

1) 헌법 제21조의 검열

의사표현의 자유는 헌법 제21조 제1항이 규정하는 언론·출판의 자유에 속하고, 여기서 의사표현의 매개체는 어떠한 형태이건 그 제한이 없다고 할 것이다. 영화도 의사표현의 한 수단이므로 영화의 제작 및 상영은 다른 의사표현수단과 마찬가지로 헌법에 의한 보장을 받음은 물론 영화는 학문적 연구결과를 발표하는 수단이 되기도 하고, 예술표현의 수단이 되기도 하므로 그 제작 및 상영은 학문·예술의 자유를 규정하고 있는 헌법 제22조 제1항에 의하여도 보장을 받는다.

헌법 제21조 제1항과 제2항은 모든 국민은 언론·출판의 자유를 가지며, 언론·출판에 대한 허가나 검열은 인정되지 아니한다고 규정하고 있다. 여기서의 검열은 행정권이 주체가 되어 사상이나 의견 등이 발표되기 이전에 예방적 조치로서 그 내용을 심사, 선별하여 발표를 사전에 억제하는, 즉 허가받지 아니한 것의 발표를 금지하는 제도를 뜻한다. 이러한 검열제가 허용될 경우에는 국민의 예술활동의 독창성과 창의성을 침해하여 정신생활에 미치는 위험이 클 뿐만 아니라 행정기관이 집권자에게 불리한 내용의 표현을 사전에 억제함으로써 이른바 관제의견이나 지배자에게 무해한 여론만이 허용되는 결과를 초래할 염려가 있기 때문에 헌법이 직접 그 금지를 규정하고 있는 것이다.

그러므로 헌법 제21조 제2항이 언론·출판에 대한 검열금지를 규정한 것은 비록 헌법

제37조 제2항이 국민의 자유와 권리를 국가안전보장·질서유지 또는 공공복리를 위하여 필요한 경우에 한하여 법률로써 제한할 수 있도록 규정하고 있다고 할지라도 언론·출판의 자유에 대하여는 검열을 수단으로 한 제한만은 법률로써도 허용되지 아니 한다는 것을 밝힌 것이다. 물론 여기서 말하는 검열은 그 명칭이나 형식에 구애됨이 없이 실질적으로 위에서 밝힌 검열의 개념에 해당되는 모든 것을 그 대상으로 하는 것이다.

그러나 검열금지의 원칙은 모든 형태의 사전적인 규제를 금지하는 것이 아니고, 단지 의사표현의 발표여부가 오로지 행정권의 허가에 달려 있는 사전심사만을 금지하는 것을 뜻한다. 그러므로 검열은 일반적으로 허가를 받기 위한 표현물의 제출의무, 행정권이 주체가 된 사전심사절차, 허가를 받지 아니한 의사표현의 금지 및 심사절차를 관철할 수 있는 강제수단 등의 요건을 갖춘 경우에만 이에 해당하는 것이다.

2) 검열금지원칙의 요건

표현의 자유에 대한 검열을 수단으로 한 제한은 위에서 본 바와 같이 법률로써도 허용될 수 없는 것이나 검열의 의미는 다음과 같이 **제한적**으로 해석되고 있다.

(1) 먼저 헌법 제21조 제2항이 금지하는 검열은 사전검열만을 의미하므로 개인이 정보와 사상을 발표하기 이전에 국가기관이 미리 그 내용을 심사·선별하여 일정한 범위내에서 발표를 저지하는 것만을 의미하고(헌재 1992.11.12./89헌마88 결정 참조), **헌법상 보호되지 않는 의사표현에 대하여 공개한 뒤에 국가기관이 간섭하는 것을 금지하는 것은 아니다**(헌재 1992.6.26./90헌바26 결정). 그러므로 사후심사나 앞에서 밝힌 검열의 성격을 띠지 아니한 그 외의 사전심사는 검열에 해당하지 아니한다. 다만, 이러한 검열의 성격을 띠지 아니한 심사절차의 허용 여부는 표현의 자유와 이와 충돌되는 다른 법익 사이의 조화의 문제이므로 헌법상의 기본권제한의 일반적 원칙인 헌법 제37조 제2항에 의하여 상충하는 다른 법익과의 교량과정을 통하여 결정된다 할 것이다.

(2) 검열금지의 원칙은 정신작품의 발표 이후에 비로소 취해지는 사후적인 사법적 규제를 금지하는 것이 아니므로 사법절차에 의한 영화상영의 금지조치(예컨대 명예훼손이나 저작권침해를 이유로 한 가처분 등)나 그 효과에 있어서는 실질적으로 동일한 형벌규정(음란, 명예훼손 등)의 위반으로 인한 압수는 헌법상의 검열금지의 원칙에 위반되지 아니한다.

(3) 검열금지의 원칙은 바로 영화에 대한 사전심사를 모두 금지하는 것도 아니다. 영화

는 시청각을 표현수단으로 하는 영상매체의 특수성으로 말미암아 일단 상영되고 나면 그 자극이나 충격이 매우 강하게 그리고 직접 전달되어 영향력이 클 뿐만 아니라, 비디오의 보급이 일반화되면서 그 파급효과가 광범위하게 이루어질 수 있게 되었고, 일단 소비자에게 보급되고 난 뒤에는 이를 효율적으로 규제할 방법마저 없다. 그러므로 영화를 상영 또는 보급하기 이전에 심사·규제해야 할 필요가 있음은 물론, 특히 청소년이 음란, 폭력 등 영화에 접근하는 것을 미리 막아야 할 필요성이 인정된다.

3) 검열금지원칙과 등급제

심의기관에서 허가절차를 통하여 영화의 상영 여부를 종국적으로 결정할 수 있도록 하는 것은 검열에 해당하나, 예컨대, 영화의 상영으로 인한 실정법위반의 가능성을 사전에 막고, 청소년 등에 대한 상영이 부적절할 경우 이를 유통단계에서 효과적으로 관리할 수 있도록 미리 등급을 심사하는 것은 사전검열이 아니다. 설사 등급심사를 받지 아니한 영화의 상영을 금지하고 이에 위반할 때에 행정적 제재를 가하는 경우(예컨대 영화진흥법 상의 등급심의)에도 검열에는 해당하지 아니한다. 여기서의 상영금지는 심의의 결과가 아니고 단지 일괄적인 등급심사를 관철하기 위한 조치에 지나지 아니하기 때문이다.

4) 영화법 제12조 제1항, 제2항 및 제13조 제1항의 위헌성

(1) 법은, 영화는 상영 전에 공륜의 사전심의를 받아야 할 의무를 부과하고(제12조 제1항), 사전심의를 거치지 않은 모든 영화의 상영을 금지하고(제12조 제2항), 사전심의를 받지 아니하고 영화를 상영한 자는 2년 이하의 징역 또는 500만원 이하의 벌금에 처하도록(제32조 제5호) 규정하고 있다. 한편 **법 제13조 제1항은 영화에 대한 심의기준을 정하고, 심의기관인 공륜이 그 기준에 적합하지 않은 영화에 대하여는 심의필 결정을 할 수 없으나, 해당 부분을 삭제하여도 상영에 지장이 없다고 인정되는 경우에는 그 부분을 삭제하고 심의필을 결정할 수 있도록 규정하고 있다.**

그렇다면 법이 규정하고 있는 영화에 대한 심의제의 내용은 심의기관인 공륜이 영화의 상영에 앞서 그 내용을 심사하여 심의기준에 적합하지 아니한 영화에 대하여는 상영을 금지할 수 있고, 심의를 받지 아니하고 영화를 상영할 경우에는 형사처벌까지 가능하도록 한 것이 그 핵심이므로 이는 헌법 제21조 제2항이 금지한 사전검열제도에 해당한다고 보아야 할 것이다.

(2) 헌법상의 검열금지의 원칙은 검열이 행정권에 의하여 행하여지는 경우에 한하므로

영화의 심의기관인 공륜이 이에 해당한지에 대하여 의문이 있을 수 있다. 그러나 검열을 행정기관이 아닌 독립적인 위원회에서 행한다고 하더라도 행정권이 주체가 되어 검열절차를 형성하고 검열기관의 구성에 지속적인 영향을 미칠 수 있는 경우라면 실질적으로 보아 공연윤리위원회는 행정기관이라고 보아야 한다. 왜냐하면 그렇게 해석하지 아니한다면 검열기관의 구성은 입법기술의 문제이므로 정부에게 행정관청이 아닌 독립된 위원회의 구성을 통하여 사실상 검열을 하면서도 헌법상 검열금지원칙을 위반하였다는 비난을 면할 수 있는 길을 열어주기 때문이다.

그런데 법은 영화를 상영하기 전에 공륜의 사전심의를 받아야 한다고 규정하고 있고, 공연법과 그 시행령에 의하면 공륜의 위원은 문화체육부장관에 의하여 위촉되고(공연법 제25조의3 제3항), 위원장과 부위원장의 선출은 장관의 승인을 받아야 하며(같은 법 시행령 제20조 제1항), 위원장은 심의결과를 장관에게 보고하여야 하고(같은 법 시행령 제21조), 공륜은 국가예산의 범위 안에서 공륜의 운영에 필요한 경비의 보조를 받을 수 있도록(같은 법 제25조의3 제6항) 규정하고 있다.

그렇다면 공륜이 민간인으로 구성된 자율적인 기관이라고 할지라도 법에서 영화에 대한 사전허가제도를 채택하고, 공연법에 의하여 공륜을 설치토록 하여 행정권이 공륜의 구성에 지속적인 영향을 미칠 수 있게 하였으므로 공륜은 검열기관으로 볼 수 밖에 없다.

또한 공륜이 비록 그의 심의활동에 있어서 독립성이 보장된 심의기관이라 할지라도 검열기관인가를 판단하는데 있어서 그것은 결정적인 것이 되지 못한다. 심의기관의 독립성이 보장되어야 하는 것은 단지 심의절차와 그 결과의 공정성 및 객관성을 확보하기 위하여 모든 형태의 심의절차에 요구되는 당연한 전제일 뿐이기 때문이다. 국가에 의하여 검열절차가 입법의 형태로 계획되고 의도된 이상, 비록 검열기관을 문화체육부장관에서 민간인들로 구성된 공륜으로 대체했다고 하여 법이 정한 사전심의제도의 법적 성격이 바뀌는 것은 아니다.

4. 영화감독 강아무개가 강구할 수 있는 헌법적 구제 방법은?

1) 위헌법률심사의 의의

위헌법률심사라 함은 사법기관이 의회가 의결한 법률이 헌법에 위반되는가의 여부를 심사하고 헌법에 위반되는 것으로 판단하는 경우에 그 법률의 효력을 상실하게 하거나 그 적용을 거부하는 제도를 말한다. 협의의 헌법재판이라고도 한다.

민주주의국가에서 위헌법률심판제도가 허용되는 것은 의회에 대한 불신과 깊은 관련이 있다. 나치스 독일이나 우리나라의 유신헌정에서처럼, 원내다수파가 다수의 세를 이용하여 소수를 탄압하기 위한 법률을 제정할 경우에 그 법률로 이한 인권침해가 많았기 때문에 이를 견제하기 위한 보조적 수단으로 도입된 것이다. 또한 비록 다수에 의해 결정된 법률이라고 하더라도 인권침해적 내용을 가졌다면 이를 위헌으로 선언한다는 것은 오히려 다수의 횡포를 억제하고 소수를 보호하는 기능함으로써 입헌주의 발전에 기여할 수 있다고 생각하였다.

위헌법률심판은 미국이나 일본처럼 일반법원이 담당하는 유형이 있는가 하면 독일처럼 독립된 (헌법)법원을 설치하여 법률의 위헌의 위헌심사를 담당케 하기도 한다. 어떠한 유형이 우월한 것인가는 제도 그 자체만으로는 판단하기 쉽지 않으며 그 나라의 헌정사적 맥락과 깊은 연관이 있다고 보아야 할 것이다.

2) 위헌법률심사의 요건

위헌법률심사는 법률이 공포되기 전에 위헌성 심사를 하는 사전예방적 위헌법률심사제와 일단 법률이 시행되고 나서 위헌성 여부를 판단하는 사후교정적 위헌법률심사제로 대별할 수 있다.

대부분의 나라들은 사후교정적 위헌법률심사제를 채택하고 있는데, 이 경우에도 구체적 소송사건을 심리·판단함에 있어 법률의 위헌여부가 문제되는 경우 부수적으로 또는 선결문제로서 적용법률의 헌법적합성 심사를 판단하는 구체적 규범통제형과 구체적 소송사건과 관계없이 법률 자체의 위헌여부를 심사하는 추상적 규범통제형이 있다.

우리나라의 경우 1960년 헌법상의 헌법재판소에서는 추상적 규범통제제도까지를 채택한 바 있으나 현행 1987년 헌법 하에서는 구체적 규범통제제도를 채택하고 있다.

따라서 위헌법률심사를 청구하기 위해서는 당해 법률 위반여부로 인한 재판이 진행 중이어야 하며, 재판 계속 중인 경우에도 재판의 전제성이 충족되어야 한다. 재판의 전제가 된다고 하는 것은 적용되는 법률의 위헌여부에 따라 결론이나 주문 또는 이유가 달라지는 경우를 실질적 요건으로 한다.

이상과 같은 실질적 요건 이외에도 위헌법률심사를 받기 위해서는 당사자의 신청이 있어야 하며, 법원이 위헌성이 의심된다고 스스로 판단한 경우에도 위헌법률심판을 청구할 수 있다. 당사자의 신청에 의한 것이든 직권에 의한 것이든 형식적으로는 법원의 제청에 의하여야 하며 서면으로 제청하여야 한다.[19]

3) 본 사안의 경우

본 사안의 경우 법률(영화법 제12조 등)이 헌법(제21조 제2항)에 위반되는지의 여하에 따라서 사전심의를 받지 않고 영화를 상영한 영화감독의 행위가 재판 계속 중인 사건에서 무죄가 될 수 (주문이 달라짐)있으므로 당사자신청 또는 법원의 직권으로 위헌법률심판을 청구하여 볼 수 있을 것이다.

5. 위헌법률심판의 효력

헌법재판소법에 따르면 '법률의 위헌결정은 법원 기타 국가 기관 및 지방자치단체를 기속한다'고 되어 있는 바, 국가기관의 하나인 법원도 위헌결정에 따라 당해 사건에 위헌법률을 적용하지 않아야 한다. 또한 입법기관도 당해 위헌법률을 폐지하거나 개정하여야 한다. 영화법의 경우 '영화법 제12조 등에 대한 위헌제청'사건(헌재 1996.10.4./ 93헌가13)에서의 위헌결정에 따라 영화법 제12조를 폐지하는 것에 그치지 않고 영화법 전체를 개정하였다. 명칭도 영화진흥법으로 바뀌는 한편 공연윤리위원회를 대신하여 영상물 등급위원회를 규정하고 이 영상물 등급위원회에서 사전심의 대신 등급분류를 하도록 하였다. 이는 헌법재판소가 청소년 보호 등을 이유로 한 등급분류는 헌법 제21조 제2항에서 금지하는 검열에 해당하지 않는다는 결정 이유를 반영한 것이었다.

생각해 보기

- 헌재의 위헌결정을 민주주의의 관점에서 논평하라.
- 광고에 대한 사전 심의는 허용되는가?

19) 1980년 헌법의 헌법위원회 제도 하에서는 위헌성이 의심되는 것만으로는 위헌심판청구를 할 수 없었고 위헌에 대한 판단이 드는 경우에 위헌법률심판을 청구할 수 있었다. 이러한 전심권(前審權)으로 인해 위헌법률심사권이 형해화되었다.

◈읽어보기

1. 심판의 대상

1) 먼저 이 사건 심판의 대상은 방송법(2004. 3. 22. 법률 7213호로 개정되고, 2008. 2. 29. 법률 제8867호로 개정된 것, 이하 '구 방송법'이라 한다) 제32조 제2항, 제3항과 방송법시행령(2004. 9. 17. 대통령령 18548호로 개정된 것) 제21조의2 본문 중 '텔레비전방송광고' 부분 및 '방송심의에 관한 규정'(2000. 8. 28. 방송위원회규칙 제22호로 제정된 것) 제59조가 청구인의 기본권을 침해하는지 여부다(이하 위 심판대상 규정들을 모두 합하여 '이 사건 규정들'이라 한다).

2. 심판대상 규정

구 방송법 제32조(방송의 공정성 및 공공성 심의) ① 생략

② 위원회는 제1항의 규정에 불구하고 대통령령이 정하는 방송광고에 대하여는 방송되기 전에 그 내용을 심의하여 방송여부를 심의 · 의결할 수 있다.

③ 방송사업자는 제2항의 규정에 의한 방송광고에 대해서 위원회의 심의 · 의결의 내용과 다르게 방송하거나 심의 · 의결을 받지 않은 방송광고를 방송하여서는 안된다.

방송법시행령

제21조의2(사전심의 대상 방송광고) 법 제32조 제2항에서 "대통령령이 정하는 방송광고"라 함은 방송사업자가 행하는 텔레비전방송광고 · 라디오방송광고 및 데이터방송광고(동영상 및 음성이 포함된 방송광고에 한한다)로서 다음 각 호의 방송광고를 제외한 방송광고를 말한다.

방송심의에 관한 규정

제59조(심의미필 등 방송광고의 금지) 사업자는 방송광고심의에 관한 규정에 의해 방송가 결정을 받지 아니한 광고물, 결정을 받은 내용과는 다른 내용의 광고물 및 동 규정에서 정한 유효기간이 지난 광고물을 방송하여서는 아니된다.

방송법(2008. 2. 29. **법률 제8867호로 개정된 것, 이하 '방송법'이라 한다)**

제32조(방송의 공정성 및 공공성 심의) ① 생략

② 방송통신심의위원회는 제1항의 규정에 불구하고 대통령령이 정하는 방송광고에 대하여는 방송되기 전에 그 내용을 심의하여 방송여부를 심의 · 의결할 수 있다.

③ 방송사업자는 제2항의 규정에 의한 방송광고에 대해서 방송통신심의위원회의 심의 · 의결의 내용과 다르게 방송하거나 심의 · 의결을 받지 않은 방송광고를 방송하여서는 아니된다.

3. 결정이유의 요지

1) 헌법 제21조 제1항은, 모든 국민은 언론·출판의 자유를 가진다고 규정하여 표현의 자유를 보장하고 있는바, 광고도 사상·지식·정보 등을 불특정 다수인에게 전파하는 것으로서 언론·출판의 자유의 보호 대상이 되며, 방송광고 또한 언론·출판의 자유 보호의 대상이 된다. 한편, 우리 헌법 제21조 제2항은, 언론·출판에 대한 허가나 검열은 인정되지 아니한다고 규정하고 있는바, 여기서 말하는 검**열은 실질적으로 행정권이 주체가 되어 사상이나 의견 등이 발표되기 이전에 예방적 조치로서 그 내용을 심사, 선별하여 발표를 사전에 억제하는 제도를 뜻하는 것으로, 이러한 사전검열은 법률에 의하더라도 불가능**하다. 이하에서는 이 사건 방송광고 사전심의가 행정권이 주체가 된 사전심의인지를 본다. 위와 같은 방송위원회의 구성방법이나 업무내용 그리고 업무처리 방식 등을 살펴볼 때, **방송위원회는 행정주체에 해당한다.**

2) 구 방송법 제103조 제2항은, 방송위원회는 방송광고물의 사전심의에 관련된 업무를 민간기구·단체에 위탁하도록 하고 있고, 이에 따라 방송위원회는 방송광고의 사전심의 업무를 민간기구인 한국광고자율심의기구(이하 '자율심의기구'라 한다)에 위탁하였는바, 현재 방송광고의 사전심의는 자율심의기구가 하고 있다. 또한 광고심의위원의 선임에 관여하는 회장과 이사의 선임에 문화관광부장관의 승인을 요하도록 하는 것은 자율심의기구 구성에 행정권이 개입하고 있는 것이라 볼 수 있다.

3) **방송광고 사전심의는 자율심의기구가 담당하고 있지만 그 실질은 방송위원회가 위탁이라는 방법으로 그 업무의 범위를 확장하고 있는 것에 지나지 않는다 할 것이고, 따라서 자율심의기구가 행하는 이 사건 방송광고 사전심의는 행정기관에 의한 사전검열로서 헌법이 금지하는 사전검열에 해당하여 청구인의 표현의 자유를 침해한다고 할 것이다.**

한편, 구 방송법 제32조는 2008. 2. 29. 법률 제8867호로 개정되어 방송광고사전심의의 주체를 방송통신심의위원회로 변경하였다. 그런데 방송통신심의위원회의 구성이나 업무, 업무처리 방식 등은 구 방송위원회의 그것과 다르지 않다. 그럼에도 불구하고 개정된 현행 방송법을 그대로 둔다면, 이는 사전검열에 해당하는 방송광고 사전심의를 그대로 존치시켜 위헌적인 상태를 방치하는 결과가 될 것이다. 따라서 법질서의 정합성과 소송경제의 측면에서 개정된 방송법에 대해서도 위헌을 선언할 필요가 있다고 할 것이므로 구 방송법 규정과 함께 개정된 방송법 제32조 제2항, 제3항에 대해서도 위헌을 선언하기로 한다.

방송법 제32조 제2항 등 위헌확인 (헌재 2008.6.26./ 2005헌마506)

◈읽어보기

방송광고 사전심의 위헌 판결, 그 후…기획
자율적 광고심의 위한 시스템 구축에 나서야

방송광고 사전심의에 관한 헌법재판소의 판결이 위헌으로 결정됐다. 구 방송법 제32조제2항과 제3항 등이 행정권이 주체가 된 사전검열에 해당, 언론・출판 자유보호를 정하고 있는 헌법에 위배된다는 판단에서다. 이에 따라 사전심의는 완전히 사라지고 방송계의 자체심의와 방송통신심의위원회의 사후심의만이 방송광고의 광고물이 방송에 적합한지 여부를 가리는 실질적인 심의 기준의 잣대로 등장했다. 이에 따라 광고업계의 자율적 사전심의 장치가 필요하다는 목소리가 높아지고 있다.

지난 6월 26일 한국 광고단체 연합회를 비롯한 광고계가 수년간 진행해온 방송광고 사전심의에 대한 위헌 소송이 종결됐다. 구 방송법 제32조 제2항과 제3항 등이 위헌으로 판결난 것이다. 방송광고 사전심의에 관한 법률조항이 위헌으로 판결나면서 광고업계와 광고 관련 단체들은 앞으로 심의가 어떤 형태로 변경될지 여부에 촉각을 곤두세우고 있다. 일단 그동안 방송위원회로부터 위탁 받아 사전심의를 해온 한국광고자율심의기구는 위헌판결이 난 5일 후인 7월 1일자로 정부 지원은 물론이고 사전심의와 관련된 모든 업무가 사실상 정지된 상태다.

한국광고자율심의기구는 2000년 8월 1일 방송위원회로부터 방송광고의 심의를 위탁받아 업무를 진행해 왔으며 자율심의에 대한 찬성과 반대의 중간타협점에 위치했었다. 당시 한국광고자율심의기구는 광고의 사전심의에 대한 부정적인 비판을 인정하면서도 민간자율규제에 대한 믿음이 성숙되지 않은 상황에서 언젠가는 완전한 자율심의로 표현의 자유가 충분히 보장될 것이라는 광고인들의 기대를 받았었다. 하지만 8년이 조금 못 미치는 시간이 지난 지금 헌법재판소는 한국광고자율심의기구의 '사전심의'를 위헌이라는 판결을 내렸다.

표현의 자유 확대되지만 책임 부담은 더 커져

판결은 텔레비전 방송광고에 관한 사전심의를 받도록 규정하고 있는 구 방송법 제32조 제2항, 제3항, 방송법시행령 제21조의 2본문 중 '텔레비전방송광고' 부분, '방송심의에 관한 규정' 제59조, 방송법 제32조 제2항, 제3항이 위헌에 해당한다고 했다.

국내에선 2000년 (구 방송법 제32조 제2항 등) 이후 방송위원회로부터 위탁받은 한국광고자율심의기구의 사전심의를 거쳐 '심의 필증'을 받은 광고물만 TV에서 방송할 수 있도록 돼 있었으며, 방송법은 올 2월 개정돼 사전심의 주체가 방송통신심의위원회로 변경됐다.

재판부(주심 이공현 재판관)는 위헌결정의 이유에 대해, "헌법이 규정하고 있는 언론・출판의 자유에 따라 언론・출판에 대한 검열을 금지하는데, 여기서 말하는 검열은 실질적으로 행정권이 주체가 돼 사상이나 의견 등이 발표되기 전 이를 심사・선별해 억제하는 제도를 뜻한다"며 "광고 역시 사상・지식・정보 등을 불특정 다수에게 전파하는 것으로 언론・출판 자유의 보호대상"이고

"방송위원회는 구성방법이나 업무내용, 업무처리 방식 등에 비춰 행정주체에 해당하고 자율심의기구는 방송위의 업무를 위탁받았기 때문에 자율심의기구의 사전심의는 행정기관에 의한 사전검열로 표현의 자유를 침해한다"고 밝혔다.

우선 이번 위헌 결정에 따라 정부는 방송광고에 대해 사전심의를 할 수 없게 됐고, 방송광고는 방송사의 자율심의를 통과해 집행되고, 향후 문제가 되는 광고는 방송통신심의위원회의 사후심의를 받는 형태로 진행되게 됐다.

방송통신심의위원회는 방송광고 사후심의 시스템을 조속히 마련하고 혼란기 중에 발생할 수 있는 불법·유해광고물에 대한 제재를 강화할 방침이라고 밝히며, 그동안 광고자율심의기구로부터 사전심의를 필하지 않은 불법 광고물을 적발하는데 치중하는 소극적 심사를 해왔지만 앞으로는 방송법 제32조 제1항에 따른 모든 방송내용물(방송프로그램과 방송광고)에 대한 사후심의 업무체제로 진행될 것이라고 입장을 표명했다.

이번 판결은 광고주들에게는 표현의 자유를 보장해 준다는 의미에서 긍정적이지만 방송사들에겐 책임과 운영에서 부담이 더 늘어나게 돼, 업계에선 향후 당국의 사후규제 기준에 촉각을 세우는 한편 지상파 및 케이블 방송 매체별로 자체 자율(사전)심의 방향을 논의 중이다.

방송 업계는 자율(사전)심의에 초점을 두고, 현재 가능한 대안으로 방송사 내부의 자체 심의조직 운영, 외부에 민간 공동 사전심의기구 설치, 기존 한국광고자율심의기구에 위임한 위탁운영 등 세 가지를 놓고 검토 중인 것으로 알려졌다. 하지만 방송사는 사전자율심의를 하기 위해 200여 가지 관련 법률 검토와 전문 인력 보유 등을 자체적으로 조달하기 쉽지 않을 것으로 판단하고 있다.

광고업계 및 광고관련단체는 방송통신심의위원회에게 개정 예정인 '방송광고심의에관한 규정'의 현실적 규제 완화 및 사후에 문제점 있는 광고를 적발하기보다는 사전에 광고계와 방송계가 합의한 형태인 자율적인 광고심의 시스템을 구축해야할 필요성이 있다는데 의견을 모으고 있다.

광고계·방송계 중심의 자율심의 이뤄져야

그렇다면, 대부분의 선진국에서는 광고심의가 어떻게 이뤄지고 있을까? 미국의 경우 광고업계의 자율기구인 NAD와 NARB(미국광고자율심의기구), 타율규제기구인 각종 연방위원회(FTC, FDA,FCC) 등에 의해 상호보완적으로 운용되고 있으나 대부분의 광고 분쟁은 자율규제기구에 의해서 해결되고 있다.

영국은 2003년 설립된 OFcom(영국통신성)이 광고주와 대행사, 매체사 등 범광고계가 참여하고 있는 ASA라는 자율심의기구와의 MOU를 체결하면서 광고심의에 대한 권한과 책임을 업계 자유로 넘겼다. 소비자의 피해가 발생한 광고가 발생하지 않도록 ASA를 통해 사전에 차단하고 있지만 만약 이 같은 상황이 발생했을 시에는 광고주와 매체사가 책임을 지도록 돼 있다. 또한 OFcom은 ASA가 광고기준 규칙을 유지하고 시행하는 데 책임을 지며 규제를 승인하는 역할을 담당한다. 프랑스 역시 광고업계가 자율적으로 만든 단체인 BVP(Bureau de verification de Publicite, 프랑스자율심의기구)를 통해 광고심의가 이뤄지고 있다.

여기서 영국의 OFcom과 ASA간의 MOU에 대해 살펴보면, 영국은 이 MOU를 통해 비방송광고에 의해 자체심의를 해왔던 ASA에게 모든 광고 콘텐츠 규제에 대한 새로운 법적 위상을 확립할 수 있도록 하고, 매체사로 하여금 패널티(면허 조건) 부여 등의 위험성을 덜어주고 있다. 뿐만 아니라 이 협약으로 인해 Ofcom은 자율 규제를 통해 달성될 수 없는 분야에만 규제자의 자원을 집중할 수 있어 비용-효율적 규제라는 편익과 소비자의 신뢰감 유지라는 가치를 얻게 된다.

구체적으로 영국은 광고 심의를 업계 자율에 맡김으로써 모든 방송 및 비방송광고(인터넷 및 전화 서비스 포함)를 하나의 통합된 기구내의 자율규제를 통해 관리함으로써 소비자에게 명확함을 제공해 주며, 방송 및 비방송 미디어 전반에 걸쳐 평결 또는 정책의 일관성을 유지할 수 있게 됐다. 또한 광고업계는 자신들의 행동에 대해 책임을 지게 됐다.

사실 영국의 방송광고 심의는 새로운 방송환경에 부응해 적극적인 대응의 결과의 산물이라고 할 수 있다. 다시 말하자면 기존의 방송광고 규제제도가 지녔던 제한점과 모순점을 극복하고 디지털 기술의 발달 및 새로운 유통 매체의 출현이 이루어지는 매체환경에서 유연성을 확보하고, 수용자와 방송사 및 관련 집단에게 편익을 제공하고자 하는 정책의 산물인 것이다. 즉, 법적 사전심의가 없어져 새로운 민간자율(사전)심의로의 변화를 모색하고 있는 우리의 경우, 영국의 사례는 많은 함의를 담고 있다고 할 수 있다.

현재 광고업계와 방송계(케이블TV 포함)가 민간중심의 자율적(사전)심의기구 마련에는 이견이 없다. 다만 그 방법에 관해서는 조금씩 다른 입장을 보이고 있다. 일단 모든 광고물에 대해 사전심의를 할 것인지, 논란의 여지가 있을 수 있는 일부 광고물에 대해서만 선택적 심의를 할 것인지에 대한 논의와 자율심의기구를 두되 광고계 자체냐 방송계 자체냐, 혹은 광고계와 방송계 연합의 심의기구냐의 논의도 있다. 하지만 오랫동안 제기돼 왔었던 방송광고에 대한 민간 자율심의가 실현된 현재, 무엇보다 시급한 문제는 방송광고에 대한 방송통신심의위원회의 사후심의에 대한 책임 범위와 구체적인 기준 마련일 것이다.

아직 방송계의 자율심의에 대한 규제 기준이라든지 방송통신심의위원회의 사후심의 시스템이 구축되기 전인 과도기상황이지만 광고업계는 스스로가 문제점과 개선점을 제시하고 해결할 수 있는 능력을 키워나가는 동시에 시대적 변화에 신속하게 대응할 수 있는 가장 효율적인 심의제도를 염원하고 있다. 따라서 광고계와 방송계(케이블TV포함) 등의 범광고계는 하나의 목소리로 업계의 자율적 광고심의 시스템 정착을 위한 다양한 방법을 모색해야 할 것이다.

광고계동향 2008년 07월호, 정현영 기자

◈읽어보기

위헌제청결정서[20][21]

주심재판관

대 법 원

민사제 2052호　　(756-0628)　　1993. 9. 28.

수 신　헌법재판소장

제 목　위헌제청결정서정본 송부

서울형사지방법원 93초 145 위헌법률심판제청신청 사건(92고단 7586 영화법 위반)에 관하여 덧붙임과 같은 위헌제청결정이 있으므로 헌법재판소법 제41조에 의하여 이를 송부합니다.

덧 붙 임 : 위헌제청결정서정본 1부. 끝.

법 원 행 정 처 장

송무국장전결

---

20) 이 자료는 헌법재판소 정보공개규칙에 근거한 정보공개청구에 의하여 교육목적으로 취득한 자료이며, 이에 협조하여 주신 헌법재판소 관계자 여러분께 감사의 말씀을 드린다.

21) 직권(탐지)주의 : 헌법재판은 일반법원에서의 재판과 달리 헌법규범의 해석과 이로 인한 헌법질서 보장, 직권에 의한 심리가 요구되는 정도가 민·형사재판에 비하여 크다. 그러므로 당사자의 변론(주장)은 헌법재판소의 직권탐지를 보완하는 것에 그치며, 당사자가 주장하지 않은 사실도 직권으로 수집하여 재판의 기초로 삼아야 한다. ㉠ 증인신문, ㉡ 증거자료제출, ㉢전문가감정, ㉣ 상황검증, ㉤ 기록조회 등

서 울 형 사 지 방 법 원

결 정

사 건 93초 145 위헌법률심판제청

신 청 인 강 , 영화사 대표

주거

본적

신청대리인 변호사 김형태, 이석태, 조용환, 신창수

주 문 아래 사건에 관하여 영화법 제12조 제1항, 제2항 및 제13조의 위헌 여부에 관한 심판을 제청한다.

사 건 92 고단 7586 영화법위반

피고인 신청인과 같다.

이 유 주문 기재 사건의 재판의 전제가 되는 주문 기재 영화법 제12조 제1항, 제2항 및 제13조에 관하여 별지 기재 이유와 같이 위헌 여부에 대한 의문이 있으므로 주문과 같이 결정한다.

1993. 9. 5.

판 사 김 건 일

2

이 유

1. 영화법 제12조 제1항은 "영화는 그 상영 전에 공연법에 의하여 설치된 공연윤리위원회의 심의를 받아야 한다", 제2항은 "제1항의 규정에 의한 심의를 필하지 아니 한 영화는 이를 상영하지 못한다"고 규정하고 있고, 이를 위반한 경우 2년 이하의 징역 또는 500만원 이하의 벌금에 처하도록 되어 있으며 (동법 제32조 제5호), 한편 공연법 제25조의 3, 동법 시행령 제20조, 제21조에 의하면, 영화에 대한 사전 심의주체인 공연윤리위원회는 정부기관인 문화부장관이 위촉한 위원들로 구성되고, 심의결과를 문화부장관에게 보고하도록 되어 있다.

그러나, 영화도 사상, 양심 및 지식, 경험 등을 표현하는 수단의 하나로서 넓은 의미의 언론.출판의 자유에 포함된다 할 것인데, 위와 같은 영화에 대한 사전검열제는 언론 출판에 대한 사전 검열을 금지한 헌법 제21조 제2항에 위반될 소지가 있고, 한편 영화인들 자신에 의한 자율적.임의적.권고적 사전심의제가 아닌 위와 같은 당국의 강제적인 사전검열제는 예술활동의 독자성과 창의성을 침해하여 예술 및 언론.출판의 자유를 포함한 표현의 자유의 본질적인 내용을 침해할 우려가 있어 예술의 자유를 보장한 헌법 제22조 제1항과 자유와 권리의 본질적인 내용을 침해할 수 없다는 헌법 제37조 제2항에도 위반될 소지가 있다.

2. 한편 영화법 제13조는 위 규정에 의한 공연윤리위원회의 사전 심의 기준의 하나로 "국제간의 우의를 훼손할 우려가 있을때"(제3호), "국민정신을 해이하게 할 우려가 있을 때"(제4호)를 들고 있는 바, 이는 지나치게 자의적이고 추상적이며 모호하기 때문에 표현의 자유의 규제에 관한 합헌성 판단 기준의 하나인 '막연하기 때문에 무효'의 이론에 의하여 위헌의 소지가 있다 할 것이다.

◈읽어보기

문화체육부의 의견서[22)]

문 화 체 육 부

우 110-703 서울 종로구 세종로 82-1 / 전화 720 - 3821 / 전송 736-8513

문서번호 영진 86430-1446

시행일자 1993. 10 . 28.

(경유)

수 신 헌법재판소장

참 조

선결			지시	
접수	일자 시간	1993. . .		
	번호		결재·공람	
처 리 과				
담 당 자				

제 목 위헌법률 심판 제청관련 의견제출

1. 심이 제302호 ('93.10.7) 관련입니다.

2. 사건 93 헌가 13 영화법 제12조 등 위헌제청에 대한 당부 의견서 및 참고자료를 붙임과 같이 제출합니다.

붙 임 공윤 영화사전 심의제등의 위헌법률심판제청에 대한 의견서 15부. 끝.

주심재판관

문 화 체 육 부 장 관

접수 1993. 10. 30 헌법재판소 심판사무국

17

22) 의견서는 당사자 및 법무부장관, 이해관계 있는 국가기관이 제출한다. 예를 들어 법령에 대한 위헌심판에서는 당해 법령시행 주무관청, 처분의 전제가 되는 경우 처분청의 감독관청이 이를 제출한다.

공윤 영화사전심의제 등의 위헌법률

심판제청에 대한

의 견 서

사건명 : 93 헌가 13 영화법 제12조 등 위헌제청

문 화 체 육 부

사건 93 헌가 13

의 견 서

헌법재판소 93 헌가 13, 영화법 제12조 등 위헌제청 사건(헌법재판소 심이 제302호, '93.10. 7)에 관하여 다음과 같이 의견서를 제출합니다.

다 음

1. 제청인 주장의 요지

가. 영화법 제12조 1항은 "영화는 그 상영전에 공연법에 의하여 설치된 공연윤리위원회의 심의를 받아야 한다", 같은 법 제2항은 "전항의 규정에 의한 심의를 필하지 아니한 영화는 이를 상영하지 못한다"고 규정되어 있으며, 공연법 제25조의 3, 같은 법 시행령 제20조, 제21조의 규정에 의하면 영화에 대한 심의를 문화부장관이 위촉한 위원들로 구성된 공연윤리위원회가 심의한 후, 그 심의결과를 문화부장관에게 보고하도록 규정되어 있어,

나. 이는 영화도 사상, 지식, 경험 등을 표현하는 수단의 하나로 넓은 의미의 언론·출판의 자유에 포함되어 사전검열제를 금지한 헌법 제21조 제2항에 위반될 소지가 있고, 사전검열제는 예술활동의 독자성과 창의성을 침해하여 이는 예술의 자유를 보장한 헌법 제22조 제1항과 자유와 권리의 본질적인 내용을 침해할 수 없다는 헌법 제37조 제2항에 위반될 소지가 있으며,

다. 영화법 제13조의 사전심의기준이 지나치게 자의적이고 추상적이며, 모호하기 때문에 합헌성 판단기준의 하나인 "막연하기 때문에 무효"의 이론에 의하여 위헌의 소지가 있다는 주장입니다.

- 1 -

19

2. 영화심의제도의 위헌 여부

가. 영화법 및 공연법에 의한 영화심의제도

(1) 공연법 제25조의3의 1항, 영화법 제12조 1항에 의하여 영화의 상영전 심의를 하기 위하여 공연윤리위원회가 설치되었으며,

(2) 공연윤리위원회는 영화의 상영전 영화법 제13조의 각 호에 의거, 수입 또는 제작된 영화의 내용이

(가) 헌법의 기본질서에 위배되는지 여부 및 국가의 권위를 손상시킬 우려가 있는지 여부

(나) 공서 양속을 해하거나 사회질서를 문란하게 하는지 여부

(다) 국제간의 우의를 훼손시키는지 여부

등을 사전심의하고 있습니다.

(3) 사전심의제도를 연대별로 살펴보면, 1984년 12월 영화법이 개정되기 전까지는 사전검열제도를 채택, 예고편을 포함하여 수입·제작되는 모든 영화에 대하여 정부의 사전검열과 허가를 받아야 상영할 수 있도록 해왔으나 동년 영화법 제12조의 개정으로 1985년 7월부터 정부의 사전검열제도는 폐지되고 공연윤리위원회의 영화심의제도로 전환되었으며, 영화업의 제작·수입업무도 정부 허가제에서 등록제로 자유화되어 오늘에 이르고 있습니다.

(4) 비록 공연윤리위원회의 윤리위원을 문화체육부장관이 위촉토록 되어 있으나, 공연법 제25조의3에 의하여 윤리위원은 예술·언론·방송·출판·공연·교육 등에 관하여 학식과 경험이 풍부한 사람들 중에서 위촉되고 있으며, 특히 공연윤리위원회 위원장이 위촉토록 되어있는 영화심의위원은 영화감독, 평론가 등 영화 전문가와 신문사 논설위원, 대학교수, 여류작가, 여성·청소년단체 간부 등 민간 전문인으로 구성된 자율심의체제로

- 2 -

20

학식이나 식견에 있어 공정한 심의를 수행함에 부족함이 없으며, 어느 선진국의 영화심의기구와 견주어도 손색이 없는 면모를 갖추고 있습니다. 또한 심의 후 문화체육부장관에게 결과를 보고토록 규정되어 있음을 지적하였으나, 영화법시행령 제20조의2에 따라 심의필증을 미리 교부한 후 5일 이내에 그 결과를 사후 보고토록 되어있어 심의전이나 후의 어떠한 행정부의 작용도 전혀 있을 수 없습니다.

따라서 민간인으로 구성된 심의기구에서 자율적으로 심의하는 사전심의 제도를 정부에 대한 사후보고를 들어 위헌이라고 주장하는 것은 논리의 모순이라 하지 않을 수 없습니다.

나. 영화심의제도와 헌법에 규정된 언론·출판의 자유

(1) 헌법 제21조는 ①모든 국민의 언론·출판의 자유를......가진다 ②언론·출판에 대한 허가나 검열......은 인정되지 아니한다 등으로 언론·출판의 자유를 규정하고 있습니다.

(2) 여기서 언론이라 함은 구두에 의한 표현을, 출판이라 함은 문자나 상형에 의한 표현을 말하는 것이지만 일반적으로 언론·출판의 자유라고 할 때에는 사상·양식 및 지식이나 경험 등을 표현하는 모든 수단을 의미하는 것이므로 영화도 언론·출판의 범주에 포함된다고 할 수 있습니다.

(3) 그러나 언론·출판의 자유는 최대한 보장되어야 하겠으나 아무런 제약도 받지않는 절대적인 무제한의 자유를 뜻하는 것은 아닙니다.

언론·출판에 대한 허가나 검열은 인정되지 아니한다고 했으나 언론·출판의 자유는 민주적 기본질서에 위배되어서는 아니되고, 국가의 존립을 위태롭게 하여서는 아니되며, 타인의 명예를 훼손하거나 도덕률을 위반하여서는 아니된다는 내재적 한계가 있으며, 헌법 제37조 제2항과 같이 국가안전보장·질서유지 또는 공공복지를 위하여 필요한 경우 법률로써 제한할 수 있습니다.

- 3 -

21

다만 법률로 제한하는 경우에도 자유와 권리의 본질적인 내용을 침해할 수 없도록 하여 내재적 한계와의 조화를 강조하고 있다고 하겠습니다.

(4) 이러한 취지에서 세계의 여러나라에서도 영화등 영상매체에 대한 사전 심의나 제약을 법률로써 제도화하고 있고 이것이 헌법에 위반하는지의 여부를 판단한 판례는 적지 않습니다.
영화심의제도에 관한 입법이 헌법 위반인가와 관련한 외국의 선례를 살펴보면,

(가) 미 국

ㅇ 미연방대법원은 타임영화사가 <돈환>이라는 영화를 상영하기 위하여 시카고시에 상영 허가신청을 하였다가 검열을 받기 위한 필름을 제출하지 않는다는 이유로 기각되자 사전검열로 규정한 시카고시 조례가 위헌이라고 다툰 사건의 상고심 판결에서 "사전검열을 규정한 법규가 정도를 넘어서 부당하다고 시비를 가리자고 하는 것은 허용되나 사전검열이 무조건 헌법 위반이라고 주장하는 것은 부당하다"라고 판시하여 영화에 대한 사전검열을 합헌이라고 판결하였습니다.(Times Film Corp. V Chicago, 365 US 43/1961)
미연방대법원은 위 판결에서 영화도 표현수단의 하나로 헌법상의 자유를 보장받고 있으나, 이것은 어떤 영화라도 전적으로 자유롭게 상영할 수 있다는 것은 아니며 오히려 영화는 특수한 표현수단이기 때문에 다른 표현수단과는 달리 어떤 사전 억제가 헌법상 허용된다고 할 여지가 있으며, 특히 음란영화의 상영을 규제하는 경우에는 더욱 그러하다고 판시하였습니다.

(나) 일 본

ㅇ 일본의 경우 헌법은 정신적 자유권인 표현의 자유 문제에 있어서 거의 미국의 헌법을 모방하고 있는데 헌법 제21조에서 표현의 자유

"부도덕"(Immoral), "성적난잡"(Sexual Promiscuity) 등의 용어는 구체성과 명확성을 결여하였기 때문에 검열관에게 지나친 재량권을 부여하므로 위헌이라고 판시한 바 있습니다.

그러나 우리나라의 영화법 제13조, 영화법시행령 제18조, 영화법시행규칙 제6조와 공연윤리위원회의 윤리규정, 영화심의기준 등을 차례로 살펴보면 체계적으로 매우 구체적이며, 명확하게 규정되어 있음을 알 수 있습니다.

일례를 들어 "성"(Sex)과 관련된 심의기준의 내용을 도표로 정리하여 보면,

법기준 내용	영화법 (제13조1항	동 시행령 (제18조1항8호)	동 시행규칙 (제6조)	공윤심의기준 (제6. 나, 다항)
성과 관련된 심의기준	공서양속을 해하거나 사회질서를 문란하게 할 우려가 있는 것	성범죄등 범죄를 정당화 하는 것	6. 성기·유방 또는 전신을 노출시켜 음란하게 묘사하거나 지나치게 선정적으로 묘사하는 것 10. 동물의 교미장면이나 성기등을 묘사하여 성적 수치심을 느끼게 하는것 15. 근친상간·윤간·동성연애·수간·집단적 성행위 기타 변태적 성행위를 직접적 또는 간접적으로 묘사하는 것 16. 강간장면을 직접적으로 길게 묘사하는 것 17. 연소자를 대상으로 한 폭력 또는 성행위를 노골적으로 묘사하는 것	나.3) 능욕·윤간 등이 심한 폭력으로 묘사되어 부녀자의 인권침해로 간주되는 것 다.1) 알몸을 혐오스럽게 묘사한 것 2) 흔욕을 직접으로 묘사한 것 3) 성기의 노출이나 남녀의 성기애무를 묘사한 것

이상에서 알 수 있듯이 법보다 시행령이 또 시행규칙이 더 구체적이며, 공윤의 영화심의기준은 제반 법조항보다 더욱 상세하고 명확히 예시되어 있습니다.

따라서 영화법 제13조의 조항만을 들어 표현의 자유를 침해할 불명확한 기준이라고 판단하는 것은 우리나라의 심의기준에 대한 이해의 부족일 뿐, 헌법이 규정하고 있는 언론·출판의 자유와 예술의 자유를 본질적으로 제한하는 규정이 아니므로 제청자가 주장하는 위헌소지의 근거는 이유없다고 말씀드리는 바입니다.

- 11 -

제 2 절 법원에 의한 구제

I. 사례

갑은 고등학교 강제배정에 따라 피고 대△학원이 기독교 정신을 건학이념으로 하여 설립·운영하는 ○○학교에 입학하였다.

그러나 갑이 평소 종교를 가지지 아니하였던 학생인데도 불구하고 ○○학교에서는 수업이 있는 매일 아침에 담임교사의 입회 아래 5분 정도 찬송과 기도 등을 실시하는 경건회 시간을 가졌고, 매주 수요일 정규 교과시간에 강당 등에서 1시간가량 찬송과 목사의 설교, 기도 등을 하는 수요예배를 진행하였다.

부활절에는 정규 교과시간에 부활절 예배를 진행하였으며 그로부터 3일간 정규 수업시간 일부로 심령수양회라는 시간을 편성하여 설교 및 기도 등을 진행한 사실, 또한 매년 반별 성가대회를 개최하였고 추수감사절에도 정규수업 대신 감사예배를 진행하였으며 성탄절에는 학생들을 교회에 출석하도록 하였다.

나아가 ○○학교는 위와 같은 종교행사를 거행함에 있어 원고를 포함한 학생들에게 자율적 참여를 보장하지 않고 동의를 구하지도 않은 채 학생들이 경건회 시간에 참석하지 아니하면 지각으로 처리하고 주의를 주기도 하였으며 수요예배가 있을 때에는 교사들이 학급을 돌아다니며 참석하지 않는 학생이 있는지 확인하여 참석하지 않는 학생들에게는 청소를 시키는 등 불이익을 주고 성탄절에 교회에 출석하였는지 여부를 확인하기도 하였다.

또한 학생회 회칙에 학생회장의 조건으로 '교회에 1년 이상 다녀야 한다.'는 규정을 두었다. 갑은 2002년 1학기말학생회 부회장 선거에 출마하면서 이러한 학생회 회칙상의 자격요건을 시정하여 줄 것을 교목교사에게 건의한 적이 있고, 2002년 말과 2004년 초경에는 교목 및 담임교사에게 예배참가에 대한 거부감을 표시하였으나 교사들로부터 ○○학교방침에 따르라는 취지의 답변을 들었을 ○○학교의 정책에는 아무런 변화가 없었다.

이에 갑은 민사소송을 제기하였다.

참조 : 손해배상 등 (대법원 2010. 4. 22./ 2008다38288)

[공부거리]

법원에 의한 인권구제
종교의 자유
인권의 충돌
인권충돌의 해결이론

[참조조문]

초중등교육법 제47조(입학자격등) ① 생략

② 고등학교의 입학방법 및 절차에 관하여 필요한 사항은 대통령령으로 정한다. - 대도시 및 주요도시의 학군별 추첨에 의한 강제배정방식

[원심판례]

서울고등법원 2008. 5. 8. 선고 2007나102467 판결

[참조판례]

[1]대법원 2006.11.23.선고 2004다50747판결

대법원 2009.1.15.자 2008그202결정

[2]대법원 1997.9.9.선고 97다20007판결

대법원 2004.9.24.선고 2004다37294판결

[3]대법원 1998.5.8.선고 97다54482판결

대법원 2006.7.28.선고 2004다759판결

대법원 2008.4.10.선고 2005다48994판결

1. 당사자의 주장

1) 원고측의 주장

헌법 제20조 제1항은 "모든 국민은 종교의 자유를 가진다."라고 규정하고 있고, 이러한 종교의 자유에는 신앙에 대한 침묵을 뜻하는 소극적인 신앙고백의 자유와 자신의 종교적인 확신에 반하는 행위를 강요당하지 아니하는 소극적인 종교행위의 자유 및 종교교육의 자유 등이 포함된다. 종교의 자유는 양심의 자유 등과 더불어 우리 헌법이 최고의 가치로 상정하고 있는 도덕적·정신적·지적 존재로서의 인간의 존엄성을 유지하기 위한 기본조건이고 민주주의체제가 존립하기 위한 불가결의 전제로서 다른 인권에 비하여 보다 고도로 보장되어야 한다.

2) 피고측의 주장

사립학교의 설립자 및 학교법인은 일반적인 행동의 자유를 보장하는 헌법 제10조, 국민의 교육을 받을 권리를 규정하고 있는 헌법 제31조 제1항 그리고 교육의 자주성·전문성·정치적 중립성 등을 규정하고 있는 헌법 제31조 제4항 등에 의하여 인정되는 인권으로서 자신의 의사와 재산으로 독자적인 교육목적을 구현하기 학교를 설립하고 이를 운영할 자유를 가진다(대법원 2007.5.17./ 2006다19054판결 등 참조). 이러한 설립자나 학교법인이 가지는 사학 운영의 자유에는 설립자나 학교법인의 종교적·세계관적 교육이념에 따라 교과과정을 자유롭게 형성할 자유가 당연히 포함되므로 종교단체가 설립한 사립학교 즉 '종립학교'에서 종교행사 및 종교과목 수업(이하 종교행사와 종교과목 수업을 합하여 칭할 때는 '종교교육'이라 한다)을 할 자유는 종교의 자유뿐만 아니라 사학의 자유라는 관점에서도 일반적으로 보장되어야 한다.

2. 대법원의 판단

1) 고교평준화제도의 위헌성여부

학생은 사립학교 선택권의 침해를 주장한다. 헌법 제31조 제1항 및 헌법 제10조에 의하여, 그 부모는 혼인과 가족생활을 보장하는 헌법 제36조 제1항 및 헌법 제10조 등에 의하여 사립학교 선택권을 갖는 것이 원칙이고, 이러한 사립학교 선택권은 학생 인격의 자유로운 발현과 부모의 자녀에 대한 교육권을 보장하는 수단이 되는 데 그 의의가 있다.

학교 측은 학생선발권의 침해를 주장한다. 사립학교 역시 사학의 자유에 의하여 학생 선발권을 가진다.

결국 위와 같은 평준화 정책 및 그로 인한 강제배정으로 인하여 학생의 사립학교 선택권과 사립학교의 학생 선발권이 제한되었다는 것이다.

그러나 헌법 제31조는 능력에 따라 균등하게 교육을 받을 권리를 국민의 인권으로 보장함으로써 이를 실현할 의무와 책임을 국가가 부담하도록 하여 공교육체계를 교육제도의 근간으로 하고 있다. 더군다나 우리나라 고등학생의 절반 가량이 사립학교에 다니고 있을 정도로 우리나라 교육체계 내에서 사립학교가 차지하는 비중이 크므로, 고등학교를 더 많이 신설하지 않는 이상 사립학교에게 학생 선발권을 전면적으로 부여하기 어렵다. 그리고 우리나라는 대도시 및 주요도시를 중심으로 고등학교 평준화정책을 시행하고 있다. 고등학교 평준화정책은 고등학교 입시의 과열을 해소하여 중학교 교육이 입시과목 위주로 편성되는 것을 막아 학생에 대한 전인적 교육이 이루어지도록 교육과정을 정상화하고 고등학교 사이의 격차를 해소하여 고등학교 교육의 질적 균등과 확대를 위하여 도입된 것으로 일정 지역에 거주하는 학생들을 학교군별로 추첨을 통하여 학교에 강제로 배정하는 방법으로 실시되고 있다(초·중등교육법 제47조 제2항, 같은 법 시행령 제77조 제2항, 제84조 제2항).

즉 이러한 공교육체계 내에서는 교육의 확대와 기회균등이라는 국가 교육목표 달성을 위하여 불가피한 범위 내에서 학생과 학교 모두의 교육에 관한 인권은 제한될 수 있고 그러한 인권에 포함되는 학생의 사립학교 선택권과 그 이면에 있는 사립학교의 학생 선발권 또한 제한될 수밖에 없다.

위와 같은 공교육체계의 헌법적 도입과 우리의 고등학교 교육 현실 및 평준화정책이 고등학교 입시의 과열과 그로 인한 부작용을 막기 위하여 도입된 사정, 그로 인한 인권의 제한 정도 등을 모두 고려한다면 고등학교 평준화정책에 따른 학교 강제배정제도에 의하여 학생이나 학교법인의 인권에 일부 제한이 가하여진다고 하더라도 그것만으로는 위 제도가 학생이나 학교법인의 인권을 본질적으로 침해하는 위헌적인 것이라고까지 할 수는 없다.

2) 고교평준화제도 하의 종립학교의 종교 교육의 자유

고교평준화제도가 위헌이 아니더라도 여전히 학교가 가지는 종교교육의 자유 및 운영의 자유가 침해된다. 사립학교는 독자적인 건학이념을 실현하기 위하여 설립되는 것이고 종립학교의 건학이념은 특정한 종교교리를 전파하는 자유를 당연히 포함하고 있으므로 이러한 종립학교에 대하여 평준화정책이 합헌이고 학생들이 강제로 배정되었다는 이유로 종교교육을 제한하는 것은 종립학교의 종교교육의 자유나 운영의 자유를 침해하는 것이라 볼 수 있다.

3) 고교평준화제도 하의 학생의 소극적 종교행위의 자유

학생들이 신앙에 따른 자유로운 선택을 하지 못한 채 강제배정된 학교로 입학하게 되고, 종립학교가 그 학생들을 상대로 자유로운 참가를 보장하지 아니하고 종교적 중립성이 유지된 보편적인 교양으로서의 종교교육의 범위를 넘어서서 학교의 설립이념이 된 특정의 종교교리를 전파하는 이른바 '종파교육' 형태의 종교교육을 실시한다면, 그 특정 종교와 다른 종교를 가지거나 종교를 가지지 아니한 학생들은 자신들이 이를 원하는 경우를 제외하고는 그 종교교육에 강제로 참여할 수밖에 없게 되고 전학을 가는 등의 특별한 조치 없이는 이를 면할 길이 없으며, 참여한 후에도 그 특정 종교를 신앙으로 가진 학생과는 달리 적극적으로 호응할 수 없게 된다는 문제가 생긴다.

즉 학생들은 가지는 소극적 종교행위의 자유 및 소극적 신앙고백의 자유가 침해된다고 주장할 수 있을 것이다.

4) 인권의 대사인적 효력

헌법상의 인권은 제1차적으로 개인의 자유로운 영역을 공권력의 침해로부터 보호하기위한 방어적 권리이지만 다른 한편으로 헌법의 기본적인 결단인 객관적인 가치질서를 구체화한 것으로서, 사법(私法)을 포함한 모든 법영역에 그 영향을 미치는 것이므로 사인간의 사적인 법률관계도 헌법상의 인권 규정에 적합하게 규율되어야 한다. 다만 인권규정은 그 성질상 사법관계에 직접 적용될 수 있는 예외적인 것을 제외하고는 사법상의 일반원칙을 규정한 민법 제2조, 제103조, 제750조, 제751조 등의 내용을 형성하고 그 해석기준이 되어 간접적으로 사법관계에 효력을 미치게 된다. 종교의 자유라는 인권의 침해와 관련한 불법행위의 성립 여부도 위와 같은 일반규정을 통하여 사법상으로 보호되는 종교에 관한 인격적 법익침해 등의 형태로 구체화되어 논하여져야 한다.

5) 종교교육의 자유와 소극적 종교의 자유 충돌의 조화적 해결

평준화정책이 합헌이고 학생들이 강제로 배정되었다는 이유로 종교교육을 제한하는 것은 종립학교의 종교교육의 자유나 운영의 자유를 중대하게 침해하는 것이라고 볼 수 있으며, 학교교육은 학생의 창의력 개발 및 인성 함양을 포함한 전인적 교육을 중시하여 이루어져야 하고(교육기본법 제9조 제3항), 종교교육 역시 학생들의 올바른 심성과 가치관을 기르는 데에 도움이 될 수 있으므로, 종립학교가 종파교육 형태의 종교교육을 실시한다고 하여 그 자체만으로 바로 강제로 배정된 학생들에 대한 관계에서 학교법인의 종교교육의 자유나 사학의 자유의 한계를 넘은 것이라고 단정할 수는 없을 것이다.

학생의 소극적 종교행위의 자유 및 소극적 신앙고백의 자유도 외부로 표현되는 실현 과정에서 다른 법익과 충돌한다면 제한이 수반될 수 있으므로, 학생 또한 피교육자의 입장에서 **올바른 인성을 함양하고 민주 시민으로서 필요한 자질을 기르기 위하여 앞서 본 한계 내에서 실시되는 종교교육을 용인하여야 한다.**

다만 종립학교와 학생의 기본권 모두 일정 한도에서 제한이 될 필요가 있다고 하더라도 종립학교의 종교교육을 할 자유는 독립한 기본권의 주체인 학생들에 대하여 영향을 미치기 위한 것인 반면 학생의 종교교육을 거부할 자유는 소극적으로 자신의 권리를 지키기 위한 것인 점, 종립학교의 종교교육이 비판의식이 성숙되지 않은 학생에게 일방적으로 주입되는 방식으로 행하여진다면 그 자체로 교육 본연의 목적을 벗어났다고 볼 소지가 높은 점, 그로 인하여 학생이 입게 되는 피해는 지속적이고 치유되기 어려울 것이라는 점들을 고려한다면 종립학교와 학생 사이의 관계에 있어서 학생의 법익이 보다 두텁게 보호될 필요가 있다.

아울러 앞서 본 고등학교 평준화정책의 목적과 그 불가피성 및 그로 인한 학교 강제배정제도의 시행으로 종립학교는 학생 선발권을 가지지 못하더라도 그 반면에 학생들을 강제로 배정받아 정원을 확보하여 경영을 정상화할 수 있고 나아가 교세를 확장할 수도 있으며 종교교육을 거부하지 아니하는 학생들에게 종교교육을 실시하는 등의 방법으로 제한된 범위 내에서 종교의 자유 및 운영의 자유를 누릴 여지가 있기도 하나, 종립학교로 진학하게 된 학생은 국· 공립학교 등 종교교육을 실시하지 않는 학교에 배정된 것에 비하여 그 배정으로 인하여 누리는 특별한 이익이 거의 없다는 점도 고려되어야 한다.

그러므로 이 사건에서 대립하는 양 법익의 가치와 보호목적 등을 모두 고려하여 양 법익행사에 있어서 **실제적인 조화**를 실현하려면, 먼저 이러한 고등학교 평준화정책 및 교육 내지 사립학교의 공공성, 학교법인의 종교의 자유 및 운영의 자유가 학생들의 인권이나 다른 헌법적 가치 앞에서 가지는 한계를 고려하여야 한다. 그리고 종립학교에서의 종교교육은 필요하고 또한 순기능을 가진다는 것을 간과하여서는 아니 되나 한편으로 종교교육으로 인하여 학생들이 입을 수 있는 피해는 그 정도가 가볍지 아니하며 그 구제수단이 별달리 없음에 비해 학교법인은 제한된 범위 내에서 종교의 자유 및 운영의 자유를 실현할 가능성이 있다는 점도 역시 고려하여야 한다. 이러한 점을 모두 감안한다면 학교법인이 국·공립학교의 경우와는 달리 종교교육을 할 자유와 운영의 자유를 가진다고 하더라도, 그 종립학교가 공교육체계에 편입되어 있는 이상 원칙적으로 **학생의 종교의 자유, 교육을 받을 권리를 고려한 대책을 마련하는 등의 조치를 취하는 속에서 그러한 자유를 누린다고 해석하여야 할 것이다.**

그리하여 종립학교가 고등학교 평준화정책에 따라 학생 자신의 신앙과 무관하게 입학하게 된 학생들을 상대로 종교적 중립성이 유지된 보편적인 교양으로서의 종교교육의 범위를 넘어서서 학교의 설립이념이 된 특정의 종교교리를 전파하는 종파교육 형태의 종교교육을 실시하는 경우에는 그 종교교육의 구체적인 내용과 정도, 종교교육이 일시적인 것인지 아니면 계속적인 것인지 여부, 학생들에게 그러한 종교교육에 관하여 사전에 충분한 설명을 하고 동의를 구하였는지 여부, **종교교육에 대한 학생들의 태도나 학생들이 불이익이**

있을 것을 염려하지 아니하고 자유롭게 대체과목을 선택하거나 종교교육에 참여를 거부할 수 있었는지 여부 등의 구체적인 사정을 종합적으로 고려하여 사회공동체의 건전한 상식과 법감정에 비추어 볼 때 용인될 수 있는 한계를 초과한 종교교육이라고 보이는 경우에는 위법성을 인정할 수 있다.

6) 종교교육의 위법여부에 대한 판단

(1) ○○학원이 실시한 종교교육

원심판결 이유에 의하면, 원고는 학교 강제배정에 따라 피고 대△학원이 기독교 정신을 건학이념으로 하여 설립·운영하는 ○○학교에 입학하였으나 평소 종교를 가지지 아니하였던 학생인 사실, ○○학교에서는 수업이 있는 매일 아침에 담임교사의 입회 아래 5분 정도 찬송과 기도 등을 실시하는 경건회 시간을 가졌고, 매주 수요일 정규 교과시간에 강당 등에서 1시간 가량 찬송과 목사의 설교, 기도 등 ○○학교가 실시한 종교행사는 보편적인 교양으로서의 종교교육이 아니라 기독교라는 특정 종교의 교리를 기도와 설교, 찬송 등의 방법으로 전파하는 종파적인 행사라고 할 것임에도 위 학교는 이에 참석하지 아니하는 학생들에게 일정한 불이익을 줌으로써 참석을 거부하는 것이 사실상 불가능한 분위기를 조성하여 아무런 신앙을 갖지 아니한 원고가 그러한 행사에 대한 참가 여부를 자유로운 상태에서 결정할 수 없도록 하였다고 보이므로, 이는 신앙을 가지지 아니한 원고의 기본권을 고려한 처사라고 보기 어렵다.

또한 ○○학교가 원고에게 종교행사의 내용과 방식에 대하여 사전에 어떠한 설명을 하거나 동의를 받는 등의 조치를 취하지 않고 심지어는 수차례에 걸친 이의가 있었음에도 별다른 조치 없이 계속하여 기독교 교리에 입각한 여러 종류의 종교행사를 오랜 기간 동안 빈번하게 반복하여 실시한 행위는 그러한 종교행사가 학생의 올바른 심성함양에 도움이 된다는 점을 고려하더라도 원고에 대한 관계에서는 종립학교에서 허용되는 종교행사의 한계를 넘은 것으로 보지 않을 수 없다.

(2) ○○학원이 실시한 종교과목 수업의 위법성

원심판결 이유에 의하면, ○○학교는 주당 1시간씩 정규 수업으로 종교과목을 부과함에 있어 대체과목을 편성하지 아니하였고, 그 수업시간에 기독교 경전인 성경을 읽고 그에 관한 토론 등을 진행하였으며 학생들에게 십계명이나 사도신경을 써오도록 과제를 부과하기도 한 사실, 학생의 생활기록부에 그 종교과목 이수에 대한 교사의 평가의견을 기재하도록 한 사실 등을 알 수 있다.

이와 같이 ○○학교가 실시한 종교과목 수업은 기독교 교리에 입각한 종파교육이라고 할 것인데 그럼에도 학교가 이 사건 교육부고시와는 달리 **대체과목을 개설하지 아니함으로써 학생들에게 선택의 기회를 부여하지 않았고 실질적인 참가의 자율성도 보장하지 아니하였으며 사전 동의조차 얻지 아니하였다**는 점에서 위와 같은 종교과목 수업 진행이 종파교육을 실시함에 있어 원고의 종교의 자유라는 인권으로 말미암아 생기는 한계를 고려하여 이루어진 조치라고 보기는 어렵다.

그럼에도 원심이 그 판시와 같은 사정들만으로 피고 대△학원의 종교교육이 원고에 대하여 불법행위를 구성하지 아니한다고 판단하고 손해배상책임을 부정한 조치는, 학생의 종교에 관한 인격적 법익 침해로 인한 불법행위의 성립요건에 관한 **법리를 오해하여 판결에 영향을 미친 위법이 있다.**

Ⅱ. 해설[23)]

1. 인권침해와 사법적 구제

1) 사법적 구제의 의의

인권은 경찰이나 검찰, 행정공무원과 같은 국가업무를 담당하고 있는 사람들에 의해 침해될 수도 있지만, 집 옆 공사장의 먼지와 소음, 부당한 해고, 회사 상사의 성희롱에서 보듯이 국가업무를 담당하지 않는 사람(사인)에 의해서도 침해될 수 있다. 생명과 신체 그리고 자유와 재산 등 침해받고 싶지 않은 것에 대한 다툼에 있어서 당사자가 국가인지 사인인지에 따라 분쟁을 해결하는 절차가 다르고, 사인들 간의 분쟁이라 할지라도 분쟁의 성격이나 경중에 따라 그 해결방식이 다르다.

사인으로부터 부당하게 해고를 당했다거나 재산상의 손실을 입었다면, 합의, 자력구제, 조정, 중재와 같은 방법을 이용할 수도 있으나 궁극적으로는 민사소송을 담당하는 법원에 의해 구제받게 된다. 이처럼 가해자나 피해자와 무관한 중립적 권력으로 구성된 법원에서 분쟁을 해결하는 절차를 총칭하여 사법구제라고 하며, 권리구제 목적에 이바지하기는 하지만 법원이 직접 개입하지 않는 분쟁해결절차를 비사법적 구제라고 한다.

법적인 분쟁에 대해 해결절차로써 국가가 마련하고 있는 가장 전형적인 절차가 사법제도

23) 서경석, '사법적 구제', 인권법, 아카넷, 2006년, 181-204쪽 참조.

이다. 여기에는 민사소송절차, 형사소송절차, 행정구제절차 그리고 헌법재판절차 등이 있다. 민사소송은 사인으로부터 부당하게 해고를 당했다거나 재산상의 손실을 입은 경우와 같이 사인 상호간에 진행되는 절차이다. 반면에 형사소송은 사인 간에 벌어지는 다툼이라 할지라도 살인이나 강도와 같이 사안이 너무나 중대하여 국가가 법률을 통해 강제로 형벌을 부과하는 절차로 검사가 원고가 되고 가해혐의자가 피고가 된다.

2) 민사소송의 의의와 내용

민사소송이란 개인 상호간의 생활관계에서 생기는 법률상의 분쟁과 이해의 충돌을 국가의 재판권에 의해 강제적으로 해결하는 절차이다. 분쟁을 공권력에 의해 강제적으로 해결한다는 점에서 자치적 분쟁해결방식인 화해, 조정, 중재 등과 구별된다.

민사소송절차는 크게 나누어 **판결절차**와 **강제집행절차**가 있다. 판결절차는 소의 제기로 시작하여 종국판결로 종료되는 법원의 재판절차를 말한다. 강제집행절차는 판결에 의해 확정된 내용을 채무자가 스스로 이행하지 않을 때 국가권력을 통해 원고의 권리를 강제적으로 실현하는 절차이다. 판결절차의 진행 중 채무자가 재산을 빼돌려 판결을 받더라도 자신의 채권을 실현할 수 없는 경우를 방지하기 위해 판결 이후의 집행을 보전하는 처분도 필요한데 여기에는 가압류, 가처분이 있다.

민사소송절차는 당사자가 소를 제기함으로써 시작되는데, 원고가 제기하는 소는 그 성질이나 내용에 따라서 **이행의 소**[24], **확인의 소**, **형성의 소**로 구분된다. 원고가 피고에게 일정한 의무를 이행하라고 청구하는 소가 이행의 소인데, 원고의 목적은 법원이 금전의 지급이나 물건의 인도 등 이행명령을 선언해 달라는 것이다. 확인의 소는 "갑은 을의 친자임을 확인한다"라는 판결과 같이 당사자 사이에 권리나 법률관계가 있는지 없는지에 대해 확인해 줄 것을 청구하는 소이다. 이행의 소와는 달리 확인판결을 가지고 강제집행을 할 수는 없다. 형성의 소는 기존의 법률관계의 변경이나 새로운 법률관계의 발생을 청구하는 것으로, "갑과 을은 이혼한다"는 판결처럼 판결이 확정되면 판결로 인해 법률관계가 발생, 변경, 소멸하는 효력이 생긴다.

3) 민사소송의 종료와 불복

법원이 종국판결을 내리면 소송은 종료한다. 또한 원고가 소를 취하하거나 청구를 포기하는 경우, 피고가 청구를 이유 있다고 인정하는 인낙 그리고 원고와 피고가 서로 양보하

24) 이행의 소에는 손해배상청구, 인도청구, 원인배제청구 등이 있다. 이 중, 손해배상청구에는 적극적·소극적 손해배상과 위자료 청구가 있으며, 원인배제청구에는 배포금지·취소·정정청구 등이 있다.

여 타협하는 소송상의 화해에 의해서도 소송은 종료한다.

패소한 당사자는 판결정본을 송달받은 때로부터 상소할 수 있다. 상소심에서는 상소인이 불복한 범위 내에서 재판한다. 제1심판결에 대한 불복으로 진행되는 **항소심에서는 새로운 공격방어방법을 제출할 수 있으나** 항소심에 대한 상소인 **상고심에서는 항소심 재판에 법률적인 잘못이 있는지 여부만 다툴 수 있다.**

판결이 확정되었다는 것은 모든 법원절차를 통틀어 종국판결을 더 이상 다툴 수 없게 된 경우 즉 기판력이 발생한 경우를 말한다. 그러나 종국판결이 확정된 경우에도 중대한 하자가 있을 때는 이를 취소하고 다시 재판할 수 있는데 이를 재심이라고 한다. 판결법원이 잘못 구성되었다거나, 재판에 관여해서는 안되는 법관이 관여했다거나, 위조된 문서가 판결의 증거가 되었다거나 중요한 사항에 대해 판단이 행해지지 않았다거나 하는 때가 그러하다.

4) 본 사례의 경우

본 사례의 경우 원고인 갑은 자신이 속한 종립학교법인이 일반적인 종교교육을 하지 않고 또는 대체과목의 지정도 없이 종파교육을 함으로 자신이 종교의 자유를 침해한 것이 불법행위를 이루고 이로 인한 손해배상을 청구한 사건이다. 1심에서는 갑은 "학교가 종교행사를 강요해 헌법이 보장한 종교의 자유 등을 침해당했다"며 학교 등을 상대로 **불법행위**로 인한 **손해배상 청구소송**을 내었다. 1심은 갑에게 1500만원을 지급하라고 일부승소 판결했지만, 1심에 불복하여 이루어진 항소심에서는 재판부가 "사립학교는 국공립학교와 달리 특정종교교육이 폭넓게 허용돼야 한다"며 1심 판결을 뒤집었다.

그러자 갑이 2심에 불복하여 이루어진 상고심에서는 위법성에 대한 법리의 오해가 있다며 갑에게 패소를 선고한 원심(2심)을 깨고 다시 학교의 배상책임을 인정해 사건을 고등법원으로 돌려보낸 사건이다. 결국 갑의 종교의 자유는 민사소송을 통하여 손해배상의 형태로 구제된 셈이다.

참고로, 제1심판결에 대한 불복으로 진행되는 항소심에서는 새로운 공격방어방법을 제출할 수 있으나 항소심에 대한 상소인 상고심에서는 항소심 재판에 법률적인 잘못이 있는지 여부만 다툴 수 있다.

상고심인 대법원 판결문에서 "그럼에도 원심이 그 판시와 같은 사정들만으로 피고 대△학원의 종교교육이 원고에 대하여 불법행위를 구성하지 아니한다고 판단하고 손해배상책임을 부정한 조치는 학생의 종교에 관한 인격적 법익 침해로 인한 불법행위의 성립요건에 관한 **법리를 오해**하여 판결에 영향을 미친 위법이 있다."고 하고 있는 것은 이와 같은 까닭이다.

2. 종교의 자유

1) 종교의 자유의 의의

종교의 자유란 자신이 선호하는 종교를 자신이 원하는 방법으로 믿는 자유를 의미한다. 종교의 자유는 개인의 내심의 작용인 신앙의 자유를 핵심으로 하지만, 신앙은 교리로 형성되어 보급되기 마련이고, 동일한 교리를 믿는 자들은 공동으로 종교적 행사를 영위하고 종교적 단체를 결성하며 포교활동을 한다. 종교의 자유는 이와 같이 **신앙의 자유, 종교적 행사의 자유, 종교적 집회 · 결사의 자유**를 내용으로 한다.

하지만, 종교의 자유는 이러한 적극적인 자유만을 내용으로 하는 것은 아니고 특정한 신앙을 갖지 않을 자유, 종교적 행사, 종교적 집회 · 결사 또는 선교활동을 강제받지 아니할 소극적 자유까지 그 내용으로 한다.

2) 종교의 자유의 내용

종교의 자유의 발현형태는 크게 네 가지로 나눌 수 있다. 첫째, 신앙의 자유, 둘째 종교적 행사의 자유, 셋째, 종교적 집회 · 결사의 자유, 넷째, 선교의 자유이다.

선교의 자유에는 자신이 신봉하는 종교를 **선전**할 수 있는 자유와 신자를 **규합**하기 위한 선교의 자유가 오늘날 활발히 논의되고 사회적으로도 논쟁거리가 되고 있다. 선교의 자유에는 다른 종교를 비판하거나 다른 종교의 신자에 대하여 개종을 권고할 수 있는 자유가 포함될 것인가 하는 문제가 있기 때문이다. 다수설은 이를 허용하고 있으나 현실에서는 종교전쟁이라 불릴 만큼 첨예한 문제를 야기하고 있다는 점을 상기하여 볼 필요가 있다.

선교의 자유에는 종교교육의 자유도 포함되는데 이러한 종교교육의 자유의 일환으로 종립학교를 설립하여 선교활동의 일환으로 종교교육이 허용되고 있다. 그러나 종교교육의 자유에 종파교육의 자유가 포함되는지 특히 고교평준화제도 하의 종파교육이 논란이 되고 있다.

3) 종교의 자유의 한계와 제한

종교교육의 자유가 인정되더라도 국가나 지방자치단체는 **국공립학교**에서 특정종교를 위한 종교교육은 정교분리의 원칙에 따라 금지된다(교육기본법 제6조2항 등 참조).

또한 종교적 행사의 자유는 신앙의 자유와 달리 외부로 표출되는 행사이기 때문에 제한될 수 있다. 종교단체가 공서양속 또는 안녕질서를 침해할 경우에는 법률로써 금지 또는 제한 할 수 있다. 예를 들면 비과학적인 질병치료나 재물을 약취하는 이른바 사이비종교의 종교적 행위나 종교적 결사는 형법상 금지되며, 종교적 행사가 도로교통법이나 집회 및 시위에 관한 법률에 위반될 때에는 제한을 받게 된다.

3. 인권의 충돌

1) 인권 충돌의 의의

인권의 충돌이란 복수의 인권주체가 국가에 대해 각기 인권의 적용을 주장하고 국가가 양자의 인권을 동시에 보장해 줄 수 없는 경우를 말한다. 이는 외견상 인권의 충돌처럼 보이나, 실제에 있어서는 '문제된 행위가 어느 인권주체의 인권의 보호영역에 속하지 않는 것으로서 충돌현상이 존재하지 아니하는 유사(사이비, 외견적)충돌' 및 '인권과 인권의 충돌이 아닌 인권과 기타의 헌법적 법익의 충돌인 부진정한 충돌'과 구별된다.

2) 인권 충돌의 해결방법

인권의 충돌을 해결하기 위한 방법으로 이익형량에 의한 해결방법과 실제적 조화의 원칙에 의한 해결방법이 제시되고 있다. 이익형량에 의한 해결은 충돌하는 인권 상호간에 이익형량을 하는 것이다. 이익형량을 할 때에는 상하인권간의 충돌의 경우와 동위인권간의 충돌의 경우를 구별하여, 전자는 상위인권에 우선적 효력을 인정하고, 후자는 인격적 가치나 자유권을 우선한다. 그러나 이익형량에 의한 해결은 인권충돌의 해결에 제한적으로 유용한 것에 불과하다. 실제적 조화의 원칙은 언제나 하나의 인권을 다른 인권에 우선시키지 않고 헌법의 통일성을 유지하기 위하여 충돌하는 인권 모두가 최대한으로 그 기능과 효력을 나타낼 수 있도록 조화시켜 보장하는 방법을 찾으려는 것이다. 이익형량의 방법과 달리 인권내의 위계질서를 반드시 전제로 하지 않고 충돌하는 두 인권의 효력을 함께 존중하는 방법을 찾기 위해 노력하므로 헌법의 통일성 유지의 관점에서 실제적 조화의 방법이 타당하다고 본다. 그러나 이로써 모든 문제를 다 해결할 수는 없으므로 두 방법을 모두 동원할 필요가 있다. 헌법재판소도 두 가지 방법을 병용하고 있다(헌재 1991.7.22. 89헌가106; 헌재 1991.9.16. 89헌마165). 사안에서는 어느 인권이 우선하는 것으로 볼 수 없으므로 실제적 조화의 원칙에 따라 비례성 심사를 하여야 한다.

3) 본 사안의 경우

학생이 가지는 소극적 종교행위의 자유 및 소극적 신앙고백의 자유는 부작위에 의하여 자신의 종교적 신념을 외부로 표현하고 실현하는 인권이라는 점에서(대법원 1982.7.13./ 82도1219판결; 대법원 2004.7.15./ 2004도2965판결 참조) 학교법인이 가지는 종교교육의 자유와의 사이에서 위계질서를 논하기는 어려우며 양자의 인권 모두 인격적 가치 및 자유권적 가치를 가지므로 추상적인 이익형량만으로는 우선하는 인권을 정할 수 없다.

헌법상 인권의 행사는 국가공동체 내에서 타인과의 공동생활을 가능하게 하고 다른 헌법적 가치 및 국가의 법질서를 위태롭게 하지 않는 범위 내에서 이루어져야 한다는 점에서 충돌하는 인권 모두 최대한으로 그 기능과 효력을 유지할 수 있는 조화점이 모색되어야 한다. 이는 헌법과 법률의 규정 및 그로부터 도출되는 인권 행사의 한계, 그러한 한계 설정으로 인한 인권 제약의 정도가 필요 최소한에 그치는지 등을 종합적으로 고려함으로써 이루어질 수 있다.

이상과 같은 의미에서 보면, 종립학교라 하더라도 학생이 가지는 소극적 종교의 자유를 고려한 대책마련 위에서 종교교육의 자유를 누려야 한다고 판시한 대법원의 판결은 타당성이 있다.

생각해 보기

↠ 종립학교 교육과 종파교육의 차이점

◈읽어보기

종교 강요한 미션스쿨, 강의석에게 정신적 고통 배상해야

서울고법 민사9부(부장 성기문)는 7일 서울 대광고 재학 중 학교측의 종교수업 강제에 반발해 단식농성을 하다 퇴학당한 강의석(24 · 서울대 법대)씨가 학교법인 대광학원을 상대로 낸 손해배상 청구소송 파기환송심에서 "강씨에게 1,500만원을 지급하라"며 원고 일부승소 판결했다.

2004년 고교3학년이던 강씨는 종교의 자유를 보장하라며 서울시교육청 앞에서 1인 시위를 벌이다 퇴학당하자 학교와 시교육청을 상대로 "헌법에 보장된 종교 · 양심의 자유와 평등권을 침해 당했고 부당 퇴학으로 정신적 고통을 입었다"며 5,000만원의 손해배상 소송을 냈다.

1심은 "학생들의 신앙의 자유는 교육기관에서의 종교교육의 자유보다 더 본질적이며 강씨의 퇴학 처분은 학교의 징계권 남용"이라며 "대광고는 1,500만원을 배상하라"고 원고 일부승소 판결했다. 반면 항소심은 "원고가 2004년 초까지 종교교육에 대해 거부 의사를 밝히지 않았던 점 등을 감안할 때 학교가 종교행사를 강제했다고 보기 어렵다"며 원고패소 판결했다.

이후 지난 4월 대법원은 "대광고가 특정 종교행사에 참여하지 않은 학생에게 불이익을 줘 신앙이 없는 강씨에게 사실상 참석을 강요했고, 반복된 이의제기에도 대책마련을 하지 않은 것은 기본권을 고려하지 않은 처사"라며 원심을 깨고 사건을 서울고법으로 돌려보냈다.

한국일보, 2010년 10월 7일, 강아름 기자

❖ 참고문헌

김승환, 양심 · 종교의 자유를 침해하는 법령과 관행의 개선에 관한 연구, 국가인권위원회 연구용역보고서, 2004년

성낙인, 종교의 자유와 학교에서의 종교교육, 판례실무연구II, 박영사, 1998년

제 3 절 국회에 의한 구제

I. 사례

갑은 교육공무원인 국·공립학교의 교원으로 각 근무하면서 전국교직원노동조합에 가입하여 활동함으로써 국가공무원법 제66조 제1항 본문을 위반하여 노동운동을 하였다는 이유로 교육위원회 교육감으로부터 해임 등 처분을 받게 되자 교육감을 상대로 하여 관할법원인 광주고등법원에 해임처분취소 등의 행정소송을 제기하였다.

그리고 행정소송사건이 계속 중인 광주고등법원에 위 해임처분의 근거가 된 법률조항인 국가공무원법 제66조 제1항 본문에 대한 위헌심판제청을 각 신청하였으나 신청들은 모두 기각되었다. 이에 갑은 헌법재판소법 제68조 제2항에 따라 이 법 제66조 제1항의 위헌 여부에 관하여 이 사건 헌법소원심판을 청구하였다.

참조 : 국가공무원법 제66조에 대한 헌법소원 (헌재 1992.4.28./ 90헌바27)

[공부거리]

자유권과 사회권
헌법소원
입법부에 의한 인권보장

[심판대상조문]

국가공무원법 제66조(집단행위의 금지)

① 공무원은 노동운동 기타 공무이외의 일을 위한 집단적 행위를 하여서는 아니된다. 다만, 사실상 노무에 종사하는 공무원은 예외로 한다.

[참조조문]

헌법재판소법 제68조(청구사유)

① 생략

② 제41조제1항의 규정에 의한 법률의 위헌여부심판의 제청신청이 기각된 때에는 그 신청을 한 당사자는 헌법재판소에 헌법소원심판을 청구할 수 있다.

헌법재판소법 제69조(청구기간)

① 생략

② 제68조 제2항의 규정에 의한 헌법소원심판은 위헌법률심판의 제청신청이 기각된 날로부터 14일 이내에 청구하여야 한다.

국가공무원법 제78조(징계사유)

① 공무원이 다음 각 호의 1에 해당하는 때에는 징계의결의 청구를 하여야 하고 동 징계의결의 결과에 따라 징계처분을 행하여야 한다.

1. 이 법 및 이 법에 의한 명령에 위반하였을 때

2.~3. 생략

국가공무원법 제84조(벌칙)

제44조, 제45조, 제65조, 제66조의 규정에 위반한 자는 다른 법률에 특별히 규정된 경우를 제외하고는 1년 이하의 징역 또는 100만원 이하의 벌금에 처한다.

[참조판례]

1. 상속세법 제32조의2의 위헌여부에 관한 헌법소원(헌재 1989.7.21./ 89헌마38)
   약사법 제37조제2항의 위헌여부에 관한 헌법소원(헌재 1991.9.16./ 89헌마231)
   불기소처분에 대한 헌법소원(헌재 1992.1.28./ 90헌마59)
2. 국토이용관리법 제31조의2제1호 및 제21조의3의 위헌심판제청(헌재 1989.12.22./ 88헌가13)
   노동쟁의조정법 제13조의2제45조의2에 관한 위헌심판(헌재 1990.1.15./ 89헌가103)
   금융기관의연체대출금에관한특별조치법 제5조의2의 위헌심판(헌재 1989.5.24./ 89헌가37, 96)

1. 당사자의 주장

1) 해고된 국공립학교 교사의 주장

(1) 이 법 제66조 제1항 본문의 "노동운동"이라는 규정은 특정한 행위유형을 구체화한 것으로 보기 어렵다. 인권을 제한하는 법률이 명확하게 규정되지 아니하고 모호하다면 법집행기관에 의하여 자의적으로 남용되어 인권의 보장이 유명무실하게 될 우려가 있으므로

무효이고, 이러한 명확성의 원칙은 형사처벌 및 징계사유를 규정하는 경우에 더욱 엄격하게 요구된다. 따라서 위 법률조항은 인권제한의 일반원칙을 규정하고 있는 헌법 제37조 제2항에 위반된다.

(2) 근로3권의 보장과 그 제한의 한계를 정한 헌법 제33조 제1항과 제37조 제2항은 공무원인 근로자에게도 적용되므로 입법권자로서는 노동3권을 향유하는 공무원의 범위를 되도록 넓게 규정하여야 한다. 헌법 제33조 제2항의 취지는 그 직무상특수성을 갖는 일부 공무원의 경우에만 일반근로자와 달리 국가안전보장, 질서유지 등을 위하여 필요불가피한 범위내에서 예외적으로 본질적 내용의 침해가 되는 근로3권의 배제를 법률로써 정할 수 있다는 것에 불과하다.

이러한 공무원의 직무의 공공성은 각 공무원의 직무의 형태 및 내용에 따라 다르므로 각 직무의 성질을 검토하여 필요한 범위 내에서의 최소한도의 예외적 제한만이 가능한 것이다. 그럼에도 불구하고 이 법 제66조 제1항 본문이 공무원의 구체적인 직무의 공공성의 정도에 따른 구별을 하지 아니하고 모든 공무원의 노동운동을 전면금지하고, 특히 단결권마저 박탈한 것은 근로3권의 본질적인 내용을 침해한 것으로서 헌법 제33조 제1항·제2항에 위반된다.

2) 법무부장관과 교육부장관의 의견

(1) 청구인들은 모두 국·공립학교 교원들로서 교원은 교육에 대한 전문가로서 근로자이기 이전에 전문성과 자주성이 요구되므로 우리 헌법상 근로자적 성격이 부정된다고 해석하여야 한다.

가사 교원에게 근로자적인 성격을 인정한다고 하더라도 교원의 근로기본권의 행사는 국민 전체의 헌법상의 인권인 교육권의 실현과 상하 관계에 놓이게 되고, 이 때에는 국민의 교육권이 교원의 근로기본권 보다 우선하는 것으로 보아야 하므로 교원의 근로기본권은 제한되지 않을 수 없다.

또한 공무원은 국가와 특별권력관계에 있고 국민 전체에 대한 봉사자인 지위에 있으므로 국·공립학교 교원의 공무원으로서의 이러한 신분의 특수성과 공공성을 고려하여 이들에 대한 근로기본권의 제한은 헌법에 위반되지 아니한다.

(2) 이 법 제66조 제1항은 공무원인 근로자의 근로3권을 법률이 정하는 자에 한하여 인정하도록 규정하고 있는 개별적 헌법유보규정인 헌법 제33조 제2항에 근거를 두고 있으므

로 그 자체로 헌법에 위반되지 아니할 뿐만 아니라 이 법 제66조제1항의 "노동운동" 이라는 규정은 입법형식상 불명확한 규정이 아니다.

2. 헌법재판소의 판단

1) 다수의견

(1) 국가공무원법 제66조 제1항이 근로3권이 보장되는 공무원의 범위를 사실상 노무에 종사하는 공무원에 한정하고 있는 것은 근로3권의 향유주체가 될 수 있는 **공무원의 범위**를 정하도록 하기 위하여 헌법 제33조 제2항이 입법권자에게 부여하고 있는 형성적 재량권의 범위를 벗어난 것이라고는 볼 수 없다.

(2) 위 법률조항이 규정하고 있는 "노동운동"의 개념은 그 근거가 되는 헌법 제33조 제2항의 취지에 비추어 근로자의 근로조건의 향상을 위한 단결권·단체교섭권·단체행동권 등 이른바 노동3권을 기초로 하여 이에 직접 관련된 행위를 의미하는 것으로 좁게 해석하는 것이 상당하고, 한편 위 법률조항이 그 제정 이래 오랫동안 집행되어 오면서 법원도 위 법률조항을 해석·적용함에 있어서 위와 동일한 뜻으로 명백히 한정해석하고 있으므로, 법률에 대한 일반적인 명확성의 원칙은 물론 적법절차나 죄형법정주의의 원칙에서 요구되는 **보다 엄격한 의미의 명확성의 원칙**에 의한 판단기준에도 위배된다고 할 수 없다.

(3) 위 법률조항이 사실상 노무에 종사하는 공무원에 대하여서만 근로3권을 보장하고 그 이외의 공무원들에 대하여는 근로3권의 행사를 제한함으로써 일반근로자 또는 사실상 노무에 종사하는 공무원의 경우와 달리 취급하는 것은 헌법 제33조 제2항에 그 근거를 두고 있을 뿐 아니라 합리적인 이유가 있다 할 것이므로 헌법상 평등의 원칙에 위반되는 것이 아니다.

2) 소수의견

(1) 헌법 제33조 제1항이 규정한 노동3권의 향유주체로서의 근로자란 노동조합법 제4조가 규정하고 있듯이 직업의 종류를 불문하고 임금·급료 기타 이에 준하는 수입에 의하여 생활하는 자를 말하고, 근로를 제공하는 곳이 사기업체이건 국가 또는 지방자치단체이건 거기에 차별이 있을 수 없다. 따라서 국·공립학교 교사도 다른 공무원과 함께 당연히 노동3권을 향유하는 근로자에 속하는 것이다.

그럼에도 불구하고 헌법 제33조 제2항은 "공무원인 근로자는 법률이 정하는 자에 한하여 단결권·단체교섭권 및 단체행동권을 가진다."라고 규정하여 공무원에 대하여는 원칙적으로 노동3권을 제한 내지 박탈할 수 있도록 특별유보조항을 두었는데 엄연히 근로자로서 노동3권을 향유하여야 할 공무원에 대하여 직무의 성격을 구별함이 없이 오직 그들의 신분이 국가 또는 지방자치단체에 근무하는 공무원이라는 이유만으로 노동3권을 박탈하는 것은 경제적·사회적 영역에 있어서 다른 근로자와 차별하는 것이며, 공무원이 국민전체의 봉사자라는 점에서 다른 근로자와 다르다고는 할지라도 근로자의 노동3권은 그들의 생존권과 행복추구권의 보장을 위하여는 필요불가결한 조건이므로 공무원이 국민전체의 봉사자라는 이유는 그들의 노동3권을 박탈할만한 합리적 이유가 될 수 없다. 노동3권의 제한 내지 박탈은 그 해당 근로자의 신분을 기준으로 할 것이 아니라 그가 종사하는 직무의 성격에 따라 최소한도로 이루어져야 하는 것이다.

그러므로 공무원 신분이라는 이유만으로 원칙적으로 노동3권을 박탈하고 예외적으로 법률로써 인정할 수 있도록 규정한 헌법 제33조 제2항은 그보다 상위규정이며 민주주의 헌법의 기본이념이고 헌법핵(憲法核)이라고 할 수 있는 헌법 제11조 제1항 소정의 평등원칙에 위배되는 조항일뿐더러 인간의 존엄과 가치 및 행복추구권을 규정한 헌법 제10조에도 위배되는 조항으로서 앞으로 헌법개정 등을 통해 재검토되어야 할 매우 부당한 위헌적인 헌법규정이다. 이처럼 헌법에 사회적 신분에 의한 기본권 제한 내지 박탈규정을 두거나 반대로 사회적 신분에 의한 특전을 부여하는 규정을 두는 것은 뚜렷한 합리적 이유가 없는 한 민주주의 헌법의 기본이념인 평등원칙에 반하는 것이며 세계 어느 나라 헌법에도 헌법 제33조 제2항과 같은 공무원의 노동3권에 관한 특별유보조항을 둔 예는 없다.

이 규정은 제1, 2공화국 헌법에는 없었는데 5·16 군사쿠데타로 탄생한 제3공화국 헌법에서 신설된 이래 약간씩 표현을 달리하면서 유신헌법과 제5공화국 헌법을 거쳐 제6공화국 헌법에까지 이어져 오고 있는 것으로서 권위주의시대의 잔재라는 사실을 간과하여서는 아니된다. 공무원인 근로자의 노동3권 제한이 공익상 꼭 필요하다면 기본권의 일반유보조항인 헌법 제37조 제2항에 의하여 권리의 본질적 내용을 침해하지 아니하는 한도에서 법률로써 제한할 수 있는 것인데도 불구하고 헌법이 제33조 제2항과 같은 특별유보조항을 둔 것은 헌법에 근거규정만 두면 어떠한 법률을 만들어도 괜찮다는 잘못된 인식아래 공무원에 대하여서는 노동3권을 무한정 제한할 수 있도록 하고 그에 대한 위헌시비를 못하게 하기 위한 지극히 권위주의적인 발상에서 나온 것이라고 아니할 수 없다.

(2) 위헌적인 헌법 제33조 제2항에 근거하여 국가공무원법 제66조 제1항은 "공무원은

노동운동 기타 공무이외의 일을 위한 집단적 행위를 하여서는 아니된다. 다만 사실상 노무에 종사하는 공무원은 예외를 한다."라고 규정하여 공무원(사실상 노무에 종사하는 자 제외)의 노동3권을 완전히 박탈하였고 이 규정은 교육공무원법 제53조 제4항에 의하여 국·공립학교 교원에 대하여서도 적용되고 있는데 당연히 노동3권을 향유하여야 할 국·공립학교 교원이나 기타 공무원에 대하여 노동운동을 전면금지하고 있는 국가공무원법 제66조 제1항 본문 및 교육공무원법 제53조 제4항의 각 규정은 공무원의 노동3권의 본질적 내용을 침해하는 것이어서 **헌법 제37조 제2항의 일반유보조항에 의하여서도 정당화될 수 없는 위헌적인 법률인 것은 두말할 것도 없으나 위 법률조항들이 헌법의 특별유보조항(제33조 제2항)에 근거를 두고 있기 때문에 아직은 그것에 대하여 쉽사리 위헌선언을 할 수 없을 뿐**이다.

(3) 그러나, 국가공무원법 제66조 제1항의 근거가 되는 헌법 제33조 제2항이 헌법의 기본이념(헌법핵 규정)에 배치되는 규정인 것을 감안할 때 노동운동이 허용되는 공무원을 사실상 노무에 종사하는 공무원에 한정할 것이 아니라 그 범위를 되도록 넓혀서(국·공립학교 교원도 포함시켜야 한다) 위헌적인 헌법규정으로 인한 공무원의 노동3권 침해를 최소화하는 방향으로 국가공무원법 제66조 제1항은 개정되어야 할 것이다.

(4) 공무원에 대하여 노동3권을 보장하는 방향으로 나아가고 있는 것이 세계적 추세이며 민주주의를 표방하는 나라치고, 더구나 국제노동기구(I.L.O.)에 가입까지 하고서도 우리나라처럼 공무원인 근로자의 노동3권을 심하게 제한하고 있는 나라는 없다는 것에 유의하여야 한다.

지난 1988년 제154차 임시국회에서 미흡하나마 6급 이하 전공무원(공안직, 소방직 제외)에 대하여 공무원노동조합결성권을 허용하는 내용의 노동조합법 개정법률안이 모처럼 여야합의에 의하여 통과되었으나 그것마저도 대통령의 법률안거부권 행사로 무산되고만 것은 매우 안타까운 일이다.

(5) 공무원의 노동운동을 전면금지한 국가공무원법 제66조 제1항 본문의 규정이 합리적 이유있는 것으로서 헌법의 평등원칙에 위배되지 아니하고 따라서 합헌이라는 다수의견의 이론에 나는 찬동할 수 없다. 그러나 위 규정이 헌법 제33조 제2항의 특별유보조항에 근거하고 있기 때문에 어쩔 수없이 합헌 선언할 수밖에 없는 것이고 따라서 나는 다수의견의 결정주문에는 찬동하면서 그 결론에 이르는 논거에 관하여는 앞서 본 바와 같이 다수의견에는 견해를 달리하므로 그 점에 대하여 반대의견을 개진하는 바이다.

Ⅱ. 해설

1. 자유권 중심의 인권보장과 사회권의 등장

근대입헌주의 헌법의 인권보장은 자유권 중심의 체제이었다. 다른 사람의 인권을 침해하지 않는 한 저마다가 자유롭게 인권을 행사할 수 있고, 계약에 따라서는 다른 사람의 인권조차도 제한할 수 있다는 '사적 자치'의 체제이었다. '자유란 타인을 해치지 않으면서 할 수 있는 것을 다 할 수 있는 것이다'(1789년 인권선언 제4조), 그리고 '사람은 노동과 시간을 계약할 수 있다. 그러나 신체를 팔 수는 없다. 신체는 양도할 수 없는 재산이기 때문이다'(1795년 인권선언 제15조)라는 조항은 근대입헌주의 헌법의 인권보장이 자유권 중심이었음을 시사하고 있다.

정부는 이와 같은 인권보장체제를 확보하기 위해 치안과 국방유지 등의 '야경'역할을 열심히 하면 좋은 정부로 여겨졌다. '최소한의 정부야 말로 최고의 정부'(The least government is the best government)였으며, 자유방임이야말로 근대입헌주의 시민헌법 하의 정부가 해야 할 역할이었다. 이러한 정부 하에서는 '보이지 않는 손'에 의해 사회전체의 이익이 달성된다고 보는 '예정조화'론이 신봉되었다.

이러한 자유방임체제는 사회정책학적 용어를 빌리자면 '원생적 노동관계'를 초래하여, 임노동자를 중심으로 하는 민중에게 비인간적인 생활상태를 강요하였다. '원생적 노동관계'란 공장법과 노동기준법등으로 노동조건을 규제하기 전까지의 시기에 나타났던 노골적인 착취관계하의 노동관계를 의미한다. 이는 극도의 '저임금장시간노동'과 임노동자의 생명단축과 직결되는 육체적 혹사 그리고 이러한 사태에 대한 정부의 외면 또는 방치를 그 특색으로 한다.

정부는 이와 같은 노동자의 상태를 방치하거나 법적으로 인정하는 일이 고작이었다. '계약 자유'를 중심으로 하는 경제활동 자유를 보장하기 위해서는 어쩔 수 없다는 식이었다.

위와 같은 문제점은 제1차 대전 후 더욱 증폭되었는데 1917년 러시아에서는 프로레타리아 혁명이 일어나 근대입헌주의 헌법을 부르주아헌법으로 규정하고 이를 전면적으로 부정하였다.

또한 독일도 심각한 위기 상황을 맞게 되었는데 1918년 3월에서 7월에 걸쳐 이루어진 서부전선에서의 대공세에 실패한 후 모순이 심화되어 1918년 11월에는 킬 지역 등에서 노병평의회가 권력을 장악하기에 이르렀다. 이에 사민당의 에베르트가 수상에 취임하고 사민당과 중앙당 민주당에 의한 연립정권이 수립되어 정국 수습에 나섰는데 근대입헌주의 헌법의 형식성과 모순을 헌법적 차원에서 수정 또는 시정하려는 작업이 이루어졌다. 재산권에 대한 공공복리 적합성, 노동3권을 비롯한 사회적 기본권의 명문화가 그 대표적인 것이다. 독일의 바이마르헌법을 현대 입헌주의 헌법의 효시로 부르는 것은 이와 같은 이유 때문이다.

현대 입헌주의 헌법에는 근대헌법에서의 자유주의적 성향으로 인한 형식적 보장보다는 실질적 인권보장을 이루기 위하여 경제적 자유권이 제한되고 노동3권과 같은 사회권의 개념이 도입되었다. 이러한 시도는 자본주의의 안정성을 높이고 이윤추구를 확고히 하기 위한 것이기도 했다.

2. 노동3권의 내용과 제한

1) 노동3권의 의의

대한민국 헌법도 노동3권을 명문으로 규정하고 있다. 1948년 헌법 제18조 제1항에서 '근로자의 단결 단체교섭과 단체행동의 자유는 법률의 범위 내에서 보장된다'고 규정하였으며, 현행 1987년 헌법에서도 '근로자는 근로조건의 향상을 위하여 자주적인 단결권 · 단체교섭권 및 단체행동권을 가진다'(제33조1항)고 규정하였다.

근로3권 내지 노동3권이라 함은 자본주의사회에서 생산수단을 소유하지 못한 경제적 약자인 노동자들이 인간다운 생활을 확보하기 위한 현실적인 방식이기도 하다. 결국 노동3권이란 노동조건의 향상을 위해 노동조합과 같은 자주적 조직체를 결성하고(단결권), 그 조직체의 이름으로 교섭을 하며(단체교섭권), 그 교섭이 원만히 이루어지지 아니할 경우에 단체행동을 할 수 있는 권리(단체행동권)를 총칭한다.

헌법재판소도 '헌법이 근로자의 근로3권을 보장하는 취지는 원칙적으로 개인과 기업의 경제상의 자유와 창의를 존중함을 기본으로 하는 시장경제의 원리를 경제의 기본질서로 채택하면서 노동관계 당사자가 상반된 이해관계로 말미암아 계급적 대립 · 적대적 관계로 나아가지 않고, 활동과정에서 서로 기능을 나누어 가진 대등한 교섭주체의 관계로 발전하게 하여, 그들로 하여금 때로는 대결 항쟁하고 때로는 교섭 타협의 조정과정을 거쳐 분쟁을 평화적으로 해결하게 함으로써, 근로자의 이익과 지위의 향상을 도모하는 사회복지국가 건설의 과제를 달성하고자 함에 있다'고 밝힌 바 있다.

2) 노동3권의 내용

단결권이라 함은 노동자가 노동조건의 유지 또는 개선을 위하여 사용자와 대등한 교섭력을 가질 목적으로 자주적 단체를 결성하고 이에 가입하여 활동할 수 있는 권리를 말한다. 단결권의 주체는 노동자이다. 노동자란 '직업의 종류를 불문하고 자신의 노동력을 제공하고 그 대가인 임금 급료 기타 이에 준하는 수입으로 생활하는 자'를 의미한다. 따라서 블루컬러 노동자뿐만 아니라 화이트 컬러 노동자도 단결권의 주체가 되며, 교수 교사와 같은 직업 종사자도 법률적으로는 노동자이다.

헌법재판소는 교직의 특수성을 들어 교사의 단결권 주체성을 부정한 바 있다. (사립학교법 55조 위헌, 국가공무원법 66조 위헌사건). 그러나 국민의 정부 수립 후 교원노조의 합법화가 추진되어 1998년 하반기에 교원노조법이 국회에 상정되고 1999년 1월 6일 이 법이 국회를 통과함에 따라 전교조의 합법화가 실현되었다. 교원노조법의 정식 명칭인 '교원의 노동조합 설립 및 운영 등에 관한 법률'(시행 1999. 7. 1,법류 제5727호, 1999. 1.29, 제정)에서는 이 법의 목적을 '국가공무원법 제66조제1항 및 사립학교법 제55조의 규정에 불구하고 노동조합및노동관계조정법 제5조 단서의 규정에 의하여 교원의 노동조합 설립에 관한 사항을 정하고 교원에 적용할 노동조합및노동관계조정법에 대한 특례를 규정함을 목적으로 한다'고 하여 교사의 단결권 주체성을 인정하였다.

단체교섭권은 노동자가 노동조건의 향상을 위하여 노동조합과 같은 단결체의 이름으로 사용자나 사용자단체와 자주적으로 교섭하는 권리를 말한다. 노동자에게 단체교섭권을 인정하는 것은 일반계약으로부터 근로계약의 분리를 의미하게 된다. 따라서 노동자가 단체교섭을 하는 경우에는 민법상의 계약규정이 아니라 근로기준법, 노동조합 및 노동관계조정법, 근로자참여 및 협력증진에 관한 법률과 같은 노동법이 적용됨을 의미한다.

단체행동권이란 노동쟁의가 발생한 경우에 쟁의행위 등을 할 수 있는 권리를 말한다. 노동쟁의라 함은 '노동관계 당사자간에 임금 근로시간 복지 해고 기타 대우 등 근로조건의 결정에 관한 주장의 불일치로 발생한 분쟁상태'(노동조합 및 노동관계조정법 제2조 제5호)를 의미하고, 쟁의행위란 '파업 태업 직장폐쇄 기타 노동관계 당사자가 그 주장을 관철할 목적으로 행하는 행위와 이에 대항하는 행위로서 업무의 정상적인 운영을 저해하는 행위'(노동조합 및 노동관계조정법 제2조 제6호)를 말한다.

최근 노사현장에서는 노동조합의 단체교섭권을 위축시키기 위하여 노동조합 및 노동조합의 지도자에게 파업에 따른 손해배상 책임을 묻는 등 민사법리를 적용하는 움직임이 없지 않다.

법원은 a) 그 주체가 단체교섭의 주체가 될 수 있는 자여야 하며, b) 목적이 근로조건의 향상을 위한 노사간의 자치적 교섭을 조성하는 것(1992.1.21/대판91누5204)이어야 한다고 하고, 헌법재판소는 a) '사용자가 근로자의 근로조건 개선에 관한 단체교섭요구를 거부하였을 때 (단체행동을) 개시하되 조합원의 찬성결정과 노종쟁의 발생신고를 거쳐야 하고, b) 그 수단과 방법이 사용자의 재산권과 조화를 이루어야 함은 물론 폭력행사에 해당되지 않아야 한다'고 판시하고 있다.

그러나 단체행동의 정당성문제는 매우 논쟁적이다. 또한 오늘날과 같이 경영상의 이유로 한 해고가 가능해진 상황 하에서 단체행동의 정당성 문제를 좁게 해석하는 것도 논란을 더욱 증폭시킬 수 있다. 파견노동과 같은 변형된 근로관계가 확산되고 해고의 사유가 폭넓어진 상황 하에서는 '근로조건의 향상'을 위한 단체교섭권, 단체행동권의 범위도 넓어질 수 밖에 없기 때문이다.

3) 노동3권의 제한

헌법 제33조 제2항은 '공무원인 근로자는 법률이 정하는 자에 한하여 단결권 단체교섭권 및 단체행동권을 가진다'고 하여 일정한 범위의 공무원에 대한 노동3권을 제한하고 있다. 공무원도 노동의 대가로서 보수를 받아 생활하는 자라는 의미에서는 노동자라고 할 수 있지만(헌재 1992.4.28./ 90헌바27), 일반 노동자와 비교할 때 a) 헌법상 국민전체에 대한 봉사자라는 점, b) 공무원의 보수는 근로의 대가로서의 성격과 직무의 효율적 수행 확보를 위한 것으로서의 성격도 가지고 있다는 점, c)공무원의 근로조건은 단체협약의 대상이 아니라 법령의 규율대상이 된다는 점, d) 공무원이 수행하는 업무는 공무이므로 공무원에게는 일반 노동자에게 인정되지 아니하는 권리 의무가 인정된다는 점 등에서 특수성을 가지고 있기 때문이라고 한다.

헌법재판소 역시 교원은 교육을 담당하는 직무의 특수성으로 인하여 공립·사립학교를 묻지 아니하고 그 근로관계는 일반노동자의 그것과 본질적인 차이가 있으므로 노동법 원리가 그대로 적용될 수 없다고 판시한 바 있다(사립학교법 제55조 제58조 제14호 위헌심판, 헌재 1991.7.22./89헌가106).

그러나 세계 어느 나라 헌법에도 헌법 제33조 제2항과 같은 공무원의 노동3권에 관한 특별유보조항을 둔 예는 없다. 이 규정은 제1, 2공화국 헌법에는 없었는데 5·16 군사쿠데타로 탄생한 제3공화국 헌법에서 신설된 이래 약간씩 표현을 달리하면서 유신헌법과 제5공화국 헌법

을 거쳐 제6공화국 헌법에까지 이어져 오고 있는 것으로서 권위주의시대의 잔재이다. 공무원인 근로자의 노동3권 제한이 공익상 꼭 필요하다면 인권의 일반유보조항인 헌법 제37조 제2항에 의하여 권리의 본질적 내용을 침해하지 아니하는 한도에서 법률로써 제한할 수 있는 것인데도 불구하고 헌법이 제33조 제2항과 같은 특별유보조항을 둔 것은 헌법에 근거규정만 두면 어떠한 법률을 만들어도 괜찮다는 잘못된 인식아래 공무원에 대하여서는 노동3권을 무한정 제한할 수 있도록 하고 그에 대한 위헌시비를 못하게 하기 위한 지극히 권위주의적인 발상에서 나온 것이라고 아니할 수 없다(국가공무원법 66조에 대한 헌법소원 헌재 1992.4.28./90헌바27-변정수의 소수의견).

결국 국민의 정부 수립 후 교원노조의 합법화가 추진되어 1998년 하반기에 교원노조법이 국회에 상정되고 1999년 1월 6일 이 법이 국회를 통과함에 따라 전교조의 합법화가 실현되었는데 교원노조법의 정식 명칭인 '교원의 노동조합 설립 및 운영 등에 관한 법률'(시행 1999. 7. 1, 법률 제5727호, 1999. 1.29, 제정)에서는 이 법의 목적을 '국가공무원법 제66조제1항 및 사립학교법 제55조의 규정에 불구하고 노동조합및노동관계조정법 제5조 단서의 규정에 의하여 교원의 노동조합 설립에 관한 사항을 정하고 교원에 적용할 노동조합및노동관계조정법에 대한 특례를 규정함을 목적으로 한다'고 하여 교사의 단결권, 단체교섭권을 인정하고 있음에 주목할 필요가 있다.

3. 헌법재판소법 제68조 제2항 헌법소원

1) 의의

법률이 헌법에 위반되는지의 여부가 재판의 전제가 되는 경우에 법률의 위헌여부를 심판하는 방법에는 두 가지가 있다. 가장 전형적인 것은 헌법재판소법 제41조 제1항의 규정에 따라 당사자의 신청 또는 법원이 직권으로 위헌법률심판을 제청결정을 하는 것이다. 이 경우 위헌법률심판청구는 법원의 제청결정에 의해서 이루어지는데, 만일 법원이 위헌의 의심이 없다고 하여 위헌제청신청을 기각하는 경우에는 당사자가 직접 헌법재판소에 제소할 수 있다.

그러나 이 경우를 현행 헌법재판소법은 제68조 헌법소원 규정의 제2항에 위치지우고 있어 이를 제68조 제1항의 전형적인 헌법소원(권리소원)과 구별하기 위하여 제68조 제2항 헌법소원이라고 부른다. 제68조 제2항 헌법소원은 본질적으로 위헌법률심판의 성격을 갖는다는 의미에서 위헌소원이라 부르기도 한다. 따라서 제68조 제1항의 헌법소원과 달리 인권침해의 직접성, 현재성 및 자기관련성 유무는 심판청구의 적법성과는 직접적인 관계가 없다.

2) 위헌소원의 요건

헌법재판소법 제68조 제2항 헌법소원을 청구하기 위해서는 당해 법률이 일반 법원에 계속된 구체적 사건에 있어서 위헌여부가 재판의 전제가 되어야 한다. 다만, 이 조항에 따른 헌법소원은 **법원이 위헌의 의심이 없다고 기각한 경우이므로 당해 소송사건이 정지되지 않고 진행되기 때문에 헌법소원심판 결정 선고 전에 당해 소송사건이 확정되어 종료되는 경우가 있으나 이때도 재판의 전제성은 일반 위헌법률심판사건과는 달리 인정된다**는 특색이 있다 .

위헌소원을 청구하기 위해서는 소원의 대상이 법률이어야 한다. 좀 더 소상히 애기하면 형식적 의미의 법률 및 그와 동일한 효력을 가진 조약과 긴급명령 긴급재정경제명령이다. 헌법재판소는 국가유공자예우에 관한 법률시행령(대통령령) 제17조에 대한 위헌소원(헌재 1992.10.31./ 92헌바42), 민사소송규칙(대법원규칙)에 대한 위헌소원(헌재 2001.2.22./ 99헌바87)에 대하여 부적합 각하 결정을 내린바 있다.

위헌소원은 당사자가 위헌심판을 제청하였으나 법원이 이에 대하여 기각결정을 한 때에만 청구할 수 있다. 다만, 예외적으로 법원이 기각결정을 하여야 함에도 불구하고 재판의 전제성이 없다는 이유로 각하결정이라는 재판형식으로 배척한 경우에는 허용된다(헌재 1989.12.18./ 89헌마32).

위헌소원의 청구기간은 위헌법률심판 제청신청이 기각결정을 통지받은 날로부터 30일 이내에 제기하여야 한다.

3) 본 사안의 경우

청구인은 전라북도 교육감을 상대로 해임처분취소소송을 제기하고 해임처분의 법적 근거가 되고 있는 국가공무원법 제66조의 위헌여부에 대한 제청신청을 광주고등법원에 하였다. 그러나 광주고동법원은 위 위헌제청신청을 1990년 9월 3일 기각하였는 바, 제68조 제2항 헌법소원을 청구할 수 있다. 실제로 당해 사건에서 청구인 차 아무개는 1990년 9월 17일 제68조 제2항에 근거하여 헌법소원을 청구하였다.

4. 입법부에 의한 인권보장

1) 사법적 구제절차의 한계[25)]

침해된 인권은 우리가 흔히 알 듯 이른바 '재판정'을 통하지 않으면 구제될 수 없는 것인가? 몇 년에 걸쳐 재판을 하다보면 소잃고 외양간만 고치는 일은 없을까? 복잡하고 정교한 변론과정 때문에 결국 변호사 좋은 일만 하는 것 아닌가 하는 의문이 끊이질 않는다. 특히 인권침해와 관련하여서는 헌법재판소만이 유일한 인권구제기관일 것인가 하는 점이다.

침해된 인권을 구제하는 가장 정형화된 구제방법중의 하나는 사법적 구제방법일 것이다. 사법적 구제방법은 사후적인 것인 경우가 일반적인데, 침해된 인권을 사후적으로 구제하는 대표적인 방법은 민사소송, 형사소송, 행정쟁송, 헌법소송 등의 사법적 구제방법일 것이다. 그리고 헌법재판소를 통한 인권구제는 그 중의 하나일 것이다.

그러나 헌법재판소의 경우 국민의 일상생활과 다소 거리가 있는 소수의 재판전문가가 헌법판단을 하다보니 국민의 일반적 헌법의식과 유리되는 경우도 적지 않다. 예를 들어 교직원노동조합의 단결권을 부정하는 교육공무원법에 대하여 헌법재판소가 합헌결정을 하였음에도 불구하고 국민의 대표기관인 국회에서는 '교원의 노동조합 설립 및 운영 등에 관한 법률'을 만들어서 침해된 단결권을 구제한 경우도 있다.

2) 인권보장기구로서의 입법부

인권보장의 방식을 입법을 하는 입법부를 중심으로 분류하면 크게 두 가지 방식이 있다. 하나는 '입법부에 대한 인권보장'이고 다른 하나는 '입법부에 의한 인권보장'이다. 헌법재판소가 의회가 제정한 법률이 위헌이라고 결정하여 못쓰게 하는 위헌법률심판제도는 입법부에 대한 인권보장의 전형이다. 국민의 대표기관인 의회에서 의회의 다수가 결정한 법률을 무효화하는 제도는 민주주의의 원칙에 반하는 것으로 보이기도 한다. 그럼에도 불구하고 위헌법률심판제도와 같은 것이 헌법에 일반화된 것은 다수결로 채택하는 의회제정법이 경우에 따라서는 오히려 인권을 침해하는 경우가 있었기 때문이다. 특히 제2차 세계대전의 전범국이었던 독일의 경우, 나치가 장악한 의회가 인권침해적인 법률을 양산하였던 것은 유명하다. 우리나라의 경우도 공화당과 유신정우회가 의회의 다수를 차지하고서 인권침해적인 법률을 만들어내었던 것은 기억에도 생생하다.

---

25) 비사법적 구제에 대해서는 이경주, '비사법적구제', 『인권법』, 아카넷, 2006, 205-232쪽 참조.

1980년 헌법의 헌법위원회 하에서 형해화되었던 위헌법률심판기능을 되살리기 위해 1987년 헌법에서 헌법재판소를 두고 법원의 전심권을 없앴던 것은 헌법재판소가 '입법부에 대한 인권보장'기구의 역할을 하기를 기대하였던 측면이 없지 않다. 또 이와 맞물려 일부에서는 헌법재판소가 마치 유일한 인권보장 기구인 것처럼 생각하는 경향도 없지 않다.

그러나 원리적으로 살펴보면 헌법재판소는 민주적 정당성이 부족한 인권침해구제기관이다. 헌법재판소는 국민에 의해 선출되지도 않으며, 9명의 헌법재판관 중 6인의 의사합치가 있으면 국회의원의 과반수가 결정한 법률을 무효화시킨다는 점에서 과두제의 우려 또한 없지 않다.

그러한 점에서 보면 국회가 인권보장기구로서의 제 역할을 다 할 수만 있다면 이보다 더 바람직한 경우는 없을 것이다. 우리 헌법 제37조 제2항에서 일반적 법률유보조항을 두고 있는 것, 다시 말해 인권제한의 형식을 법률에 맡기고 있는 것은 의회가 국민의 대표에 의해 구성되고 이 대표에 의해 결정된 법률이라면 제한에 동의할 수 있다는 원리가 내재되어 있는 것이다.

더구나 한국 사회처럼 오랫동안 국회가 제 기능을 하지 못한 헌정사를 돌이켜보면, 인권보장기구로서의 입법부를 포기할 것은 아니고 오히려 제기능을 할 수 있도록 복원하는 작업도 대단히 중요하다 할 것이다.

3) 본 사례의 경우

본 사례의 경우 교직원노동조합의 단결권을 부정하는 교육공무원법에 대하여 헌법재판소가 합헌결정을 하였음에도 불구하고 국민의 대표기관인 국회에서는 '교원의 노동조합 설립 및 운영 등에 관한 법률'을 만들어서 침해된 단결권을 구제한 것은 '입법부에 의한 인권보장'의 대표적인 사례가 될 것이다.

생각해 보기

↠ 입법부에 의한 인권보장과 입법부에 대한 인권보장의 차이점은?

◈읽어보기

헌정사를 통해 본 노동3권의 역사

1948년 헌법

제17조 모든 국민은 근로의 권리와 의무를 가진다.

제18조 ① 근로자의 단결 단체교섭과 단체행동의 자유는 법률의 범위 내에서 보장된다.

② 영리를 목적으로 하는 사기업에 있어서는 근로자는 법률의 정하는 바에 의하여 이익의 분배에 균점할 권리가 있다.

1962년 헌법

제29조 근로자는 근로조건의 향상을 위하여 자주적인 단결권 단체교섭권 및 단체행동권을 가진다. 공무원인 근로자는 법률로 인정된 자를 제외하고는 단결권 단체교섭권 및 단체행동권을 가질 수 없다.

1972년 헌법

제29조 ① 근로자의 단결권 단체교섭권 및 단체행동권은 법률이 정하는 범위 안에서 보장된다.

② 공무원인 근로자는 법률로 인정된 자를 제외하고는 단결권 단체교섭권 및 단체행동권을 자질 수 없다.

③ 공무원과 국가 지방자치단체 국영기업체 공익사업체 또는 국민경제에 중대한 영향을 미치는 사업체에 종사하는 근로자의 단체행동권은 법률이 정하는 바에 의하여 이를 제한하거나 인정하지 아니할 수 있다.

제27조 ① 모든 국민은 능력에 따라 균등하게 교육을 받을 권리를 가진다.

④ 교육의 자주성과 정치적 중립성은 보장되어야 한다.

⑤ 교육제도와 그 운영에 관한 기본적인 사항은 법률로 정한다.

1980년헌법

제31조 ① 근로자는 근로조건의 향상을 위하여 자주적인 단결권 단체교섭권을 가진다. 다만, 단체행동권의 **행사는 법률이 정하는 바에 의한다.**

② 공무원인 근로자는 법률로 인정된 자를 제외하고는 단결권 단체교섭권 단체행동권을 가질 수 없다.

③ 국가 지방자치단체 국공영기업체 방위산업체 공익사업체 또는 국민경제에 중대한 영향을 미치는 사업체에 종사하는 근로자의 단체행동권은 법률이 정하는 바에 의하여 이를 제한하거나 인정하지 아니할 수 있다.

제29조 ① 모든 국민은 능력에 따라 균등하게 교육을 받을 권리를 가진다.

④ 교육의 자주성·전문성 및 정치적 중립성은 법률이 정하는 바에 의하여 보장된다.

⑥ 학교교육 및 평생교육을 포함한 교육제도와 그 운영, 교육재정 및 **교원의 지위**에 관한 기본적인 사항은 법률로 정한다.

1987년 헌법

제33조 ① 근로자는 근로조건의 향상을 위하여 자주적인 단결권·단체교섭권 및 단체행동권을 가진다.

② 공무원인 근로자는 법률이 정하는 자에 한하여 단결권·단체교섭권 및 단체행동권을 가진다.

③ 법률이 정하는 주요방위산업체에 종사하는 근로자의 단체행동권은 법률이 정하는 바에 의하여 이를 제한하거나 인정하지 아니할 수 있다.

제31조 ① 모든 국민은 능력에 따라 균등하게 교육을 받을 권리를 가진다.

④ 교육의 자주성·전문성·정치적 중립성 및 대학의 자율성은 법률이 정하는 바에 의하여 보장된다.

⑥ 학교교육 및 평생교육을 포함한 교육제도와 그 운영, 교육재정 및 **교원의 지위**에 관한 기본적인 사항은 법률로 정한다.

◈읽어보기

헌 법 소 원 심 판 청 구 서

청 구 인 차

전주시

사 건 : 89구 1297 해임처분등 취소 청구의 소

당 사 자 : 원고 청구인과 같음

피고 전라북도 교육위원회 교육감

위헌으로 해석되어야 할 법률 :

국가공무원법 (법률 제 3917 호) 제 66 조 본문

청 구 이 유

1. 헌법소원심판을 청구하게 된 이유

가. 청구인은 1989.11.8. 전라북도 교육위원회 교육감을 상대로 해임처분등 취소 청구소송을 제기하였다.

나. 그런데, 전라북도 교육위원회 교육감이 청구인에 대하여 해임처분을 한 이유는 청구인이 전국교직원노동조합에 가입하여 국가공무원법 제66조 본문을 위반하였다는 것이다.

다. 따라서, 위 조항은 이 건 해임처분의 법적 근거가 되고 있으므로 위 조항의 위헌 여부는 이 건 해임처분등 취소 청구소송의 전제가 된다.

라. 이에 청구인은 1990.8.16. 위 조항에 대하여 광주고등법원에 [illegible]로 위헌제청신청을 하였음에도, 위 법원담당재판부는 1990.9.3. 위 위헌제청신청을 기각하였다(청구인은 1990.9.4. 위 기각결정문을 송달받았음).

2. 위 조항이 위헌이라고 해석되는 이유

국가공무원법 제66조 제1항 본문은 "공무원은 노동운동,기타 공무이외의 일을 위한 집단적 행위를 하여서는 아니된다"고 규정하여 공무원의 일체의 집단행위를 금지

1

하고 있다. 한편 공무원이 위 조항에 위반할 경우 국가공무원법 제84조에 의해 1년 이하의 징역 또는 100만원 이하의 벌금의 형벌에 처해지고, 또 국가공무원법 제78조 제1항 제1호에 의해 징계사유에 해당한다.

이처럼 공무원의 노동운동 기타 일체의 집단적 행위를 금지하고 있는 국가공무원법 제66조 제1항 본문은 기본권 제한의 일반원칙을 규정하고 있는 헌법 제37조 제2항, 근로자의 자주적 노동3권을 보장하고 있는 헌법 제33조 제1항, 제2항, 언론.출판의 자유와 집회.결사의 자유를 보장하고 있는 헌법 제21조 제1항, 평등권을 보장하고 있는 헌법 제11조 제1항에 위배되어 위헌이다.

가. 위 조항은 '지나치게 막연하고 과도하게 광범위하기 때문에 무효' 이다

헌법 제37조 제2항 전반은 '국민의 모든 자유와 권리는 국가안전보장.질서유지 또는 공공복리를 위하여 필요한 경우에 한하여 법률로써 제한할 수 있으며'라고 규정하고 있다. 우선 기본권의 제한은 '법률'로써만 가능한 바, 그 법률규정은 일반적이고 명확해야한다. 따라서, 기본권 제한규정이 일의적이지 못하고 애매모호하다면 법집행기관에 의해 자의적으로 적용되어 기본권 보장이 유명무실하게 될 우려가 있어 "애매하므로 무효"이다.

이와같은 명확성의 원칙은 공무원의 형사처벌사유 및 징계사유에 대해서는 더욱 엄격히 요구된다 할 것이다. 그런데, 국가공무원법 제66조 제1항 본문의 '노동운동' 이나 '집단적 행위'라는 규정은 특정한 행위유형을 구체화한 것으로 보기 어렵다.

다음으로 기본권 제한은 "필요한 경우에 한하여" 가능한데, 이는 다른 방법으로 달성할 수 없는 불가피성이 있는 경우에 그 제한이 필요최소한에 그쳐야 한다는 것을 의미한다. 즉, 보충성의 원칙과 비례의 원칙이 관철되어야 한다. 따라서, 기본권 제한 규정이 지나치게 광범위하여 헌법상 보호되는 활동까지 포함하고 있다면, 이는 헌법상 보호되는 행위를 위축시키는 냉각효과를 초래하므로 '광범위하기 때문에 무효'이다. 그런데, 위 조항의 '노동운동', '집단적 행위'라는 규정은 목적여하를 불문하고 공무원의 일체의 집단행위를 금지하여 합헌적 행위조차 금지대상에 포함되어 '과도하게 광범위하여 무효'이다. 예컨데, 공무원이 동창회를 결성하는 것도 위 '집단적 행위'에 포함되고, 또 체육대회를 개최하는 것도 위 '집단적 행위'에 포함되어 금지되는 결과를 초래한다. 또, 집단적인 청원권의 행사도 위 '집단적 행위'에 해당하게 되어 헌법상 보장된 청원권의 행사를 위축시키는 결과를 초래한다.

나. 위 조항은 공무원의 자주적인 노동3권 및 언론.출판의 자유와 집회.결사의 자유의 본질적인 내용을 침해하여 위헌이다.

헌법 제37조 제2항 후반은 "제한하는 경우에도 자유와 권리의 본질적인 내용을 침

해할 수 없다"고 규정하고 있는 바, 여기에서 '본질적인 내용의 침해'란 당해 기본권의 핵이 되는 실체를 제한함으로써 그 기본권이 유명무실하게 되어버릴 정도의 침해를 의미한다. 무엇이 거기에 해당되는가는 개별 기본권의 역사적 성격과 본질에 따라 구체적으로 검토되어야 하며, 그러나 어느 경우에도 공통되는 것은 적어도 어느 기본권에 대한 '제한'을 넘어서 '금지(박탈)'에 이르는 규제는 본질적인 내용의 침해가 된다.

1) 위 조항은 공무원의 노동운동을 전면금지함으로써 자주적인 노동3권의 본질적인 내용을 침해하고 있다. 현행 헌법 제33조 제1항은 "근로자는 근무조건의 향상을 위하여 자주적인 단결권, 단체교섭권 및 단체행동권을 가진다"고 규정하여 구헌법과 달리 노동3권을 개별적 법률유보 없이 자주적인 권리로 보장하고 있다. 한편, 현행헌법은 근로자의 노동3권을 제한할 수 있는 경우로서 제33조 제2항에서 "공무원인 근로자는 법률이 정하는 자에 한하여 단결권, 단체교섭권 및 단체행동권을 가진다"고 규정하고, 같은 조 제3항에서 "법률이 정하는 주요 방위산업체에 종사하는 근로자의 단체행동권은 법률이 정하는 바에 의하여 이를 제한하거나 인정하지 않을 수 있다"고 규정하고 있다. 이러한 현행헌법은 구헌법과 비교하여 공무원에 대한 규제가능성 조항의 표현을 공무원의 노동3권 보장을 원칙적으로 긍정하는 방향에서 규정하였고, 또 단체행동권의 전면금지의 규제가능 대상에서 공무원, 국공기업체, 공익사업체 기타 국민경제에 중대한 영향을 미치는 사업체에 종사하는 근로자를 모두 삭제함으로써 기본권을 강화하였다.

헌법 제33조 제2항은 기본권의 헌법적 한계의 하나로 공무원이라는 신분관계에 있는 근로자는 일반근로자와 달리 취급받을 수 있는 경우가 있음을 예정하고, 입법권자의 재량의 여지를 줄이기 위해 헌법 제정권자가 스스로 노동3권의 주체에서 공무원 신분자에 한하여 불가피한 경우 일정한 범위의 공무원을 제외할 수 있음을 헌법에 명시한데 지나지 않는다. 따라서, 노동3권의 보장과 그 제한의 한계의 일반조항은 어디까지나 헌법 제33조 제1항과 제37조 제2항이며, 공무원인 근로자도 위 조항의 적용을 전제로 하면서 헌법 제37조 제2항은 노동3권에 대한 최대한 보장과 예외적 제한이리라는 헌법원리에 따라 가능한 한 노동3권을 향유하는 공무원의 범위를 넓게 규정하지 않으면 안된다. 즉, 헌법제정권자는 법률로써 어느정도의 범위의 공무원에게 노동3권을 인정할 것인가의 완전한 자유재량을 입법권자에게 수권한 것이 아니라, 헌법 제37조 제2항이 정하고 있는 국가안전보장, 질서유지 등의 목적상의 요건이 구비되고 그 목적을 위한 불가피한 범위내라면 예외적으로 일부 공무원에 대해서는 본질적인 내용의 침해가 되는 노동3권의 배제까지를 법률로써 정할 수 있다는 것이 헌법 제33조 제2항의 올바른 해석이다.

3

공무원의 노동3권 제한의 헌법논리적 근거로서 여러가지 학설이 제시되고 있으나, 이는 외국의 경우 쟁의권 제한을 둘러싸고 전개된 것으로서 단결권 자체를 제한하는 예는 거의 없을 뿐만 아니라 그 어느것이나 공무원의 노동3권을 박탈하는 데 충분한 법리성과 타당성을 갖추고 있지 못하다. 공무원의 노동3권을 특별히 규제할 수 있는 경우에도 그것은 공무원 신분 자체에서 기인하는 논리필연적인 것이 아니라 직무성질상의 특수성에 기인하고, 그러한 공무원의 직무의 공공성은 각 공무원의 직무의 태양 및 내용에 따라 차이가 많으므로 일률적으로 규제하는 것은 부당하며 구체적으로 각 직무의 성질을 검토하여 필요최소한도에 그치는 '예외적 제한'만이 정당화될 수 있을 것이다. 오늘날 일반적으로 노동3권의 예외적 취급이 가능한 공무원으로 인식되고 있는 것은 고도의 공공성과 독점성 및 긴급성을 갖는 공안직 공무원뿐이다. 그런데도, 국가공무원법 제66조 제1항 본문은 공무원의 구체적인 직무의 공공성의 정도, 독점성, 긴급성의 정도에 관계없이 모든 공무원의 노동3권을 전면금지하고 있으므로 위헌이라 할 것이다. 특히, 노동3권중에서도 가장 본질적인 내용은 단결권이라 할 수 있는데, 각 공무원의 직무의 특수성을 전혀 고려하지 아니한 채 모든 공무원의 단결권마저 박탈하고 있는 위 조항은 공무원의 노동3권의 본질적인 내용을 침해한 것이라 아니할 수 없다.

2) 위 조항은 공무원의 일체의 집단적 행위를 금지함으로써 언론.출판의 자유와 집회.결사의 자유의 본질적인 내용을 침해하고 있다.

언론.출판의 자유는 인간의 존엄성에 필요한 개성신장의 수단으로서, 사회통합을 위한 여론형성 촉진수단으로서, 또 민주적 통치질서의 전제조건으로서의 의의와 기능을 가진다. 언론.출판의 자유의 가장 주된 내용은 의사표현의 자유인 바, 의사표현의 형식에는 아무런 제한이 없고 개인적으로뿐만 아니라 집단적으로도 의사를 표현할 수 있다. 한편 위와 같은 언론.출판의 자유에 대한 제한은 민주적인 헌법질서의 중추신경을 다치게 할 위험성이 있으므로 극히 필요한 최소한도에 그쳐야 한다. 즉, '명백하고 현존하는 위험'을 피하기 위하여 필요불가피한 최소한의 제한만이 허용된다 할 것이다. 그런데, 국가공무원법 제66조 제1항 본문은 공무원의 일체의 집단적 행위를 금지함으로써 공무원의 집단적 의사표현의 자유를 전면적으로 박탈하고 있다.

집회.결사의 자유는 타인과의 접촉을 통해서 개성을 신장시키고 의사를 형성하며 집단적인 의사표현을 하고 집단적인 형태로 공동의 이익을 추구함으로써 민주정치의 실현과 동화적 통합에 기여하는 기본권이다. 집회.결사의 자유는 넓은 의미에 있어서의 표현의 자유에 포함되며 언론의 자유를 보완해주는 기능을 갖는다.

따라서, 집회.결사의 자유에 대한 제한 역시 명백하고 현존하는 위험의 원칙이 그대로 적용된다. 공무원이 집회를 개최하거나 결사를 조직한다는 사실만으로 명백하고

4

현존하는 위험이 초래한다고 볼 여지는 전혀 없다. 그런데도, 국가공무원의 집단적 행위를 일률적으로 규제함으로써 공무원의 집회.결사의 자유를 전면 박탈하고 있다.

라. 위 조항은 공무원에 대하여 오로지 공무원이라는 이유로 일반근로자 및 일반 국민과 차별하여 노동3권을 박탈하고, 언론.출판의 자유와 집회.결사의 자유를 전면 금지하고 있어 헌법 제11조 제1항의 평등의 원칙에도 어긋난다. 단순히 공무원이라는 이유만으로는 차별대우의 정당한 이유가 될 수 없다. 각 공무원의 직무의 공공성의 정도는 각 공무원에 따라 다르므로, 그에 따라 차별적으로 취급되어야 함에도 불구하고 단순히 공무원이라는 하나의 신분상의 공통점 때문에 동일하게 취급한다는 것이야말로 바로 평등의 원칙에 어긋나는 것이다.

3. 결 론

따라서, 청구인은 국가공무원법 제65조 제1항 본문에 대한 위헌심판을 구하고자 이 건 청구에 이른 것이다.

1990. 9. 17.

위 청구인 원고 차

헌법재판소 귀중

❖ 참고문헌

이광택, 교원노조법의 제정과 교원의 노동기본권, 국민대 법학논총 12집, 2000년.
이철수 외, 공무원 노사관계의 합리적 운용을 위한 제도개선방안, 한국노동연구원, 2008년.

제 4 절 국가인권위원회에 의한 구제

I. 사례

피해자 한○○은 2007. 7. 20. ○○ 농성장에서 ○○경찰서로 연행되어 경제팀에서 수갑을 차지 않은 상태에서 1차 조사를 받은 후 유치장에 입감되었는데, 다음날 13:00경 2차 조사를 받을 때에는 1차 조사와는 달리 수갑을 찬 상태여서, **피해자가 조사 직전 피진정인에게 수갑을 풀어달라고 요구하였으나 "규정이라 어쩔 수 없다, 포승줄까지 하지 않은 것이 다행인줄 알아라"며 2시간여 동안 수갑을 채운 상태로 조사를 강행하였다.**

이를 전해 들은 김○○은 피해자 한○○을 대신하여, 부당한 계구사용에 의해 인권을 침해받았다고 하여 국가인권위원회에 진정을 신청하였다.

참조 : 부당한 계구사용에 의한 인권침해 (인권위 2007. 10. 26./ 07진인3169)

[공부거리]

신체의 자유
국가인권위원회의 권한과 기능

[참조조문]

헌법 제12조 ① 모든 국민은 신체의 자유를 가진다. 누구든지 법률에 의하지 아니하고는 체포·구속·압수·수색 또는 심문을 받지 아니하며, 법률과 적법한 절차에 의하지 아니하고는 처벌·보안처분 또는 강제노역을 받지 아니한다.

경찰관집무집행법 제10조의2(경찰장구의 사용) ① 경찰관은 현행범인인 경우와 사형·무기 또는 장기 3년 이상의 징역이나 금고에 해당하는 죄를 범한 범인의 체포·도주의 방지, 자기 또는 타인의 생명·신체에 대한 방호, 공무집행에 대한 항거의 억제를 위하여 필요하다고 인정되는 상당한 이유가 있을 때에는 그 사태를 합리적으로 판단하여 필요한 한도내에서 경찰장구를 사용할 수 있다.

② 제1항의 "경찰장구"라 함은 경찰관이 휴대하여 범인검거와 범죄진압 등 직무수행에 사용하는 수갑·포승·경찰봉·방패 등을 말한다.

(안면보호구)

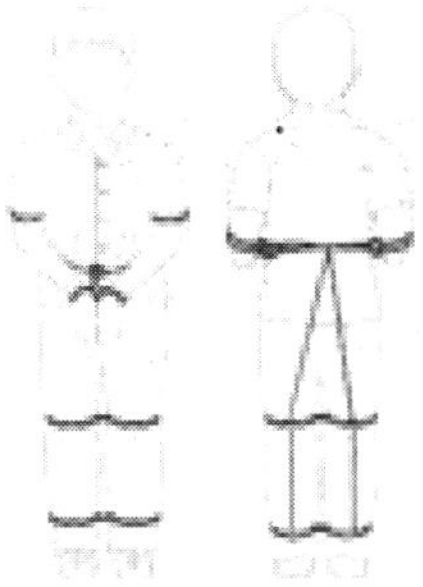

(양수승) (하지승)

[참조판례]

계호근무준칙 제298조 등 위헌확인 (헌재 2005. 5. 26./ 2004헌마49)

1. 당사자의 주장

1) 진정인의 주장

(1) 위 사건개요와 같다.

2) 해당 경찰관의 주장

(1) 1차조사후 다음날인 7. 21. ○○지방경찰청 ○○반에서 노조간부 등 직책이 있는 자들에 대해서는 구속영장을 신청하라는 지시가 있었는 바, 연행자중 피해자는 ○○○○산하 ○○ 지부장으로 구속영장 신청예정자에 해당하여 가담경위 및 역할에 대해 추가 조사를 하게 되었다.

(2) 조사 중 피해자가 "내가 살인을 한 살인범이나, 강도범이 아닌데도 수갑을 채우고 조사를 하는 이유가 무엇이냐"고 항의하여, 피해자에게 "업무방해 현행범으로 체포된 상태이고, 도주 및 자해방지를 위해 수갑을 채우고 조사를 하는 것이며, 살인·강도범의 경우에는 수갑이외에 포승줄에 묶여 조사를 받을 수 있다"며 경찰장구 사용에 대해 설명해 주었을 뿐이다.

(3) 당시 피해자는 구속영장 신청예정자로 분류되어 사안이 중하다고 판단하였고, 피해자가 언제 도주 및 자해를 할지 모른다는 판단으로 수갑을 채운 채 조사를 한 것이다.

2. 국가인권위원회의 판단

1) 피의자 조사 시 수갑사용과 관련하여서, 「경찰관직무집행법」 제10조의2 제1항 내지 제2항에는 경찰관은 장기 3년 이상의 징역이나 금고에 해당하는 죄를 범한 범인의 체포·도주의 방지, 자기 또는 타인의 생명·신체에 대한 방호, 공무집행에 대한 항거의 억제를 위하여 필요하다고 인정되는 상당한 이유가 있을 때에는 그 사태를 합리적으로 판단하여 필요한 한도 내에서 수갑 등을 사용하도록 규정하고 있는 점을 고려할 때, 피의자 조사 시 수갑을 사용함에 있어서는 필요 최소한도내에 그쳐야 할 것이다.

2) 헌법재판소 결정(2004헌마49)은, "피의자신문을 하는 절차에서는 피의자가 신체적으로나 심리적으로 위축되지 않은 상태에서 자기의 방어권을 충분히 행사할 수 있어야 하므로 수갑 등을 사용하지 말아야 하는 것이 원칙이고, 다만 도주·폭행·소요·자해 등의 위험이 분명하고 구체적으로 드러날 경우에만 예외적으로 수갑 등을 사용하여야 한다"고 판시함으로서 구체적 위험의 존재를 수갑사용의 요건으로 해석하고 있다.

3) 1차 조사 시 피해자를 포함하여 연행자 모두에게 수갑을 채우지 않은 상태로 피의자조사를 한 사실이 있고, 이후 2차 피의자조사를 하기까지 피해자에게 도주할 우려가 있거나 자기 또는 타인의 신체·생명을 침해할 우려가 있거나 공무집행에 대해 항거하거나 항거할 우려가 있거나 그 외 수갑을 채우지 아니하면 피의자신문이 곤란하고 원활하게 조사를 할 수 없을 정도의 사정이 있었다고 보기 어렵다.

4) 그럼에도 피진정인이 피해자에게 수갑을 채울만한 구체적인 위험이 없는 상황에서 피해자가 노조간부이고 구속영장 신청예정자에 해당된다는 이유로 수갑을 채운 채로 피의자신문절차를 진행한 것은 「헌법」 제12조에 규정된 적법절차의 원칙을 위반하여 피해자의 신체의 자유를 침해한 것으로 판단된다.

5) 위와 같이 피해자의 인권이 침해된 것으로 판단되므로, 「국가인권위원회법」 제44조 제1항 제1호의 규정에 따라 피진정인 소속기관의 장인 ○○경찰서장에게 동일 또는 유사한 인권침해행위의 재발을 방지하기 위하여 ○○경찰서장에게, 피진정인에 대해 주의조치할 것을 권고한다.

Ⅱ. 해설

1. 신체의 자유

1) 신체자유의 의의

신체의 자유란 법률과 적법절차에 의하지 않고서는 국가권력 등으로부터 신체의 자율성을 제한당하지 않는 자유를 말한다. 신체의 자유를 보장하기 위하여 우리 헌법은 신체의 자유보장과 관련된 일련의 법원칙을 선언하고 있다. 이를 실체적 보장이라고 하는데 이를 위한 원칙에는 죄형법정주의, 일사부재리의 원칙 등을 들 수 있다. 또한 우리 헌법은 신체의 자유를 보장하기 위하여 일정한 형사절차나 형사제도를 규정하고 있다. 적법절차의 원칙, 영장주의, 체포구속적부심사 제도 등이 그것이다.

2) 신체의 자유의 내용

신체의 자유를 보장하기 위하여 우선 요청되는 것은 불법적인 체포 또는 구속을 당하지 아니하는 것이다. 헌법 제12조 제1항은 법률에 의하지 아니하고는 체포나 구속을 하지 못하도록 하고 있다. 또한 같은 항에서는 불법적인 압수수색으로부터의 자유, 불법적인 심문으로부터의 자유, 불법적인 처벌로부터의 자유도 규정하고 있다. 나아가 헌법 제12조 제1항 제2문 후단에서는 불법적인 보안처분으로부터의 자유도 규정하고 있다. 보안처분이란 죄를 범한 자 또는 사회적으로 위험한 행위를 할 우려가 있는 자들을 사회로부터 격리하여 그 위험성을 교정하기 위한 범죄예방처분을 말한다. 또한 판결을 통한 징역형이나 노역장 유치 등과 같이 정당하게 부과하는 노역을 제외하고는 본인의 의사에 반하는 불법한 강제노력을 강요할 수 없다.

3) 신체의 자유의 한계와 제한

신체의 자유는 모든 자유의 기초가 되는 것이므로 헌법은 일련의 실체법적 규정과 절차법적 규정을 두어 그 보장을 강화하고 있다. 그러나 신체의 자유도 타인의 권리를 침해하거나 질서유지를 위한 헌법적 목적을 위하여 필요한 경우에 제한될 수 있을 것이다. 다만, 이러한 경우에도 법률로써 제한할 수 있으며, 제한하는 경우에도 신체의 자유의 본질적 내용을 침해해서는 아니될 뿐만 아니라 필요한 경우를 넘어서는 과잉된 제한은 금지된다.

4) 본 사안의 경우

행형법 제14조에서는 계구의 사용요건과 종류 등을 규정하고 있고 행형법시행령은 이를 더 구체화하고 있다. 위 제14조 제1항은 계구를 사용할 수 있는 사유에 관하여 "수용자의 도주·폭행·소요 또는 자살의 방지 기타 교도소 등의 안전과 질서유지를 위하여 필요한 경우"라고 하고 있다. 그리고 교정공무원에게는 신체적인 유형력 행사, 교도봉·가스분사기·최루탄 등의 보안장비나 무기를 사용한 강제력 행사 등의 권한을 포함하는 계호권이 주어지는데 이러한 계호권에는 포승, 수갑 등의 계구를 사용할 권한도 들어 있다(행형법 제3장 및 같은 장 제14조 참조).

이와 같이 계구는 계호의 필요에 의해 사용할 수 있지만 그 사용이 불가피한 경우에도 꼭 필요한 경우에만 사용할 수 있을 뿐, 일단 구금된 자라는 이유만으로 계구사용이 당연히 허용되는 것은 물론 아니다. 포승, 수갑 등을 사용한 신체의 결박은 자연스러운 거동을 불가능하게 하거나 매우 불편하게 만들 뿐 아니라 종종 심리적 위축까지 수반하며 장시간 계속될 경우 심신에 고통을 주거나 나아가 건강에 악영향을 끼치고 사용하는 방법에 따라서는 인간으로서의 품위에까지 손상을 줄 수도 있다. 그러므로 계구를 사용한 신체의 자유의 추가적 제한 또한 헌법 제37조 제2항에 따른 기본권 제한의 한계를 지켜야 하고 목적의 정당성, 방법의 적정성, 피해의 최소성 및 법익의 균형성을 갖춤으로써 과잉금지의 원칙에 반하지 않아야 한다.

계구사용행위위헌확인(헌재 2003.12.18./ 2001헌마163)에서 우리 재판소는 수용자에 대한 계구사용은 도주, 가해, 자살 등을 막기 위해 사용할 수 있으나 분명하고 구체적인 위험이 있는 상태에서 이를 제거하기 위해 필요한 만큼만 사용되어야 한다고 판시한 바 있다.

그러나 본 사안의 경우 '도주, 폭행, 소요 또는 자살의 방지 기타 교도소 등의 안전과 질서유지를 위하여 필요한 경우'인지를 불문하고 검사조사실에서 항상 계구를 사용하도록 규정한 이 사건 준칙조항은 상위법인 행형법에 위배될 뿐 아니라 헌법에도 위배된다.

2. 국가인권위원회[26)]

1) 개관

유엔은 1960년대 국제인권법의 국내적 실현을 위한 국가별 특별 인권기구의 설치를 적극 권장한 바 있다. 그러다가 1993년 12월, UN총회에서 국가인권기구 설립에 관한 보편적 기본준칙(이른바 파리원칙)을 의결함으로써 국내에서의 실현을 위한 논의가 탄력을 받게 되었다. 이어 김대중 정권하에서 100대 국정과제 중 하나로 추진되었고, 시민사회단체에서는 '인권법제정 및 국가인권기구설치 민간단체 공동추진위원회'를 결성하여 3년간의 우여곡절 끝에 2001년 5월 국가인권위원회법이 제정・공포되었으며 2001년 11월 25일 출범하여 현재에 이르고 있다.

2) 구성 및 권한

인권침해행위의 조사 및 구제를 목적으로 한 국가인권위원회는 모두 11인의 위원을 두고 있다. 상임위원장 1인, 상임위원 3인, 비상임위헌 7인의 체제이며, 이 중 국회는 상임위원 2인을 포함하여 4인의 위원을 선출할 수 있으며, 대통령이 4인을 대법원장이 3인을 지명할 수 있다.

비슷한 기능을 하는 국민권익위원회가 일반적인 행정행위 전반을 통한 민원구제를 다루는 일반 옴부즈만이라면 국가인권위원회는 인권침해행위에 의한 조사 및 구제를 목적으로 설립된 특화된 옴부즈만이다. 또한 국가권익위원회는 행정부인 대통령에 직속되어 있는 데 반해 국가인권위원회는 입법, 사법, 행정으로부터 독립된 전문 옴부즈만이다.

국가인권위원회는 인권침해행위의 조사 및 구제, 차별행위의 조사 및 구제, 인권 관련 법령 및 제도 등에 대한 권고 및 의견표명, 조정 및 구제조치, 권고 및 고발 또는 수사의뢰, 법령 또는 제도개선 권고 등을 기능으로 하고 있다.

3) 진정대상 및 절차

인권침해를 당한 경우 당사자는 국가인권위회의 규칙에 따라 진정을 제기할 수 있다. 진정의 대표적인 내용은 국가기관, 지방자치단체 또는 구금보호시설의 업무수행과 관련하여 헌법에서 규정한 자유권(제10조, 제12조 내지 제22조)을 침해한 경우이다. 그리고 제11조

26) 이경주, '비사법적구제', 『인권법』, 아카넷, 2006, 214-218쪽.

에서 규정하고 있는 평등권 침해에 대해서도 진정을 제기할 수 있다.

그렇다고 국가기관에 의한 인권침해만 다루는 것은 아니다. 법인, 단체 또는 사인에 의한 평등권 침해의 차별행위, 즉 합리적인 이유 없이 성별, 종교, 장애, 나이, 사회적 신분, 출신 지역, 출신 국가, 출신 민족, 용모 등 신체 조건, 기혼 · 미혼 · 별거 · 이혼 · 사별 · 재혼 · 사실혼 등 혼인 여부, 임신 또는 출산, 가족 형태 또는 가족 상황, 인종, 피부색, 사상 또는 정치적 의견, 형의 효력이 실효된 전과, 성적 지향, 학력, 병력 등을 이유로 한 차별행위도 진정의 대상이 된다.

국가인권위원회에 접수된 진정은 인권상담센터를 통해 접수 · 분류되며, 진정서 등을 바탕으로 예비조사를 벌여 국가인권위원회법 제32조 각호에 해당하지 아니하거나 해당여부에 관한 조사가 필요하다고 판단될 경우 각 조사본부로 옮겨진다. 긴급한 사안이라고 판단될 때는 국가인권위원회법 제48조에 정한 긴급구제조치를 취할 수 있다.

각 조사본부에 이송된 진정사건은 담당 조사관이 조사를 진행한다. 우선 진정인 · 피해자 · 피진정인 또는 관계인에 대하여 진술서 및 자료제출을 요구하고, 필요할 경우 조사사항과 관련이 있는 장소 · 시설 · 자료 등에 대한 실지조사를 실시하며, 행위당사자의 진술서만으로는 사안을 판단하기 어렵거나 인권침해 · 차별행위가 있었다고 볼만한 상당한 이유가 있는 경우 피진정인에 대하여 출석조사를 할 수 있다. 이때 정당한 이유없이 조사를 거부할 경우 과태료를 부과할 수 있다. 조사가 끝나면, 조사관은 조사결과보고서를 작성하여 해당 소위원회의 심의 · 의결과정을 거치게 된다.

이후 당사자의 신청 또는 직권에 의해 진정사건을 조정위원회에 회부할 수 있다. 조정위원회는 당사자 또는 관계인의 진술청취 등을 통해 당사자들의 합의가 이루어질 수 있도록 노력하며, 합의가 이루어지지 않는 경우 조정에 갈음하는 결정을 하거나 조정위원회 회부 직전의 조사 또는 심의 절차로 돌아가 진정사건처리를 진행한다. 그리고 위원회(전원위원회, 상임위원회, 소위원회)는 진정사건에 대한 조사 내용을 심의하여 권고, 기각, 각하, 합의권고, 이송 등의 결정을 내릴 수 있다.

3. 계호근무준칙의 개정

본 사례와 관련된 헌법소원 사건인 계호근무준칙 제298조 등 위헌확인(헌재 2005.5.26/2004헌마49)에서 헌재가 "계호근무준칙(2000. 3. 29. 법무부훈령 제422호로 개정된 것) 제298조 제1호 · 제2호는 헌법에 위반된다. 2003. 10. 24.경부터 같은 해 2003. 11. 6.까지 사이에 수회에 걸쳐 청구인이 서울지방검찰청 검사조사실에서 피의자신문을 받는 동안 수갑과 포승으로 계속 청구인의 신체를 결박해 둔 피청구인 산하 교도관의 행위는 청구인의 신체의 자유를 침해한 것으로서 위헌임을 확인한다."고 결정한 이후 다음과 같이 계호 근무준칙의 개정이 있었다.

계호근무준칙 개정(2005년 6월 2일)

1. 개정이유

검사조사실에서의 계구사용에 대한 인권침해·위헌 논란이 제기되고, 수용자규율및징벌에관한규칙 및 계구의규격과사용방법등에관한규칙이 개정됨에 따라 관련규정을 현실에 맞게 정비함으로써 수용자 인권신장 및 보안근무의 효율성을 제고하고자 함

2. 주요골자

가. 특정강력범·마약류사범 등으로서 도주·폭행·소요의 우려가 있는 자를 제외하고는 **검사조사실에서의 계구사용을 원칙적으로 금지하도록 함**(안 제276조제2항)

나. 검사조사실에서 근무자가 담당검사로부터 퇴실을 요청받은 경우 출정감독자에게 보고하고 그 지시에 따르도록 함(안 제276조제4항)

다. 수용자의 출정호송시 중증장애인·중증환자 등의 경우 계구사용을 하지 않거나 완화하여 사용할 수 있도록 함(안 제269조제4호)

라. 수용시설 내에서 도주·자해·폭행 등의 전력이 있는 수용자로서 교정사고의 우려가 현저한 자는 동행 시 계구를 사용하도록 함(안 제14조제4항)

마. 계구사용시 유의사항은 개정 계구의규격및사용방법등에관한규칙에, 조사기간의 징벌기간 산입은 개정 수용자규율및징벌에관한규칙에 규정하고 있으므로 삭제

바. 목욕시간을 현행 20분 이내에서 자체실정에 맞게 조정할 수 있도록 하고, 특히 장애인이나 거동이 불편한 수용자에게는 적절한 배려를 하도록 함(안 제248조)

사. 무죄, 벌금, 집행유예 또는 선고유예 등의 판결을 선고받은 수용자의 즉시석방제도가 시행됨에 따라 즉시석방시 유의사항을 신설함(안 제280조)

아. 노역수용자 입소시 건강상태 확인 등 신상조사에 관하여 필수적으로 확인할 사항을 신설함(안 제62조제2항)

자. 음주가 의심되는 신입자에 대하여는 알콜농도를 측정하고, 인계자로부터 확인서를 받도록 함(안 제62조제3항)

차. 총기사용의 요건 및 절차를 구체화하고, 사용시 유의사항을 신설하여 총기사용으로 인한 신체의 피해가 최소화 될 수 있도록 함(안 제34조)

카. 거실검사의 횟수를 종전 주1회에서 기관 실정에 맞게 자체계획을 수립하여 실시할 수 있도록 함(안 제81조)

타. 수용자 집회, 외부병원 및 중번순찰 시 계호근무에 관한 규정을 신설 함(안 제266조 및 제267조, 안 제294조 내지 제296조, 제307조 내지 제309조)

생각해 보기

- 헌법재판소의 결정을 국가기관이 지키지 않을 때 강제할 수 있는가.

계호근무준칙 제298조 등 위헌확인

(2005. 5. 26. 2004헌마49 전원재판부)

[당 사 자]

청 구 인 송○율 (법무법인 한결)

피청구인 서울구치소장

[주 문]

1. 계호근무준칙(2000. 3. 29. 법무부훈령 제422호로 개정된 것) 제298조 제1호·제2호는 헌법에 위반된다.

2. 2003. 10. 24.경부터 같은 해 11. 6.까지 사이에 수회에 걸쳐 청구인이 서울지방검찰청 검사조사실에서 피의자신문을 받는 동안 수갑과 포승으로 계속 청구인의 신체를 결박해 둔 피청구인 산하 교도관의 행위는 청구인의 신체의 자유를 침해한 것으로서 위헌임을 확인한다.

[이 유]

1. 사건의 개요와 심판의 대상

가. 사건의 개요

(1) 청구인은 독일 거주 사회학자로서 국가보안법 위반 등의 혐의로 체포영장이 발부된 상태에서 입국한 다음 수사를 받다가 구속되어 2003. 10. 22.경 서울구치소에 수용되었다.

(2) 청구인은 2003. 10. 24.경부터 같은 해 11. 6.까지 사이에 수회에 걸쳐 서울지방검찰청 검사조사실에서 피의자신문을 받았는데 그 대부분의 시간 포승과 수갑으로 신체가 결박된 채 신문을 받았다.

(3) 청구인은 2004. 1. 16. 위와 같은 계구사용으로 인해 신체의 자유, 인간으로서의 존엄과 가치 등 기본권이 침해되었다고 하여 피청구인의 위 계구사용행위 및 계호근무준칙 제298조의 각 위헌확인을 구하는 이 헌법소원심판청구를 하였다.

나. 심판의 대상

심판대상은 다음 두 가지이다.

① 2003. 10. 24.경부터 같은 해 11. 6.까지 사이에 수회에 걸쳐 청구인이 서울지방검찰청 검사조사실에서 조사를 받는 동안 수갑과 포승으로 계속 청구인의 신체를 결박해 둔 피청구인 산하 교도관의 행위(이하 '이 사건 계구사용행위'라고 한다)의 위헌 여부

② 계호근무준칙(2000. 3. 29. 법무부훈령 제422호로 개정된 것) 제298조 제1호・제2호(이하 '이 사건 준칙조항'이라고 한다)의 위헌 여부

청구인은 "제298조"를 심판대상으로 표시하였으나 그 구체적 주장을 보면 검사조사실에서 계구를 사용하는 것을 원칙으로 하는 같은 조 제1호・제2호가 위헌이라는 내용일 뿐 그 전체가 위헌이라는 취지는 아니므로 위와 같이 그 중 제1호 및 제2호만을 심판대상으로 한다. 이 사건 준칙조항 및 관련조항의 내용은 다음과 같다.

계호근무준칙 제298조(검사조사실 근무자 유의사항) 검사조사실 계호근무자는 다음 사항에 유의하여야 한다.

1. 계구를 사용한 채 조사실 안에서 근접계호를 하여야 한다.
2. 검사로부터 조사상 필요에 따라 계호근무자의 퇴실 또는 계구의 해제를 요청받았을 때에는 이를 거절하여야 한다. 다만, 상관으로부터 지시를 받았을 때에는 예외로 한다.
3. 제2호 단서규정에 의하여 계구를 사용하지 않거나 계호근무자가 조사실 밖에서 근무하게 될 경우에는 창문을 닫고 출입문에 접근하여 만약의 사태에 대비하는 자세로 근무에 임하여야 한다.
4. 조사 중 수용자에게 금지된 담배, 술 등을 제공하려 할 때에는 이를 제지하여야 한다. 다만, 식사의 제공은 감독자의 지시를 받아 허가할 수 있다.
5. 권총, 교도봉, 가스총 등 보안장비를 휴대하여야 한다.

행형법 제14조(계구) ① 교도관은 수용자의 도주・폭행・소요 또는 자살의 방지 기타 교도소등의 안전과 질서유지를 위하여 필요한 경우에는 계구를 사용할 수 있다.

② 계구의 종류는 다음과 같다.

1. 포승
2. 수갑
3. 사슬
4. 안면 보호구

③ 계구는 징벌의 수단으로 사용하여서는 아니된다.

④ 계구의 종류별 사용요건 및 사용절차에 관한 사항은 대통령령으로 정하되, 계구의 모양・규격 및 사용방법 등에 관한 사항은 법무부장관이 정한다.

행형법시행령 제45조(계구의 사용) 계구는 당해 소장의 명령 없이 사용하지 못한다. 다만, 긴급을 요하는 때에는 사용 후 즉시 소장에게 보고하여야 한다.

제46조(계구의 종류별 사용요건 등) ① 포승과 수갑은 소요・폭행・도주 또는 자살의 우려가

있는 자와 호송중의 수용자에게, 안면보호구는 제지에 불응하고 고성을 발하거나 자해의 우려가 있는 수용자에게 각각 사용한다.

계구의제식과사용절차에관한규칙 제4조(계구의 사용요건) ① 소장은 다음 각 호의 1에 해당하는 사유가 있을 때에는 수용자에게 계구를 사용할 수 있다.

1. 이송 및 출정을 위한 호송 기타 교정시설 이외의 장소에서 수용자를 호송할 때
2. 도주·자살·자해·폭동 등의 예방을 위하여 필요한 때

2. 청구인의 주장 및 관계기관의 의견

가. 청구인의 주장

(1) 청구인은 검찰청 조사실에서 조사를 받는 기간동안 보통 1일 4시간 이상 조사를 받았는데 그 동안 계속 수갑과 포승에 묶인 채 불편한 의자에 앉아 있어야 했으므로 심신의 건강이 악화되었고 수치심, 당혹감을 느꼈으며 심리적으로 위축되어 방어권 행사에도 지장을 받았다. 청구인은 조사를 받을 것을 각오하고 귀국하여 소환조사에 계속 협조하였으므로 도주우려가 없었을 뿐 아니라 조사실과 복도에 설치된 문을 잠그고 교도관이 출입문에서 지키는 방법만으로도 도주를 막기에 충분하였다. 그럼에도 불구하고 조사를 받는 동안 미결수용자인 청구인에게 계속 수갑, 포승을 사용하여 과도하게 신체를 구속한 이 사건 계구사용행위는 인간의 존엄과 가치, 신체의 자유를 침해한 것이고 무죄추정원칙에도 위배된다.

(2) '도주, 폭행, 소요 또는 자살의 방지 기타 교도소 등의 안전과 질서유지를 위하여 필요한 경우'인지를 불문하고 검사조사실에서 항상 계구를 사용하도록 규정한 이 사건 준칙조항은 상위법인 행형법에 위배될 뿐 아니라 헌법에도 위배된다.

나. 피청구인의 주장

(1) 청구인은 행형법 제6조에 의한 청원을 하거나 행정심판이나 행정소송을 제기할 수 있음에도 이러한 사전 구제절차를 거치지 않고 바로 헌법소원심판청구를 하였으므로 이 심판청구는 보충성 요건을 갖추지 못하였고 이미 수사가 종결되었으므로 권리보호이익도 소멸되었다.

(2) 계호교도관이 심각하게 부족한 현실이고, 수용자의 성향이나 신체적 조건 등에 개별적 차이가 많아 그 때 그 때 어느 정도의 계호가 필요한지 판단하여 계구를 해제해 주기가 어렵다. 서울지방검찰청의 경우 검찰청 직원, 피조사자, 민원인 등 수많은 사람이 드나들어 출입문을 잠그거나 출입을 통제하기가 어렵고, 창문을 통하여 도주하거나 사무용품을 무기로 이용하여 교도관의 제지를 막고 도주하는 것도 가능하다. 계호교도관이 충분하지 않은 상태에서 계구를 해제하면 도주를 더욱 부추길 수 있으며 현재와 같이 수용자가 사복을 입는 상황에서는 도주사고가 빈발할 수 있다.

계구를 사용하지 않은 상태에서 편안하게 조사를 받아야 한다는 원칙에 동의하나 계호인력, 일부 검찰청의 조사 환경 등 현실이 위와 같으므로 신체에 대한 제약이 적은 수갑과 포승을 사용하여 최소한의 안전을 확보할 수밖에 없다.

(3) 청구인이 계구를 사용한 채 검사실에서 조사를 받은 시간은 〔별지 2〕 기재와 같다. 청구인

이 교수의 신분이라 해도 청구인에 대해서만 특별한 계호를 할 수는 없다.

그러나 청구인의 경우 포승을 느슨하게 해주었고 계호인력을 증강한 다음 2003. 11. 10.부터 같은 달 17.까지 사이에 5회의 조사를 받을 때에는 계구를 해제하여 조사를 받도록 배려하였다. 청구인의 경우 구속에 대한 불만으로 묵비권을 행사하는 등 검찰과 대립하는 모습을 보였는데 도주 우려 보다는 조사과정에서 흥분하여 자해나 자살을 기도하지 않을까 하는 염려가 컸다.

계호의 불가피성 때문에 법률에 근거하여 계구를 사용하는 것은 무죄추정원칙과는 직접적 연관이 없다.

(4) 계호의 법적 책임은 검사가 아닌 계호교도관에게 있다. 검사조사실은 실내이기는 하나 위에서 본 바와 같이 구조상 사고 위험성이 높고 검사나 수사관은 계호에 협조하지 않을 수 있으므로 계호근무자는 검사나 수사관의 계구해제 요청이 있다고 해도 이에 따를 수 없는 경우가 있다.

(5) 검사실의 시설·구조를 개선하고 조사실시 중의 검사에게 계호권을 인정하는 등으로 제도를 개선하여 계구사용의 필요성을 감소 또는 해소시키는 것이 바람직하겠으나 당시의 여건하에서는 청구인에 대한 계구사용은 불가피하였다.

다. 법무부장관의 의견

피청구인의 주장과 대체로 같다.

3. 적법요건에 대한 판단

가. 행정조직 내부에서만 효력을 갖는 행정규칙이라 하더라도 재량권행사의 준칙인 행정규칙이 그 정한 바에 따라 되풀이 시행되어 행정관행이 이룩되어 평등의 원칙 등에 따라 행정기관이 그 규칙에 따라야 할 자기구속을 당하게 되는 경우에는 대외적 구속력을 가지게 되어 헌법소원의 대상이 되는 경우가 있고(헌재 2002. 7. 18. 2001헌마605, 판례집14-2, 84, 93 참조), 한편 헌법소원심판의 대상이 되는 법령은 그 법령에 기한 다른 집행행위를 기다리지 않고 직접 국민의 기본권을 침해하는 법령이어야 하지만 예외적으로 법령이 일의적이고 명백한 것이어서 집행기관이 심사와 재량의 여지없이 그 법령에 따라 일정한 집행행위를 하여야 하는 때에는 당해 법령을 헌법소원의 직접대상으로 삼을 수 있다(헌재 1995. 2. 23. 90헌마214, 판례집 7-1, 245, 254). 이 사건 준칙조항은 행정규칙이기는 하나 검사 조사실에서의 계구사용에 관한 재량권 행사의 준칙으로서 오랫동안 반복적으로 시행되어 그 내용이 관행으로 확립되었다 할 수 있는 것으로, 이 사건 준칙조항을 따라야 하는 검사조사실 계호근무자로서는 검사조사실에서 수용자가 조사를 받는 동안에는 그때그때 개별적으로 상관에게 요청하여 그 지시를 받아 계구사용의 해제 여부를 결정할 여유가 사실상 없기 때문에 일단은 재량의 여지없이 원칙적, 일률적으로 계구를 사용하여 수용자를 결박한 상태에서 계호해야 한다. 그렇다면 이 사건 준칙조항은 이와 같은 재량 없는 집행행위를 통하여 계호대상이 되는 수용자에게 직접적으로 계구사용으로 인한 기본권제한의 효력을 미치게 된다고 볼 수 있고 이러한 상황은 청구인의 경우에도 실제로 동일하게 발생하였다.

또 이 사건 계구사용행위는 우월적 지위에서 수용자에게 일방적으로 강제하는 성격을 가진 권력적 사실행위로서 헌법재판소법 제68조 제1항의 공권력행사에 해당하고 이 사건 준칙조항에 따른 계호근무자의 위와 같은 일률적 집행과 결합하여 청구인에게 직접적인 효력을 발생했다고 볼 수 있다.

나. 행형법 제6조 제1항은 청원제도를 규정하고 있으나 그 처리기관이나 절차 및 효력 면에서 권리구제절차로서는 불충분하고 우회적인 제도이므로 헌법소원에 앞서 반드시 거쳐야 하는 사전구제절차라고 보기는 어렵고 이 사건 준칙조항에 대해서는 그 효력을 다툴 수 있는 다른 방법도 없으며 이 사건 계구사용행위는 이미 종료되었으므로 행정심판이나 행정소송의 대상으로 인정되기 어려울 뿐만 아니라 설사 그 대상이 된다고 하더라도 소의 이익이 부정될 가능성이 많아 청구인으로서는 헌법소원심판을 청구하는 외에 달리 효과적인 구제방법이 있다고 보기 어려워 보충성의 원칙에 대한 예외에 해당된다(헌재 2003. 12. 18. 2001헌마163, 판례집 15-2하, 562, 572-573 참조).

한편 이 사건 계구사용행위는 2003. 11. 6. 종료되었으므로 이에 대해 심판을 구할 청구인의 주관적인 권리보호이익은 이미 소멸되었다. 그러나 구속피의자에 대해 피의자신문을 하는 동안 검사조사실에서 계구를 사용하는 실무집행은 오랫동안 지속되어 왔고 청구인의 경우에도 반복될 가능성을 배제할 수 없다. 이러한 기본권 침해사유의 반복가능성 그리고 계구사용으로 인한 신체의 자유의 심각한 제한 등을 고려하면 검사조사실에서 조사를 받는 미결수용자에 대한 계구사용에 관한 헌법적 해명의 필요성이 인정되므로 이 사건 심판청구의 이익을 인정할 수 있다.

4. 본안에 대한 판단

가. 계호근무준칙의 위헌성

(1) 교도소, 구치소 등 수형자나 미결수용자의 수용시설에서 구금확보를 위해 장애가 되는 요인들을 예방하고 배제하며 수용자나 제3자의 생명 · 신체 · 재산에 대한 장애나 위험을 예방 · 배제하기 위하여 필요에 따라 강제력을 행사할 수 있어야 하므로 교정공무원에게는 신체적인 유형력 행사, 교도봉 · 가스분사기 · 최루탄 등의 보안장비나 무기를 사용한 강제력 행사 등의 권한을 포함하는 계호권이 주어지는데 이러한 계호권에는 포승, 수갑 등의 계구를 사용할 권한도 들어 있다(행형법 제3장 및 같은 장 제14조 참조). 이와 같이 계구는 계호의 필요에 의해 사용할 수 있지만 그 사용이 불가피한 경우에도 꼭 필요한 경우에만 사용할 수 있을 뿐, 일단 구금된 자라는 이유만으로 계구사용이 당연히 허용되는 것은 물론 아니다. 포승, 수갑 등을 사용한 신체의 결박은 자연스러운 거동을 불가능하게 하거나 매우 불편하게 만들 뿐 아니라 종종 심리적 위축까지 수반하며 장시간 계속될 경우 심신에 고통을 주거나 나아가 건강에 악영향을 끼치고 사용하는 방법에 따라서는 인간으로서의 품위에까지 손상을 줄 수도 있다. 그러므로 계구를 사용한 신체의 자유의 추가적 제한 또한 헌법 제37조 제2항에 따른 기본권 제한의 한계를 지켜야 하고 목적의 정당성, 방법의 적정성, 피해의 최소성 및 법익의 균형성을 갖춤으로써 과잉금지의 원칙에 반하지 않아야 한다. 과도한 계구사용은 이와 같이 신체의 자유, 나아가 인간의 존엄성의 침해가 될 수 있다. 특히 미결수용자의 경우에는 무죄추정원칙에도 불구하고 수사나 재판의 필요성 때문에 불가피하게 구금한 것이므로 그 자유제한은 불가피한 정도에 그칠 필요성이 더욱 요구된다. 2004. 12. 18. 선고 2001헌마163 결정에서 우리 재판소는 수용자에 대한 계구사용은 도주, 가해, 자살 등을 막기 위해 사용할 수 있으나 분명하고 구체적인 위험이 있는 상태에서 이를 제거하기 위해 필요한 만큼만 사용되어야 한다고 판시한 바 있다.

(2) 행형법 제14조에서는 계구의 사용요건과 종류 등을 규정하고 있고 행형법시행령은 이를 더 구체화하고 있다. 위 제14조 제1항은 계구를 사용할 수 있는 사유에 관하여 "수용자의 도주·폭행·소요 또는 자살의 방지 기타 교도소 등의 안전과 질서유지를 위하여 필요한 경우"라고 하고 있다. 또 위 법 시행령 제46조에서는 계구의 종류별 사용요건에 대해 규정하고 있는데 그 중 제1항은 "포승과 수갑은 소요·폭행·도주 또는 자살의 우려가 있는 자와 호송중의 수용자에게" 사용한다고 규정하고 있고, 제45조에서는 "계구는 당해 소장의 명령 없이 사용하지 못한다. 다만, 긴급을 요하는 때에는 사용 후 즉시 소장에게 보고하여야 한다."라고 규정하고 있다. 또 이 사건 기록에 나타나는 청구인과 피청구인의 주장과 자료에 의하면 원칙적으로 구속된 상태에 있는 모든 피의자나 피고인은 검사 조사실에서 조사를 받는 시간 중 계구로 결박된 상태에서, 그리고 계호교도관이 같은 방에서 계호를 하는 상태에서, 조사를 받는 것이 확립된 관행으로서 검사가 계구를 해제하라고 요구하는 경우에도 계호교도관은 이 사건 준칙조항에 따라 이에 바로 응하지 않고 지휘계통을 따라 상급자에게 보고하여 승인을 받아야만 비로소 해제가 이루어지는 것으로 보인다.

(3) 결국 구속 피의자에 대한 계구의 사용은 도주, 폭행, 소요 또는 자해나 자살의 위험이 분명하고 구체적으로 드러난 상태에서 이를 제거하기 위해 필요한 만큼만 사용하는 것이 원칙이라고 보아야 한다. 또한 검사가 피의자신문을 하는 경우에는 계구의 계속적 사용이 피의자의 심리상태를 위축시키고 검사에게 대항하여 자기를 정당하게 변호할 의지력을 약화시킬 수 있다는 점이 정면으로 고려되어야 한다. 피의자의 방어권을 충분히 보장해 주어야 한다는 헌법과 형사소송법의 정신은 이 경우에도 최대한 관철되어야 하기 때문이다.

그렇다면 검사가 검사조사실에서 피의자신문을 하는 절차에서는 피의자가 신체적으로나 심리적으로 위축되지 않은 상태에서 자기의 방어권을 충분히 행사할 수 있도록 계구를 사용하지 말아야 하는 것이 원칙이고 다만 도주, 폭행, 소요, 자해 등의 위험이 분명하고 구체적으로 드러나는 경우에만 예외적으로 계구를 사용하여야 할 것이다.

(4) 이렇게 볼 때 이 사건 준칙조항의 위헌성은 그대로 드러난다. 왜냐하면 이 조항은 위에서 설명한 바와는 반대로, 검사실에서의 계구사용을 원칙으로 하면서(제1호) 심지어는 검사의 계구해제 요청이 있더라도 이를 거절하도록 규정함으로써(제2호 본문) 계구의 사용을 거의 절대적인 원칙으로 삼고 있기 때문이다. 비록 제2호 단서에서 "다만, 상관으로부터 지시를 받았을 때에는 예외로 한다."라고 하는 예외를 형식상 두고 있지만 이것이 실제로 적용되기란 매우 어려울 것이라는 점은 권력의 속성과 관료체계의 경직성으로부터 쉽게 이해될 수 있다.

따라서 이 조항이 취하고 있는 원칙과 예외의 이러한 완전한 전도는, 기본권은 원칙으로 최대한 보장하고 예외로 최소한도로만 제한하여야 한다는 헌법상의 기본권보장원칙에 어긋나게, 신체의 자유를 원칙적으로 과도하게 제한하여 이를 침해하는 결과를 가져오므로 헌법에 위반된다.

나. 계구사용의 위헌성

(1) 검사가 조사를 하는 곳은 비록 실내이긴 하지만 일정한 구역을 외부로부터 완전히 물리적으로 차단시키고 있는 교도소나 구치소에 비하여서는 구속된 피의자가 도주하기가 다소 용이하다고 볼 측면이 있고 또 검사조사실에 비치된 물품을 사용하여 폭행이나 자해를 할 우려가 상대적으로 높은 점이 없지 않다. 그러나 이러한 위험적 요소는 검사조사실의 출입문을 일시적으로 시정하고 다른 사람의 출입을 잠시 금지시키고 검사조사실에 비치된 물품의 위치와 재질, 모양 등을 적절히 선택하는 방법 등을 통하여 비교적 용이하게 상당 정도 제거가 가능하다고 보는 것이 상식에 비추어 합당하다. 그리고 계구의 해제를 원칙으로 한다고 하더라도 도주나 자해 등의 위험이 다른 경우에 비하여 높다고 인정되는 피의자에 대하여 사전에 계호를 강화하는 조치(계구의 사용을 포함한다)를 예외적으로 강구하는 것까지 막아야 한다는 것도 아니다.

(2) 그러므로 이 사건의 경우에도 특별한 사정이 없는 한 검사가 청구인에 대하여 검사조사실에서 피의자신문을 하는 동안에는 계구를 해제하고 신문을 하는 것이 원칙이고 도주나 폭행, 소요 또는 자해 등의 위험이 예상되는 특별한 사정이 있을 경우에 한하여 예외적으로 계구를 사용했어야 할 것이다. 만일 그렇게 하지 아니하였다면 앞의 「가」의 판단에서 본 바와 같이 이는 헌법상의 신체의 자유를 침해하여 위헌이 될 것이다.

(3) 〔별지〕 기재와 같이 피청구인이 인정하는 계구사용시간의 내용에 따르면 청구인은 2003. 10. 24.경부터 11. 6.까지 사이에 10일 동안은 피의자 신문을 받는 동안 거의 계속하여 계구로 결박된 채 있었고 그 중 3시간 이상 계속 결박상태에서 피의자 신문에 응한 날을 가려보아도 5일 이상이나 된다.

또한 기록에 의하여 이 사건 검사조사실의 구조, 청구인이 그 곳에서 조사를 받을 당시의 주변상황, 청구인의 성향, 신체적 조건, 수용생활태도, 혐의사실의 내용, 구속경위, 조사당시의 행동이나 심리상태 등을 종합적으로 살펴보면, 피청구인도 어느 정도 시인하는 바와 같이, 청구인이 도주를 하거나 소요, 폭행 또는 자해를 할 위험이 있었다고 인정하기는 어렵다. 청구인의 충동적인 자해의 위험에 관하여도 이것이 구체적으로 드러나거나 예견되었다는 사정이 전혀 발견되지 않는다.

그럼에도 불구하고 이와 같이 수일간, 그리고 장시간에 걸쳐 피의자 신문을 하는 동안 계속 계구를 사용한 것은 막연한 도주나 자해의 위험 정도에 비해 과도한 대응이라 하지 않을 수 없고 따라서 신체의 자유를 제한함에 있어 준수되어야 할 피해의 최소성 요건을 충족하지 못한 것이다. 또 청구인에게는 수갑과 포승을 동시에 사용하였는데 위와 같이 장시간 계구를 사용할 경우에는 수갑과 포승 중 한 가지만 사용하는 것이 고통을 줄이는 한편 자해의 위험방지에도 충분하였을 것이라는 점에서도 역시 피해의 최소성원칙을 어긴 것이 된다.

또한 신체를 결박하는 것은 단순히 신체적인 고통을 초래하는데 그치지 않고 긴장과 심리적 위축을 수반할 수밖에 없는데 실질적으로 열등한 지위에서 신문에 응해야 하는 피의자의 입장에서는 이러한 긴장과 심리적 위축이 방어권행사에 큰 장애가 된다는 점에서 신체의 자유에 대한 이러한 제한은 법익의 균형성도 갖추지 못한 것이다.

(4) 그렇다면 2003. 10. 24.경부터 같은 해 11. 6.까지 사이에 수회에 걸쳐 청구인이 서울지방검찰청 검사조사실에서 피의자 신문을 받는 동안 피청구인 산하 교도관이 수갑과 포승으로 계속 청구인의 신체를 결박해 둔 행위는 청구인의 신체의 자유를 침해한 것이므로 위헌이라 할 것이다.

5. 결 론

그렇다면 이 사건 준칙조항은 헌법에 위반되고 이 사건 계구사용행위 또한 청구인의 신체의 자유를 침해하였으므로 그 위헌임을 확인하기로 하여, 다음 6.과 같은 반대의견을 개진한 재판관 송인준, 재판관 주선회를 제외한, 다른 관여 재판관 전원의 일치된 의견으로 주문과 같이 결정한다.

6. 재판관 송인준, 재판관 주선회의 반대의견

다수의견은, 이 사건 준칙조항은 헌법에 위반되고 이에 근거한 계구사용행위도 청구인의 신체의 자유를 침해하였으므로 위헌적인 공권력행사라고 보고 있다. 그러나 검사조사실에서의 미결수용자에 대한 계구사용행위에 대하여는, 이로 인하여 제한되는 미결수용자의 신체의 자유와 계호권 보장을 통한 국가형벌권 실현 사이의 충돌하는 법익에 관하여 합리적인 비교교량을 통하여 헌법상 조화로운 해석을 도모할 필요가 있으므로 아래와 같이 반대의견을 밝혀 둔다.

가. 우리 헌법은 모든 국민이 갖는 인간으로서의 존엄과 가치를 밝히면서(제10조), 이를 구현하기 위한 가장 기본적인 자유로서 신체의 자유를 보장하고 있고(제12조 제1항), 신체의 자유는 모든 기본권 보장의 전제가 되는 것으로서 신체거동의 자유와 함께 신체의 안전성이 외부로부터의 물리적인 힘이나 정신적인 위협으로부터 침해당하지 아니할 자유를 포함한다(헌재 1992. 12. 24. 92헌가8, 판례집 4, 853, 874)는 점은 우리도 인식을 같이 하고 있다.

또한 무죄가 추정되는 미결수용자의 자유와 권리에 대한 제한은 구금의 목적인 도주・증거인멸의 방지와 시설 내의 규율 및 안전 유지를 위한 필요최소한의 합리적인 범위를 벗어나서는 안되고, 이러한 기본권의 제한은 헌법 제37조 제2항에 따라 구체적인 자유・권리의 내용과 성질, 그 제한의 태양과 정도 등을 교량하여 한계를 설정해야 함은 두말할 나위가 없다.

나. 행형법령에서 계구사용의 요건으로 수용자의 도주・폭행・소요 또는 자살의 방지 기타 교도소 등의 안전과 질서유지를 위하여 필요한 경우로 한정하고(행형법 제14조 제1항, 동법시행령 제46조 제1항), 포승과 수갑의 사용을 이송 및 출정을 위한 호송 기타 교정시설 이외의 장소에서 수용자를 호송할 때 등(계구규칙 제4조)으로 규정하고 있음은 위와 같은 헌법이념과 원리를 구체화한 것으로 이해할 수 있다.

이 중 '호송'이란 수용자를 일시적으로 구금시설 외의 장소로 이동시키는 것을 말하는데, 예컨대 미결수용자의 경우에는 검사 또는 재판부의 소환에 응하기 위하여 일시적으로 검찰청이나 법원으로 호송하는 경우가 대부분이다. 이 때 호송관서에서 출발하여 검찰청 또는 법원에 도착한 후, 그리고 검찰구치감에서 수용 및 검사조사실에서의 조사 또는 법정대기실에서의 대기 및 법정내 재판과정에서의 계호업무는 그 성격상 호송의 개념 범위 내에 있는 업무로 보아야 하며, 이러한 인식에 터잡아 교도관이 이를 계속 수행하며 계구를 사용하고 있는 것이 교도실무라고 할 수 있다. 즉, 검사조사실에서도 호송중의 계호권이 미치는 범위이므로 교도관은 당연히 계구를 사용한 상태로 근접계호를 하고, 검사로부터 계구해제의 요청을 받는 경우에도 이를 거절하고 상관에게 보고하여 수용자의 연령・성격・범수(犯數)・범행내용・수용생활태도・교정사고전력・사고유발위험성 등을 종합적으로 고려하여 계구해제의 여부를 판단하는 것이다.

다. 교도관에 의한 수용자의 신병확보는 보안작용으로서의 직무권한, 즉 계호권의 기본적인 내용이라고 할 수 있다. 이 계호업무는 교정시설의 내외를 불문하고 교도관의 책임과 의무에 속한다. 비록 검사가 수사상 필요에 의하여 구금시설에 수용되어 있는 수용자를 소환할 경우에도 앞서 본 바와 같이 수용자가 수용기관에서 검찰청으로 일시 그 신병이 옮겨지기는 하나 성질상 수용의 연장에 속하는 것이므로 담당교도관의 수용자에 대한 신병확보와 계호의 책무는 계속된다고 할 것이다. 그리고 구치감 거실이나 법정 내에서와는 달리 검사조사실에서의 계구사용은 다음과 같은 특수사정이 특별히 고려되어야 한다.

첫째, 검사조사실은 일반적으로 교도소 등 교정시설이나 구치감 거실과는 달리 도주나 폭행・자해・자살방지를 위한 시설이 갖추어지지 않은 것이 현실이다. 즉, 구치소나 교도소에는 거실(구금공간)에서 일반사회로의 최접근지까지 거실문・중간문(1~3단계)・주벽・이중철조망 등 5~7단계의 도주방지 차단장치 등이 있는데 비해, 검사조사실은 검사조사실에서 나올 경우 바로 일반사회로의 탈출이 가능하고(물적계호시설면), 2명 정도의 교도관만이 계호하고 있으며(계호인력면), 무전기 등 최소보안장비만 보유하고 있는 실정이다(보안장비면). 또한 민원인이나 불구속 피의자들의 왕래가 잦고, 참고인이나 공범 등을 함께 조사할 때에는 그들 사이의 이해관계가 첨예하게 충돌할 경우 폭력 등 돌발적 사고가 발생할 위험성이 매우 높다. 따라서 구금시설이라고 볼 수 없는 검사조사실에서 일반적으로 계구를 해제하는 경우 언제 어떻게 야기될지 모르는 이러한 돌발적인 상황을 효과적으로 예방하고 제지할 수 없는 상당한 어려움에 처한다고 할 수 있다.

둘째, 검사조사실에서 구속된 미결수용자는 수사검사의 추궁에 대하여 자신을 방어하기 위하여 최선을 다하는 과정에서 급격히 흥분되기 쉽고, 신문상황이 시시각각 달라지는 긴박한 상태이므로 피의자 등이 언제 어떻게 도주, 가해 및 자해 등을 할지 알 수 없어 구체적이고 임박한 위험이 항상 도사리고 있다. 따라서 교도관은 미리 이러한 위험의 예방 차원에서 계구를 사용할 수밖에 없을 것이고, 검사조사실에서 조사를 받는 미결수용자는 변화하는 신문상황에 따라 심리상태와 신체조건이 개별적이고 상이하여 그때그때 계구사용 여부를 결정한다는 것은 현실적으로 불가능할 뿐만 아니라, 그렇게 한다면 사실상 검사의 조사 자체도 어렵게 될 것이다. 실례로, 구속된 피의자가 검사조사실에서 공범인 피의자와의 대질신문 과정에서 범행사실이 드러나자 참여계장을 밀치고 책상서랍 안에 있는 면도칼로 자해한 사고, 검사조사실에서 수갑과 포승이 시용(施用)된 상태에서 투신하거나, 대질하던 참고인이 불리한 진술을 하자 투신자살하려고 한 사고, 검찰조사실에서 조사받던 중 준비한 칼로 복부를 긋고 자해한 사고 등 현행 계호준칙 하에서도 적지 않게 검사조사실 등에서 미결수용자의 가해 및 자해 사고가 발생하였고, 만약 앞으로 구속된 미결수용자에 대하여 검사조사실에서 원칙적으로 계구를 사용하지 못하게 한다면 이러한 사고는 더욱 빈발할 가능성이 높고 검사조사실에서의 안전과 질서가 상당히 위태로워질 수 있다.

셋째, 「법무연감」의 교정업무편 통계를 보면 2000년의 경우 1일 평균수용인원은 수형자와 미결수용자를 포함하여 62,959명, 2001년에 62,235명, 2002년에 61,084명, 2003년에는 58,945명 등으로서 매년 낮아지고는 있지만 교도관 1인당 평균 수용인원은 여전히 5명에 이르고 있다. 그런데 검사조사실로 소환되는 수용자에게는 교도관 2명이 항상 복수계호를 하여야 하고 도주의 우려가 있는 강력범 및 문제수용자의 경우는 계호인원을 증가배치해야 하는데 현실적으로 계호인력이 턱없이 부족한 실정이므로, 여기에 계구가 해제되어 자유스러운 상태로 조사를 받게 할 경우 교도관의 수용자에 대한 계호부담은 엄청나게 가중될 것이다.

넷째, 법무부는 1999. 5. 27. 97헌마137등 사건에서 선고한 헌법재판소 결정의 취지를 존중하여 미결수용자의 사복착용을 허용하고 있어 검찰의 조사과정에서 도주 및 폭행 등의 우려가 더욱 높아졌고, 위 사건에서 헌법재판소도 "미결수용자의 도주방지는 '계구의 사용'이나 계호인력을 늘리는 등의 수단에 의할 것"이라고 판시하였는바(판례집 11-1, 653, 665), 현실적으로 단기간 내에 계호인력을 늘리는 것은 매우 어려운 실정인 점 등을 감안하면 검사조사실에서의 계구사용은 불가피한 측면이 강하다.

다섯째, 이 사건에서 청구인에게 사용된 '양수승'의 포승 및 '금속수갑'은 국가보안법위반의 범죄혐의를 받고 있는 피의자의 폭행, 소요와 도주 및 자해와 같은 구체적이고 돌발적인 위험상황을 사전에 예방하고 사후 진압함에 있어 적절하고 효과적인 방식이 될 수 있다. 즉, 포승 또는 금속수갑 중 어느 하나만을 계구로 사용할 경우 결박상태가 느슨하게 되어 도주나 소란, 폭행과 자해의 행위로 용이하게 옮겨갈 수 있다. 또한 피청구인은 청구인에 대하여 신체제압의 정도가 심대한 신체의 하지 또는 하퇴부를 함께 결박하거나(하지승 또는 하퇴승) 허리와 손목을 함께 묶는 방법(가죽수갑)을 취하지 않음으로써 계구의 종류와 사용방법에 있어서 신체의 자유에 대한 침해를 최소화하려 하였다. 따라서, 위에서 본 바와 같은 검사조사실의 일반적인 인적·물적 계호현황과 수감 이후 청구인을 예의 관찰하고 계호해 온 피청구인이 포승이나 수갑 중 어느 한 가지만으로는 계호목적을 위하여 충분하지 않다고 보아 이 두 가지를 병행사용한 판단이 명백히 잘못되었다거나 과잉한 수단을 선택하였다고는 단정할 수 없다.

라. 교도소 등 구금시설은 다수의 수용자를 집단적으로 관리하고 있고 더욱이 수용자들은 특수환경에서의 구금생활로 인하여 정신적 안정과 평형을 잃기 쉬운 처지에 있으므로, 수용자에 대하여는 수용자의 생명과 신체의 보전, 위생 및 건강관리, 시설 내의 질서유지 등을 위하여 일반 사회에서와는 다른 보다 엄격한 규율과 통제를 마련할 필요가 있다.

구체적으로 이 사건 청구인은 독일에 거주하는 주요 해외공작원인가의 여부와 관련하여 당시 비상한 사회적 관심과 반향을 불러 일으키는 와중에서 구금되었고, 청구인에 대한 국가보안법위반 등 혐의사실을 놓고 집요하게 추궁되고 첨예하게 대립되는 조사과정을 거치고 있었다. 따라서 이 조사과정에서 돌발적으로 야기될 수 있는 사건·사고를 막아 청구인과 타인의 생명·신체의 안전을 지키고 시설 내의 질서유지를 확보하는 것은 구체적 위험을 방지하기 위한 긴절한 것이어서 계구사용 목적의 정당성이 인정될 뿐만 아니라 필요하고도 불가피한 제한이라고 아니할 수 없다. 또한 이와 같은 결론은 이 사건 조사 당시 청구인이 존경받는 학자이고 외국의 대학에서 오랫 동안 가르친 경력이 있는 신분이었다 하더라도 마찬가지라고 할 것이다.

이상과 같은 이유로 우리는, 이 사건 준칙조항(제298조 제1호·제2호)은 행형법 및 동법시행령을 근거로 검사조사실 내에서의 계구사용에 관하여 필요한 규율을 하고 있는 것이므로 헌법에 위반되지 아니하고, 이 사건 계구사용행위도 위와 같은 법령에 근거한 정당한 계호목적을 위하여 불가피한 최소한의 조치로 볼 수 있어 이로 말미암아 청구인의 기본권이 일부 제한되었다고 하더라도 이를 두고 과잉금지원칙에 어긋난 위헌적인 공권력행사라고는 볼 수 없으므로, 청구인의 청구를 모두 기각하여야 한다고 보는 바이어서 다수의견에 반대하는 것이다.

[별지] 피청구인이 주장하는 청구인에 대한 계구사용시간

월/일	계구를 사용한 채 조사를 받은 시간
10.24.	10:00-10:30(30분), 14:00-18:20(4시간 20분) (합계 : 4시간 50분)
10.27.	14:00-21:30(7시간 30분, 단 18시경 수갑과 포승을 해제한 상태에서 검사실 내에서 저녁식사를 함)
10.28.	10:40-11:45(1시간 5분), 14:25-18:00 (3시간 35분) (합계 : 4시간 40분)
10.30.	11:00-12:00(1시간), 16:15-17:00(45분) (합계 : 1시간 45분)
10.31.	14:30-17:35(3시간 5분)
11. 1.	9:40-10:00(20분)
11. 3.	14:30-18:05(3시간 35분)
11. 4.	11:00-11:50(50분), 14:30-17:20(2시간 50분) (합계 : 3시간 40분)
11. 5.	15:30-17:25(1시간 55분)
11. 6.	11:15-11:50(35분), 14:30-16:35(2시간 5분) (합계 2시간 40분)

❖ 참고결정

알몸신체검사로 인한 인격권 및 신체의 자유 침해 (2002.10.14./ 02진인664결정)

국가인권위 진정방해, 폭행, 가혹행위 및 과도한 계구사용 등에 의한 인권침해 (2007.11.26./ 07진인1300결정)

부당한 계구사용에 의한 인권침해 (2007.20.26/ 07진인3169결정)

폭행에 의한 인권침해 (2004.1.26./ 03진인5445결정)

제4장

인권의 갈등과 효력

제 1 절　인권의 주체와 효력
제 2 절　인권의 경합과 충돌1
제 3 절　인권의 경합과 충돌2

제 4 장

인권의 갈등과 효력

제 1 절 인권의 주체와 효력

1. 인권의 주체

인권은 주관적 권리로서 인권을 보유할 자격이 있는 자에게 일정한 법적 힘을 부여한다. 인권에 의해 의무를 진 자에 대해 부작위를 요구하거나 경우에 따라서는 작위 혹은 수인을 요구하는 것이다. 이 때 인권에 의해 누가 권리를 향유할 자격을 가졌으며 누가 의무를 지게 되었는가의 문제가 제기된다. 이 문제는 헌법소원의 청구인 적격 등의 적법성 문제를 거론할 때에 중요한 의미를 갖는다.

1) 국민

미국 등의 외국의 상당수 헌법이 인권의 주체를 인간(person)으로 규정하고 있음에도 불구하고, 현행 헌법 제10조(모든 국민은 인간으로서의 존엄과 가치를 가치며), 제37조 제2항(모든 국민의 자유와 권리는 국가안전보장…) 등 인권관련 조항의 문언을 살펴보면, 인권과 관련된 조문의 주어를 모두 국민으로 하고 있다. 이와 같은 현행 헌법에 대한 문리해석에 충실하자면, 인권의 주체는 일차적으로 국민이다.

국민이란 한글을 구사할 줄 안다든가, 한국 사람처럼 생긴 사람들을 의미하는 것이 아니라 국적법에 따라 대한민국의 국적을 가진 모든 자를 말한다. 보통은 대한민국의 국적을 가진 부모 밑에서 출생함으로 인하여 국적을 취득하지만, 몇몇 운동선수들의 귀화 사례에서 보듯 대한민국의 국적을 취득한 자도 국민이다.

그러나 국민이라고 하여 모두가 모든 인권을 향유할 수 있는 것은 아니다. 인권의 주체성은 인권보유능력과 인권행사능력으로 나뉜다. 인권보유능력이란 인권을 보유할 수 있는 인권귀속능력을 말한다. 이에는 미성년자, 심신상실자, 수형자 등이 포함되고 경우에 따라서는 죽은 자와 태아도 포함되기도 한다. 인권행사능력이란 인권의 주체가 자신의 인권을 실질적으로 행사할 수 있는 자격 또는 능력을 말한다. 선거권 · 피선거권 · 투표권 등 특정 인권은 그것을 현실적으로 행사하기 위하여 일정 연령조건을 구비하고 결격사유가 없어야 하는 등 인권행사능력이 별도로 요구된다.

2) 외국인

(1) 통설

현행 헌법에 대한 문리해석에도 불구하고, 인권이란 인간이면 갖는 권리라는 개념에서도 알 수 있듯이 외국인도 인권이 주체가 되어야 할 것이다. 그러나 외국인의 범주에는 외교관, 불법체류자, 무국적자 등을 포함하여 그 범주가 다양하고 체류의 형태도 다양하므로 권리의 성질 혹은 문언에 따라서 인권주체성을 인정하는 것이 통설이다.

(2) 헌법적 근거

또한 현행 헌법 제6조 2항은 "외국인은 국제법과 조약이 정하는 바에 의하여 그 지위가 보장된다"라고 하여 외국인의 법적 지위에 관한 상호주의 원칙을 규정하여 외국인에게도 인권의 주체성을 직접 규정하지는 않았지만 간접적으로 인정하고 있다.

(3) 외국인이 주체가 될 수 있는 인권

① 인간으로서의 존엄과 행복추구권

② 평등권 : 상호주의 원칙에 따라

③ 일반적 자유와 인권 : 원칙적으로 주체가 되나 국가의 안전을 이유로 (거주 · 이전의 자유, 언론 · 출판의 자유, 집회 · 결사의 자유)는 제한이 있을 수 있다.

④ 경제적 자유와 인권: 소비자의 권리는 인정하나 국내 경제질서의 교란위험이 있는 경우 토지 소유권, 광업권 등 재산권의 범위에 대한 제한이 있을 수 있다.

⑤ 청구권적 인권: 청구권은 성격상 인권을 보장하기 위한 인권이므로 외국인에게도 인정되어야 한다.

⑥ 정치적 자유와 인권: 선거권, 피선거권, 공무담임권 등은 외국인에게는 인정되지 않

는다는 의견이 일반적이다. 다만, 유럽연합 등에서와 같이 지역통합이 가속화되면서 국적을 전제하지 않는 참정권 논의가 확산되고 있다는 점, 우리나라의 경우도 지방자치 차원에서는 외국인의 참정권이 제한적이지만 허용되고 있다는 점은 주목할 만하다.

⑦ 사회권 : 지금까지의 통설적인 견해는 사회권은 자국민의 인간다운 생활을 보장하기 위한 인권으로서 외국인에게 인정되지 안된다는 것이었으나, 외국인이기 앞서 인간으로서의 일정한 권리를 향유할 수 있어야 한다는 논의가 확산되고 있다.

생각컨대, 국가간의 교류가 확대되고 인권의 보편적 성격이 더욱 강조되는 오늘날에는, 국익의 관점에서 외국인에게 대체로 거부되었던 경제적 인권도 그 인정 폭이 현저히 커지고 있으며, 몇몇 나라에서는 지방자치 수준이기는 해도 참정권에 있어서도 외국인의 참여가 승인되기도 한다. 특히 점증하고 있는 외국인노동자의 최소한의 인간다운 생활의 보장을 위해서라도 교육권과 노동3권 및 사회보장수급권의 점차적인 확대가 적극 이루어져야 할 것이다.

3) 법인

과거에는 국가와 자연인의 관계에만 논의가 되었으나 현대에 들어 여러 조직 및 법인의 사회적 중요성이 대두됨에 따라 이들의 인권주체 논의가 문제시되었다.

법인의 인권주체성과 관련하여 사법상의 법인과 공법상의 법인이 구별되어야 한다. 인권이 그 성질상 법인에게 적용될 수 있는 것이면 사법상의 법인은 인권의 주체가 된다. 이때의 인권주체로서의 사법상의 법인개념은 민법상의 법인개념보다 넓어서 민사법상의 권리능력을 필요로 하지 않으며 통일적으로 의사를 형성할 수 있는 인적 결합체이면 그것으로 족하다. 경우에 따라서는 권리능력없는 사단(예: 한국신문편집인협회)에게도 인권주체성이 인정된다(92헌마177 등).

그러나 공법인의 경우는 사정이 다르다. 공법상의 법인 즉 국가, 지방자치단체, 영조물, 공법상의 사단과 재단 등은 원칙적으로 인권주체성이 인정되지 않는데, 그 이유는 국가는 인권의 수범자일 뿐 인권의 소지자가 될 수 없고 국민의 인권을 보호하고 실현해야 할 책임과 의무만을 지고 있기 때문이다(93헌마120).

다만 공법인의 경우에도 때로는 인권에 의해 보호될 필요가 존재하기도 한다. 헌법재판소는 국립대학인 서울대학교가 공권력의 주체인 동시에 학문의 자유의 주체가 되기 때문에 학문의 자유의 보장수단인 대학의 자율성이라는 인권을 향유하는 주체라고 보았다(92헌마68 등 병합결정).

공법인의 인권주체성을 인정함에 있어서는 다음에 유의해야 한다. 공법상의 법인은 그 존립이 전적으로 국가의 결정에 의존하기 때문에 국가가 배정한 기능과 과제의 테두리 안에서만 작용한다. 따라서 공법인이 해당 인권주체성을 지니기 위해서는 공법인에게 배정된 기능과 과제가 해당 인권과 관련되어 있어야 한다. 나아가 그 공법인이 법적으로 독립성을 지닌 법주체로서 해당 인권적 행위를 통해 국가에 대립할 수 있어야 한다.

(1) 법인이 주체가 될 수 있는 인권의 유형과 범위

① 인권 기준설: 인권의 성질을 기준으로 이것이 법인에게도 적용될 것인지의 여부를 결정하고 법인에게 인정되는 인권을 열거할 수 있다는 주장이다. 이에 따르면 인간의 육체성, 정신적, 심리적 특성을 제외한 권리는 인정되지 않게 된다. 즉 평등권, 경제적 · 사회적 자유권, 청구권은 인정이 되나, 인간의 존엄과 가치, 행복추구권, 종교 · 양심의 자유는 인정이 되지 않는다.

② 법인 기준설: 법인의 기능, 목적에 따라 개별적, 구체적으로 판단하여 적용하여야 한다고 본다.

(2) 판례

현대 사회에서 법인의 인권 주체성을 전면적으로 부정, 긍정하는 것보다 이들의 역할과 활동에 비추어 부분적(구체적 · 개별적)으로 인정하는 견해가 일반적이다.

2. 인권의 효력

인권의 효력이란 인권이 규정되어 있는 의미대로 실현될 수 있는 힘을 말한다. 이 책 제2장의 인권의 개념에서는 인권 개념을 연혁적인 측면에서 고찰하고 인권이란 개인의 자유에 대한 간섭 배제를 국가권력에 대하여 요청할 수 있는 권리라고 살펴본 바 있다. 이러한 인권 개념에 대한 이해에서도 명확하듯이, 인권의 효력이 가장 먼저 미치는 대상은 바로 국가권력이다. 인권을 주관적 '공권'이라고 표현하기도 하는데 이때의 공권이라는 의미는 국가권력에 대하여 요구할 수 있는 권리라는 의미라고 할 것이다. 이러한 대국가적 효력은 수직적 효력이라 불리기도 한다.

그러나 헌법상의 인권규정이 보호하려고 하는 법익은 반드시 국가에 의해서만 침해되는 것이 아니다. 다시 말해 인간의 존엄과 가치가 보호하려는 인격체로서의 인간의 권리침해는 국가권력에 의해서만이 이루어지는 것이 아니다. 우리가 일상생활에서 흔히 접하고 있는 사인에 의해서도 침해될 수 있다. 사실 오늘날 우리들 대부분이 기업에 취업하고 살고 있는 현실을 고려하면 개인의 경제적 생사여탈권과도 같은 임명권, 인사권을 가지고 있는 기업이라는 사실상 압도적인 힘의 우위에 있는 사인에 의해서도 개인의 인권이 침해될 수 있고 오늘날 그 가능성은 점차 커지고 있다.

이러한 사정 아래 인권규정을 통해 사인 상호간의 관계를 규율할 필요가 제기되었고, 인권의 이러한 사인간 효력을 인권의 제3자적 효력 내지 인권의 수평적 효력이라고 한다. 인권의 기능이 일차적으로 대국가적 방어권으로 국한되었던 시기를 감안한다면 인권의 사인간 효력문제는 인권효력의 확장에 관한 문제라고 할 수 있다.

1) 인권의 대국가적 효력

헌법 제10조 제2문은 국가의 존립목적이 불가침의 기본적 인권을 확인하고 보장하는 것임을 분명히 함으로써 모든 국가권력이 인권에 구속됨을 포괄적으로 선언하고 있다. 국가권력에 의한 인권의 침해는 불법행위를 형성하여 그로 인하여 손해를 입은 경우에는 손해배상책임을 져야만 한다. 그래서 모든 국가권력의 의무로서의 인권보장은 입법권·행정권·사법권 등을 구속하며, 특수신분관계에 있어서도 예외는 아니다.

입법권도 인권에 구속되므로 국회의원과 같은 입법자가 제정하는 법률은 그 내용이 인권 보장이념과 합치해야 한다. 물론 입법자에게는 광범한 입법형성의 여지가 인정되지만 법률로 인권을 제한함에 있어서는 인권의 본질적 내용을 침해해서는 안되고 과잉되어서도 아니된다(제37조 제2항). 그리고 인권을 침해하는 위헌법률에 대하여는 헌법재판소의 심판에 의해 그 효력이 상실된다(제107조 제1항과 제111조 제1항).

사법권도 인권을 최대한으로 보장하는 방향으로 재판을 하여야 하며, 인권을 침해하는 재판은 정당성이 부인된다. 사법권은 독립되어야 하며, 법관은 법률과 양심에 따라 법의 해석과 적용에 있어서 인간의 존엄과 가치의 우월을 인정하여야 한다. 사법권에 의한 인권의 침해의 경우에는 3심제도와 같이 대체로 자체 내에 구제방법을 갖추고 있다.

입법권과 사법권과 달리, 행정권의 인권에의 구속은 행정권의 다양한 행위형식으로 인하여 고려해야 할 내용이 다소 늘어난다. 원칙적으로 국가는 행정력으로써 인간의 존엄과 가치를 보장하여야 하므로 인간의 존엄에 반하는 행정처분은 위헌·무효이다. 특히 행정작용 중 권력적 작용으로서 경찰력이나 형집행권, 검찰권 등에 의한 인권침해는 금지된다. 행정권에 대한 인권의 효력은 명령·규칙·처분에 대한 위헌·위법판단에 의해 뒷받침되고 있다(제107조 제2항).

2) 인권의 사인간 효력

인권 개념의 연혁으로부터도 알 수 있듯이 인권의 효력이 가장 먼저 미치는 곳은 국가권력이지만, 인권이 국가기관뿐만 아니라 사적 단체나 조직 그리고 사인에 의해서도 위협당하는 사회적 상황에 직면하여서는 인권의 효력을 확장하여 사인 간에도 적용하여야 한다는 논리가 힘을 얻고 있다.

독일의 경우 헌법에서 직접적으로 언급하고 있는 인권과 그렇지 않은 인권 중에서도 양심·사상·종교의 자유와 같은 **내심의 자유** 등은 사인 간에 직접 적용되어야 할 성질의 인권으로서 사인 간에도 직접적인 효력이 인정되어야 한다는 논리가 힘을 얻기도 하였다.

그러나 이러한 인권의 효력 확장론 특히 독일의 직접 적용설에 대해서는 몇 가지 반론이 있다. 첫째는 **사적 자치이론**에 기초한 반론이다. 사인간의 사적인 법률관계는 원칙적으로 그들 각자의 의사에 따라 자유롭게 이루어져야 한다는 것이 근대법체계의 대전제였다. 근대법의 대전제 중의 하나인 사인과 사인과의 관계는 자치에 맡겨두어야 한다는 사적 자치의 원칙이 침해될 수 있는 여지가 생기게 되었다는 것이다. 이러한 사적 자치의 원칙에 충실하자면, 자신의 자유로운 의사에 따라 고용계약을 체결하면서 제복을 입히겠다고 하거나 제한된 지역에 거주하겠다고 하는 것은 헌법 제10조의 일반적 행동자유권이나 제14조의 거주·이전의 자유에 대한 제약이 아닐 수 있다. 다시 말하여, 근대 시민 혁명의 결과 탄생한 근대 국가는 여러 측면에서 조명할 수 있지만 사회관계라는 측면에서 추상화시켜 표현하여 보면, 국가권력에 의하여 국가와 개인의 관계는 물론 개인과 개인 간의 관계까지도 모두 간섭받는 상황에 대한 타개책이기도 하였다. 국가권력과 개인과의 관계와 같은 공적 영역에서의 관계는 헌법에 기초하여 규율하고 개인과 개인의 관계는 사적 영역에 속한다고 하여 민법과 같은 사법에 의해 규율하되 기본적으로는 자율과 자치에 맡기자고 하는 발상에 기초하고 있다.

사적 권리주체들 사이의 분쟁에 인권규정이 직접적으로 적용되지 않는다고 하는 두 번째 이유는 **분쟁해결구조에 차이가 있다**는 것이다. 사적 권리에 관한 분쟁은 민사법원이 담당하지만, **우리 헌법재판소법은 독일과 달리 법원의 재판에 대해서는 인권침해를 이유로 한 헌법소원을 제기할 수 없도록 함으로써(헌법재판소법 제68조 제1항. 다만, 위헌으로 결정된 법령을 적용하여 인권을 침해하는 재판의 경우에는 헌법소원 제기가능. 96헌마172,173 병합) 민사법적 분쟁의 해결에 인권이 가지는 구속력이 상대적으로 약하다고 볼 수도 있다.** 물론 민사재판관도 분쟁해결시 인권규정에 구속되어야 하지만, 형사재판이나 행정재판처럼 민사재판의 본안 그 자체가 공권력의 행사인 것은 아니어서 인권규정이 직접적으로 효력을 미치지 못하는 경우가 일반적이다.

인권의 효력 확장론을 긍정하면서도 이상과 같은 반론을 절충한 것은 인권규정이 사인과 사인 간에는 간접적으로 적용된다는 설명이다. 이러한 설명에 따르면, 사인 간에는 인권이 민사법의 일반조항 예를 들면, 신의성실의 원칙(제2조 제1항), 권리남용금지원칙(제2조 제2항), 공서양속의 원칙(제103조), 공정의 원칙(제104조) 등을 통해 간접적으로 적용된다는 것이다.

예를 들어 어느 기업에서 특정 종교를 신앙으로 하는 사람만을 신입사원으로 채용하는 경우가 있다고 가정하자. 인권의 효력 확장을 부인하는 논리에 따르면 '이러한 행위는 종교의 자유에 대한 침해이나 사기업의 채용행위이므로 그 자체가 곧바로 무효라고 할 수는 없다'고 옹호할 것이다. 그러나 인권의 효력 확장을 직접 적용하는 논리에 따르면 '이러한 행위는 종교의 자유를 규정한 헌법 제20조와 평등권을 규정한 제11조에 직접적으로 위반하여 무효'라고 반론할 수 있을 것이다. 반면에 인권의 효력 확장을 간접 적용하는 논리에 따르면 '이러한 행위는 인권 존중 등을 주요한 내용으로 하는 공서양속(민법)조항에 대한 위반이므로 무효'라고 주장할 수 있을 것이다. 또는 '고용계약을 성실히 준수해야 하고 권리를 남용해서는 안 되는데 특정 종교인만을 채용하는 것은 양속에 반하는 행위이므로 무효'라고 주장할 수 있을 것이다.

우리나라의 경우 법원은 간접적용설에 대해서도 매우 소극적인 태도를 취하고 있다. 농협사내부부 해고 사건에서 대법원은 '원고들의 사직의 의사표시가 선량한 풍속 기타 사회질서에 위반하거나 헌법상의 기본권 및 근로기준법과 남녀고용평등법상의 제한 규정에 위반된다고 볼 수 없다'(대법원 2002.11.8./ 2002다35379 해고무효확인)고 판단한 바 있다.

3) 인권의 효력에 대한 국가의제이론

독일과 우리나라의 경우 주로 인권의 직간접적 효력의 문제로 인권 효력의 확장문제에 접근하고 있는데 비하여 미국에서는 수정헌법 제14조('어떤 주도 적법절차에 의하지 아니하면 그 지배권내에 있는 어떠한 사람에 대하여도 법률에 의한 평등한 보호를 거부하지 못한다')에 의거하여 '사인간의 행위도 주정부의 행위로 볼 수 있는 경우에는 효력이 미친다'는 논리를 전개하고 있다. 특히 흑인에 대한 백인들의 차별행위를 금지시키는데 있어서 이러한 미국식 효력확장론이 영향력을 발휘하고 있다. 사인, 즉 백인의 차별행위를 정부행위와 관련지워 해결하고자 하고 있는 것이다.

주정부의 재정적인 원조, 조세감면 등의 원조를 받는 사인에 의하여 인권이 침해된 경우에는 이 사인에 대하여 인권을 주장할 수 있다는 국가원조행위이론(state assistance theory), 국유재산을 임차하여 사용하여 사용하는 사인이 그 국유시설에서 행한 인권침해 행위는 국가행위와 동일하게 보고 이에 대해 인권침해를 주장할 수 있다는 국유재산의 이용행위이론(state property theory), 사인이 다른 사람의 인권을 침해한 행위를 법원이 인정함으로서 사법적으로 집행된 경우 피해자가 인권침해를 주장할 수 있다는 사법적 집행행위(judicial enforcement theory) 등이 그것이다.

사법적 집행의 이론을 내세운 Shelley v. Kraemer(1948년)사건은 대표적인 사례의 하나이다. 백인토지소유자들이 자기지역 내의 토지를 유색인들에게 매매하지 않는다는 제한협정을 맺었는데, 제한 협정을 체결한 백인이 토지를 매수한 흑인을 상대로 그 흑인의 토지소유권을 부인하는 소송을 하였고 이에 대하여 연방대법원이 인권침해라고 판결한 사건이다. 이에 따르면 백인들 사이의 '제한협정 그 자체는 수정헌법 제14조의 평등조항위반이 아니나, 이 제한협정에 따라 주법원이 흑인의 토지소유권을 부인하고 제한협정을 주법원이 강제집행하는 것 즉 제한협정의 "사법적 집행"은 국가행위에 해당하므로 수정헌법 제14조의 권리를 침해하는 것'이라고 했다.

더 나아가, 국가와의 관련성이 없음에도 불구하고 정당이나 사립대학과 같이 사인이 하는 행위의 성질이 국가기능을 행사하는 경우에 국가행위로 간주한다.

생각해 보기

↠ 외국인에게도 인권이 있는가?

제 2 절 인권의 경합과 충돌1

I. 사례

프로야구구단 8개팀이 모여 만든 사단법인 한국야구위원회(이하 '위원회')는 다음과 같은 내용의 지명권제도(드래프트제도)를 규정한 한국야구위원회 규약(이하 '야구규약')을 제정하였다 :

1. 한국야구위원회의 회원, 즉 구단 및 프로야구에 참가하는 자는 동 규약을 성실히 준수할 의무가 있다. 2. 구단과 감독, 코치 및 선수간에 체결되는 계약은 이사회가 정하는 통일계약서에 의한 다. 3. 각 구단은 구단보호지역내의 고등학교를 졸업했거나 졸업예정 또는 중퇴한 선수 중에서 1명의 선수를 지명할 권리가 있다. 4. 지명된 선수는 해당구단이 계약교섭권을 포기하지 않는 한 해당구단의 동의 없이는 국내외를 불문하고 다를 구단과 계약교섭을 할 수 없다.

고등학교를 졸업한 야구선수 갑은 계약금도 많이 주고 우승확률도 높아 보이는 프로야구구단인 인천소재의 주식회사 병구단에 입단의사를 표명하였다. 주식회사 병구단도 갑이 승률을 향상시키는데 도움이 될 것이라고 판단하여 갑의 입단을 원한다는 의사를 표시하였다. 그러나 갑이 졸업한 고등학교 소재 지역을 연고로 하는, 즉 구단보호지역으로 하는 주식회사 을구단이 위 규약상의 지명권제도에 의해 갑에 대한 지명권을 행사함으로써 갑은 병구단과 계약을 체결할 수 없게 되었다. 이에 갑은 한국야구위원회규약의 지명권제도는 자신의 인권을 침해하여 위헌이라고 주장하고 있다.

갑의 **주장은 정당**한가?

[공부거리]

(1) 야구규약의 법적 성질
(2) 갑과 을구단이 주장할 수 있는 인권은 무엇인가?
(3) 갑과 을구단이 모두 인권을 주장할 수 있는가? 즉 인권을 사인간의 법률관계에서도 주장할 수 있는가?
(4) 인권이 충돌하는 경우 해결방법은 무엇인가?
(5) 갑이 이용할 수 있는 사법적 구제절차는 무엇이 있나?

Ⅱ. 해설

1. 야구규약과 지명권제도의 법적 의의

1) 야구규약의 법적 성질

선수계약(구단전속계약)은 선수가 구단에 스포츠 활동을 제공하고 구단으로부터 일정한 보수를 받는 고용계약이다. 이때 선수와 구단간의 계약은 야구규약에 규정되어 있는 선수계약서 조항과 그에 의해 이사회에서 통일된 양식으로 작성한 계약서에 의해 이루어진다. 이러한 선수계약의 전제가 되는 야구규약은 형식적으로는 위원회의 정관에서 정하지 않은 프로야구의 운영에 관한 사항을 규정한 내부규범이지만, 동시에 실질적으로는 위원회를 구성하는 8개 프로야구구단의 합의에 의한 그들 사이의 조합적 집합계약의 성질을 가진다(서울지법 남부지원 1995.12.28./ 95카합4466; 공정위 2001.3.9. 의결 제2001-30호. 2000단체1406).

따라서 동 규약은 위원회를 구성하는 프로야구구단을 직접적으로 구속하는 효력이 있다. 동 규약은 한국야구위원회의 회원, 즉 프로야구구단뿐만 아니라 프로야구에 참가하는 자도 규약을 성실히 지킬 의무가 있다고 하고 있으므로, 갑과 을구단 모두 지명권제도를 규정한 야구규약에 구속된다(공정위 2001.3.9. 의결 제2001-30호).

2) 지명권제도의 의의와 효력

(1) 의의

지명권제도는 주로 야구·축구·농구 등 프로리그가 형성되어 있는 분야에서 입단할 신인선수를 한데 묶어 구단의 대표들로 구성된 선수선발회의가 일괄 교섭하는 방식의 선수선발제도이다.

지명권을 가진 구단은 지명한 선수에 대해 계약교섭권을 보유하고 선수들은 이에 구속되므로 지명된 선수에게는 구단선택의 자유가 없다. 선수가 그를 지명한 구단과 선수계약을 체결할 의무는 없다 하더라고, 지명구단과의 계약체결을 거부할 경우 국내는 물론 국외의 어떤 다른 구단과도 계약체결을 위한 교섭을 할 수 없게 된다. 지명권 제도를 도입한 이유는 프로리그 창설의 역사가 일천하고 신인선수를 발굴할 수 있는 시장이 빈약한 여건에서 구단 상호간의 과격한 신인선수 쟁탈전 및 그로 인한 과도한 계약금 인상을 방지하여 각 구단이 우수한 신인선수를 골고루 선발, 보유할 수 있게 함으로써 전력을 평준화하여 프로야구구단 및 프로야구선수의 공존, 공생을 위한 것으로 보인다.

(2) 효력

각 구단은 신인선수 중 구단보호지역 내의 출신고등학교를 기준으로 1명의 신인선수를 지명하고 이렇게 구단이 지명한 신인선수에 대하여는 해당 구단이 지명권을 포기하지 않는 한 지명구단이 독점적인 선수계약체결교섭권을 갖게 되고, 다를 구단은 그 선수와 선수계약체결을 교섭할 수 없다. 즉, 지명된 선수는 그 구단이 독점할 권리를 갖는다. 결국 선수는 구단선택권을 갖지 못하고 자신이 희망하는 구단이 자신을 선택해주길 기다릴 수밖에 없다.

3) 갑이 이용할 수 있는 사법적 구제절차

갑은 개인으로서 사인이고, 프로야구구단은 주식회사형태를 취하고 있는 사법인이므로(상법 제171조 제1항) 양자간의 법률관계는 사법관계이다. 따라서 갑과 프로야구구단의 선수계약은 사법계약에 해당한다. 사안에서 갑은 을구단이 지명권행사를 하여 자신이 원하는 병구단과 선수계약을 할 수 없게 되어 사법적 권리관계 형성을 방해받고 있다. 따라서 갑은 을구단을 상대로 민사소송인 지명권무효확인의 소를 제기할 수 있다. 이때 이러한 사법관계에도 인권의 효력이 미치는지, 즉 인권을 적용할 수 있는지가 문제된다.

2. 갑이 주장할 수 있는 인권

1) 직업선택의 자유

직업(선택)의 자유에서 직업은 생활의 기초를 형성하고 유지하는데 필요한 계속적인 모든 활동을 말한다. 직업의 요소로서 일반적으로 학설은 생활수단성, 계속성, 공공무해성(내지 사회적 유해성이 없을 것이 요소와 관련하여 공공무해성이라는 개념이 명확하지 않아 문제가 있다고 비판하면서, 당해 직업 내에서 이루어지는 전형적인 행동들이 법으로 금지된 것이 아니어야 한다는 것을 요소를 드는 견해도 있다)을 열거하고 있으나, 헌법재판소는 생활수단성, 계속성만 갖추면 그 종류나 성질은 불문한다고 판시하고 있다(헌재 1992.5.13./ 92헌마80).

갑은 프로야구선수가 되면 계속적으로 야구를 하여 그로써 생계를 유지할 것인데, 야구가 법적으로 금지되지 않고 공공에 유해한 행위가 아니라는 것은 말할 나위도 없으므로 프로야구선수가 헌법 제15조의 직업의 자유에서 말하는 직업에 속함은 두말할 나위 없다.

헌법 제 15조의 직업의 자유는 (ⅰ) 직업을 가질지 여부를 결정할 소극적 직업의 자유, (ⅱ) 일정한 직업을 선택할 자유, (ⅲ) 선택한 직업에 종사(수행, 행사)할 자유, (ⅳ) 일정한 직업을 포기하거나 모든 직업적 활동을 그만둘 수 있는 직업종료의 자유 등을 그 내용으로 한다. 직업수행의 자유에는 개인의 직업적 활동을 하는 장소, 즉 직장을 선택할 자유도 포함된다. 야구선수라는 직업을 유지하고 활동하기 위해서는 소속 구단이 필수적으로 있어야 하므로, 구단을 선택한다는 것은 일방사인이 직장을 선택하는 것과 마찬가지로 직업의 자유의 보호영역에 포섭된다.

2) 계약의 자유

헌법 제10조에 보장된 행복추구권의 한 내용으로서 일반적 행동자유권을 들 수 있는 바, 이 일반적 행동자유권으로부터 계약의 자유가 파생된다(헌재 1991.6.3./ 89헌마204). 계약의 자유에는 계약체결 여부, 계약의 상대방, 계약의 방식과 내용 등을 당사자의 자유로운 의사로 결정하는 자유가 포함된다. 프로야구선수는 구단과 입단계약을 할 때 어느 구단과 계약을 할 것인가를 결정할 수 있고, 이것은 계약의 상대방을 정할 수 있는 자유로서 계약의 자유의 보호영역에 포섭된다.

3) 직업의 자유와 계약의 자유의 관계

(1) 인권의 경합의 의의

인권의 경합이란 한 인권주체의 어떤 행동이 동시에 여러 인권의 보호영역에 해당되는 경우에 발생한다. 사안의 경우 갑의 구단선택권은 직업의 자유와 계약의 자유의 보호영역에 모두 포섭되므로 인권의 경합에 해당된다.

(2) 해결방법

① 경합하는 어떤 인권이 다른 인권에 비하여 특별한 것일 때나(예컨대 개별적 자유권이 행복추구권에 대하여 가지는 관계), 어떤 인권이 다른 인권에 비해서 사항적, 기능적 관련성이 우선할 때는 그 인권이 다른 인권에 우선하고 다른 인권을 실익이 있는 경우에 한하여 별도로 검토될 여지가 있을 뿐이라고 보아야 한다.

② 문제는 일반-특별의 관계(이른바 법조경합)도 성립하지 아니하고, 어떤 한 인권의 사

항관련성이 두드러지지도 않을 때의 해결방법이다. 이에 대해서는 (ⅰ) 사슬의 강하기는 그 가장 약한 부분에 의하여 결정된다고 하여 가장 약한 인권의 효력만큼 보장된다고 보는 최약효력설(이 학설은 독일의 망골트와 클라인의 기본법 주석서 에서 주장되었던 것인데, 동 주석서에 참여한 슈타르크 교수의 제3판에서 포기한 학설이다). (ⅱ) 인권존중사상에 바탕을 두어 효력이 보다 강한 인권이 기준이 되어야 한다는 최강효력설이 있다. 그러나, (ⅲ) 상호 배척하는 관계에 놓이지 않는 한 다수의 인권을 원칙적으로 병렬적으로 적용하여 판단하여야 할 것으로 본다.

③ 헌법재판소는 인권이 경합하여 문제되는 경우 인권 침해를 주장하는 제청신청인과 제청법원의 의도 및 인권을 제한하는 입법자의 객관적 동기 등을 참작하여 사안과 가장 밀접한 관계에 있고 또 침해의 정도가 큰 주된 인권을 중심으로 해서 그 제한의 한계를 따져보아야 한다고 판시한 바 있다(헌재 1998.4.30./ 95헌가16).

(3) 사안의 검토

구단선택권은 구단, 즉 직장을 선택할 수 있는 자유가 핵심이고, 계약의 자유는 이를 실행하는 수단 내지 방법에 지나지 않으므로 갑은 직업의 자유를 주장하는 것으로 족하다고 할 것이다.

3. 을 구단이 주장할 수 있는 인권

1) 법인의 인권 주체성

(1) 문제의 소재

을구단은 주식회사로서 법인이다(상법 제171조 제1항). 따라서 을구단과 같은 법인에게도 인권주체성이 인정될 수 있는지 문제된다. 법인이 인권의 주체가 될 수 있느냐에 관해 독일기본법 제19조 제3항("인권은 그 본질상 국내법인에 적용 가능한 것인 한 이에 대하여도 적용된다.")과 같은 헌법상의 명문규정이 없는 우리나라에서는 학설과 판례에 맡겨진 문제라 하겠다.

(2) 학설 및 판례

① 부정설

ⅰ) 법인의제설의 입장에서 법인에게는 사실상의 필요에 의하여 재산영역에 한해 일정

한 인권이 인정될 뿐 일반적 권리능력을 인정할 수는 없다고 하거나, ii) 칼 슈미트 류의 인권관으로부터 인권의 전국가성에 비추어 자연인이 아닌 실정법의 창조물인 법인에게는 인권을 인정할 수 없다고 한다.

② 긍정설

i) 법인실재설의 입장에서 법인은 사회적 유기체로서 현실적인 인격을 보유하는 것이므로 자연인과 마찬가지로 인권주체가 된다고 하거나, ii) 통합론의 입장에서 통합의 한 형식으로서의 법인에게도 인권이 인정된다고 하거나, 법인의 활동이 결국 자연인의 이익을 위한 것이라는 합목적성의 관점에서 법인에게도 인권이 인정될 수 있어야 한다고 본다.

③ 판례

헌법재판소는 사죄광고결정에서 인격권을 법인에 대하여 인정한 바 있고(헌재 1991.4.1./ 89헌마160), 민법상 비영리사단법인인 한국영화인협회에 인권주체성을 인정한 바 있어(헌재 1991.6.3./ 90헌마56) 법인의 인권주체성을 긍정하는 입장에 서있다.

④ 검토

법인을 설립하여 법인의 형태로 하는 활동도 결국 사람들의 활동양식 가운데 한 가지인 것이고, 궁극적으로는 자연인의 이익에 봉사하는 것이므로, 자연인이 개인적으로 하는 활동양식과 마찬가지로 경우에 따라서 인권에 의한 보호의 필요성이 있을 것이다. 따라서 인권의 성질이 허용하기만 한다면 법인에게도 당해 인권의 주체성을 인정해야 할 것이다. 특히 자연인에게 고유한 특성인 정신적, 신체적 속성을 전제로 하는 -이른바 인신전속적인 - 인권 외에는 널리 법인에게도 인정된다고 할 것이다. 따라서 을구단도 주장하는 인권의 성질에 따라 그 주체성을 인정받을 수 있을 것이다.

2) 영업의 자유

(1) 영업의 개념 및 영업의 자유의 헌법적 근거

영업이란 개인생활의 기초를 이루는 계속적·독립적·수익적 활동이라고 할 수 있는데 '독립적' 활동이라는 점에서 직업보다 다소 좁은 개념이다. 영업의 자유는 헌법에 명문화되지 않아서 헌법상 근거가 문제되는데, 이에 관하여 ① 직업의 자유는 영업의 자유보다 넓은 개념이며 영업의 자유는 직업행사의 자유의 일환으로 직업의 자유에 포함된다는 견해, ② 영업의 자유는 자연인의 경우에는 직업의 자유의 한 내용에 지나지 않지만 법인의 경우에는 직업의 자유 바로 그것이라는 견해(허영)그리고 ③ 영업의 자유는 재산권과 같은 것으로 보아 헌법 제23조에서 보장된다는 견해가 있다.

헌법재판소는 "직업의 자유는 영업의 자유와 기업의 자유를 포함하고, 이러한 영업 및 기업의 자유를 근거로 원칙적으로 누구나가 자유롭게 경쟁에 참여할 수 있다."고 하여 직업의 자유에 포함되는 것으로 보고 있다(헌재 1996.12.26./ 96헌가18). 영업의 자유는 재산적 가치로서 보호되는 것이 아니라 활동의 보호에 그 의미가 있으므로 재산권에 근거를 두는 것으로 볼 것은 아니다. 또한 법인은 그 기관에 의하여 행동하며 기관의 행위는 자연인의 행위와 구별할 수 없다. 따라서 영업의 자유는 직업행사의 자유의 하나에 해당하는 것으로 보는 것이 타당하다고 본다.

(2) 지명권제도가 영업의 자유의 보호영역 내에 있는지 여부

영업의 자유는 ① 개업의 자유, 영업의 유지·존속의 자유, 폐업의 자유 등을 포함하는 영업하는 자유, ② 자본과 상품의 생산·거래·처분의 자유를 말하는 영업활동의 자유를 내용으로 한다. 프로야구구단은 지명권제도를 통하여 선수를 수급하고 이를 통하여 그들의 영업을 유지·존속시키므로 지명권제도는 을구단의 영업의 자유의 보호영역에 포섭된다.

3) 계약의 자유

프로야구선수와 구단간의 선수계약은 스포츠활동이라는 노무제공을 약정하는 용역공급계약에 해당하고, 여기에서 지명권제도는 프로야구구단이 그들의 계약상대방을 결정하는 방법이므로 계약의 상대방을 정할 수 있는 자유로서 계약의 자유의 보호영역에 포섭된다고 보아야 할 것이다.

4) 영업의 자유와 계약의 자유의 관계

영업을 유지·존속하기 위하여 지명권 제도라는 수단을 사용하는 것이므로 을구단은 영업의 자유를 주장하는 것으로 족하다고 할 것이다.

4. 인권의 대사인적 효력문제

1) 문제의 소재

을구단의 지명권행사에 의해 갑의 인권이 침해되었는지를 살피기 위해서는 우선 헌법의 인권규정이 사인간의 법률관계에도 효력이 미치는지를 밝혀야 하고, 을구단이 지명권행사가 자신의 인권행사라고 주장하기 위해서도 마찬가지로 헌법의 인권규정이 사인간의 법률관계에도 적용되는지를 살펴보아야 한다. 그러나 우리 헌법상 명문으로 사인에 대한 인권의 효력을 인정하는 일반규정이 없으므로, 이에 관한 외국과 국내의 이론과 판례를 살펴보고 그 적용가능성을 검토한다.

2) 인권의 대사인적 효력에 관한 외국의 이론

(1) 독일의 학설과 판례

① 직접효력설

인권은 공권력에 대한 주관적 공권뿐만 아니라 사인에 대한 주관적 사권도 함께 부여하기 때문에 구태여 사법상의 원칙조항과 같은 매개물을 통할 필요 없이 직접 사인상호간의 법률관계에도 적용된다는 견해이다. 이 설을 주장하는 니퍼다이가 법원장으로 재직한 바 있는 독일연방노동법원은 이 설에 따른 판결을 주로 내려 왔다.

② 간접효력설

사인간의 사적인 법률관계를 규율하는 것은 우선은 사법이고, 사법의 영역에서는-강행규정에 의해 지배되는 공법의 영역과는 달리 사인간의 자유로운 의사의 합치를 우선 존중하는 사적 자치의 원칙이 지배하기 때문에, 공법인 헌법상의 인권규정을 사법관계에 직접 적용하면 사법의 고유성 내지 독자성이 상실될 우려가 있다고 보고, 인권은 사법의 일반조항을 매개로 하여 그 일반조항의 해석기준으로 작용함으로써만 간접적으로 사인상호간에도 적용될 수 있다는 견해이다.

이 학설에 따르면 인권은 일차적으로는 국가권력에 대한 국민의 방어적 권리로서 주관적 공권이지만, 그와 더불어 공동생활의 기초가 되는 원칙 규범 내지 객관적인 질서의 요소도 된다. 이러한 인권의 원칙규범적 성격 내지 객관적 질서의 요소로서의 성격으로부터 인권이 공·사를 불문하고 모든 생활영역에 효과를 미치게 되는 이른바 방사효과(放射效果)를 가지게 된다고 한다. 인권의 방사효과 때문에 **신의성실원칙, 권리남용금지원칙, 선량한 풍속의 유지, 불법행위의 금지** 등을 규정한 사법상의 일반조항을 해석할 때 그 내용이 인권적 가치로 채워져서 사인상호간의 법률관계에 적용되어야 한다는 것이다. 귄터 뒤리히가 주장한 이래 독일의 거의 통설적인 견해가 되었고, 독일연방헌법재판소도 이 견해를 채택한 판례를 확립하고 있다.

(2) 미국의 학설과 판례

미국에서는 인권이 대국가적 효력을 가지는 것임을 전재로 하여 사인의 특정한 행위를 국가행위로 간주되는 경우에 한하여 그 사인에 대한 효력을 가지고 사법관계에 직접 적용될 수 있다는 판례이론을 구성하고 있다. 이것을 국가유사이론 또는 국가행위의제이론(state action doctrine)이라고 한다. 여기에서 사인의 행위가 국가행위로 의제되기 위한 매개물을 기준으로 국가재산이론, 국가원조이론, 통치기능이론, 사법집행이론, 특권부여의 이론 등이 발전되었다.

(3) 국내 학설의 입장

① 학설의 입장

ⅰ) 인권은 그 성질상 사인간에 적용될 수 없는 것을 제외하고는 원칙적으로 사법상의 일반조항을 통하여 간접적으로 사인간에 효력을 미치는 것이지만, 직접효력을 인정하는 명문규정이 있거나 성질상 직접 적용될 수 있는 인권은 사인간에도 직접효력을 미친다는 견해와 ⅱ) 직접 적용될 수 있는 인권의 범위를 확대하는 것에 반대하면서, 헌법이 특별히 직접적 효력을 인정한다고 보는 제21조 제4항의 언론출판의 자유만 사인간에 직접 적용될 수 있을 뿐이라는 견해가 있다.

② 판례의 입장

판례는 영업의 자유를 제한하는 약정은 피고의 법률상 지위에 중대한 제한을 부과하는 것으로, **언제든지 일방적으로 해약할 수 있다고 하여 헌법상 직업(선택)의 자유와 관련해서 약정(계약)의 내용을 수정하는 해석을 한 바 있다**(대법원 1964.5.19./ 63다915 판결).

3) 소결 및 사안에 대한 적용

인권의 대사인적 효력의 문제는, 사법질서의 고유성·독자성을 해치지 않으면서도 인권이 원칙규범으로서의 역할을 다 할 수 있도록 원칙적으로 간접적 효력설에 따라 사법의 일반조항을 통해 사인간에도 효력이 미친다고 보는 것이 타당하다. 다만, 사법절차적 인권과 같이 성질상 사인간에 적용될 수 없는 인권이 있고, 사인간의 관계를 전제로 규정된 근로3권과 같이 처음부터 사인간에 적용되는 것을 예상한 인권의 경우 위의 이론과 별개의 문제라고 보아야 할 것이다.

직업(선택)의 자유와 영업의 자유는 헌법의 명문상 또는 성질상 사인간에 직접 적용될 수 있는 인권이 아니고, 반대로 성질상 사인간에 적용될 수 없는 인권도 아니므로, 일반원

칙대로 사인간에도 민법의 일반조항을 통하여 간접적으로 적용될 수 있는 것으로 볼 수 있다.27)

5. 인권의 충돌 및 해결방법

1) 인권 충돌의 의의

인권의 충돌이란 복수의 인권주체가 국가에 대해 각기 인권의 적용을 주장하고 국가가 양자의 인권을 동시에 보장해 줄 수 없는 경우를 말한다. 이는 외견상 인권의 충돌처럼 보이나, 실제에 있어서는 '문제된 행위가 어느 인권주체의 인권의 보호영역에 속하지 않는 것으로서 충돌현상이 존재하지 아니하는 유사(사이비, 외견적)충돌' 및 '인권과 인권의 충돌이 아닌 인권과 기타의 헌법적 법익의 충돌인 부진정한 충돌'과 구별된다. 사안에서 갑은 직업(선택)의 자유를 주장하고, 을구단은 영업의 자유를 주장하고 있는 바, 이들 모두 보호영역에 포섭되므로 인권의 충돌이 존재한다.

2) 인권 충돌의 해결방법

인권의 충돌을 해결하기 위한 방법으로 이익형량에 의한 해결방법과 실제적 조화의 원칙에 의한 해결방법이 제시되고 있다. 이익형량에 의한 해결은 충돌하는 인권 상호간에 이익형량을 하는 것이다. 이익형량을 할 때에는 상하인권간의 충돌의 경우와 동위인권간의 충돌의 경우를 구별하여, 전자는 상위인권에 우선적 효력을 인정하고, 후자는 인격적 가치나 자유권을 우선한다. 그러나 이익형량에 의한 해결은 인권충돌의 해결에 제한적으로 유용한 것에 불과하다. 실제적 조화의 원칙은 언제나 하나의 인권을 다른 인권에 우선시키지 않고 헌법의 통일성을 유지하기 위하여 충돌하는 인권 모두가 최대한으로 그 기능과 효력을 나타낼 수 있도록 조화시켜 보장하는 방법을 찾으려는 것이다. 이익형량의 방법과 달리 인권내의 위계질서를 반드시 전제로 하지 않고 충돌하는 두 인권의 효력을 함께 존중하는 방법을 찾기 위해 노력하므로 헌법의 통일성 유지의 관점에서 실제적 조화의 방법이 타당하다고 본다. 그러나 이로써 모든 문제를 다 해결할 수는 없으므로 두 방법을 모두 동원할

---

27) 인권의 대사인적 효력이 실무상 문제되는 것은 민사관계의 법적 분쟁에서 당사자나 법원이 인권 침해를 원용하여 청구하거나 재판할 수 있는가의 문제인데, 그에 대한 구체적 규율이 존재하는 경우(예를 들면 독점규제및 공정거래에 관한 법률, 남녀고용평등법, 언론중재법, 특허법 등등)에는 그것을 원용하면 충분하고, 굳이 인권까지 원용할 필요는 없다. 다시 말하여 인권의 대사인적 효력을 특별히 검토할 필요가 없다. 본 사례의 실제사례인 임선동 지명권효력 무효확인 소송(서울지방법원 남부지원 1995.12.28./ 95카합4466) 등을 참조할 것.

필요가 있다. 헌법재판소도 두 가지 방법을 병용하고 있다(헌재 1991.7.22./ 89헌가106: 1991.9.16./ 89헌마165). 사안에서는 어느 인권이 우선하는 것으로 볼 수 없으므로 실제적 조화의 원칙에 따라 비례성 심사를 하여야 한다.

3) 실재적 조화의 원칙에 따른 심사

(1) 비례성 원칙

실제적 조화의 원칙에 의한 비례성 심사를 할 때 침해당했다고 주장되고 있는 인권을 중심으로 검토하게 된다. 사안의 경우 갑의 직업(선택)의 자유를 피침해인권으로 을구단의 지명권행사가 비례성원칙을 지켰는지 검토한다. 비례성원칙에 따라 **을구단의 행위는 목적의 정당성, 수단의 적합성, 피해의 최소성, 법익의 균형성을 충족하여야 한다.** 다만 이때에는 침해의 목적은 침해주체의 인권으로 정당화되므로 목적의 정당성의 경우 일반적인 비례성 심사와 달리 별도로 검토할 필요는 없다.

(2) 사안의 검토

지명권제도는 갑의 직업의 자유 중 직장을 선택할 수 있는 자유를 완전히 배제하고 을구단의 영업의 자유만을 충족시키는 것으로서 과연 적합한 수단인지 의문이 있다. 그리고 설사 수단의 적합성이 인정된다고 하더라도, 지명권제도에 의한 선수선발 외에 선수들의 인권을 침해하지 않으면서 선수를 선발할 때 발생하는 과열경쟁을 줄일 수 있는, 선수가 일방적인 구단의 지명권행사를 거부할 수 있는 제도, 선수가 트레이드를 요구할 수 있게 하는 제도 또는 자유계약선수제도(FA제도)의 요건을 완화하는 제도와 같은 **보다 경미한 수단이 존재**하는데도 전혀 이를 고려하지 않고 있어 갑의 직업의 자유를 박탈하는 결과를 초래하는 지명권제도는 **피해의 최소성에 위반된다**고 하겠다.

또한 피해의 최소성이 설사 인정된다 하더라도, 구단간 전력평준화를 위해 지명권을 행사하는 것은 갑의 구단선택권을 박탈하고, 만약 갑이 지명구단의 교섭에 응하지 않는 경우 영구히 프로야구선수로서 활동이 불가능할 수도 있어 갑이 침해당하는 직업의 자유에 비추어 **법익의 균형성을 충족시킨다고 보기 어려울 것이다.**

따라서 을구단의 지명권행사는 영업의 자유에 포섭되기는 하나, 비례성원칙을 충족하지 못하여 그와 충돌하는 갑의 직업의 자유를 침해하는 것이다.

4) 사안에 대한 적용 및 판결

갑의 직업의 자유가 민법 제103조를 매개로 간접적으로 적용되어 위원회의 야구규약의 지명권제도 및 을구단의 지명권행사는 선량한 풍속기타 사회질서를 위반한 행위로서 무효라고 판단되어야 할 것이다. 판례도 야구규약은 신인선수의 헌법상 보장된 직업(선택)의 자유를 지나치게 제한하는 것으로서 이는 선량한 풍속 기타 사회질서에 위반한 사항을 내용으로 하는 법률행위가 되어 무효라고 판시한 바 있다(서울지법 남부지원 1995.12.28./ 95카합4466 결정).

6. 결 론

1) 야구규약은 프로야구구단 및 프로야구에 참가하는 자를 구속하는 일종의 조합적 집합계약인 바, 그에 규정된 지명권제도는 구단이 지명한 선수에 대한 지명구단의 독점권을 인정하고 있고, 을구단의 지명권행사로 인하여 갑의 구단선택권, 즉 사법상 계약인 선수계약의 교섭체결권이 침해되었으므로 갑은 을구단을 상대로 민사소송인 지명권무효확인의 소[28]를 제기할 수 있다.

2) 지명권제도와 관련하여, 갑과 을구단은 각각 직업의 자유와 영업의 자유를 주장할 수 있는 바, 동 인권들에 대하여는 대사인적 효력이 인정되어 사인간의 법률관계에서도 주장 가능하므로 갑의 직업의 자유와 을구단의 영업의 자유 사이에는 인권의 충돌이 존재한다.

3) 지명권제도로써 인권의 충돌을 해결하고자 한 것은 실제적 조화의 원칙에 따른 비례성을 위반하여 갑의 인권(직업의 자유)을 침해한 것이다.

4) 따라서, 위원회의 야구규약 및 을구단의 지명권행사는 갑의 직업의 자유를 침해하여 민법 제103조에 위반되는 행위이므로 법원은 갑이 청구한 지명권무효확인의 소를 인용하여야 한다.

---

28) 민사소송은 내용을 기준으로 하면 이행의 소, 확인의 소, 형성의 소로 나눌 수 있다. 이행의 소란 금전의 지금이나 물건의 양도와 같이 피고에 대한 특정한 이행청구권의 존재를 주장하여 그 확인과 이에 기초한 이행을 명하는 판결을 구하는 소송이다. 확인의 소란 본 사안에서와 같이 지명권과 같은 특정한 권리 또는 법률관계의 존부를 주장하여 이를 확인하는 판결을 구하는 소송이다. 그 밖에도 친자확인소송, 혼인관계 존부소송 등을 예로 들 수 있겠다. 형성의 소란 법률관계의 변동을 일으키는 다양한 법률요건의 존재를 주장하여 그 변동을 선언하는 판결을 구하는 소송이다. 예를 들면 이혼소송, 파양소송 등이 그것이다.

생각해 보기

↦ 혐연권과 끽연권이 충돌할 때 어떻게 해결해야 하나?

참조) 국민건강진흥법시행규칙 제7조 위헌확인(헌재 2004. 8. 26./ 2003헌마457)

◈읽어보기

서울지방법원 1995.12.28. 95카합4466 【지명권효력정지】

【신 청 인】 임△동 (소송대리인 변호사 제○○성)

【피신청인】 주식회사 엘◇스포츠 (소송대리인 변호사 오○환)

【주 문】 1. 피신청인이 1991. 11. 신청인에 대하여 행한 지명권의 효력을 정지한다.

2. 피신청인은 신청인이 일본 프로야구기구에 야구선수로서 등록을 하고 일본국에서 프로야구 선수로 활동하는 데 대하여 신청외 한국야구위원회나 일본 프로야구기구에 이의를 제기하는 등 일체의 방법으로 이를 방해하여서는 아니된다.

3. 소송비용은 피신청인의 부담으로 한다.

【이 유】 **1. 기초사실**

기록에 의하면, 다음과 같은 사실이 인정된다.

가. 신청인은 야구선수로서 1992. 2. 서울에 있는 ○○학교를 졸업하고 현재 서울에 있는 ○○학교 4학년에 재학중인 학생으로서 1996. 2.경에 졸업할 예정이고, 피신청인은 '엘지 트윈스' 프로야구단의 운영 등을 목적으로 하는 주식회사로서 국내 8개 프로야구단을 회원으로 하여 구성된 신청외 사단법인 한국야구위원회(KBO, 이하 위원회라고만 한다)의 회원으로 있다.

나. 신청인은 1991. 11.경 피신청인에 의하여 위원회 규약(뒤에 보는 바와 같이 1995. 12. 23. 개정되기 전의 것을 말하며, 이하 야구규약이라고만 한다) 제108조, 제109조 등의 규정에 따라 피신청인이 보유할 신인선수로 1차 지명되고 위원회 총재에 의하여 공시되기까지 하였으나, 국내 프로야구에 참가하지 않고 ○○학교에 진학하여 아마추어 야구 선수로 활동하다가 졸업을 앞두고 일본국 프로야구에 진출할 것을 결심하여 1995. 10. 9. 일본 '다이에 호크스' 프로야구단을 운영하는 신청외 주식회사 '복강(福岡)다이에 호크스'(이하 일본 다이에라고만 한다)와 입단계약을 체결

하였다.

다. 야구규약에 의하면 위 규약은 위원회 정관에서 정하지 않은 프로야구의 운영에 관한 사항을 규정함을 목적으로 하고 (제1조), 위원회의 회원(이하 구단이라고만 한다) 및 프로야구에 참가하는 자는 야구규약을 성실히 준수할 의무를 갖는데 (제2조), 각 구단은 신인선수 중 구단보호지역 내의 ○○학교를 기준으로 1명의 신인선수를 1차 지명하여 그 명단을 매년 11. 5.까지 위원회 총재에게 제출하여야 하고 (제108조), 총재는 제출된 신인 지명선수 명단을 검토한 후 매년 11. 8.까지 이를 공시하여야 하며 (제109조), 이렇게 구단이 1차 지명한 신인선수는 해당 구단이 지명권을 포기하거나 위 규약 제111조의 규정에 의하여 그 효력이 상실되지 않는 한 지명구단에게 영구히 그 보유권이 존속되어 (제112조), 이후 보유권을 가진 지명구단은 1차 지명한 신인선수에 대하여는 독점적인 선수계약체결 교섭권을 갖게 되고, 다른 구단은 그 선수와 선수계약체결을 교섭할 수 없게 된다.

라. 한편, 위원회 총재와 신청외 일본국 프로야구기구를 대표하는 일본 프로야구기구(JBO) 커미셔너는 1983. 7. 24. 한·일선수계약협정을 체결하여 시행해 오고 있고, 이에 의하면 일본 프로야구 구단이 한국선수와 선수계약 체결을 교섭함에 있어 만약 해당 한국선수가 한국구단과 계약중이거나, 보류중이거나, 혹은 비현역선수 명단에 들어 있을 경우에는 일본구단은 해당 한국구단 및 위원회 총재의 동의가 있지 않는 한 해당 한국선수와 직접 교섭 또는 계약을 체결할 수 없게 되어 있다(위 협정 제6조).

마. 피신청인은 신청인이 일본 다이에와 입단계약을 체결하자 1995. 10. 중순경 위원회에 공문을 보내어 피신청인이 신청인을 1차 지명하여 영구보유권을 갖고 있음에도 불구하고 신청인이 위와 같이 입단계약을 체결하고 일본 프로야구기구에 등록하려는 것은 위 한·일선수계약협정의 기본정신에 위반된다는 취지로 강력히 이의를 제기하였고, 이에 1995. 11. 2. 일본국 도쿄에서 위원회 총재와 일본 프로야구기구 커미셔너는 회담을 열고, 일본 프로야구기구 산하의 2개 연맹인 퍼시픽리그연맹과 쎈추럴리그연맹의 각 회장의 동의하에, "일본측에서는 첫째, 한·일선수계약협정과 한국야구위원회 야구규약을 존중할 것을 재확인하고, 둘째, 한국프로야구단이 갖는 지명권을 존중하고 지명구단의 동의 없이는 국내외의 어떤 타구단도 지명권을 침해할 수 없다는 것이 일본 프로야구기구의 변함없고 일관된 자세다."라는 내용의 합의문을 발표하였다.

바. 한편, 신청인이 입단계약을 체결한 일본 다이에는 일본 프로야구기구 산하의 퍼시픽리그연맹에 소속된 구단으로서 일본 프로야구협약에 의하면 신청인이 일본국에서 프로야구선수로 활동하려면 우선 퍼시픽리그연맹 회장의 입단계약 승인을 받아 등록을 하여야만 하는데, 신청인이 1995. 11. 23. 피신청인을 상대로 이 법원에 가처분신청을 내자, 같은 달 30. 피신청인은 위원회에 위 한·일 양국 커미셔너 회담의 내용을 주지시키면서 소송을 당했으니 피신청인을 협조하고 같은 취지로 일본 프로야구기구에도 통보해 달라는 내용의 협조공문을 보내었고, 그 무렵 위 퍼시픽리그연맹의 회장은 언론기자 등에게 위 연맹은 위 한·일 양국 커미셔너 회담의 결정을 끝까지 준수하고 신청인에 대한 계약서가 일본 다이에로부터 제출되더라도 보유권을 갖고 있는 피신청인

의 동의가 없는 한 위 서류를 반려하고 위 계약을 승인하지 않겠다는 태도를 거듭 표명하였다.

사. 그 후 위원회는 이 사건 심문종결 후인 1995. 12. 23. 임시총회를 열고, 야구규약 제112조에 의하여 종래 영구적이던 지명권 행사에 의한 보유권의 존속기간을 5년으로 단축하되, 지명된 ○○학교 ○○대학에 진학하여 대한야구협회 선수로 등록되어 있는 기간은 계약교섭권의 보유기간에 포함시키지 않고, 또 계약교섭권 보유기간이 만료된 선수는 다시 지명되기 전까지는 국내외를 막론하고 어느 구단과도 계약교섭을 할 수 없는 것 등으로 개정하였다.

2. 당사자들의 주장

가. 신청인의 주장

(1) 피신청인이 행한 위 1차 지명권은 야구규약(개정되기 전의 것을 말하며, 이하 같다) 제108조, 제112조 등에 근거한 것이나 위 야구규약은 국내 프로야구에 참가한 적이 전혀 없는 신청인에게는 아무런 효력이 없고, 단지 위원회와 그 회원인 프로야구 구단 및 그 프로야구에 참가하는 국내 프로야구선수 등에게만 효력이 있는 그들만의 내부규약에 지나지 않는 것인데, 그럼에도 불구하고 위 지명권제도에 의하여 선수는 구단이 일방적으로 자신을 지명하였다는 이유 하나만으로 평생 그 지명구단과만 선수계약을 체결하여야 한다는 것은 **헌법상 보장된 국민의 직업선택의 자유를 현저히 침해**할 뿐만 아니라 독점규제 및 공정거래에 관한 법률 제19조에 위반되는 각 구단의 부당한 공동행위로서 **무효**이다.

(2) 또한, 신청인은 국내 구단과 계약 또는 보류상태에 있거나 비현역선수명단에 들어 있는 프로야구선수가 아니기 때문에 위 한·일선수계약협정의 적용을 받지 않고 피신청인의 동의 없이도 일본 다이에와 입단계약을 체결하고 일본 프로야구기구에 등록할 수가 있음에도 불구하고 피신청인이 신청인에 대한 1차 지명권 행사를 이유로 방해하는 바람에 이유 없이 일본 프로야구기구의 승인을 받지 못하고 선수로서 활동을 못하고 있다.

(3) 한편, 신청인은 1996. 2. 졸업을 앞두고 일본 프로야구기구에 선수로서 등록을 하여 내년 1월부터 열릴 예정인 일본 다이에의 훈련에 참가하여야 하고, 또한 국내의 타구단과의 관계에 있어서도 위 야구규약상 금년 말까지 선수계약을 체결하여야 하는바, 시급히 피신청인을 상대로 위 지명권의 효력을 정지하는 등 그 효력을 배제하지 않으면 프로야구선수로서 활동하려는 신청인은 회복할 수 없는 현저한 손해를 입게 된다.

나. 피신청인의 주장

(1) 신청인은 피신청인이 그에게 행한 1차 지명권은 프로야구에 참가한 적이 전혀 없는 신청인에 대하여 아무런 효력이 없다고 주장하면서도 위 지명권의 효력정지를 구하고 있는바, 이는 자신에게 효력이 미치지 않는 지명권 행사의 효력정지를 구하는 것이어서 그 주장 자체에 있어 이 사건 가처분신청은 법률상 이익이나 필요가 없고, 또 피신청인은 신청인의 일본 프로야구 진출을 방해하는 어떠한 행위를 한 사실이 없으며, 다만 신청인의 일본 프로야구 진출이 여의치 않는 이

유는 한국 구단의 지명권 행사를 존중하기로 한 위 1983. 7. 24. 자 한·일 선수계약협정 및 1995. 11. 2.자 한·일 양국 프로야구기구 대표간의 합의내용에 따라 일본 프로야구기구가 피신청인의 동의가 없는 한 신청인의 일본 프로야구선수 등록을 거부하겠다는 데에 있는 것이므로, 설사 신청인의 주장대로 지명권의 효력을 정지하거나, 피신청인의 방해를 금지한다는 가처분결정이 내려진다 하여 신청인의 일본 프로야구선수로서의 활동이 가능해지는 것도 아니어서 결국 피신청인을 상대로 한 이 사건 가처분신청은 그 법률상 이익이나 필요가 없다.

(2) 지명권 행사에 의한 한국 프로야구의 신인선수 선발제도는 위원회를 구성하는 각 구단들의 자율적인 합의에 의해 마련된 제도로서 창단역사가 일천하고 신인선수를 발굴할 수 있는 시장이 빈약한 우리의 현실 여건 하에서는 구단 상호간의 과격한 신인선수 쟁탈전을 방지하고, 각 구단이 **우수한 신인선수를 골고루 선발 보유할 수 있게 함으로써 각 구단의 전력을 평준화하여 각 프로야구 구단 및 프로야구선수의 공존, 공생을 위하여 필요불가결한 제도이며, 결코 프로야구선수의 직업선택의 자유 등 기본권을 침해하는 위법, 부당한 제도는 아니다.**

(3) 뿐만 아니라, 어느 구단에 의해 1차 지명된 신인선수가 지명권 행사를 한 구단 이외의 타 구단과 자유로운 선수계약을 체결할 수 없게 되는 것은 1차 지명권을 행사한 구단 이외의 다른 구단들이 그 선수와는 선수계약체결을 위한 교섭에 응해 주지 않기 때문인 것으로서, 신청인에게 직업선택의 자유가 있는 것처럼 각 구단들도 어느 특정구단이 그 구단의 프로선수로 선수계약을 체결하겠다고 지명한 신인선수와 선수계약 체결을 교섭하지 아니할 자유권, 그 신인선수가 선수계약 체결을 교섭해 오더라도 이에 응하지 아니할 자유권이 있는 것이므로, 이러한 구단들의 자율에 의한 자유권 행사를 가리켜 헌법이 보장하는 신청인의 직업선택의 자유를 침해하는 행위라고 단정할 수도 없다.

3. 판 단

가. 피신청인 적격에 대하여

(1) 피신청인은 신청인에 대하여 이 사건 지명권을 행함으로써 신청인과 독점적으로 선수계약체결을 교섭할 수 있는 권리, 즉 선수계약체결교섭권 내지 보유권을 갖는 것이지만 이는 위원회와 구단 등에게만 효력이 미치는 것이므로 지금까지 프로야구에 참가하거나 위 지명권 행사에 동의한 적이 전혀 없는 신청인에 대하여는 아무런 효력이 없고, 또한 신청인은 아무추어 야구선수에 불과하여 위 1983. 7. 24.자 한·일 선수계약협정에서 말하는 '한국구단과 계약중이거나, 보류중이거나, 혹은 비현역선수 명단에 들어 있는 선수'에도 해당하지 않는다 할 것이므로, 원래 신청인은 피신청인의 이 사건 지명권 행사나 위 한·일 선수계약협정에 구애받지 않고 자유로이 일본 다이에와 선수계약체결의 교섭 내지 입단계약을 체결하고 일본국에서 소정의 절차를 밟아 선수로서 활동할 권리가 있는 것이다.

(2) 그럼에도 불구하고 피신청인은 신청인이 일본 다이에와 입단계약을 체결하자 신청인에 대

하여 이미 1차 **지명권을 행사하여 영구보유권을 갖고 있음을 내세워 위원회 및 일본 프로야구기구 등에 강력히 이의를 제기**하였고, 이로 인하여 앞서 본 바와 같이 1995. 11. 2. 한·일 양국 프로야구기구 대표 등이 회담을 열고 일본 프로야구기구 및 그 산하의 **일본 다이에가 소속된 퍼시픽리그연맹 회장은 피신청인이 갖는 지명권을 존중하고 피신청인의 동의 없이는 신청인과 일본 다이에와의 입단계약을 승인하지 않겠다고 결정**을 함으로써, 이에 신청인의 일본 다이에와의 입단계약상의 지위가 현재 위험, 불안에 빠진 것이므로, 이와 같이 신청인의 일본 프로야구로의 진출이 차질을 빚고 있는 것은 신청인의 주장과는 양립되지 않는 피신청인의 주장 내지는 부인, 이의제기 등의 방해행위에서 비롯된 것이라고 아니할 수 없다.

(3) 그리고, 원래 일본국의 프로야구계를 통할, 대표하는 기관인 위 일본 프로야구기구 커미셔너나 그 산하의 퍼시픽리그연맹의 회장은 피신청인의 지명권 행사에 이해관계가 없고, 또 신청인으로서도 피신청인에 대하여 위 입단계약에 대한 동의를 구할 아무런 법적인 권리가 없는 것이며, 더욱이 위 지명권 행사의 효력이 없는 경우에는 공익적인 성격의 위 양 기관이 신청인이나 일본 다이에에게 피신청인의 동의를 받아 오도록 요구할 하등의 법적인 근거가 없는 것이므로, 그럼에도 위와 같이 **피신청인의 동의를 조건으로 신청인의 입단계약을 승인하겠다고 한 것은 피신청인이 행사한 이 사건 지명권이 유효함을 전제로 한 것**으로서, 만약 분쟁의 이해당사자인 신청인과 피신청인 사이에서 위 지명권이 공적인 유권기관에 의하여 무효임에 확인된다면 피신청인의 동의에 갈음하여 위 입단계약을 승인하겠다는 의사를 표명한 것에 다름 아니라고 봄이 상당하고, 따라서 신청인은 그의 입단계약상의 지위에 현존하는 불안, 위험을 제거하기 위하여는 그 다툼있는 권리관계 발생의 근원이 되는 위 지명권을 행사하고, 나아가 계속 신청인과 저촉되는 지위에 서서 신청인의 권리실현을 방해하고 있는 **피신청인을 상대로 위 지명권 내지 지명권행사에 의한 보유권의 무효확인 및 방해배제를 구할 법률상의 이익과 필요가 있다** 할 것이다.

나. 피보전권리[29]에 대하여

(1) 독점규제 및 공정거래에 관한 법률의 위반

(가) 위 법 제1조는, 이 법은 사업자의 시장지배적 지위의 남용과 과도한 경제력의 집중을 방지하고, 부당한 공동행위 및 불공정거래행위를 규제하여 공정하고 자유로운 경쟁을 촉진함으로써 창의적 기업활동을 조장하고 소비자를 보호함과 아울러 국민경제의 균형있는 발전을 도모함을 목적으로 한다고 규정하고, 제2조 제1의 카호는, 기타 공공·사회 및 개인서비스업을 행위하는 자를 사업자의 하나로 열거하고 있으며, 제8호는 '일정한 거래분야'라 함은 거래의 객체별, 단계별 또는 지역별로 경쟁관계에 있거나 경쟁관계가 성립될 수 있는 분야를 말한다고 규정하고, 제19조 제1항은, 사업자는 계약, 협정, 결의 기타 어떠한 방법으로도 다른 사업자와 공동으로 일정한 거래분야에서 경쟁을 실질적으로 제한하는 다음 각호의 1에 해당하는 행위를 할 것을 합의(이하, '부당

29) 피보전권리란 보전처분을 함으로서 보호되는 권리를 말한다. 보전처분은 강제집행이 개시되기까지 채무자의 일반재산이나 다툼이 있는 목적물의 현상을 동결시켜 나중에 확정판결을 얻었을 때 그 판결의 집행을 용이하게 하고 그때까지 채권자가 입게 될지도 모를 손해를 예방하려는 것이다. 보전처분에는 가압류, 가처분 등이 있다.

한 공동행위'라 한다)를 하여서는 아니된다. 다만, 산업합리화 등을 위한 경우로서 대통령령이 정하는 바에 의하여 공정거래위원회의 인가를 받은 경우에는 그러하지 아니하다라고 규정하면서, 제4호에서 거래지역 또는 거래상대방을 제한하는 행위를 부당한 공동행위의 하나로 열거하고, 제2항에서는 제1항에 규정된 부당한 공동행위를 할 것을 약정하는 계약 등은 사업자간에 있어서는 이를 무효로 한다고 규정하고 있다.

(나) 그런데, **야구규약(이하 개정된 야구규약을 통틀어 말한다)은 형식적으로는 사단법인인 위원회의 정관에서 정하지 않은 프로야구의 운영에 관한 사항을 규정한 위원회의 내부규범이지만 동시에 실질적으로는 위원회를 구성하는 8개 구단의 합의에 의한 그들 사이의 조합적 집합계약의 성질을 가진 것으로 봄이 상당**하므로, 앞서 본 지명권 행사에 의한 위원회의 신인선수 선발제도, 일명 **'드래프트(DRAFT)'는 위원회를 구성하는 각 구단들의 합의에 의하여 각 구단은 다른 어느 구단에 의하여 지명된 신인선수와는 선수계약체결을 위한 교섭을 하거나 그 교섭에 응할 수가 없게 되고, 그 결과 그 선수는 지명구단 이외의 다른 구단과는 자유로운 선수계약을 체결할 수 없게 되는, 일종의 선수계약의 상대방을 제한하는 제도라 할 것이다.**

한편, 피신청인을 비롯한 구단들이 각 프로야구단 흥행사업의 영위 등을 목적으로 하는 위 법 제2조 제1의 카호 소정의 사업자들에 해당함은 분명하고(위 법시행령 제2조 제1항, 통계법 제11조 제1항, 같은법시행령 제11조 제1항 제5호, 한국표준산업분류 9498 이하 참조), 신청인과 같은 야구선수가 프로구단과 선수계약을 체결하는 것은 선수가 경기장에 출장하여 '경기 내지 플레이(play)를 한다'는 노무를 제공할 것을 약정하는 용역공급계약으로서, 이는 비록 고용계약의 일종으로 볼 수 있다 하더라도 그 제공하는 노무 내지 용역은 선수시장에서 경쟁적격을 갖춘 이른바 인격 있는 상품, 즉 경제적 재화에 해당함은 틀림없으므로, 선수의 공급시장은 위 법 제2조 제8호 소정의 일정한 거래분야가 될 수 있는 것이고, 또한 위 법은 제19조 제1항 제4호에서 말하는 '거래' 또는 '거래상대방'에 대하여 아무런 제한규정을 두고 있지 아니한바, 이는 사업자들의 (선수)시장 분할협정에 의한 시장지배력의 형성을 저지함으로써 위 법의 직접목적인 공정하고 자유로운 경쟁질서를 확립하려는 데 있다고 할 것이므로, 위와 같은 선수계약은 위 법 제19조 제1항 제4호 소정의 거래에 해당하고, 그 선수계약의 당사자인 신청인과 같은 선수는 그 거래상대방에 해당한다 할 것이다.

(다) 따라서, **위 야구규약의 지명권제도는 사업자인 피신청인이 다른 사업자들인 구단들과 합의하여 신인선수의 공급시장이라는 일정한 거래분야에서 선수선발경쟁을 실질적으로 제한하는 행위, 즉 위 법 제19조 제1항 제4호 소정의 거래상대방을 제한하는 부당한 공동행위를 하는 것에 해당**하고, 한편 위 야구규약에 대하여는 위 법 제19조 제1항 단서 소정의 공정거래위원회의 인가를 받은 바 없음은 명백하므로, 결국 **위 지명권제도에 관한 야구규약은 위 법 제19조 제2항에 위반하여 무효라 할 것이다.**

(2) 민법 제103조 위반

(가) 헌법이 보장하는 직업선택의 자유에는 **직업을 결정할 자유뿐만 아니라 직업수행의 자유도 포함되며, 그 직업수행의 자유에는 개인의 직업적 활동을 하는 장소 즉, 직장을 선택할 자유도 포**

함되는 것인바, 신청인은 피신청인의 이 사건 1차 지명권 행사에 의하여 직접 그 지명구단인 피신청인과 선수계약을 체결할 의무는 없다 하더라도, 피신청인과의 선수계약체결을 거부할 경우 영구히 국내는 물론 일본에서조차도 피신청인 이외의 다른 구단에서는 신청인과 선수계약체결을 위한 교섭에 응해주지 않게 됨으로써 사실상 신청인은 자기의 의사에 반하여 영구히 프로야구선수로서 활동을 하지 못하게 되는바, 아무리 위 지명권제도가 신인선수를 발굴할 수 있는 시장이 빈약한 우리 야구계의 현실 여건하에서 구단 상호간의 과격한 신인선수 쟁탈전을 방지하고, 무분별한 국제 스카우트전에서 국내 선수시장을 확보하며, 우수한 신인선수를 골고루 선발 보유할 수 있게 함으로써 각 구단의 전력을 평준화하여 프로야구의 균형 있는 발전에 기여하는 장점이 있고, 또 각 구단들도 자율에 의하여 어느 특정선수와 선수계약체결을 교섭하지 아니하거나 이에 응하지 아니할 계약거절의 자유권이 있다 할지라도, 국내에서 독점적으로 프로야구단 흥행사업을 영위하는 지위에 있는 구단들이 공동으로 그들의 일방적 의사만에 의하여 이와 같은 **지명권제도를 합의한 야구규약은 신청인의 헌법상 보장된 직업선택의 자유를 지나치게 제한하는 것으로서 이는 선량한 풍속 기타 사회질서에 위반한 사항을 내용으로 하는 법률행위가 되어 무효라** 할 것이다.

(나) 다만, 위원회는 앞서 본 바와 같이 1995. 12. 23. 지명권 행사에 의한 선수계약체결 교섭권의 존속기간을 일정한 조건하에 5년으로 단축하였으나, 위 5년의 존속기간이 합리적인지 여부에 대한 논의는 별론으로 하더라도, 위와 같이 야구규약을 개정하였다 하여 그것만으로 당연히 종래의 야구규약에 의하여 행사된 이 사건 1차 지명권의 효력이 개정된 야구규약에 의하여 5년간 유효하게 존속하는 것으로 간주되거나 전환될 수는 없는 것이다.

(3) 따라서, 이 사건 지명권제도에 관한 야구규약은 어느모로 보나 무효이므로 이에 기하여 피신청인이 행한 위 지명권은 아무런 효력을 발생할 수 없고, 그럼에도 불구하고 피신청인이 이러한 무효인 지명권 행사에 의하여 신청인에 대한 보유권을 갖고 있음을 근거로 신청인이 일본 프로야구기구에 등록하여 일본국에서 프로야구선수로 활동하려는 것을 방해하는 것은 위법, 부당하다 할 것이니, 신청인에게는 피보전권리가 소명된다.

다. 보전의 필요성에 대하여

앞서 본 바와 같이, 신청인은 1996. 2. 졸업을 앞두고 일본 프로야구기구에 선수로서 등록을 하여 1996. 1.부터 열릴 예정인 일본 다이에의 훈련에 참가하여야 하고, 그 밖에 기록에 의하면 국내의 다른 구단과의 관계에 있어서도 위 야구규약상 금년 말까지 선수계약을 체결하여야 하는 사실이 인정되는바, 이러한 사정에 비추어 보면 임시로 피신청인을 상대로 위 지명권 행사에 의한 보유권의 효력을 정지하여 그 효력을 배제하고 사전에 그 방해행위를 하지 못하도록 예방하지 않으면 프로야구선수로서 활동하려는 신청인은 회복할 수 없는 현저한 손해를 입게 될 우려가 있다 할 것이므로, 보전의 필요성도 그 소명이 있다.

4. 결 론

그렇다면, 신청인의 이 사건 가처분신청은 이유 있으므로 이를 인용하기로 하여 주문과 같이 결정한다.

판사 김태훈(재판장) 박성하 김은미

❖ 참고문헌

권오승, 계약자유와 그 제한, 고시계 1988년 11월.
박해식, 영업의 자유, 고시계 1987년 11월.
안은지, 직업선택의 자유, 고시계 2007년 12월.
장영철, 헌법상 계약자유의 의미와 보호, 고시연구 2004년 11월.
조윤신, 직업선택의 자유, 고시계 1989년 10월.

제 3 절 인권의 경합과 충돌2

I. 사례

인기 탤런트 갑은 을이 발행인으로 되어 있는 월간잡지 최근호에서 갑의 부부생활과 관련된 사생활을 들추어내어 인기관리에 어려움을 겪게 되자, 위 잡지기사에 의하여 자신의 헌법상 보장된 사생활의 비밀과 자유가 침해되었다고 주장하였다.

이에 대하여 을은 위의 잡지기사는 헌법상 표현의 자유의 행사에 의한 것이기 때문에 갑의 사생활의 비밀과 자유를 침해한 것은 아니라고 반박하였다.

갑과 을의 주장은 정당한가?

참조 : 손해배상 등 (서울중앙지방법원 2007.1.24./ 2006가합24129)

[공부거리]

I. 논점의 정리
II. 갑, 을이 주장하는 권리의 헌법적 근거 및 내용
 1. 갑이 주장하는 권리
  (1) 사생활의 비밀과 자유
  (2) 사례의 경우
 2. 을이 주장하는 권리
  (1) 언론 · 출판의 자유
  (2) 사례의 경우
III. 인권의 대사인적 효력
 1. 의의
 2. 인권의 대사인효에 관한 이론
 3. 사례의 경우
IV. 사생활의 비밀과 언론 · 출판의 자유 의 충돌
 1. 인권의 유사충돌인지 여부
  (1) 인권의 유사충돌의 개념
  (2) 사례의 경우
 2. 인권충돌의 해결방법
  (1) 인권 충돌의 일반적 해결방법
  (2) 사생활의 비밀과 언론 · 출판의 자유의 충돌시 특별한 해결방법

3. 사례에의 적용
V. 갑의 권리구제수단
1. 부작위청구
2. 손해배상청구
3. 원상회복청구
4. 반론보도청구
5. 형사고소
VI. 사안의 해결

Ⅱ. 해설

1. 논점의 정리

본 사례에서 검토해야 할 주요 논점은 다음과 같다. 첫째, 갑과 을이 주장하는 권리의 헌법적 근거 및 내용이 문제된다. 갑에 있어서는 사생활의 비밀과 자유를 주장할 수 있는지가 문제되고, 을에 있어서는 표현의 자유, 특히 보도의 자유를 주장할 수 있는지가 문제된다. 둘째, 헌법 제21조 제4항의 해석과 관련하여 본 사례가 인권의 유사충돌에 해당하는지가 검토되어야 한다. 셋째, 인권이 사인 간에 있어서도 효력을 갖는지가 문제된다. 인권의 충돌은 인권이 사인 간에도 효력을 미침을 전제로 하기 때문이다. 넷째 갑과 을이 주장하는 권리의 충돌이 문제되는데, 이의 해결방법이 모색되어야 한다.

2. 갑 · 을이 주장할 수 있는 인권

1) 갑이 주장할 수 있는 인권

(1) 사생활의 비밀과 자유

① 사생활의 비밀과 자유의 의의

현대사회를 정보화 사회라고 하는데, 정보사회화가 발전함으로써 정보가 제3의 자원이 되어 개인에 관한 정보까지도 당연히 수집, 정리, 보관 및 전파의 대상이 되었다. 이러한 과정에서 개인이 공개되기를 꺼리는 자기만의 사적 영역의 정보도 부득이 공개되거나 타인에 의하여 수집, 관리되는 경우가 있게 되었다. 이와 같이 사회의 정보화가 급속히 진행되면서 개인의 사생활은 공간적으로도 또 내용면에서도 중대한 위기를 맞이하게 되었고,

이러한 배경 하에서 대다수 국가들이 사생활을 법률 혹은 헌법의 차원에서 보호하기에 이르렀다. 우리나라도 헌법 제17조에서 '모든 국민은 사생활의 비밀과 자유를 침해받지 아니한다'라고 하여 사생활의 비밀과 자유의 불가침을 보장하고 있다.

② 사생활의 비밀과 자유의 내용

헌법 제17조에서 규정하고 있는 사생활의 비밀과 자유에는 사생활을 공개당하지 않을 '사생활의 비밀의 불가침', 사생활의 자유로운 형성과 전개를 방해받지 않을 '사생활의 자유의 불가침', 자신에 관한 정보에 대해 자유로이 열람, 정정, 사용중지, 삭제를 요구할 수 있는 '자기정보관리통제권'이 포함되어 있다. 즉 사생활의 비밀과 자유라 함은 소극적으로는 인격적 존재로서의 인간이 사생활의 내용, 명예, 신용 등을 침해받지 아니하고, 적극적으로는 자신이 원하는 사생활과 사적 활동을 영위할 수 있는 것을 의미한다.

(2) 사례의 경우

본 사안에서는 월간잡지사가 갑의 부부생활과 관련된 사생활을 들추어내어 잡지에 보도한 것이므로, 갑은 헌법 제17조의 사생활의 비밀과 자유의 권리 중에서 사생활의 내용을 공개당하지 아니할 권리, 즉 '사생활의 비밀의 불가침'이 침해되었음을 주장할 수 있다.

2) 을이 주장할 수 있는 인권

(1) 언론 · 출판의 자유

① 언론 · 출판의 자유의 의의

표현의 자유는 사상이나 의견을 외부에 표현하는 자유로서 개인적 표현의 자유인 언론 · 출판의 자유와 집단적 표현의 자유인 집회 · 결사의 자유를 총칭하는 개념이다. 언론 · 출판의 자유는 개인적 측면에서는 자신의 사상과 인격을 자유로이 발표함으로써 자유로운 인격발현을 가능하게 하고, 국가 사회적 측면에서는 민주적인 정치적, 법적 질서를 형성하고 유지하는 기능을 수행한다고 볼 수 있다.

② 언론 · 출판의 자유의 내용

언론 · 출판의 자유는 고전적 의미에서의 언론 · 출판의 자유와 현대적 의미에서의 언론 · 출판의 자유로 나눌 수 있는데, 전자는 불특정의 다수인을 상대로 자신의 의견이나 사상을 자유로이 표명하거나 전달할 수 있는 자유이며, 후자는 고전적 의미의 언론 · 출판의 자유 외에 알 권리, 액세스권, 반론권, 언론기관 설립권, 언론기관의 자유까지도 그 내용으로 한다. 언론기관의 자유에는 보도 및 논평의 자유, 취재의 자유, 보급의 자유, 출간시기의 결정, 편집활동 등 보도활동의 자유 등을 그 내용으로 한다.

(2) 사례의 경우

잡지발행인 을은 갑의 사생활 침해에 대해 그 자신의 고전적 의미에서의 언론·출판의 자유를 주장할 수 있을 뿐만 아니라 잡지사의 “언론기관의 보도의 자유”를 주장할 수도 있다. 잡지사의 “언론기관의 보도의 자유”를 주장할 경우에는 단체의 인권주체성이 문제되나, 우리 헌법재판소는 법인뿐만 아니라, 법인 아닌 사단, 재단이라도 대표자의 정함이 있고 독립된 사회적 조직체로서 활동하는 때에는 성질이 허용하는 한 인권주체성을 폭넓게 인정하므로 잡지사의 “언론기관의 보도의 자유”의 주체성은 문제되지 않는다 할 것이다.

3. 인권의 대사인적 효력

1) 의의

인권의 대사인적 효력이란 인권이 사인 상호간의 법률관계에도 그 효력이 미친다는 것을 의미하는 것으로, 인권의 대사인효에 따르면 제3자는 다른 개인의 인권을 존중하고 이를 침해해서는 아니된다. 인권의 대사인적 효력은 오늘날 개인의 자유와 권리가 국가에 의해서만 침해되는 것이 아니라 단체 또는 개인에 의해서도 침해되고 그 수가 증가하고 있는 현실을 반영하고 있는 것이다.

2) 인권의 대사인효에 관한 이론

인권의 대사인효에 관한 독일이론으로는 효력부인설, 직접효력설, 간접효력설이 대립하는데 오늘날 사인 상호간의 관계에서 발생되는 인권의 침해가 날로 증가하고 있어 이에 대한 규제가 요구되고, 인권은 주관적 권리이면서 객관적 가치질서로서의 성격도 아울러 갖는 점에 비추어 인권은 사인 상호간에도 적용된다고 봄이 타당하다. 그리고 직접효력설은 헌법상 인권이 사법의 일반조항을 매개하지 않고 직접 사인 상호간의 법률관계에도 적용된다는 입장인데, 이는 사적 자치를 부인하는 것이 되어 공·사법 이원체계에 혼란을 가져올 위험이 있다. 결국 사법의 일반조항이라는 매개수단을 통하여 간접적으로 사인 상호간에 적용된다는 간접효력설이 타당하다고 할 것이다. 미국은 사인의 행위를 국가작용인 것처럼 의제하는 국가작용의제이론을 구성해서 인권의 대사인적 효력을 인정하려고 한다.

이에 대한 국내의 통설은 독일 헌법이론의 영향을 받아 간접효력설을 취하고 있다. 즉 성질상 사인간의 관계에 적용될 수 없는 인권이나 헌법의 명문규정상 또는 성질상 사인 상호간에 관계에 직접 적용될 수 있는 인권을 제외하고는 원칙적으로 헌법상의 인권규정은 사법의 일반조항이라는 매개수단을 통하여 간접적으로 사인 상호간에도 적용될 수 있다고 보고 있다.

3) 사례의 경우

본 사례에서 사생활의 비밀과 자유는 성질상 사인간의 관계에 적용될 수 없는 인권이거나 헌법의 명문규정상 또는 성질상 사인 상호간의 관계에 직접 적용될 수 있는 인권으로 볼 수 없으므로 사인 상호간에 간접적용된다고 할 것이다. 그렇다면 본 사례에서 을이 발행인으로 되어 있는 월간잡지사는 갑의 사생활의 비밀과 자유를 침해해서는 아니 되고, 만약 사생활의 비밀과 자유의 침해가 발생할 경우 법원은 이를 규제하는 별도의 법규정이나 사법의 일반조항을 해석, 적용하는데 있어서 헌법상 사생활의 비밀과 자유의 침해가 판단의 기준이 되어야 한다.

그런데 월간잡지의 기사내용이 갑의 사생활의 비밀과 자유를 제한하더라도 이는 을이 발행인으로 되어있는 월간잡지사가 언론·출판의 자유를 행사한 결과로서 발생한 것이기 때문에 인권의 충돌이 문제된다 할 것이다.

4. 사생활의 비밀과 언론·출판의 자유의 충돌

1) 인권의 유사충돌인지 여부

(1) 인권의 유사충돌의 개념

인권의 적용을 주장하는 자의 행위가 당해 인권규정의 보호영역을 벗어난 것인 때에는 진정한 의미에서의 인권충돌이 아니라 인권의 유사충돌에 불과하다. 진정한 의미에서의 인권의 충돌이라 함은 인권의 보호영역 안에서의 인권행사가 다른 인권을 제한하게 되는 경우를 말하는 것이다.

(2) 사례의 경우

헌법 제21조 제4항은 '언론 출판이 타인의 명예나 권리, 공중도덕, 사회윤리를 침해해서는 안 된다.'고 규정하고 있는데, 이 조항의 성격에 관하여 내재적 한계로 보는 견해에 따르면 타인의 명예나 권리 또는 공중도덕이나 사회윤리를 침해하는 언론·출판은 언론·출판의 자유의 보호영역 밖에 있게 되어 본 사례에서 을의 표현행위로 인한 갑의 명예나 권리의 침해는 인권유사충돌에 불과하게 된다.

그러나 내재적 한계로 보는 견해는 타인의 명예, 권리, 공중도덕, 사회윤리라는 매우 포괄적이고 명확하지 않는 기준으로 보호영역을 획정하도록 허용하는 결과를 초래하여 언론·출판의 자유를 형해화할 우려가 있고, 언론·출판의 자유의 보호영역 밖에 있는 표현물은 검열금지원칙이 적용되지 않게 되어 사전검열이 가능하게 되는 문제점이 발생한다. 또한 내재적 한계를 인정하지 않더라도 우리 헌법 제37조 제2항의 일반적 법률유보조항에 의해 제한이 가능하기 때문에 별도로 내재적 한계를 인정할 필요도 없다.

그렇다면 본 사례에서 을이 잡지를 통해 갑의 부부생활을 보도함으로써 갑의 명예나 권리를 침해한다고 하더라도 이러한 을의 표현행위는 언론·출판의 자유의 보호영역에 있으므로 인권의 충돌의 문제로 해결하여야 할 것이다.

2) 인권충돌의 해결방법

(1) 인권 충돌의 일반적 해결방법

인권의 충돌이라 함은 복수의 인권주체가 서로 충돌하는 권익을 실현하기 위하여 국가에 대해 각기 대립되는 인권의 적용을 주장하는 경우를 말한다. 인권의 충돌을 해결하는 방법으로는 이익형량에 의한 방법과 실제적 조화의 원칙이 있다.

전자는 인권 상호간에 위계질서가 존재한다는 것을 전제로 해서 어느 한 인권을 다른 인권에 우선하여 적용함으로써 충돌을 해결하는 방법이다. 그리고 후자는 어느 하나의 인권만을 절대적으로 우선시키는 것이 아니라 충돌하는 인권 모두가 최대한으로 그 효력을 유지할 수 있도록 조화의 방법을 찾으려는 해결방법이다.

그런데 이익형량이론은 인권을 과잉제한하거나 본질적 내용을 침해해서는 아니된다는 헌법 제37조 제2항의 취지에 반할 수도 있기 때문에 원칙적으로 실제적 조화의 원칙에 의하여 해결하여야 할 것이다. 실제적 조화의 원칙은 충돌하는 두 인권의 효력을 함께 존중할 수 있는 '조화'의 길을 찾으려는 것이기 때문에 헌법의 통일성의 관점에서는 이익형량의 방법보다도 헌법정신에 더 충실한 해결방법이라고 말할 수 있다.

(2) 사생활의 비밀과 언론·출판의 자유의 충돌시 특별한 해결방법

① 인격영역론

독일의 판례와 학설에 의해 발전된 인격영역론에 의하면 개인의 생활영역을 가장 개방적 영역에서 가장 폐쇄적 영역에 이르기까지 단계적으로 분류하여 공개적 영역, 사회적 영역, 사적 영역, 내밀영역, 내적영역으로 나누고 사생활의 비밀이 어떤 영역에 속하느냐에 따라 공개가 인정될 수 있는지 여부 및 정도가 달라지게 된다.

내적영역은 성적 영역과 같이 불가침적인 영역을 말하는 것으로 그 보호는 절대적이라고 한다. **내밀영역**은 개인간의 비밀스런 편지, 전화 등과 같이 공공에게 노출되어서는 안 될 생활영역으로서 당사자의 동의가 있어야만 공개될 수 있다. **사적영역**은 가족, 친구 등과 같이 친밀한 범위 내에서 이루어지는 생활영역으로 제반사정에 비추어 정보의 이익이 개인적인 이해보다 우월한 경우에는 당사자의 동의 없이 공표될 수 있다. **사회적 영역**은 직업활동과 같이 사회공동체의 구성원으로서 활동하는 개인의 생활영역으로 사적 영역의 경우보다는 자유롭게 보도될 수 있다. **공개적 영역**은 사회정치, 국가의 영역과 같이 모든 사람이 인식할 수 있고, 경우에 따라서는 인식하여야 할 영역으로서 원칙적으로 공개가 허용된다.

② 권리포기이론

권리포기이론은 자살자와 같이 일정한 사정 하에서는 사생활의 비밀과 자유를 포기한 것으로 간주한다는 이론이다. 본인의 진의와 관계없이 권리포기를 의제하는 점에서 문제가 있다.

③ 공적인물이론

공적인물이론이란 공적인물은 사생활의 비밀과 자유가 침해되더라도 일반인에 비하여 반박가능성이 높으므로 일반인에 비하여 수인한계도 높다는 이론이다. 공적 인물이란 그의 지위, 재능, 명성, 생활양식 또는 인기 등에 의해 명사가 된 자를 말하는데, 여기에는 정치인, 고급관료, 배우, 운동선수 등 자발적으로 유명인사가 된 경우와 범인과 그 가족, 피의자 등처럼 비자발적으로 유명인사가 된 경우가 있다.

그러나 단순히 공적 인사라는 사실만으로 비밀영역이나 내밀영역에 속하는 사항까지 무한정하게 공개되어서는 안 된다.

④ 공익의 이론

공익의 이론이란 국민의 알 권리의 대상이 되는 사항은 국민에게 알리는 것이 공공의 이익이 된다는 이론을 말한다. 따라서 **보도적, 계몽적, 교육적 가치**가 있는 것의 보도는 사생활 침해가 될 수 없지만 단순히 **오락적 가치**에 불과하거나 대중의 호기심을 충족시키는 것에 불과한 것은 사생활 침해에 해당한다. 그러나 보도적 가치, 뉴스 가치 등의 정보이익이 인정되더라도 보도로 인해 침해되는 개인의 권리나 명예 등의 이익과 비례의 원칙에 따라 구체적으로 형량하지 않으면 안 된다.

5. 사례에의 적용

본 사례에서 갑의 부부생활에 관련된 사생활의 내용이 성에 관한 것이거나 일반인에게 공개하기 곤란한 부부만의 **내밀한 사항**이라고 할 경우에 이는 비밀영역이거나 적어도 내밀영역에 속하는 사항이라 할 것이다. 따라서 절대적으로 보호되거나 당사자의 동의 없이는 공개되어서는 안 된다. 비록 갑이 인기 탤런트로서 공적인물에 해당하지만 공적인물이라고 해서 비밀영역이나 내밀영역까지 무한정 공개되는 것을 허용하는 것은 아니므로 본 사안에서 갑의 동의 없이 을이 공개했다면 이는 갑의 사생활의 비밀을 침해한 것이 된다.

뿐만 아니라 을이 주장하는 표현의 자유의 내용을 보면 그것은 단순히 갑의 부부생활에 관한 것으로서 전혀 **보도적 가치, 교육적 가치, 계몽적 가치는 없고** 단지 호기심을 자극해서 영업적 수단으로 하는 것에 불과하므로 이와 같은 경우에는 갑의 사생활의 비밀이 을의 표현의 자유에 우선한다고 볼 것이다.

그렇다면 을은 갑의 사생활의 비밀과 자유 침해 주장에 대해 표현의 자유로 항변할 수 없다. 단, 을이 공개한 갑의 부부생활의 내용이 자녀의 출산, 이혼, 별거와 같은 부부생활의 외적 형태에 불과한 것이었다면 갑은 연예인으로서 이와 같은 정도의 사생활 공개는 감수할 수밖에 없다고 할 것이다.

6. 갑의 권리구제수단

1) 부작위청구

부작위청구란 사생활의 비밀과 자유를 침해하는 표현행위가 이루어지고 있는 경우에는 그 중지를 요청하는 것을 말하며 그러한 침해의 우려가 있는 경우에는 사전에 그 발표 또는 전파를 하지 말라고 청구하는 것을 말한다. 주로 출판물배포금지가처분, 방영금지가처분 등과 같이 가처분절차에 의해서 실행된다. 갑은 을 발행의 월간지에 대하여 법원에 출판물배포금지가처분신청을 할 수 있다. 물론 이미 배포된 후에 하는 것이므로 그 실효성은 적다.

2) 손해배상청구

을이 발행인으로 되어 있는 월간잡지의 기사내용은 갑의 사생활의 비밀과 자유를 침해하는 행위로서 위법하다고 할 것이고, 그렇다면 갑은 일반 민법상의 불법행위를 이유로 한 손해배상청구권을 행사할 수 있다. 불법행위로 인하여 손해가 발생된 경우에 그 구제 방법은 우리 민법상 금전배상에 의하는 것이 원칙이다.

3) 원상회복청구

우리 민법 제764조는 금전배상의 원칙에 대한 예외로서 '타인의 명예를 훼손한 자에 대하여는 법원은 피해자의 청구에 의하여 손해배상에 갈음하거나 손해배상과 함께 명예회복에 적당한 처분을 명할 수 있다'고 특별 규정을 두고 있다. 이러한 인격적 법익의 침해를 이유로 한 불법행위에서 특수한 것은 이른바 원상회복청구권으로 취소, 정정, 해명 등을 구할 수 있는 다양한 권리가 인정된다는 점이다. 그러나 사죄광고는 헌법재판소가 양심의 자유를 침해한다고 하여 위헌결정을 하였으므로 여기에는 포함될 수 없다.

4) 반론보도청구

정간물법이 규정하고 있는 반론보도청구권은 언론의 보도사항에 이해관계를 갖는 개인이 보도된 사실의 진실여부에 상관없이 보도된 사실과 다른 자신의 말을 그 언론 기관에 무료로 보도해 줄 것을 요청할 수 있는 권리[30)]를 말한다.

이 반론보도청구권은 청구의 대상을 '사실보도'에 국한하고 있고, 형식적 요건만 충족되면 언론보도의 위법성여부, 진실여부, 그 귀책사유의 존부나 그로 인한 손해의 발생을 묻지 아니하고 청구할 수 있다(같은 법 제16조)는 점에서 정정보도청구권보다 훨씬 폭넓게 활용되고 있다. 반론보도청구는 보도내용의 진실여부를 따지지 않고 피해자의 반대진술을 보장하고 신속한 절차에 따라 보도된 언론 매체의 동일한 영향력을 이용하여 피해자의 반대 사실을 주장 보도함으로써 구제제도의 실효성을 높이려는 제도이다.

따라서 갑은 언론중재위원회의 중재를 거쳐 법원에 반론보도청구의 소를 제기할 수 있다.

5) 형사고소

을의 기사내용이 단순히 갑의 사생활을 공개한 차원을 넘어 그로 인해 갑에 대한 사회

30) 정정보도청구권이란 진실하지 아니한 사실적 주장으로 피해를 입은 자가 당해 언론사에 정정보도를 요청할 수 있는 권리를 말한다.(언론중재 및 피해구제에 관한 법률 제14조)

적 평가에 영향을 미쳐 갑의 명예를 훼손한 것이 인정된다면, 갑은 을을 형법 제307조의 명예훼손 또는 비방목적이 있는 경우 같은 법 제309조의 출판물 등에 의한 명예훼손죄로 고소할 수 있다. 기사내용이 진실한 사실이라고 하더라도 공공의 이익을 위한 것이라고 보기 어렵기 때문에 제310조에 의한 위법성조각은 어렵다고 보여진다.

7. 사안의 해결

갑에게는 사생활의 비밀과 자유가, 을에게는 표현의 자유가 인정되고, 그것은 사인 간에도 효력이 있다. 그러나 갑의 부부생활에 관한 을의 보도내용이 갑의 비밀영역이나 내밀영역에 해당한다면 이러한 공개는 갑의 사생활의 비밀을 침해한 것이 된다. 따라서 갑의 사생활의 비밀과 자유의 침해주장에 대해 을은 표현의 자유를 항변할 수 없다. 또한 갑은 이러한 을의 침해행위에 대하여 출판물배포금지가처분을 법원에 신청하거나 손해배상, 정정보도를 청구할 수도 있고, 갑의 명예가 훼손되었다면 형사고소까지 할 수 있다.

◈읽어보기

서울중앙지방법원 2007. 1. 24. 선고 2006가합24129 【손해배상(기)등】

판시사항

1. 원고를 인터뷰한 사실이 없는데도, 인터뷰한 것처럼 사생활을 보도하였으나, 기사내용은 전체적으로 우호적인 경우에도 불법행위(프라이버시권 침해)가 성립하는 지 여부(사생활보도로와 프라이버시권 침해의 판단기준)
2. 오래전 연예계를 떠난 사람이 여전히 공적인물인지 여부

판결요지

[1] 사안의 개요

1. 원고는 1980년 경 차화연이라는 예명으로 '사랑과 야망'이라는 드라마에 출연한 인기탤런트였으나, 1988년 이후 연예계를 떠나 현재 평범한 주부로 살고 있다. 피고들은 여성잡지를 발간하는 잡지사들이다.

2. 2006년 초 '사랑와 야망'이 다시 제작되며, '차화연'이 인터넷 검색순위 1위에 오르는 등 대중의 관심의 대상이 되자, 피고들은 원고에게 인터뷰를 요청하였으나, 거절당하였다. 피고 여성조선과 피고 학원사는 '차화연 본지에만 심경고백, 근황인터뷰' 등의 내용으로 원고가 연예인 시절에는 힘든 일을 많이 겪었으나, 독실한 기독교 신자가 된 후 마음의 평화를 얻었고, 지금은 행복한 가정주부로 살고 있다는 내용 및 남편의 직업, 실명, 성격 등 가족관계, 거주지 등의 사생활을 보도하였다. 피고 여성동아는 원고의 인터뷰 거절의사를 밝히고 몇 년전 일간신문에 실린 기사('온누리 교회 '부흥회에 원고가 초대손님으로 출연하였을 당시의 기사'를 축약·인용하여 실었다. 피고들은 위 잡지에 원고가 연예인으로 활동할 당시의 사진과 온누리교회의 위성방송TV(선교목적)에 출연한 최근 사진을 게재하였다.

[2] 당사자들 주장 및 쟁점

1. 원고는, 원고가 인터뷰요청을 거절하였음에도 불구하고, 피고들은 ① 인터뷰를 한 것처럼 기사를 허위로 작성하고, '심경고백', '갑자기 사라진 이유' 등의 자극적인 문구를 싣고, 남편의 실명과 나이, 직업 등을 밝혀 원고의 명예를 훼손하고, ② 광고 및 이 사건 각 기사에 원고의 허락 없이 사진을 게재하여 초상권을 침해하고, ③ 원고의 사생활, 가족관계, 원고의 집, 원고가 다니는 교회 등을 공개하여 원고의 사생활의 비밀과 자유를 침해하였으므로 손해배상 및 정정보도문 보도를 구함.

2. 피고들은 ① 각 기사와 사진에 명예훼손적 내용이 없고, ② 사진들은 이미 공개되어 있던 것

이거나 원고의 동의하에 촬영되었고, ③ 원고는 과거에 유명연예인이었고, '사랑과 야망'의 리메이크 소식과 동시에 원고에 관한 기사가 쇄도했는바, 원고는 공적 인물이고, 이 사건 각 기사는 공중의 정당한 관심사를 보도한 것이다.

3. 이 사건의 쟁점은 사생활의 보도와 관련한 언론의 자유, 국민의 알 권리와 개인의 프라이버시권과의 법익충돌, 오래전에 연예계를 떠난 사람이 대중의 관심이 갑자기 쇄도하였다는 이유로 공적 인물이 되는지 여부 등

[3] 법원의 판단

1. 명예훼손[31] 여부

기사의 전반적인 취지가 1980년대 '사랑과 야망'이라는 TV드라마에 여주인공으로 출연하여 상당한 인기를 끌었던 원고가 1988년 결혼과 함께 홀연히 연예계를 은퇴한 뒤 오랜 세월이 흐른 후 현재 평범한 가정의 아내이자 어머니로서 행복하게 지내면서 교회에서 적극적으로 봉사활동 및 신앙활동을 하기도 하는 등 연예인이 아닌 현재의 삶에 만족하고 있다는 것으로서 원고에 대하여 주로 긍정적인 측면을 다루고 있으므로, 명예를 훼손하였다고 볼 수 없다.

2. 초상권 침해 여부

원고가 연예인 활동을 할 당시의 사진은 원고의 과거 연예활동과 관련하여 적법하게 촬영되어 이미 세상에 널리 공개된 사진이고, 원고의 현재 모습을 담은 사진은 원고의 동의하에 촬영된 것으로 보이고, 이미지도 부정적으로 보이지 않으므로 초상권을 침해하였다고 볼 수 없다.

3. 프라이버시권[32] 침해 여부

우리 헌법 제10조, 제17조 등을 종합하여 보면, 사람은 자신의 사생활을 함부로 공개당하지 아니하고 사생활의 평온과 비밀을 요구할 수 있는 권리가 있다. 그러나 사생활 보도가 전부 프라이버시권의 침해로서 불법행위가 된다고는 할 수 없고, 그것이 "일반 사람들에게 아직 알려지지 아니한 사항이고, 일반인의 감수성을 기준으로 해서 당해 사인의 입장에 선 경우 공개를 바라지 않을 것이라고 인정되는 사항일 것"을 전제로 한다. 이 사건의 경우 **원고가 자살충동까지 느꼈던 일, 원고의 가족관계와 거주지, 원고의 남편의 신상과 성격 등은 원고와 관련된 사적인 사실에 해당하고, 위 사실들은 일반인에게 아직 알려지지 않은 사실이라 할 것이다(특정교회의 선교목적 위성채널에서 간증한 것을 '공지의 사실'이라 할 수 없음).** 평범한 일반인의 감수성을 기준으로 하였을 때 왕따를 당해 자살충동을 느꼈다거나 배우자가 남존여비 사상이 짙은 보수적인 성향의 사람이라는 보도, 가족의 실명공개는 바라지 않을 것으로 보이는 점, 원고가 위 피고들과의 인터뷰를 거절하였는데도, '여성조선'과 '주부생활' 기사의 경우, 제목 및 그 표현에 있어 일반독자들로

31) 형법 제307조는 명예훼손죄를 공연히 사실을 적시하여 사람의 명예를 훼손한 죄로 규정하고 있다. 즉 명예손상을 피침해법익으로 하고, 공연히 즉 불특정 또는 다수인에게 전파가능성이 있게, 사실 또는 허위의 사실을 적시하는 경우를 말한다.

32) 이는 전통적으로 혼자 있을 권리(사생활의 평온과 비밀)를 중심적 법익으로 한다. 공표없이도 이에 대한 침해는 가능하고 그것이 허위냐 진실이냐는 묻지 않는다.

하여금 기사내용의 상당부분이 원고와의 인터뷰에 기초하여 작성된 것처럼 오해를 불러일으킬 수 있는 소지가 있는 점, 정보화 시대의 특성상 잡지에 기사가 보도되면 다른 많은 매체를 통하여 인터넷에 광범위하게 유포되고 세간의 관심이 더욱 커지며, 실제로 인터넷에 이 사건 '여성조선' 기사를 인용한 글이 다수 게재된 점 등을 감안할 때, 피고 **조선일보생활미디어와 피고 학원사는 원고의 프라이버시권을 침해하였다 할 것이다**(피고 동아일보사의 경우 인터뷰기사가 아님을 명시적으로 밝히고 있고, 사생활에 관한 구체적 적시가 없어 청구 기각).

4. 원고가 공적인물인지 여부

사생활 침해의 위법성 여부는 개인의 사생활 보호의 필요성과 표현의 자유의 보호의 필요성을 비교 형량하여 그 침해가 사회생활상 수인할 만한 한도를 넘었는지 여부에 따라 판단하여야 할 것이다. 이러한 견지에서 사생활 공표의 위법성은 공표된 사생활이 공중의 정당한 관심의 대상이 되는 사항인지 여부(표현 목적의 공공성), 본인의 승낙을 받았는지 여부, 공표된 내용이 진실에 부합하는지 여부(표현 내용의 진실성) 등을 종합하여 개별·구체적으로 판단함이 상당하다. 원고는 1978년 경부터 TV 탤런트로 활동하여 왔으므로 공인으로서의 신분을 가지고 있었다고 할 수 있으나, **1988년 결혼과 함께 연예계를 은퇴한 후 일체의 언론매체와의 인터뷰에도 응하지 않은 채 가정생활에만 전념하고 있음은 앞에서 본 바와 같아, 원고는 더 이상 공적 인물이 아니라 할 것**이고, 공적 인물이 아닌 원고의 사생활에 대하여 대중의 관심이 갑자기 많아졌다는 이유만으로 공중의 정당한 관심사라고 볼 수도 없고, 원고의 사생활보도에 공익적 목적이 있었다고도 보기 어렵다.

[4] 주문

1. 원고에게 피고1(조선생활미디어), 3(학원사)은 각 천만원 및 이에 대한 2006. 3. 31.부터 2007. 1. 24.까지는 연 5%, 그 다음 날부터 다 갚는 날까지는 연 2%의 각 비율로 계산한 돈을 지급하라.
2. 원고의 피고1, 3에 대한 각 나머지 청구와 피고2(동아일보사)에 대한 청구는 모두 기각한다.

◈읽어보기

공적인 존재에 대한 명예훼손

- 대법원 2002. 1. 22. 선고 2000다37524,37531 -

판시사항

1. 언론매체의 기사가 타인의 명예를 훼손하여 불법행위가 되는지 여부의 판단 기준
2. 의견을 표명하는 표현행위가 타인에 대한 명예훼손에 해당하는 경우
3. 표현행위로 인한 타인의 명예훼손에 있어서 위법성 조각 사유 및 그 사유 중 '그 목적이 오로지 공공의 이익을 위한 것일 때'와 '진실한 사실'의 의미

4. 표현내용이 사적(사적) 관계 또는 공적(공적) 관계에 관한 것인지 여부에 따른 언론·출판의 자유와 명예보호 사이의 한계설정 기준의 차이
5. 표현내용이 공적인 존재의 정치적 이념에 관한 것인 경우, 언론·출판의 자유와 명예보호 사이의 한계설정 기준

판결요지

1. 언론매체의 어떤 기사가 타인의 명예를 훼손하여 불법행위가 되는지의 여부는 일반 독자가 기사를 접하는 통상의 방법을 전제로 그 기사의 전체적인 취지와의 연관하에서 기사의 객관적 내용, 사용된 어휘의 통상적인 의미, 문구의 연결방법 등을 종합적으로 고려하여 그 기사가 독자에게 주는 전체적인 인상을 기준으로 판단하여야 하고, 여기에다가 당해 기사의 배경이 된 사회적 흐름 속에서 당해 표현이 가지는 의미를 함께 고려하여야 한다.

2. 타인에 대한 명예훼손은 사실을 적시하는 방법으로 행해질 수도 있고, 의견을 표명하는 방법으로 행해질 수도 있는바, 어떤 의견의 표현이 그 전제로서 사실을 직접적으로 표현한 경우는 물론 간접적이고 우회적인 방법에 의하더라도 그 표현의 전취지에 비추어 어떤 사실의 존재를 암시하고 또 이로써 특정인의 사회적 가치 내지 평가를 침해할 가능성이 있으면 명예훼손으로 되는 것이다.

3. 어떤 표현이 타인의 명예를 훼손하더라도 그 표현이 공공의 이해에 관한 사항으로서 그 목적이 오로지 공공의 이익을 위한 것일 때에는 진실한 사실이거나 행위자가 그것을 진실이라고 믿을 상당한 이유가 있는 경우에는 위법성이 없다고 할 것인바, 여기서 '그 목적이 오로지 공공의 이익을 위한 것일 때'라 함은 적시된 사실이 객관적으로 볼 때 공공의 이익에 관한 것으로서 행위자도 공공의 이익을 위하여 그 사실을 적시한 것을 의미하는데, 행위자의 주요한 목적이나 동기가 공공의 이익을 위한 것이라면 부수적으로 다른 사익적 목적이나 동기가 내포되어 있더라도 무방하고, 여기서 '진실한 사실'이라고 함은 그 내용 전체의 취지를 살펴볼 때 중요한 부분이 객관적 사실과 합치되는 사실이라는 의미로서 세부에 있어 진실과 약간 차이가 나거나 다소 과장된 표현이 있더라도 무방하다.

4. 언론·출판의 자유와 명예보호 사이의 한계를 설정함에 있어서 표현된 내용이 사적(사적) 관계에 관한 것인가 공적(공적) 관계에 관한 것인가에 따라 차이가 있는바, 즉 당해 표현으로 인한 피해자가 공적인 존재인지 사적인 존재인지, 그 표현이 공적인 관심사안에 관한 것인지 순수한 사적인 영역에 속하는 사안에 관한 것인지, 그 표현이 객관적으로 국민이 알아야 할 공공성, 사회성을 갖춘 사안에 관한 것으로 여론형성이나 공개토론에 기여하는 것인지 아닌지 등을 따져보아 공적 존재에 대한 공적 관심사안과 사적인 영역에 속하는 사안 간에는 심사기준에 차이를 두어야 하며, 당해 표현이 사적인 영역에 속하는 사안에 관한 것인 경우에는 언론의 자유보다 명예의 보호라는 인격권이 우선할 수 있으나, 공공적·사회적인 의미를 가진 사안에 관한 것인 경우에는 그 평가를 달리하여야 하고 언론의 자유에 대한 제한이 완화되어야 하며, 피해자가 당해

명예훼손적 표현의 위험을 자초한 것인지의 여부도 또한 고려되어야 한다.

5. 당해 표현이 공적인 존재의 정치적 이념에 관한 것인 경우, 그 공적인 존재가 가진 국가·사회적 영향력이 크면 클수록 그 존재가 가진 정치적 이념은 국가의 운명에까지 영향을 미치게 되므로 그 존재가 가진 정치적 이념은 더욱 철저히 공개되고 검증되어야 하며, 이에 대한 의문이나 의혹은 그 개연성이 있는 한 광범위하게 문제제기가 허용되어야 하고 공개토론을 받아야 한다. 정확한 논증이나 공적인 판단이 내려지기 전이라 하여 그에 대한 의혹의 제기가 공적 존재의 명예보호라는 이름으로 봉쇄되어서는 안되고 찬반토론을 통한 경쟁과정에서 도태되도록 하는 것이 민주적인데, 사람이나 단체가 가진 정치적 이념은 흔히 위장하는 일이 많을 뿐 아니라 정치적 이념의 성질상 그들이 어떠한 이념을 가지고 있는지를 정확히 증명해 낸다는 것은 거의 불가능한 일이므로 이에 대한 의혹의 제기나 주관적인 평가가 진실에 부합하는지 혹은 진실하다고 믿을 만한 상당한 이유가 있는지를 따짐에 있어서는 일반의 경우에 있어서와 같이 엄격하게 입증해 낼 것을 요구해서는 안 되고, 그러한 의혹의 제기나 주관적인 평가를 내릴 수도 있는 구체적 정황의 제시로 입증의 부담을 완화해 주어야 한다. 그리고 그러한 구체적 정황을 입증하는 방법으로는 그들이 해 나온 정치적 주장과 활동 등을 입증함으로써 그들이 가진 정치적 이념을 미루어 판단하도록 할 수 있고, 그들이 해 나온 정치적 주장과 활동을 인정함에 있어서는 공인된 언론의 보도내용이 중요한 자료가 될 수 있으며, 여기에 공지의 사실이나 법원에 현저한 사실도 활용할 수 있으나, 아무리 공적인 존재의 공적인 관심사에 관한 문제의 제기가 널리 허용되어야 한다고 하더라도 구체적 정황의 뒷받침도 없이 악의적으로 모함하는 일이 허용되지 않도록 경계해야 함은 물론 구체적 정황에 근거한 것이라 하더라도 그 표현방법에 있어서는 상대방의 인격을 존중하는 바탕 위에서 어휘를 신택하여야 하고, 아무리 비판을 받아야 할 사항이 있다고 하더라도 모멸적인 표현으로 모욕을 가하는 일은 허용될 수 없다.

생각해 보기

C일보는 알권리를 근거로 하여 연쇄살인사건 용의자 강호순의 얼굴을 다음과 같이 전격 공개하였다.

강호순측은 당국이 비공개 원칙을 고수하는 가운데 용의자인 사진을 찾아내 공개한 것은 적극

적 명예훼손에 해당한다고 하여 C일보를 명예훼손혐의로 고소하였다.
강호순의 주장은 이유 있는가?

❖ 참고문헌

강경근, 언론의 자유의 사전제한, 고시연구, 2006년 12월.
강태수, 성범죄자의 신상공개제도에 관한 헌법적 고찰, 공법학연구, 제7권 제2호.
심 경, 언론의 자유와 그 한계로서의 명예권의 충돌, 고시계, 1997년 4월.
윤철홍, 명예훼손과 그 사법적 구제, 고시연구, 1995년 11월.
이강혁, 언론출판의 자유와 명예훼손(상), (하)
이숙자, 명예훼손의 법적 구성, 사회과학논총 제19편, 2003년.
이영란, 명예훼손에 있어서의 명예의 개념, 고시연구, 1990년 7월.
이창현, 사생활의 비밀과 자유, 고시계, 1988년 9월.
장호순, 언론자유와 명예훼손, 한국언론학회, 2001년 가을철 정기 학술대회.
전광백, 프라이버시 침해, 법학연구 제14권 1호.
정경석, 초상권의 침해요건과 구제방법, 저스티스, 통권 제98호.
한수웅, 표현의 자유와 명예의 보호, 저스티스, 통권 제84호.

제5장

인권제한의 한계

제 1 절　본질내용침해 금지의 원칙
제 2 절　과잉금지의 원칙
제 3 절　이중기준의 원칙

제 5 장

인권제한의 한계

제 1 절　본질내용침해금지의 원칙

I. 사례

> 갑은 살인과 특수강간 등의 혐의로 기소되어 제1심 및 항소심에서 사형을 선고받고 대법원에 상고를 함과 동시에 살인죄에 대한 법정형의 하나로서 사형을 규정한 형법 제250조 제1항 등에 대한 위헌심판의 제청을 하였으나 대법원은 청구인 갑의 신청을 기각하였다.
> 이에 갑은 헌법재판소법 제68조 제2항에 따라 헌법소원심판을 청구하였다.

참조 : 형법 제250조등 위헌소원 (헌재 1996.11.28./ 95헌바1)

[공부거리]

> 국가권력에 의한 인권침해
> 인권의 제한과 한계
> 본질내용 침해 금지의 원칙

[심판대상조문]

형법

제41조(형의 종류)

1. 사형

제250조(살인, 존속살해)

① 사람을 살해한 자는 사형, 무기 또는 5년 이상의 징역에 처한다.

[참조조문]

사면법

제3조 사면, 감형과 복권은 다음에 열기한 자에 대하여 행한다.

1. 일반사면은 죄를 범한 자
2. 특별사면과 감형은 형의 언도를 받은 자
3. 복권은 형의 언도로 인하여 법령의 정한 바에 의한 자격이 상실 또는 정지된 자

형의 집행 및 수용자의 처우에 관한 법률

제121조(가석방 적격심사)

① 소장은 「형법」 제72조 제1항의 기간이 지난 수형자에 대하여는 법무부령으로 정하는 바에 따라 위원회에 가석방 적격심사를 신청하여야 한다.

② 위원회는 수형자의 나이, 범죄동기, 죄명, 형기, 교정성적, 건강상태, 가석방 후의 생계능력, 생활환경, 재범의 위험성, 그 밖에 필요한 사정을 고려하여 가석방의 적격여부를 결정한다.

제122조(가석방 허가)

① 위원회는 가석방 적격결정을 하였으면 5일 이내에 법무부장관에게 가석방 허가를 신청하여야 한다.

② 법무부장관은 제1항에 따른 위원회의 가석방 허가신청이 적정하다고 인정하면 허가할 수 있다.

[참조판례]

형법 제41조 등 위헌제청 (헌재 2010. 2. 25./ 2008헌가23)

1. 당사자의 주장

1) 갑의 주장

(1) 인간의 생명권은 인간의 존엄과 가치를 규정한 헌법 제10조 내지 일반적인 권리보호조항인 헌법 제37조 제1항에 의해 보장되고, 생명권에 대한 침해는 성질상 생명의 박탈을 의미하므로 인권의 일반유보조항인 헌법 제37조 제2항에 의해서도 제한할 수 없다. 그렇지 않다 하더라도 생명권은 헌법 제12조에 의해 보장되는 신체의 자유의 본질적인 내용

이므로 법률로써도 이를 제한할 수 없는 것이다.

(2) 재판도 하나의 제도로서 인간이 행하는 것이므로 오판의 가능성을 배제할 수 없으며 오판에 의한 사형집행은 인간의 생명을 영구히 박탈하는 구제할 수 없는 결과를 초래한다.

(3) 사형의 범죄에 대한 일반예방적 효과는 학문적 가설일 뿐 과학적으로 입증된 바가 없고, 형벌의 본질이 응보에서 교육으로 옮겨가고 있는 추세임을 감안할 때 사형을 인정하는 것은 교화와 개선의 노력을 포기하는 것이다.

(4) 사형으로 응징될 만한 범죄의 경우 범인의 인격이나 성향보다는 국가전체의 구조적 모순에서 오히려 비난의 요소가 있다고 보여지는 경우가 많은데도 생명을 박탈하는 극단적인 방법의 선택은 형사정책의 본질을 왜곡하는 임시방편에 불과하다

(5) 그러므로 사형제도는 헌법 제10조(인간의 존엄과 가치), 헌법 제12조(신체의 자유), 헌법 제37조 제1항(헌법에 열거되지 아니한 권리), 제37조 제2항(본질적 침해금지)에 위배된다.

2) 법무부장관 및 서울지방검찰청 남부지청장의 의견요지

(1) 사형제도의 존폐는 그 나라의 정치적·사회적 조건 및 역사적·문화적 환경과 깊이 결부되어 있는 문제라 할 것이므로 이상적이고도 가치지향적인 결론만을 좇아 사형제도의 폐지를 운위하는 것은 온당치 아니하다. 우리 국민의 법감정도 소위 가정파괴사범, 떼강도 등의 치안문제가 중요시되는 현 시점에서는 사형이 가지는 강한 위하력에 의한 범죄방지 효과라는 관점에서의 존치론이 압도적이라 여겨진다.

(2) 인간의 존엄성 수호를 최고가치로 하는 우리 헌법의 자유민주적 이념상 인간의 생명에 대한 권리는 그 규정의 흠결에도 불구하고 하나의 자연권적 기본권으로서 부정될 수 없다고는 하겠으나, 생명권이라고 하여 그 자체로서 무한정하게 인정되어야 하는 속성을 가졌다고는 볼 수 없으므로 그 생명권이 다른 생명권을 불법하게 침해할 경우에는 사회규범적 가치판단이 개입하게 되는 제약을 면하지 못한다. 따라서 이러한 관점에서 사형제도는 바로 우리 헌법에서 예상하고 있는 형벌의 한 종류로서 헌법질서에 반하지 아니한다.

2. 헌법재판소의 판단

1) 다수의견

(1) 형법 제41조 제1호는 형의 종류의 하나로서 사형을 규정하고 있고, 사형은 인간존재의 바탕인 생명을 빼앗아 사람의 사회적 존재를 말살하는 형벌이므로 생명의 소멸을 가져온다는 의미에서 생명형이자, 성질상 모든 형벌 중에서 가장 무거운 형벌이라는 의미에서 극형인 궁극의 형벌이다.

사형은 국가형사정책적인 측면과 인도적인 측면에서 비판이 되어 오기도 하였으나 인류역사상 가장 오랜 역사를 가진 형벌의 하나로서 범죄에 대한 근원적인 응보방법이며 또한 가장 효과적인 일반예방법으로 인식되어 왔고, 우리나라에서는 고대의 소위 기자 8조금법(箕子 八條禁法)에 "상살자 이사상(相殺者 以死償)"이라고 규정된 이래 현행의 형법 및 특별형법에 이르기까지 계속하여 하나의 형벌로 인정되어 오고 있다.

(2) 우리 헌법은 개별적인 인간존재의 근원인 생명을 빼앗는 사형에 대하여 정면으로 이를 허용하거나 부정하는 명시적인 규정을 두고 있지 아니하지만, 헌법 제12조 제1항이 "모든 국민은 … 법률과 적법절차에 의하지 아니하고는 처벌·보안처분 또는 강제노역을 받지 아니한다."고 규정하는 한편, 헌법 제110조 제4항이 "비상계엄하의 군사재판은 … 법률이 정하는 경우에 한하여 단심으로 할 수 있다. 다만, 사형을 선고한 경우에는 그러하지 아니하다."고 규정함으로써 적어도 문언의 해석상으로는 간접적이나마 법률에 의하여 사형이 형벌로서 정해지고 또 적용될 수 있음을 인정하고 있는 것으로 보인다.

(3) 인간의 생명은 고귀하고, 이 세상에서 무엇과도 바꿀 수 없는 존엄한 인간존재의 근원이다. 이러한 생명에 대한 권리는 비록 헌법에 명문의 규정이 없다 하더라도 인간의 생존본능과 존재목적에 바탕을 둔 선험적이고 자연법적인 권리로서 헌법에 규정된 모든 기본권의 전제로서 기능하는 기본권 중의 기본권이라 할 것이다. 따라서 **사형은 이러한 생명권에 대한 박탈을 의미**하므로, 만약 그것이 인간의 존엄에 반하는 잔혹하고 이상한 형벌이라고 평가되거나, 형벌의 목적달성에 필요한 정도를 넘는 과도한 것으로 평가된다면 앞서 본 헌법 제12조 제1항 및 제110조 제4항의 문언에도 불구하고 **우리 헌법의 해석상 허용될 수 없는 위헌적인 형벌**이라고 하지 않을 수 없을 것이다.

① 인간의 생명에 대하여는 함부로 사회과학적 혹은 법적인 평가가 행하여져서는 안 될 것이지만, 비록 생명에 대한 권리라고 하더라도 그것이 헌법상의 기본권으로서 법률상의 의미가 조영되어야 할 때에는 그 자체로서 모든 규범을 초월하여 영구히 타당한 권리로서 남아 있어야 하는 것이라고 볼 수는 없다.

다시 말하면 **한 생명의 가치만을 놓고 본다면 인간존엄성의 활력적인 기초를 의미하는 생명권은 절대적 기본권으로 보아야 함이 당연하고, 따라서 인간존엄성의 존중과 생명권의 보장이란 헌법정신에 비추어 볼 때 생명권에 대한 법률유보를 인정한다는 것은 이념적으로는 법리상 모순**이라고 할 수도 있다. 그러나 현실적인 측면에서 볼 때 정당한 이유없이 타인의 생명을 부정하거나 그에 못지 아니한 중대한 공공이익을 침해한 경우에 국법은 그 중에서 타인의 생명이나 공공의 이익을 우선하여 보호할 것인가의 규준을 제시하지 않을 수 없게 되고, 이러한 경우에는 비록 생명이 이념적으로 절대적 가치를 지닌 것이라 하더라도 생명에 대한 법적 평가가 예외적으로 허용될 수 있다고 할 것이므로, 생명권 역시 헌법 제37조 제2항에 의한 일반적 법률유보의 대상이 될 수밖에 없다 할 것이다.

이에 대하여 청구인은 사형이란 헌법에 의하여 국민에게 보장된 생명권의 본질적 내용을 침해하는 것으로 되어 헌법 제37조 제2항 단서에 위반된다는 취지로 주장한다.

그러나 생명권에 대한 제한은 곧 생명권의 완전한 박탈을 의미한다 할 것이므로, 사형이 비례의 원칙에 따라서 최소한 동등한 가치가 있는 다른 생명 또는 그에 못지 아니한 공공의 이익을 보호하기 위한 불가피성이 충족되는 예외적인 경우에만 적용되는 한, 그것이 비록 생명을 빼앗는 형벌이라 하더라도 헌법 제37조 제2항 단서에 위반되는 것으로 볼 수는 없다 할 것이다.

② 사형은, 이를 형벌의 한 종류로 규정함으로써, 국민일반에 대한 심리적 위하를 통하여 범죄의 발생을 예방하고, 이를 집행함으로써 특수한 사회악의 근원을 영구히 제거하여 사회를 방어한다는 공익상의 목적을 가진 형벌이다.

청구인은 사형이라고 하여 무기징역형(또는 무기금고형)보다 반드시 위하력이 강하여 범죄발생에 대한 억제효과가 높다고 보아야 할 아무런 합리적 근거를 발견할 수 없고, 사회로부터 범죄인을 영구히 격리한다는 기능에 있어서는 사형과 무기징역형 사이에 별다른 차이도 없으므로, 국가가 사형제도를 통하여 달성하려는 위 두 가지 목적은 사형이 아닌 무기징역의 형을 통하여도 충분히 달성될 수 있을 것이고, 따라서 형벌로서의 사형은 언제나 그 목적달성에 필요한 정도를 넘는 생명권의 제한수단이라고 주장한다.

그러나 사형은 인간의 죽음에 대한 공포본능을 이용한 가장 냉엄한 궁극의 형벌로서 그 위하력이 강한 만큼 이를 통한 일반적 범죄예방효과도 더 클 것이라고 추정되고 또 그렇게 기대하는 것이 논리적으로나 소박한 국민일반의 법감정에 비추어 볼 때 결코 부당하다고 할 수 없으며 사형의 범죄억제효과가 무기징역형의 그것보다 명백히 그리고 현저히 높다고 하는데 대한 합리적·실증적 근거가 박약하다고는 하나 반대로 무기징역형이 사형과 대등한 혹은 오히려 더 높은 범죄억제의 효과를 가지므로 무기징역형만으로도 사형의 일반예방적 효과를 대체할 수 있다는 주장 역시 마찬가지로 현재로서는 가설의 수준을 넘지 못한다고 할 것이어서 위 주장을 받아들이지 아니한다.

③ 결국 모든 인간의 생명은 자연적 존재로서 동등한 가치를 갖는다고 할 것이나 그 동등한 가치가 서로 충돌하게 되거나 생명의 침해에 못지 아니한 중대한 공익을 침해하는 등의 경우에는 국민의 생명·재산 등을 보호할 책임이 있는 국가는 어떠한 생명 또는 법익이 보호되어야 할 것인지 그 규준을 제시할 수 있는 것이다. 인간의 생명을 부정하는 등의 범죄행위에 대한 불법적 효과로서 지극히 한정적인 경우에만 부과되는 사형은 죽음에 대한 인간의 본능적인 공포심과 범죄에 대한 응보욕구가 서로 맞물려 고안된 "필요악"으로서 불가피하게 선택된 것이며 지금도 여전히 제 기능을 하고 있다는 점에서 정당화될 수 있다. 따라서 사형은 이러한 측면에서 헌법상의 비례의 원칙에 반하지 아니한다 할 것이고, 적어도 우리의 현행 헌법이 스스로 예상하고 있는 형벌의 한 종류이기도 하므로 아직은 우리의 헌법질서에 반하는 것이라고는 판단되지 아니한다.

④ 그러나 우리는 형벌로서의 사형이 우리의 문화수준이나 사회현실에 미루어 보아 지금 곧 이를 완전히 무효화시키는 것이 타당하지 아니하므로 아직은 우리의 현행 헌법질서에 위반되지 아니한다고 판단하는 바이지만, 사형이란 형벌이 무엇보다 고귀한 인간의 생명을 국가가 법의 이름으로 빼앗는 일종의 "제도살인(制度殺人)"의 속성을 벗어날 수 없는 점에 비추어 우리의 형사관계법령에 폭넓게 사형을 법정형으로 규정하고 있는 이들 법률조항들(반대의견의 참조, 모두 89개조항임)이 과연 행위의 불법과의 간에 적정한 비례관계를 유지하고 있는지를 개별적으로 따져야 할 것임은 물론 나아가 비록 법정형으로서의 사형이 적정한 것이라 하더라도 이를 선고함에 있어서는 특히 신중을 기하여야 한다는 생각이다.

또한 우리는 위헌·합헌의 논의를 떠나 사형을 형벌로서 계속 존치시키는 것이 반드시 필요하고 바람직한 것인가에 대한 진지한 찬반의 논의도 계속되어야 할 것이고, 한 나라의 문화가 고도로 발전하고 인지가 발달하여 평화롭고 안정된 사회가 실현되는 등 시대상황이 바뀌어 생명을 빼앗는 사형이 가진 위하에 의한 범죄예방의 필요성이 거의 없게 된다거나 국민의 법감정이 그렇다고 인식하는 시기에 이르게 되면 사형은 곧바로 폐지되어야 하며, 그럼에도 불구하고 형벌로서 사형이 그대로 남아 있다면 당연히 헌법에도 위반되는 것으로 보아야 한다는 의견이다.

(4) 형법 제250조 제1항 위헌여부

비록 형벌로서의 사형이 위와 같이 그 자체로서 위헌이라고는 할 수 없다고 하더라도 형법 제250조 제1항이 살인이라는 구체적인 범죄구성요건에 대한 불법효과의 하나로서 사형을 규정하고 있는 것이 행위의 불법과 행위자의 책임에 비하여 현저히 균형을 잃음으로써 비례의 원칙에 반한다고 평가된다면 형법 제250조 제1항은 사형제도 자체의 위헌여부와는 관계없이 위헌임을 면하지 못할 것이다.

형법 제250조 제1항이 규정하고 있는 살인의 죄는 인간생명을 부정하는 범죄행위의 전형이고, 이러한 범죄에는 그 행위의 태양이나 결과의 중대성으로 미루어 보아 반인륜적 범죄라고 규정지워질 수 있는 극악한 유형의 것들도 포함되어 있을 수 있는 것이다. 따라서 사형을 형벌의 한 종류로서 합헌이라고 보는 한 그와 같이 타인의 생명을 부정하는 범죄행위에 대하여 행위자의 생명을 부정하는 사형을 그 불법효과의 하나로서 규정한 것은 행위자의 생명과 그 가치가 동일한 하나의 혹은 다수의 생명을 보호하기 위한 불가피한 수단의 선택이라고 볼 수밖에 없으므로 이를 가리켜 **비례의 원칙**에 반한다고 할 수 없어 헌법에 위반되는 것이 아니다.

2) 소수의견(조승형의 반대의견)

사형제도는 생명권의 본질적 내용을 침해하는 생명권의 제한이므로 헌법 제37조 제2항 단서에 위반된다. 가사 헌법 제37조 제2항 단서상의 생명권의 본질적 내용이 침해된 것으로 볼 수 없다고 가정하더라도, 형벌의 목적은 응보 · 범죄의 일반예방 · 범죄인의 개선에 있음에도 불구하고 형벌로서의 사형은 이와 같은 목적달성에 필요한 정도를 넘어 생명권을 제한하는 것으로 목적의 정당성, 그 수단으로서의 적정성 · 피해의 최소성 등 제원칙에 반한다.

Ⅱ. 해설

1. 인권의 제한과 한계

1) 일반적 법률유보에 의한 인권의 제한

일반적 법률유보조항인 제37조 제2항은 '국민의 모든 자유와 권리는 국가안전보장·질서유지·공공복리를 위하여 필요한 경우에 한하여 법률로써 제한할 수 있으며, 제한하는 경우에도 자유와 권리의 본질적인 내용을 침해할 수 없다'고 함으로써 인권제한의 일반원칙을 규정하고 있다. 제37조 제2항에서 말하는 '자유와 권리'에는 원칙적으로 모든 인권이 포함된다.

2) 인권제한의 목적

(1) 질서유지

광의의 질서유지에서 국가안전보장을 제외한 질서 즉 '사회의 안녕질서'를 의미하며, 여기에는 헌법의 기본질서 이외에 타인의 권리유지, 도덕질서유지, 사회의 공공질서유지 등이 포함되어 있다고 볼 수 있다. 질서유지를 위하여 인권을 제한하는 경우에도 현상유지적인 소극적 의미만을 내포하는 것으로 보아야 한다.

질서유지를 위하여 인권을 제한하는 법률에는 형법을 비롯하여 경찰법, 집회및시위에관한법률, 경찰관직무집행법, 도로교통법, 미성년자보호법, 소방법, 경범죄처벌법 등 다수의 법률이 있다.

(2) 국가안전보장

국가안전보장의 개념은 국가의 존립, 헌법의 기본질서유지 등을 포함하는 개념으로서 결국 국가의 독립, 영토의 보전, 헌법과 법률의 기능, 헌법에 의하여 설치된 국가기관의 유지 등의 의미로 이해될 수 있다(89헌가104). 이 때 국가의 안전보장과 정권의 안전보장은 엄격히 구별하여야 한다. 국가안전보장이 질서유지 외에 인권제한의 또 다른 근거로 헌법에 자리한 것이 72년의 소위 유신헌법이었음은 그 남용의 위험을 방증한다. 어쨌거나 인권제한 사유로서 국가안전보장은 존립보장과 유지라는 소극적 성격에 국한되어야만 한다. 이러한 해석은 다소간의 적극적 목적을 위해 별도로 공공복리를 두고 있기 때문이다.

(3) 공공복리

현상유지적 개념으로서의 국가안전보장과 질서유지와 달리 인권제한의 또 다른 사유인 공공복리는 매우 불확정적인 개념이다. 국민공동의 행복과 이익, 사회생활을 하는 만인공통의 공존공영의 이익 또는 인권 상호간의 충돌을 조정하고 각인의 인권의 최대한의 보장을 꾀하는 사회정의의 원리 등 다양한 시도의 공통분모로 사회적 법치국가적인 공공복리를 꼽을 수 있다. 공공복리를 위한 인권제한은 국가안전보장이나 질서유지와는 달리 적극적인 성격을 내포하나 주된 대상을 재산권으로 삼기 때문에 국토이용관리법, 토지수용법, 건축법, 도시계획법, 하천법, 도로법, 삼림법 등에서 뚜렷하다.

3) 인권 제한의 형식

제37조 제2항은 인권을 제한하는 법규범의 형식을 '법률'로 한정하고 있다. 이때의 법률이란 국회에서 정립한 형식적 의미의 법률을 말한다. 인권을 제한하는 법률은 일반적이어야 함과 동시에 명확해야 한다. 일반적 법률이란 불특정한 다수인을 상대로(규범수신인의 일반성) 불특정한 다수의 경우를 규율(추상성 혹은 규율대상의 일반성)하는 법률을 의미하는 바, 원칙적으로 특정인을 대상으로 하거나 구체적으로 특정된 사항을 법률의 내용으로 할 수 없다. 또한 법률은 명확성을 가져야 한다. 인권제한법률이 불명확한 경우에는 '불명확하기 때문에 무효(void of vagueness)'라는 이론이 적용된다. 헌법재판소는 형벌을 규정하는 법률의 명확성에 대해 '법률이 처벌하고자 하는 행위가 무엇이며 그에 대한 형벌이 어떠한 것인지를 누구나 예견할 수 있고, 그에 따라 자신의 행위를 결정할 수 있는' 상태로 본다(98헌가10). 또 인권제한법률은 그 제한의 대상이 되는 인권을 구체적으로 적시하여야 하며, 인권 일반을 제한한다고 규정하는 것은 허용될 수 없다.

4) 인권 제한의 정도

(1) 본질내용 침해 금지의 원칙

현행 헌법에서는 인권을 '제한하는 경우에도 자유와 권리의 본질적인 내용을 침해할 수 없다'고 규정하고 있다. 인권의 본질적인 내용이라 함은 해당 인권의 핵심이 되는 실체를 말하고 본질적인 내용의 침해라 함은 그 침해로 말미암아 해당 자유나 권리가 유명무실한 것이 되어버리는 정도의 침해를 말한다.

(2) 과잉금지의 원칙

이상과 같은 인권제한의 요건을 구비한 경우에도 인권을 어느 정도까지 제한할 수 있느냐가 문제가 된다. 즉 질서유지나 공공복리를 위한 목적이 분명하고 제한의 형식으로써 법률의 형식을 갖추고 나아가 본질적인 내용을 침해하지 않는 범위에 있다고 한다면 설령 과잉된 제한이 가해지더라도 헌법에 합치하는가가 문제가 될 수 있다.

현행 헌법 제37조 제2항에서는 '필요한 경우에 한하여' 법률로써 제한할 수 있다고 함으로써 공익을 위하여 행해지는 인권의 제한도 그 필요한 최소한의 정도에 그쳐야 함(과잉금지의 원칙)을 명문으로 밝히고 있다.

2. 생명권

1) 생명권의 의의 및 헌법적 근거

생명이란 비생명적인 것 또는 죽음에 대칭되는 인간의 인격적, 내재적 존재형태, 즉 생존상태를 말한다. 인간의 생명은 고귀하고, 이 세상에서 무엇과도 바꿀 수 없는 존엄한 인간존재의 근원이다. 이러한 생명에 대한 권리는 비록 헌법에 규정이 없다 하더라도 선험적이고 자연법적인 권리로서 헌법에 규정된 모든 인권의 전제로서 기능하는 인권 중의 인권이다.[33]

2) 법적 성격

생명권은 대국가적 방어권으로서의 성격과 더불어 제3자의 침해로부터 보호하여 줄 것을 국가에 대하여 요구할 수 있는 보호청구권으로서의 성격을 아울러 가지고 있다. 개인의 국가에 대한 생명보호청구권은 생명권의 객관적 가치질서성으로부터 도출된다.

3) 본질적 내용

① 인권의 본질적 내용이란 해당 인권의 핵이 되는 실체를 말하고, 인권의 본질적 내용침해란 그 침해로 말미암아 해당 자유나 권리가 유명무실해져 버리는 정도의 침해를 말한다.

생명권의 본질은 살아 있다는 것이며, 사형제는 생명권을 유명무실하게 해 버리는 대표적인 침해이다.

33) 헌재 1996.11.28./ 95헌바1

② 생명권의 본질적 내용이 무엇인가에 대해서는 논란의 여지가 있을 수 있다. 인권을 절대적 인권과 상대적 인권으로 분류하는 입장에 따라서는 견해를 달리하기도 한다.

③ 특히 상대적 인권의 입장에서는 생명권도 제37조 제2항의 일반적 법률유보에 의해서 제한될 수 없는 절대적 기본권이라고 보기는 어렵다고 본다. 그 근거로 둘 이상의 생명권이 충돌할 경우(형법상 정당방위 상황), 또는 중대한 공익상의 이유가 있을 경우(전시 중 적군의 살해)에는 생명침해가 정당화될 수 있다는 점을 감안해 볼 때, 생명권도 일반적 법률유보 조항에 의해 제한될 수 있는 인권이라는 것이다.[34)]

④ 생각건대 인권을 절대적 인권과 상대적 인권으로 구별하는 것은 독일헌법의 특수한 상황에 기초한 것이라는 점을 상기할 필요가 있다. 독일헌법상 인권조항들은 법률유보된 것과 그렇지 않은 것으로 나뉘는데 법률유보되지 않은 인권의 제한 가능성을 열어두기 위한 방편으로 구별된 것으로 생각된다.

이러한 분류방식에 따르면 우리 헌법상의 인권은 모두 상대적 인권이다. 왜냐하면 제37조 제2항에서 '국민의 모든 권리'는 법률로서 제한할 수 있다고 하였기 때문이다. 그렇게 되면 제37조 제2항 단서의 본질내용침해금지의 원칙은 형해화되고 만다. 특히 생명권처럼 그 본질에 대한 제한을 법률에 유보할 수 없는 경우(사형 밖에 없으므로) 더욱 그러하다.

4) 생명권의 본질적 내용침해 금지에 대한 헌법재판소의 결정[35)]

(1) 다수의견

생명권에 대한 제한은 곧 생명권의 완전한 박탈을 의미한다 할 것이므로, 사형이 비례의 원칙에 따라서 최소한 동등한 가치가 있는 다른 생명 또는 그에 못지 아니한 공공의 이익을 보호하기 위한 불가피성이 충족되는 예외적인 경우에만 적용되는 한, 그것이 비록 생명을 빼앗는 형벌이라 하더라도 헌법 제37조 제2항 단서에 위반되는 것으로 볼 수는 없다는 입장이다.

(2) 소수의견 (재판관 조승형)

사형제도는 생명권의 본질적 내용을 침해하는 생명권의 제한이므로 헌법 제37조 제2항 단서에 위반된다고 본다. 즉, 생명권의 제한은 성질상 생명의 박탈을 의미하며 생명권의 본질은 생명 그 자체이므로 이의 박탈은 곧 생명권의 본질적 내용을 침해하는 것이기 때문이다. 또한 생명권이 헌법에서 보장하고 있는 인권이냐는 논란을 차치하더라도 헌법 제

34) 헌재 1996.11.28./ 95헌바1
35) 헌재 1996.11.28./ 95헌바1

12조가 신체의 자유권을 보장하고 있는 바, 신체는 본래 생명이 있어야 존재하는 것이므로 생명의 박탈은 곧 신체의 박탈이며 신체가 없는 신체의 자유권은 그 본래의 의미까지 상실하게 되고 결국 신체자유권의 본질적 내용까지도 침해하는 것이 되기 때문이다.

다수의견은 헌법 제37조 제2항 본문에 따라 기본권을 제한함에 있어서 지켜야 할 입법목적의 정당성, 입법수단의 필요성(적정성 · 피해의 최소성 · 법익 균형성) 등 기본권 제한의 상대적 한계인 제원칙과 헌법 제37조 제2항 단서의 절대적 한계규정을 혼동하였거나 생명권의 본질적 내용을 오해한 잘못을 범하고 있는 주장에 불과하여 부당하다. 즉 헌법 제37조 제2항 본문은 국민의 기본권을 법률로써 제한함에 있어서는 입법목적의 정당성, 입법수단의 필요성(적정성 · 피해의 최소성 · 법익 균형성) 등 제원칙을 지켜야 한다는 제1차적이고 원칙적이며 상대적인 기본권 제한의 한계규정을 정한 것이고, 헌법 제37조 제2항 단서는 위와 같은 상대적인 한계규정을 준수하더라도 인권의 본질적 내용을 침해할 수 없다는 최종적이고 예외적이며 절대적인 인권 제한의 한계규정을 정한 것이다.

뿐만 아니라, 가사 헌법 제37조 제2항의 일반적 법률유보의 대상이 된다고 가정하더라도, 생명권은 다른 인권들과는 달리 그 본질적 내용이 생명의 유지이므로 생명의 박탈은 곧 생명권의 본질적 내용을 침해하는 것이며, 위의 절대적 한계를 일탈하는 것이 되므로 생명권이 헌법상 일반적 법률유보의 대상이 된다는 견해는 헌법 제37조 제2항 본문과 단서규정을 오해하였거나 생명권의 본질적 내용을 오해하였음이 분명하기 때문이다.

생각해 보기

- 제37조 제2항에서 인권을 법률로 제한하는 경우에도 본질적 내용을 침해할 수 없다고 하였는데, 이 때의 인권의 본질은 무엇인가?

◈읽어보기

형법 제41조 등 위헌제청
(헌재 2010.2.25./ 2008헌가23)

판시사항

1. 재판의 전제성에 관한 제청법원의 법률적 견해가 명백히 유지될 수 없어 재판의 전제성이 부인된 사례
2. 사형제도에 대한 위헌심사의 범위
3. 사형제도의 헌법적 근거
4. 헌법 제37조 제2항에 의하여 생명권을 제한할 수 있는지 여부(적극) 및 생명권의 제한이 곧 생명권의 본질적 내용에 대한 침해인지 여부(소극)
5. 사형제도가 헌법 제37조 제2항에 위반하여 생명권을 침해하는지 여부(소극)
6. 사형제도가 인간의 존엄과 가치를 규정한 헌법 제10조에 위반되는지 여부(소극)
7. 가석방이 불가능한 이른바 '절대적 종신형'이 아니라 가석방이 가능한 이른바 '상대적 종신형'만을 규정한 현행 무기징역형제도가 평등원칙이나 책임원칙에 위반되는지 여부(소극)
8. 형법 제250조 제1항 중 '사형, 무기의 징역에 처한다'는 부분이 비례의 원칙이나 평등원칙에 위반되는지 여부(소극)
9. 구 '성폭력범죄의 처벌 및 피해자보호 등에 관한 법률'(1997. 8. 22. 법률 제5343호로 개정되고 2008. 6. 13. 법률 제9110호로 개정되기 전의 것) 제10조 제1항 중 "사형 또는 무기징역에 처한다."는 부분이 비례의 원칙이나 평등원칙에 위반되는지 여부(소극)

광주고등법원의 위헌제청이유 요지

사형제도는 "헌법 제12조 제1항, 제110조 제4항이 군사법 분야가 아닌 일반 범죄에서 사형을 예정하고 있지 않다. 사형수에 대한 인간의 존엄과 가치를 침해함은 물론이고 법관 등 사형의 선고와 집행에 관여하는 자들의 양심의 자유와 인간의 존엄과 가치를 침해한다. 잘못된 재판에 의한 사형 판결이 집행된 경우 어떠한 방법으로도 원상회복이 불가능한 데다가, 사형제도에 의하여 달성하려는 범인의 영구적 격리나 범죄의 일반예방이라는 공익은 가석방이 불가능한 종신형에 의하여도 충분히 달성될 수 있음에도 국민의 기본권 중 가장 기초적인 의미를 갖는 생명권을 최종적으로 박탈하는 사형제도는 피해의 최소성원칙에 반하여 기본권제한에 있어서의 과잉금지의 원칙에 위반되는 것으로서 헌법 제37조 제2항에 반한다. 범죄인은 자신의 생명이 박탈될 것이라고 예상하고 더욱 흉포한 범죄를 저지를 수 있어 형벌로서의 사형의 일반예방적인 효과는 그리 크지 않다. 범죄의 원인에는 국가와 사회 환경적 요인도 적지 않은데 국가가 범죄의 모든 책임을 범죄인에게 돌리고 반성의 기회조차 박탈하는 것은 형벌에 있어서 책임의 원칙에 반한다."는 등 여러 점에서 위헌의 의심이 크다.

또한 우리나라는 1997. 12. 30. 이후 사형을 집행하지 않고 있어 사회 · 문화적으로 사형집행에 대한 인식이 1996년의 헌법재판소 합헌결정 당시의 상황과는 달라졌다고 할 것이고, 우리나라의 정치 · 문화 수준이 높아지고 종교와 자선단체의 활동이 증가하고 있으며, 국제화 및 세계화의 물결 속에 시민적 · 정치적 권리에 관한 국제협약에 참가한 국가들이 증가하고 있는 추세이고, 이미 전세계적으로 사형폐지가 대세인데 굳이 우리나라가 사형존치국으로 남아 있을 만큼 문화적 · 사회적으로 열악한 위치에 있는 것인지도 의문이다.

법무부장관의 의견요지

헌법 제110조 제4항이 사형제도의 헌법적 근거이고, 모든 인간의 생명은 자연적 존재로서 동등한 가치를 가지나 그 동등한 가치가 서로 충돌하게 될 때 국가의 근본규범은 어떠한 생명이 보호되어야 할 것인지 그 규준을 제시할 수 있으므로 생명권도 일반의 기본권과 같이 기본권 제한적 법률유보의 제약을 받고 공공복리나 질서유지를 위하여 제약을 면치 못한다.

형벌이 범죄에 대한 응보로서의 본질을 가지는 이상 생명을 침해하거나 그에 준할 정도의 법익침해에 대하여 사형을 부과하는 것은 형벌의 본질에 부합하는 점, 사형의 일반예방적 효과가 없다고 속단할 수 없고 그것을 대체할 수 있는 강한 위하력을 가진 다른 마땅한 수단이 존재하지 않으며 사회방위를 위한 적절한 수단인 점, 입법자는 법정형에 사형이 포함되어 있는 사형대상범죄를 축소하는 방향으로 나아가고 있는 점, 사법부가 사형선고의 요건을 제한적으로 해석·적용하고 있어 사형제도가 신중하게 운영되고 있는 점, 2003년부터 2007년까지의 연간 살인사건은 1,000건 이상, 강간사건은 10,000건 이상이 발생하는 등 강력범죄의 수가 과거에 비해 큰 폭으로 줄지는 아니하였으며 사형제도 존치에 관한 국민 여론이 폐지 여론보다 2배 이상 높은 점 등을 고려하면, 사형제도를 합헌으로 결정한 헌법재판소 95헌바1 결정을 변경하여 위헌으로 판단할 사정변경이 없다.(형법 제41조 등 위헌제청, 헌재 2010.2.25/ 2008헌가23)

결정요지

1. 가석방의 요건에 관한 규정은 사법부에 의하여 형이 선고 · 확정된 이후의 집행에 관한 문제일 뿐 이 사건 당해 재판 단계에서 문제될 이유는 없고, 달리 위 규정이 당해 사건에 적용될 법률조항임을 인정할 자료를 찾아 볼 수 없으므로, 이 사건 위헌제청 중 형법 제72조 제1항 중 '무기징역' 부분은 재판의 전제성이 없어 부적법하다.

2. 사형제도가 위헌인지 여부의 문제는 성문 헌법을 비롯한 헌법의 법원을 토대로 헌법규범의 내용을 밝혀 사형제도가 그러한 헌법규범에 위반하는지 여부를 판단하는 것으로서 헌법재판소에 최종적인 결정권한이 있는 반면, **사형제도를 법률상 존치시킬 것인지 또는 폐지할 것인지의 문제**는 사형제도의 존치가 필요하거나 유용한지 또는 바람직한지에 관한 평가를 통하여 민주적 정당성을 가진 입법부가 결정할 **입법정책적 문제**이지 헌법재판소가 심사할 대상은 아니다.

그리고 극악한 범죄 중 극히 일부에 대하여서라도 헌법질서내에서 사형이 허용될 수 있다고 한다면 사형제도 자체를 위헌이라고 할 수는 없고, 사형제도 자체의 합헌성을 전제로 사형이 허용되는 범죄유형을 어느 범위까지 인정할 것인지가 문제될 뿐이며, 이는 개별 형벌조항의 위헌성 여부의 판단을 통하여 해결할 문제이다.

3. 헌법 제110조 제4항은 법률에 의하여 사형이 형벌로서 규정되고 그 형벌조항의 적용으로 사형이 선고될 수 있음을 전제로 하여, 사형을 선고한 경우에는 비상계엄하의 군사재판이라도 단심으로 할 수 없고 사법절차를 통한 불복이 보장되어야 한다는 취지의 규정으로, 우리 헌법은 문언의 해석상 사형제도를 간접적으로나마 인정하고 있다.

4. 헌법은 절대적 기본권을 명문으로 인정하고 있지 아니하며, 헌법 제37조 제2항에서는 국민의 모든 자유와 권리는 국가안전보장·질서유지 또는 공공복리를 위하여 필요한 경우에 한하여 법률로써 제한할 수 있도록 규정하고 있어, 비록 생명이 이념적으로 절대적 가치를 지닌 것이라 하더라도 생명에 대한 법적 평가가 예외적으로 허용될 수 있다고 할 것이므로, **생명권 역시 헌법 제37조 제2항에 의한 일반적 법률유보의 대상이 될 수밖에 없다.** 나아가 생명권의 경우, 다른 일반적인 기본권 제한의 구조와는 달리, 생명의 일부 박탈이라는 것을 상정할 수 없기 때문에 생명권에 대한 제한은 필연적으로 생명권의 완전한 박탈을 의미하게 되는바, 위와 같이 생명권의 제한이 정당화될 수 있는 예외적인 경우에는 생명권의 박탈이 초래된다 하더라도 곧바로 기본권의 본질적인 내용을 침해하는 것이라 볼 수는 없다.

5. (가) 사형은 일반국민에 대한 심리적 위하를 통하여 범죄의 발생을 예방하며 극악한 범죄에 대한 정당한 응보를 통하여 정의를 실현하고, 당해 범죄인의 재범 가능성을 영구히 차단함으로써 사회를 방어하려는 것으로 그 **입법목적은 정당**하고, 가장 무거운 형벌인 사형은 입법목적의 달성을 위한 **적합한 수단**이다.

(나) **사형은 무기징역형이나 가석방이 불가능한 종신형보다도 범죄자에 대한 법익침해의 정도가 큰 형벌로서, 인간의 생존본능과 죽음에 대한 근원적인 공포까지 고려하면, 무기징역형 등 자유형보다 더 큰 위하력을 발휘함으로써 가장 강력한 범죄억지력을 가지고 있다**고 보아야 하고, 극악한 범죄의 경우에는 무기징역형 등 자유형의 선고만으로는 범죄자의 책임에 미치지 못하게 될 뿐만 아니라 피해자들의 가족 및 일반국민의 정의관념에도 부합하지 못하며, 입법목적의 달성에 있어서 사형과 동일한 효과를 나타내면서도 사형보다 범죄자에 대한 법익침해 정도가 작은 다른 형벌이 명백히 존재한다고 보기 어려우므로 사형제도가 **침해최소성원칙에 어긋난다고 할 수 없다.** 한편, **오판가능성은 사법제도의 숙명적 한계이지 사형이라는 형벌제도 자체의 문제로 볼 수 없으며** 심급제도, 재심제도 등의 제도적 장치 및 그에 대한 개선을 통하여 해결할 문제이지, 오판가능성을 이유로 사형이라는 형벌의 부과 자체가 위헌이라고 할 수는 없다.

(다) **사형제도에 의하여 달성되는 범죄예방을 통한 무고한 일반국민의 생명 보호 등 중대한 공익의 보호와 정의의 실현 및 사회방위라는 공익은 사형제도로 발생하는 극악한 범죄를 저지른 자의 생명권이라는 사익보다 결코 작다고 볼 수 없을 뿐만 아니라,** 다수의 인명을 잔혹하게 살해하는 등의 극악한 범죄에 대하여 한정적으로 부과되는 사형이 그 범죄의 잔혹함에 비하여 과도한 형벌이라고 볼 수 없으므로, 사형제도는 법익균형성원칙에 위배되지 아니한다.

6. 사형제도는 우리 헌법이 적어도 간접적으로나마 인정하고 있는 형벌의 한 종류일 뿐만 아니라, 사형제도가 생명권 제한에 있어서 헌법 제37조 제2항에 의한 헌법적 한계를 일탈하였다고 볼 수 없는 이상, 범죄자의 생명권 박탈을 내용으로 한다는 이유만으로 곧바로 인간의 존엄과 가치를 규정한 헌법 제10조에 위배된다고 할 수 없으며, 사형제도는 형벌의 경고기능을 무시하고 극악한 범죄를 저지른 자에 대하여 그 중한 불법 정도와 책임에 상응하는 형벌을 부과하는 것으로서 범죄자가 스스로 선택한 잔악무도한 범죄행위의 결과인바, 범죄자를 오로지 사회방위라는 공익 추구를 위한 객체로만 취급함으로써 범죄자의 인간으로서의 존엄과 가치를 침해한 것으로 볼 수 없다. 한편 사형을 선고하거나 집행하는 법관 및 교도관 등이 인간적 자책감을 가질 수 있다는 이유만으로 사형제도가 법관 및 교도관 등의 인간으로서의 존엄과 가치를 침해하는 위헌적인 형벌제도라고 할 수는 없다.

7. 절대적 종신형제도는 사형제도와는 또 다른 위헌성 문제를 야기할 수 있고, 현행 형사법령 하에서도 가석방제도의 운영 여하에 따라 사회로부터의 영구적 격리가 가능한 절대적 종신형과 상대적 종신형의 각 취지를 살릴 수 있다는 점 등을 고려하면, 현행 무기징역형제도가 상대적 종신형 외에 절대적 종신형을 따로 두고 있지 않은 것이 형벌체계상 정당성과 균형을 상실하여 헌법 제11조의 평등원칙에 반한다거나 형벌이 죄질과 책임에 상응하도록 비례성을 갖추어야 한다는 책임원칙에 반한다고 단정하기 어렵다.

8. 형법 제250조 제1항이 규정하고 있는 살인의 죄는 인간 생명을 부정하는 범죄행위의 전형이고, 이러한 범죄에는 행위의 태양이나 결과의 중대성으로 보아 반인륜적 범죄라고 할 수 있는 극악한 유형의 것들도 포함되어 있을 수 있으므로, 타인의 생명을 부정하는 범죄행위에 대하여 5년 이상의 징역 외에 사형이나 무기징역을 규정한 것은 하나의 혹은 다수의 생명을 보호하기 위하여 필요한 수단의 선택이라고 볼 수밖에 없으므로 **비례의 원칙**이나 평등의 원칙에 반한다고 할 수 없다.

9. 구 '성폭력범죄의 처벌 및 피해자보호 등에 관한 법률'(1997. 8. 22. 법률 제5343호로 개정되고 2008. 6. 13. 법률 제9110호로 개정되기 전의 것) 제10조 제1항의 범죄구성요건은 살인과 성폭력범죄가 합쳐진 결합범인데, 성폭력범죄자가 타인의 생명까지 침해한 행위에 대하여 행위자의 사형이나 무기징역을 그 불법효과의 하나로서 규정한 것은 하나의 혹은 다수의 생명과 타인의 성적자기결정의 자유를 보호하기 위하여 필요한 수단의 선택이라고 볼 수 있고, 성폭력범죄로 인해 발생하는 개인의 성적자유침해라는 추가적 법익침해를 감안할 때 일반 살인죄의 법정형에서 5년 이상의 유기징역을 제외한 것을 가리켜 비례의 원칙이나 평등의 원칙에 반한다고 할 수 없다.

재판관 이강국의 보충의견

헌법 제10조에서 도출된 생명권과 헌법 제110조 제4항 단서와의 대립관계는 헌법의 통일성의 원칙이나 실제적 조화의 원칙에 따라 위 2개의 법익이 통일적으로, 그리고 실제적으로 가장 잘 조화되고 비례될 수 있도록 해석하여야 한다. 따라서 사형제는 헌법 자체가 긍정하고 있는 형(刑)이지만, 동시에 이와 충돌되는 생명권의 높은 이념적 가치때문에 그 규범영역은 상당부분 양보·축소되어야 할 것이므로 사형의 선고는 정의와 형평에 비추어 불가피한 경우에만, 그것도 비례의 원칙과 최소 침해의 원칙에 따라 행해져야 한다고 해석하는 것이 상당하고, 이러한 해석과는 달리, 생명권의 최상위 기본권성만을 내세워 실정 헌법에서 규정하고 있는 사형제를 가볍게 위헌이라고 부정하는 것은 헌법해석의 범위를 벗어나 헌법의 개정이나 헌법의 변질에 이르게 될 수 있다.

재판관 민형기의 보충의견

현행 헌법질서 내에서의 사형제 자체의 존재 이유 및 필요성은 인정될 수 있으나, 사형의 오·남용 소지와 그에 따른 폐해를 최대한 불식시키고, 잔혹하고도 비이성적이라거나 목적 달성에 필요한 정도를 넘는 과도한 형벌이라는 지적을 면할 수 있도록, 그 적용 대상과 범위를 최소화하는 것이 필요하며, 원칙적으로 사형 대상 범죄는 인간의 생명을 고의적으로 침해하는 범죄나 생명의 침해를 수반할 개연성이 매우 높거나 흉악한 범죄로 인해 치사의 결과에 이른 범죄, 전쟁의 승패나 국가안보와 직접 관련된 범죄 등으로 한정되어야 한다. 입법자는 외국의 입법례 등을 참고하여 국민적 합의를 바탕으로 사형제 전반에 걸친 문제점을 개선하고 필요한 경우 문제가 되는 법률이나 법률조항을 폐지하는 등의 노력을 게을리 하여서는 아니 될 것이다.

재판관 송두환의 보충의견

인간의 존엄성 및 인간 생명의 존엄한 가치를 선명하기 위하여, 역설적으로 그 파괴자인 인간의 생명을 박탈하는 것이 불가피한 예외적 상황도 있을 수 있으므로, 반인륜적인 범죄에 대비하여 사형을 규정한 것으로 한정적으로 이해하는 한 사형제도가 헌법 제10조에 반한다고 볼 수 없고, 반인륜적인 범죄에 대한 법정형 범위에 사형을 포함시킨 것 자체를 '생명권을 공동화한 것'이라고 평가하기 어려우므로 자유와 권리의 본질적인 내용을 침해한 것으로 볼 수 없다. 근본적인 문제는 사형제도 자체에 있는 것이 아니라 사형제도의 남용 및 오용에 있으므로, 형벌조항들을 전면적으로 재검토하여 사형이 선택될 수 있는 범죄의 종류를 반인륜적으로 타인의 생명을 해치는 극악범죄로 한정하고, 사회적, 국가적 법익에만 관련된 각종 범죄의 경우 등에는 법정형에서 사형을 삭제하며, 전체 사법절차가 엄격하고 신중한 적법절차에 의하여 진행되고 '잔혹하고 이상한 형벌' 또는 인간의 존엄성을 무시하거나 해하는 형벌이 되지 않도록 수사 및 재판, 형의 집행 등 모든 절차를 세심하게 다듬고 정비하여야 할 것이다.

재판관 조대현의 일부위헌의견

인간의 생명권은 지고(至高)의 가치를 가지는 것이므로 이를 제한하기 위한 사유도 역시 지고의 가치를 가지는 인간의 생명을 보호하거나 구원하기 위한 것이라야 하는데, **범죄에 대한 형벌로서 범죄자를 사형시키는 것은 이미 이루어진 법익침해에 대한 응보에 불과하고, 살인자를 사형시킨다고 하여 피살자의 생명이 보호되거나 구원되지 아니하므로, 사형제도는 인간의 생명을 박탈하기에 필요한 헌법 제37조 제2항의 요건을 갖추지 못하였으며, 생명권의 본질적인 내용을 침해하는 것이라고 보지 않을 수 없다.** 다만, 헌법 제110조 제4항 단서가 비상계엄 하의 군사재판에서 사형을 선고하는 경우를 인정하고 있으므로, 비상계엄 하의 군사재판이라는 특수상황에서 사형을 선고하는 것은 헌법 스스로 예외적으로 허용하였다고 봄이 상당하다. 따라서 사형제도는 헌법 제110조 제4항 단서에 해당되는 경우에 적용하면 헌법에 위반된다고 할 수 없지만, 헌법 제110조 제4항 단서에 해당되지 않는 경우에 적용하면 생명권을 침해할 정당한 사유도 없이 생명권의 본질적인 내용을 침해하는 것으로서 헌법 제37조 제2항에 위반된다.

재판관 김희옥의 위헌의견

1. 헌법 제110조 제4항 단서의 규정은 그 도입 배경이나 규정의 맥락을 고려할 때, 법률상 존재하는 사형의 선고를 억제하여 최소한의 인권을 존중하기 위하여 규정된 것이므로 간접적으로도 헌법상 사형제도를 인정하는 근거 규정이라고 보기 어렵다.

2. **사형제도는 인간의 존엄과 가치를 천명하고 생명권을 보장하는 우리 헌법 체계에서는 입법목적 달성을 위한 적합한 수단으로 인정할 수 없고, 사형제도를 통하여 확보하고자 하는 형벌로서의 기능을 대체할 만한 가석방 없는 무기자유형 등의 수단을 고려할 수 있으므로 피해의 최소성 원칙에도 어긋나며, 사형 당시에는 사형을 통해 보호하려는 타인의 생명권이나 중대한 법익은 이미 그 침해가 종료되어 범죄인의 생명이나 신체를 박탈해야 할 긴급성이나 불가피성이 없고 사형을 통해 달성하려는 공익에 비하여 사형으로 인하여 침해되는 사익의 비중이 훨씬 크므로 법익의 균형성도 인정되지 아니한다.** 또한 사형제도는 이미 중대 범죄가 종료되어 상당 기간이 지난 후 체포되어 수감 중인, 한 인간의 생명을 일정한 절차에 따라 빼앗는 것을 전제로 하므로, 생명에 대한 법적 평가가 필요한 예외적인 경우라고 볼 수 없어 생명권의 본질적 내용을 침해하고, 신체의 자유의 본질적 내용까지도 침해한다.

3. 사형제도는 범죄인을 사회전체의 이익 또는 다른 범죄의 예방을 위한 수단 또는 복수의 대상으로만 취급하고 한 인간으로서 자기의 책임 하에 반성과 개선을 할 최소한의 도덕적 자유조차 남겨주지 아니하는 제도이므로 헌법 제10조가 선언하는 인간의 존엄과 가치에 위배되며, 법관이나 교도관 등 직무상 사형제도의 운영에 관여하여야 하는 사람들로 하여금 인간의 생명을 계획적으로 빼앗는 과정에 참여하게 함으로써 그들을 인간으로서의 양심과 무관하게 국가목적을 위한 수단으로 전락시키고 있다는 점에서 그들의 인간으로서의 존엄과 가치 또한 침해한다.

재판관 김종대의 위헌의견

1. 헌법 제37조 제2항 후단은 그 내용이 본질적인 부분과 그렇지 않은 부분의 중층적 구조로 구성된 기본권의 제한에 관한 규정이고, **성질상 본질적인 부분과 그렇지 않은 부분이 구별되지 않는 생명권과 같은 경우에는 그 적용이 없으므로, 생명권에 대해서도 헌법 제37조 제2항 전단에 따라 그 제한이 가능하고 그 제한의 정당화 여부는 비례의 원칙에 따른 심사를 통해 판단**하여야 한다.

2. 형벌로서 사형을 부과할 당시에는 국가의 존립이나 피해자의 생명이 범인의 생명과 충돌하는 상황은 이미 존재하지 않으며, 국가가 범인을 교도소에 계속해서 수용하고 있는 한 개인과 사회를 보호하는 목적은 범인을 사형시켰을 때와 똑같이 달성될 수 있다. 사형제도는 범죄억제라는 형사정책적 목적을 위해 사람의 생명을 빼앗는 것으로 그 자체로 인간으로서의 존엄과 가치에 반하고, 사형제도를 통해 일반예방의 목적이 달성되는지도 불확실하다. 다만, 지금의 무기징역형은 개인의 생명과 사회의 안전의 방어라는 점에서 사형의 효력을 대체할 수 없으므로, 가석방이나 사면 등의 가능성을 제한하는 최고의 자유형이 도입되는 것을 조건으로 사형제도는 폐지되어야

한다.

재판관 목영준의 위헌의견

1. 생명권은 개념적으로나 실질적으로나 본질적인 부분을 그렇지 않은 부분과 구분하여 상정할 수 없어 헌법상 제한이 불가능한 절대적 기본권이라고 할 수 밖에 없고, 생명의 박탈은 곧 신체의 박탈도 되므로 사형제도는 생명권과 신체의 자유의 본질적 내용을 침해하는 것이다.

2. 사형제도는 사회로부터 범죄인을 영원히 배제한다는 점 이외에는 형벌의 목적에 기여하는 바가 결코 명백하다고 볼 수 없고, 우리나라는 국제인권단체로부터 사실상의 사형폐지국으로 분류되고 있어 사형제도가 실효성을 상실하여 더 이상 입법목적 달성을 위한 적절한 수단이라고 할 수 없으며, 절대적 종신형제 또는 유기징역제도의 개선 등 사형제도를 대체할 만한 수단을 고려할 수 있음에도, 생명권을 박탈하는 것은 피해의 최소성 원칙에도 어긋나고, 사형을 통해 침해되는 사익은 범죄인에게는 절대적이고 근원적인 기본권인 반면, 이를 통해 달성하고자 하는 공익은 다른 형벌에 의하여 상당 수준 달성될 수 있어 공익과 사익 간에 법익의 균형성이 갖추어졌다고 볼 수 없다.

3. 사형은 악성이 극대화된 흥분된 상태의 범죄인에 대하여 집행되는 것이 아니라 이성이 일부라도 회복된 안정된 상태의 범죄인에 대하여 생명을 박탈하는 것이므로 인간의 존엄과 가치에 위배되며, 직무상 사형제도의 운영에 관여하여야 하는 사람들로 하여금 그들의 양심과 무관하게 인간의 생명을 계획적으로 박탈하는 과정에 참여하게 함으로써, 그들의 인간으로서 가지는 존엄과 가치 또한 침해한다.

4. 사형제도가 헌법에 위반되어 폐지되어야 한다고 하더라도 이를 대신하여 흉악범을 사회로부터 영구히 격리하는 실질적 방안이 강구되어야 하는바, 가석방이 불가능한 절대적 종신형제도를 사형제도를 도입하고, 엄중한 유기징역형을 선고할 수 있도록 경합범합산 규정을 수정하고 유기징역형의 상한을 대폭 상향조정해야 하므로, 형벌의 종류로서 사형을 열거하고 있는 형법 제41조 제1호를 위헌으로 선언함과 동시에, 무기징역형, 경합범 가중규정, 유기징역형 상한 및 가석방에 관한 현행 법규정들이 헌법에 합치되지 않음을 선언하여야 한다.

❖ 참고문헌

박상중, 사형제도-사형의 오판·오행은 결코 돌이킬 수 없어, 사법행정 26권5호, 1985년.
이상혁, 우리나라 사형제도에 관한 고찰, 저스티스 22권, 1989년.
차병직, 이상한 나라의 엘리스는 사형폐지론자?, 월간 말 174호, 2000년.
허일태, 한국의 사형제도의 위헌성, 저스티스 31권2호, 1998년.

제 2 절 과잉금지의 원칙

I. 사례

갑은 1990.2.16. 국가보안법위반 등 혐의로 구속되어 치안본부 대공분실에서 수사를 받으면서 국가보안법 제19조 제1항에 의하여 같은 달 26.부터 구속기간이 1차 연장되었고, 1990.3.6. 서울지방검찰청에 송치되어 수사를 받던 중 1990.3.16.부터 구속기간이 1차 연장되고 국가보안법 제19조 제2항에 의하여 같은 달 26.부터 다시 구속기간이 2차 연장되었다가 1990.4.4. 국가보안법 제7조 위반으로 서울형사지방법원에 공소제기되었는데 갑은 법원에 사건이 계속중 서울 구치소에 수감되어 있으면서 1990.5.3. 이 사건 헌법소원의 심판청구를 하였다.

참조 : 국가보안법 제19조에 대한 헌법소원 (헌재 1992.4.14./ 90헌마82)

[공부거리]

국가권력에 의한 인권침해
과잉금지의 원칙과 피해의 최소성
신체의 자유

[심판대상조문]

국가보안법

제19조(구속기간의 연장)

① 지방법원판사는 제3조 내지 제10조의 죄(罪)로서 사법경찰관이 검사에게 신청하여 검사의 청구가 있는 경우에 수사를 계속함에 상당한 이유가 있다고 인정한 때에는 형사소송법 제202조의 구속기간의 연장을 1차에 한하여 허가할 수 있다.

② 지방법원판사는 제1항의 죄로서 검사의 청구에 의하여 수사를 계속함에 상당한 이유가 있다고 인정한 때에는 형사소송법 제203조의 구속기간의 연장을 2차에 한하여 허가할 수 있다.

③ 제1항 및 제2항의 기간의 연장은 각 10일 이내로 한다.

[참조조문]

헌법재판소법

제68조 (청구사유)

① 공권력의 행사 또는 불행사로 인하여 헌법상 보장된 기본권을 침해받은 자는 법원의 재판을 제외하고는 헌법재판소에 헌법소원심판을 청구할 수 있다. 다만, 다른 법률에 구제절차가 있는 경우에는 그 절차를 모두 거친 후가 아니면 청구할 수 없다.

② 제41조제1항의 규정에 의한 법률의 위헌여부심판의 제청신청이 기각된 때에는 그 신청을 한 당사자는 헌법재판소에 헌법소원심판을 청구할 수 있다.

제69조 (청구기간)

① 제68조제1항의 규정에 의한 헌법소원의 심판은 그 사유가 있음을 안 날로부터 60일 이내에, 그 사유가 있은 날로부터 180일이내에 청구하여야 한다. 다만, 다른 법률에 의한 구제절차를 거친 헌법소원의 심판은 그 최종결정을 통지받은 날로부터 30일이내에 청구하여야 한다.

② 생략

형사소송법

제202조 (사법경찰관의 구속기간) 사법경찰관이 피의자를 구속한 때에는 10일이내에 피의자를 검사에게 인치하지 아니하면 석방하여야 한다.

제203조 (검사의 구속기간) 검사가 피의자를 구속한 때 또는 사법경찰관으로부터 피의자의 인치를 받은 때에는 10일 이내에 공소를 제기하지 아니하면 석방하여야 한다.

제205조 (구속기간의 연장)

① 지방법원판사는 검사의 신청에 의하여 수사를 계속함에 상당한 이유가 있다고 인정한 때에는 10일을 초과하지 아니하는 한도에서 제203조의 구속기간의 연장을 1차에 한하여 허가할 수 있다.

② 생략

국가보안법

제7조 (찬양 · 고무등)

① 반국가단체나 그 구성원 또는 그 지령을 받은 자의 활동을 찬양 · 고무 또는 이에 동조하거나 기타의 방법으로 반국가단체를 이롭게 한 자는 7년 이하의 징역에 처한다.

② 국외공산계열의 활동을 찬양 · 고무 또는 이에 동조하거나 기타의 방법으로 반국가단체를 이롭게 한 자도 제1항의 형과 같다.

③ 제1항 및 제2항의 행위를 목적으로 하는 단체를 구성하거나 이에 가입한 자는 1년이상의 유기징역에 처한다.

④ 제3항에 규정된 단체의 구성원으로서 사회질서의 혼란을 조성할 우려가 있는 사항에 관하여 허위사실을 날조 · 유포 또는 사실을 왜곡하여 전파한 자는 2년 이상의 유기징역에 처한다.

⑤ 제1항 내지 제4항의 행위를 할 목적으로 문서 · 도화 기타의 표현물을 제작 · 수입 · 복사 · 소지 · 운반 · 반포 · 판매 또는 취득한 자는 그 각항에 정한 형에 처한다.

⑥ 제1항 내지 제5항의 미수범은 처벌한다.

⑦ 제1항 내지 제5항의 죄를 범할 목적으로 예비 또는 음모한 자는 5년 이하의 징역에 처한다.

제10조 (불고지)

제3조 내지 제9조의 죄를 범한 자라는 정을 알면서 수사기관 또는 정보기관에 고지하지 아니한 자는 5년 이하의 징역 또는 200만원 이하의 벌금에 처한다. 다만, 본범과 친족관계가 있는 때에는 그 형을 감경 또는 면제할 수 있다.

[참조판례]

국가보안법 제19조에 대한 위헌제청 (헌재 1997.6.26./ 96헌가8910)
공권력에 의한 재산권침해에 대한 헌법소원 (헌재 1989.9.4./ 88헌마22)
수사기관에 의한 기본권침해에 대한 헌법소원 (헌재 1991.7.8./ 89헌마181)
변호인의 조력을 받을 권리에 대한 헌법소원 (헌재 1992.1.28./ 91헌마111)
지방공무원법 제35조제61조에 대한 헌법소원 (헌재 1990.6.25./ 89헌마220)
교육공무원법 제11조제1항에 대한 헌법소원 (헌재 1990.10.8./ 89헌마89)

1. 당사자의 주장

1) 청구인 측의 주장

청구인들이 주장하는 심판청구이유의 요지는 형사소송법 제202조는 "사법경찰관이 피의자를 구속한 때에는 10일 이내에 피의자를 검사에게 인치하지 아니하면 석방하여야 한다." 라고 규정하고 있고 같은 법 제203조는 "검사가 피의자를 구속한 때 또는 사법경찰관으로부터 피의자의 인치를 받은 때에는 10일 이내에 공소를 제기하지 아니하면 석방하여야 한다."라고 규정하고 있으며 같은 법 제205조 제1항은 "지방법원 판사는 검사의 청구에 의하여 수사를 계속함에 상당한 이유가 있다고 인정한 때에는 10일을 초과하지 아니하는 한도에서 제203조의 구속기간의 연장을 1차에 한하여 허가할 수 있다."라고 규정하고 있다.

이 규정들에 의하면 사법경찰관은 구속기간연장을 할 수 없고 검사는 1차에 한하여 10일을 초과하지 아니하는 한도에서 구속기간을 연장할 수 있게 되어 있어 결국 경찰수사단계에서는 10일이내의 한도에서, 검찰수사단계에서는 20일이내의 한도에서 피의자를 구속할 수 있도록 되어 있는데 국가보안법 제19조가 위와 같은 원칙에 대한 예외를 설정하여 국가보안법 제3조 내지 제10조 위반피의자에 대한 구속기간을 사법경찰관과 검사에 대하여 각 10일씩을 더 연장할 수 있도록 허용한 것은 국가보안법위반 피의자를 일반 형사피의자와 합리적 이유없이 차별하여 수사기간에 대하여 과도한 장기구속을 허용하는 것이어서 이는 헌법 제11조 제1항의 평등권, 제12조 제1항의 신체의 자유 및 제27조 제4항의 신속한 재판을 받을 권리를 침해하는 위헌법률이고 청구인들은 이러한 위헌법률에 의하여 수사기관에서 부당하게 장기구속을 당하여 기본권을 침해당하였으므로 헌법소원심판을 청구한다는 것이다.

2) 법무부장관의 의견

국가보안법상 구속기간연장의 특례규정은 국가보안법위반범죄가 대부분 지능적이고 그 형태가 조직적이어서 단기간의 수사로는 배후관계의 규명이나 증거포착이 어려우므로 충분한 수사기간을 보장해주어 그 기간동안 철저히 조사하여 반국가사범을 처벌토록 함으로써 국가의 안전과 국민의 생존 및 자유확보라는 국가보안법의 입법목적을 달성하기 위하여 필요한 규정이고, 또 특례규정을 둔다고 하여 인간의 존엄성 존중이라는 헌법의 최고원리를 침해하는 것은 아닌 합리적인 차별이라고 할 것이므로 헌법 제11조 제1항에 위배된

다고 할 수 없다.[36]

설령 청구인의 대리인들의 주장과 같이 일반형사피의자에 대한 구속기간 연장규정과 달리 규정한 국가보안법 제19조는 헌법상 평등권을 제한하고 있는 것이라고 하더라도, 헌법 제37조 제2항은 "국민의 모든 자유와 권리는 국가안전보장, 질서유지 또는 공공복리를 위하여 법률로써 제한"할 수 있다고 되어 있고, 평등권은 다른 권리와 마찬가지로 국가안전보장 질서유지 또는 공공복리를 위하여 제한될 수 있는 권리에 속하며, 국가보안법은 입법목적이 "국가의 안전을 위태롭게 하는 반국가활동을 규제함으로써 국가의 안전과 국민의 생존 및 자유를 확보함"에 있음에 비추어 볼 때 국가보안법 제19조는 국가의 안전보장을 위하여 평등권을 제한한 규정이라고 할 것이다.[37]

2. 헌법재판소의 판단

1) 신체의 자유

신체의 자유는 정신적 자유와 더불어 헌법이념의 핵심인 인간의 존엄과 가치를 구현하기 위한 가장 기본적인 자유로서 모든 기본권 보장의 전제조건이다. 그러기에 헌법은 제12조에서 모든 국민의 신체자유보장을 선언하고 그 보장원리로서 적법절차·죄형법정주의·고문금지·사전영장의 원칙·변호인의 조력을 받을 권리 등을 규정하였고 제13조에서는 거듭처벌금지, 연좌제의 금지 등을 규정하였으며 나아가서 제27조에서는 신속한 재판을 받을 권리와 함께 무죄추정의 원칙(헌법은 형사피고인에 대하여서만 규정하였으나 공소가 제기된 형사피고인에게 무죄추정이 적용되는 이상 아직 공소제기조차 되지 아니한 형사피의자에게 무죄추정이 적용되는 것은 당연하다)을 규정함으로써 신체의 자유보장을 위하여 세심한 배려를 하고 있다.

2) 무죄추정의 원칙 위배 여부

신체의 자유를 최대한으로 보장하려는 헌법정신, 특히 무죄추정의 원칙으로 인하여 불구속수사·불구속재판을 원칙으로 하고 예외적으로 피의자 또는 피고인이 도피할 우려가 있거나 증거를 인멸할 우려가 있는 때에 한하여 구속수사 또는 구속재판이 인정될 따름이며 구속수사 또는 구속재판이 허용될 경우라도 인신의 구속은 신체의 자유에 대한 본질적인

36) 법무부장관 의견서 38쪽.
37) 법무부장관 의견서 39쪽.

제약임에 비추어 그 구속기간은 가능한 한 최소한에 그쳐야 하고 특히 수사기관에 의한 신체구속은 신체적·정신적 고통 외에도 자백강요, 사술(詐術), 유도(誘導), 고문 등의 사전예방을 위하여서도 최소한에 그쳐야 할 뿐더러 구속기간의 제한은 수사를 촉진시켜 형사피의자의 신체구속이라는 고통을 감경시켜 주고 신속한 공소제기 및 그에 따른 신속한 재판을 가능케 한다는 점에서 헌법 제27조 제3항에서 보장된 신속한 재판을 받을 권리의 실현을 위하여서도 불가결한 조건이다.

또한 수사 단계에서의 장기구속은 상당한 증거도 없이 구속하고 나서야 증거를 찾아내려고 하는 폐단을 야기할 우려도 있다(구속하려면 죄를 범하였다고 의심할 만한 상당한 이유가 있다고 인정될 만한 증거가 있어야 하고 그러한 증거를 조사한 끝에 발부된 법관의 영장이 있어야 하므로 구속당시 이미 상당한 증거가 수집된 상태에 있어야 한다. 그러한 증거도 없이 앞으로 구속할 만한 증거를 찾아내기 위한 구속은 허용될 수 없다). 그리하여 수사단계에서의 구속기간을 최소한에 그치게 하려는 헌법정신에 따라 형사소송법은 사법경찰관이 피의자를 구속한 때에는 10일 이내에 피의자를 검사에게 인치하지 아니하면 반드시 석방하여야 하고 더 이상 구속기간의 연장이 허용되지 아니하며(형사소송법 제202조) 검사가 피의자를 구속한 때 또는 사법경찰관으로부터 피의자의 인치를 받은 때에는 10일 이내에 공소를 제기하지 아니하면 석방하여야 하나(형사소송법 제203조) 다만 지방법원판사는 검사의 신청에 의하여 수사를 계속함에 상당한 이유가 있다고 인정한 때에는 10일을 초과하지 아니한 한도에서 구속기간의 연장을 1차에 한하여 허가할 수 있도록 하고 있다(형사소송법 제205조 제1항). 즉 수사단계에서의 구속기간은 사법경찰관이 10일, 검사가 20일, 도합 30일을 초과할 수 없게 되어 있다.

그리고 위와 같은 구속기간은 오랜 수사경험에 비추어 그 정도의 기간이면 공소제기 여부의 판단에 지장이 없을 것으로 보아 책정된 것이라고 말할 수 있으며, 이 구속기간은 헌법상의 무죄추정의 원칙에서 파생되는 불구속수사원칙에 대한 예외로서 설정된 기간이다.

그러므로 **이 구속기간을 더 연장하는 것은 예외에 대하여 또 다시 특례를 설정하여 주는 것이 되고 이처럼 기본권제한에 관한 사항에 대하여 그 예외의 범위를 확장하는 데에는 국가안전보장과 질서유지라는 공익과 국민의 기본권보장이라는 상충되는 긴장관계의 비례성 형량에 있어서 더욱 엄격한 기준이 요구되며 따라서 그 예외의 확장은 극히 최소한에 그쳐야 할 것이다.**

그런데 국가보안법 제19조는 같은 법 제3조 내지 제10조 위반의 피의자에 대하여 구속기간의 한도를 넓혀서(예외를 확장하여) 지방법원판사로 하여금 사법경찰관에 대하여 10

일간의 구속기간을 1차 연장허가할 수 있게 하고 검사에 대하여는 2차에 걸쳐 연장허가할 수 있게 함으로써 결국 국가보안법 제3조 내지 제10조 위반으로 구속된 피의자는 사법경찰관에 의하여 20일, 검사에 의하여 30일, 도합 50일을 구속당할 수 있게 되어 다른 범죄 피의자에 대한 최대한의 구속기간 30일보다 20일을 더 구속당할 수 있게 되어 그만큼 수사기관에 의하여 신체의 자유, 그 보장원리로서의 무죄추정의 원칙과 신속한 재판을 받을 권리를 더 많이 제한당하게 되는 것이므로 이것이 과연 신체의 자유를 최대한으로 보장하려는 헌법이념에 합당한 것인지 문제되지 않을 수 없다.

3) 과잉금지원칙 위배 여부

법무부장관은 당 재판소에 제출한 의견서에서 국가보안법 위반 범죄는 대부분 지능적이고 그 형태가 조직적이어서 단기간의 수사로는 배후관계의 규명이나 증거포착이 어려우므로 충분한 수사기간을 보장해 주어 그 기간동안 철저히 조사하여 반국가사범을 처벌토록 하는 것이 국가의 안전과 국민의 생명 및 자유확보라는 국가보안법의 입법목적 달성에 필요한 일이고 따라서 국가보안법 위반 피의자에 대한 차별적 대우는 불가피한 일이며 국가보안법 제19조는 헌법 제37조 제2항의 기본권제한 한계에도 부합되는 합리적이고 정당한 법률이라고 주장한다.

그러나 국가보안법 제3조 내지 제10조 위반의 죄라고 해서 모두가 반드시 다른 범죄보다 지능적이거나 조직적이라고는 말할 수 없고 형사소송법상의 최장구속기간 30일 이내에 공소제기 여부를 결정하기 어려우리만큼 사건이 복잡하거나 증거수집이 어려운 죄라고는 일률적으로 인정할 수 없으며 국가보안법과 같이 국가안전보장 내지 국가존립의 기초를 그 보호법익으로 하는 **형법상의 내란죄·외환죄의 경우에도 수사기관에서의 구속기간은 30일을 초과할 수 없고 또 어느 면에서는 국가보안법위반범죄보다도 오히려 조직적이고 지능적이라 할 수 있는 마약사범이나 조직폭력사범의 경우에도 수사기관에서의 구속기간이 30일을 초과할 수 없게 되어 있는 점을 감안**한다면 법무부장관의 의견은 국가보안법 제19조가 적용될 수 있게 되어 있는 동법 제3조 내지 제10조의 모든 범죄에 다 해당될 수 있는 견해는 될 수 없다.

위 법률조항 등을 자세히 검토해 보면, 수사에 착수하여 공소 제기여부의 결정을 하기까지 소요되는 시간과 노력의 정도는 구체적 사건에서의 사안의 경중 및 수사의 난이도 등에 따라 다르겠지만 위 법률조항 등에 나타난 구성요건의 내용으로 볼 때 일응 국가보안법 제3조(반국가단체의 구성 등), 제4조(목적수행), 제5조(자진 지원·금품수수), 제6조(잠입·탈출), 제8조(회합·통신 등), 제9조(편의 제공)의 각 죄에 있어서는 모든 사건이 다 그런 것은 아니지만 사건에 따라서는 수사에 착수하여 공소제기 여부의 결정을 하기까지는 일반 형사사건에서보다는 비교적 시간과 노력이 더 필요할 수도 있다고 보여진다(이 경우에도 30일을 넘지 않도록 노력해야 한다). 그러나 동법 제7조(찬양·고무 등) 및 제10조(불고지)의 죄는 구성요건이 특별히 복잡한 것도 아니고 사건의 성질상 증거수집이 더욱 어려운 것도 아니어서 굳이 수사기관에서 일반형사사건의 최장구속기간 30일보다 더 오래 피의자를 구속할 필요가 있다고 인정되지 아니한다. 그럼에도 불구하고, 국가보안법 제19조가 제7조 및 제10조의 범죄에 대하여서까지 형사소송법상의 수사기관에 의한 피의자 구속기간 30일보다 20일이나 많은 50일을 인정한 것은 국가형벌권과 국민의 기본권과의 상충관계 형량을 잘못하여 불필요한 장기구속을 허용하는 것이어서 입법목적의 정당성만을 강조한 나머지 방법의 적정성 및 피해의 최소성의 원칙 등을 무시한 것이라고 아니할 수 없고 결국 헌법 제37조 제2항의 기본권제한입법의 원리로서 요구되는 과잉금지의 원칙을 현저하게 위배하여 피의자의 신체의 자유, 무죄추정의 원칙 및 신속한 재판을 받을 권리를 침해하는 것임이 명백하다.

Ⅱ. 해설

1. 신체의 자유

1) 신체의 자유의 의의

신체의 자유는 정신적 자유와 더불어 헌법이념의 핵심인 인간의 존엄과 가치를 구현하기 위한 가장 기본적인 자유로서 모든 기본권 보장의 전제조건이다. 그러기에 헌법은 제12조에서 모든 국민의 신체자유보장을 선언하고, 그 구체적인 내용으로는 불법한 체포 구속으로부터의 자유, 불법한 압수수색으로부터의 자유, 불법한 심문으로부터의 자유, 불법한 처벌로부터의 자유, 불법적인 보안처분으로부터의 자유, 불법적인 강제노력으로부터의 자유를 규정하고 있다.

나아가서 신체의 자유를 실체적으로 보장하기 위하여 신체의 자유 제한에 대한 법률주의, 죄형법정주의, 일사부재리의 원칙을 채택하고 있다. 또한 신체의 자유를 절차적으로 보장하기 위한 각종 규정과 원칙을 두고 있다. 헌법 제12조 제1항의 적법절차의 원칙, 제12조 제3항의 영장주의, 제12조 제6항의 체포 구속 적부심사제, 제12조 제5항의 체포 구속이유 등의 고지제도 등을 규정하고 있다.

제27조에서는 신속한 재판을 받을 권리와 함께 무죄추정의 원칙을 규정함으로써 신체의 자유보장을 위하여 세심한 배려를 하고 있다.

2) 형사피의자 · 형사피고인의 형사절차상의 인권보장과 무죄추정의 원칙

헌법 제27조 제4항은 '형사피고인은 유죄의 판결이 확정될 때까지는 무죄로 추정된다'고 하여 무죄추정의 원칙을 규정하고 있다. 무죄추정의 원칙이란 형사절차와 관련 하여 아직 공소의 제기가 없는 피의자는 물론이고 공소가 제기된 피고인까지도 유죄의 판결이 확정될 때까지는 원칙적으로 죄가 없는 자에 준하여 다루어져야 하고, 그 불이익은 필요최소한에 그쳐야 한다는 원칙을 말한다.

무죄추정의 원칙은 다음과 같은 내용을 갖는다. 첫째, 헌법은 형사피고인에 대해서만 이를 규정하고 있으나 형사피의자에게도 무죄추정의 원칙이 적용되어야 한다. 둘째, 도피할 우려가 있거나 증거인멸의 우려가 있는 경우가 아니면 불구속 수사와 불구속 재판을 원칙으로 하여야 한다. 셋째, 범죄사실의 입증책임은 기소자 측에 있고 피고인이 자신의 무죄임을 적극적으로 증명할 필요가 있다. 넷째, 범죄혐의에 관하여 입증이 없으면 '의심스러울 때는 피고인의 이익으로'라는 원칙에 따라 무죄를 선고해야 한다. 다섯째, 유죄의 예단을 갖고서 고문 폭행 등을 통한 무리한 진실추구를 하여서는 아니된다.

2. 과잉금지의 원칙

과잉금지의 원칙이란 국민의 인권을 제한함에 있어서 국가작용의 한계를 명시하기 위한 원칙이다. 현행 헌법 제37조 제2항에서 모든 국민의 자유와 권리는 '필요한 경우에 한하여' 법률로써 제한할 수 있으며, 제한하는 경우에도 본질적인 내용을 침해할 수 없다고 규정하고 있다. 이러한 조항에 따르면 인권제한은 질서유지, 공공복리 등의 불가피한 경우에만 이루어져야 하며, 제한하는 경우에는 본질적 내용을 침해하지 않는 것만으로는 부족하며 과잉되지 않아야 할 것이다.

과잉금지의 원칙은 비례의 원칙이라고도 불리운다. 우리 헌법재판소는 '비례의 원칙'과 '과잉금지의 원칙'을 혼용하고 있다. 과잉금지의 원칙의 내용으로 독일에서는 적합성, 필요성, 균형성이라는 요소로 나누어 설명하고 있으나[38] 우리 헌법재판소는 목적의 정당성, 방

38) 최갑선, 비례의 원칙에 따른 위헌심사, 공법연구 제25편 제4호, 657쪽 이하 참조.

법의 적절성, 피해의 최소성, 법익의 균형성으로 나누어 설명하고 있다.

1) 목적의 정당성

목적의 정당성이라 함은 인권을 제한하는 법률은 그 목적이 헌법과 법률의 체계 내에서 정당성을 인정받을 수 있어야 한다는 것을 의미한다. 현행 헌법 제37조 제2항에서는 인권제한 입법의 목적이 국가의 안전보장, 질서유지, 공공복리를 추구한다면 정당성을 가진다고 하고 있다.

미래를 향해서 목적 결정을 내릴 수 밖에 없는 입법자는 장래의 발전을 예측함에 있어서 일정한 판단재량권을 가진다. 입법자가 자신의 검토내용이 입법조치에 대해서 전혀 합리적인 근거를 제공할 수 없을 경우에만 입법자는 판단재량권을 일탈한다고 본다.[39]

입법목적에 대한 평가는 입법관련자료(국회속기록, 행정부의 법률안 준비자료 등)를 탐색해야 한다. 다만 우리의 헌정현실은 충분한 소명자료가 존재하지 않은 경우가 많아 문제이다. 입법목적은 다음과 같은 기준에 따라서 이루어져야 한다. 첫째, 특정한 문제점을 해결하고자 설정한 입법의 목적이 긴급성과 공익적 비중을 차지하고 있는지를 평가해야 한다. 둘째 입법목적이 어느 정도의 입법효과를 가져오는지를 측정해야 한다. 입법효과는 주된 입법효과와 부수적인 입법효과, 그리고 긍정적인 효과뿐만 아니라 부정적인 효과도 함께 고찰하여 객관적이고 종합적으로 이루어져야 할 것이다.[40]

끝으로 입법목적이 인권제한을 정당화하는지도 판단되어야 한다. 일반적으로 기득권자의 신뢰보호나 법적 안정성의 요청을 능가하는 큰 공익의 추구는 인권제한을 정당화할 수 있다. 그러나 공공복리에 기여하는 입법목적이라도 그 비중이 크지 않은 경우에는 인권제한을 정당화할 수 없을 것이다.

2) 방법의 적절성

방법의 적절성이란 선정된 수단이 실현코자 하는 목적을 달성하는데 적합해야 한다는 것을 의미한다. 우리 헌법재판소는 방법적절성, 수단의 상당성, 수단의 적합성 등으로 다양하게 표현하고 있으며, "그 목적 달성을 위하여 그 방법이 효과적이고 적절하여야" 한다고 하고 있다.[41]

방법선정에 있어서 입법자는 예측평가권을 가지는데 일정한 원칙에 기속되어야 한다. 독

39) 최갑선, 같은 논문, 660쪽 참조.
40) 최갑선, 같은 논문, 660쪽 참조.
41) 헌재 1990.9.3./ 89헌가95.

일연방헌법재판소는 이를 위해 명백성통제, 상대적 타당성통제 및 심화된 내용통제라는 척도를 개발하여 적용하고 있다.

명백성통제(Evidenzkontrolle)는 입법자가 선정한 수단이 추구하는 목적을 미래에 실현시키는데 **명백히 부적합한지 여부**만을 심사한다. 따라서 이러한 척도에 의하여 예측평가권을 심사하게 되면 입법자의 방법선정에 대한 예측평가권이 광범위하게 인정되게 된다. 그런 의미에서는 완화된 예측평가심사기준이라고도 할 수 있겠다. 그래서 명백성통제는 주로 경제적 자유에 대한 인권을 제한하는 경제정책분야에서의 방법 적절성을 통제하는데 사용된다.

상대적 타당성통제(Vertretbarkeitskontrolle)는 입법자가 선정한 수단이 추구하는 목적을 미래에 실현시키는데 명백히 부적절한지 여부에서 한걸음 더 나아가 보다 **더 확실한 예측이 가능한지까지**를 심사한다. 입법자는 입법수단이 가져올 장래의 효과를 신뢰할 수 있도록 하여야 하는데, 입법수단선택의 절차적 타당성이 그 주된 내용을 이룬다. 다시 말해 일정한 **절차적 타당성**을 갖춘 입법수단선택이어야 입법자의 예측결정은 타당하며 선정된 수단이 추구목적 실현을 위해 적합하다고 인정된다. 입법수단선택의 상대적 타당성통제는 주로 경제적 인권영역에 적용된다.

반면에 엄격한 예측평가 심사기준이라고도 할 수 있는 심화된 내용통제(intensivierte inhaltliche Kontrolle)는 입법수단을 통한 법률효과가 확실하게 전망될 것을 심사척도로 삼는다. 이러한 심사척도 하에서는 선정된 입법수단이 입법목적을 달성하는데 내용적으로 적합한지를 심사한다. 그러므로 이러한 척도가 적용되면 입법자의 예측결정권 자체가 엄격하게 통제받게 된다. 주로 생명이나 인신의 자유 등을 제한하는 입법수단을 심사하는데 사용된다.[42]

3) 피해의 최소성

피해최소성이란 입법권자가 선택한 인권제한조치가 **입법목적 달성을 위해 적절한 것일지라도** 보다 완화된 수단이나 방법을 모색함으로써 그 제한을 필요최소한의 것이 되게 해야 한다는 것을 말한다.[43] 우리 헌법재판소는 피해의 최소성, 최소침해성 또는 필요성원칙이라고 표현하고 있다.

피해최소성 심사의 첫 단계에서는 우선 여타 대체 수단들을 발견해내고 추구하는 목적을 달성하는 데 적합한지 여부를 심사해야 한다. 포괄적인 적합성 심사를 통해서 적합한

42) 최갑선, 앞의 논문, 662-663쪽 참조.
43) 헌재 2006.6.29./ 2002헌바80, 헌재 2006.12.28./ 2005헌바23, 헌재 2008.4.24./ 2006헌바68 등.

수단들이 확정되고 난 후에는 각 수단들이 입법목적을 실현하는데 있어서 어느 정도로 관련 인권을 제한하는지 여부를 조사한다. 마지막 단계에서는 목적달성에 적합한 여러 수단들이 인권 주체에게 부담을 주는 피해의 정도들을 비교해서 가장 피해가 작은 수단을 선택해야 한다.

4) 법익의 균형성

법익균형성이란 인권제한이 위의 여러 원칙들에 적합한 경우에도 인권제한이 의도하는 정치 경제 사회적 유용성과 그 제한에 의해 야기되는 국민적 사회적 손실을 비교형량하여 양자 간에 합리적인 균형관계가 성립해야 함을 의미한다.

우리 헌법재판소는 "그 입법에 의하여 보호하려는 공익과 침해되는 사익을 비교형량할 때 보호되는 공익이 더 커야 한다"고 설시한 바 있다.

다만, 법익의 비교형량과정에는 심사자의 주관이나 가치평가가 중대한 영향을 미칠 수 있다. 독일연방헌법재판소가 균형성원칙에 소극인 것은 이러한 때문이다.

그러나 그럼에도 불구하고 합리적이고 객관적인 결론을 도출하기 위해서는 다음과 같은 법익의 비교형량지침이 준수되어야 할 것이다. 첫째, 인간의 행동자유의 핵심적 영역과 저촉하는 인권일수록 인권제한을 정당화하는 공적 사유와 개별 국민의 인권은 신중하게 비교형량되어야 한다. 둘째 인권을 제한하는 강도가 높아지면 높아질수록 그 법률이 목표로 하는 공공복리는 그 만큼 더 커져야 한다. 셋째, 심화된 인권제한은 공공복리의 비중과 긴급성이 커야 한다.[44)]

5) 본 사안의 경우

본 사안의 경우 헌법재판소는 피해최소성의 원칙에 반하여 위헌이라고 결정한 바 있다. 하지만, 이른바 공안사범에 대한 구속기간 연장의 특칙이 피해최소성의 원칙에만 위반되는지에 대해서는 의문의 여지가 있다.

첫째, 구속기간 연장의 특칙은 그 목적이 긴급성과 공익적 비중을 차지하고 있는지, 그 입법목적이 가져올 입법효과를 고려해 본다면 입법목적의 판단재량권에 대한 일탈이 있다고 여겨진다.

둘째, 구속기간 연장의 특칙은 선정된 수단이 실현코자 하는 목적을 달성하는데 적합한지도 의문이다. 구속기간 연장의 특칙은 인신의 자유에 대한 제한을 수단으로 선택하고 있

44) 최갑선, 앞의 논문, 668-669쪽 참조.

는 바, 방법선정에 있어서도 입법자의 선택한 수단이 가져올 효과에 대한 예측평가권은 엄격한 심사척도에 의해 이루어져야 할 것이다. 우리의 헌정사를 돌이켜 보더라도 구속기간 연장의 특칙은 공안사범의 복잡한 배후 관계 등을 과학적으로 밝혀내는데 기여한 것이 아니라 장기간 구속에 의한 심리적 위축과 이를 통한 자백을 양산하는 수단으로 기능하였다는 점을 고려한다면 더욱 그러하다.(읽어보기 참조)

3. 전부위헌과 일부위헌

1) 위헌결정의 양식

위헌법률심판의 결정형식에 관하여 헌법재판소법이 어떻게 규정하고 있는지에 대한 해석은 매우 논쟁적이다.

왜냐하면 헌법재판소법 제45조가 "헌법재판소는 제청된 법률 또는 법률조항의 위헌여부만을 결정한다. 다만, 법률조항의 위헌결정으로 인하여 당해 법률 전부를 시행할 수 없다고 인정될 때에는 그 전부에 대하여 위헌의 결정을 할 수 있다"고 규정하고 있기 때문이다. 나아가 헌법재판소법 제47조에는 "법률의 위헌결정은 법원 기타 국가기관 및 지방자치단체를 기속한다"고 명시되어 있다. 따라서 법률해석의 기본이 되는 문리해석에 따르면 헌법재판소는 위헌 또는 합헌만을 하여야 할 것이다. 단순위헌이나 단순합헌의 결정을 할 수 있을 뿐이고 다른 형식의 이른바 변형결정을 할 수 없다고 하여야 할 것이다.

이러한 주장이 설득력을 얻는 것은 독일 연방헌법재판소법에는 "연방헌법재판소의 모든 결정은 연방과 주의 헌법기관 및 모든 법원과 행정청을 구속한다"고 하여 이른바 변형결정도 국가권력을 구속하는 것으로 해석할 수 있는 근거가 있는데 비하여, 우리의 헌법재판소법은 그 근거가 박약하기 때문이다.

그러나 위헌판결된 법률에 따라 행해진 공적·사적 행위를 소급무효로 하였을 때의 파장, 조세, 상속, 신분관계 재판에서의 법적 안정성 등을 이유로 관행적으로 한정위헌, 한정합헌, 헌법불합치, 입법촉구와 같은 변형결정이 이루어지고 있다.

이 중 한정위헌 결정이란 불확정개념이나 다의적 해석 가능성이 있는 조문에 대하여 한정축소해석을 통하여 합헌적 해석이 가능한데도 이를 넘어서는 확대해석을 하는 것은 위헌이라는 의미이다. 예를 들면 민법 제764조에 대한 위헌여부 심판의 경우가 대표적이다. 이 사건에서 헌재는 "…명예회복에 적당한 처분에 사죄광고를 포함시키는 것은 위헌이다." 라고 하여 위헌을 선고하였다.

한정위헌선고를 하였다고 하여 법조문이 바뀌는 것은 아니다. 실제로 민법 제764조는 한정위헌결정(89헌마160)에도 불구하고 개정되지 않았다. 그 이유는 '명예회복에 적당한 처분'을 해석할 때 사죄광고도 포함된다고 확대해석하면 위헌이라는 취지였기 때문이다. 이와 같이 위헌결정을 받았음에도 불구하고 법조문의 변화가 없고 법조문 중의 일부에 대한 확대해석을 경계하는 변형결정이었다는 점에 주목하여 이러한 변형결정을 일부위헌이라고 분류하기도 한다.

2) 일부위헌

일부위헌이라는 용어를 사용하는 사람들에 따르면 일부위헌은 첫째, 전부위헌과 대비된다. 즉 전부 위헌은 법률조항의 위헌결정으로 인하여 당해 법률 조항 전부를 시행할 수 없는 경우임에 비하여, 일부위헌은 당해 법률조항의 위헌 결정에도 불구하고 당해 법률조항을 제한 축소해석하면 당해 법률조항의 일부는 여전히 사용할 수 있다는 것이다. 둘째, 일부위헌은 양적 일부위헌과 질적 일부위헌으로 나누기도 한다. 질적 일부위헌이 위헌결정에도 불구하고 법조문의 존속에 영향을 받지 않는 것과 달리 양적 일부 위헌은 위헌결정으로 법률조항의 존속에 영향이 있어야 한다. 질적 일부위헌이 법률조항의 제한 축소해석을 통하여 합헌성을 유지하기 때문이라면, 양적 일부위헌의 경우는 해당 법률조항이 가분성을 지니고 있기 때문이다.

그러나 오늘날 헌법재판소는 (질적) 일부위헌결정이라는 용어도 사용하지 않을 뿐만 아니라 한정위헌의 주문으로 선고하는 경향을 보이고 있다.[45)]

3) 본 사안의 경우

본 사안의 경우 청구인들은 국가보안법 제19조에서 "지방법원판사는 제3조 내지 제10조의 죄로서 사법경찰관이 검사에게 신청하여 검사의 청구가 있는 경우에 수사를 계속함에 상당한 이유가 있다고 인정한 때에는 형사소송법 제202조의 구속기간의 연장을 1차에 한하여 허가할 수 있다"고 할 때의 '제3조 내지 제10조의 죄'를 위반했다고 의심되는 모든 경우에 구속기간연장의 특칙을 정하는 것은 위헌이라고 주장하고 있다. 이에 비하여 헌법재판소는 '제3조 내지 제10조의 죄' 중 제7조(찬양고무), 제10조(불고지죄) 위반자에 대해서 구속기간연장의 특칙을 적용하는 것이 피해최소성의 원칙에 위반된다고 결정하였다. 이 경우 국가보안법 제19조의 가분성 즉 제3조에서부터 제7조까지의 죄 중 제7조와 제10조를

45) 정종섭, 『헌법소송법』, 법문사, 2004년, 343쪽.

분리하여 위헌선언한 것에 해당하므로 양적 일부위헌이라고 할 수 있을 것이다. 그러나 양적 일부위헌은 질적 일부위헌과는 달리 본질적으로 위헌이다. 그러므로 결정선고 후 법조문의 개정이 뒤따라야 한다.

생각해 보기

→ 공안사범의 경우 보호법익이 중대하고 사안이 복잡하여 구속수사기간이 길어야 하는가?

◈읽어보기

김근태씨 고문폭로후 검 · 경 · 안기부 대책회의

지난 85년 민청련 의장 김근태(현 국민회의 부총재)씨 고문사건 당시 안기부와 치안본부가 고문수사에 개입하고 김씨 고문사실이 폭로된 직후 검 · 경및 안기부가 합동대책회의를 갖고도 고문진상을 조사하지 않은 것으로 밝혀졌다.

'고문기술자' 이근안 전 경감의 도피행적 등을 수사해온 서울지검 강력부(문효남 부장검사)는 16일 김씨에 대한 고문수사가 안기부의 조정 아래 박처원 전 치안감 등 치안본부 대공수사단이 전담했다는 내용의 수사결과를 발표했다.

임양운 서울지검 3차장 검사는 "박 전치안감이 김씨 연행 다음날인 85년9월5일 안기부 대공수사단장이던 한나라당 정형근의원이 남영동 대공분실을 방문, 수사상황을 보고 받고는 '혼을 내서라도 철저히 밝혀내라'고 말했다는 진술을 했다"고 밝혔다.

이에 따라 박 전치안감은 박배근 당시 치안본부장에게 이씨의 수사팀 합류를 건의해 그날 저녁부터 이씨를 수사에 투입했으며 수사상황을 박 전 치안본부장과 정의원에게 수시로 보고했다는 것.

임 차장은 또 "김씨의 신병이 검찰에 송치된 직후 고문사실이 언론에 보도되자 검찰, 안기부, 치안본부가 10월초 남영동 분실에서 합동대책회의를 갖고 김씨에 대한 가족면회 및 변호사 접견금지, 상처 조기치유 방안 등을 논의한 사실을 박 전치안감의 진술로 확인했다"고 밝혔다.

검찰은 **당시 김씨가 자신의 고문피해를 입증하기 위해 발뒷꿈치에 난 상처딱지를 모아 증거로 제출하려 했으나 서울구치소 교도관들에게 상처딱지를 빼앗겼다는 사실도 확인했다**고 덧붙였다.

검찰은 대책회의에 당시 서울지검 공안부장 최환 변호사와 김원치 창원지검장, 박 전치안감, 전희찬 안기부 대공수사국장, 정의원 등 5명이 참석했다는 박 전치안감의 진술에 따라 최 변호사와 김 검사장을 상대로 전화조사를 했다고 말했다.

그러나 최 변호사는 "당시 사건지휘만 했을 뿐 남영동 분실에 간 적이 없다" 며 검찰 발표내용을 부인했고 김 검사장도 "박 전치안감을 만난 사실 자체가 없다"고 반박해 논란이 예상된다.

김씨는 **당시 이씨 등 대공수사요원 9명으로부터 23일간 전기고문 등 각종 고문을 10회가량 당한 것으로 밝혀졌으나** 검찰은 김씨 고문사건의 공소시효가 99년 8월 15일자로 완성돼 내사종결했다고 말했다.

검찰은 또 이씨가 '반제동맹사건'과 '함주명 간첩사건' 수사때도 고문수사를 한 사실을 밝혀냈으나 공소시효가 완성돼 '공소권 없음' 처분을 내렸으나 98년 6월 이씨 부인에게 1천500만원의 생활비를 지원한 것으로 드러난 박 전치안감은 범인도피 혐의로 불구속기소했다.

한편 정의원은 이날 반박자료를 통해 "김씨 고문에 개입한 사실이 없다"며 "검찰의 발표내용은 '정형근 죽이기'를 위한 시나리오"라고 주장했다.

[연합뉴스] 1999년 12월 16일

❖ 참고문헌

박종보, 기본권 침해 심사기준에 대한 소고, 공법학연구 10권 2호, 2009년.
이명웅, 위헌여부 판단의 논증방법, 저스티스 1006호, 2008년.
최갑선, 비례의 원칙에 따른 위헌심사, 공법연구, 제25편 제4호, 1999년..
한수웅, 헌법 제37조 제2항의 과잉금지원칙의 의미와 적용범위, 저스티스 95호, 2006년.

제 3 절 이중기준의 원칙

I. 사례

갑은 변호사로서 서울 동작구 흑석동 125의 1 소재 철근콘크리트조 슬라브조 4층 건평 725.06 평방미터의 건물을 소유하고 있는데 1979.12.3. 이래 1988.11.28.까지 6회에 걸쳐서 한국화재보험협회와 신체손해배상 특약부 화재보험계약을 체결하고 그 보험료로 합계 금604,443원을 지급한 바 있다.

그런데 갑은 1989.6.27. 서울지방법원 남부지원에 위 한국화재보험협회를 피고로 하여 위 보험료 금 604,443원의 반환을 구하는 이 사건 관련소송을 제기하고 그 소송에서 자신에게 위 신체손해배상 특약부화재보험의 가입의무를 부과하고 있는 '화재로 인한 재해보상과 보험가입에 관한 법률'(이하 화재보험법) 제5조 제1항의 위헌여부의 심판을 헌법재판소에 제청하여 줄 것을 위 지원에 신청하였다.

그러나 위 지원은 1989.8.29. 위 신청이 이유 없다는 이유로 이를 기각하였고 이에 갑은 같은 해 9.8. 헌법재판소에 위 화재보험법 제5조 제1항에 대하여 헌법재판소법 제68조 제2항에 의한 이 사건 헌법소원을 제기하였다.

참조 : 화재로 인한 재해보상과 보험가입에 관한 법률 제5조1항 위헌여부에 관한 헌법소원 (헌재 1991.6.3./ 89헌마204)

[공부거리]

계약자유의 원칙
재산권
이중기준의 원칙

[심판대상조문]

화재로 인한 재해보상과 보험가입에 관한 법률

제5조 (보험가입의무)

① 특수건물의 소유자는 전조 제1항의 규정에 의한 손해배상책임의 이행을 위하여 그 건물을 손해보험회사가 영위하는 신체손해배상특약부화재보험(이하 "특약부화재보험"이라 한다)에 가입하여야 한다. 다만, 종업원에 대하여 산업재해보상보험법에 의한 산업재해보상보험에 가입하고 있는 경우에는 그 종업원에 대한 제4조 제1항의 규정에 의

한 손해배상책임을 담보하는 보험에 가입하지 아니할 수 있다.

② 특수건물의 소유자는 전항의 규정에 의한 특약부화재보험에 부가하여 풍재·수재 또는 도괴 등으로 인한 손해를 담보하는 보험에 가입할 수 있다.

③ 손해보험회사는 전2항의 규정에 의한 보험계약의 체결을 거절하지 못한다.

④ 특수건물의 소유자는 그 건물이 준공검사에 합격된 날 또는 그 소유권을 취득한 날로부터 30일 내에 특약부화재보험에 가입하여야 한다.

⑤ 특수건물의 소유자는 전항의 특약부화재보험계약을 매년 갱신하여야 한다.

[참조조문]

화재로 인한 재해보상과 보험가입에 관한법률

제1조 (목적)

이 법은 화재로 인한 인명 및 재산상의 손실을 예방하고 신속한 재해복구와 인명피해에 대한 적정한 보상을 하게 함으로써 국민생활의 안정에 기여하게 함을 목적으로 한다.

제2조 (정의)

이 법에서 사용하는 용어의 정의는 다음과 같다.

1. 생략
2. "신체손해배상특약부화재보험"이라 함은 화재로 인한 건물의 손해와 제4조 제1항에 규정한 손해배상책임을 담보하는 보험을 말한다.
3. "특수건물"이라 함은 다음 각호의 1에 해당하는 건물을 말한다.

   가. 4층 이상의 건물

   나. 생략

제4조 (건물소유자손해배상책임)

① 특수건물의 소유자는 그 건물의 화재로 인하여 타인이 사망하거나 부상한 때에는 과실이 없는 경우에도 제8조의 규정에 의한 보험금액의 범위안에서 그 손해를 배상할 책임이 있다. 실화책임에관한법률의 규정에 불구하고 특수건물소유자에게 경과실이 있는 경우에도 또한 같다.

② 생략

제23조 (벌칙)

제5조 제1항의 규정에 위반한 자는 500만원 이하의 벌금에 처한다.

1. 당사자의 주장

1) 갑의 주장

(1) 화재보험법은 입법권을 가진 국회에서 제정된 법률이 아니고 정당한 입법권을 가졌다고 볼 수 없는 이른바 10월 유신 당시의 비상국무회의에서 제정된 것이므로 당연 무효의 법률이다.

(2) 보험계약의 체결 여부는 국민의 자유에 속하는 사항이므로 공공복리를 위하여 필요한 경우가 아니면 보험계약의 체결을 강제하는 것은 헌법상 보장된 국민의 재산권 및 사생활의 자유를 침해하는 것인 바, 의료보험과 같은 사회보험에 가입을 강제하거나 타인에게 보상의무를 부담시키는 경우에 그 의무이행을 확보하기 위하여 보험에의 가입을 강제하는 것은 공공복리상 필요하다고 할 수 있을 것이나 위 법률이 가입을 강제하고 있는 신체손해배상 특약부 화재보험은 건물의 화재로 인하여 건물소유자가 입는 재산적인 손해의 보상을 주된 내용으로 하는 것이고 타인에 대한 손해배상책임의 이행을 위한 부분은 부수적인 것에 불과하여 그러한 보험에의 가입강제는 헌법상 인정되는 기본권 제한의 한계를 넘어선 것이고 위 법률에 의하여 화재보험회사에게 특혜를 부여한 것은 헌법상 평등원칙에도 위배된다.

2) 재무부 장관의 의견

비상국무회의가 제정한 법률도 구 헌법(1972.12.27. 개정된 것) 부칙 제4조에 의하여 법률로서의 효력이 있으며, 화재로 인한 손실은 단순한 개인적인 문제가 아닌 사회 전체의 문제이므로 화재보험법은 이러한 화재를 예방하고 화재발생의 경우 재해의 신속하고 효과적인 보상을 위하여 제정된 것으로서 헌법 제34조 제2항 및 제6항 소정의 국가의 사회보장과 사회복지의 증진에 노력할 의무와 재해예방 및 그 위험으로부터 국민을 보호하기 위하여 노력할 의무에 그 근거를 둔 것이다.

그 법률이 화재보험회사에게 부당한 특혜를 주는 것도 아니며 재산소유자 자신의 손해라도 그것이 국가 경제사회에 미치는 영향이 클 때에는 국가가 그 손해의 보상을 위하여 재산권의 내용을 일부 법률로써 제한하더라도 위헌이라고는 할 수 없다.

2. 헌법재판소의 판단

1) 다수의견

(1) 화재보험법 제5조 제1항에 의하면 특수건물의 소유자는 동법 제4조 제1항의 규정에 의한 손해배상책임의 이행을 위하여 그 건물을 손해보험회사가 영위하는 특약부 화재보험에 가입하여야 한다고 규정하였다. 여기의 특수건물이라 함은 위 법률 제2조 제3호에서 정한 바 첫째로 4층 이상의 건물(가목), 둘째로 국유건물·교육시설·백화점·시장·의료시설·흥행장·숙박업소·공장·공동주택 기타 다수인이 출입 또는 근무하거나 거주하는 건물로서 대통령령으로 정하는 건물(나목)을 말한다. 이렇게 되어 특수건물 소유자의 보험가입은 그 가입이 법적의무로 되어 있는 강제보험이다.

헌법 제10조 전문은 "모든 국민은 인간으로서의 존엄과 가치를 가지며, 행복을 추구할 권리를 가진다."고 규정하고 있다. 여기의 행복추구권 속에 함축된 일반적인 행동자유권과 개성의 자유로운 발현권은 국가안전보장, 질서유지 또는 공공복리에 반하지 않는 한 입법 기타 국정상 최대의 존중을 필요로 하는 것이라고 볼 것이다. 일반적 행동자유권에는 적극적으로 자유롭게 행동을 하는 것은 물론 소극적으로 행동을 하지 않을 자유 즉 부작위의 자유도 포함되는 것으로, 법률행위의 영역에 있어서는 계약을 체결할 것인가의 여부, 체결한다면 어떠한 내용의, 어떠한 상대방과의 관계에서, 어떠한 방식으로 계약을 체결하느냐 하는 것도 당사자 자신이 자기의사로 결정하는 자유 뿐만 아니라 원치 않으면 계약을 체결하지 않을 자유 즉 원치 않는 계약의 체결은 법이나 국가에 의하여 강제받지 않을 자유인 이른바 계약자유의 원칙도, 여기의 일반적 행동자유권으로부터 파생되는 것이라 할 것이다. 이는 곧 헌법 제119조 제1항의 개인의 경제상의 자유의 일종이기도 하다.

그렇다면 특수건물의 소유자에게 특약부 화재보험계약체결의 강제는 계약자유의 원칙에 대한 제약인 동시에 헌법상의 일반적 행동자유권 내지 경제활동의 자유의 제한이 된다고 할 것이다.

(2) 이렇듯 헌법상의 문제가 있는 화재보험계약 체결강제의 내용을 좀 더 구체적으로 살펴본다.

첫째로 위 법률에서는 특수건물의 소유자에 대하여 일반건물의 소유자에 비하여 매우 무거운 책임을 지우고 있다. 위 법률 제4조에 의하면 특수건물의 소유자는 그 건물의 화재로 인하여 타인이 사망·부상 등 인명피해가 생겼을 때에 제8조 소정의 보험금액의 범위 내에서 무과실책임을 인정하였으며, 이에 나아가 실화책임에 관한 법률의 적용을 배제하고 경과실의 경우에도 특수건물의 소유자는 손해배상책임을 면치 못하게 하였다. 이러한 의미에서 특수건물의 소유자에게 법적 차별이라고 할 무거운 책임을 지우는 바, 위 법률 제5조 제1항의 취의는 여기에 더하여 이러한 배상책임의 이행을 더욱 확실하게 하기 위하여 임의보험원칙의 예외로서 보험가입의무까지 지운 것이다. 따라서 특수건물 소유자에게 이중으로 책임과 의무를 가중시켰다고 할 것이다.

둘째로 보험계약체결의 강제방법에 관하여 본다. 보험계약의 체결강제를 위하여 위 법률 제23조에서는 특수건물의 소유자가 가입의무를 어기는 경우에는 500만원 이하의 벌금에 처하게 하였고, 위 법률 제7조는 이에 더 나아가 재무부장관이 관계 행정기관에 대하여 가입의무자에 대한 인·허가의 취소, 영업의 정지, 건물사용의 제한 등 필요한 조치를 취할 것을 요청할 수 있고 행정기관은 이 요청에 정당한 이유가 없으면 응하여야 하도록 하였다. 따라서 보험가입 의무자인 특수건물소유자가 의무이행을 하지 않을 때에는 그 직업선택의 자유와 재산권행사의 제한이 따르게 함으로써 기본적 생존, 인간다운 생활에 위협을 받게 하는 등 그 간접강제의 수단으로서는 지나치게 가혹한 면을 포함하고 있다.

(3) 이상 본 바로서 ① 보험가입강제는 특수건물의 소유자에게 법적 차별이라고 할 무거운 배상책임을 지우면서 이에 대하여 그 이행확보의 방법으로 채택한 예외적 법적 조치인 것이며, ② 보험계약의 체결강제를 위한 간접강제의 방법으로 벌금 이외에 특수건물 소유자가 개인적으로 가진 인·허가의 취소 등을 택함으로써 직업선택의 자유 등에 제약을 주고 인간다운 생활에 큰 위협이 되게 하였고, ③ 영리추구를 목적으로 하는 보험회사와의 사적인 보험계약체결의 강제이어서 보험가입자의 재산권보장에 침해요소가 포함되어 있으며 나아가 ④ 주된 목적과 달리 화재보험만 완벽하게 된 체계부조화의 강제보험제로 되어 국민의 일반행동자유권 내지 경제활동의 자유를 제한하고 있다.

이처럼 특약부 화재보험의 가입강제가 평등권, 직업선택의 자유, 인간다운 생활을 할 권리, 국민의 재산권 나아가 일반적 행동자유권 내지 경제활동의 자유 등 국민의 기본권 제한임에 틀림없는 것이라면, 우선 이 사건 본안 문제인 위 법률 제2조 제3호 가목 소정 **4층 이상의 건물도 무조건 가입강제의 특수건물에 포함시킨 입법이 헌법 제37조 제2항에 의하여 정당화될 수 있는 제한이라고 할 수 있는지를 보기로 한다.**

위 법률 제2조 제3호 가목에서는 단순히 "4층 이상의 건물"로서만 규정하고 있을 뿐 그 용도나 연면적, 입주가구수나 인원 등의 표준을 세워 그 규모를 한정하고 있지 않다. 따라서 화재가 발생하여도 대량재해의 염려가 없는 소규모의 하잘 것 없는 4층 건물이라도 보험가입이 강제된다. 한편 4층 이상의 건물이면 가입강제가 되는 것이고 다수인이 출입 또는 근무하거나 거주하는 건물일 것을 요하지 않는다. 따라서 다수인이 출입·근무·거주하지 않는 건물 예를 들면 단독주택용이나 창고용이나 차고용 등의 건물이라도 4층 이상의 건물이면 보험가입이 강제된다. 이러한 건물을 좁은 토지의 효율적 이용을 위하여 오늘날과 같이 토지이용의 입체화가 강조되는 시대에 있어서는 얼마든지 상정할 수 있는 것이다. 앞서 본 바와 같이 보험가입강제의 주된 취의는 건물화재로 인하여 타인에게 재해를 입힌 경우 특히 타인이 사망 또는 부상한 경우에 대인적 배상책임의 이행이라는 공공복리에 있는 것이라면 응당 타인에 재해를 입히기에 적합한 건물에 대해 책임보험에의 가입강제 정도로 그쳐야 할 것인데 이에 나아가 책임보험과 무관한 건물화재보험까지로 강제되는 보험의 범위를 넓히고 오히려 화재보험제도를 더 완벽하게 정립하였다. 게다가 위 제2조 제3호 가목에서는 **단순히 4층 이상의 건물이라는 이유만으로 가입을 강제함으로써 다수인이 출입하지 아니하여 화재가 나도 대인적 손해가 크게 문제되지 않을 경우까지 포함되게 가입강제 대상을 더 확장시킨 것이다.**

그렇다면 위 가목에 관한 한 재해를 예방하고 그 위험으로부터 국민을 보호할 수 있는 합리적이고 실효성이 있는 사회보장책으로 배려된 입법으로 단정하기도, 국민의 일반행동자유권 내지 경제활동의 자유의 제약에도 불구하고 헌법 제34조 제6항에 의하여 정당화할 제도로도 보기가 어렵다고 할 것으로, 결국 국민의 기본권을 제한하여도 공공복리를 위해 필요한 경우에 한하게 되어 있는 기본권 제한에 관한 원칙에 반하는 것이라고 하겠다.

따라서 이러한 법일수록 **목적달성을 위하여 최소한의 범위로 국한시켜야 하며 다른 합헌적인 대체수단이 있으면 이를 따를 것이고 함부로 확대입법한다는 것은 과잉금지의 원칙에 합치될 수 없는 것이다.**

2) 소수의견

(1) 재산권 보장에 관한 헌법 제23조, 경제질서에 관한 헌법 제119조의 각 규정에서 볼 때 우리 헌법의 경제체제는 사유재산제를 바탕으로 하면서 법치주의에 입각한 재산권의 사회성, 공공성을 강조하는 사회적 시장경제체제임을 알 수 있다. 따라서 헌법상 보장된 재산권행사의 내용으로서의 사용·수익·처분의 자유 및 그에 따른 계약의 자유는 신체 및 정신적 자유와는 달리 그 행사에 많은 제약이 따르게 되었으며 특히 헌법 제37조 제2항에 의하여 공공복리를 위한 제한이 광범위하게 예정되어 있다.

그리고 헌법 제34조 제2항은 국가는 "사회보장, 사회복지의 증진에 노력할 의무를 진다."고 규정하고 같은 조 제6항은 "국가는 재해를 예방하고 그 위험으로부터 국민을 보호하기 위하여 노력하여야 한다."라고 규정하여 사회보장, 사회복지증진의무 뿐만 아니라 국가의 재해방지의무까지도 명시함으로써 사회국가실현의 국가적 의무를 제시하고 있다. 특히 제6공화국 헌법에 새로이 규정된 헌법 제34조 제6항은 재해를 단순히 개인의 문제로 보지 않고 사회전체의 문제로 인식하여 재해에 대비한 국가의 개입, 규제를 통한 재산권의 제한을 예정(인정)하고 있는 것이다. 이렇게 볼 때 국가는 그의 의무이행을 위하여 경우에 따라서는 보험가입 의무도 국민에게 부과할 수 있다고 할 것이며 그것이 합리적인 근거에 의한 것일 때에는 오히려 국가의 사회국가실현이라는 헌법적 의무를 구체화하는 것으로서 이를 가리켜 헌법위반이라고 말할 수 없을 것이다.

(2) 화재보험법 제5조 제1항에서 보험가입이 강제되는 재산은 4층 이상의 건물, 국유건물, 교육시설, 백화점, 시장, 의료시설, 숙박업소, 공장, 공동주택 기타 다수인이 출입 또는 근무하거나 거주하는 건물인바(화재보험법 제2조 제3호), 이러한 건물은 그 규모가 크고 다수인이 출입 또는 근무하거나 거주하는 건물로서 이에 대한 화재발생을 첫째 재산피해의 규모가 클 가능성이 많고, 둘째 다수인의 인명피해의 위험성이 크며, 셋째 화재로 인해 피해를 입는 당사자나 가족 및 입주자의 생활보호문제가 발생하며, 넷째 대형화재로 인한 기업의 부실화 또는 도산이 국민경제에 미치는 영향이 크다는 점 등 단순히 개인의 차원을 넘어 국가나 사회의 문제라 할 수 있기 때문에 이러한 특수건물의 소유자에게 화재로 인한 인적·물적피해에 대한 보험가입을 강제하는 것은 특수건물의 사회경제적 기능을 다하게 하고 인명피해에 대한 적정상 보상이 가능하도록 하기 위한 공공적 필요에 의한 것으로서 결국 국가가 지고 있는 헌법상의 사회보장, 사회복지증진 의무와 재해예방의무를 이행하기 위한 법률이므로 이는 합리적 근거가 있는 법률이라고 할 것이다. 그리고 화재보험법 제5조 제1항에 의한 보험가입강제는 특수건물에 대한 화재보험가입의 자유를 제한하였을 뿐 재산권의 실체를 사용·수익·처분하는 권능까지 배제하거나 박탈하는 것이 아니고 오히려 화재로 인한 재산상의 손실에 대한 보험보호를 꾀하고 있다는 점에서 재산권이나 평등권·행동자유권 등의 본질적 내용을 침해한 것이라고도 보기 어렵다 할 것이다.

(3) 다수의견은 특수건물의 소유자에게 신체손해배상 특약부 화재보험에의 가입을 강제하고 있는 화재보험법 제5조 제1항의 헌법적 근거를 인정하면서도 화재보험법 제2조 제3호 가목이 특수건물의 범위에 4층 이상의 건물을 포함시킴으로써 4층 이상의 건물에 대하

여 일률적으로 보험가입을 강제하는 것은 기본권 제한입법의 기준으로서 요구되는 비례의 원칙 내지 과잉금지의 원칙에 저촉되기 때문에 헌법 제10조(행복추구권에 내포된 행동자유권), 제11조(평등권), 제23조(재산권보장), 제34조 제1항(인간다운 생활을 할 권리) 등에 위반된다고 설명하고 있다.

그러나 **특수건물의 재산권 특성상 헌법정책적으로 그 제한가능성이 인정되어 보험가입을 강제할 수 있는 특수건물의 범위를 구체적으로 어떻게 정할 것인지는 어디까지나 입법정책의 문제로서 입법자의 형성의 자유에 속하는 영역으로 보아야 할 것이다.** 몇 층 이상의 건물에 대하여 일률적으로 화재보험을 강제할 것이냐는 현행 우리나라의 건축물의 구조, 분포상황, 건축물의 기능 등을 종합적으로 고려하여 입법자가 때와 장소에 따라 적의(適宜) 판단할 문제로서 순수한 정책판단문제이지 헌법판단사항은 아니다. 다수의견과 같이 헌법재판소가 보험가입이 강제되는 건물의 층수까지 문제삼아 입법자의 재량에 속하는 4층 이상의 건물 부분을 위헌선언하는 것은 헌법재판소가 헌법판단이라는 이름아래 정책결정을 하고 있다는 비판을 면치 못할 것이다. 특히 이 사건 화재보험법에 의한 보험가입강제는 재산적·경제적 권리(자유)와 관련된 헌법적 제한으로서 그에 관한 합헌성의 판단기준은, 신체 및 정신작용과 관련된 인신보호를 위한 기본권 등에 대한 제한의 합헌성 판단기준이 엄격하게 적용되는 것과는 달리 관대하게 적용됨으로써 국가의 재량의 범위를 비교적 넓게 인정하는 것이 현대민주국가의 추세이며 이것이 이른바 기본권 제한입법에 있어서 적용되어야 할 2중 기준의 원칙이다. 헌법 제23조 제1항은 모든 국민의 재산권을 보장하되 그 내용과 한계는 법률로 정하도록 함으로써 재산권에 대하여는 장래의 사회경제적 입법에 문호를 개방시켜 놓고 있으므로 그 규제에 관하여 입법자의 재량의 여지도 넓으며 따라서 이 사건과 같은 재산권 규제입법에 대하여는 다른 자유권에 대한 규제입법과는 달리 어떤 합리적 기초에 기하고 있다는 가정을 달리 배제할 만한 사실이 존재하지 아니하는 한 입법자의 판단을 존중하여 그 재량의 여지를 가능한 한 넓게 인정해야 할 것이다.

그럼에도 불구하고 다수의견이 4층 이상의 건물 부분에 대하여 그러한 건물의 분포상황이나 그 기능, 화재의 위험성 및 화재보험에서 차지하는 비중 등에 대하여 아무런 조사도 아니한 채 헌법판단을 한 것은 이러한 경제관계 규제입법에서의 위헌판단의 기준을 무시하여 기본권 제한입법의 한계로서 요구되는 비례의 원칙 내지 과잉금지의 원칙을 잘못 적용하는 우를 범하고 있다고 아니할 수 없다.

(4) 이상 살펴본 바와 같이 보험강제의 공공적 필요성, 재산권의 사회적 구속성, 경제질서에 관한 헌법의 기본원리, 국가의 사회보장 및 사회복지 증진과 재해방지 및 재해위험으

로부터의 국민보호의무, 재산적·경제적 권리의 상대적인 비교우위적 제한가능성 등 헌법적 관점에서 볼 때, 보험가입을 강제하는 화재보험법 제5조 제1항의 규정은 헌법 제37조 제2항의 범위에서 공공복리의 필요에 따라 **특수건물소유자의 재산권과 계약자유를 합리적으로 제한하는 규정으로서 헌법에 합치된다 할 것이다.**

이상과 같은 이유로써 우리는 다수의견에 반대하는 것이다.

Ⅱ. 해설

1. 계약자유의 제한 및 한계

1) 계약자유의 개념

"계약"이란 두 개 이상의 의사표시가 합치하여 성립하는 법률행위를 말한다. "계약자유"란 이러한 계약의 체결여부·상대방선택·내용·방식 등을 당사자의 자유로운 의사로 결정하는 자유를 말한다.

2) 계약자유의 헌법적 근거

헌법재판소는 4층 이상의 건물에 대한 화재보험강제가입을 규정한 법률에 대한 헌법소원(89헌마204), 기부금품모집행위를 금지하는 법률에 대한 위헌법률심판(96헌가5), 택시운송수입금의 사업자의 전액관리제를 규정하고 있는 법률에 대한 헌법소원사건(97헌마345), 금융기관종사자와 예금자간의 저축관련부당이득을 형사처벌하는 특별형법에 대한 위헌법률심판(98헌가3)사건 등에서 계약자유의 헌법적 근거를 행복추구권에 포함되는 일반적 행동자유권의 파생으로 파악하는 판시를 계속하고 있다.[46] 또한, 재산적·경제적 기본권도 보험계약의 체결을 강제하는 이 사건 법률에 의하여 침해되는 것으로 보고 있다.

3) 보험가입강제의 계약자유 침해여부

헌법재판소의 다수의견은 "① 보험가입강제는 특수건물의 소유자에게 법적 차별이라고 할 무거운 배상책임을 지우면서 이에 대하여 그 이행확보의 방법으로 채택한 예외적 법적 조치인 것이며, ② 보험계약의 체결강제를 위한 간접강제의 방법으로 벌금 이외에 특수건물 소유자가 개인적으로 가진 인·허가의 취소 등을 택함으로써 직업선택의 자유 등에 제

46) 장영철, 헌법상 계약자유의 의미와 보호, 고시연구 제31권 제11호 (368호), 2004년 11월, 14-27쪽.

약을 주고 인간다운 생활에 큰 위협이 되게 하였고, ③ 영리추구를 목적으로 하는 보험회사와의 사적인 보험계약체결의 강제이어서 보험가입자의 재산권보장에 침해요소가 포함되어 있으며 나아가 ④ 주된 목적과 달리 화재보험만 완벽하게 된 체계부조화의 강제보험제로 되어 국민의 일반행동자유권 내지 경제활동의 자유를 제한하고 있다."고 보고 있다.

4) 침해의 정당성 여부

헌법재판소는 다음과 같이 침해의 정당성도 없는 것으로 판단하고 있다. ① 위 법률에서는 단순히 "4층 이상의 건물"로서만 규정하고 있을 뿐 그 용도나 연면적, 입주가구수나 인원 등의 표준을 세워 그 규모를 한정하고 있지 않다. 보험가입강제의 주된 취지는 건물화재로 인하여 타인에게 재해를 입힌 경우 특히 타인이 사망 또는 부상한 경우에 대인적 배상책임의 이행이라는 공공복리에 있는 것이라면 응당 타인에 재해를 입히기에 적합한 건물에 대해 책임보험에의 가입강제 정도로 그쳐야 할 것인데 이에 나아가 책임보험과 무관한 건물화재보험까지 강제되도록 보험의 범위를 넓히고 있다.

② 위 법률의 입법 목적이 건물화재로 인한 손해배상책임 특히 **인명피해에 대한 손해배상책임의 담보**에 있는 것이고 **화재로 인한 소유주의 손실보상**은 부차적인 것이라면, 국유건물·교육시설·백화점·시장·의료시설·흥행장·숙박업소·공장·공동주택 기타 다수인이 출입 또는 근무하거나 거주하는 건물로서 대통령령이 정하는 건물만을 특수 건물로 한정하여 그것만 강제보험에 가입시키는 것으로 족하다 할 것이다. 그렇게 될 때에는 합리적인 인권의 제약이 되어 정당화될 여지가 있다. 그렇지 아니하고 대상범위를 함부로 확대입법한다는 것은 과잉금지의 원칙에 합치될 수 없는 것이다.

2. 재산권과 특수건물의 소유권제한

화재보험법 제5조 제1항은 특수건물에 대하여 소유자에게 신체손해배상특약부 화재보험 가입의무를 지우고 있는 바 이러한 규정의 위헌성여부를 다루기 위해서는 먼저 제한의 대상으로서 특수건물의 소유권이 어느 정도 제한가능한 것인가를 살펴볼 필요가 있다. 이는 헌법상의 재산권의 개념과 특수건물의 재산권 성격을 통해 파악될 수 있을 것이다.

1) 재산권의 성격

첫째, 종래의 재산권개념은 자본주의의 발전 과정을 통해 자연법적, 천부인권적 재산권

개념에서 자유방임적, 개인주의적 재산권 개념으로 그리고 오늘날에 와서는 사회구속적 재산권 개념으로 변화해 왔다. 그런 점에서 근대 입헌주의 하에서 형성되었던 신체의 자유, 정신적 자유, 재산의 자유의 삼위일체적 인권구성은 무너지고 재산권은 국가의 경제사회정책에 의해서도 제한가능한 권리가 되었으며 재산권은 다른 자유권에 비해 광범위한 규제를 받게 되었다.

우리 헌법 제23조 제2항도 이러한 사회구속적 재산권개념을 표현한 것이며 그런 점에서 개인주의적, 자유주의적 재산권 개념의 관점에서 사회적 관련을 생각하지 아니하고 재산권자의 사용, 수익, 처분의 자유를 파악하는 것은 타당하지 못하며 따라서 본건에서 문제가 된 특수건물에 대한 화재보험가입 강제가 바로 그 건물소유자의 자유를 침해한다고 할 수 없는 것이다. 따라서 특수건물의 화재로 인한 손해를 입는 것은 그 건물의 소유자이고 제3자가 아니기 때문에 화재보험가입을 강제하는 것은 하등 공익과 관계없다고 하는 청구인의 주장은 재산권이 가지는 사회성을 무시하고 시민법 하의 개인주의적 재산권개념에 바탕한 것으로 타당할 수 없다고 할 것이다.

둘째, 재산권 보장에 관한 최근의 이론동향은 재산권을 일률적으로 파악하는 것이 아니라 재산이 가지는 개인에 대한 의미, 사회적 기능, 타인에게 미치는 영향, 취득과정 등에 따라 그 보장범위를 달리 파악하는 것이 일반적이다. 그런 점에서 재산권은 그것이 가지는 사회적 성격 내지 공공성의 정도에 따라 개인성이 강한 재산과 공공성이 강한 재산으로 나눌 수 있는데, 이에 따라 공공복리에 의한 제한의 정도가 달라지는 것이다. 그래서 독일연방 헌법재판소의 1979. 3. 1. 판결도 재산권의 기능이 개인의 인간으로서의 자유의 보장의 요소로서 문제되는 경우에는 그 재산권은 특히 현저한 보호를 받지만 그 재산권의 객체가 사회적 관련성과 사회적 기능을 가지면 가질수록 재산권의 한계 규정에 대한 입법자의 권한은 확대되고 또는 그 재산권의 객체의 사용에 의존하고 있는 다른 법주체의 요구와도 상관된다는 점에서 재산권의 사회구속성이 확장된다 할 것이다.

2) 특수건물의 소유권 제한

이렇게 본다면 화재보험법 제5조 제1항에 의해 보험가입의무가 부과되는 재산은 (가) 4층 이상의 건물, (나) 국유건물, 교육시설, 백화점, 시장, 의료시설, 흥행장, 숙박업소, 공장, 공동주책 기타 다수인이 출입 또는 근무하거나 거주하는 건물로서(화재보험법 제2조 제3호) 공공성이 강하고 그 화재로 인한 인적, 물적 피해가 심대할 우려가 있고 이로 인해 사회경제 전반에 미칠 영향이 클 가능성이 많다. 그런 점에서 이러한 **특수건물의 소유권에 대**

해서도 개인성이 강한 건물의 소유권과 똑같은 정도의 제한만을 인정하여 광범위한 사용, 수익, 처분의 자유를 주장하는 것은 타당할 수 없는 것이다.

따라서 이러한 특수건물의 화재로 인한 인적, 물적 피해에 대한 보험가입을 건물소유자의 자유에 맡겨두지 아니하고 그 가입을 강제하는 것은 계약의 자유를 박탈하여 소유권을 침해하는 것이라 주장하는 청구인의 논지는 이러한 재산권의 차이를 염두에 두지 아니한 것으로 타당할 수 없다 할 것이다.

3. 공공복리를 위한 제한여부

1) 재산권 제한목적으로서 공공복리의 의미

우리 헌법상 재산권 제한목적으로서 공공복리의 의미는 전체주의 국가나 사회주의 국가에서처럼 전체적 또는 사회적 계기가 사적 계기를 압도하는 것도 아니고 그렇다고 18·9세기의 개인주의, 자유주의국가에서처럼 이성적, 원자론적 개인을 전제로 하고 이러한 개인을 가치의 중심에 둠으로서 재산권의 사적 계기가 그 사회적 계기와 분리되어 있었던 것과도 다르다.

그것은 재산권의 사회관련적 의미를 인정하고 공익과 사익의 조화를 실현하는 것을 의미하며 각 개인의 재산권을 실질적으로 공평하게 존중하고 개인에게 인간적 생존을 보장하는 사회국가적 공공복리를 의미한다. 따라서 그것은 시민사회에서의 개인주의적 재산권 개념이 계급갈등과 불평등, 인간소외 등을 초래함에 따라 국가가 이러한 재산권을 규제, 조정하여 사적 재산권의 사회적 피해를 막고 사적 이익의 충돌을 조정하는 것을 의미한다.

요컨대 우리 헌법상 공공복리에 의한 재산권의 제한은 근대 시민국가에 있어서의 권리남용 금지의 원칙이나 상린관계와 같은 사인간의 이해조절적 차원을 넘어서 사회, 경제정책에 의해서도 가능하게 되었고 그 사회, 경제정책은 사회국가원리와 사회적 시장경제질서를 실현하는 것을 주된 내용으로 한다 할 것이며, 개인의 이익이 공공의 이익에 대하여 무제한적 우위를 가지는 재산질서를 부정하는 것을 의미한다.

2) 화재보험법 제5조 제1항의 입법목적

청구인은 화재보험법 제5조 제1항에 의한 보험가입 강제의 목적이 첫째, 정경유착의 결과로서 영리법인인 보험회사에게 거액의 영리를 취득하게 하기 위한 것이고, 둘째, 화재로 인한 손해를 입는 자는 그 건물의 소유자이고 제3자가 아닐 뿐 아니라 손해를 입는 건물의 소유자는 유산자로서 그 재산의 보호는 소유자의 책임과 자유에 맡겨져야 함에도 국가가 개입한 것은 하등 공공복리의 실현과 관계가 없다고 주장하고 있다.

그러나 이러한 청구인의 주장은 보험제도에 대한 오해에서 기인한 것으로 여겨진다. 보험제도는 같은 위험에 놓여있는 많은 사람들이 위험단체를 구성하여 인간의 경제생활을 위협하는 각종의 위험을 효율적으로 분산하여 공동의 분담으로 위험에 대비하고자 하는 제도이다.

대법원 1966. 10. 21 선고, 66다1458판결은 「보험계약 관계는 동일한 위험 밑에 있는 다수인이 단체를 구성하여 그 중의 한 사람에게 위험이 발생한 경우에 그 손실을 그 구성원 공동하여 충족시킨다는 이른바 위험단체적 성질을 가지는 것이고, 따라서 보험계약 관계는 위험충족의 관계에 있어서는 서로 관련성을 가진다는 전제에서 그 법률적 성격을 관찰하여야 할 것이다.」라고 판시하여 보험의 단체적 구조를 잘 나타내고 있다.

이와 같이 보험제도는 우연한 사고의 발생으로 입게 될 경제적 손실을 그 위험단체를 구성하는 수많은 보험가입자로부터 거두어들인 보험료에 의하여 공동으로 분담한다는 위험단체적 성질을 띠는 것이고 이를 영위하는 보험사업은 공공의 이익(public interest)과 밀접한 연관을 맺게 되는 것이다. 여기에서 보험사업의 공공성 내지는 사회성이 강조되고 있으며, 보험사업자는 비록 사기업인 주식회사의 형태를 취하고 있다 하더라도 준공기업(quasi-public corporation)의 성격을 띠고 있다 할 것이다.

따라서 화재보험가입강제가 단순히 보험회사의 영리를 위한 것이라고 단정하는 것은 타당하지 않을 뿐 아니라 화재로 인한 손해를 입는 자가 건물의 소유자라 하더라도 건물소유자 개인을 보호하기 위해서라기보다 대형화재로 인한 피해의 신속한 복구를 통한 국민경제의 안정에 그 취지가 있는 만큼 공공복리와 관계가 없다고 하는 것은 타당하지 않다. 이러한 예는 문제가 된 화재보험법 제5조 제1항뿐 아니라 여객, 화물 뿐 아니라 항공운수사업자 및 소유자의 재산인 기체에 대한 항공보험의 가입을 의무화하고 있는 항공운송사업진흥법 제7조 및 제2조에서도 볼 수 있는 것이다. 이렇게 보면 청구인의 주장은 공공복리를 지나치게 개인주의적 관점에서 파악하여 재해를 개인의 문제로만 한정해 버린 잘못이 있다 할 것이며, 우리 헌법상 재산권의 제한목적으로서 공공복리가 사회국가 원리와 사회적 시장경제질서에 기초한 재산권의 제한을 포함하고 있음을 간과한 것이라 생각된다. 즉 국민의 생활보호, 국민경제의 안정과 성장 등을 위하여 이에 대한 위협이 되는 대형화재의 예방을 위해 개인의 재산권에 대한 제한을 가하는 것은 공공복리의 개념적 범주에 속하는 것이라 할 것이다.[47)]

4. 이중기준의 원칙

1) 의의와 연혁

이중기준의 원칙이란 인권 중에서 정신적 자유권과 재산권 경제적 인권을 구분하여 전자의 가치는 후자의 가치에 우월하는 것이므로 양자에 대한 제한방법 내지 제한기준도 달리해야 한다는 이론이다.

이러한 이중기준(double standard)은 1938년 Carolene Products Co. 사건[48]의 판결문을 작성한 스톤 대법관이 그 판결문에서 주장한 이래 미연방대법원의 판례원칙으로 자리 잡은 위헌심사기준이다.

헌법재판소도 소수의견에서 "신체 및 정신작용과 관련된 인신보호를 위한 기본권 등에 대한 제한의 합헌성 판단기준이 엄격하게 적용되는 것과는 달리 관대하게 적용됨으로써 국가의 재량의 범위를 비교적 넓게 인정하는 것이 현대민주국가의 추세이며 이것이 이른바 기본권 제한입법에 있어서 적용되어야 할 2중 기준의 원칙이다."라고 이중기준의 원칙을 설시한 바 있다.

2) 내용

미국의 판례이론에서는 일반적으로 "자유권을 신체 및 정신적 자유와 경제적 자유로 이분하고, 정신적 자유개념에 경제적 자유보다는 우월적 지위(preferred position)를 부여하여 정신적 자유와 관계된 입법에 대해서는 경제적 자유에 관한 입법보다 엄격한 사법심사를 행한다는 재판의 기준을 의미한다.[49]"라고 이중기준의 원칙을 설명하고 있다.

사법심사의 척도를 달리한다는 것은 다양한 사법심사기준이 있다는 것을 의미하는데 구체적으로는 다음과 같다. 첫째, 합리성 기준(rationality test)은 입법목적 및 입법수단에 대하여 실질적 심사를 하지 아니하고 최소한의 합리성 심사만을 한다. 이는 주로 경제적 자유영역에 대한 입법에 대한 과잉금지 위반여부를 심사할 때 적용된다. 둘째, 엄격한 심사기준(strict test)은 입법목적이 단지 최소한의 합리성이 있는 것만으로는 부족하고 필요불가결하여야 한다. 또한 목적달성을 위한 수단 역시 목적달성에 불가결하여야 한다. 주로

47) 헌재 1991.6.3./ 89헌마204결정에서의 양승규 김문현 의견서, 245~259쪽.
48) United States v. Carolene Products Co., 304 U.S. 144(1938).
49) 김형남, 헌법재판에 있어서 이중기준에 관한 연구, 성균관대학교 대학원 박사논문.

평등권, 표현의 자유, 종교의 자유, 형사절차에 관한 인권제한의 경우에 사용되는 심사척도이다. 이에 비하여 엄격한 합리성 기준(strict rationality test)은 인권제한의 목적이 합리성을 갖을 것은 물론이고 그 목적 실현을 위해 선택한 수단이 목적과 실질적으로 관련되어야 한다. 이러한 심사척도는 주로 성, 인종 등에 대한 차별 또는 인권제한을 목적으로 하는 입법의 과잉금지원칙 위반여부를 판단할 때 사용된다.[50)]

3) 본 사안의 경우

특수건물의 재산권 특성상 헌법정책적으로 그 제한가능성이 인정되어 보험가입을 강제할 수 있는 특수건물의 범위를 구체적으로 어떻게 정할 것인지는 어디까지나 입법정책의 문제로서 입법자의 형성의 자유에 속하는 영역으로 보아야 할 것이다.

몇 층 이상의 건물에 대하여 일률적으로 화재보험을 강제할 것이냐는 현행 우리나라의 건축물의 구조, 분포상황, 건축물의 기능 등을 종합적으로 고려하여 입법자가 때와 장소에 따라 적의(適宜) 판단할 문제로서 순수한 정책판단문제이지 헌법판단사항은 아니니다. 다수의견과 같이 헌법재판소가 보험가입이 강제되는 건물의 층수까지 문제삼아 입법자의 재량에 속하는 4층 이상의 건물부분을 위헌선언하는 것은 헌법재판소가 헌법판단이라는 이름아래 정책결정을 하고 있다는 비판을 면치 못할 것이다. 특히 이 사건 화재보험법에 의한 보험가입강제는 재산적·경제적 권리(자유)와 관련된 헌법적 제한으로서 그에 관한 합헌성의 판단기준은, 신체 및 정신작용과 관련된 인신보호를 위한 기본권 등에 대한 제한의 합헌성 판단기준이 엄격하게 적용되는 것과는 달리 관대하게 적용됨으로써 국가의 재량의 범위를 비교적 넓게 인정하는 것이 현대민주국가의 추세이며 이것이 이른바 기본권 제한 입법에 있어서 적용되어야 할 2중 기준의 원칙이다.

헌법 제23조 제1항은 모든 국민의 재산권을 보장하되 그 내용과 한계는 법률로 정하도록 함으로써 재산권에 대하여는 장래의 사회경제적 입법에 문호를 개방시켜 놓고 있으므로 그 규제에 관하여 입법자의 재량의 여지도 넓으며 따라서 이 사건과 같은 재산권 규제입법에 대하여는 다른 자유권에 대한 규제입법과는 달리 어떤 합리적 기초에 기하고 있다는 가정을 달리 배제할 만한 사실이 존재하지 아니하는 한 입법자의 판단을 존중하여 그 재량의 여지를 가능한 한 넓게 인정해야 할 것이다.

---

50) 양건, 법률의 위헌심사 기준, 헌법재판연구 제1권, 1989년, 103쪽 이하 참조.

생각해 보기

↠ 국민의 대표기관인 국회 아닌 곳에서 제정한 법률은 위헌인가?

◈읽어보기

(화재보험법은) 국민의 대표기관인 국회에서 제정한 법률이 아니고 박정희가 유신쿠데타로서 헌법을 자의로 폐지하고 1972년 10월 17일 비상계엄령을 선포함과 동시에 같은 날의 대통령 특별선언에 의해 국회를 불법해산함과 동시에 불법한 비상국무회의를 설치하고 비상국무회의가 국회의 입법권을 불법하게 대리행사하는 형식을 거쳐 비상국무회의에서 제정 선포한 것입니다. 따라서 위 법률은 명칭만 법률이지 내용은 불법한 헌법적 근거도 없는 행정부내에 설치된 불법한 비상국무회의가 제정선포실시하게 된 행정조치일 따름이므로 이는 헌법에 위반하는 무효한 것입니다.(헌법소원심판청구서2-3쪽)

◈읽어보기

화재보험법은 1972년 10월 17일 이후 설치된 비상국무회의에서 1973년 2월 6일 제정공포된 것은 사실이나 당시 국민투표를 거쳐서 1972년 12월 27일 개정 공포 실시된 (유신)헌법 부칙 제4조에 의하면, "1972년 10월 17일부터 당시 위 헌법에 의한 국회의 최초집회일 즉 1973년 3월 12일까지 비상국무회의가 대행한 국회의 권한은 (유신) 헌법 시행당시의 위 헌법과 (유신)헌법에 의한 국회가 행한 것으로 본다"고 규정되어 있고, 동 헌법 부칙 제7조에는 위 비상국무회의에서 제정한 법령은 그 효력을 지속하며, 이 헌법 기타의 이유로 제소하거나 이의를 할 수 없다고 규정되어 있습니다. 따라서 위 법률(화재보험법) 제정절차에는 아무런 하자가 없는 것이고 이를 위헌이라고는 할 수 없다 할 것입니다.

더구나 그 후 그와 같은 절차에 의하여 제정된 위 법률에 관하여는 국민에 의하여 선출된 국회의원으로 구성된 국회에서 무수히 그 입법권을 행사하여 왔음에도 불구하고, 이러한 법률을 폐지하거나 새로운 입법을 하지 않고 있는 이 마당에 그 제정절차의 위헌을 운위할 수 없는 것이라 할 것입니다. (피청구인 한국화재보험협회 대리인의 보충의견서 중)

◈읽어보기

비상국무회의(1972년)

1972년 10월 17일 대통령 박정희는 이른바 10월유신이라는, 헌법의 일부 조항을 정지시키는 초헌법적인 조치를 취했다. 즉 국회를 해산하고 정당 등의 정치활동을 중지시키는 것을 포함한 4개 항목의 비상조치를 발표하면서 효력이 정지된 일부 헌법 조항의 기능을 비상국무회의가 행사하도록 하고 비상국무회의의 기능은 당시의 국무회의가 수행하도록 했다.

이에 따라 설치된 비상국무회의는 대통령·국무총리·국무위원으로 구성되었고 법제처장·원호처장·대통령비서실장·국무총리비서실장·기획조정실장이 배석하였으며 의장에는 대통령, 부의장에는 국무총리가 되었다.

구성원 과반수의 출석으로 개회하고 출석원 3분의 2 이상의 찬성으로 의결했으며, 국회의 권한을 행사할 뿐만 아니라 해산된 국회에 제출되었던 법안·예산안·조약의 체결비준에 대한 동의안·국채(國債:공채)의 모집 또는 예산 외에 국가의 부담이 될 계약체결에 대한 동의안도 모두 비상국무회의에 제출된 것으로 간주했다.

비상국무회의는 개헌안 국민투표 실시에 대비하여 국민투표에 관한 특별법과 동시행령, 선거관리위원회에 관한 특례법과 동시행령을 의결·공포했으며, 1972년 10월 27일에는 개헌안을 의결·공고했다. 또한 새 헌법 규정에 의한 '통일주체국민회의법' 등 유신 작업의 수행에 필요한 중요 법률은 물론, 1973년도 예산안을 확정지었다.

1972년 12월 15일에는 개정된 헌법에 따라 대의원수 2,359명의 통일주체국민회의 선거가 실시되었고, 12월 23일 통일주체국민회의 제1차 회의에서 박정희는 제8대 대통령으로 선출되었다. 또한 1973년 3월 12일에는 국회의원 정수 3분의 1을 통일주체국민회의에서 일괄추천하는 방식으로 선출된 제9대 국회가 개원되었고, 이에 따라 비상국무회의가 행사하던 국회의 권한은 국회로 이양되었다.

❖ 참고문헌

박홍우, 법률에 대한 위헌심사의 기준, 헌법재판의 이론과 실재 (김철수교수 회갑논문집), 1993년.
양 건, 법률의 위헌심사 기준, 헌법재판연구 제1권, 1989년.
최갑선, 비례의 원칙에 따른 법률의 위헌심사, 공법연구 제25편 제4호, 1997년.

제6장

법 앞의 평등

제 1 절　평등의 원칙
제 2 절　차별과 평등우대조치
제 3 절　평등심사의 원칙
제 4 절　제대군인가산점제와 평등권

제 6 장

법 앞의 평등

제 1 절 평등의 원칙

생각해 보기

- 우리 헌법상의 평등권에 대하여 논술하라.[51]
- "모든 국민은 법 앞에 평등하다" 는 헌법 제11조 제1항을 논하되 이에 관한 헌재 결정을 언급하라.[52]

I. 서론

1. 헌법규정

우리 헌법은 제11조에서 국민의 법 앞에서의 평등원칙을 선언하고 나서 사회적 특수계급의 부인, 영전에 따른 특권의 금지 등 소극적인 평등의 원리를 선언하고 있는 한편 헌법 전문을 비롯한 생존권, 경제질서에서 실재적 평등의 구현을 위한 적극적 규정을 두고 있다. 그 밖에 교육에 있어서의 기회균등, 혼인과 가족생활에 있어서의 양성의 평등, 선거에 있어서의 평등에 관한 규정이 있다.

---

51) 제20회 사법시험.
52) 제39회 사법시험.

요컨대 평등권은 모든 인권, 즉 자유권, 생존권, 청구권, 참정권과 같은 모든 영역에 적용되고 보장된다.

2. 연혁 및 입법례

평등사상의 연원은 고대 그리스의 정의사상과 '신 앞에 평등'(Gleichheit vor Gott)이란 중세 기독교설에서 나왔으나 평등원칙의 확립은 합리주의적인 근대 자연법사상과 민주주의원리에 의해 이루어졌다. 즉 18세기의 근대국가에 있어서는 두 가지 요구가 있었다. 첫째는 모든 시민이 동등하게 국가조직과 통치에 참가해야 한다는 것, 둘째는 국가기관은 신분에 따라 차별하지 않는 법률을 제정하여 평등하게 적용해야 한다는 요구였다.

이러한 평등의 원칙이 1776년 6월 12일 미국 버지니아 권리장전에서 '인간이란 태어나면서부터 평등하다'고 규정되기에 이르렀다. 그리고 미국 독립선언과 각 주의 헌법, 프랑스 인권선언 또는 혁명헌법에 계승되었다.

오늘날의 '법 앞의 평등'이란 1793년 프랑스헌법 제3조에 처음으로 등장하게 되었고, 우리나라에서는 1948년 헌법 제8조에서 '모든 국민은 법률 앞에 평등'하다고 규정되기에 이르렀다.

3. 법적 성질

1) 주관적 공권으로서의 평등권

평등권은 개인이 국가에 대하여 갖는 개인적 공권이어서, 불평등한 입법에 대해서는 위헌심사를 할 수 있는 근거로 작용하며, 불평등한 행정처분과 재판에 대해서는 행정소송과 상소를 할 수 있게 하는 근거로서 작용한다.

2) 객관적 법질서로서의 평등원칙

평등의 원칙은 인권 보장을 위한 그리고 인권보장에 관한 헌법의 최고원리의 하나인 동시에 모든 인간관계에 있어서 어떠한 불합리한 조건으로서도 불평등한 차별대우를 해서는 안된다는 원칙이다. 그러한 의미에서 그것은 객관적 법질서의 구성요소라고 할 수 있다. 따라서 헌법해석과 입법의 기준이 되고 헌법개정의 한계 밖에 있다 할 것이다.

3) 자유권과의 관계

자유라는 것은 개성과 능력에 따라 인격이 전개되는 것이고, 평등의 추구는 강력한 국가권력에 의해 이루어지는 것인 점에서 차이가 난다. 그러나 평등권은 헌법의 최고원리로서 모든 인권을 통해 작용하는 것이므로 자유권과 독립된 인권으로 보아야 한다. 이에 대하여 평등권을 자유권으로 일종으로 보는 견해도 있다.

4) 전국가적 자연권성

비민주국가에서는 평등이 인정되지 않는다는 점에서 평등권을 국가내적 권리로 보는 견해도 있으나 평등권은 헌법에 앞서 존재하고 헌법에 의해 확립된 권리라고 볼 것이다.

Ⅱ. 평등권의 주체와 효력

1. 주체

헌법에 '모든 국민'이라고 규정되어 있으나 상호주의 원칙에 의해 내국인 외에 외국인에게도 인정된다고 본다. 여기에 대해서는 실정법상 권리로서 헌법에 국민이라 명기되어 있으므로 당연히 참정권 등에서 차별되고 기타 공익을 위하여 차별대우해야 하므로 외국인은 여기에 주체가 될 수 없다고 보는 반대설도 있다.

2. 효력

1) 대국가적 효력

국가권력 중 행정, 사법만이 구속받는다고 하는 입법자 비구속설과 입법·행정·사법이 모두 구속받는다고 하는 입법자 구속설이 있다.

(1) 제1설-법적용평등설(입법자비구속설)

법실증주의자들은 '법앞의 평등'이라 함은 법을 구체적으로 적용하는 국가기관, 즉 사법, 행정에서의 규제원리라고 한다. 이 설에 의하면 제11조 제1항 후단 소정의 사항 이외의 사항, 즉 연령, 능력, 근로의 정도와 내용 등에 대해서는 입법자를 구속하는 것이 아니므로 차별입법을 해도 헌법위반이 아니라고 본다.

(2) 제2설-법정평등설(입법자 구속설)

이 설에 의하면 '법 앞의 평등'이라 함은 법의 적용에서뿐만 아니라 법의 정립을 비롯한 모든 국가작용에 걸쳐 규제되는 원리라 한다. 이 설에서는 제11조 제1항 후단은 전단의 보장내용의 중요사항의 예시로 보며, 후단 열거사항에 의한 차별은 합헌성의 추정을 받지 않고 입증책임은 합헌성을 주장하는 측에 있으며, 또한 열거사항에는 특수한 재판규범의 효과를 인정하는 것이라고 본다.

(3) 소결

생각건대 법적용 평등설에 있어서의 형식적인 법률만능주의에 의한 입법권 그 자체에 근거한 평등원칙의 침해의 폐해를 방지할 수 없을 것이며, 법률의 위헌심사권이 실정법상으로 명백히 규정된 우리 헌법으로는 입법자 구속설이 타당하다고 하겠다.

2) 대사인적 효력

평등조항이 사법상의 법률관계에도 그 효력이 미치는가에 관해서는 견해가 갈라지고 있다. 이 점에 관해서 통설은 인권의 제3자적 효력에 관한 간접적용설에 입각하여 사인간의 법률관계에도 효력이 미친다고 보고 있다. 통설의 입장에 설 때 남녀동등의 조항과 같은 것은 간접적용설에 따라 사인간의 법률관계에도 적용되므로 사기업에 있어서 '동일노동인 경우의 동일임금'의 원칙은 준수되어야 하고 신앙이나 사회적 신분 등에 의한 차별은 허용될 수 없다.

미국에서는 Shelley v. Kraemer 사건에서 사인의 인종차별의 평등조항 위반이 문제된 바 있다.

Ⅲ. 평등권의 내용

1. 법 앞의 평등

1) 법의 의미

법 앞의 평등에서의 '법'의 의미는 넓은 의미의 법의 개념이다. 즉 모든 법률, 대통령령, 총리령, 부령, 규칙 및 지방자치단체의 조례와 규칙, 관습법까지 포함된다.

2) 법 '앞의' 의미

법 '앞의' 의미는 행정과 사법 이외에 입법까지도 포함하는가의 문제인바, 앞서 서술한 대로 입법까지도 포함된다고 할 것이다. 뿐만 아니라 합리적인 근거가 없는 불평등한 헌법 개정은 할 수 없으므로 헌법개정권력까지도 구속한다고 본다.

3) 평등의 의미

법 앞에서의 평등에서 평등이 무엇을 의미하는가에 관하여 견해가 대립하고 있다.

(1) 절대적 평등설과 상대적 평등설

절대적 평등설에서는 입법권에 대한 구속을 인적 평등의 범위에 한하여 인정하는 것이고, 어떠한 이유에서도 차별입법을 불허하는 것이다. 그러나 상대적 평등설은 정당하고 합리적인 이유가 있으면 차별입법을 허용한다는 설이다. 즉 배분적 정의에 입각하여 차별하려는 것이다. 오늘날은 대개 이 상대적 평등설이 통설이며 대법원판례도 그러하다. 생각건대 평등원칙의 절대적 보장은 불가능하기 때문에 상대적 평등설이 타당하다.

(2) 평등의 판단기준

상대적 평등설을 따르는 경우에 평등의 기준을 어디에서 구할 것인가가 문제된다. 이러한 판단의 기준을 미국판례에서는 합리성에서 찾고 있다. 즉 성별, 종교, 인종, 사회적 신분 등을 이유로 불합리한 차별대우를 위헌으로 하고 있다. 반면 독일에서는 주관적 자의의 배제 또는 자의의 금지를 표준으로 하고 있다. 그러나 미국의 합리성이나 독일의 자의금지는 모두 고정적 개념이 아니라 변화하는 상대적인 개념이다. 따라서 정치적 영역에서는 보다 절대적 평등이, 사회적 경제적 영역에서는 보다 상대적 평등이 중시될 수 있다고 한다. 결국 상대적 평등의 판단기준은 그 나라 그 시대의 구체적 사정에 따라 사회정의의 관념에 입각하여 판단하지 않으면 안된다.

2. 차별의 사유

"누구든지 성별, 종교 또는 사회적 신분에 의하여 … 차별을 받지 아니한다." 이 규정은 열거규정이 아니고 예시규정으로 보아야 할 것이다.

1) 성별

이는 여성에게 차별대우가 인정되던 봉건적 제도에서 벗어나 법률상 인격에 있어서 남녀동권을 선언한 것이다. 그러나 남녀평등권에서 평등은 법률상 인격의 평등을 의미하므로 여성의 신체적 구조와 생리상의 차이에 따른 합리적 차별을 금지하는 것은 아니다.

예컨대 노동법상 여자에게 주는 생리휴가라든가 중노동의 금지, 병역법상 남성에게만 병역의무를 부과하는 것, 형법상 강간죄의 처벌대상을 남성에 국한한 것, 민법상 혼인연령의 차이 등은 합리적인 차별로 인정된다. 민법에서의 소유불분명한 재산의 공유추정, 부모친권 공동행사, 상속균분 등을 규정한 것도 입법상 남녀불평등관계를 시정한 예로서 들 수 있다.

2) 종교

특정종교 또는 신앙의 유무에 의한 차별금지는 인권사에 있어 종교의 자유의 내용을 이루고 있다. 또한 종교를 포함한 정치와 인생에 관한 '신조, 양심, 사상'에 의한 차별도 금지된다고 본다. 신앙에 의한 차별은 특히 사기업의 근로관계에서 문제되고 있다. 또한 우리 헌법 제20조에서는 국교를 인정하지 않으며 종교와 정치는 분리된다고 하고 있다.

3) 사회적 신분

여기에는 세 가지 학설이 있다. A설은 출생에 의하여 고정적으로 결정된 사회적 지위 즉 귀화인의 자손 혹은 존속 등의 지위가 여기에 해당된다 할 것이다. B설은 사회에서 영속적으로 차지하고 있는 지위를 넓게 해석하는 설인데, 여기에는 본인의 의사로 떠날 수 없는 고정적 지위뿐만 아니라 자본가, 노동자, 직업 또는 지역주민의 지위까지 여기에 해당된다고 본다. C설은 후천적으로 차지하게 된 사회적 지위로서 일정한 사회적 평가가 따른다고 하는데 여기에는 국회의원, 고급공무원, 학자, 예술가 등이 해당된다고 한다.

A설에 의하면 문벌과 다를 바 없다 할 것이고, B설에 의하면 너무 광으로 해석하여 빈부, 노사 등까지 사회적 신분으로 보아 법적으로 차별금지를 할 이유가 없게 된다고 할 것이다. 생각건대 C설을 한정적으로 해석하되 다만 존속, 비속의 지위를 소극적으로 파악하는 것이 타당할 것 같다.

일본판례는 존속살해죄에서 형을 가중하는 것은 합리성이 없다고 한다. 우리나라에서는 군인, 군무원 등의 국가배상청구권제한은 위헌이라는 판결이 있었으나 현행 헌법에 명문화되어 있으므로 위헌문제에서 일단 비켜 서 있다할 것이다.

4) 인종 및 기타

인종에 의한 차별은 나찌나 미국 그리고 남아공 등지에서 볼 수 있다. 특히 미국은 흑백인 공학문제와 관련하여 Plessy v. Ferguson(1896) 케이스에서 '분리하되 평등'(seperate but equal)이론을 따랐으나 1954년 Brown v. Board of Education of Topeka 케이스에서는 '진정하고 실질적인 평등'(real and substantial equal)원칙을 채택하게 되었다.

제10조 제1항 후단을 예시적 상대적 평등이라고 볼 때 열거사항 이외에도 합리적인 차별은 허용된다. 그러나 합리적이지 못한 차별 사유 예컨대 언어, 출신지역, 문벌, 교양, 학벌 등에 의한 차별은 인정되지 않는다 할 것이다.

3. 차별금지의 영역

차별이 금지되는 영역은 인간의 모든 생활영역이다. 인간의 생활영역을 어떻게 구분할 것인가는 쉬운 일이 아니지만, 편의상 헌법 제10조 제1항에 따라 정치적, 경제적, 사회적, 문화적 영역으로 구분하고자 한다.

1) 정치적 영역

정치적 생활영역에서는 선거권, 피선거권, 투표권, 공무담임권 등에 있어서 평등이 보장되어야 한다. 특히 헌법상 문제가 되는 것은 선거권의 평등과 관련하여 의원정수와 선거인수와의 관계에서 각 선거구에 불균형이 초래되어 투표가치에 차이가 생기는 점이다.[53] 서독의 입법과 판례에서는 선거구인구의 최대편차가 33.3% 이상이면 위헌이라고 한다.

2) 경제, 사회적 영역

경제생활 내지 사회생활에 있어서 차별을 받지 않는 것을 말한다. 즉 노사관계에 있어서의 고용의 남녀차별, 임금의 차별, 노동권의 차별, 생활무능력자에 대한 보호의 차별 등은 일체 금지된다.

한편 교육의 기회균등과 혼인과 가족생활에서의 남녀평등도 잘 이루어져야 한다. 또한 거주, 여행, 공공시설이용 등에 있어서도 평등이 보장되어야 한다.

53) 이에 따라 우리 헌법재판소는 국회의원 선거의 경우 상하 50%의 편차를 기준으로 하고(헌재 2001. 10. 25. 2000헌마92등), 지방의원 선거의 경우 상하 60%의 편차를 기준으로(헌재 2007. 3. 29. 2005헌마985등) 위헌 여부를 판단하고 있다.

3) 문화적 영역

학문의 자유와 예술활동의 자유에 있어서의 차별, 즉 모든 문화적 활동과 생활에 차별을 받지 않음을 말한다. 여기에는 교육의 기회균등이 포함되며 능력에 다른 차별대우는 합리적이라 할 수 있다.

Ⅳ. 평등권의 구현형태

1. 특권제도금지

헌법은 제11조 제2항과 제3항에서 "사회적 특수계급의 제도는 인정되지 아니하며, 어떠한 형태로도 이를 창설할 수 없다", "훈장 등의 영전은 이를 받은 자에게만 효력이 있고, 어떠한 특권도 이에 따르지 아니한다"고 규정하여 특권제도의 금지를 구체적으로 선언하고 있다.

1) 특수계급제도의 부인

과거 신분 제도 하의 계급사회에서 인권이 유린된 경험에 비추어 규정된 것이다.

2) 영전의 당사자 당대주의

영전의 수여도 과거와 같이 특권이 생기고 세습되는 것이 아니라 오직 당사자 당대에 한하여 명예의 효력이 있고 거기에 어떠한 특권도 따르지 아니한다. 다만 국가유공자에게 수여하는 영전에는 연금이나 그 가족에게 구호금을 주는 것을 위헌이라 할 수 없다.

국가유공자의 자녀에게 공무원채용에 있어서 우대하거나 처벌의 면제, 조세경감 등의 특전을 부여하는 것을 헌법재판소는 현행 헌법 제32조 제6항 "국가유공자, 상이군경 및 전몰군경의 유가족은 법률이 정하는 바에 의하여 우선적으로 근로의 기회를 부여받는다"는 규정에 근거하여 한 때 합리적 차별이라고 보았으나(2000헌마25), 최근에는 국가유공자의 비약적 증가상황을 고려하여 평등권을 침해한다고 결정(2004헌마675)한 바 있다.

2. 혼인과 가족생활에 있어서 양성의 평등

헌법은 제36조 제1항에서 "혼인과 가족생활은 … 양성의 평등을 기초로 성립되고 유지되어야 한다"라고 하는 조항을 두어 혼인과 가족생활에 있어서의 양성평등을 특별히 강조하였다.

3. 연좌제의 금지

헌법 제13조 제3항에서 "모든 국민은 자기의 행위가 아닌 친족의 행위로 인하여 불이익한 처우를 받지 아니한다"라고 하여 연좌제의 금지를 규정하고 있다. 이에 따라 자기의 행위가 아닌 타인의 행위로 말미암아 취업이나 해외여행 등에 있어 불이익을 받는 일이 없게 되었다.

V. 평등권의 예외

1. 헌법상의 예외

1) 대통령, 국회의원의 특권

대통령에 대해서는 형사상의 특권, 국회의원의 불체포특권, 면책특권 등이 인정되고 있다. 그러나 이러한 특권은 모두 원활한 직무수행을 위하여 헌법이 보장하고 있다.

2) 정당의 특권

정당은 일반결사에 비하여 여러 가지 특권이 부여되고 있다. 이는 현대 민주정치에 있어서 정당히 수행하는 정치적 기능을 제대로 발휘하도록 하기 위한 것이다.

3) 공무원의 근로3권 제한

원칙적으로 공무원에게는 근로3권을 제한하고 있으나 이는 공무원의 근로3권에 대해 헌법 제33조 제2항에서 명문으로 규정하고 있는 것이다. 교직원노동조합의 합법화과정에서부터 공무원의 근로3권제한은 불합리한 차별로 개헌의 대상이 되어야 한다는 높아지고 있

다.[54)]

4) 군인 · 군무원의 권리제한

군인 · 군무원은 군법회의의 재판을 받으며 이중배상을 받을 수 없게 하고 있는데 이도 군인신분의 특수성으로 인하여 헌법자신이 인정하는 예외로 여겨지고 있다.

이 규정은 1960년대에 월남전 등으로 인하여 국가배상소송이 급격하게 증가하자 국가배상으로 인한 과중한 재정적 부담을 해소하기 위하여 군인 · 군무원 등에 대한 이중배상금지를 규정하는 법을 신설하면서 만들어진 것으로서, 이 법규정은 위헌시비 끝에 결국 대법원에서 위헌판결을 받았다.[55)] 그런데 그 후에 박정희 정권은 당시 위헌판결을 받은 법규정과 동일한 규정을 1972년 헌법에 신설하였고, 이로 인하여 위헌논의가 봉쇄되기에 이르렀다. 이러한 점들을 고려할 때 재론의 목소리가 높은 것도 사실이다.

2. 법률상의 예외

법률상의 제한으로 인정되는 것은 다음과 같은 것들이 있다.

- 공무원법에 의한 공무원의 정당가입금지와 정치활동제한 및 주거지 제한
- 군사관계법에 의한 군인 군무원의 영내거주 집단행위제한
- 출입국관리법에 의한 외국인의 체류와 출국의 제한
- 외국인토지법에 의한 외국인의 토지소유 및 주식소유의 제한

54) 국가공무원법 제66조에 대한 헌법소원(헌재 1992.4.28./ 90헌바27)에서 변정수의 소수의견 참조.
55) 대법원 1972.7.25./ 72다986

제 2 절 차별과 평등우대조치

I. 사례

① 모집과 채용에서의 차별[56)]

지난 2월 대학을 졸업한 염모(24살. 여)씨는 얼마 전 모 여행사에 이력서를 내러 갔다가 기분만 상한 채 발길을 돌려야 했다. 지원서류를 받는 직원이 이력서를 들춰보지도 않고 여자는 안 뽑을 예정이니 가져가라고 퉁명스럽게 퇴짜를 놓았기 때문이다. 염씨는 단지 여자라는 이유로 지원기회조차 갖지 못하는 현실이 한스럽다고 하소연했다.

■ 21~26세, 병역필만 가능

취업한파 속에서 여성은 아예 뽑지 않거나 직종을 차별하는 불법 채용이 갈수록 심화해 여성 구직자들을 울리고 있다. 여성차별은 영세기업에서 이름만 들어도 알만한 대기업에 이르기 까지 기업규모와 업종을 가리지 않고 횡행해 여성의 사회진출을 원천적으로 가로막고 있다. 롯데음료는 최근 신입사원을 모집하면서 인터넷 홈페이지에 서울, 21~26세. 병역필이라는 글귀를 띄워 여성 구직자들의 거센 반발을 샀다. 중견그룹에 속하는 일진그룹도 '총무실비서직 신입, 연봉 1,900. 남'이라고 채용조건을 못박아 물의를 빚고 있다.

지난 상반기 전국 45개 일간지에 게재된 모집채용 광고상의 성차별 실태에 대한 노동부 조사 결과에서도 불법 채용 공고가 185건에 달할 정도로 여성차별은 일반적인 채용방식으로 자리 잡고 있는 상황이다. 표경희 이화여대 취업정보실장은 여대생들의 서류전형 합격률이 현저하게 떨어지고 있다며 여대생들은 면접이라도 한 번 보는 게 소원이라고 말할 정도라고 전했다.

■ 여성은 용모단정, 경리직

여성을 뽑는 업체들도 지원 가능 직종을 제한하기 일쑤여서 그나마 기회를 얻은 여성지원자들의 취업 고통은 여전하다. 생활정보지등의 구인란에서는 '관리사무직 0명, 남. 경리직 0명, 여성 용모단정 여성, 원만한 성격, 경쾌한 목소리 소유자 우대' 등 조건을 내거는 구직광고 문구를 쉽게 발견할 수 있다. 면접에서도 성차별적 질문으로 여성 구직자들을 곤경에 빠뜨리는 경우가 허다하다. 지난 8월 여대를 졸업한 이모(23)씨는 한 업체 면접에서 애인 있습니까? 차 심부름도 할 수 있겠습니까? 등 업무와 무관한 질문만 하는 통에 얼굴을 들 수 없었다고 털어 놓았다.

---

56) 한국일보, 2001년 10월 25일 (사회) 기획 · 연재 31면.

② 임금 차별

우리 사회의 여성근로자들은 단지 여성이라는 이유로 학력-경력이 같아도 상당한 "임금차별"을 감수하고 있는 것으로 드러났다. 한국개발연구원의 연구보고서에 따르면 1999년 여성근로자의 평균임금은 월 106만원으로 남자의 63.1%에 불과한 것으로 조사됐다. 이는 출산과 육아 등으로 30대 초반 이직자가 많아 근속과 경력에 의한 임금상승이 이뤄지지 않아서다. 그러나 그 같은 현실적 이유로 인한 "차이"는 남녀 임금격차의 43%뿐이고, 순전히 여성이라는 이유의 "차별"이 57%를 차지하고 있다는 게 연구자의 분석 결과다. 이는 여성에게 불리한 고용제도와 노동관리 관행이 여전하다는 증거다.

한국사회에서 여성의 사회진출은 이제 "금녀의 벽"을 허물어뜨린 지 오래다. 법조계와 군경 내에도 여성비율은 계속 높아지고 있으며, 올해엔 해군사관학교와 경찰대학 등 전통적인 남성 영역에서도 여학생이 수석졸업을 휩쓰는 등 능력과 정신적 태세에서도 우수성을 과시한 바 있다. 여성을 "임금을 깎을 만큼 열등한 존재"로 취급하는 것은 한마디로 시대 변화에 뒤처진 전근대적 발상이 아닐 수 없다.

여성의 교육수준과 사회진출 의욕이 크게 높아지고 여성이 대표자인 사업체가 102만2,662개(2001년 통계청 발표)나 되는데도 여성에 대한 임금 성차별이 남아 있는 것은 국가 전반의 편견과 차별의식이 아직도 심하기 때문이다. 대졸 이상 고학력 여성의 경제활동 인구가 54%로 경제협력개발기구(OECD) 회원국 중 최하위인 것도 부당한 임금 성차별과 무관하지 않다. 정부는 여성인력 사장의 가장 큰 이유인 육아부담을 해결하기 위한 보육종합대책을 비롯해 고용과정-임금책정에서의 남녀차별 금지정책을 보다 강력히 추진해야 한다. 임금 성차별은 궁극적으로 손해를 가져온다는 쪽으로 기업이나 고용주 일반의 인식이 바뀌도록 더욱 강력한 대국민 홍보도 병행해야 한다.

③ 승진차별[57]-국내 최초 승진 성차별 법정투쟁 김두선씨 사례

경남 사천시 삼천포 신용협동조합 과장이었던 김두선(39)씨는 회사 대표를 상대로 우리나라에서는 최초로 기록될 승진 인사의 성차별 여부를 둘러싼 법적 싸움을 몇 달째 계속하고 있다. "승진 안 시켜줬다고 회사를 전국적으로 망신시키는 여자가 어디 있느냐고 비난하는 사람들도 많아요. 하지만 인사에서의 성차별 여부를 법적으로 분명히 가려보는 작업은 앞으로 후배들의 승진 기회를 늘리는데도 도움이 될 것이란 생각에서 어렵게 용기를 냈습니다". 지난 81년 삼천포 신용협동조합에 입사해 88년 대리, 93년 과장으로 승진했던 김씨는 말 그대로 일만 아는 무난한 직장인이었다.

하지만 지난해 11월 입사 4년 후배일 뿐 아니라 당시 과장서리였던 남자 후배가 김씨를 제치고 부장으로 발령을 받으면서 그의 인생은 뒤바뀌기 시작했다. "부장이 되기 위해서는 3년의 과장 실무를 해야 한다는 회사의 관례도 깬 인사였습니다. 처음엔 너무 부당해 직장을 계속 다닐 것인가 말 것인가를 심각하게 고민했어요. 하지만 먼저 노동부에 진정서를 내 판정을 받아보기로 했습니다".

57) 한겨레, 1996년 9월 5일 (생활/여성) 기획 · 연재 12면.

11월 30일 진주지방노동사무소에 낸 김씨의 진정서에 대해 사무소쪽은 지난 3월 성차별 인사로 판단해, 회사쪽에 3월 30일까지 시정 명령을 내렸다. 하지만 회사쪽은 이 시정명령을 받아들이지 않았을 뿐 아니라 회사의 명예를 훼손시켰다는 이유 등을 들어 지난 5월 10일 김씨에 대해 무기정직 처분을 내렸다. 김씨와 진주지방노동사무소는 각각 지난 6월 창원지검 진주지청에 남녀고용평등법 위반 등의 혐의로 회사 대표를 고발한 상태다.

"성차별 문제가 법정으로까지 간 경우가 이번이 처음이라는 사실을 알고 깜짝 놀랐습니다. 그동안 승진 과정에서 성차별이 하나도 없어서가 아니라 여성들이 그냥 참아왔기 때문이겠죠. 이젠 목소리를 내야 합니다."

남녀고용평등과 일·가정 양립 지원에 관한 법률

[시행 2008. 6.22] [법률 제8781호, 2007.12.21, 일부개정]

제1장 총칙 <개정 2007.12.21>

제1조 (목적) 이 법은 「대한민국헌법」의 평등이념에 따라 고용에서 남녀의 평등한 기회와 대우를 보장하고 모성 보호와 여성 고용을 촉진하여 남녀고용평등을 실현함과 아울러 근로자의 일과 가정의 양립을 지원함으로써 모든 국민의 삶의 질 향상에 이바지하는 것을 목적으로 한다.

제2조 (정의) 이 법에서 사용하는 용어의 뜻은 다음과 같다.

1. "차별"이란 사업주가 근로자에게 성별, 혼인, 가족 안에서의 지위, 임신 또는 출산 등의 사유로 합리적인 이유 없이 채용 또는 근로의 조건을 다르게 하거나 그 밖의 불리한 조치를 하는 경우(사업주가 채용조건이나 근로조건은 동일하게 적용하더라도 그 조건을 충족할 수 있는 남성 또는 여성이 다른 한 성(성)에 비하여 현저히 적고 그에 따라 특정 성에게 불리한 결과를 초래하며 그 조건이 정당한 것임을 증명할 수 없는 경우를 포함한다)를 말한다. 다만, 다음 각 목의 어느 하나에 해당하는 경우는 제외한다.
   가. 직무의 성격에 비추어 특정 성이 불가피하게 요구되는 경우
   나. 여성 근로자의 임신·출산·수유 등 모성보호를 위한 조치를 하는 경우
   다. 그 밖에 이 법 또는 다른 법률에 따라 적극적 고용개선조치를 하는 경우

2. "직장 내 성희롱"이란 사업주·상급자 또는 근로자가 직장 내의 지위를 이용하거나 업무와 관련하여 다른 근로자에게 성적 언동 등으로 성적 굴욕감 또는 혐오감을 느끼게 하거나 성적 언동 또는 그 밖의 요구 등에 따르지 아니하였다는 이유로 고용에서 불이익을 주는 것을 말한다.

3. "적극적 고용개선조치"란 현존하는 남녀 간의 고용차별을 없애거나 고용평등을 촉진하기 위

하여 잠정적으로 특정 성을 우대하는 조치를 말한다.

4. "근로자"란 사업주에게 고용된 자와 취업할 의사를 가진 자를 말한다.

제2장 고용에 있어서 남녀의 평등한 기회보장 및 대우 등

제1절 남녀의 평등한 기회보장 및 대우 〈개정 2007.12.21.〉

제7조 (모집과 채용) ① 사업주는 근로자를 모집하거나 채용할 때 남녀를 차별하여서는 아니 된다.

② 사업주는 여성 근로자를 모집·채용할 때 그 직무의 수행에 필요하지 아니한 용모·키·체중 등의 신체적 조건, 미혼 조건, 그 밖에 노동부령으로 정하는 조건을 제시하거나 요구하여서는 아니 된다.

제8조 (임금) ① 사업주는 동일한 사업 내의 동일 가치 노동에 대하여는 동일한 임금을 지급하여야 한다.

② 동일 가치 노동의 기준은 직무 수행에서 요구되는 기술, 노력, 책임 및 작업 조건 등으로 하고, 사업주가 그 기준을 정할 때에는 제25조에 따른 노사협의회의 근로자를 대표하는 위원의 의견을 들어야 한다.

③ 사업주가 임금차별을 목적으로 설립한 별개의 사업은 동일한 사업으로 본다.

제9조 (임금 외의 금품 등) 사업주는 임금 외에 근로자의 생활을 보조하기 위한 금품의 지급 또는 자금의 융자 등 복리후생에서 남녀를 차별하여서는 아니 된다.

제10조 (교육·배치 및 승진) 사업주는 근로자의 교육·배치 및 승진에서 남녀를 차별하여서는 아니 된다.

제11조 (정년·퇴직 및 해고) ① 사업주는 근로자의 정년·퇴직 및 해고에서 남녀를 차별하여서는 아니된다.

② 사업주는 여성 근로자의 혼인, 임신 또는 출산을 퇴직 사유로 예정하는 근로계약을 체결하여서는 아니 된다.

Ⅱ. 차별시정을 위한 평등우대조치들

1. 여성채용목표제

1) 여성채용목표제의 시행 목적

여성의 공직임용기회를 확대하기 위하여 연도별 채용 목표율에 따라 시험실시단계별로 선발예정인원의 일정비율 이상을 여성으로 합격시킴.

2) 대상시험

(1) 시험대상: 직렬별 선발예정인원이 10명 이상인 시험단위.

(2) 시험종류: 7·9급(연구직·지도직 포함) 공개경쟁신규임용 시험 및 제한경쟁특별임용시험.

구분 \ 연도	1999년	2000년	2001년	2002년
5급 이상(연구지도관)	20%	20%	20%	20%
6, 7급(연구 지도사)	20%	20%	23%	25%
8, 9급	20%	20%	25%	30%

3) 시험시행방법

– 남·여 구분 없이 시험 실시 후 성적순에 의하여 선발 예정 인원만큼 합격자 결정

(1) 여성합격자가 목표비율이상인 경우 여성채용목표제를 적용하지 않는다.

(2) 여성합격자가 목표비율 미만인 경우에는 과락을 면하고 하한성적 이상인 여성 중 성적순에 의하여 목표미달 인원만큼 추가합격 처리한다.

(추가 합격선에 동점자가 있는 경우 모두 합격처리)

*하한성적은 5급의 경우 합격선 -3점, 6급 이하의 경우 합격선 -5점이다.

4) 여성채용목표제 시행 기간

1996년 1월 1일부터 2002년 12월 31일까지 .

5) 실시 지침

공무원임용시험령 제11조의3(여성의 합격)의 내용.

(1) 시험실시기관의 장은 여성의 공무원 임용기회를 확대하기 위하여 필요하다고 인정하는 경우에는 제11조제1항·제3항 및 제4항의 규정에 불구하고 한시적으로 여성이 시험실시단계별로 선발예정인원의 일정비율이상이 될 수 있도록 선발예정인원을 초과하여 여성을 합격시킬 수 있다.

(2) 제1항의 규정에 의하여 여성을 합격시킬 경우에 그 실시대상시험의 종류, 여성채용

목표비율, 합격자결정방법 기타 시험의 시행에 관하여 필요한 사항은 시험실시기관의 장이 정한다.

2. 여성고용할당제

1) 여성고용할당제란?

여성에 대한 차별을 없애기 위한 법적·정치적 수단으로써 여성참여의 몫이 일정한 비율에 이를 때까지 여성이 일정한 요건 아래에서 우선적으로 고려되는 조치, 즉 채용과 승진시 일정량의 인원을 법률 및 정부규제에 의해 여성에게 배분하는 제도이다.

2) 여성고용할당제의 필요성

(1) 여성의 불평등한 고용현황

국제연합개발기구(UNDP)의 최근 보고에 의하면, 우리나라 여성의 경제활동참가율은 127개국 중 59위, 여성근로자 평균임금은 세계 55개국 중 54위, 행정관리직에서 여성의 참여율은 116개국 중 112위이며, 여성개발지수는 130개국 중 37위이다. 특히 여성세력화지수는 116개국 중 90위이다. 더구나 작년의 국제경영연구소와 세계 경제포럼의 국가경쟁력에 대한 공동보고에 따르면 조사국 중에서 우리나라가 남녀고용에서 가장 차별이 심한 나라라고 평가하였다. 물론 우리나라 여성의 불평등한 고용현황은 사회 각 분야 및 가정에서의 여성문제와 상호 관련되어 있다.

(2) 평등고용지원조치의 미흡성

현재의 사회적 구조는 여전히 여성들이 개인적, 집단적으로 불이익을 받는 형식적, 비형식적 남성할당제에 기초하므로 여기에서 개인으로서의 여성은 남성지배 사회에서 아주 적은 기회만이 있을 뿐이며 이 기회 또한 남성적 태도에 대한 높은 적응력에 의해서만 실현될 수 있다. 따라서 여성에 대한 태도가 바뀌고 여성들의 불평등한 고용현황을 극복하기 위해서는 모든 직종과 모든 직위에 여성이 참여할 수 있도록 새로운 상황이 이루어져야 하므로 이를 위한 효과적인 정책으로서 할당제가 요구되는 것이다.

(3) 여성고용차별의 사회적 인식을 위하여

여성의 불평등한 고용현황을 해결하기 위해서는 우선 불평등한 고용상황에 대한 인식이 그 기본전제가 된다. 그러나 이러한 인식을 방해하는 많은 인지적, 감정적 요인이 있으므로 여성 개인이 자신의 불평등한 경험을 인정하기에는 용기가 필요한 데 바로 할당제의 실시가 이러한 차별의 인정에 기여한다.

(4) 사실상의 고용평등실현을 위한 효과적인 조치이므로

고용할당제는 불평등한 고용현실을 극복하고 사실상의 고용평등 실현을 위하여 고용의 각 분야에서의 여성의 참여를 증진함으로써 고용상의 구조적 장애를 해결하고자 하는 적극적 조치이다. 따라서 고용할당제가 실시되면 우선 일반적으로 통용되어온 남성 중심의 자격, 능력의 기준을 변화시킬 수 있으며, 여성 직종이 아닌 모든 직종에 여성의 참여가 가능하게 되어 성별직종분리가 철폐될 수 있으며, 결국 사회적인 여성노동영역에 대한 고정관념을 타파하는데 기여할 수 있다.[58)]

3) 여성고용할당제의 법적 근거

(1) 헌법상의 평등권명령

현행 헌법은 전문에서 "정치, 경제, 사회, 문화의 모든 영역에 있어서 각인의 기회를 균등히 하고, … 국민생활의 균등한 향상을 기하고"라고 규정하고 있으며, 제11조 제1항은 "모든 국민은 법 앞에 평등하다. 누구든지 성별, 종교 또는 사회적 신분에 의하여 정치적, 경제적, 사회적, 문화적 생활의 모든 영역에 있어서 차별을 받지 아니한다"라고 규정하고 있다. 특히 고용분야와 관련하여 헌법 제32조 제4항은 "여자의 근로는 특별한 보호를 받으며 고용, 임금 및 근로조건에 있어서 부당한 차별을 받지 아니한다"고 규정하고 있다.

(2) 헌법재판소의 결정(헌재 99.12.23./ 98헌마 363)

여성고용할당제는 잠정적 우대조치의 하나로써 종래 사회로부터 차별을 받아 온 일정집단에 대해 그 동안의 불이익을 보상하여 주기 위한 조치이고 이것은 차별이 아니라고 한 바 있다.

(3) 남녀고용평등법

제2조 제1항에서 "차별"이란 "사업주가 근로자에게 성별, 혼인 또는 가족상의 지위, 임신 등의 사유로 합리적인 이유 없이 채용 또는 근로의 조건을 달리하거나 기타 불이익한 조치를 취하는 것을 말한다"고 정의하고 있다. 또한 동조 제3항은 "현존하는 차별을 해소

58) 계간 사무직 여성, 1995년 가을호

하기 위하여 국가, 지방자치단체 또는 사업주가 잠정적으로 특정 성의 근로자를 우대하는 조치를 취하는 것은 이 법에서 말하는 차별로 보지 아니한다"고 명백히 규정하고 있다. 이는 현존하는 고용상의 차별을 해소하기 위한 적극적 조치로서의 할당제를 잠정적으로 실시함으로써 여성근로자를 우대하는 조치는 남성에 대한 차별이 아님을 법적으로 분명히 하고 있다. 즉, 여성과 경쟁상대가 되는 남성이 차별대우를 받고 이에 대해 남성이 성에 의한 차별을 받았다고 주장할 수 있는 논쟁을 법적으로 차단하였다.

(4) 유엔 여성차별철폐협약 (여성에 대한 모든 형태의 차별철폐에 관한 협약)

유엔 여성차별철폐협약은 조약 제855호로서 우리나라 헌법 제6조에 근거하여 국내법과 동일한 효력을 갖는다. 동 협약은 전문에서 "본 협약 당사국은 … 국가의 완전한 발전을 위해서는 여성이 모든 분야에 남성과 평등한 조건으로 최대한 참여하는 것이 필요함을 확신하고, … 남성과 여성 사이의 완전한 평등을 달성하기 위해서는 사회와 가정에서의 여성의 역 할 뿐만 아니라 남성의 전통적 역할에도 변화가 필요함을 인식하고 … 다음과 같이 합의하였다"고 명시하였다. 그리고 이 기본정신에 근거하여 동 협약 제4조 제1항에서는 "남성과 여성 사이의 사실상의 평등을 촉진할 목적으로 당사국이 채택한 잠정적 특별조치는 본 협약에서 정의한 차별로 보지 아니하나, 그 결과 불평등 또는 별도의 기준이 유지되어서는 결코 아니 된다. 기회와 대우의 평등이라는 목적이 달성 되었을 때 이러한 조치는 중단되어야 한다."라고 규정하고 있다. 동 규정은 할당제와 같은 적극적 조치의 합법성을 분명히 하고 특별조치로서의 적극적 조치의 한시성을 규정하고 있다.

생각해 보기

A시는 장애인을 비장애인에 우선하여 일정비율로 우선 채용할 것과 남자의 경우 머리가 어깨에 닿을 정도의 장발자는 채용하지 않고 여자의 경우 바지를 입고 출근하면 해고할 수 있다는 내용의 조례를 제정하였다.[59)]

1) 위 조례의 헌법상 문제점은?
2) 구제 방법은 ?
3) B주식회사의 직원 채용규칙에 위 내용이 규정된 경우의 문제점은?

59) 제43회 사법시험 제2차시험 제2문

제 3 절 평등심사의 원칙

1. 평등심사의 원칙

1) 자의 금지의 원칙과 비례의 원칙

(1) 자의 금지의 원칙

자의 금지의 원칙은 본질적으로 같은 것은 같게 취급하고 다른 것은 다르게 취급할 것 [illegible]다. 평등을 일반적으로 절대적 평등과 상대적 평등으로 구분하는데 자의 금지의 원칙은 상대적 평등을 의미한다. 자의 금지의 원칙에 따르면 같은 것을 자의적으로 다르게 취급하거나 다른 것을 자의적으로 같게 취급하는 것을 금지하여야 한다는 원칙이다.

그렇다면 무엇이 자의인가 하는 점이 문제가 되는데, 어떤 공권력의 행사가 또는 어떤 공권력의 불행사가 어떤 관점에서도 정당화될 수 없음이 명백한 경우에 이를 자의적이라고 할 수 있을 것이다. 헌법재판소도 '차별대우를 정당화하는 객관적이고 합리적인 이유의 존재'(2002헌마45)여부가 자의의 척도라고 밝힌 바 있다. 이러한 관점에서 본다면, 자의금지의 원칙은 입법자에게 광범위한 재량권을 인정하게 된다.

독일 연방헌법재판소는 1980년 초반까지 자의 금지의 원칙을 평등심사의 기준으로 삼았다.

(2) 비례의 원칙

자의 금지의 원칙에 비하여 좀더 엄격한 심사척도를 요구하는 경우의 심사척도이다. 현행 헌법의 경우, 제11조 제1항 후문에서 "성별 종교 또는 사회적 신분"을 이유로 한 차별을 금지하고, 같은 조 제2항에서는 "사회적 특수계습제도의 불인정 및 창설금지"를 규정하고 있고, 제32조 제4항에서는 근로영역에서의 성별에 의한 차별금지를 명시하고 있다. 헌법 제36조 제1항에서는 혼인과 가족생활에서의 성별에 의한 차별을 금지하고 있고, 제39조 제2항에서는 병역의무 이행으로 인한 차별금지를 명시하고 있으며, 제20조 제2항에서는 국교를 이유로 한 종교의 차별금지를 규정하고 있다.

헌법 제11조 제1항 후문에서 명시하고 있는 "성별 종교 또는 사회적 신분"을 차별금지를 위한 예시로 볼 것이나 열거로 볼 것이냐에 대한 논란이 없는 것은 아니나, 일반적으로 이러한 명시적 영역에 있어서는 보다 명확한 심사기준이 제시된 것으로 보아 엄격한 심사가 이루어지고 있는 실정이다.

비례의 원칙을 심사하는데 있어서는 일반적으로 차별목적의 정당성, 차별취급의 적합성, 차별취급의 불가피성, 차별취급의 균형성이 심사요건으로 거론되고 있다. 차별목적의 정당성이란 차별의 목적이 정당하여야 함을 의미한다. 차별취급의 적합성이란 차별취급이 차별목적을 촉진하는데 기여하는 적합한 것이어야 함을 의미한다. 차별취급의 불가피성이란 차별 취급 이외에는 다른 달성수단이 없어야 하며 부담을 최소화하는 수단의 선택이 필요함을 의미한다. 차별취급의 균형성이란 차별을 통하여 달성하려는 공적인 이익과 차별취급의 정도가 적절한 균형을 이루어야 함을 의미한다.

헌법재판소는 비례의 원칙을 적용하여 제대군인에게 가산점을 부여하는 것은 평등권을 침해한다고 결정한 바 있다.

2) 미국 연방대법원

(1) 합리성 심사

입법자의 재량권을 가장 광범위하게 인정하는 심사기준이다. 어떤 차별을 내용으로 하는 법률이 입법목적에 최소한의 합리적 근거가 있으면 평등원칙에 위배되지 않는다는 취지이다. 이 경우 차별입법의 합헌성이 강하게 추정되고 차별이라고 주장하는 측이 입증의 책임을 지게 된다. 이러한 기준은 주로 경제적 인권을 제한하고 공공성을 확보하기 위한 입법의 경우가 많다.

(2) 엄격심사

입법자의 재량권을 가장 엄격하게 심사하는 평등심사의 기준이다. 이 경우 어떤 입법의 목적이 정당하여야 하고, 필수불가결하여야 하며, 입법 수단은 목적달성에 필요한 것이어야 한다.

이러한 엄격한 심사기준은 인종에 대한 차별적 입법이나 선거권 거주이전의 권리 등과 같은 매우 기본적인 인권(fundamental right)에 대한 차별을 내용으로 하는 입법에 대하여 의심스런 구석이 있으면 설령 그 입법이 최소한의 합리성이 있더라도 이를 불평등 입법으로 보겠다는 것이다.

(3) 중간심사

입법자의 재량권을 인정하면서도 차별입법을 최소화하기 위한 평등심사의 기준이다. 이 경우 차별입법의 입법목적이 최소한의 합리적 근거만 있어서도 아니되며 실질적인 관련성을 갖는 합리적 근거를 갖추어야 한다.

이러한 중간심사 기준은 성적 차별, 사생아 차별 그리고 예외적인 경우에 한하여 국적을 기준으로 한 차별입법의 불평등성을 심사하는 데 유용한 척도가 되고 있다.

2. 헌법재판소의 심사경향

1) 군필자 가산점 위헌 결정

제대군인 지원에 관한 법률 제8조 제1항 등 위헌확인

(1999. 12. 23. 98헌마363 전원재판부)

[사건의 개요]

청구인 이○진은 1998. 2. 이화여자대학교를 졸업한, 청구인 조○옥, 박○주, 김○원, 김○정은 같은 대학교 4학년에 재학중이던 여성들로서 모두 7급 또는 9급 국가공무원 공개경쟁채용시험에 응시하기 위하여 준비중에 있으며, 청구인 김○수는 연세대학교 4학년에 재학중이던 신체장애가 있는 남성으로서 역시 7급 국가공무원 공개경쟁채용시험에 응시하기 위하여 준비중에 있다.

청구인들은 제대군인이 6급 이하의 공무원 또는 공·사기업체의 채용시험에 응시한 때에 필기시험의 각 과목별 득점에 각 과목별 만점의 5퍼센트 또는 3퍼센트를 가산하도록 규정하고 있는 제대군인 지원에 관한 법률 제8조 제1항, 제3항 및 동법시행령 제9조가 자신들의 헌법상 보장된 평등권, 공무담임권, 직업선택의 자유를 침해하고 있다고 주장하면서 1998. 10. 19. 이 사건 헌법소원심판을 청구하였다.

[심판대상조문]

제대군인 지원에 관한 법률(1997. 12. 31. 법률 제5482호로 제정된 것)

제8조(채용시험의 가점) ① 제7조 제2항의 규정에 의한 취업보호실시기관이 그 직원을 채용하기 위한 시험을 실시할 경우에 제대군인이 그 채용시험에 응시한 때에는 필기시험의 각 과목별 득점에 각 과목별 만점의 5퍼센트의 범위안에서 대통령령이 정하는 바에 따라 가산한다. 이 경우 취업보호실시기관이 필기시험을 실시하지 아니한 때에는 그에 갈음하여 실시하는 실기시험·서류전형 또는 면접시험의 득점에 이를 가산한다.

제대군인 지원에 관한 법률 시행령(1998. 8. 21. 대통령령 제15870호로 제정된 것)

제9조(채용시험의 가점비율 등) ① 법 제8조 제1항의 규정에 의하여 제대군인이 채용시험에 응시하는 경우의 시험만점에 대한 가점비율은 다음 각호의 1과 같다.

1. 2년 이상의 복무기간을 마치고 전역한 제대군인 : 5퍼센트
2. 2년 미만의 복무기간을 마치고 전역한 제대군인 : 3퍼센트

[결정 요지]

* 헌법 제39조 제1항에서 국방의 의무를 국민에게 부과하고 있는 이상 병역법에 따라 군복무를 하는 것은 국민이 마땅히 하여야 할 이른바 신성한 의무를 다 하는 것일 뿐, 그러한 의무를 이행하였다고 하여 이를 특별한 희생으로 보아 일일이 보상하여야 한다고 할 수는 없는 것이므로, 헌법 제39조 제2항은 병역의무를 이행한 사람에게 보상조치를 취하거나 특혜를 부여할 의무를 국가에게 지우는 것이 아니라, 법문 그대로 병역의무의 이행을 이유로 불이익한 처우를 하는 것을 금지하고 있을 뿐인데, 제대군인지원에관한법률 제8조 제1항 및 제3항, 동법시행령 제9조에 의한 가산점제도는 이러한 헌법 제39조 제2항의 범위를 넘어 제대군인에게 일종의 적극적 보상조치를 취하는 제도라고 할 것이므로 이를 헌법 제39조 제2항에 근거한 제도라고 할 수 없고, 제대군인은 헌법 제32조 제6항에 규정된 "국가유공자 · 상이군경 및 전몰군경의 유가족"에 해당하지 아니하므로 이 헌법조항도 가산점제도의 근거가 될 수 없으며, 달리 헌법상의 근거를 찾아볼 수 없다.

** 전체여성 중의 극히 일부분만이 제대군인에 해당될 수 있는 반면, 남자의 대부분은 제대군인에 해당하므로 가산점제도는 실질적으로 성별에 의한 차별이고, 가산점을 받을 수 있는 현역복무를 하게 되는지 여부는 병역의무자의 의사와 관계없이 징병검사의 판정결과, 학력, 병력수급의 사정에 따라 정해지는 것이므로 가산점제도는 현역복무나 상근예비역 소집근무를 할 수 있는 신체건장한 남자와 그렇지 못한 남자, 즉 병역면제자와 보충역복무를 하게 되는 자를 차별하는 제도이다.

*** **평등위반 여부를 심사함에 있어 엄격한 심사척도에 의할 것인지, 완화된 심사척도에 의할 것인지는 입법자에게 인정되는 입법형성권의 정도에 따라 달라지게 될 것이나, 헌법에서 특별히 평등을 요구하고 있는 경우와 차별적 취급으로 인하여 관련 기본권에 대한 중대한 제한을 초래하게 된다면 입법형성권은 축소되어 보다 엄격한 심사척도가 적용되어야 할 것인바, 가산점제도는 헌법 제32조 제4항이 특별히 남녀평등을 요구하고 있는 "근로" 내지 "고용"의 영역에서 남성과 여성을 달리 취급하는 제도이고, 또한 헌법 제25조에 의하여 보장된 공무담임권이라는 기본권의 행사에 중대한 제약을 초래하는 것이기 때문에 엄격한 심사척도가 적용된다.**

****가. 제대군인에 대하여 여러 가지 사회정책적 지원을 강구하는 것이 필요하다 할지라도, 그것이 사회공동체의 다른 집단에게 동등하게 보장되어야 할 균등한 기회 자체를 박탈하는 것이어서는 아니되는데, 가산점제도는 아무런 재정적 뒷받침없이 제대군인을 지원하려 한 나머지 결과적으로 여성과 장애인 등 이른바 사회적 약자들의 희생을 초래하고 있으며, 각종 국제협약, 실질적 평등 및 사회적 법치국가를 표방하고 있는 우리 헌법과 이를 구체화하고 있는 전체 법체계 등에 비추어 우리 법체계내에 확고히 정립된 기본질서라고 할 '여성과 장애인에 대한 차별금지와 보호'에도 저촉되므로 정책수단으로서의 적합성과 합리성을 상실한 것이다.

나. 가산점제도는 수많은 여성들의 공직진출에의 희망에 걸림돌이 되고 있으며, 공무원채용시험

의 경쟁률이 매우 치열하고 합격선도 평균 80점을 훨씬 상회하고 있으며 그 결과 불과 영점 몇 점 차이로 당락이 좌우되고 있는 현실에서 각 과목별 득점에 각 과목별 만점의 5퍼센트 또는 3퍼센트를 가산함으로써 합격여부에 결정적 영향을 미쳐 가산점을 받지 못하는 사람들을 6급이하의 공무원 채용에 있어서 실질적으로 거의 배제하는 것과 마찬가지의 결과를 초래하고 있고, 제대군인에 대한 이러한 혜택을 몇 번이고 아무런 제한없이 부여함으로써 한 사람의 제대군인을 위하여 몇 사람의 비(非)제대군인의 기회가 박탈당할 수 있게 하는 등 차별취급을 통하여 달성하려는 입법목적의 비중에 비하여 차별로 인한 불평등의 효과가 극심하므로 가산점제도는 차별취급의 비례성을 상실하고 있다.

다. 그렇다면 가산점제도는 제대군인에 비하여, 여성 및 제대군인이 아닌 남성을 부당한 방법으로 지나치게 차별하는 것으로서 헌법 제11조에 위배되며, 이로 인하여 청구인들의 평등권이 침해된다.

2) 국가유공자 가산점 관련 결정

국가유공자 등 예우 및 지원에 관한 법률 제34조 제1항 위헌확인

(2001. 2. 22. 2000헌마25 전원재판부)

[사건의 개요]

청구인은 7급 검찰사무직 국가공무원 공개경쟁채용시험에 응시하기 위하여 준비 중인 자로서, 국가유공자와 그 유족 등 취업보호대상자가 국가기관 등 취업보호실시기관이 그 직원을 채용하는 시험에 응시하는 경우에 필기시험 등 채용시험의 득점에 만점의 10퍼센트를 가산하도록 규정하고 있는 국가유공자등예우및지원에관한법률 제34조 제1항이 자신의 헌법상 보장된 평등권, 공무담임권, 직업선택의 자유를 침해하고 있다고 주장하면서, 2000. 1. 11. 이 사건 헌법소원심판을 청구하였다.

[심판대상조문]

국가유공자 등 예우 및 지원에 관한 법률(1999. 8. 31. 법률 제6011호로 개정된 것) 제34조(채용시험의 가점) ① 취업보호실시기관이 그 직원을 채용하기 위한 시험을 실시할 경우에 취업보호대상자가 그 채용시험에 응시하는 때에는 필기시험의 각 과목별 득점에 각 과목별 만점의 10퍼센트를 가산한다. 이 경우, 취업보호실시기관이 필기시험을 실시하지 아니하는 때에는 그에 갈음하여 실시하는 실기시험·서류전형 또는 면접시험의 득점에 이를 가산한다.

[결정요지]

* 평등권의 침해 여부에 대한 심사는 그 심사기준에 따라 자의금지원칙에 의한 심사와 비례의 원칙에 의한 심사로 크게 나누어 볼 수 있는데, 국가유공자 등 예우 및 지원에 관한 법률 제34조 제1항 중 같은 법률 제30조 제1항 소정의 "국가기관"에 관한 부분의 규정에 따라 국가유공자와

그 유족 등 취업보호대상자가 국가기관이 실시하는 채용시험에 응시하는 경우에 10%의 가점을 주도록 하고 있는 이 사건의 경우는 비교집단이 일정한 생활영역에서 경쟁관계에 있는 경우로서 국가유공자와 그 유족 등에게 가산점의 혜택을 부여하는 것은 그 이외의 자들에게는 공무담임권 또는 직업선택의 자유에 대한 중대한 침해를 의미하게 되므로, 헌법재판소가 1999. 12. 23. 선고한 98헌마363 사건의 결정에서 비례의 원칙에 따른 심사를 하여야 할 경우의 하나로 들고 있는 차별적 취급으로 인하여 관련 기본권에 대한 중대한 제한을 초래하게 되는 경우에 해당하여 원칙적으로 비례심사를 하여야 할 것이나, 구체적인 비례심사의 과정에서는 헌법 제32조 제6항이 근로의 기회에 있어서 국가유공자 등을 우대할 것을 명령하고 있는 점을 고려하여 보다 완화된 기준을 적용하여야 할 것이다.

** 가. 이 사건 가산점제도의 입법목적은 국가유공자와 그 유족 등에게 가산점의 부여를 통해 헌법 제32조 제6항이 규정하고 있는 우선적 근로의 기회를 제공함으로써 이들의 생활안정을 도모하고, 다시한번 국가사회에 봉사할 수 있는 기회를 부여하기 위한 것으로서 그 목적의 정당성이 인정되고, 이 사건 가산점제도는 위와 같은 입법목적을 달성함에 있어 정책수단으로서의 적합성을 가지고 있으며, 헌법 제32조 제6항에서 국가유공자 등의 근로의 기회를 우선적으로 보호한다고 규정함으로써 그 이외의 자의 근로의 기회는 그러한 범위 내에서 제한될 것이 헌법적으로 예정되어 있는 이상 차별대우의 필요성의 요건을 엄격하게 볼 것은 아니므로, 차별대우의 필요성의 요건도 충족되었다고 할 것이다.

나. 공무원 채용시험에 있어 전체 합격자 중 취업보호대상자가 차지하는 비율 등에 비추어 볼 때 전체적으로 입법목적의 비중과 차별대우의 정도가 균형을 이루고 있다고 할 것이므로, 개별적 시험에 있어서 일부 소수직렬의 경우 채용인원이나 시험의 난이도 등에 따라 취업보호대상자 이외의 자가 합격하기 매우 어렵게 되거나 합격 자체가 불가능하게 되는 일이 발생할 수 있다고 하여 이러한 점만으로 그 균형이 깨졌다고 볼 것은 못된다. 무엇보다도 헌법재판소가 위헌으로 선언한 제대군인가산점제도는 헌법이 특히 금지하고 있는 여성차별적인 성격을 띠고 있는데 반하여, 이 사건 가산점제도는 국가유공자 등에게 우선적으로 근로의 기회를 제공할 것을 규정하고 있는 헌법 제32조 제6항에 근거를 두고 있는 제도라는 점을 고려하면, 위와 같은 일부 문제점에도 불구하고 이 사건 가산점제도가 법익균형성을 상실한 제도라고는 볼 수 없다.

다. 따라서 이 사건 가산점제도는 국가유공자와 그 유족 등에 비하여 그 이외의 자를 비례의 원칙에 반하여 차별하는 것으로는 볼 수 없으므로, 청구인의 평등권을 침해하지 아니한다.

*** **헌법 제25조가 보장하고 있는 비선거직공직에 대한 공직취임권은 모든 국민에게 누구나 그 능력과 적성에 따라 공직에 취임할 수 있는 균등한 기회를 보장한다는 뜻으로 보아야 할 것이므로, 원칙적으로 공직자선발에 있어 해당 공직이 요구하는 직무수행능력과 무관한 요소인 성별·종교·사회적 신분·출신지역 등을 이유로 하는 어떠한 차별도 허용되지 않는다고 할 것이나, 헌법의 기본원리나 특정조항에 비추어 능력주의 원칙에 대한 예외를 인정할 수 있는 경우가 있고, 이러한 헌법적 요청이 있는 경우에는 합리적 범위 안에서 능력주의가 제한될 수 있다. 이 사건 가산점제도에 의한 공직취임권의 제한은 헌법 제32조 제6항에 헌법적 근거를 두고 있는 능력주의의 예외로서, 평등권 침해 여부와 관련하여 앞에서 이미 자세히 살펴 본 바와 같이 비례의 원칙 내지 과잉금지의 원칙에 위반된 것으로도 볼 수 없으므로, 이 사건 가산점제도는 청구인의 공무담임권을 침해하지 아니한다.**

국가유공자 등 예우 및 지원에 관한 법률 제31조 제1항 등 위헌확인

(헌재 2006. 2. 23. 2004헌마675 · 981 · 1022(병합) 전원재판부)

[사건의 개요]

(1) 2004헌마675 사건

청구인들은 2004년도 7급 혹은 9급 국가공무원시험 및 지방공무원시험을 준비하던 중, 국가유공자등예우및지원에관한법률 제29조 제1항 제1호 중 '가족' 부분 · 제3호, 제31조 제1항이 국가유공자와 그 가족들이 공무원시험에 응시하는 경우 만점의 10퍼센트에 해당하는 가산점을 주는 것은 평등권, 공무담임권, 행복추구권 등을 침해하는 것이라며 헌법소원심판을 청구하였다.

(2) 2004헌마981·1022 사건

청구인들은 2004. 11. 21. 실시된 '2005학년도 각 시도 공립 유치원교사 임용후보자 선정경쟁시험' 혹은 2004. 12. 5. 실시된 '2005학년도 각 시도 공립 중등학교교사 임용후보자 선정경쟁시험'의 1차시험에 응시하였다. 청구인들은 국 · 공립학교의 채용시험에 국가유공자와 그 유족 등이 응시하는 경우 필기시험을 비롯하여 최종합격자 결정시까지 치러지는 모든 단계의 시험에 있어 만점의 10퍼센트를 가산하도록 규정하고 있는 국가유공자등예우및지원에관한법률 제31조, 독립유공자예우에관한법률 제16조 제3항 중 국가유공자등예우및지원에관한법률 제31조 부분, 5 · 18민주유공자예우에관한법률 제22조가 청구인들의 평등권, 공무담임권, 직업선택의 자유를 침해하는 것이라며 헌법소원심판을 청구하였다.

[심판대상조문]

국가유공자등예우및지원에관한법률(2004. 1. 20. 법률 제7104호로 개정된 것) 제31조(채용시험의 가점 등) ① 취업보호실시기관이 그 직원을 채용하기 위하여 채용시험을 실시하는 경우에는 당해 채용시험에 응시한 취업보호대상자의 득점에 만점의 10퍼센트를 가점하여야 한다.

② 제1항의 채용시험이 필기 · 실기 · 면접시험 등으로 구분되어 실시되는 시험의 경우에는 각 시험마다 만점의 10퍼센트를 가점하여야 하며, 2 이상의 과목으로 실시되는 시험에 있어서는 각 과목별 득점에 각 과목별 만점의 10퍼센트를 가점하여야 한다. 다만, 점수로 환산이 불가능한 시험에는 그러하지 아니하다.

③, ④ 생략

독립유공자예우에관한법률(2004. 1. 20. 법률 제7104호로 개정된 것) 제16조(취업보호) ①, ② 생략

③ 제1항 및 제2항의 규정에 의한 취업보호를 함에 있어서 이 법에 특별한 규정이 있는 것을 제외하고는 국가유공자등예우및지원에관한법률 제30조 내지 제33조 · 제33조의2 · 제33조의3 · 제

34조 · 제34조의2 · 제35조의2 · 제36조 · 제37조 · 제37조의2 및 제38조 제2항 · 제3항의 규정을 준용한다.

5 · 18민주유공자예우에관한법률 제22조(채용시험의 가점 등) ① 취업지원실시기관이 그 직원을 채용하기 위하여 채용시험을 실시하는 경우에는 당해 채용시험에 응시한 취업 지원대상자의 득점에 만점의 10퍼센트를 가점하여야 한다.

② 제1항의 채용시험이 필기 · 실기 · 면접시험 등으로 구분되어 실시되는 시험의 경우에는 각 시험마다 만점의 10퍼센트를 가점하여야 하며, 2 이상의 과목으로 실시되는 시험에 있어서는 각 과목별 득점에 각 과목별 만점의 10퍼센트를 가점하여야 한다. 다만, 점수로 환산이 불가능한 시험에는 그러하지 아니하다.

③, ④ 생략

[결정요지]

1. 헌법재판소는 2001. 2. 22. 선고 2000헌마25 결정(**이하 '종전 결정'이라 한다)에서, 이 사건 조항과 동일한 내용을 지닌 구 국가유공자등예우및지원에관한법률 규정(제34조 제1항 중 동법 제30조 제1호 소정의 '국가기관' 부분)이 일반 응시자의 평등권이나 공무담임권을 침해하지 않는다고 판단하였다. 이 사건에서는 다음과 같은 점에서 종전 결정과 달리 판단될 필요가 있다.**

가. 가산점 수혜대상이 되는 취업보호대상자가 1984년 이후 대폭 증가하여 온 것에 더하여, 종전 결정 이후인 2002년에는 광주민주유공자예우에관한법률이, 2004년에는 특수임무수행자지원에 관한 법률이, 해당자들과 그 유가족에게 가산점 혜택이 주어지고 있다. 또한 2000년부터 보훈대상자(가산점 수혜대상자)가 비약적으로 증가하고 있으며, 이는 보훈대상자가 되는 가족들이 늘어나기 때문이다.

나. 국가공무원직 7급의 경우, 국가유공자 가산점 수혜자의 합격률이 2002년도에는 전체 합격자의 30.3%(189명), 2003년도 25.1%(159명), 2004년도 34.2%(163명)에 이르고 있으며, 국가공무원직 9급의 경우, 2002년도에는 26.9%(784명), 2003년도 17.6%(331명), 2004년도 15.7% (282명)에 이르고 있다. 한편 2005. 6. 30. 현재 우선적 근로기회를 부여받은 취업보호대상자(가산점 수혜자)는 86,862명인데 이 중 7,013명(8%)만이 국가유공자(상이군경 등 포함) 본인이고, 79,849명(92%)이 그들의 유 · 가족이며, 그 중 국가유공자의 자녀가 차지하는 비율은 83.7% (72,777명)이다. 이러한 추세는 국가유공자 가산점제도가 오늘날 국가유공자 본인을 위한 것이라기보다는 그 가족을 위한 것으로 변질되고 있는 것을 보여준다.

다. 종전 결정에서 헌법재판소는 헌법 제32조 제6항의 "국가유공자 · 상이군경 및 전몰군경의 유가족은 법률이 정하는 바에 의하여 우선적으로 근로의 기회를 부여받는다."는 규정을 넓게 해석하여, 이 조항이 국가유공자 본인뿐만 아니라 가족들에 대한 취업보호제도(가산점)의 근거가 될 수 있다고 보았다. 그러나 **오늘날 가산점의 대상이 되는 국가유공자와 그 가족의 수가 과거에 비하여 비약적으로 증가하고 있는 현실과, 취업보호대상자에서 가족이 차지하는 비율, 공무원시험의 경쟁이 갈수록 치열해지는 상황을 고려할 때, 위 조항의 폭넓은 해석은 필연적으로 일반 응시자의 공무담임의 기회를 제약하게 되는 결과가 될 수 있으므로 위 조항은 엄격하게 해석할 필요가 있다.** 이러한 관점에서 위 조항의 대상자는 조문의 문리해석대로 "국가유공자", "상이군경",

그리고 "전몰군경의 유가족"이라고 봄이 상당하다.

2. 가. 이 사건 조항은 일반 응시자들의 공직취임의 기회를 차별하는 것이며, 이러한 기본권 행사에 있어서의 차별은 차별목적과 수단 간에 비례성을 갖추어야만 헌법적으로 정당화될 수 있다.

'국가유공자의 가족'의 경우 가산점의 부여는 헌법이 직접 요청하고 있는 것이 아니고, 그러한 법률상의 입법정책은 능력주의 또는 성과주의를 바탕으로 하여야 하는 공직취임권의 규율에 있어서 중요한 예외를 구성한다. 헌법적 요청이 있는 경우에는 합리적 범위 안에서 능력주의가 제한될 수 있지만, 단지 법률적 차원의 정책적 관점에서 능력주의의 예외를 인정하려면 해당 공익과 일반응시자의 공무담임권의 차별 사이에 엄밀한 법익형량이 이루어져야 한다.

이 사건 조항으로 인한 공무담임권의 차별효과는 앞서 본 바와 같이 심각한 반면, 국가유공자 가족들에 대하여 아무런 인원제한도 없이 매 시험마다 10%의 높은 가산점을 부여해야만 할 필요성은 긴요한 것이라고 보기 어렵고, 입법목적을 감안하더라도 일반 응시자들의 공무담임권에 대한 차별효과가 지나친 것이다.

이 사건 조항의 경우 명시적인 헌법적 근거 없이 국가유공자의 가족들에게 만점의 10%라는 높은 가산점을 부여하고 있는바, **그러한 가산점 부여 대상자의 광범위성과 가산점 10%의 심각한 영향력과 차별효과를 고려할 때, 그러한 입법정책만으로 헌법상의 공정경쟁의 원리와 기회균등의 원칙을 훼손하는 것은 부적절하며, 국가유공자의 가족의 공직 취업기회를 위하여 매년 많은 일반 응시자들에게 불합격이라는 심각한 불이익을 입게 하는 것은 정당화될 수 없다. 이 사건 조항의 차별로 인한 불평등 효과는 입법목적과 그 달성수단 간의 비례성을 현저히 초과하는 것이므로, 이 사건 조항은 청구인들과 같은 일반 공직시험 응시자들의 평등권을 침해한다.**

나. 이 사건 조항이 공무담임권의 행사에 있어서 일반 응시자들을 차별하는 것이 평등권을 침해하는 것이라면, 같은 이유에서 이 사건 조항은 그들의 공무담임권을 침해하는 것이다.

3. 이 사건 조항이 일반 응시자의 공무담임권과 평등권을 침해한다는 판단과는 달리, 국가기관이 채용시험에서 국가유공자의 가족에게 10%의 가산점을 부여하는 규정이 기본권을 침해하지 아니한다고 판시한 종전 결정(헌재 2001.2.22./ 2000헌마25 결정)은 이 결정의 견해와 저촉되는 한도 내에서 이를 변경한다.

4. 이 사건 조항의 위헌성은 국가유공자 등과 그 가족에 대한 가산점제도 자체가 입법정책상 전혀 허용될 수 없다는 것이 아니고, 그 차별의 효과가 지나치다는 것에 기인한다. 그렇다면 입법자는 공무원시험에서 국가유공자의 가족에게 부여되는 가산점의 수치를, 그 차별효과가 일반 응시자의 공무담임권 행사를 지나치게 제약하지 않는 범위 내로 낮추고, 동시에 가산점 수혜 대상자의 범위를 재조정하는 등의 방법으로 그 위헌성을 치유하는 방법을 택할 수 있을 것이다. 따라서 이 사건 조항의 위헌성의 제거는 입법부가 행하여야 할 것이므로 이 사건 조항에 대하여는 헌법불합치결정을 하기로 한다. 한편 입법자가 이 사건 조항을 개정할 때까지 가산점 수혜대상자가 겪을 법적 혼란을 방지할 필요가 있으므로, 그 때까지 이 사건 조항의 잠정적용을 명한다.

입법자는 되도록 빠른 시일 내에, 늦어도 2007. 6. 30.까지 대체입법을 마련함으로써 이 사건 조항의 위헌적인 상태를 제거하여야 할 것이며, 그 때까지 대체입법이 마련되지 않는다면 2007. 7.

1.부터 이 사건 조항은 효력을 잃는다.

❖ 참고문헌

김문현, 평등에 관한 헌법재판소 판례의 다단계 위헌심사기준에 대한 평가, 미국헌법연구 17권2호, 2006년.

제 4 절 제대군인가산점제와 평등권

I. 사례

> 갑은 1998. 2. E대학교를 졸업한, 청구인 조○옥, 박○주, 김○원, 김○정은 같은 대학교 4학년에 재학중이던 여성들로서 모두 7급 또는 9급 국가공무원 공개경쟁채용시험에 응시하기 위하여 준비중에 있으며, 을은 Y대학교 4학년에 재학중이던 신체장애가 있는 남성으로서 역시 7급 국가공무원 공개경쟁채용시험에 응시하기 위하여 준비중에 있다.
>
> 이들은 제대군인이 6급 이하의 공무원 또는 공·사기업체의 채용시험에 응시한 때에 필기시험의 각 과목별 득점에 각 과목별 만점의 5퍼센트 또는 3퍼센트를 가산하도록 규정하고 있는 제대군인지원에관한법률 제8조 제1항, 제3항 및 동법시행령 제9조가 자신들의 헌법상 보장된 평등권, 공무담임권, 직업선택의 자유를 침해하고 있다고 주장하면서 1998. 10. 19. 이 사건 헌법소원심판을 청구하였다.

참조 : 제대군인지원에관한법률 제8조 제1항 등 위헌확인 (헌재 1999.12.23./ 98헌마363)

[공부거리]

> 평등권
> 평등심사의 기준

[심판대상조문]

제대군인지원에관한법률(1997. 12. 31. 법률 제5482호로 제정된 것)

제8조(채용시험의 가점) ① 제7조 제2항의 규정에 의한 취업보호실시기관이 그 직원을 채용하기 위한 시험을 실시할 경우에 제대군인이 그 채용시험에 응시한 때에는 필기시험의 각 과목별 득점에 각 과목별 만점의 5퍼센트의 범위안에서 대통령령이 정하는 바에 따라 가산한다. 이 경우 취업보호실시기관이 필기시험을 실시하지 아니한 때에는 그에 갈음하여 실시하는 실기시험·서류전형 또는 면접시험의 득점에 이를 가산한다.

② 생략

③ 취업보호실시기관이 실시하는 채용시험의 가점대상직급은 대통령령으로 정한다.

제대군인지원에관한법률시행령(1998. 8. 21. 대통령령 제15870호로 제정된 것)

제9조(채용시험의 가점비율 등) ① 법 제8조 제1항의 규정에 의하여 제대군인이 채용시험에 응시하는 경우의 시험만점에 대한 가점비율은 다음 각호의 1과 같다.

1. 2년 이상의 복무기간을 마치고 전역한 제대군인 : 5퍼센트
2. 2년 미만의 복무기간을 마치고 전역한 제대군인 : 3퍼센트

② 법 제8조 제3항의 규정에 의한 채용시험의 가점대상직급은 다음 각호와 같다.

1. 국가공무원법 제2조 및 지방공무원법 제2조에 규정된 공무원중 6급이하 공무원 및 기능직공무원의 모든 직급
2. 국가유공자등예우및지원에관한법률 제30조 제2호에 규정된 취업보호실시기관의 신규채용 사원의 모든 직급

[참조조문]

제대군인지원에관한법률

제2조(정의) ① 이 법에서 "제대군인"이라 함은 병역법 또는 군인사법에 의한 군복무를 마치고 전역(퇴역·면역 또는 상근예비역소집해제를 포함한다. 이하 같다)한 자를 말한다.

② 이 법에서 "장기복무제대군인"이라 함은 장교·준사관·하사관으로 임용되어 10년 이상 현역으로 복무하고 전역한 자를 말한다.

제7조(취업보호) ① 생략

② 취업보호를 실시할 취업보호실시기관의 범위·채용의무·고용명령 등에 대하여는 국가유공자등예우및지원에관한법률 제30조 내지 제33조의 규정을 각각 준용한다.

③~④ 생략

제8조(채용시험의 가점) ① 생략

② 현역복무중에 있는 자로서 전역예정일부터 6월 이내에 있는 자는 채용시험의 가점에 있어서 이를 제대군인으로 본다.

③~④ 생략

국가유공자등예우및지원에관한법률

제30조(취업보호실시기관) 취업보호를 실시할 취업보호실시기관은 다음과 같다.

1. 국가기관·지방자치단체 및 초·중등교육법 제2조 및 고등교육법 제2조의 규정에 의

한 학교. 다만, 기능직공무원 정원이 5인 미만인 경우와 교원을 제외한 교직원 정원이 5인 미만인 사립학교의 경우를 제외한다.

2. 일상적으로 1일 20인 이상을 고용하는 공·사기업체 또는 공·사단체. 다만, 대통령령이 정하는 제조기업체로서 200인 미만을 고용하는 기업체를 제외한다.

국가공무원법

제26조(임용의 원칙) 공무원의 임용은 시험성적·근무성적 기타 능력의 실증에 의하여 행한다.

제35조(평등의 원칙) 공개경쟁에 의한 채용시험은 동일한 자격을 가진 모든 국민에게 평등하게 공개하여야 하며 시험의 시기 및 장소는 응시자의 편의를 고려하여 결정한다.

[참조판례]

공직선거및선거부정방지법 제16조제3항 위헌확인 (헌재 1996.6.26./ 96헌마200)

1. 당사자의 주장

1) 청구인들의 주장

(1) 제대군인가산점제도의 입법취지는 병역의무를 자진하여 이행하는 풍토를 조성하는 한편 제대군인의 사회복귀를 도와 병역의무이행으로 인한 불이익을 보상함에 있다고 하는바, 자발적인 병역의무이행 풍토를 조성하는 것은 어디까지나 병역법의 엄격한 적용과 병역의무에 대한 건전한 의식의 형성 등에 의하여 달성하여야 하는 것이지, 공무원 및 공·사기업체의 채용시험에서 제대군인에게 각 과목별로 만점의 3퍼센트 또는 5퍼센트를 가산하도록 하는 제대군인가산점제도를 그 수단으로 사용하는 것은 방법에 있어 적절하지 않으며, 제대군인에 대한 보상은 금전적 또는 다른 합리적인 범위내의 처우이어야 하지 제대군인이라는 특수한 사회적 지위를 창설하여 이들에게 특혜를 부여함으로써 다른 기본권주체의 기본권을 침해하는 방법으로 하여서는 아니된다.

(2) 7·9급 공무원 채용시험의 경우 합격점이 평균 80점을 훨씬 상회하고 있고 불과 영점 몇점차로 합격여부가 좌우되는 상황에서 제대군인에 대하여 시험과목별로 3점 또는 5점을 가산하는 것은 당락에 결정적으로 영향을 미치는바, 가산점 혜택을 받지 못하는 자는 경우에 따라 만점을 받고도 불합격되는 모순이 있을 수 있으며 결국 이들의 응시기회를

사실상 박탈하는 것과 같은 가혹한 결과를 초래하므로 피해의 최소성의 원칙에 어긋난다.

(3) 여성과 장애인은 유형·무형의 성적 차별 내지 사회적 편견·냉대로 능력에 맞는 직업을 구하기가 지극히 어려운 것이 현실인데, 제대군인가산점제도는 군복무를 마친 신체적으로 건장한 남성에 비해 상대적으로 사회적 약자인 여성과 장애인을 그들이 이행할 수도 없는 병역의무를 이행하지 않았다는 이유로 직업의 세계에서 몰아냄으로써 그들의 생존을 어렵게 하고 있다.

(4) 헌법 제25조는 공무담임권을 보장하고 있는바, 그 취지는 능력주의에 합당한 선발기준을 마련함으로써 모든 국민에게 그 능력과 적성에 따라 공직에 취임할 수 있는 동등한 기회를 보장한다는 것이다. 제대군인가산점제도는 직무수행능력이 아니라 병역의무이행 여부를 공무원선발의 기준으로 삼고 있다는 점에서 국민의 공무담임권을 침해하고 있다.

(5) 헌법 제15조는 직업의 자유를 보장하고 있고, 직업선택의 자유는 직업행사의 자유에 비하여 상대적으로 그 제한폭이 좁다고 할 것인바, 제대군인가산점제도는 여성이나 장애인이 공·사기업체에 취업하는 것을 사실상 차단하고 있으므로 이들의 직업선택의 자유를 침해하는 것이다.

(6) 따라서 제대군인가산점제도는 과잉금지원칙에 반하여 청구인들의 헌법상 보장된 평등권, 공무담임권, 직업선택의 자유를 침해하고 있다.

2) 국가보훈처장의 의견

(1) 여성에 대하여는 공무원시험에서 이른바 "여성채용목표제"가 시행되고 있어 합격선에 미달하더라도 추가로 합격처리될 수 있는바, 이러한 특혜를 부여받는 여성이 제대군인가산점제도로 인한 피해자라고 할 수 없으므로 청구인들 중 여성들은 헌법소원청구의 적격이 없다.

(2) 이 법은 1997. 12. 31. 공포되고, 1998. 7. 1. 시행되었는바, 헌법소원 청구기간의 기산점은 그 공포일로 보아야 하고, 따라서 1998. 10. 19.에야 청구된 이 사건 헌법소원은 청구기간을 도과한 것이다.

(3) 제대군인가산점제도는 군복무로 인하여 제한된 개인의 권익을 보전해 주는 한편, 현역장병들의 사기가 저하되지 않도록 함으로써 안정된 국방력을 확보하기 위하여 시행되는 제도로서, 군복무 중에는 학업 또는 생업을 포기하여야 하고 취업할 기회와 취업을 준비하

는 기회도 상실하게 되는 개인적 희생을 감수하여야 하므로 이러한 손실을 최소한도나마 보전해 줌으로써 전역후 빠른 기간내에 일반사회로 복귀할 수 있도록 해 주는 것이 군복무를 하지 않고 일반 사회생활을 한 사람들과의 형평에 부합한다.

(4) 군복무자와 비복무자를 기계적으로 동등하게 취급하여 경쟁하도록 하는 것은 대부분의 군복무자들의 공무담임권과 직업선택의 자유를 원천적으로 제한하는 결과가 되고, 실질적 평등의 원칙에도 어긋난다.

2. 헌법재판소의 판단

1) 가산점제도의 내용

가산점제도란, 일정한 취업보호실시기관이 채용시험을 실시할 경우 제대군인이 그 채용시험에 응시한 때에는 필기시험의 각 과목별 득점(필기시험에 갈음하여 실시하는 실기시험·서류전형 또는 면접시험의 득점 포함)에 각 과목별 만점의 5% 또는 3%를 가산하는 제도를 말한다.

(1) 제대군인

제대군인이란 병역법 또는 군인사법에 의한 군복무를 마치고 전역(퇴역·면역 또는 상근예비역소집해제를 포함)한 자를 뜻한다(이 법 제2조).

대한민국 국민인 남자는 국방의 의무가 있고(헌법 제39조 제1항, 병역법 제3조 제1항), 병역법과 군인사법에 의하여 군복무를 하여야 하는바(병역법 제3조 제1항, 제4조), 병역에는 현역, 예비역, 보충역, 제1국민역, 제2국민역이 있으나(동법 제5조 제1항), 전역이라는 법문의 해석상 제대군인에는 현역복무(전투경찰대원 및 교정시설경비교도로 전환복무되는 경우 포함)를 마치고 전역한 자와 상근예비역으로 근무를 마치고 소집해제된 자만 포함된다. 그리하여 보충역으로 군복무를 마친 자나 제2국민역에 편입된 자는 제대군인에 해당하지 아니한다.

여자는 지원에 의하여 현역에 복무할 수 있으므로(병역법 제3조 제1항 제2문), 여성도 제대군인이 될 수 있다.

한편, 현역복무중에 있는 자로서 전역예정일부터 6월 이내에 있는 자는 제대군인으로 본다(이 법 제8조 제2항).

(2) 취업보호실시기관

취업보호실시기관이란, 국가기관·지방자치단체 및 초·중등교육법 제2조 및 고등교육법 제2조의 규정에 의한 학교(다만, 기능직공무원 정원이 5인 미만인 경우와 교원을 제외한 교직원 정원이 5인 미만인 사립학교의 경우를 제외)와 일상적으로 1일 20인 이상을 고용하는 공·사기업체 또는 공·사단체(다만, 대통령령이 정하는 제조기업체로서 200인 미만을 고용하는 기업체를 제외)를 말한다(이 법 제7조, 국가유공자등예우및지원에관한법률 제30조).

(3) 가점비율

2년 이상의 복무기간을 마치고 전역한 제대군인의 경우 5%, 2년 미만의 복무기간을 마치고 전역한 제대군인의 경우 3%를 가산한다(이 시행령 제9조 제1항).

(4) 가점대상직급

국가공무원법 제2조 및 지방공무원법 제2조에 규정된 공무원중 6급이하 공무원 및 기능직 공무원의 모든 직급, 그리고 국가유공자등예우및지원에관한법률 제30조 제2호에 규정된 취업보호실시기관의 신규채용 사원의 모든 직급이 가점대상직급이다(이 시행령 제9조 제2항).

2) 가산점제도의 위헌여부

(1) 가산점제도의 근거

① 가산점제도가 헌법에 근거를 둔 제도인지, 아니면 단순히 입법정책적 제도인지는 가산점제도의 위헌여부를 판단하는데 있어 고려하여야 할 중요한 요소 중의 하나이므로 먼저 이에 관하여 본다.

② 헌법 제39조 제2항은 "누구든지 병역의무의 이행으로 인하여 불이익한 처우를 받지 아니한다"고 규정하고 있는데, 이 조항이 가산점제도의 헌법상 근거로 될 수 있는지 본다.

헌법 제39조 제1항에 규정된 국방의 의무는 외부 적대세력의 직·간접적인 침략행위로부터 국가의 독립을 유지하고 영토를 보전하기 위한 의무로서, 헌법에서 이러한 국방의 의무를 국민에게 부과하고 있는 이상 병역법에 따라 군복무를 하는 것은 국민이 마땅히 하여야 할 이른바 신성한 의무를 다 하는 것일 뿐, 국가나 공익목적을 위하여 개인이 특별한 희생을 하는 것이라고 할 수 없다. 국민이 헌법에 따라 부과되는 의무를 이행하는 것은 국가의 존속과 활동을 위하여 불가결한 일인데, 그러한 의무를 이행하였다고 하여 이를 특별한 희생으로 보아 일일이 보상하여야 한다고 할 수는 없는 것이다.

그러므로 헌법 제39조 제2항은 병역의무를 이행한 사람에게 보상조치를 취하거나 특혜를 부여할 의무를 국가에게 지우는 것이 아니라, 법문 그대로 병역의무의 이행을 이유로 불이익한 처우를 하는 것을 금지하고 있을 뿐이다. 그리고 이 조항에서 금지하는 "불이익한 처우"라 함은 단순한 사실상, 경제상의 불이익을 모두 포함하는 것이 아니라 법적인 불이익을 의미하는 것으로 보아야 한다. 그렇지 않으면 병역의무의 이행과 자연적 인과관계를 가지는 모든 불이익 -그 범위는 헤아릴 수도 예측할 수도 없을 만큼 넓다고 할 것인데 - 으로부터 보호하여야 할 의무를 국가에 부과하는 것이 되어 이 또한 국민에게 국방의 의무를 부과하고 있는 헌법 제39조 제1항과 조화될 수 없기 때문이다.

그런데 가산점제도는 이러한 헌법 제39조 제2항의 범위를 넘어 제대군인에게 일종의 적극적 보상조치를 취하는 제도라고 할 것이므로 이를 헌법 제39조 제2항에 근거한 제도라고 할 수 없다.

③ 헌법 제32조 제6항은 "국가유공자 · 상이군경 및 전몰군경의 유가족은 법률이 정하는 바에 의하여 우선적으로 근로의 기회를 부여받는다"고 규정하고 있으나, 제대군인은 여기서 말하는 "국가유공자 · 상이군경 및 전몰군경의 유가족"에 해당하지 아니한다. 구 국가유공자예우등에관한법률에 의하더라도 국가유공자에 해당하지 아니하며(제4조), 단지 입법의 편의상 국가유공자를 위한 가산점제도를 제대군인에게 준용하였을 뿐이었고(제70조), 이 법이 제정되면서부터는 제대군인을 국가유공자와 분리하여 별도로 규율하고 있다. 그러므로 헌법 제32조 제6항도 가산점제도의 근거가 될 수 없고, 달리 헌법상의 근거를 찾아볼 수 없다.

④ 이와 같이 가산점제도에 헌법적 근거가 없는 이상 **이 제도는 제대군인의 사회복귀를 돕겠다는 취지하에 입법정책적으로 도입된 것에 불과하다** 할 것이다.

(2) 평등권 침해여부

가산점제도로 인하여 청구인들의 평등권이 침해되는지 여부를 본다.

① 차별의 대상

가산점제도는 제대군인과 제대군인이 아닌 사람을 차별하는 형식을 취하고 있다. 그러나 제대군인, 비(非)제대군인이라는 형식적 개념만으로는 가산점제도의 실체를 분명히 파악할 수 없다. 현행 법체계상 제대군인과 비제대군인에 어떤 인적 집단이 포함되는지 구체적으로 살펴보아야만 한다. 위에서 본 바와 같이 제대군인에는 i) 현역복무를 마치고 전역(퇴역·면역 포함)한 남자 ii) 상근예비역 소집복무를 마치고 소집해제된 남자 iii) 지원에 의한 현역복무를 마치고 퇴역한 여자, 이 세 집단이 포함되고, 비제대군인에는 i) 군복무를 지원하지 아니한 절대다수의 여자 ii) 징병검사 결과 질병 또는 심신장애로 병역을 감당할 수 없다는 판정을 받아 병역면제처분을 받은 남자(병역법 제12조 제1항 제3호, 제14조 제1항 제3호) iii) 보충역으로 군복무를 마쳤거나 제2국민역에 편입된 남자, 이 세 집단이 포함된다.

그러므로 먼저 무엇보다도 가산점제도는 실질적으로 남성에 비하여 여성을 차별하는 제도이다. 제대군인 중 위의 유형에는 전체여성 중의 극히 일부분만이 해당될 수 있으므로 실제 거의 모든 여성은 제대군인에 해당하지 아니한다. 그리고 남자의 대부분은 제대군인 중 위 i)과 ii)유형에 속함으로써 제대군인에 해당한다. 이 사건 심판기록에 편철된「병역처분자료 통보」에 의하면 1994년부터 1998년까지 5년간 현역병입영대상자 처분을 받은 비율은 81.6%에서 87%(보충역은 4.6%에서 11.6%, 제2국민역은 6.4%에서 9.8%, 병역면제는 0.4%에서 0.6%)까지 이르고 있음을 알 수 있는데, 이는 우리나라 남자 중의 80%이상이 제대군인이 될 수 있음을 나타내는 것이다. 이와 같이 전체 남자 중의 대부분에 비하여 전체 여성의 거의 대부분을 차별취급하고 있으므로 이러한 법적 상태는 성별에 의한 차별이라고 보아야 한다.

다음으로 가산점제도는 현역복무나 상근예비역 소집근무를 할 수 있는 신체건장한 남자와, 질병이나 심신장애로 병역을 감당할 수 없는 남자, 즉 병역면제자를 차별하는 제도이다. 현역복무를 할 수 있느냐는 병역의무자의 의사에 따르는 것이 아니라 오로지 징병검사의 판정결과에 의하여 결정되는바(병역법 제11조, 제12조, 제14조), 질병이나 심신장애가 있는 남자는 아무리 현역복무를 하고 싶어도 할 수 없고 그 결과 제대군인이 될 수 없어 가산점 혜택을 받을 수 없기 때문이다.

마지막으로 가산점제도는 보충역으로 편입되어 군복무를 마친 자를 차별하는 제도이기도 하다. 보충역 판정여부는 신체등위, 학력 등을 감안하고 또 병역수급의 사정에 따라 정해지는 것으로서(병역법 제5조 제1항 제3호, 제14조) 이 또한 본인의 의사와는 무관하다. 보충역으로 편입되는 자는 병역의무 이행의 일환으로 일정기간 의무복무를 마치더라도(보충역은 공익근무요원, 공익법무관, 공중보건의사, 전문연구요원 또는 산업기능요원으로 복무한다) 그 복무형태가 현역이 아니라는 이유로 가산점혜택을 받지 못하는 것이다.

② 심사의 척도

ⅰ) 평등위반 여부를 심사함에 있어 엄격한 심사척도에 의할 것인지, 완화된 심사척도에 의할 것인지는 입법자에게 인정되는 입법형성권의 정도에 따라 달라지게 될 것이다. 먼저 헌법에서 특별히 평등을 요구하고 있는 경우 엄격한 심사척도가 적용될 수 있다. 헌법이 스스로 차별의 근거로 삼아서는 아니되는 기준을 제시하거나 차별을 특히 금지하고 있는 영역을 제시하고 있다면 그러한 기준을 근거로 한 차별이나 그러한 영역에서의 차별에 대하여 엄격하게 심사하는 것이 정당화된다. 다음으로 차별적 취급으로 인하여 관련 기본권에 대한 중대한 제한을 초래하게 된다면 입법형성권은 축소되어 보다 엄격한 심사척도가 적용되어야 할 것이다.

ⅱ) 그런데 가산점제도는 엄격한 심사척도를 적용하여야 하는 위 두 경우에 모두 해당한다. 헌법 제32조 제4항은 "여자의 근로는 특별한 보호를 받으며, 고용·임금 및 근로조건에 있어서 부당한 차별을 받지 아니한다"고 규정하여 "근로" 내지 "고용"의 영역에 있어서 특별히 남녀평등을 요구하고 있는데, 가산점제도는 바로 이 영역에서 남성과 여성을 달리 취급하는 제도이기 때문이고, 또한 가산점제도는 헌법 제25조에 의하여 보장된 공무담임권이라는 기본권의 행사에 중대한 제약을 초래하는 것이기 때문이다(가산점제도가 민간기업에 실시될 경우 헌법 제15조가 보장하는 직업선택의 자유가 문제될 것이다) 이와 같이 가산점제도에 대하여는 엄격한 심사척도가 적용되어야 하는데, 엄격한 심사를 한다는 것은 자의금지원칙에 따른 심사, 즉 합리적 이유의 유무를 심사하는 것에 그치지 아니하고 비례성원칙에 따른 심사, 즉 차별취급의 목적과 수단 간에 엄격한 비례관계가 성립하는지를 기준으로 한 심사를 행함을 의미한다.

③ 가산점제도의 평등위반성

ⅰ) 가산점제도의 입법목적

가산점제도의 주된 목적은 군복무 중에는 취업할 기회와 취업을 준비하는 기회를 상실하게 되므로 이러한 불이익을 보전해 줌으로써 제대군인이 군복무를 마친 후 빠른 기간내에 일반사회로 복귀할 수 있도록 해 주는 데에 있다. 인생의 황금기에 해당하는 20대 초·중반의 소중한 시간을 사회와 격리된 채 통제된 환경에서 자기개발의 여지없이 군복무 수행에 바침으로써 국가·사회에 기여하였고, 그 결과 공무원채용시험 응시 등 취업준비에 있어 제대군인이 아닌 사람에 비하여 **상대적으로 불리한 처지에 놓이게 된 제대군인의 사회복귀를 지원한다는 것은 입법정책적으로 얼마든지 가능하고 또 매우 필요하다고 할 수 있으므로 이 입법목적은 정당하다.**

ii) 차별취급의 적합성 여부

㉠ 제대군인에 대한 사회복귀의 지원은 합리적이고 적절한 방법을 통하여 이루어져야 한다.

먼저 제대군인이 비(非)제대군인에 비하여 어떤 법적인 불이익을 받는 것이 있다면 이를 시정하는 것은 허용된다.

또한 군복무기간을 호봉산정이나 연금법 적용 등에 있어 적절히 고려하는 조치도 가능할 것인데, 현행법은 이미 이러한 제도를 두고 있다. 공무원보수규정 제8조, 별표 15에 의하면 공무원의 초임호봉을 획정함에 있어, 병역법에 의한 의무복무기간을 임용되는 계급의 근무연수로 보아 그 연수에 1을 더하여 획정하며(별표 16에 의한 공무원경력환산에 있어서도 군복무경력은 100% 환산되고, 별표 27에 의한 군인경력환산에 있어서도 군복무기간은 80% 내지 100% 환산된다), 공무원연금법 제23조 제3항은 병역법에 의한 현역병 또는 지원에 의하지 아니하고 임용된 하사관의 복무기간을 공무원의 재직기간에 산입하고 있다. 또한 국가공무원법은 병역의무 이행을 위한 군복무기간을 모두 휴직기간으로 인정하여 그동안 공무원으로서의 신분을 보유하게 하고 있다(제71조 내지 제73조).

다음으로 제대군인에 대하여 여러 가지 사회정책적·재정적 지원을 강구하는 것이 가능할 것이다. 그러한 지원책으로는 취업알선, 직업훈련이나 재교육 실시, 교육비에 대한 감면 또는 대부, 의료보호 등을 들 수 있다. 이 법 제4조, 제10조, 제11조, 제12조, 제13조 등은 장기복무제대군인에 대하여 이러한 지원조치를 제공하고 있는바, 이와 같은 지원조치를 제대군인에 대하여도 여건이 허용하는 한 어느 정도 제공하는 것이야말로 진정으로 합리적인 지원책이 될 것이다.

㉡ 그런데 가산점제도는 이러한 합리적 방법에 의한 지원책에 해당한다고 할 수 없다. 가산점제도는 공무원 채용시험의 필기시험의 각 과목별 만점의 5% 또는 3%를 제대군인에게 가산토록 함으로써 제대군인의 취업기회를 특혜적으로 보장하고, 그 만큼 제대군인이 아닌 사람의 취업의 기회를 박탈·잠식하는 제도이다. 그런데 제대군인이 아닌 사람들이란 다름 아니라 절대다수의 여성들과 상당수의 남성들(심신장애가 있어 군복무를 할 수 없는 남자, 보충역에 편입되어 복무를 마친 남자)로서 이들은 제대군인이 될 수 없는 사람들이고, 특히 여성과 장애인은 이른바 우리 사회의 약자들이다. 헌법은 실질적 평등, 사회적 법치국가의 원리에 입각하여 이들의 권익을 국가가 적극적으로 보호하여야 함을 여러 곳에서 천명하고 있다.

그럼에도 불구하고 여성과 장애인은 각종의 제도적 차별, 유·무형의 사실상의 차별, 사회적 · 문화적 편견으로 생활의 모든 영역에서 어려움을 겪고 있고, 특히 능력에 맞는 직업을 구하기 어려운 것이 현실이다.

iii) **차별취급의 비례성 여부**

차별취급을 통하여 달성하려는 입법목적의 비중에 비하여 차별로 인한 불평등의 효과가 극심하므로 가산점제도는 차별취급의 비례성을 상실하고 있다.

㉠ 가산점제도는 우선 양적으로 수많은 여성들의 공무담임권을 제약하는 것이다. 이 사건 심판기록에 편철된 「7 · 9급 채용시험 여성응시자 및 합격자비율」에 의하면 지난 1996년부터 1998년까지 3년간 7급 국가공무원 채용시험의 여성 응시자는 연간 약 만명 전후에 이르고, 9급 국가공무원 채용시험의 경우 연간 약 4, 5만명에 이른다. 가산점제도는 이처럼 많은 여성들의 공직진출에의 희망에 걸림돌이 되고 있다.

㉡ 공무원 채용시험의 합격여부에 미치는 효과가 너무나 크다. 각 과목별 득점에 각 과목별 만점의 5% 또는 3%를 가산한다는 것은 합격여부를 결정적으로 좌우하는 요인이 된다. 더욱이 7급 및 9급 국가공무원 채용시험의 경우 경쟁률이 매우 치열하고 합격선도 평균 80점을 훨씬 상회하고 있으며(심판기록에 편철된 「남 · 녀별 응시자 및 합격자의 평균점수 · 연령, 합격선」에 의하면 1998년도의 경우 7급 일반행정직의 합격선은 남성이 86.42점, 여성이 85.28점이며, 9급 일반행정직의 경우 95.50점이다), 그 결과 불과 영점 몇 점 차이로 합격, 불합격이 좌우되고 있는 현실에서 각 과목별로 과목별 만점의 3% 또는 5%의 가산점을 받는지의 여부는 결정적으로 영향을 미치게 되고, 가산점을 받지 못하는 사람은 시험의 난이도에 따라서는 만점을 받고서도 불합격될 가능성이 없지 아니하다.

㉢ 뿐만 아니라 가산점제도는 제대군인에 대한 이러한 혜택을 몇 번이고 아무런 제한없이 부여하고 있다. 채용시험 응시횟수에 무관하게, 가산점제도의 혜택을 받아 채용시험에 합격한 적이 있었는지에 관계없이 제대군인은 계속 가산점혜택을 받을 수 있다. 이는 한 사람의 제대군인을 위하여 몇 사람의 비제대군인의 기회가 박탈당할 수 있음을 의미하는 것이다.

㉣ 가산점제도는 승진, 봉급 등 공직내부에서의 차별이 아니라 공직에의 진입 자체를 어렵게 함으로써 공직선택의 기회를 원천적으로 박탈하는 것이기 때문에 공무담임권에 대한 더욱 중대한 제약으로서 작용하고 있다.

㉤ 위에서 본 바와 같이 가산점제도가 추구하는 공익은 입법정책적 법익에 불과하다. 그러나 가산점제도로 인하여 침해되는 것은 헌법이 강도높게 보호하고자 하는 고용상의 남녀평등, 장애인에 대한 차별금지라는 헌법적 가치이다. 그러므로 법익의 일반적, 추상적 비

교의 차원에서 보거나, 차별취급 및 이로 인한 부작용의 결과가 위와 같이 심각한 점을 보거나 가산점제도는 법익균형성을 현저히 상실한 제도라는 결론에 이르지 아니할 수 없다.

iv) **이른바 여성공무원채용목표제와의 관계**

여성공무원채용목표제(이하 "채용목표제"라고 한다)는 공무원임용시험령 제11조의3, 지방공무원임용령 제51조의2에 근거를 두고 1996년부터 실시되었는데, 행정·외무고등고시, 7급 및 9급 국가공무원 채용시험 등에서 연도별 여성채용목표비율을 정해놓고(7급 공채의 경우 1996년 10%, 1997년 13%, 1998년 15%, 1999년 20%, 2000년 20%, 2001년 23%, 2002년 25%, 9급 공채의 경우는 1999년 20%, 2000년 20%, 2001년 25%, 2002년 30%), 여성합격자가 목표비율 미만인 경우 5급 공채는 -3점, 7·9급 공채는 -5점의 범위 내에서 목표미달 인원만큼 추가로 합격처리하는 제도이다.

채용목표제는 이른바 잠정적 우대조치의 일환으로 시행되는 제도이다. 잠정적 우대조치라 함은, 종래 사회로부터 차별을 받아 온 일정집단에 대해 그동안의 불이익을 보상하여 주기 위하여 그 집단의 구성원이라는 이유로 취업이나 입학 등의 영역에서 직·간접적으로 이익을 부여하는 조치를 말한다. 잠정적 우대조치의 특징으로는 이러한 정책이 개인의 자격이나 실적보다는 집단의 일원이라는 것을 근거로 하여 혜택을 준다는 점, 기회의 평등보다는 결과의 평등을 추구한다는 점, 항구적 정책이 아니라 구제목적이 실현되면 종료하는 임시적 조치라는 점 등을 들 수 있다.

현재 시행되고 있는 채용목표제로 인하여 가산점제도의 위헌성이 제거되는 것인지 살펴본다.

㉠ 채용목표제는 가산점제도와는 제도의 취지, 기능을 달리 하는 별개의 제도이다.

채용목표제는 종래부터 차별을 받아 왔고 그 결과 현재 불리한 처지에 있는 여성을 유리한 처지에 있는 남성과 동등한 처지에까지 끌어 올리는 것을 목적으로 하는 제도이다. 이에 반하여 가산점제도는 공직사회에서의 남녀비율에 관계없이 무제한적으로 적용되는 것으로서, 우월한 처지에 있는 남성의 기득권을 직·간접적으로 유지·고착하는 결과를 낳을 수 있는 제도이다.

㉡ 채용목표제의 효과는 매우 제한적이다.

첫째, 평등지향의 목표 자체가 제한적이다. 2002년 최종연도까지 행정·외무고등고시의 경우 20%, 7급 공채(교정·소년보호·보호관찰 직렬 제외)의 경우 25%, 9급 공채의 경우 30%를 목표로 삼고 있다. 둘째, 채용목표제는 한시적, 잠정적 제도이다. 2002년이 지나면, 그리고 위 목표가 달성되면 채용목표제는 종료된다. 셋째, 심판기록에 편철된「여성채용목표제에 의한 여성합격자 비율」에 의하면 1996년부터 1998년까지 3년간 행정고시의 경우 연간 2명에서 5명까지, 7급 국가공무원 채용시험의 경우 연간 9명에서 16명까지의 여성만이 채용목표제의 혜택을 받아 최종합격하였다. 연간 만여명의 7급공무원 여성응시자, 또 연간 4, 5만여명의 9급공무원 여성응시자에게 심대한 불이익을 가하는 가산점제도로 인한 피해를 이러한 실적의 채용목표제로 보전하기는 어려울 것이다.

이상과 같은 점을 고려해 볼 때 채용목표제의 존재를 이유로 가산점제도의 위헌성이 제거되거나 감쇄된다고는 할 수 없다.

v) 소 결

결론적으로 가산점제도는 제대군인에 비하여, 여성 및 제대군인이 아닌 남성을 비례성원칙에 반하여 차별하는 것으로서 헌법 제11조에 위배되며, 이로 인하여 청구인들의 평등권이 침해된다.

(3) 공무담임권의 침해여부

가산점제도로 인하여 청구인들의 공무담임권이 침해되는지 본다.

① 공무담임권과 능력주의

헌법 제25조는 "모든 국민은 법률이 정하는 바에 의하여 공무담임권을 가진다"고 규정하여 공무담임권을 보장하고 있는바, 공무담임권은 각종 선거에 입후보하여 당선될 수 있는 피선거권과 공직에 임명될 수 있는 공직취임권을 포괄하고 있다(헌재 1996. 6. 26./96헌마200). 공무담임권도 국가안전보장·질서유지 또는 공공복리를 위하여 필요한 경우 법률로써 제한될 수 있으나 그 경우에도 이를 불평등하게 또는 과도하게 침해하거나 본질적인 내용을 침해하여서는 아니된다.

다만, 헌법의 기본원리나 특정조항에 비추어 능력주의원칙에 대한 예외를 인정할 수 있는 경우가 있다. 그러한 헌법원리로는 우리 헌법의 기본원리인 사회국가원리를 들 수 있고, 헌법조항으로는 여자·연소자근로의 보호, 국가유공자·상이군경 및 전몰군경의 유가족에 대한 우선적 근로기회의 보장을 규정하고 있는 헌법 제32조 제4항 내지 제6항, 여자·노인·신체장애자 등에 대한 사회보장의무를 규정하고 있는 헌법 제34조 제2항 내지 제5항 등을 들 수 있다. 이와 같은 헌법적 요청이 있는 경우에는 합리적 범위 안에서 능력주의가 제한될 수 있다.

② 가산점제도의 공무담임권 침해성

i) 위에서 본 바와 같이 제대군인 지원이라는 입법목적은 예외적으로 능력주의를 제한

할 수 있는 정당한 근거가 되지 못하는데도 불구하고, 가산점제도는 능력주의에 기초하지 아니하는 불합리한 기준으로 공무담임권을 제한하고 있다.

㉠ 가산점제도는 제대군인에 해당하는 대부분의 남성을 위하여 절대 다수의 여성들을 차별하는 제도이고, 그 기준을 형식적으로는 제대군인 여부에 두고 있으나 실질적으로는 성별에 두고 있는 것과 마찬가지임은 앞에서 본 바와 같다. 그러나 공직수행능력에 관하여 남녀간에 생리적으로 극복할 수 없는 차이가 있는 것이 아니므로 공직자선발에 있어서 적성·전문성·품성 등과 같은 능력이 아니라 성별을 기준으로 공직취임의 기회를 박탈하는 것은 명백히 불합리한 것이어서 헌법적으로 그 적정성을 인정받을 수 없다.

㉡ 가산점제도는 또한 제대군인에 해당하는 남자와 병역면제자, 보충역복무자를 차별하는 제도이고, 이 경우 차별의 실질적 기준은 현역복무를 감당할 수 있을 정도로 신체가 건강한가에 있으므로 역시 공무수행능력과는 별다른 관계도 없는 기준으로 공직취임의 기회를 박탈하는 것이다. 공직을 수행함에 있어서도 상당한 정도의 건강을 필요로 함은 물론이나, 공직수행에 필요한 건강의 정도와 현역복무를 감당할 수 있는 건강의 정도는 애초에 다를 수밖에 없기 때문이다.

ii) 가산점제도에 의한 공직취임권의 제한은 위 평등권침해 여부의 판단부분에서 본 바와 마찬가지 이유로 그 방법이 부당하고 그 정도가 현저히 지나쳐서 비례성원칙에 어긋난다.

iii) 결론적으로 가산점제도는 능력주의와 무관한 불합리한 기준으로 여성과 장애인 등의 공직취임권을 지나치게 제약하는 것으로서 헌법 제25조에 위배되고, 이로 인하여 청구인들의 공무담임권이 침해된다.

Ⅱ. 해설

1. 평등의 원칙의 의의

평등의 원칙이란 법적용의 대상이 되는 모든 인간을 원칙적으로 공평하게 다루어야 한다는 원칙이며, 그 중심내용은 기회균등과 자의금지이다. 헌법 제11조 제1항의 평등의 원칙은 일체의 차별적 대우를 부정하는 절대적 평등을 의미하는 것이 아니라 법의 적용이나 입법에 있어서 불합리한 조건에 의한 차별을 하여서는 안된다는 실질적, 상대적 평등을 뜻하는 것이므로 합리적 근거없이 차별하는 경우에 한하여 평등의 원칙에 반한다.

2. 평등심사의 기준

1) 자의금지의 원칙과 비례의 원칙

(1) 자의 금지의 원칙

입법부의 입법형성의 자유를 존중한다는 의미에서 평등권 침해의 심사에서 우선적 기준은 자의금지의 원칙이다. 그리고 수익적 내지 시혜적인 법률에 의한 차별이 발생할 때에도 자의금지의 원칙이 적용된다. 자의금지의 원칙은 본질적으로 '같은 것은 같게, 다른 것은 다르게 취급할 것'을 요구하는 원칙이다. 어떤 공권력의 행사가 또는 어떤 공권력의 불행사가 어떤 관점에서도 정당화될 수 없음이 명백한 경우에 이를 자의적이라고 할 수 있다. 자의금지의 원칙은 입법자에게 광범위한 재량권을 인정하게 된다. 독일연방헌법재판소는 1980년 초반까지 자의금지의 원칙을 평등심사의 기준으로 삼았다.

(2) 비례의 원칙

비례의 원칙은 자의 금지의 원칙에 비하여 좀더 엄격한 심사척도를 요구한다. 현행 헌법의 경우 제11조 제1항 후문에서 "성별 종교 또는 사회적 신분"을 이유로 한 차별을 금지하고, 같은 조 제2항에서 "사회적 특수계급제도의 불인정 및 창설금지"를 규정하고 있고, 제32조 제4항에서는 근로영역에서의 성별에 의한 차별금지를 명시하고 있다. 헌법 제36조 제1항에서는 혼인과 가족생활에서의 성별에 의한 차별을 금지하고 있고, 제39조 제2항에서는 병역의무 이행으로 인한 차별금지를 명시하고 있으며, 제20조 제2항에서는 국교를 이유로 한 종교의 차별금지를 규정하고 있다. 이와 같이 헌법에서 명시한 영역에 있어서는 명확한 심사기준이 제시된 것으로 보아 엄격한 심사가 이루어 져야 한다. 비례의 원칙을 심사하는데 있어서는 일반적으로 차별목적의 정당성, 차별취급의 적합성, 차별취급의 불가피성, 차별취급의 균형성이 심사요건으로 거론된다.

(3) 비례의 원칙의 차별적 적용

헌법 스스로가 평등권을 구체화하고 있거나 또는 차별로 인해 기본권에 대한 중대한 제한을 초래하는 경우에는 엄격한 비례의 원칙을 적용하지만, 차별취급이 헌법에 근거한 경우에는 완화된 비례의 원칙을 적용한다. 헌법재판소는 제대군인에게 가산점을 부여하는 것에 대해서는 엄격한 비례의 원칙을 적용하였지만, 국가유공자에게 가산점을 부여하는 것에 대해서는 완화된 비례의 원칙을 적용하였다. 국가유공자에게 가산점을 부여함으로 인하여 일반인들의 공무담임권 등의 기본권에 중대한 제한을 초래하는 것이기 때문에 원칙적으로 비례의 원칙을 적용할 것이지만, 국가유공자에 대한 가산점부여는 헌법 제32조 제6항의 명문의 규정에 근거한 것이기 때문에 완화된 비례의 원칙을 적용한다.

(4) 미연방대법원의 엄격심사기준

입법자의 재량권을 가장 엄격하게 심사하는 평등심사의 기준으로 미국 연방대법원에서 채용하고 있다. 이 경우 어떤 입법의 목적이 정당해야 하고, 필수불가결해야 하며, 입법 수단은 목적 달성에 필요한 것이어야 한다. 이러한 엄격한 심사기준은 인종에 대한 차별적 입법이나 선거권, 거주이전의 권리 등과 같은 매우 기본적인 인권(fundamental right)에 대한 차별을 내용으로 하는 입법에 대하여 적용하는 것으로 의심스런 구석이 있으면 설령 그 입법이 최소한의 합리성이 있다고 하더라도 이를 불평등한 입법으로 본다는 입장이다.

3. 헌법재판소 결정요지

1) 평등권 침해여부 심사기준 : 엄격한 비례의 원칙 적용

평등위반 여부를 심사함에 있어 엄격한 심사척도에 의할 것인지, 완화된 심사척도에 의할 것인지는 입법자에게 인정되는 입법형성권의 정도에 따라 달라지게 될 것이나, 헌법에서 특별히 평등을 요구하고 있는 경우와 차별적 취급으로 인하여 관련 기본권에 대한 중대한 제한을 초래하게 된다면 입법형성권은 축소되어 보다 엄격한 심사척도가 적용되어야 할 것인바, 가산점제도는 헌법 제32조 제4항이 특별히 남녀평등을 요구하고 있는 "근로" 내지 "고용"의 영역에서 남성과 여성을 달리 취급하는 제도이고, 또한 헌법 제25조에 의하여 보장된 공무담임권이라는 기본권의 행사에 중대한 제약을 초래하는 것이기 때문에 엄격한 심사척도가 적용된다.

2) 차별취급의 적합성 위반

제대군인에 대하여 여러 가지 사회정책적 지원을 강구하는 것이 필요하다 할지라도, 그것이 사회공동체의 다른 집단에게 동등하게 보장되어야 할 균등한 기회 자체를 박탈하는 것이어서는 아니되는데, 가산점제도는 공직수행능력과는 아무런 합리적 관련성을 인정할 수 없는 성별 등을 기준으로 여성과 장애인 등의 사회진출기회를 박탈하는 것이므로 정책

수단으로서의 적합성과 합리성을 상실한 것이라 하지 아니할 수 없다.

3) 차별취급의 비례성 위반

가산점제도는 수많은 여성들의 공직진출에의 희망에 걸림돌이 되고 있으며, 공무원채용시험의 경쟁률이 매우 치열하고 합격선도 평균 80점을 훨씬 상회하고 있으며 그 결과 불과 영점 몇 점 차이로 당락이 좌우되고 있는 현실에서 각 과목별 득점에 각 과목별 만점의 5퍼센트 또는 3퍼센트를 가산함으로써 합격여부에 결정적 영향을 미쳐 가산점을 받지 못하는 사람들을 6급이하의 공무원 채용에 있어서 실질적으로 거의 배제하는 것과 마찬가지의 결과를 초래하고 있고, 제대군인에 대한 이러한 혜택을 몇 번이고 아무런 제한없이 부여함으로써 한 사람의 제대군인을 위하여 몇 사람의 비(非)제대군인의 기회가 박탈당할 수 있게 하는 등 차별취급을 통하여 달성하려는 입법목적의 비중에 비하여 차별로 인한 불평등의 효과가 극심하므로 가산점제도는 차별취급의 비례성을 상실하고 있다.

4) 결론

가산점제도는 제대군인에 비하여, 여성 및 제대군인이 아닌 남성을 부당한 방법으로 지나치게 차별하는 것으로서 헌법 제11조에 위배되며, 이로 인하여 청구인들의 평등권이 침해된다.

◈읽어보기

여성위, 군가산점제 부활 논란

국회 여성위원회의 28일 여성부 등에 대한 국정감사에서는 지난 1999년 남녀 불평등이라는 이유로 위헌 결정을 받아 폐지된 군 가산점 제도의 부활 문제가 도마 위에 올랐다. 여야 의원들은 증인으로 출석한 김영후 병무청장을 상대로 군 가산점제 부활의 위헌 가능성과 형평성을 따져 물었다.

한나라당 이정선 의원은 "매년 25만명의 제대 군인이 나오고 있지만 국가 공무 원 채용시험에서 군 가산점제로 혜택을 받는 남성은 110명으로 전체의 0.0004%에 불과하다"며 "혜택을 받지 못하는 나머지 99.7%의 제대군인들에게는 어떤 혜택을 줄 것인가"라고 따졌다.

민주당 김상희 의원은 "이미 헌재 판결로 사망선고를 받은 군가산점제를 또다시 들고 나와 사회 갈등을 조장하고 있다"며 "군 가산점제로 피해를 보는 것은 여성과 장애인 등 우리 사회의 약자들"이라고 지적했다.

반면 한나라당 김옥이 의원은 "국토 방위를 위해 젊음을 바치고 있는 장병들에 대한 보상으로서 군 가산점을 인정해야 한다"며 "군복무로 인한 2년의 공백기간을 헤아려야 하며 남성들이 역차별 받아서는 안된다"고 반박했다.

김 병무청장은 "실제로 시험에 합격한 사람은 소수지만 응시하는 사람은 7만명이어서 기회를 준다는 측면에서 상징적 의미가 있다"며 "병역 면탈을 막는 데도 가산점이 도움이 될 것"이라고 주장했다.

또 민주당 김유정 의원은 "여성부가 군 가산점에 반대한다면 성명 발표 등 좀 더 적극적 액션을 취해야 하는데 너무 미온적"이라며 여성부의 대응을 질타하기도 했다.

이에 대해 백희영 여성부 장관은 "가산점을 주는 것에 대해 정부에서 논의되고 있지 않다"며 "다만 청년 고용 대책 등 가산점이 아닌 다른 방법으로 젊은이들에게 보상을 하는 방안을 논의하고 있으며 관련 연구용역도 진행하고 있다"고 밝혔다.

〈연합뉴스〉, 2010-10-28

❖ 참고문헌

한상운 외, 현행 헌법상 평등심사기준에 관한 연구, 성균관법학 제20권 1호, 2008년 4월.

제7장

인권의 쟁점

제 1 절　허위사실과 표현의 자유
제 2 절　야간옥외집회금지와 집회의 자유
제 3 절　재외국민과 선거권
제 4 절　주민소환권과 주권
제 5 절　토지거래허가제와 재산권
제 6 절　최저생계비와 인간다운 생활을 할 권리
제 7 절　찬양고무죄와 죄형법정주의
제 8 절　사죄광고와 양심의 자유
제 9 절　청소년이용음란물과 예술의 자유
제10절　국가배상청구권

제 7 장

인권의 쟁점

제 1 절 허위사실과 표현의 자유

I. 사례

갑은 2008. 7. 30.경 인터넷포털사이트 다음(Daum)의 '아고라' 경제토론방에 '드디어 외환보유고가 터지는구나'라는 제목 하에 외환보유고가 고갈되어 외화예산 환전 업무가 중단된 것처럼 허위 내용의 글을 작성, 게시하여 수만 명이 열람하도록 하였다.

2008. 12. 29.에는 위 토론방에 '대정부 긴급 공문 발송 -1보'라는 제목 하에 주요 7대 금융기관 및 수출입 관련 주요기업에게 달러 매수를 금지할 것을 긴급 공문 전송했다는 취지의 허위 내용의 글을 작성, 게시하여 약 10만 명 이상이 열람하도록 하였다. 이에 검찰은 갑을 우리나라의 대외신인도를 저하시키는 등 공익을 해할 목적으로 전기통신설비에 의하여 공연히 허위의 통신을 하였다는 이유로 전기통신기본법 제47조 제1항 위반 혐의로 기소하였고, 1심 재판 계속중 위 법률조항에 대하여 위헌법률심판제청신청을 하였다.

법원은 2009. 4. 20. 갑에 대하여 무죄판결을 선고하면서 위 신청을 기각하였는데, 검사가 이에 불복하여 항소하자, 갑은 2009. 5. 14. 위 법률조항의 위헌확인을 구하는 헌법소원심판을 청구하였다.

참조 : 전기통신기본법 제47조 제1항 위헌소원 (헌재 2010.12.28./ 2008헌바157,2009헌바88병합)

[공부거리]

인권의 보호영역
명확성의 원칙

[심판대상조문]

전기통신기본법

제47조(벌칙) ① 공익을 해할 목적으로 전기통신설비에 의하여 공연히 허위의 통신을 한 자는 5년 이하의 징역 또는 5천만원 이하의 벌금에 처한다.

[참조조문]

전기통신기본법

제1조 (목적) 이 법은 전기통신에 관한 기본적인 사항을 정하여 전기통신을 효율적으로 관리하고 그 발전을 촉진함으로써 공공복리의 증진에 이바지함을 목적으로 한다.

제2조 (정의) 이 법에서 사용하는 용어의 정의는 다음과 같다.

1. "전기통신"이라 함은 유선·무선·광선 및 기타의 전자적 방식에 의하여 부호·문언·음향 또는 영상을 송신하거나 수신하는 것을 말한다.
2. "전기통신설비"라 함은 전기통신을 하기 위한 기계·기구·선로 기타 전기통신에 필요한 설비를 말한다.

3.~8. (생략)

제47조 (벌칙) ② 자기 또는 타인에게 이익을 주거나 타인에게 손해를 가할 목적으로 전기통신설비에 의하여 공연히 허위의 통신을 한 자는 3년 이하의 징역 또는 3천만원 이하의 벌금에 처한다.

③ 제2항의 경우에 그 허위의 통신이 전신환에 관한 것인 때에는 5년 이하의 징역 또는 5천만원 이하의 벌금에 처한다.

④ 전기통신업무에 종사하는 자가 제1항 또는 제3항의 행위를 한 때에는 10년 이하의 징역 또는 1억원 이하의 벌금에 처하고, 제2항의 행위를 한 때에는 5년 이하의 징역 또는 5천만원 이하의 벌금에 처한다.

1. 당사자의 주장

1) 갑의 주장 요지

(1) 어떤 사상과 견해가 옳고 그른지, 가치가 있는지 여부를 평가하고 결정하는 것은

'사상의 공개시장'이며, 유해한 사상이나 표현도 그 교정은 사상의 공개시장에서 이루어져야 한다. 한편, '표현'에 있어 사실과 의견을 명확히 구분하기는 어렵고, 표면상 허위의 형식을 띠나 실제는 진실을 드러내는 과장, 풍자, 조롱 등과 같은 표현형식도 존재하며, 과장이나 명백한 왜곡의 경우도 사회적·역사적 상황에 따라서는 공익에 부합할 수 있고, 사실의 권력적·조직적 은폐에 따라 객관적 진실이라 믿어지던 것이 후에 허위인 것으로 밝혀지거나 그 반대의 경우도 있을 수 있다는 점에서, '허위의 표현' 자체를 절대악으로 파악하여 표현의 자유의 보호범위에서 배제할 수는 없다.

(2) 의사표현 행위를 처벌하는 법률에는 최고도의 명확성이 요구되며, 법률에 의해 금지된 해악을 초래할 명백하고 현실적인 위험성이 입증되어야 한다. 우선 이 사건 법률조항의 '공익을 해할 목적'은 그 구체적 요건을 전혀 규정하고 있지 않은바, '공익'은 사회구성원의 인식 및 시대의 가치변화에 따라 같이 변화하는 가변적인 개념이며, 사람마다 생각하는 의미가 다를 수 있는 상대적 개념이라는 점에서 통상적인 법감정을 가진 일반인이 이를 예측하기는 어렵고, 법의 해석·집행기관의 자의에 따른 적용이 가능하므로 표현의 자유가 요구하는 명확성의 원칙에 현저히 반한다.

나아가 이 사건 법률조항의 '허위의 통신'은 그 입법연혁에 비추어 '가장통신(타인의 명의를 빌려 하는 통신)'으로 해석하는 것이 상당하고, 그렇지 않더라도 그와 같이 해석될 여지를 부여하여 불명확하다.

(3) 이 사건 법률조항은 '공익을 해할 목적'이라는 개념을 전제로 규제를 가함에 따라 필연적으로 규제하지 않아야 할 표현까지 규제하고 있고, '허위의 통신'에는 '송신' 외에 '수신'까지 포함되는바, 과도한 규제로서 과잉금지원칙에 위배된다. 또한 이 사건 법률조항은 합리적 이유 없이 인쇄매체에 의한 허위사실의 적시에 비해 인터넷 등 통신매체에 의한 허위사실의 적시를 과도하게 규제하고, 그 자체로 불법성이 뚜렷하거나 사회적 유해성이 명백한 표현물이 아님에도 내용을 이유로 규제함으로써 표현의 자유와 평등권을 침해한다.

2) 법원 및 관계인의 의견

(1) 법원의 위헌제청신청 기각이유 요지

① 이 사건 법률조항의 내용이나 구조, 같은 조 제2항과 대비되는 규정형식 등을 종합하여 볼 때, 이 사건 법률조항에서 '공익'은 '대한민국에서 공동으로 사회생활을 영위하는 국

민 전체 내지 대다수 국민과 그들의 구성체인 국가사회의 이익'을 의미하는 것으로, 개개인 또는 특정단체나 집단의 이익에 상위하는 **'사회공동의 이익'을 의미한다고 해석되는바, 명확성원칙에 반한다고 할 수 없다.**

② 헌법상 규정된 표현의 자유나 통신에 있어서 표현의 자유의 보호범위에 '공연히 허위의 통신을 한 경우'까지 포함할 수는 없으므로 이 사건 법률조항은 그 합리성이 인정되고, 이 사건 법률조항의 구성요건 충족으로 인한 위험성은 송신행위 뿐만 아니라 수신행위에 의하더라도 충분히 발생할 수 있으므로 '허위의 전기통신' 전부를 처벌하는 것이 과잉금지원칙에 반한다고 볼 수 없다.

(2) 법무부 장관의 의견 요지

① '공익'이라는 용어가 사용된 법률은 총 315개, 조문 단위로는 총 823조문에 이르는바, '공익' 개념은 우리 헌법과 법률, 학계 및 법실무에서 널리 사용되어 온 개념이다. 전기통신기본법의 목적과 이 사건 법률조항의 구조에 비추어 보면, '공익을 해할 목적'이란 '전기통신의 영향력을 이용하여 정당한 사회 질서를 혼란·교란하려는 목적'을 의미함을 일반인도 충분히 예상할 수 있다.

② 이 사건 법률조항의 '허위의 통신'은 그 사전적 의미나 이 사건 법률조항과 기타 관련 규정들을 종합적으로 고려할 때 '허위의 사실에 대한 통신'을 의미한다.

③ 표현의 자유에 의하여 보호되는 표현은 진실인 경우와 진실인지 허위인지 밝혀지지 아니한 상태인 경우만이 해당되고, 허위사실로 밝혀진 경우, 나아가 그 허위사실의 표현이 공익을 해할 목적으로 이루어진 경우에 이를 제재하고 처벌하는 것은 정당하며, 이에 대해 명백·현존하는 위험의 원칙이 적용된다고 볼 수 없다.

④ 이 사건 법률조항은 왜곡된 정보의 파급력으로 인한 사회적 혼란을 방지하고, 정보통신망에서의 의사소통에 정확한 정보를 제공하려는 것으로서 정당한 목적 달성을 위한 적합한 수단에 해당하며, 행정제재만으로는 목적달성에 충분하지 않고, '공연성' 요건을 규정하여 구성요건을 한정하고 있으므로 침해의 최소성에도 반하지 않는다. 나아가 이 사건 법률조항에 의하여 달성되는 공익은 올바른 여론과 의사형성의 촉진으로서 충분한 보호가치가 있는 반면, 제한되는 것은 허위사실을 표현할 자유로서 기본권으로 보호되는 것인지 여부도 의문이라는 점에서 법익균형성도 충족된다. 따라서 이 사건 법률조항은 과잉금지원칙에 위반되지 않는다.

(3) 방송통신위원회의 의견 요지

① 공익을 해할 목적의 허위통신은 국민의 정보획득권을 침해하고 민주주의 발전을 저해하는 것은 물론, 국민의 생명·신체 또는 사회의 안전에 직접적이고 긴박한 위험을 야기할 개연성이 매우 높으므로 그 해악이 심대하다. 나아가 정당한 반론이 사실상 불가능하여 사상의 자유경쟁을 통한 해악의 해소가 불가능하므로 헌법상 표현의 자유에 의하여 보호되지 않는다.

② 이 사건 법률조항이 규정하는 '공익'의 사전적 의미 및 다른 규정과의 상호관계, 합헌적 법률해석의 요청, 입법기술상의 한계 등을 종합하여 보면, '공익'은 '공동으로 사회생활을 영위하는 사회구성원 전체, 즉 국가·사회 기타 일반 다수 국민의 이익으로서 개개인 또는 특정단체나 집단의 이익에 상위하는 사회공동의 이익'으로 해석될 수 있는바, 처벌법규의 명확성의 원칙에 반하지 않는다.

③ 이 사건 법률조항은 허위사실의 유포에 의한 범죄의 선동, 국가질서 교란으로부터 사회전체의 이익을 보호하고 국민의 올바른 정보획득권을 보호하여 민주사회의 발전에 기여하기 위한 것으로서 필요하고 적절한 입법조치에 해당한다.

2. 헌법재판소의 판단

1) 이 사건 법률조항의 입법연혁

(1) 1961. 12. 30. 제정된 구 전기통신법 제89조 제1항은 "공익을 해할 목적으로 전기통신설비에 의하여 허위의 통신을 발한 자는 5년 이하의 징역 또는 50만환 이하의 벌금에 처한다."고 규정하고 있었고, 구 전기통신법의 수차례에 걸친 개정에도 불구하고, 위 조항은 그 조문의 위치(1977. 12. 31. 법률 제3091호로 제111조 제1항으로 위치 이동)와 법정형 중 벌금형 부분이 일부 개정(1977. 12. 31. 법률 제3091호로 벌금 50만원 이하로 개정, 1981. 4. 7. 법률 제3421호로 벌금 500만원 이하로 개정)된 외에는, 구 전기통신법이 전기통신기본법과 공중전기통신사업법으로 개편되기 전까지 그대로 존속하였다.

(2) 1983. 12. 30. 제정된 전기통신기본법은 제39조에 이 사건 법률조항과 동일한 행위를 처벌하는 규정을 두었고, 그 법정형은 5년 이하의 징역 또는 500만원 이하의 벌금으로 규정하였다. 이후 1991. 8. 10. 법률 제4393호로 전기통신기본법이 전부개정되었을 때에도 조항의 위치가 제47조 제1항으로 변경되고 법정형 중 벌금형 부분이 '2천만원 이하의 벌금'

으로 상향 조정되었을 뿐, 구성요건은 그대로 존속하였다. 현행법은 1996. 12. 30. 법률 제 5291호로 개정된 것으로, 역시 법정형 중 벌금형만이 '5천만원 이하'로 상향 규정되었을 뿐 구성요건은 동일하다.

2) 이 사건 법률조항의 명확성 원칙 위반 여부

(1) 표현의 자유 및 죄형법정주의와 명확성의 원칙

① 법률은 되도록 명확한 용어로 규정하여야 한다는 명확성의 원칙은 민주주의·법치주의 원리의 표현으로서 모든 기본권제한입법에 요구되는 것이나, 표현의 자유를 규제하는 입법에 있어서는 더욱 중요한 의미를 지닌다. 현대 민주사회에서 표현의 자유가 국민주권주의 이념의 실현에 불가결한 것인 점에 비추어 볼 때, 불명확한 규범에 의한 표현의 자유의 규제는 헌법상 보호받는 표현에 대한 위축효과를 수반하고, 그로 인해 다양한 의견, 견해, 사상의 표출을 가능케 하여 이러한 표현들이 상호 검증을 거치도록 한다는 표현의 자유의 본래의 기능을 상실케 한다. 즉, 무엇이 금지되는 표현인지가 불명확한 경우에, 자신이 행하고자 하는 표현이 규제의 대상이 아니라는 확신이 없는 기본권주체는 대체로 규제를 받을 것을 우려해서 표현행위를 스스로 억제하게 될 가능성이 높은 것이다. 그렇기 때문에 표현의 자유를 규제하는 법률은 규제되는 표현의 개념을 세밀하고 명확하게 규정할 것이 헌법적으로 요구된다(헌재 1998. 4. 30./ 95헌가16).

② 죄형법정주의의 원칙은 법률이 처벌하고자 하는 행위가 무엇이며 그에 대한 형벌이 어떠한 것인지를 누구나 예견할 수 있고, 그에 따라 자신의 행위를 결정할 수 있게끔 구성요건을 명확하게 규정할 것을 요구한다. 형벌법규의 내용이 애매모호하거나 추상적이어서 불명확하면 무엇이 금지된 행위인지를 국민이 알 수 없어 법을 지키기가 어려울 뿐만 아니라, 범죄의 성립 여부가 법관의 자의적인 해석에 맡겨져서 죄형법정주의에 의하여 국민의 자유와 권리를 보장하려는 법치주의의 이념은 실현될 수 없기 때문이다(헌재 1996. 12. 26./ 93헌바65).

③ 이 사건 법률조항은 표현의 자유에 대한 제한입법이며, 동시에 형벌조항에 해당하므로, 엄격한 의미의 명확성 원칙이 적용된다.

(2) 명확성 원칙 위반 여부

① 이 사건 법률조항은 '공익을 해할 목적으로 전기통신설비에 의하여 공연히 허위의 통신을 한 자'를 처벌하도록 하고 있는바, '공익을 해할 목적'이라는 초과주관적 구성요건이 의미하는 바가 무엇인지 우선 문제된다.

② 헌법 제37조 제2항은 모든 자유와 권리는 국가의 안전보장·질서유지 또는 공공복리를 위하여 필요한 경우에 한하여 법률로써 제한할 수 있음을 규정하고 있고, 헌법 제21조 제4항은 언론·출판은 공중도덕이나 사회윤리를 침해하여서는 아니된다고 규정하고 있다.

그런데 이 사건 법률조항은 "공익을 해할 목적"의 허위의 통신을 금지하는바, 여기서의 "공익"은 위 헌법 제37조 제2항의 "국가의 안전보장·질서유지"와 헌법 제21조 제4항의 "공중도덕이나 사회윤리"와 비교하여 볼 때 '동어반복'이라고 할 수 있을 정도로 전혀 구체화되어 있지 아니하다. 형벌조항의 구성요건으로서 구체적인 표지를 정하고 있는 것이 아니라, 헌법상 기본권제한에 필요한 최소한의 요건 또는 헌법상 언론·출판자유의 한계를 그대로 법률에 옮겨 놓은 것에 불과할 정도로 그 의미가 불명확하고 추상적이다.

"공익"이라는 개념은 이처럼 매우 추상적인 것이어서 어떠한 표현행위가 과연 "공익"을 해하는 것인지, 아닌지에 관한 판단은 사람마다의 가치관, 윤리관에 따라 크게 달라질 수 밖에 없다. 건전한 상식과 통상적인 법감정을 가진 일반인들에게 있어 공통적으로 공익으로 인식될 수 있는 이익이 존재함은 의문의 여지가 없으나, 판단주체에 따라 공익인지 여부를 달리 판단할 가능성이 있는 이익이 존재함도 부인할 수 없다. 이는 판단주체가 법전문가라 하여도 마찬가지이고, 법집행자의 통상적 해석을 통하여 그 의미내용이 객관적으로 확정될 수 있다고 보기 어렵다.

나아가 현재의 다원적이고 가치상대적인 사회구조 하에서 구체적으로 어떤 행위상황이 문제되었을 때에 문제되는 공익은 하나로 수렴되지 않는 경우가 대부분이다. 문제되는 행위가 어떤 공익에 대하여는 촉진적이면서 동시에 다른 공익에 대하여는 해가 될 수도 있으며, 전체적으로 보아 공익을 해할 목적이 있는지 여부를 판단하기 위하여는 공익간 형량이 불가피하게 되는바, 그러한 형량의 결과가 언제나 객관적으로 명백한 것은 아니다.

결국, 이 사건 법률조항은 수범자인 국민에 대하여 일반적으로 허용되는 '허위의 통신' 가운데 어떤 목적의 통신이 금지되는 것인지 고지하여 주지 못한다. 어렴풋한 추측마저 불가능하다고는 할 수 없더라도, 그것은 대단히 주관적인 것일 수밖에 없다.

③ 물론 입법에 있어서 추상적 가치개념의 사용이 필요한 것은 일반적으로 부인할 수 없고, "공익"이라는 개념을 사용하는 것이 언제나 허용되지 않는다고 단정할 수도 없다. 법률의 입법목적, 규율의 대상이 되는 법률관계나 행위의 성격, 관련 법규범의 내용 등에 따라서는 그러한 개념의 사용이 허용되는 경우도 있을 수 있을 것이다. 그러나 '허위의 통신'이라는 행위 자체에 내재된 위험성이나 전기통신의 효율적 관리와 발전을 추구하는 전기통신기본법의 입법목적을 고려하더라도 확정될 수 없는 막연한 "공익" 개념을 구성요건

요소로 삼아서 표현행위를 규제하고, 나아가 형벌을 부과하는 이 사건 법률조항은 표현의 자유에서 요구하는 명확성의 요청 및 죄형법정주의의 명확성 원칙에 부응하지 못하는 것이라 할 것이다.

④ 따라서, 이 사건 법률조항은 명확성의 원칙에 위배하여 헌법에 위반된다.

3) 보충의견

(1) '허위의 통신' 부분의 명확성 원칙 위반 여부에 관한 보충의견의 요지

이 사건 법률조항의 입법연혁, 관련 조항의 체계에 비추어 보면, 이 사건 법률조항의 본래 입법취지는 '통신설비를 이용한 허위사실의 유포'를 처벌하고자 하는 것이 아니라 '허위의 명의를 이용한 통신'을 규제하려는 데 있었다고 볼 것이다. 그러나 장시간에 걸쳐 사문화된 상태에 있었던 이 사건 법률조항이 최근 몇 년 사이에 내용상 허위의 통신 행위에 대하여 갑작스레 적용되기 시작하면서, 이 사건 법률조항의 '허위의 통신'이 어떠한 행위를 말하는지 다시 의문이 제기되게 되었다. '허위' 개념에는 내용의 거짓이나 형식의 오류가 모두 포함될 수 있기 때문에, 법률 용어로 사용하기 위하여는 보다 구체적인 부연 내지 체계적 배치가 필요함에도 이 사건 법률조항은 법조문 자체의 문언이나 관련 조항의 체계상 그와 같은 구체화의 취지를 명백하게 드러내지 아니한 결과, 당초 입법취지와는 달리, 확대된 법률의 해석, 적용이 가능하게 된 것이다. 결국 이 사건 법률조항은 '공익을 해할 목적 '이 불명확하다는 점에서 뿐만 아니라 '허위의 통신 '부분이 불명확하다는 점에서도, 무엇이 금지된 행위인지를 국민이 알 수 없게 하여 법을 지키기 어렵게 할 뿐만 아니라, 범죄의 성립 여부를 법관의 자의적인 해석에 맡기는 결과를 초래하고 있으므로, 죄형법정주의의 명확성 원칙에 부합하지 않는다.

(2) 과잉금지원칙 위반 여부에 관한 보충의견의 요지

'허위사실'이라는 것이 언제나 명백한 관념은 아니고, 명백한 허위사실의 표현이라 하여 언제나 타인의 명예·권리를 침해하거나 공중도덕·사회윤리를 침해하는 것도 아니며, 나아가 표현이 어떤 내용에 해당한다는 이유만으로 표현의 자유의 보호영역에서 애당초 배제된다고는 볼 수 없으므로, '허위사실의 표현'도 헌법 제21조가 규정하는 언론·출판의 자유의 보호영역에는 해당하되, 다만 헌법 제37조 제2항에 따라 국가 안전보장·질서유지 또는 공공복리를 위하여 제한할 수 있는 것이라고 해석하여야 할 것이다.

이 사건 법률조항을 당해 사건에서와 같이 공익을 해할 목적의 허위사실을 내용으로 하는 통신에 적용하는 것은, '공익' 개념의 모호성, 추상성, 포괄성으로 말미암아 필연적으로 규제되지 않아야 할 표현까지 다함께 규제하게 된다. 허위사실의 표현이 있다는 이유만으로 국민의 올바른 정보획득이 침해된다거나 국가질서의 교란 등이 발생할 구체적 위험이 있다고 할 수 없고, 허위의 통신 자체가 일반적으로 사회적 해악의 발생으로 연결되는 것은 아님에도 '공익을 해할 목적'과 같은 모호하고 주관적인 요건을 동원하여 이를 금지하고 처벌하는 국가의 일률적이고 후견적인 개입은 기본권 침해의 최소성 원칙에 부합하지 않는다. 나아가 이 사건 법률조항은, 자신이 행하고자 하는 표현이 규제의 대상이 아니라는 확신이 없는 기본권 주체로 하여금 규제를 받을 것을 우려하여 스스로 표현행위를 억제하도록 할 가능성이 높은바, 제재에 대한 두려움으로 인하여 표현이 억제된다면, 표현의 자유의 기능은 훼손될 수밖에 없다. 결국, 이 사건 법률조항은 과잉금지원칙에 위배하여 표현의 자유를 침해하는 것으로서 헌법에 위반된다.

Ⅱ. 해설

1. 인권의 보호영역

1) 보호영역의 의미

인권의 보호영역(Schutzbereich)이란 인권에 의해 보호되는 일정한 생활영역이 어디까지인가를 의미한다. 교과서에 따라서는 인권의 (실체적) 내용 또는 구성요건(Tatbestand)이라고도 표현된다. 인권의 보호영역에 속하는 행위를 인권의 행사라고 하기도 한다.

우리 헌법재판소는 영화법 제12조에 대한 위헌법률심판사건에서 "**의사표현의 자유는 헌법 제21조 제1항이 규정하는 언론・출판의 자유에 속하고, 여기서 의사표현의 매개체는 어떠한 형태이건 그 제한이 없다고 할 것이다.** 영화도 의사표현의 한 수단이므로 영화의 제작 및 상영은 다른 의사표현수단과 마찬가지로 헌법에 의한 보장을 받음은 물론 영화는 학문적 연구결과를 발표하는 수단이 되기도 하고, 예술표현의 수단이 되기도 하므로 그 제작 및 상영은 학문・예술의 자유를 규정하고 있는 헌법 제22조 제1항에 의하여도 보장을 받는다."고 하여 영화도 헌법 제21조의 보호영역에 속한다고 판시한 바 있다.

2) 보호영역의 내용

인권의 보호영역은 다양하고 헌법의 해석여하에 따라 결정된다. 1차적으로는 개별 인권의 해석에 따라 정해진다. 무엇이 집회인지 무엇이 직업이며 무엇이 재산인지가 결정되어야 한다. 예를 들어 보면, 집회란 다수인이 공동의 목적을 가지고 일정한 장소에서 일시적으로 회합하는 행위라고 말하는데 이때의 집회란 무엇인가 특히 다수라고 할 때 몇 사람 이상이 다수이어야 집회인가 하는가가 확정되어야 한다. 현행 집시법상 '다수'의 의미에 대해서는 2인설과 3인설이 있으나 2인으로 본다면 2인 이상이 공동의 목적을 가지고 일정한 장소에서 일시적으로 회합하는 행위는 집회의 자유를 주장할 수 있으며, 1인이 어떤 목적을 가지고 일정한 장소에서 일시적으로 의사를 표현하는 행위(예, 1인 시위)는 집회의 자유의 보호영역에 해당하지 않는다고 할 것이다.

헌법해석의 여하에 따른다고 하더라도 몇 가지 준칙이 있는데, 첫째는 인간의 본질이나 사회성이 해석의 준칙이 되어야 한다. 둘째로 보호영역은 객관적이고 예견가능하게 정해져야 한다. 셋째 다른 인권 및 헌법규정과의 체계적인 연관성에 의해 결정되거나 윤곽이 정해진다.[60)]

보호영역의 내용을 보면 대체로 다음과 같다. 첫째, 인권의 보호영역은 일정한 행위를 의미한다. 영화에 의한 표현행위가 표현행위에 속한다면 이는 표현의 자유에 의해 보호된다고 할 것이다. 둘째, 인권의 보호영역은 종교, 직업, 양심, 예술과 같이 인권보장의 주제를 의미하기도 한다. 셋째, 인권의 보호영역은 일정한 상태를 의미하기도 한다. 예컨대 모든 재산가치가 있는 구체적 권리를 의미하는 재산권은 자신의 물건과 권리의 사용 및 현존하는 상태를 보호한다.

3) 보호영역의 범위

보호영역은 넓게도 설정할 수 있고 좁게도 설정할 수 있다. 일반적으로 보호영역의 범위와 인권제한의 범위는 비례관계에 있다고 할 수 있다. 보호영역이 넓게 설정될 수록 인권제한의 폭이 넓어지는 반면에 보호영역이 좁게 설정되면 될수록 제한의 폭도 좁아진다고 할 수 있다.

4) 본 사안의 경우

본 사안의 경우, 허위표현이 표현의 자유에 해당하는가가 문제가 될 것이다. 법원은 "헌법상 규정된 표현의 자유나 통신에 있어서 표현의 자유의 보호범위에 '공연히 허위의 통신을 한 경우'까지 포함할 수는 없으므로 이 사건 법률조항은 그 합리성이 인정되고"라고 하여 허위통신이 표현의 자유의 주제가 될 수 없다고 하고 있다.

---

60) 강태수, 기본권의 보호영역에 관한 소고, 4-5쪽 참조.

생각건대, 어떤 사상과 견해가 옳고 그른지, 가치가 있는지 여부를 평가하고 결정하는 것은 '사상의 공개시장'이며, 유해한 사상이나 표현도 그 교정은 사상의 공개시장에서 이루어져야 한다. 또한, '표현'에 있어 사실과 의견을 명확히 구분하기는 어렵고, 표면상 허위의 형식을 띠나 실제는 진실을 드러내는 과장, 풍자, 조롱 등과 같은 표현형식도 존재하며, 과장이나 명백한 왜곡의 경우도 사회적 · 역사적 상황에 따라서는 공익에 부합할 수 있고, 사실의 권력적 · 조직적 은폐에 따라 객관적 진실이라 믿어지던 것이 후에 허위인 것으로 밝혀지거나 그 반대의 경우도 있을 수 있다는 점에서, '허위의 표현' 자체를 절대악으로 파악하여 표현의 자유의 보호범위에서 배제할 수는 없다할 것이다.

2. 표현의 자유에 대한 제한원리[61)]

1) 사전제한금지의 원칙

우리 헌법 제21조 제2항에서는 언론출판에 대한 허가나 검열과 집회, 결사에 대한 허가는 인정되지 아니한다라고 하여 표현의 자유에 있어서의 사전제한금지의 원칙을 규정하고 있다. 헌법재판소는 제21조 제2항의 검열의 개념에 대하여 "검열은 행정권이 주체가 되어 사상이나 의견 등이 발표되기 이전에 예방적 조치로서 그 내용을 심사, 선별하여 발표를 사전에 억제하는 것으로 허가받지 아니한 것의 발표를 금지하는 제도를 뜻한다"라고 하고, 그 구체적 요건으로 "검열은 일반적으로 허가를 받기 위한 표현물의 제출의무, 행정권이 주체가 된 사전심사절차, 허가를 받지 아니한 의사표현의 금지 및 심사절차를 강제할 수 있는 강제수단 등의 요건을 갖춘 경우에만 이에 해당하는 것이다"라고 판시하고 있다.

2) 명백하고 현존하는 위험의 원칙

명백 · 현존위험의 원칙이란 미국판례를 통하여 확립된 원칙으로 언론을 규제하기 위해서는 언론이 법률상 금지된 해악을 초래할 명백하고 현존하는 위험을 가지고 있음을 입증해야 규제할 수 있다는 이론이다.

3) 명확성의 원칙

인권을 제한하는 법률은 명확해야 한다. 특히, 표현의 자유를 규제하는 입법에 있어서의 명확성의 원칙은 특별히 중요한 의미를 가진다. 불명확한 규범에 의한 표현의 자유에 대한

61) 정회철, 『헌법연습』, 도서출판 여산, 2007년, 617~618쪽.

규제는 헌법상 보호받는 표현에 대한 위축효과를 수반하기 때문이다.

4) 과잉금지의 원칙

표현의 자유에 대한 제한도 역시 비례의 원칙을 준수해야 함은 물론이다. 인권제한의 목적은 질서유지, 공공복리이여야 하며, 그 제한의 정도는 필요최소한에 그쳐야 할 것이다.

5) 본 사안의 경우

(1) 명확성원칙

이 사건 법률조항은 표현의 자유에 대한 제한입법이며, 동시에 형벌조항에 해당하므로, 엄격한 의미의 명확성 원칙이 적용된다. 그런데 이 사건 법률조항은 "공익을 해할 목적"의 허위의 통신을 금지하는바, 여기서의 "공익"은 형벌조항의 구성요건으로서 구체적인 표지를 정하고 있는 것이 아니라, 헌법상 인권 제한에 필요한 최소한의 요건 또는 헌법상 언론·출판의 자유의 한계를 그대로 법률에 옮겨 놓은 것에 불과할 정도로 그 의미가 불명확하고 추상적이다.

따라서 어떠한 표현행위가 "공익"을 해하는 것인지, 아닌지에 관한 판단은 사람마다의 가치관, 윤리관에 따라 크게 달라질 수밖에 없으며, 이는 판단주체가 법전문가라 하여도 마찬가지이고, 법집행자의 통상적 해석을 통하여 그 의미내용이 객관적으로 확정될 수 있다고 보기 어렵다. 나아가 현재의 다원적이고 가치상대적인 사회구조 하에서 구체적으로 어떤 행위상황이 문제되었을 때에 문제되는 공익은 하나로 수렴되지 않는 경우가 대부분인바, 공익을 해할 목적이 있는지 여부를 판단하기 위한 공익간 형량의 결과가 언제나 객관적으로 명백한 것도 아니다.

결국, 이 사건 법률조항은 수범자인 국민에 대하여 일반적으로 허용되는 '허위의 통신' 가운데 어떤 목적의 통신이 금지되는 것인지 고지하여 주지 못하고 있으므로 표현의 자유에서 요구하는 명확성의 요청 및 죄형법정주의의 명확성 원칙에 위배하여 헌법에 위반된다.

(2) 과잉금지원칙

허위사실의 표현이 있다는 이유만으로 국민의 올바른 정보획득이 침해된다거나 국가질서의 교란 등이 발생할 구체적 위험이 있다고 할 수 없고, 허위의 통신 자체가 일반적으로 사회적 해악의 발생으로 연결되는 것은 아님에도 '공익을 해할 목적'과 같은 모호하고 주관적인 요건을 동원하여 이를 금지하고 처벌하는 국가의 일률적이고 후견적인 개입은 기본권 침해의 최소성 원칙에 부합하지 않는다.

나아가 이 사건 법률조항은, 자신이 행하고자 하는 표현이 규제의 대상이 아니라는 확신이 없는 인권 주체로 하여금 규제를 받을 것을 우려하여 스스로 표현행위를 억제하도록 할 가능성이 높은바, 제재에 대한 두려움으로 인하여 표현이 억제된다면, 표현의 자유의 기능은 훼손될 수밖에 없다. 결국, 이 사건 법률조항은 과잉금지원칙에 위배하여 표현의 자유를 침해하는 것으로서 헌법에 위반된다.

생각해 보기

- 정보통신망 이용촉진 및 정보보호에 관한 법률 제44조5 및 동 시행령 제30조 등에 따르면 이용자 10만명 이상 인터넷 게시판에 댓글 등의 글쓰기를 할 때는 본인확인을 거치도록 하고 있다. 이에 갑은 이러한 규정이 자신의 익명표현의 자유를 침해한다고 주장한다. 익명표현의 자유는 표현의 자유의 보호영역에 속하는가?

◈읽어보기

인터넷 실명제와 본인확인제

인터넷 실명제는 '인터넷 게시판 이용자의 실명확인 및 이용을 의무화하는 제도'로서, 실명 확인을 거쳐 실명으로만 인터넷에 글을 게시할 수 있도록 한다. 적용범위는 게시판 및 댓글 서비스에 해당하며, 적용시 실제 주민등록상 이름이 노출된다. 현재 이를 근거하는 법령은 없다.

이에 반해 **인터넷 본인확인제**는 '게시판 운영자가 이용자의 본인확인 여부를 확인하는 제도'로서, 1회 본인확인 후에는 ID나 별명으로 글을 게시할 수 있다. 1일 평균 이용자 수 10만명 이상의 인터넷 사이트에 적용되며, ID 또는 별명, 가명, 실명 등이 노출된다. 이 제도는 정보통신망법 제44조의5에 근거하여 시행되고 있다.

생각해 보기

➻ 헌법 제12조 제4항에서 보장하는 '변호인의 조력을 받을 권리는 불구속 수사나 재판을 받는 경우에도 당연히 보장되어야 하는가?

참조 - 변호인의 조력을 받을 권리 등 침해 위헌확인(헌재 2004.9.22./ 2000헌마138)

◈읽어보기

'표현의 자유 탄압' 에 제동 건 헌재, 정부는 반성해야

정부가 촛불집회 참가자나 인터넷 논객 '미네르바' 등 비판의 목소리를 억압하는 데 악용해온 전기통신기본법의 '허위의 통신' 처벌 조항이 어제 위헌 판정을 받았다. 헌법재판소는 "공익을 해할 목적으로 전기통신설비에 의해 공연히 허위의 통신을 한 자는 5년 이하의 징역 또는 5천만원 이하의 벌금에 처한다"는 규정이 '명확성 원칙'과 '과잉금지 원칙'에 반했다고 판단했다. '공익' 또는 '허위의 통신'이 무엇인지 불분명한데다 정당한 표현의 자유를 침해할 소지가 있다는 지적이다. 너무나도 당연한 결정이다.

이 처벌 조항을 담은 전기통신기본법은 1983년 전두환 군사정권 시절 만들어졌으나 당시에도 이에 따라 처벌받은 사례가 거의 없다. 제정과 함께 잊혀지면서 사문화한 셈이다. 이런 조항을 이명박 정부는 2008년 5월 촛불집회 탄압을 위해 되살려냈다. 애초 '명의의 허위'(가짜 이름)를 금지하는 취지의 조항을 거짓말을 처벌하는 조항으로 확대해석해 정부 정책 비판자들을 옥죈 것이다. 검찰은 이 조항을 같은 해 12월 인터넷 경제논객 미네르바를 구속하는 데도 적용하는 등 표현의 자유 탄압 강도를 계속 높였다. 미네르바가 1심 재판에서 무죄 판결을 받았음에도 정부 태도는 변하지 않았다. 최근엔 천안함 사건 직후 전쟁설을 퍼뜨린 이들, 연평도 포격 직후 예비군 소집령 등을 퍼뜨린 이들도 이 조항에 따라 기소됐다.

헌재의 이번 결정은 정부 비판에 대한 탄압에 제동을 걸었을 뿐 아니라 표현의 자유의 범위를 재확인했다는 점에서도 주목할 만하다. 재판관들은 허위사실의 표현도 헌법이 보장하는 표현의 자유의 보호 영역에 속한다고 명확히 했다. 또 이에 대한 제한은 헌법 규정에 따라 국가안전보장·질서유지 또는 공공복리를 위해 필요한 경우에 한해 법률로만 가능하다고 밝혔다. 비판의 목소리를 억압하는 데 혈안이 된 현 정부가 귀담아듣고 반성해야 할 대목이다.

통신의 자유와 관련해 또 하나 주목할 결정이 이날 헌재에서 나왔다. 인터넷 감청의 총 기간과 기간 연장 횟수에 제한을 두지 않는 통신비밀보호법(통비법) 조항이 통신의 자유를 침해한다는 헌법불합치 결정이 그것이다. 이는 국가정보원 등이 범죄 수사를 내세워 몇 년씩 특정인을 감청해온 것에 제동을 거는 의미를 담고 있다.

이번 헌재 결정을 계기로 정부는 의사표현과 통신의 자유에 대한 부당한 침해를 반성하고 비판을 겸허히 받아들이는 자세를 보여야 마땅하다. 헌재 결정 취지에 맞춰 통비법을 감청이 꼭 필요한 경우로 한정하는 쪽으로 개정하는 것도 시급하다. 명예훼손을 내세운 '인터넷 마구잡이 검열'의 빌미가 되고 있는 정보통신망법도 함께 손을 봐야 한다.

한겨레 2010년 12월 29일

◈읽어보기

미네르바 사건 위헌결정 이후

연평도 피격 당시 휴대전화로 허위문자를 발송한 피고인이 공소 기각 판결을 받았다.

서울중앙지법 형사16단독 공도일 판사는 11일 북한의 연평도 포격과 관련, 허위 메시지를 유포한 혐의(전기통신기본법 위반)로 기소된 대학생 강모씨의 공소를 기각했다.

강씨는 지난해 11월 23일 북한이 연평도를 포격하자 휴대전화로 '대통령훈령 84조 의거 예비군 소집명령 국방부 종합민원실 소속부대확인 후 집합' 등 허위 문자 메시지를 발송한 혐의로 불구속 기소됐다.

그러나 헌법재판소가 지난해 12월 28일 전기통신기본법 47조 1항에 대해 위헌 결정을 내림에 따라, 공소가 취소됐다. 이른바 '미네르바 법'인 해당 조항은 공익을 해칠 목적으로 전기통신설비로 허위의 통신을 하면 5년 이하의 징역이나 5,000만원 이하의 벌금형에 처한다는 내용이다.

'미네르바' 박대성씨는 지난 2008년 포털사이트 '다음'의 토론방에 '미네르바'라는 필명으로 외환보유고가 고갈돼 외환 업무가 마비된다는 등의 허위 글을 올린 혐의로 기소됐다가 재판 중 관련 조항에 대한 헌법 소원을 냈다.

검찰은 헌재 결정 이후 항소심 재판 중이었던 '미네르바' 박대성씨에 대한 공소를 취소했다. 아울러 연평도 피격 사건과 관련해 같은 법 위반 혐의로 기소된 28명에 대한 공소를 취소키로 했다.

앞서 지난해 천안함 침몰 당시 허위사실을 유포한 혐의로 기소된 두 명에게도 공소기각 판결이 내려졌다. 서울중앙지법 형사12단독 이숙연 판사는 '북한의 전쟁선포로 국가 비상사태가 선포됐다'는 등 허위사실을 인터넷에 유포한 혐의로 불구속 기소된 김씨와 채씨에게 공소기각 판결했다.

ZDNet Korea, 2011년 1월 11일, 정윤희 기자

❖ 참고문헌

강태수, 기본권의 보호영역에 관한 소고, 청주법학 9권.

고상덕, 온라인 공론장의 참여민주주의적 의의와 국가간섭에 대한연구 :2009년 미네르바 구속사건을 중심으로, 한국교원대학교 석사논문, 2010년.

박경신, 허위사실유포죄의 위헌성에 대한 비교법적 분석, 인하대학교 법학연구, 12편1호, 2009년.

황성기, 헌법적 관점에서 본 미네르바판결 : 소위 '허위사실유포죄 '의 헌법적 문제점을 중심으로, 인권과 정의 통권395호, 2009년 7월.

제 2 절 야간옥외집회 금지와 집회의 자유

I. 사례

갑은 2008. 5. 9. 19:35경부터 21:47경까지 야간에 옥외에서 미국산 쇠고기 수입반대 촛불집회를 주최하였다는 등의 이유로 집회 및 시위에 관한 법률 위반 등 혐의로 기소되었다.

갑은 1심 계속 중 자신에게 적용된 '집회 및 시위에 관한 법률' 제10조, 제23조 제1호가 헌법상 금지되는 집회의 사전 허가제를 규정한 것으로서 헌법에 위반된다고 주장하며 위헌법률심판 제청 신청을 하였다.

서울중앙지방법원은 위 법률조항들이 당해 사건 재판의 전제가 되고, 위헌이라고 인정할 만한 상당한 이유가 있다며 2008. 10. 13. 이 사건 위헌법률심판제청을 하였다.

참조 : 집회 및 시위에 관한 법률 제10조 등 위헌제청 (헌재 2009.9.24./ 2008헌가25)

[공부거리]

집회의 자유와 허가제
헌법불합치결정
과잉금지의 원칙

[심판대상조문]

집회 및 시위에 관한 법률(2007. 5. 11. 법률 제8424호로 전부 개정된 것)

제10조(옥외집회와 시위의 금지 시간) 누구든지 해가 뜨기 전이나 해가 진 후에는 옥외집회 또는 시위를 하여서는 아니 된다. 다만, 집회의 성격상 부득이하여 주최자가 질서유지인을 두고 미리 신고한 경우에는 관할경찰관서장은 질서 유지를 위한 조건을 붙여 해가 뜨기 전이나 해가 진 후에도 옥외집회를 허용할 수 있다.

제23조(벌칙) 제10조 본문 또는 제11조를 위반한 자, 제12조에 따른 금지를 위반한 자는 다음 각 호의 구분에 따라 처벌한다.

1. 주최자는 1년 이하의 징역 또는 100만 원 이하의 벌금
2.~3. 생략

[참조조문]

집회 및 시위에 관한 법률

제2조(정의) 이 법에서 사용하는 용어의 뜻은 다음과 같다.

1. "옥외집회"란 천장이 없거나 사방이 폐쇄되지 아니한 장소에서 여는 집회를 말한다.
2. "시위"란 여러 사람이 공동의 목적을 가지고 도로, 광장, 공원 등 일반인이 자유로이 통행할 수 있는 장소를 행진하거나 위력 또는 기세를 보여, 불특정한 여러 사람의 의견에 영향을 주거나 제압을 가하는 행위를 말한다.
3.~6. 생략

제6조(옥외집회 및 시위의 신고 등) ① 옥외집회나 시위를 주최하려는 자는 그에 관한 다음 각 호의 사항 모두를 적은 신고서를 옥외집회나 시위를 시작하기 720시간 전부터 48시간 전에 관할 경찰서장에게 제출하여야 한다. 다만, 옥외집회 또는 시위 장소가 두 곳 이상의 경찰서의 관할에 속하는 경우에는 관할 지방경찰청장에게 제출하여야 하고, 두 곳 이상의 지방경찰청 관할에 속하는 경우에는 주최지를 관할하는 지방경찰청장에게 제출하여야 한다.

1. 목적 2. 일시(필요한 시간을 포함한다)
3. 장소 4. 주최자(단체인 경우에는 그 대표자를 포함한다), 연락책임자, 질서유지인에 관한 다음 각 목의 사항
   가. 주소 나. 성명 다. 직업 라. 연락처
5. 참가 예정인 단체와 인원

[참조판례]

1. 집회및시위에관한법률 제11조제1호 중 국내주재 외국의 외교기관 부분위헌소원(헌재 2003.10.30./ 2000헌바67등)
   불기소처분취소(헌재 2001.5.31./ 2000헌마43)
   집회및시위에관한법률 제2조제1호 등 위헌소원(헌재 2009.5.28./ 2007헌바22)
   폭력행위등처벌에관한법률 제3조제2항 위헌소원(헌재 2006.4.27./ 2005헌바38)
2. 집회및시위에관한법률 제2조등에 대한 헌법소원(헌재 1994.4.28./ 91헌바14)

1. 당사자의 주장

1) 법원의 위헌법률심판 제청이유

(1) 집시법 제10조는 **야간옥외집회를 미리 금지하고 일정한 요건을 갖춘 경우에 관할경찰서장이 예외적으로 허용할 수 있도록 하는 바,** 이는 헌법 제21조 제2항이 절대적으로 금지하고 있는 집회에 대한 **사전허가제에 해당**하고, 집회의 자유를 본질적으로 침해하는 것이다.

(2) 집시법 제10조가 규정하는 옥외집회 금지 시간이 해가 진 이후부터 해가 뜨기 전까지로 하루의 절반이나 되어 '예외'라고 보기에는 너무 넓고, **적지 않은 국민들이 주간에 학업이나 생업에 종사하고 있는 상황에서 야간 옥외집회가 금지된다면 집회의 자유라는 정치적 기본권이 형해화될 수밖에 없다.**

한편, 집시법은 집회에 대한 사전신고제 규정(집시법 제6조, 제7조, 제8조, 제9조), 공공의 안녕질서에 직접적인 위협을 끼칠 것이 명백한 불법집회 등의 금지 규정(집시법 제5조), 집회금지장소 규정(집시법 제11조), 교통소통을 위한 제한규정(집시법 제12조), 확성기 등 사용의 제한 규정(집시법 제14조) 등을 두고 있는바, 이러한 규정들을 유효 적절하게 운용할 경우 집회에 대한 적절한 제한을 가할 수 있다.

그럼에도 야간옥외집회를 원칙적으로 금지하는 집시법 제10조는 헌법 제37조 제2항이 규정하고 있는 과잉금지원칙에도 위반하여 집회의 자유를 침해하는 것이다.

2) 법무부장관의 의견

(1) 헌법 제21조 제2항이 규정하는 집회에 대한 사전허가제 금지의 해석은 집회의 자유의 최대한 보장과 공공의 안전 및 제3자의 권리 보호가 조화를 이루는 방향으로 이루어져야 한다. 일반적 집회는 신고만 하면 개최가 가능하도록 하여 원칙적으로 허용하되, 야간이라는 시간적 특수성과 옥외집회라는 장소적 특수성을 고려하여 야간 옥외집회를 금지하는 것은 사전허가제 금지에 반하지 아니한다.

(2) 집시법 제10조는 공공의 안녕질서 유지, 집회의 폭력화 방지 및 제3자의 권리 보장 등을 위한 것으로서 그 입법목적의 정당성이 인정되고, 야간옥외집회를 원칙적으로 금지하고 일정한 조건이 충족된 경우 예외적으로 허용하도록 한 것은 **야간옥외집회를 통해 발생**

할 수 있는 파생적 혼란 및 사고 방지에 효과적인 수단이라 할 것이므로 수단의 적절성 또한 인정된다.

또한, 집시법 전체의 체계에 비추어 보면 위 조항에 의하여 규제되는 집회의 범위는 넓지 아니하고, 집회의 성격상 야간개최가 부득이하다는 사정이 인정되면 질서유지를 위한 조건을 붙여 야간집회를 할 수 있게 하여 기본권 침해를 최소화하고 있으므로 최소침해성 원칙에도 반하지 않는다.

나아가 위 조항은 사실상 신고제와 같이 운용되고 있고, 학문, 예술 등에 관한 집회에는 위 조항이 적용되지 않을 뿐만 아니라 야간이라도 옥내집회는 일반적으로 허용된다는 점에서 위 조항으로 인한 사익의 침해는 공공의 안녕질서 유지 및 제3자의 기본권 보호 등 달성되는 공익과 적절한 균형관계를 갖추고 있다고 할 것이므로 법익균형성도 인정된다. 결국 집시법 제10조는 과잉금지원칙에 위배하여 집회의 자유를 제한하는 것이라 볼 수 없다.

3) 경찰청장의 의견

(1) 헌법 제21조 제2항이 규정하는 집회에 대한 허가 금지가 모든 사전제한을 금지하는 것은 아니고, 타인의 기본권 침해 가능성이 큰 집회의 자유의 특성에 비추어 집회에 대한 허가 금지는 언론·출판에 대한 허가 금지에 비하여 완화된 기준을 적용하여야 하며, 헌법 제37조 제2항과의 관계에서 헌법 제21조 제2항은 집회의 자유의 본질적 내용을 침해하는지 여부의 문제로 이해해야 한다.

(2) 집회 및 시위의 자유는 다수인의 집단행동에 관한 것이기 때문에 공공의 안녕질서 및 법적 평화와 충돌될 가능성이 크고, 특히 야간의 옥외집회 및 시위는 '야간'이라는 상황적 특수성과 '옥외집회·시위'의 속성상 주간의 경우보다 공공의 안녕질서를 침해할 수 있는 개연성이 높으므로 법 제10조가 공공의 안녕질서 유지를 위하여 야간의 옥외집회 및 시위를 제한하는 것은 정당한 목적 달성을 위한 적절한 수단이라 할 것이며, 선진 각국의 입법례에 비추어 살펴보아도 과도한 제한이라고 볼 수 없다. 한편, 법 제10조로 인하여 침해되는 사익은 매우 경미함에 비하여 달성되는 공익은 폭력집회 등을 방지하고, 집회 지역 인근 거주자 등 시민들의 주거환경권 등을 보호하여 공공의 안녕질서를 유지한다는 것으로 현저히 크다. 따라서 이 사건 법률조항들이 과잉금지원칙에 위배하여 집회 및 시위의 자유를 제한하거나 집회의 자유를 본질적으로 침해하여 헌법이 금지하는 허가를 규정한 것으로 볼 수 없다.

2. 헌법재판소의 판단

1) 현대 대의민주국가에서의 집회의 자유의 의미와 역할

(1) 헌법 제21조 제1항은 "모든 국민은 언론·출판의 자유와 집회·결사의 자유를 가진다."고 규정하여 집회의 자유를 표현의 자유로서 언론·출판의 자유와 함께 국민의 기본권으로 보장하고 있다. 그러므로 우리 헌법상 집회의 자유는 우선, 국가에 대한 방어권으로서 집회의 주체, 주관, 진행, 참가 등에 관하여 국가권력의 간섭이나 방해를 배제할 수 있는 주관적 권리로서의 성격을 가지며, 아울러 자유민주주의를 실현하려는 사회공동체에 있어서는 불가결한 객관적 가치질서로서의 이중적 성격을 갖는다.

(2) 인간으로서의 존엄과 가치를 보장하기 위하여 자유로운 인격발현을 최고 가치중의 하나로 삼는 우리 헌법질서내에서 집회의 자유는 국민들이 타인과 접촉하고 정보와 의견을 교환하며 공동의 목적을 위하여 집단적으로 의사표현을 할 수 있게 함으로써 개성신장과 아울러 여론형성에 영향을 미칠 수 있게 하여 동화적 통합을 촉진하는 기능을 가지며, 나아가 정치·사회현상에 대한 불만과 비판을 공개적으로 표출케 함으로써 정치적 불만세력을 사회적으로 통합하여 정치적 안정에 기여하는 역할을 한다.

또한, 선거와 선거 사이의 기간에 유권자와 그 대표 사이의 의사를 연결하고, 대의기능이 약화된 경우에 그에 갈음하는 직접민주주의의 수단으로서 기능하며, 현대사회에서 의사표현의 통로가 봉쇄되거나 제한된 소수집단에게 의사표현의 수단을 제공한다는 점에서, 언론·출판의 자유와 더불어 대의제 자유민주국가에서는 필수적 구성요소가 되는 것이다. 이러한 의미에서 헌법이 집회의 자유를 보장한 것은 관용과 다양한 견해가 공존하는 다원적인 '열린사회'에 대한 헌법적 결단인 것이다.

2) 집회의 자유에 대한 제한의 한계로서의 '집회에 대한 허가 금지'

(1) 헌법 제21조 제2항의 취지와 의미

① 헌법 제21조 제2항(이하 '이 사건 헌법규정'이라 한다)은 "언론·출판에 대한 허가나 검열과 집회·결사에 대한 허가는 인정되지 아니한다."고 규정함으로써 헌법 자체에서 언론·출판에 대한 허가나 검열의 금지와 더불어 집회에 대한 허가금지를 명시함으로써, 집회의 자유에 있어서는 다른 기본권 조항들과는 달리, '허가'의 방식에 의한 제한을 허용하

지 않겠다는 헌법적 결단을 분명히 하고 있다.

헌법 연혁적으로 살펴보건대, 집회에 대한 허가 금지조항은 처음으로 1960. 6. 15. 개정헌법 제28조 제2항 단서에서 규정되었으며, 1962. 12. 26. 개정헌법 제18조 제2항 본문에서 그대로 유지되었으나 1972. 12. 27. 개정헌법에서 삭제되었다가 1987. 10. 29. 개정된 현행 헌법에서 다시 규정된 것이다.

위와 같은 이 사건 헌법규정의 연혁적 변천과정, 그 중에서도 특히 1972년 소위 유신헌법에서 삭제되었던 언론·출판에 대한 허가나 검열의 금지와 함께 집회에 대한 허가제 금지규정을 다시 부활시킨 역사적 배경 내지 정치·사회·문화적 상황 등을 종합하여 보면, 이 사건 헌법규정은, 언론·출판의 자유와 더불어 집회의 자유가 형식적·장식적 기본권으로 후퇴하였던 과거의 헌정사에 대한 반성적 고려에서, 집회의 자유가 실질적으로 보장되지 않는 한 자유민주주의적 헌정질서가 발전·정착되기는 어렵다는 역사적 경험을 토대로, 그동안 삭제되었던 언론·출판에 대한 허가나 검열 금지와 함께 집회에 대한 허가제 금지를 다시금 살려내어, 집회의 허용 여부를 행정권의 일방적·사전적 판단에 맡기는 집회에 대한 허가제는 집회에 대한 검열제와 마찬가지이므로 이를 절대적으로 금지하겠다는 헌법 개정권력자인 국민들의 헌법가치적 합의이며 헌법적 결단이라고 보아야 할 것이다.

② 비교헌법적으로 보더라도, 이 사건 헌법규정처럼 헌법자체에서 집회의 자유에 대하여 허가제금지를 규정하고 있는 입헌례는 우리나라와 독일을 제외하고는 그 유례를 찾기 어려울 정도로 매우 드문 경우인바, 현행 헌법이 이처럼 매우 독특한 입헌례를 가지게 된 이유는 앞서 본 바와 같이 과거의 헌정사에 대한 반성에서 집회의 자유를 더욱 철저하게 보장하기 위한 헌법적 결단이므로 이 사건 헌법규정을 해석함에 있어서는 이러한 비교법적 연구의 결과도 충분히 감안되어야 할 것이다.

③ 따라서 이 사건 헌법규정은 헌법 자체에서 직접 집회의 자유에 대한 제한의 한계를 명시하고 있으므로 기본권 제한에 관한 일반적 법률유보조항인 헌법 제37조 제2항에 앞서서, 우선적이고 제1차적인 위헌심사기준이 되어야 하는 것이다.

따라서, 집회의 자유를 제한하는 법률규정이 비록 헌법 제37조 제2항이 정하고 있는 기본권제한의 요건을 갖추고 있다고 하더라도, 그것이 허가제의 방식을 취하고 있다면 그 법률규정은 이 사건 헌법규정에 위반되는 것이어서 허용될 수 없는 것이다.

(2) 이 사건 헌법규정에 의하여 금지되는 '집회'에 대한 허가의 의미

① 우선 옥내집회에 대하여 허가가 금지되는 것은 물론이다. 옥외집회에 관하여는 현행 헌법 자체가 특별한 의미를 가지고 있다. 즉 1962. 12. 26. 개정헌법 제18조 제2항에서 집

회에 대한 허가 금지를 규정하는 한편, 같은 조 제4항에서 "옥외집회에 대하여는 그 시간과 장소에 관한 규제를 법률로 정할 수 있다."는 개별적 법률유보규정을 두었으나, 1980. 10. 27. 개정 헌법에서는 같은 취지의 규정을 두지 아니하였고 현행 헌법에서도 이 사건 헌법규정에서 집회에 대한 허가 금지를 규정하였을 뿐 옥외집회에 대하여 특별히 개별적 법률유보조항을 두고 있지 아니한바, 이는 현행 헌법에서는 옥외집회에 대하여 그 시간과 장소에 관하여 특별히 개별적 법률유보에 의한 제한을 하지 않겠다는 헌법개정권력자인 국민들의 헌법적 선택과 결단의 결과라고 보아야 할 것이다. 따라서 옥외집회에 대한 시간과 장소에 관한 규제부분을 해석함에 있어서는 이 부분에 관한 헌법규정의 연혁적 변천과정까지도 주목하고 감안해야 할 것이다.

② 현행 헌법에서는 위에서 본 바와 같이 옥외집회의 시간과 장소에 관하여 개별적 법률유보조항을 두지 아니하였을 뿐만 아니라, 또한, 집회의 자유는 집회의 시간·장소·방법과 목적을 스스로 결정할 권리를 보장하는 것이며, 구체적으로 보호되는 주요행위는 집회의 준비 및 조직, 지휘, 참가, 집회장소·시간의 선택을 포함하는 것이다.

그러므로 결국 집회의 자유에 대한 허가금지를 규정한 이 사건 헌법규정의 취지는, 집회의 내용 그 자체를 기준으로 한 허가뿐만 아니라 집회의 시간·장소·방법을 기준으로 한 허가도 이 사건 헌법규정에 의하여 금지되는 허가에 해당하는 것으로 볼 수밖에 없는 것이다. 따라서 옥내·외의 집회나 주·야간의 집회를 막론하고 집회 전반에 걸쳐 집회에 대한 허가는 모두 이 사건 헌법규정에 의하여 금지되는 것이다.

(3) 이 사건 헌법규정에 의하여 금지되는 집회에 대한 '허가'의 의미

이 사건 헌법규정에서 금지하고 있는 '허가'는 행정권이 주체가 되어 집회 이전에 예방적 조치로서 집회의 내용·시간·장소 등을 사전심사하여 일반적인 집회금지를 특정한 경우에 해제함으로써 집회를 할 수 있게 하는 제도, 즉 허가를 받지 아니한 집회를 금지하는 제도를 의미한다.

그러므로 이 사건 헌법규정에서 금지하고 있는 '허가'제는 집회의 자유에 대한 일반적 금지가 원칙이고 예외적으로 행정권의 허가가 있을 때에만 이를 허용한다는 점에서, 집회의 자유가 원칙이고 금지가 예외인 집회에 대한 신고제와는 집회의 자유에 대한 이해와 접근방법의 출발점을 달리 하고 있는 것이다.

3) 집시법 제10조가 이 사건 헌법규정에 위배되는지 여부

(1) 집시법 제10조 본문은 "누구든지 해가 뜨기 전이나 해가 진 후에는 옥외집회 또는

시위를 하여서는 아니된다."고 규정하여 '야간옥외집회'를 일반적으로 금지하면서 그 단서에서는, "다만 집회의 성격상 부득이하여 주최자가 질서유지인을 두고 미리 신고한 경우에는 관할경찰서장은 질서 유지를 위한 조건을 붙여 해가 뜨기 전이나 해가 진 후에도 옥외집회를 허용할 수 있다."고 규정하고 있는바, 위 조항 본문에 의하면 야간옥외집회는 일반적으로 금지하되, 그 단서에서는 행정권인 관할경찰서장이 집회의 성격 등을 포함하여 야간옥외집회의 허용 여부를 사전에 심사하여 결정한다는 것이므로, 결국 야간옥외집회에 관한 일반적 금지를 규정한 집시법 제10조 본문과 관할 경찰서장에 의한 예외적 허용을 규정한 단서는 그 전체로서 야간옥외집회에 대한 '허가'를 규정한 것이라고 보지 않을 수 없고, 이는 이 사건 헌법규정에 정면으로 위반되는 것이다.

(2) 한편, 집시법 제11조 내지 제14조에서도 집회의 장소, 방법 등에 관하여 집회의 자유를 제한하는 규정을 두고 있긴 하지만, 위 규정들은 집시법 제10조와 같이 행정권에 의한 사전허가의 방식으로 집회의 자유를 규제하지 아니하고, 법률에 의한 제한의 방식을 취하고 있으므로 이 사건 헌법규정에 대한 위반의 문제는 발생하지 않는다.

나아가 집시법 제11조 제4호는, 원래 국내 주재 외국의 외교기관이나 외교사절의 숙소부근에서는 옥외집회 및 시위를 절대적으로 금지하는 규정을 두었다가 헌법재판소의 위헌결정(헌재 2003. 10. 30. 2000헌바67등 결정)에 따라 단서조항이 신설되는 개선입법이 이루어졌지만, 이때에도 행정권에 의한 사전허가의 방식이 아니라 법률에 의한 규제방식을 택하였을 뿐이므로, 행정권에 의한 사전허가의 방식으로 집회의 자유를 제한하고 있는 집시법 제10조와는 다르다는 점을 주목할 필요가 있다.

(3) 다음, 야간옥외집회의 금지여부에 관한 세계적인 입법례를 살펴 보건대, 이미 앞에서 본 바와 같이 헌법자체에서 집회에 대한 '허가'를 금지하고 있는 나라는 우리나라와 독일의 경우뿐이지만 영국, 독일, 일본, 오스트리아 등에서도 야간옥외집회를 특별히 금지하거나 행정권에 의한 '허가'의 방법으로 이를 제한하는 규정을 두고 있지 않으며, 프랑스의 경우에는 밤 11시 이후의 집회만을 금지하고 있고, 러시아의 경우에도 밤 11시부터 아침 7시까지의 집회를 금지하고 있을 뿐이다. 다만 미국의 경우에는 집회 및 시위에 관하여는 연방차원이 아닌 각 주의 주법이나 시의 조례 등에 의하여 규제하고 있을 뿐이어서 우리나라의 경우와 단순 비교하기가 적절하지 않다.

따라서 전세계적으로 볼 때 야간옥외집회만을 특별히 금지하거나 '허가'의 방법으로 제한하는 규정을 가지고 있는 국가가 많지 않다는 점도 집시법 제10조의 위헌여부를 평가함에 있어서 고려되어야 할 것이다.

(4) 우리 재판소는 이전에 집시법 제10조가 이 사건 헌법규정에 위배되지 않는다고 판시한 바 있지만, 위 선례는 앞서 본 바와 같은 집회의 자유에 대한 자유민주주의 국가에서의 현대적 의의와 기능 및 이 사건 헌법규정에 담긴 국민들의 헌법의지에 대하여 충분히 고려하지 않은 채, 제2차적인 위헌심사 기준이며 일반적 법률유보조항인 헌법 제37조 제2항의 위반여부만을 주된 쟁점으로 삼아 판단한 것에 불과하므로, 변경되어야 할 것이다.

4) 소 결

(1) 집시법 제10조 중 "옥외집회" 부분은 이 사건 헌법규정에 의하여 금지되는 허가제를 규정한 것으로서 헌법에 위반되고, 따라서 헌법에 위반되는 집시법 제10조 본문의 "옥외집회" 부분을 위반한 경우에 적용되는 처벌조항인 집시법 제23조 제1호 중 "제10조 본문의 옥외집회" 부분도 헌법에 위반된다.

(2) 끝으로 덧붙이자면, 집회의 자유는 현대 대의민주국가에서 민주적 공동체의 필수적 구성요소이기 때문에 고도로 보장되어야 할 기본권이지만, 다른 한편, 집회의 자유는 다수인이 집단적 형태로 의사를 표현하는 것이므로 공공의 질서 내지 법적 평화와 마찰을 일으킬 가능성이 상당히 높은 것이어서, 집회의 자유에 대한 일정 범위내의 제한은 불가피할 것인바, 그러한 경우에는 헌법이 직접 금지하고 있는 허가제 이외의 방법으로 관련 법익들을 비교형량하여 그러한 법익들이 실제적 조화의 원칙에 따라 모두 동시에 최대한 실현될 수 있도록 정리・정돈되어야 할 것이다. 또한, 특별히 강조되어야 할 점은, 우리 헌법상 집회의 자유에 의하여 보호되는 것은 오로지 '평화적' 또는 '비폭력적' 집회에 한정되는 것이므로 집회의 자유를 빙자한 폭력행위나 불법행위 등은 헌법적 보호범위를 벗어난 것인 만큼, '집회 및 시위에 관한 법률', 형법, 국가보안법, '폭력행위 등 처벌에 관한 법률', 도로교통법 등에 의하여 형사처벌되거나 민사상의 손해배상책임 등에 의하여 제재될 수 있을 것임은 말할 나위가 없는 것이다.

Ⅱ. 해설

1. 집회의 자유와 사전허가제

1) 집회의 의의

헌법 제21조 제1항에서는 "모든 국민은 집회, 결사의 자유를 가진다"라고 하여 집회와 결사의 자유를 보장하고 있다. 집회란 다수인이 공동의 목적을 가지고 일정한 장소에서 일시적으로 회합하는 행위를 말한다. 집회의 개념적 요소는 (i) 다수인, (ii) 공동의 목적, (iii) 일시적 회합이다. 노상에서의 우연한 군집은 공동의 목적이 없기 때문에 집회로 볼 수 없다.

2) 집회의 자유가 갖는 민주적 의미와 기능

집회의 자유는 (i) 개인의 인격실현과 개성신장을 촉진시키며 의사표현의 실효성을 증대시키고, (ii) 대의기능이 약화된 경우에 직접민주주의의 수단이 될 수 있으며, (iii) 소수의 의견을 국정에 반영함으로써 소수를 보호하는 기능 등을 수행한다. 한편, 헌법재판소는 "집회의 자유는 정치, 사회현상에 대한 불만과 비판을 공개적으로 표출케 함으로써 정치적 불만세력을 사회적으로 통합하여 정치적 안정에 기여하는 역할을 한다"라고 함으로써 집회의 자유가 가지고 있는 정치적 기능에 주목하고 있다.

3) 집회의 자유의 제한

(1) 사전제한

집회 또는 시위에 관하여 사전허가를 받게 하는 허가제는 헌법 제21조에 따라 금지된다. 행정상의 참고를 위한 신고제는 사전제한이 아니므로 무방하다. **허가제**는 집회, 시위의 일반적 금지를 전제로 당국의 재량적 허가처분에 따라 특정한 경우에 금지를 해제해 주는 것이지만, **신고제**는 신고만 하면 당연히 집회, 시위를 할 수 있는 자유를 전제로 하고 있다는 점에서 양자는 구별된다. 신고제는 집회 또는 시위의 중복에 의한 혼란을 예방하고, 일반인의 도로, 공원 등 공물이용과의 충돌을 조정하며 공물의 관리상 필요하기 때문에 필요한 측면이 없지 않다.

헌법재판소도 "경찰관청 등 행정관청으로 하여금 집회의 순조로운 개최와 공공의 안전보호를 위하여 필요한 준비를 할 시간적 여유를 주기 위한 것으로서 협력의무로서의 신고"라고 하고 있다.[62)]

이러한 인식은 1994년의 집시법 위헌사건에서도 명확히 드러난다. 즉 "결국 , 구 집시법 전체의 규정 체제에서 보면 법은 일정한 신고절차만 밟으면 일반적 원칙적으로 옥외집회 및 시위를 할 수 있도록 보장하고 있으므로 집회에 대한 사전신고제도는 헌법 제21조 제2항의 사전허가금지에 반하지 않는다고 할 것이다"[63)]

그러나 현행 집시법상의 사전신고제는 강학상의 사전신고제, 또는 헌재가 생각하는 신고제와는 매우 동떨어져 있다. 현행 집시법에 따르면 신고를 하더라도 금지통고의 사유가 되는 조항만 해도 제5조 제1항(절대적 금지집회), 제10조 본문(야간집회), 제11조(공공기관 등 주변 집회), 제7조 제1항(신고서 보완 미이행), 제12조(교통소통), 제8조 제3항(주거지역, 학교주변, 군사시설 주변) 등 6개 조항 10여 개 항목에 이른다. "이런 점을 고려해 볼 때, 금지통고 등과 결합되어 있는 현행 집시법하의 신고제도는 헌재의 표현을 빌리자면 적어도 일반적 원칙적으로 옥외집회 및 일반시위를 할 수 없도록 하는 것"[64)]이라는 주장에도 귀를 기울여야 할 것이다.

(2) 사후제한

집회의 자유는 질서유지, 공공복리를 위하여 필요한 경우에는 법률로써 제한할 수 있다. 이에 관한 법률로서 형법, 국가보안법, 집회 및 시위에 관한 법률 등이 있다. 집시법에 의하면 신고된 집회 또는 시위가 집단적인 폭행, 협박, 방화 등으로 공공의 안녕질서에 직접적인 위험을 초래한 경우에는 남은 기간의 당해 집회나 시위에 대하여 금지통고를 할 수 있고,[65)] 소음으로 인한 시민들의 피해를 방지하기 위하여 집회 또는 시위의 주최자가 타인에게 심각한 피해를 주는 소음으로서 대통령령이 정하는 기준을 위반하는 소음을 발생시키는 경우 관할경찰서장은 기준 이하의 소음유지 또는 확성기 등의 사용중지 등을 명할 수 있다.[66)]

4) 본 사안의 경우

헌법 제21조 제2항은 "언론·출판에 대한 허가나 검열과 집회·결사에 대한 허가는 인

62) 헌재 2009.5.28./ 2007헌바22.
63) 헌재 1994.4.28./ 91헌바14.
64) 김종서, 집시법의 몇 가지 문제점, 법학연구 제13권3호, 인하대 법학연구소, 2010년 12월, 156쪽.
65) 집시법 제8조 1항 단서.
66) 집시법 제14조.

정되지 아니한다."고 규정함으로써 헌법 자체에서 언론·출판에 대한 허가나 검열의 금지와 더불어 집회에 대한 사전적인 허가제의 금지를 명시하고 있다.

그러나 집시법 제10조 본문은 "누구든지 해가 뜨기 전이나 해가 진 후에는 옥외집회 또는 시위를 하여서는 아니된다."고 규정하여 '야간옥외집회'를 일반적으로 금지하면서 그 단서에서는, **"다만 집회의 성격상 부득이하여 주최자가 질서유지인을 두고 미리 신고한 경우에는 관할경찰서장은 질서 유지를 위한 조건을 붙여 해가 뜨기 전이나 해가 진 후에도 옥외집회를 허용할 수 있다."고 규정하고 있는바, 위 조항 본문에 의하면 야간옥외집회는 일반적으로 금지하되, 그 단서에서는 행정권인 관할경찰서장이 집회의 성격 등을 포함하여 야간옥외집회의 허용 여부를 사전에 심사하여 결정한다는 것이므로, 결국 야간옥외집회에 관한 일반적 금지를 규정한 집시법 제10조 본문과 관할 경찰서장에 의한 예외적 허용을 규정한 단서는 그 전체로서 야간옥외집회에 대한 '허가'를 규정한 것이라고 보지 않을 수 없고, 이는 이 사건 헌법규정에 정면으로 위반되는 것이다.**

헌법재판소는 이전에 집시법 제10조가 이 사건 헌법규정에 위배되지 않는다고 판시한 바 있지만, 위 선례는 집회의 자유에 대한 민주주의 국가에서의 현대적 의의와 기능 및 이 사건 헌법규정에 담긴 국민들의 헌법의지에 대하여 충분히 고려하지 않은 채, 제2차적인 위헌심사 기준이며 일반적 법률유보조항인 헌법 제37조 제2항의 위반여부만을 주된 쟁점으로 삼아 판단한 것에 불과하였다.

한편, 본 사안의 경우 헌법재판소는 과거와는 달리 야간 활동이 크게 증가하면서 야간 옥외집회의 필요성 자체가 크게 증대되었다는 점, 조명시설이 발달되면서 야간 옥외집회의 위험성이 크게 감소되었다는 점 등 변화된 상황을 적극 고려하여 야간 옥외집회의 허가제에 대하여 헌법불합치 결정을 한 것으로 보인다.[67]

2. 헌법불합치결정의 효력

1) 헌법불합치결정의 의의

헌법불합치결정이란 법률의 실질적인 위헌성을 인정하면서도 입법자의 입법형성의 자유를 존중하고 법의 공백과 혼란을 피하기 위하여 일정기간까지는 당해 법률이 잠정적인 계속효를 가진다는 것을 인정하는 결정형식이다. 헌법불합치결정은 단순위헌결정으로 인하여

67) 장영수, 야간 옥외집회 금지에 대한 헌법재판소의 헌법불합치 결정의 의미와 집시법의 개정방향, 고시계, 2009년 11월, 96쪽.

법적 공백이 발생하거나 평등조항의 위반으로 법률의 효력을 없앨 경우에 국가로부터 받는 급부가 중단되는 것을 회피하기 위하여, 헌법에 합치하지 않는 법률이나 법률조항이라도 일정기간 동안 효력을 유지시킬 필요가 있는 경우에 행한다. 헌법불합치 결정의 주문에서는 시한을 정하는 표시를 하는 것이 보통이며 통상 입법촉구결정을 함께 한다.

2) 헌법불합치결정의 효과[68)]

헌법불합치결정이 있게 되면 심판대상인 법률이나 법률조항은 헌법에 위반됨에도 불구하고 그 효력을 바로 상실하지 않고 그대로 유지된다. 그러나 개정입법이 행해지지 아니한 채 기한이 도래하면 당해 법률 또는 법률조항은 효력을 상실하게 된다. 그 결과 위헌결정의 경우와 원칙적으로 동일한 상태가 되며, 헌법재판소의 판례는 헌법불합치결정의 소급효를 인정한다(헌재 1995.7.17./ 93헌바1 등). 대법원의 판례도 같은 취지이다(대판 2002.4.2./ 99다3358).

헌법불합치의 결정이 있은 후 국회가 법률을 개정한 경우, 개정된 신법은 원칙적으로 소급하여 효력을 가지는 것이 되어야 한다. 결정주문 중 "헌법에 합치하지 아니한다고 한 부분"과 "해당법률의 효력을 유지시키는 부분"에는 기속력이 인정되지만, "입법을 촉구한 부분"에 대해서는 기속력이 인정되지 않는다.

3) 이사건 법률조항에 대한 헌법불합치 판시사항

이 사건 법률조항들이 헌법에 위반된다는 의견이 5인이고, 헌법에 합치되지 아니한다는 의견이 2인이므로, 단순위헌 의견에 헌법불합치 의견을 합산하면 헌법재판소법 제23조 제2항 제1호에 규정된 법률의 위헌결정을 함에 필요한 심판정족수 6인 이상에 이르게 된다. 따라서 이 사건 법률조항들에 대하여 헌법에 합치되지 아니한다고 선언하되, 이 사건 법률조항들에는 위헌적인 부분과 합헌적인 부분이 공존하고 있으므로 입법자가 2010. 6. 30. 이전에 개선입법을 할 때까지 계속 적용되어 그 효력을 유지하도록 하고, 만일 위 일자까지 개선입법이 이루어지지 않는 경우 이 사건 법률조항들은 2010. 7. 1.부터 그 효력을 상실하도록 하였다. 아울러 종전에 헌법재판소가 이 결정과 견해를 달리해, 구 '집회 및 시위에 관한 법률'(1989. 3. 29. 법률 제4095호로 전부 개정된 것) 제10조는 헌법에 위반되지 않는다고 판시한 1994.4.28./ 91헌바14 결정은 이 결정과 저촉되는 범위 내에서 이를 변경하기로 하였다.

68) 정종섭, 『헌법학원론』, 박영사, 2006, 1219쪽.

생각해 보기

→ 다음은 야간옥외집회금지의 위헌성에 대한 1994년도 헌재결정(1994.4.28./ 91헌바14)의 요지이다. 같은 야간옥외집회의 위헌성에 대한 2009년도의 헌재결정과 비교하고 논평하라.

1. 다수의견 (합헌의견)

야간의 옥외집회·시위라는 특수한 상황조건으로 인하여 기본권제한입법의 목적원리가 강화될 수밖에 없는 논리적 측면에서 현행 집회및시위에관한법률 제10조가 과거처럼 어떠한 경우에도 야간의 옥외집회·시위를 일률적으로 금지하지 아니하고 집회의 성격상 부득이한 경우에는 일정한 조건을 붙여 일출시간 전, 일몰시간 후의 옥외집회를 허용할 수 있는 단서규정을 두고 있는 점, 이 단서규정에 따른 야간 옥외집회의 허용 여부는 헌법이념 및 조리상 관할 경찰관서장의 편의재량사항이 아니고 기속재량사항이라고 해석되는 점, 학문·예술·체육·종교·의식·친목·오락 등에 관한 집회에는 이러한 금지규정이 적용되지 않을 뿐만 아니라 야간이라도 **옥내집회는 일반적으로 허용되는 점을 고려**할 때, 야간의 옥외집회·시위의 금지에 관한 위 법 제10조의 규정이 집회의 자유의 본질적 내용을 침해한 것이라고 볼 수 없다.

2. 소수의견(재판관 변정수의 반대의견)

이 규정은 야간 옥외집회 시위의 경우 공공의 안녕질서를 침해할 우려가 주간의 집회·시위보다 더 크다는 데 그 근거를 두고 있는 듯하다. 그러나 야간의 옥외집회·시위라 하여 무조건 전면금지시켜야 할 만큼 그것이 공공의 안녕질서를 침해할 우려가 있다고 보는 것은 전혀 합리성을 결여한 것으로서 이는 행정편의주의적 입법이라고 보지 않을 수 없다.

우리 헌법이 주간·야간을 구별하지 아니하고 집회에 대한 허가제를 금지하고 있는 이상 야간의 옥외집회·시위라 하여 전면금지를 원칙으로 할 것이 아니라 **신고제를 통해 전면허용을 원칙으로 하고 다만 제한요건을 객관적으로 엄격히 강화하여 국가안전보장·질서유지·공공복리를 위하여 부득이한 경우에 한하여 예외적으로 야간 옥외집회·시위를 금지**하는 것이 집회·시위 자유의 최대한 보장과 허가제를 금지한 헌법정신에 부합할 것이다.

결국 집시법 제10조는 집회의 자유로 규정한 헌법 제21조 제1항 및 제2항, 그리고 기본권제한 과잉금지를 규정한 헌법 제37조 제2항에 위반된다. 더욱이 최근에 들어 국민일반의 생활양식의 변화가 급속하게 이루어지면서 특히 국민의 대다수를 차지하는 일반 직장인들의 만남은 퇴근 후의 일몰시간 후이거나 출근 전의 일출시간 전일 수밖에 없는 현실에 비추어 볼 때 **야간의 옥외집회·시위를 전면적으로 금지시키는 것을 원칙으로 하고, 일정한 제한된 요건 하에서 예외적으로, 그것도 시위는 제외하고 집회에 한하여, 허용하는 것은 국민의 편의를 도외시한 지나친 제약**이라고 아니할 수 없다.

◉읽을거리

야간옥외집회 금지의 몇 가지 문제점[69)]

1. 헌법불합치 결정과 후속 입법 논의의 경과

집시법 제10조는 일몰 후 일출 전의 집회를 원칙적으로 금지하고 단지 예외적으로 야간에도 경찰서장의 판단에 따라 집회를 할 수 있도록 하고 있다. 헌법재판소는 집시법 제10조에 대해 헌법불합치결정을 선고하면서, 2010년 6월 30일을 시한으로 입법자가 개정할 때까지 계속 적용된다고 판시하였고, 시한까지 국회 입법이 이루어지지 않음에 따라 2010년 7월 1일부터 그 적용이 중지되었다. 15년 전 헌법재판소는 이 규정에 대해 합헌결정을 선고하였지만, 촛불집회를 계기로 다시 위헌법률심판이 제기되었고 마침내 그 위헌성이 인정된 것이다.

야간옥외집회금지가 헌법이 금지하는 사전허가금지에 해당한다는 점을 분명히 하는 등 그간 야간옥외집회금지규정의 위헌성에 대해 전개된 다양한 견해들을 대부분 수용하고 있다는 점에서 환영할 만한 결정이었지만, 위헌성으로 가득한 법률조항의 잠정적인 계속 적용을 명했다는 점에서 아쉬움이 남는 결정이기도 했다. 필자는 이 결정의 문제점에 대해서, 현행 집시법 제10조가 **경찰서장의 허가를 규정한 단서 조항을 삭제한다고 하더라도 헌법 제37조 제2항에서 정하고 있는 기본권 제한의 한계를 넘어선 것으로 집회의 자유의 본질적 내용을 침해한 것임을 간과했다는 점과 헌법불합치 결정을 선고하면서도 개선입법이 이루어질 때까지 이 조항을 계속 적용하도록 한 것은 헌법의 최고규범력에 위반되는 법률의 효력을 제거하려는 위헌법률심판제도의 본지에 맞지 않는다**는 의견을 밝힌 바 있다. 특히 두 번째 이유와 관련해서는 헌법불합치 결정이 현실의 집회와 관련해서는 아무런 실효성이 없을 것이며 이러한 우려는 검찰과 경찰의 '야간옥외집회 금지 고수'라는 태도로 현실화되었다고 지적한 바 있다.

그런데 2010년 6월말까지의 검찰과 경찰의 야간옥외집회 규제방침보다 더욱 심각한 상황이 전개되고 있다. 그것은 바로 한나라당이 이 헌법재판소 결정의 후속작업의 일환으로 제안한 집시법 개정안의 문제이다. 즉 한나라당은 2010년 2월 임시국회에서 옥외집회시위의 금지시간을 종전의 '해가 뜨기 전이나 해가 진 후'에서 '오후 10시부터 다음 날 오전 6시'까지로 수정하는 집시법 야간집회조항의 원포인트 개정을 주장한 것이다(이하 "한나라당안"이라 함).

그러나 '집시법'은 "전체로서 반인권적이고 반헌법적인 것이며 따라서 그것은 전면위헌판단과 더불어 폐지되어야 할 주요 악법중의 하나"라는 지적이 한두 번 제기된 것이 아니다. 그럼에도 불구하고 집회・시위 개최시간을 제한하려는 '한나라당안'은 헌법에서 규정하고 있는 '집회의 자유'에 대한 그릇된 이해의 소산이라는 것이 필자의 견해이다.

한나라당안은 첫째, 헌법재판소 결정의 취지를 오해한 것이고, 둘째, 헌법의 정신에 반하여 집회의 자유의 본질적 내용을 침해하는 것이며, 셋째, 국회의 입법형성권을 극도로 위축시키는 것이라

69) 김종서, 집시법의 몇가 지 문제점, 법학연구 13권3호, 인하대학교 법학연구소, 162-173쪽.

는 것이 필자의 견해이다. 이하에서 이를 논증하고, 나아가 헌법 정신에 가장 부합하는 집시법 개정의 방향을 모색해 본다.

2. 헌법재판소 결정과 한나라당 집시법개정안

1) 헌법재판소 결정의 분석

야간옥외집회를 금지하는 집시법 제10조에 대한 헌법재판소의 헌법불합치 결정을 자세히 들여다보면 몇 가지 의견이 복잡하게 교차하고 있음을 발견할 수 있다.

첫째, 3인의 재판관이 제시한 의견으로서, 그 골자는 집시법 제10조가 단서규정을 포함하여 전체로서 헌법 제21조 제2항에서 금지하고 있는 사전허가제에 해당한다는 것이다(이하 "위헌의견").

둘째, 2인이 제시한 위헌보충의견으로서, 위헌의견과 결론을 함께 하지만, 제10조 단서를 삭제한다고 하더라도 제10조 본문만으로도 과잉금지원칙 위반이라는 것이다(이하 "위헌보충의견").

셋째, 이 결정에서 실질적인 결정력을 행사한 2인의 견해로서, 집시법 제10조가 전체로서 사전허가제는 아니지만 본문의 전면금지는 과잉금지원칙에 위반된다고 하면서도 일정한 시간대의 금지는 입법자가 정해야 한다는 것이다(이하 "헌법불합치의견").

마지막으로 넷째, 2인의 합헌의견으로서, 제10조는 사전허가제도 아니고 과잉금지 원칙에도 위반되지 않는다는 것이다.

이처럼 **헌법재판소 결정에서는 4종류의 의견들이 종횡으로 얽혀 있다. 그런데 이러한 의견들 중 한나라당안이 기반으로 삼고 있는 것은 바로 헌법불합치 의견이다.** 헌법불합치의견은 헌법재판소의 공식적 판단으로 귀결되었다는 점에 비추어 보면, 오후 10시부터 오전 6시까지의 집회를 금지하는 내용을 담고 있는 한나라당안은 외형상 큰 문제가 없어 보이기도 한다. 그러나 한나라당안은 헌법재판소의 결정에 대한 매우 그릇된 독해에서 비롯된 것이다. 그리고 그러한 오독은 의도된 것이라는 의심이 짙다.

2) 한나라당안의 헌법재판소 결정 오독의 형태와 내용

한나라당안이 안고 있는 무엇보다도 큰 문제점은 위헌의견이 재판관의 과반수인 5인이었던 점을 심각하게 받아들이지 않았다는 것이다. 즉 헌법이 법률에 대한 위헌결정의 정족수를 6인으로 정하고 있어서 위헌의견과 위헌보충의견을 합하여도 5인으로 위헌결정 정족수에 이르지 못해 불가피하게 헌법불합치 의견 2인을 더하여 헌법불합치결정을 내렸을 뿐, **이 조항 자체가 위헌(따라서 무효)이라는 의견을 낸 재판관의 수가 과반수에 이르렀음을 고려해야 함에도 애써 이를 무시하고 있기 때문이다.**

물론 한나라당은 헌법불합치의견에 기반을 두고 제안된 것이다. 즉 '야간옥외집회의 전면금지(제10조 본문)는 과잉금지원칙 위반이지만 일정한 시간대의 야간옥외집회는 법률로써 금지할 수 있다'는 논리에 터 잡고 있는 것이다. 헌법재판소의 헌법불합치결정은 헌법재판소가 내린 공식적인 판단(주문)이기에, 이를 따른 한나라당안이 헌법재판소 결정의 취지에 어긋나는 것이라고는 볼 수 없다. 그러나 한나라당안이 가지는 합헌적 의미는 여기까지이다. 국회가 기왕 헌법재판소의 결정 취지에 따라 집시법을 개정하는 작업에 나섰다면, '기본권을 최대한 보장하고, 그 제한은 최소한도에 그쳐야 한다'는 헌법의 원칙에 적합하도록 하는 것이 옳기 때문이다. 즉 한나라당안이 집시법 제10조에서 관할 경찰서장의 조건부 허용규정을 삭제한 것은 긍정적인 부분이나, 집회·시위에 일반적인 시간제한을 둔 것은 큰 문제이다.

헌법재판소의 다수가 '일반적 금지'를 헌법에 위반된다거나 헌법에 합치되지 않는다고 본 것은 단지 시간의 길고 짧음을 얘기하는 것이 아니다. 우리 헌법은 국민의 기본적 인권을 보호함을 최고의 이념으로 삼고 있으며, 그를 위하여 기본권의 제한은 국가안전보장·질서유지 또는 공공복리를 위하여 불가피한 경우 필요최소한도에서만 하도록 명하고 있다. 나아가 기본권을 제한하는 경우에도 그 본질적인 내용은 침해할 수 없도록 규정하고 있다. **그럼에도 집회와 시위가 단지 10시 이후 야간에 열린다는 이유로 그 자유를 전면적으로 금지하는 것은 우리 헌법의 자유의 정신에 반하는 것이다.**

한편 위헌보충의견에서 언급된 대로, 야간시간 대의 옥외집회를 일반적·전면적으로 금지하는 것은 합리적인 사유도 없이 집회의 자유를 상당 부분 박탈하는 것이므로 헌법 제37조 제2항에 근거한 '과잉금지의 원칙'에 위반됨을 지적하지 않을 수 없다. 따라서 **집회금지시간을 설정하는 것 자체가 헌법에 위반되며, '오후 10시'가 아니라 설령 '자정'(또는 더 늦은 시간)으로 바꾼다고 하여도 그 위헌성은 치유되지 않는다.** 허가제와 관련해서는 '관할경찰서장의 허용 가능' 규정을 삭제하는 것으로 위헌성을 면할 수 있을 것이라고 판단했을 지도 모르겠으나, 이는 야간옥외집회 금지 자체가 문제라는 점을 간과한 미봉책에 불과하다.

3. 한나라당안의 위헌성

1) 한나라당안은 집회의 자유의 본질적 내용을 침해하는 것이다

한나라당안은, 법률로써 특정시간대의 집회를 금지하는 것은 헌법이 명문으로 부정하고 있는 (사전)허가제에 해당하지 않는다는 것을 기본적인 전제로 삼고 있다. 이는 언론의 자유나 집회의 자유 등 표현의 자유 제한입법이 검열이나 허가에 해당하는지에 관한 헌법재판소의 기본적 견해로서, 국회가 법률로써 집회를 직접 금지할 경우에는 오로지 과잉금지의 원칙 위반 여부만이 문제된다는 입장이기도 하다. 그러나 여기에는 헌법 제37조 제2항의 본질적 내용 침해 금지에 대한 고려가 빠져 있다.

헌법 제37조 제2항 후문의 "제한하는 경우에도 자유와 권리의 본질적인 내용을 침해할 수 없다"는 규정은 과잉금지원칙에 위반되지 않는 제한이라 하더라도 그것이 자유와 권리의 본질적 내용을 침해하는 정도에 이르는 경우에는 헌법에 위반된다는, 기본권제한입법의 한계를 선언한 것이다. **헌법이 보장하는 집회의 자유와 관련해서 가장 핵심적인 요청은 평화적 집회인 한 그 집회의 일시, 장소, 방법 및 내용을 자유롭게 결정할 수 있다는 것이다. 이 점에서 특정한 시간대의 집회를 금지하는 것 역시 집회의 일시에 대한 결정권을 박탈하고 있다는 점에서 집회의 자유의 본질적 내용을 침해하는 것이라고 보아야 할 것이다.**

물론 헌법재판소는 법원 인근의 집회와 같이 특정한 장소에서의 평화적 집회를 금지하는 집시법 제11조가 헌법 위반은 아니라고 한 바 있다. 그러나 집회 장소 결정권 역시 집회의 자유의 본질적 내용을 이룬다는 점에서 헌법재판소의 이러한 결정 역시 심각한 문제점을 가지고 있다는 것이 필자의 판단이다.

설령 특정장소 부근의 집회 금지가 헌법 위반이 아니라는 헌법재판소의 결정이 타당하다는 전제에 입각하더라도, 특정시간대의 집회 금지는 장소 제한보다도 훨씬 더 심각한 문제를 안고 있다는 점은 반드시 짚고 넘어가야 할 문제이다. 즉 특정 장소에서의 집회 금지는 거리(100미터)를 기준으로 한 한정적 제한에 그치는 반면에 특정 시간대의 집회 금지는 집회 참여의 가능성 자체에 심각한 영향을 미친다는 점에서 훨씬 더 중대한 제한이라는 점이 고려되어야 한다. 주간에 집회를 할 수 있으니 그것으로 충분하다는 반론이 있을 수 있지만, 이는 주간에 개최되는 집회에 참여할 수 없는 사람에게는 집회의 자유를 부정하는 결과로 이어지기 때문에 그 타당성을 인정할 수 없다. 특정 야간 시간대의 집회를 금지하는 한나라당안이 집회의 자유의 본질적 내용을 침해한다고 보는 이유는 바로 이 때문이다.

2) 한나라당안은 국회의 입법형성권을 스스로 위축시키고 있다

나아가 한나라당안이 보여주는 또 하나의 간과할 수 없는 문제점은 국회의 기능과 헌법재판소의 기능을 혼동함으로써, 국회의 입법형성권을 스스로 위축시키고 있다는 점이다. **헌법재판소가 기본권을 제한하는 어떤 법률의 위헌성에 대하여 판단할 때 그 판단기준은 그러한 법률이 기본권을 최대한으로 보장하는 데에 실패했는지가 아니라 기본권의 제한이 필요최소한에 그쳤는가 하는 것이다.** 즉 집회의 자유 제한입법의 규범통제라는 관점에서 본다면, 집시법의 규정이 집회의 자유를 최대한 보장하는 데에는 실패하고 있더라도, 동 규정에 의한 집회의 자유 제한이 제21조 제2항이 정한 사전허가제에 해당하지 않고 그것으로 인한 집회의 자유 제한이 헌법 제37조 제2항에서 정한 필요최소한의 제한이면서 집회의 자유의 본질적 내용을 침해하는 경우도 아니라면, 그것으로 헌법재판소의 위헌판단을 피할 수 있게 되는 것이다.

그러나 기본권 제한 법률에 대한 **국회의 입법형성기준은 헌법재판소의 위헌성 판단기준과는 근본적으로 다른 의미를 가지고 있다. 즉 국회의 입법형성기준은 기본권 제한이 필요최소한에 그치도록 하는 데 있는 것이 아니라, 그 기본권을 최대한 보호하기 위하여 필요한 사항을 정하는 데 있다.** 그리고 이는 입법을 하지 않는 것이 기본권의 보장에 가장 유리할 경우에는 입법을 하지 않아야 한다는 내용까지 포함하는 것이다. "기본권은 최대한 보장하여야 하고, 그 제한은 필요최소한에 그쳐야 한다."는 원칙은, 기본권의 최대한 보장이 원칙적으로 입법형성권을 갖는 국회의 권능이자 임무임을 밝히고 있는 것이다. 헌법 제10조에서 말하는 국가의 기본권보호의무에 관하여 헌법재판소가 심사할 때에는 국가가 국민의 기본권적 법익 보호를 위하여 적어도 적절하고 효율적인 최소한의 보호조치를 취했는가 하는 이른바 "과소보호 금지원칙"의 위반 여부를 기준으로 삼는 것으로 충분하지만, 입법부에 대해서는 기본권보호의무가 그러한 기본권을 최대한 실현시키도록 노력해야 한다는 행위규범으로서 작동하기 때문이다.

그럼에도 한나라당안은 위헌입법의 심사기준, 나아가 헌법재판소의 판시내용을 기본권 보호입법의 최대한으로 간주하고 있다는 데에 그 심각성이 있다. 즉 **한나라당안의 기본적 목적은 집회의 자유를 최대한 보장하는 데에 있는 것이 아니라 헌법재판소의 위헌판단을 피할 수 있으면서도 야간옥외집회를 최대한 제한할 수 있는 방법을 찾는 것에 있는 듯하다. 이는 기본권보호입법의 형성권자로서 국회의 권능을 스스로 사후적 심사기관인 헌법재판소의 기능으로 축소 내지 대체하는 것이며, 이 점에서 국민의 기본권보호를 위해 최선을 다해야 할 국민대표기관이자 1차적 기본권보호의무자인 입법기관으로서의 책무를 저버리는 것이 아닐 수 없다.**

물론 이에 대한 책임을 국회나 한나라당에만 돌리는 것 또한 온당한 것은 아니다. 이러한 결과를 가능하게 한 데에는 헌법재판소의 근본적 잘못이 기여하고 있기 때문이다. 사실 앞서 본 헌법불합치의견은 그 근거로 일정한 시간대의 금지가 필요하지만 그러한 금지시간대를 결정하는 것은 입법자의 몫이기 때문이라는 점을 내세웠는데, '일정한 시간대의 금지가 필요하다'는 식의 이런 판시는 사실상의 입법행위나 다름없다. 예컨대, 헌법재판소의 이러한 설시는 국회가 '전면적이든 부분적이든 일정한 시간대를 이유로 한 집회 금지는 허용될 수 없다'고 판단할 수 있는 여지에 상당한 심리적 제약을 가함으로써 그 입법형성권을 심각하게 침해하고 있는 것이다.

그러나 이와 같은 헌법재판소 결정의 문제점에도 불구하고 그것을 마치 입법형성권의 한계라도 되는 양 아무런 심각한 문제의식 없이 받아들이고 있는 한나라당안은 입법형성권을 규범통제권으로 착각하는 오류를 범하고 있다는 점을 지적하지 않을 수 없다.

4. 야간집회 관련 집시법 개정의 방향

보통 우리 헌법의 기본권 제한의 근거규정이라고 얘기되는 헌법 제37조 제2항은 기본권을 행정편의적으로 제한할 수 있다는 규정이 아니다. 그것은 오히려 기본권 제한을 최소화하여 국민의 자유의 최대 보장을 달성하기 위한 규정으로 보아야 한다. 즉 국민의 기본권 제한에 관한 입법에 있어 가장 우선적으로 염두에 두어야 할 원칙은 '기본권을 최대한 보장해야 하고 그 제한은 최소한에 그쳐야 한다는 원칙'이다. 이 점을 고려할 때, 현행 집시법을 그대로 둔 채 집회・시위의 개최시간만을 다룬다면, 집회・시위 개최시간에 대한 제한 규정을 별도로 둘 필요는 전혀 없다. 즉 집시법 제10조를 삭제하기만 하면 된다. 그 이유는 앞서 본 바와 같이 그러한 시간제한이 헌법에 위반된다는 점을 거론하지 않더라도, 현행 집시법이 이미 집회의 자유에 대하여 필요 이상의 과잉 제한을 가하고 있기 때문이다.

도심에서 집회 또는 시위를 개최할 장소를 찾기 어려울 정도로 집회금지장소가 광범위하게 설정되어 있고(제11조), 전통적인 공적 광장(public forum)인 도로에서의 집회조차 광범위하게 금지, 제한되며(제12조), 국민의 표현행위에 대하여 '소음'이라는 딱지를 붙여 제한하는가 하면(제14조), 주거지역, 학교 주변지역, 군사시설의 주변지역 등의 장소에서 개최되는 집회로서 그 거주자나 관리자가 시설이나 장소의 보호를 요청하는 경우에 금지할 수 있다(제8조 제3항). 이처럼 현행 집시법은 이미 너무나도 많은 제약 사유를 담고 있다. 이런 상황에서 집회의 자유를 완전히 부정할 목적이 아니라면 그에 더하여 시간제한의 규정을 둘 이유는 전혀 없다. 즉 야간 시간대의 집회와 시위를 일률적으로 금지하는 것은 야간에 집회를 개최하거나 그 집회에 참여하는 국민들을 근거 없이 '불순'한 사람들로 간주하는 것이거나, "집회 및 시위에 대한 율법주의적, 관헌주의적인 사고를 떨"쳐버리지 못한 행정편의주의적 사고에 지나지 않는 것이다.

이 규정을 삭제하면, 야간에 더 쉽게 일어날 수 있는 소위 "불법폭력집회"에 어떻게 대처하느냐는 비난을 할 수도 있을 것이다. 물론 헌법의 보호 대상은 평화적 집회이므로 폭력집회는 허용되지 않는다. 그러나 이러한 우려는 그야말로 기우일 뿐임이 경찰청 자료에 의해 입증되었다. 즉 경찰청의 '2010년 7・8월 야간집회 개최 상황일지'에 따르면, 실제 헌법재판소의 결정에 따라 제10조가 효력을 상실한 후인 2010년 7~8월 2개월간 개최된 449건의 야간집회에서 폭력, 소음 등이 문제된 경우는 단 한 건도 없었던 것으로 나타난 것이다. 뿐만 아니라 이러한 우려가 근거가 있는 것이라 하더라도, 공개적으로 폭력 집회 또는 시위를 천명하는 경우가 아닌 한, 모든 집회 또는 시위는 일단 자유롭게 개최되어야 한다. 결국 법적으로 문제 삼을 수 있는 시기는 집회 또는 시위가 개최된 이후이며, 개최 이후 이를 계속 허용할 것인지를 판단하는 기준이 '집회 또는 시위 자체의 폭력성'이 될 것이다. 폭력 행위가 행사된 때에도 개인에 대한 처벌 문제는 형법에 따라 판단하면 되며, 집시법은 '집회 또는 시위 자체의 폭력성'에 대한 판단주체와 기준 그리고 이러한 집회 또는 시위에 대한 해산의 적법절차 등을 정하는 것으로 충분하다.

따라서 어느 모로 보나 집회의 자유를 보장하는 헌법의 정신에 가장 부합하는 집시법개정안은 제10조를 전면 삭제하는 것이다.

❖ 참고문헌

김종서, 집시법의 몇가지 문제점, 법학연구 13권3호, 인하대학교 법학연구소, 2010년 10월.

김종철, 야간집회금지의 위헌성, 현행 집시법의 야간집회금지의 위헌성(서강대 법학연구소 등 공동학술대회), 2009년 1월 6일.

오동석, 집회 시위의 자유의 헌법규범과 헌법현실, 아주법학, 제2권2호, 아주대 법학연구소, 2008년 12월.

이희훈, 집회 및 시위에 관한 법률의 헌법적 문제점과 개선방안, 중앙법학 제9권 제1호, 중앙대법학연구소, 2007년.

장영수, 야간 옥외집회 금지에 대한 헌법재판소의 헌법불합치 결정의 의미와 집시법의 개정방향, 고시계, 2009년 11월.

한상희, 야간집회금지입법의 법치주의적 한계 ,현행 집시법의 야간집회금지의 위헌성(서강대 법학연구소 등 공동학술대회), 2009년 1월 6일.

제 3 절 재외국민과 선거권

I. 사례

갑 등은 모두 대한민국 국적을 보유한 일본 영주권자들로서 현재 일본에 거주하고 있거나 국내에 거주하고 있는 만 19세 이상의 국민들이다.

구 '공직선거 및 선거부정방지법'(2005. 8. 4. 법률 제7681호로 개정되기 전의 것) 제15조 제2항, 제16조 제3항 및 제37조 제1항이 국민의 참정권 행사를 위한 요건으로 주민등록을 요구함으로써 주민등록을 할 수 없는 갑으로 하여금 대통령·국회의원 선거권, 지방선거 선거권 및 피선거권을 행사할 수 없도록 하여, 갑은 그간 선거에 참여할 수 없었다.

이에 갑 등은 이러한 구 '공직선거 및 선거부정방지법'이 자신들의 인권을 침해한다고 주장하면서 2004. 8. 14. 이 사건 헌법소원심판을 청구하였다.

참조 : 공직선거법 제15조2항 등 위헌확인 (헌재 2007.6.28./ 2005헌마360)

[공부거리]

정치적 인권과 선거권
불합리한 차별
헌법불합치결정과 잠정 적용명령

[심판대상조문]

공직선거법(2005. 8. 4. 법률 제7681호로 개정된 것)

제15조(선거권) ① 생략

② 다음 각 호의 어느 하나에 해당하는 자는 그 구역에서 선거하는 지방자치단체의 의회의원 및 장의 선거권이 있다.

1. 19세 이상의 국민으로서 제37조(명부작성) 제1항의 선거인명부작성기준일 현재 당해 지방자치단체의 관할구역 안에 주민등록이 되어 있는 자
2. 생략

제16조(피선거권) ①~② 생략

③ 선거일 현재 계속하여 60일 이상(공무로 외국에 파견되어 선거일 전 60일 후에 귀국

한 자는 선거인명부작성기준일부터 계속하여 선거일까지) 당해 지방자치단체의 관할 구역 안에 주민등록이 되어 있는 주민으로서 25세 이상의 국민은 그 지방의회의원 및 지방자치단체의 장의 피선거권이 있다. 이 경우 60일의 기간은 그 지방자치단체의 설치·폐지·분할·합병 또는 구역변경[제28조(임기 중 지방의회의 의원정수의 조정 등)의 규정에 의한 경우를 포함한다]에 의하여 중단되지 아니한다.

④ 생략

第37조(명부작성) ① 선거를 실시하는 때에는 그때마다 구청장(자치구의 구청장을 포함하며, 도농복합형태의 시에 있어서는 동지역에 한한다)·시장(구가 설치되지 아니한 시의 시장을 말하며, 도농복합형태의 시에 있어서는 동지역에 한한다)·읍장·면장(이하 "구·시·읍·면의 장"이라 한다)은 대통령선거에 있어서는 선거일 전 28일, 국회의원선거와 지방자치단체의 의회의원 및 장의 선거에 있어서는 **선거일 전 19일**(이하 "선거인명부작성기준일"이라 한다) **현재로 그 관할구역 안에 주민등록이 되어 있는 선거권자**[지방자치단체의 의회의원 및 장의 선거의 경우 제15조(선거권) 제2항 제2호의 **규정에 따른 외국인을 포함한다]를 투표구별로 조사하여 선거인명부작성기준일부터 5일 이내**(이하 "선거인명부작성기간"이라 한다)**에 선거인명부를 작성하여야 한다.**

②~⑦ 생략

第38조(부재자신고) ① 선거인명부에 오를 자격이 있는 **국내거주자**[제15조(선거권) 제2항 제2호의 규정에 따른 외국인을 제외한다]로서 **선거일에 자신이 투표소에 가서 투표할 수 없는 때**에는 선거인명부작성기간 중에 구·시·읍·면의 장에게 서면으로 부재자신고를 할 수 있다. 이 경우 우편요금은 무료로 한다. 이 경우 우편에 의한 부재자신고는 등기우편으로 처리하되, 그 우편요금은 국가 또는 당해 지방자치단체가 부담한다.

②~⑦ 생략

국민투표법(1994. 12. 22. 법률 제4796호로 개정된 것)

第14조(투표인명부의 작성) ① 국민투표를 실시할 때에는 그때마다 구청장(자치구의 구청장을 포함하며, 도농복합형태의 시에 있어서는 동지역에 한한다)·시장(구가 설치되지 아니한 시의 시장을 말하며, 도농복합형태의 시에 있어서는 동지역에 한한다)·읍장·면장(이하 "구·시·읍·면의 장"이라 한다)은 국민투표일공고일 현재로 그 관할 구역 안에 주민등록이 된 투표권자를 투표구별로 조사하여 국민투표일공고일로부터 5일 이내에 투표인명부를 작성하여야 한다.

②~⑧ 생략

[참조조문]

주민등록법(2006. 3. 24. 법률 제7900호로 개정된 것)

제6조(대상자) ①~② 생략

③ 「해외이주법」제2조의 규정에 의한 해외이주자는 대통령령이 정하는 바에 의하여 해외이주를 포기한 후가 아니면 등록할 수 없다.

지방자치법(2007. 5. 11. 법률 제8423호로 전부 개정된 것)

제12조(주민의 자격) 지방자치단체의 구역 안에 주소를 가진 자는 그 지방자치단체의 주민이 된다.

제13조(주민의 권리) ① 생략

② 국민인 주민은 법령으로 정하는 바에 따라 그 지방자치단체에서 실시하는 지방의회의원과 지방자치단체의 장의 선거(이하 "지방선거"라 한다)에 참여할 권리를 가진다.

[참조판례]

1. 제대군인지원에관한법률 제8조제1항 등 위헌확인 (헌재 1999.12.23./ 98헌마363)
   국가유공자등예우및지원에관한법률 제34조제1항 위헌확인 (헌재 2001.2.22./ 2000헌마25)
2. 국회의원선거법 제33조제34조의 위헌심판 (헌재 1989.9.8./ 88헌가6)
   공직선거및선거부정방지법 제53조제3항 등 위헌확인 (헌재 1999.5.27./ 98헌마214)
   공직선거및선거부정방지법 제146조제2항 위헌확인 (헌재 2001.7.19./ 2000헌마91등)
3. 교육법 제8조의2에 관한 위헌심판 (헌재 1991.2.11./ 90헌가27)
   공직선거및선거부정방지법 제37조제1항 위헌확인 등 (헌재 1999.1.28./ 97헌마253등)
4. 공직선거및선거부정방지법 제38조제1항 등 위헌확인 (헌재 1999.3.25. / 97헌마99)
5. 공직선거및선거부정방지법 제16조제3항 위헌확인 (헌재 1996.6.26./ 96헌마200)
6. 국가를당사자로하는계약에관한법률 제27조제1항 위헌제청 (헌재 2005.6.30./ 2005헌가1)

1. 당사자의 주장

1) 갑의 주장요지

(1) 법 제37조 제1항은 관할 구역 안에 주민등록이 되어 있는 선거권자에 한해 선거인명부에 오를 수 있게 하고, 선거인명부에 오른 자에 한해 선거권 행사를 할 수 있도록 하여, 국외에 거주하고 있거나 또는 국내에 거주하고 있더라도 주민등록법 제6조 제3항에 따라 주민등록을 할 수 없는 재외국민은 선거인명부에 오를 수가 없어서 선거권 행사를 하지 못하도록 함으로써 부당하게 그들의 대통령 및 국회의원 선거권을 박탈하고 있다.

(2) 법 제38조 제1항은 선거인명부에 오를 자격이 있는 국내거주자에 한해 부재자신고를 허용함으로써 주민등록 여부를 기준으로 해 국내거주자와 해외거주자를 합리적 이유없이 차별하고 있다.

(3) 지방자치법 제12조, 제13조 제2항은 지방의회 의원이나 지방자치단체의 장의 선거 참여권을 주민등록 여부에 관계없이 "국민인 주민"에게 부여하고 있음에도 불구하고, 법 제15조 제2항 제1호, 법 제16조 제3항, 법 제37조 제1항은 지방선거 참여권을 주민등록이 되어 있는 자로 한정함으로써 '국민인 주민' 중에서 재외국민등록을 한 주민인 '주민등록이 되어 있지 않은 국민'으로부터 부당하게 지방선거 참여권을 박탈하고 있다.

(4) 선거인의 의사능력 등 선거권 및 선거제도의 본질상 요청되는 내재적 사유에 의한 내재적 제한을 제외하고, 보통선거원칙에 위배되는 선거권제한입법을 하기 위해서는 헌법 제37조 제2항에 따라야 하고, 기본권의 본질적 내용을 침해할 수 없다. 법 제37조 제1항과 제38조 제1항은 선거권을 행사할 수 있는 요건으로서 주민등록에 의한 거주요건을 설정하는 것인바, 이와 같은 거주요건은 선거권 배제의 당위성과 같은 본질적인 이유보다는 선거인명부 작성상의 필요 및 선거실시의 편의성 등 주로 기술적 요인에 기인하는 것이므로, 이러한 기술적 요건을 통해 국민의 선거권을 완전히 박탈하는 것은 입법목적의 정당성, 방법의 적정성, 피해의 최소성 및 법익의 균형성의 어떤 측면에서도 정당화될 수 없을 뿐만 아니라 선거권의 본질을 침해하는 것이다.

(5) 헌법 제72조와 제130조 제2항의 위임에 따라 제정된 국민투표법 제7조에 의하면 모

든 국민은 국내거주 여부나 주민등록 여부에 관계없이 국민투표권을 가지는 것임에도 불구하고 국민투표법 제14조 제1항은 투표권자를 주민등록이 되어 있는 자로 한정함으로써 청구인들의 국민투표권을 침해하고 있다.

(6) 외국영주권자의 경우 거주지역의 공관에 재외국민등록법에 따른 재외국민등록을 할 수 있고, 국내에 거주하는 경우에도 '재외동포의 출입국과 법적지위에 관한 법률'에 따라 국내거소신고를 할 수 있는바, 이와 같이 재외국민등록 또는 국내거소신고를 기준으로 선거권 및 국민투표권 행사절차를 규정하는 등 합리적인 방법이 있음에도 불구하고 그 행사절차에 관하여 아무런 규정도 두지 않은 입법적 불비는 보통선거의 원칙에 위반하여 청구인들의 선거권을 침해하고, 헌법이 부여하고 있는 국민투표권을 침해한 것이다.

2) 중앙선거관리위원회위원장의 의견

① 법이나 제도는 그 나라의 역사와 경험, 정치·경제·사회·문화·환경, 국민의식수준 등 제반사정에 맞추어 제도화가 이루어지는 것이므로 재외국민이 투표권을 행사하는 데 필요한 법적·제도적 장치가 마련되지 못했다 하더라도 합리적인 이유가 있다면 지나친 기본권제한이라 할 수 없다.

② 국토가 분단되어 남북한이 대치하고 있는 상황에서 모든 재외국민에게 선거권을 인정한다면, 북한주민이나 조총련계 재일교포들도 선거권을 행사함으로써 국가의 안위 및 국민의 생존, 자유가 위협받을 수 있고, 재외국민에 대한 체류국의 정책과 충돌함으로써 외교적 마찰이 발생할 수 있다.

③ 선거관리 기술상 국내에 주민등록이 없는 재외국민의 현황을 정확히 파악할 수 없을 뿐만 아니라, 국적법이 국적이탈 신고주의를 채택하고 있어 재외국민 중 외국국적 취득자가 국적이탈 신고를 하지 않을 경우 이중국적자로 되고 결과적으로 이중국적자에게 선거권을 부여하는 불합리한 결과가 초래된다.

④ 국외에서 발생하는 대리투표 등 각종 선거부정행위에 대한 단속이 사실상 곤란해짐으로써 선거의 공정성을 확보하기 어렵다.

⑤ 공직선거법 제38조 제1항과 관련하여, 이미 중앙선거관리위원회는 국내에 주민등록이 되어 있는 재외국민의 투표권보장을 위하여 대통령 및 비례대표국회의원 선거에 있어 국외부재자 투표제도의 도입을 위한 정치관계법 개정의견을 두 차례(2003. 8. 27. 및 2005. 3. 10.)에 걸쳐 국회에 제출한 바 있다.

2. 헌법재판소의 판단

1) 대통령 · 국회의원선거에 대한 선거권의 경우

(1) 선거권의 법적 의의와 선거권 제한의 한계

헌법 제1조는 "대한민국은 민주공화국이다.", "대한민국의 주권은 국민에게 있고 모든 권력은 국민으로부터 나온다."라고 규정하여 국민주권의 원리를 천명하고 있다. 그 중요한 의미는 국민의 합의로 국가권력을 조직한다는 것이다. 이를 위해서는 주권자인 국민이 정치과정에 참여하는 기회가 되도록 폭넓게 보장될 것이 요구된다. 대의민주주의를 원칙으로 하는 오늘날의 민주정치 아래에서 국민의 참여는 기본적으로 선거를 통하여 이루어진다. 따라서 선거는 주권자인 국민이 그 주권을 행사하는 통로인 것이다.

그러한 국민주권의 원리와 선거를 통한 국민의 참여를 위하여 헌법 제24조는 모든 국민에게 법률이 정하는 바에 의하여 선거권을 보장하고 있고, 헌법 제11조는 정치적 생활영역에서의 평등권을 규정하고 있으며, 또한 헌법 제41조 제1항 및 제67조 제1항은 국회의원선거와 대통령선거에 있어서 보통 · 평등 · 직접 · 비밀선거의 원칙을 보장하고 있다. 헌법이 선거권과 선거원칙을 이같이 명문으로 보장하고 있는 것은 국민주권주의와 대의민주주의 하에서는 국민의 선거권 행사를 통해서만 국가와 국가권력의 구성과 창설이 비로소 가능해지고 국가와 국가권력의 민주적 정당성이 마련되기 때문이다.

이러한 국민의 선거권 행사는 국민주권의 현실적 행사수단으로서 한편으로는 국민의 의사를 국정에 반영할 수 있는 중요한 통로로서 기능하며, 다른 한편으로는 주기적 선거를 통하여 국가권력을 통제하는 수단으로서의 기능도 수행한다. 국회의원과 대통령에 대한 선거권(이하 이를 편의상 '국정선거권'이라 한다)을 비롯한 국민의 참정권이 국민주권의 원칙을 실현하기 위한 가장 기본적이고 필수적인 권리로서 다른 기본권에 대하여 우월한 지위를 갖는 것으로 평가되는 것도 바로 그러한 이유 때문이다.

헌법 제24조는 모든 국민은 '법률이 정하는 바에 의하여' 선거권을 가진다고 규정함으로써 법률유보의 형식을 취하고 있지만, 이것은 국민의 선거권이 '법률이 정하는 바에 따라서만 인정될 수 있다'는 포괄적인 입법권의 유보하에 있음을 의미하는 것이 아니다. 국민의 기본권을 법률에 의하여 구체화하라는 뜻이며 선거권을 법률을 통해 구체적으로 실현하라는 의미이다.

이러한 법률유보는 선거권을 실현하고 보장하기 위한 것이지 제한하기 위한 것이 아니므로, 선거권의 내용과 절차를 법률로 규정하는 경우에도 국민주권을 선언하고 있는 헌법 제1조, 평등권에 관한 헌법 제11조, 국회의원선거와 대통령선거에 있어서 보통·평등·직접·비밀선거를 보장하는 헌법 제41조 및 제67조의 취지에 부합하도록 하여야 한다. 그리고 민주주의 국가에서 국민주권과 대의제 민주주의의 실현수단으로서 선거권이 갖는 이 같은 중요성으로 인해 한편으로 입법자는 선거권을 최대한 보장하는 방향으로 입법을 하여야 하며, 또 다른 한편에서 선거권을 제한하는 법률의 합헌성을 심사하는 경우에는 그 심사의 강도도 엄격하여야 하는 것이다.

따라서 선거권을 제한하는 입법은 위 헌법 제24조에 의해서 곧바로 정당화될 수는 없고, 헌법 제37조 제2항의 규정에 따라 국가안전보장·질서유지 또는 공공복리를 위하여 필요하고 불가피한 예외적인 경우에만 그 제한이 정당화될 수 있으며, 그 경우에도 선거권의 본질적인 내용을 침해할 수 없다.

더욱이 보통선거의 원칙은 선거권자의 능력, 재산, 사회적 지위 등의 실질적인 요소를 배제하고 성년자이면 누구라도 당연히 선거권을 갖는 것을 요구하므로 보통선거의 원칙에 반하는 선거권 제한의 입법을 하기 위해서는 헌법 제37조 제2항의 규정에 따른 한계가 한층 엄격히 지켜져야 한다.

(2) 공직선거법 제37조 제1항(명부작성)의 위헌 여부

① 법 제37조 제1항의 의미

법 제37조 제1항은 선거인명부 작성책임자로 하여금 선거를 실시할 때마다 선거인명부 작성기준일로부터 일정기간 내에 그 관할 구역 안에 주민등록이 되어 있는 선거권자를 조사하여 선거인명부를 작성하도록 의무지우고 있다. 이 규정에 의해 국내에 '주민등록이 되어 있지 않은 자'는 법 제15조 제1항이 부여하고 있는 국정선거권을 행사할 수 없게 되므로, 이 규정은 외형상 선거절차에 관한 규율의 형태를 취하고 있지만 실질적으로는 주민등록이 되어 있지 않은 자의 국정선거권행사를 불가능하게 하는 법적 효과를 발휘하고 있다.

이 사건 청구인들 중 외국의 영주권을 취득하고 국내에 거주하고 있지 않은 재외국민은 국내에 주민등록이 되어 있지 않으므로 법 제37조 제1항에 따라 국정선거권을 행사할 수 없게 된다.

한편 청구인들 중 재외국민으로서 국내에 거주하고 있는 자들의 경우에도, 주민등록법 제6조 제3항이 해외이주를 포기한 후가 아니면 주민등록을 할 수 없도록 하고 있으므로 해외이주를 포기하지 않는 한 국외거주 재외국민과 마찬가지로 국정선거권을 행사할 수 없게 된다. 결국 법 제37조 제1항은 해외이주의 포기의사를 밝힘으로써 주민등록이 가능해진 국내거주 재외국민을 제외한 모든 재외국민에 대해 전면적, 획일적으로 국정선거권의 행사를 불가능하게 하고 있는 규정이다.

나아가 법 제37조 제1항은 아직 영주권을 취득하지 않은 상태에 있는 해외이주목적의 해외장기체류자 또는 해외이주목적 없는 해외장기체류자 및 단기해외체류자(예컨대 유학생, 상사주재원, 외교관 등)로서 주민등록이 말소된(주민등록법 제17조의2, 제10조 참조) 자들에 대해서는, 이들이 국내에 체류하는지 여부와는 무관하게, 국정선거권을 박탈하고 있다.

② 법 제37조 제1항의 위헌 여부(종전 헌법재판소 결정의 재검토)

법 제37조 제1항에 대해서는 다양한 논거가 합헌의 근거로 제시된 바 있고 헌법재판소는 1999. 1. 28. 선고 97헌마253등 결정에서 그러한 논거들에 기초하여 법 제37조 제1항과 동일한 내용을 규정하고 있던 구 '공직선거 및 선거부정방지법' 제37조 제1항(1994. 12. 22. 법률 제4796호로 개정되고, 2002. 3. 7. 법률 제6663호로 개정되기 전의 것)을 합헌으로 판단한 바 있다.

하지만 위 결정에 대해서는, 그간의 정보기술의 발달, 경제규모의 성장과 국제화로 인한 재외국민의 증가, 공직선거의 자유와 공정에 대한 국민의식의 성장, 그리고 법리적 관점의 변경 필요성 등을 고려할 때 다음과 같이 재검토가 필요하다.

첫째, 북한주민이나 조총련계 재일동포가 선거에 영향을 미칠 위험성이 있다는 것이 재외국민의 선거권 행사를 부정하는 근거가 되기는 어렵다.

한편 북한주민이나 조총련계 재일동포가 신분을 위장하여 선거권을 행사할 위험성도 존재한다고 하지만 현행 재외국민등록법에 의한 재외국민등록제도 및 현행 '재외동포의 출입국과 법적지위에 관한 법률'에 의한 재외국민 국내거소신고제도를 활용하여 그러한 위험성을 예방하는 것이 선거기술상 불가능한 것은 아니다. 또한 북한주민이나 조총련계 재일동포가 아닌 재외국민의 경우에는 북한주민이나 조총련계 재일동포와는 달리 우리 나라 여권을 소지하고 있으므로 양자의 구분이 가능하다. 따라서 북한주민이나 조총련계 재일동포가 선거에 영향을 미칠지도 모른다는 막연하고 추상적인 위험성만으로 재외국민의 선거권 행사를 전면적으로 부정하는 것을 정당화할 수는 없다.

둘째, 재외국민 모두에게 선거권 행사를 인정한다면, 근소한 표 차이로 당락이 결정되는 경우에는 재외국민이 결정권(casting vote)을 행사하게 될 위험성이 있으므로 재외국민의 선거권 행사를 제한해야 한다는 주장도 있는데, 이는 보통선거의 원칙에 반하는 주장이다.

보통선거의 원칙은 선거권자의 능력, 재산, 사회적 지위 등의 실질적인 요소를 배제하고 일정 연령에 도달한 국민이면 누구라도 당연히 선거권을 가진다는 원칙으로, 일정 연령에 도달한 국민인 이상 누구든지 선거의 결과에 영향을 미칠 수 있고, 또 영향을 미칠 수 있어야 한다는 것은 보통선거원칙의 이념적 전제인 동시에 필연적 귀결이다. 따라서 선거의 결과에 영향을 미칠 수 있으므로 선거권을 행사할 수 없도록 해야 한다는 주장은 보통선거원칙에 어긋나는 부적절한 주장이다.

셋째, 외국 영주권자를 포함한 재외국민에게 전면적으로 국정선거권행사를 인정할 경우 선거의 공정성 확보가 어렵다는 점, 예컨대 투표용지의 분실이나 교체가능성, 부정한 선거운동비용의 지출, 2중투표나 대리투표의 가능성, 선거권자의 의사의 왜곡, 금품매수 현상 등 현지에서의 선거과정이 불공정하게 진행될 가능성을 배제할 수 없다는 우려도 재외국민에게 선거권 행사를 전면적으로 배제하는 정당한 논거가 되기 곤란하다.

선거의 공정성을 확보하는 것은 일차적으로 국가의 과제이므로 이를 선거권자의 책임으로 돌리는 것은 타당치 못하며, 선거의 공정성에 대한 우려가 있다는 이유로 민주국가의 기능적 전제인 선거권 행사를 특정 국민들에 대해 부정할 수는 없다. 외국에서의 선거관리가 국내에서와 비교할 때 더 어려우리라는 것은 짐작할 수 있지만, 그렇다고 선거권 행사를 전면 부정해야 할 만큼 선거의 공정성 확보가 불가능할 정도라고 볼 수는 없다.

넷째, 선거기술상의 어려움, 예컨대 선거운동기간 내에 외국에 있는 모든 국민에게 선거의 실시와 후보자를 홍보하고, 선거운동을 하며, 투표용지를 발송하여 기표된 용지를 회수하는 등 각종 실무상 어려움이 있다는 것도 재외국민의 선거권 행사를 전면 배제할만한 정당한 이유가 될 수 없다.

선거운동기간을 어느 정도 늘이는 방안으로 그러한 어려움을 줄일 수 있고, 후보자홍보의 경우 정보통신기술이 세계적인 규모로 발달하고 있는 오늘날의 상황에서 재외국민에게 후보자 개인에 관한 정보를 적정하게 전달하는 것이 현저히 곤란하다고 할 수 없으며, 재외국민의 입장에서도 인터넷 등을 통해 후보자의 정보에 대한 접근이 용이해지고 있다.

다섯째, 재외국민의 선거권을 인정할 경우, 우선 우편제도가 발달한 일부 국가에 거주하는 재외국민에 대해서만 선거권 행사를 인정하게 되면 그렇지 못한 국가에 거주하는 재외국민과의 사이에서 또 다른 평등의 문제가 야기될 것으로 볼 수도 있다.

그러나 우편제도를 제대로 못 갖춘 일부 국가에 거주하는 재외국민이 당분간 선거권을 행사할 수 없게 되더라도 이는 애초부터 차별적 목적이 있었던 것이 아닌 사실상의 결과일 뿐이므로 그러한 사유 때문에 재외국민 전부에 대해 선거권 행사를 부정할 수는 없다.

헌법상 평등의 원칙은 국가가 언제 어디에서 어떤 계층을 대상으로 하여 제도의 개선을 시작할 것인지를 선택하는 것을 방해하지 않으며, 국가는 합리적인 기준에 따라 능력이 허용하는 범위 내에서 법적 가치의 상향적 구현을 위한 제도의 단계적 개선을 추진할 수 있으므로, 가능한 지역에서 먼저 재외국민의 투표를 실시한다고 하여 평등원칙에 대한 침해가 문제될 여지는 없다.

여섯째, 선거권이 국가에 대한 납세, 병역의무와 결부되기 때문에 이와 같은 의무이행을 하지 아니하는 재외국민에게 선거권 행사를 허용하기 곤란하다는 주장도 다시 생각해 봐야 한다.

헌법 제1조 제2항은 "대한민국의 주권은 국민에게 있고, 모든 권력은 국민으로부터 나온다."라고 규정할 뿐 주권자인 국민의 지위를 국민의 의무를 전제로 인정하고 있지는 않다. 역사적으로 납세 및 국방의 의무이행을 선거권부여의 조건으로 하고 있었는지의 여부는 별론으로 하고, 현행 헌법의 다른 규정들도 국민의 기본권행사를 납세나 국방의 의무 이행에 대한 반대급부로 예정하고 있지 않다.

특히 이 사건 재외국민들은 '이중과세 방지협정'에서 정한 바에 따라 납세의무가 면제되는 것일 뿐이므로 재외국민이 국가에 대한 납세의무를 다하지 않고 있다고 볼 수도 없으며, 병역의무의 경우에도 재외국민에게 병역의무 이행의 길이 열려 있는 점, 이 사건 청구인들 중에는 이미 국내에서 병역의무를 필한 사람도 있는 점, 오늘날 넓은 의미의 국방은 재외국민의 애국심과 협력에 의존하는 바도 적지 않다는 점, 현재 병역의무가 남자에게만 부여되고 있다는 점 등을 감안하면 선거권과 병역의무 간에 필연적 견련관계를 인정하기 어렵다.

끝으로, 재외국민도 엄연히 대한민국의 국민으로서 국가기관의 구성에 참여할 헌법적 권리가 인정되어야 한다는 점에서, 뿐만 아니라 나날이 심화되고 있는 국제화, 지구촌화 시대의 국민통합은 재외국민의 의사 역시 대한국민의 의사의 한 부분으로 편입될 것을 요구하고 있다는 점에서 재외국민의 선거권 행사를 전면적으로 박탈하는 법 제37조 제1항은 헌법적 정당성을 발견하기 어렵다.

③ 판 단

국민이면 누구나 그가 어디에 거주하든지 간에 주권자로서 평등한 선거권을 향유하여야 하고, 국가는 국민의 이러한 평등한 선거권의 실현을 위해 최대한의 노력을 기울여야 할 의무를 진다는 것은 국민주권과 민주주의의 원리에 따른 헌법적 요청이다. 입법자는 국민의 선거권 행사를 제한함에 있어서 주권자로서의 국민이 갖는 선거권의 의의를 최대한 존중하여야만 하고, **선거권 행사를 제한하는 법률이 헌법 제37조 제2항의 과잉금지원칙을 준수하고 있는지 여부를 심사함에 있어서는 특별히 엄격한 심사가 행해져야 한다.**

따라서 선거권의 제한은 그 제한을 불가피하게 요청하는 개별적, 구체적 사유가 존재함이 명백할 경우에만 정당화될 수 있으며, 막연하고 추상적 위험이라든지 국가의 노력에 의해 극복될 수 있는 기술상의 어려움이나 장애 등의 사유로는 그 제한이 정당화될 수 없다.

그런데 법 제37조 제1항은 단지 주민등록이 되어 있는지 여부에 따라 선거인명부에 오를 자격을 결정하여 그에 따라 선거권 행사 여부가 결정되도록 함으로써, 엄연히 대한민국의 국민임에도 불구하고 주민등록법상 주민등록을 할 수 없는 재외국민의 선거권 행사를 전면적으로 부정하고 있는바, 그와 같은 재외국민의 선거권 행사에 대한 전면적인 부정에 관해서는 위에서 살펴본 바와 같이 어떠한 정당한 목적도 찾기 어렵다.

그러므로 법 제37조 제1항은 헌법 제37조 제2항에 위반하여 재외국민의 선거권과 평등권을 침해하고 헌법 제41조 제1항 및 제67조 제1항이 규정한 보통선거원칙에도 위반된다.

(3) 법 제38조 제1항(부재자신고)의 위헌 여부

① 법 제37조 제1항과의 관계

법 제38조 제1항은 선거인명부에 오를 자격이 있는 국내거주자에 대해서만 부재자신고를 허용하고 있다. 따라서 법 제37조 제1항이 위헌으로 선언됨으로써 이 사건 청구인들이 선거인명부에 오를 자격을 갖추게 되더라도 법 제38조 제1항으로 인해 이 사건 청구인들 중 국외거주자에 해당하는 경우에는 부재자신고를 할 수 없어 여전히 국정선거권을 행사할 수 없게 된다.

한편 재외국민이 아니고 현행법상 주민등록이 되어 있는 국민이더라도, 국외여행자는 물론 재외공관원, 상사주재원, 유학생 등 단기 해외체류자로서 국내에 주민등록이 말소되지 않고 있는 국민은 법 제38조 제1항으로 인해 선거당일까지 국내에 귀국하지 않으면 선거권을 행사할 수 없게 된다.

② 법 제38조 제1항의 위헌 여부(종전 헌법재판소 결정의 재검토)

헌법재판소는 1999. 3. 25. 선고 97헌마99 결정에서, 법 제38조 제1항과 동일한 내용을 규정하고 있던 구 '공직선거 및 선거부정방지법' 제38조 제1항(2004. 3. 12. 법률 제7189호로 개정되기 전의 것)이 헌법에 위반되지 않는 것으로 판단한바 있으나, 앞에서 본 법 제37조 제1항에 대한 판단과 마찬가지의 관점에서 위 결정의 내용을 재검토할 필요성이 있다.

첫째, 선거기술상의 이유와 선거의 공정성에 대한 우려는 국외거주 재외국민에게 선거권 행사를 허용할 경우에 동일하게 발생하는 문제로서, 그와 같은 논거들이 타당하지 않음은 앞에서 검토한 바와 같다.

둘째, 선거기간의 연장에 따른 후보자들의 선거비용증가 및 국가적 부담증가를 우려하여 선거권 행사를 제한할 수 있다는 논거 역시 부적절한 측면이 있다.

중앙선거관리위원회가 간행한 '국외부재자투표 도입방안 연구'에서는 국외선거운동비용을 선거비용제한액에 포함시키지 않도록 하는 방안을 제시하고 있으며, 국외부재자에 대한 일부 선거운동(방송광고, 방송연설 중계 및 예비후보자 홍보물 우편발송 등)이 허용되는 경우에 선거비용이 발생할 수는 있으나, 이는 국내에서 그 비용이 발생하는 것이어서 선거비용에 대한 관리가 가능하다고 본다. 그리고 일정한 정도 비용부담의 증가가 예상되더라도 우리나라의 경제력으로 감당할 수 없을 정도라고 볼 수 없으며, 그러한 선거비용의 부담 우려만으로 민주국가에서 가장 근본적이고도 중요한 국민의 선거권 행사를 제한하는 것은 더 이상 타당성을 인정하기 어렵다.

더욱이 우리 선거법 역사를 뒤돌아보면 1960년대와 1970년대 초에 이미 국회의원 및 대통령 선거에서 해외체류 재외국민의 부재자투표를 허용하였던 경험이 있다. 이러한 경험을 바탕으로 현재 재외국민의 선거권을 인정하고 있는 선진 국가들의 다양한 사례를 참조하면 재외국민의 부재자투표제도를 도입하는 것이 불가능하지는 않다고 판단된다.

셋째, 자발적으로 출국한 자에 대해서는 선거권을 보장해 주지 않는다 해도 부당할 것이 없다는 주장이 있으나 이 또한 타당하지 아니하다.

직업이나 학문 등의 사유로 자진 출국한 자들이 선거권을 행사하려고 하면 반드시 귀국해야 하고 귀국하지 않으면 선거권 행사를 못하도록 하는 것은 헌법이 보장하는 해외체류자의 국외 거주·이전의 자유, 직업의 자유, 공무담임권, 학문의 자유 등의 기본권을 희생하도록 강요한다는 점에서 부적절하다. 나아가 오늘날 점점 가속화되고 있는 국제화시대에 해외로 이주하여 살 가능성이 높아지고 있는 상황에서, 그것이 자발적 계기에 의해 이루어졌다는 이유만으로 국민이면 누구나 향유해야 할 가장 기본적인 권리인 선거권의 행사가 부인되는 것은 타당성을 갖기 어렵다.

넷째, 재외공관원이나 상사주재원, 유학생 등과 같이 국내에 이미 주민등록이 되어 있는 단기해외체류자들에 대해서는, 법 제38조 제1항이 단지 선거권 행사에 대한 편의제공 여부에 관한 규정에 불과하고, 선거권의 제한 여부와는 직접 관련이 없는 조항으로 보는 것도 잘못이다.

많은 여행비용을 들이면서 스스로 귀국하여 투표당일에 투표를 하고 다시 출국할 것을 요구하는 것은 사실상 불가능을 강요하는 것으로서 실질적으로는 그들의 선거권을 부정하는 것과 같은 효과를 지니기 때문이다.

③ 판 단

이상에서 살핀 바와 같이, 선거인명부에 오를 자격이 있는 국내거주자에 대해서만 부재자신고를 허용함으로써 재외국민과 단기해외체류자 등 국외거주자 전부에 대해 국정선거권의 행사 가능성을 부인하고 있는 법 제38조 제1항은 정당한 입법목적을 갖추지 못하여 헌법 제37조 제2항에 위반하여 국외거주자의 선거권과 평등권을 침해하고 보통선거원칙에도 위반된다.

2) 지방선거 참여권(선거권 및 피선거권)의 경우

(1) 지방선거 참여권의 제한이 헌법상 기본권에 대한 제한인지 여부

헌법 제118조는 제1항에서 "지방자치단체에 의회를 둔다."는 규정을 두고, 제2항에서 "지방의회의 … 의원선거 … 에 관한 사항은 법률로 정한다."라고 함으로써 지방의회 의원선거권이 헌법상의 기본권임을 분명히 하고 있다. 하지만 헌법 제118조 제2항은 " … 지방자치단체의 장의 선임방법 … 에 관한 사항은 법률로 정한다."라고만 규정하고 있어 지방자치단체의 장의 선거권에 대한 제한이 헌법상의 기본권에 대한 제한인지 여부가 문제된다.

헌법이 지방자치단체의 장에 대해서는 '선임방법'이라고 표현함으로써 지방의원의 '선거'와는 구별하고 있으므로 지방자치단체의 장의 선거권을 헌법상 기본권이라 단정하기는 어렵다. 하지만 지방자치단체의 장의 선거권을 법률상의 권리로 본다 할지라도, 비교집단 상호간에 차별이 존재할 경우에 헌법상 기본권인 평등권 심사까지 배제되는 것은 아니므로, 지방선거권에 대한 제한은 지방의원의 경우이든 지방자치단체의 장의 경우이든 모두 헌법상의 기본권에 대한 제한에 해당한다.

(2) 법 제15조 제2항 제1호, 제16조 제3항, 제37조 제1항이 청구인들의 지방선거 참여권을 침해하는지 여부

지방자치법 제13조 제2항은, "국민인 주민은 법령이 정하는 바에 의하여 그 지방자치단체에서 실시하는 지방의회의원 및 지방자치단체의 장의 선거(이하 '지방선거'라 한다)에 참여할 권리를 가진다."고 규정함으로써 지방선거에서의 선거권을 '국민인 주민' 모두에게 부여하고 있다.

그런데 법 제15조 제2항 제1호는 지방선거 선거권 부여의 요건으로, 법 제37조 제1항이 규정하고 있는 선거인명부작성기준일 현재 "관할 구역 안에 주민등록이 되어 있는 자"로 규정하고 있고, 법 제16조 제3항은 지방선거 피선거권 부여의 요건으로 "관할 구역 안에 주민등록이 되어 있는 주민"일 것으로 규정하고 있어, '주민등록이 되어 있지 않은 국내거주 재외국민'으로부터 지방선거에서의 선거권과 피선거권을 박탈하고 있다. 이와 같이 주민등록이 되어 있지 않은 국내거주 재외국민에 대해 지방선거 참여권을 박탈하는 것이 헌법적으로 정당화될 수 있는지 문제된다.

① 선거권 제한에 대한 판단

지방자치법 제13조 제2항에 따를 경우 '국민인 주민'에게는 지방선거 선거권이 인정되므로, '국민'이라는 요건과 당해 지방자치단체의 '주민'이라는 요건이 동시에 충족되면 원칙적으로 선거권이 인정된다.

국외에 거주하는 재외국민의 경우 '주민' 요건이 충족되지 못하므로 선거권이 인정될 수 없음은 물론이나, 국내에 거주하는 재외국민의 경우에는 위 두 요건을 동시에 갖춘 경우가 얼마든지 있을 수 있다. 특히 국내에 주소를 두고 있는 재외국민은 형식적으로 주민등록법에 의한 주민등록을 할 수 없을 뿐이지, '국민인 주민'이라는 점에서는 '주민등록이 되어 있는 국민인 주민'과 실질적으로 동일하다. 즉 이들은 그가 속한 자치단체 구역 내의 동질적 환경 속에서 동등한 책임을 부담하고 권리를 향유할 자격이 있는 것이다. '주민등록이 되어 있는 국민인 주민'과 '주민등록을 하지 못하는 재외국민인 주민'은 주민등록이 되어 있는지 여부에 대한 차이만 존재할 뿐, 국민의 신분을 가지고 있는 지방자치단체의 주민이라는 점에서는 양자 사이에 아무런 차이가 없다. 따라서 지방선거 선거권 부여에 있어 양자에 대한 차별을 정당화할 어떠한 사유도 존재하지 않는다.

다른 한편, 2005. 8. 4. 법률 제7681호로 개정된 공직선거법은 제15조 제2항 제2호에서 '영주의 체류자격 취득일로부터 3년이 경과한 19세 이상의 외국인'에 대해서도 일정한 요건하에 지방선거 선거권을 부여하고 있다. 그런데 외국인의 지방선거 선거권은 헌법상의 권리라 할 수는 없고 단지 공직선거법이 인정하고 있는 '법률상의 권리'에 불과하다. 따라서 현행법에 의하면 지방의회 선거권에 관한 한, 헌법상의 권리인 국내거주 재외국민의 선거권이 법률상의 권리인 외국인의 선거권에 못 미치는 현상을 초래하고 있는데, 이러한 결과가 부당한 것임은 재론의 여지가 없다.

결국 국내에 영주하는 외국인에 대해서까지 부여하는 지방선거 선거권을 국내거주 재외국민에 대해서는 그 체류기간을 불문하고 전면적, 획일적으로 박탈하는 것은 헌법상 평등원칙에 어긋날 뿐 아니라 헌법 제37조 제2항이 요구하는 기본권제한의 한계를 넘은 것이라 할 것이다.

따라서 법 제15조 제2항 제1호, 제37조 제1항은 국내거주 재외국민의 평등권과 지방의회 의원선거권을 침해한다.

② 피선거권 제한에 대한 판단

법 제16조 제3항은 지방선거에서의 피선거권자의 범위를 '선거일 현재 계속하여 60일 이상 당해 지방자치단체의 관할 구역 안에 주민등록이 되어 있는 주민으로서 25세 이상의 국민'으로 한정함으로써 주민등록이 불가능한 국내거주 재외국민의 피선거권을 박탈하고 있다.

이는 오로지 일정기간 이상의 '주민등록'만을 기준으로 지방선거 피선거권 자격을 결정함으로써, 일정기간 이상 주민으로 생활하면서 당해 지방자치단체의 사무와 밀접한 이해관계를 가지고 있는 재외국민이라도 주민등록이 되지 않는다는 이유로 지방선거 피선거권을 전면적으로 부정하는 것은 이를 정당화할 어떠한 합리적 근거도 찾아보기 어렵다.

나아가 법 제16조 제2항이 **국회의원 선거**에 있어서는 주민등록 여부와 관계없이 만25세 이상의 국민이라면 누구든지 피선거권을 가지는 것으로 규정함으로써, 국내거주 여부를 불문하고 **재외국민도 국회의원 선거의 피선거권을 가진다**는 사실을 고려할 때, 지방선거에서의 피선거권에 대해서만 주민등록 여부를 기준으로 하여 주민등록이 되어 있지 않은 자의 피선거권을 부정하는 것은 설득력이 없다.

따라서 지방선거 피선거권의 부여에 있어 주민등록만을 기준으로 함으로써 주민등록이 불가능한 재외국민인 주민의 지방선거 피선거권을 부인하는 법 제16조 제3항은 헌법 제37조 제2항에 위반하여 국내거주 재외국민의 공무담임권을 침해한다.

3) 국민투표권의 경우

(1) 국민투표권의 의의와 유형

국민투표권이란 국가의 특정 사안에 대해 국민투표라는 형식을 통해 국민이 직접 결정권을 행사하는 권리로서, 각종 선거에서의 선거권 및 피선거권과 더불어 국민의 참정권의 한 내용을 이루는 헌법상 기본권이다. 헌법은 외교·국방·통일 기타 국가안위에 관한 중요정책을 결정하는 경우(제72조)와 헌법개정안을 확정하는 경우(제130조 제2항)에 국민투표권을 인정하고 있다.

헌법 제72조에 의한 중요정책에 관한 국민투표는 국가안위에 관계되는 사항에 관하여 대통령이 제시한 구체적인 정책에 대한 주권자인 국민의 승인절차라 할 수 있고, 헌법 제130조 제2항에 의한 헌법개정에 관한 국민투표는 대통령 또는 국회가 제안하고 국회의 의결을 거쳐 확정된 헌법개정안에 대하여 주권자인 국민이 최종적으로 그 승인 여부를 결정하는 절차이다.

(2) 이 사건 국민투표법 조항의 위헌 여부

국민투표권을 구체화하는 법률로 국민투표법이 제정되어 있으며 국민투표법 제7조는 일정 연령 이상의 국민에게 원칙적으로 국민투표권을 부여하고 있다. 그런데 이 사건 국민투표법 조항은 투표인명부 작성의무자로 하여금 국민투표일공고일 현재 **그 관할 구역 안에 주민등록이 된 투표권자만을 투표인명부에 등재**하도록 하고 있어, 청구인들과 같이 주민등록을 할 수 없는 재외국민들은 국민투표권을 전혀 행사할 수 없도록 하고 있다.

국민투표는 위에서 본 바와 같이 국가의 중요정책이나 헌법개정안에 대해 주권자로서의 국민이 그 승인 여부를 결정하는 절차인데, 주권자인 국민의 지위에 아무런 영향을 미칠 수 없는 주민등록 여부만을 기준으로 하여, 주민등록을 할 수 없는 재외국민의 국민투표권 행사를 전면적으로 배제하고 있는 이 사건 국민투표법 조항은 앞서 본 국정선거권의 제한에 대한 판단에서와 동일한 이유에서 청구인들의 국민투표권을 침해한다고 할 것이다.

4) 결 론

따라서 이 사건 법률조항들은 헌법에 합치하지 아니하나 2008. 12. 31.을 시한으로 입법자의 개선입법이 이루어질 때까지 잠정적으로 적용하도록 하기로 하여 주문과 같이 결정한다.

아울러 이와는 달리 종전에 헌법재판소가 이 결정과 견해를 달리해, 구 '공직선거 및 선거부정방지법' 제16조 제3항(1998. 4. 30. 법률 제5537호로 개정되기 전의 것)이 헌법에 위반되지 않는다고 판시한 헌재 1996. 6. 26. 선고 96헌마200 결정, 구 '공직선거 및 선거부정방지법' 제37조 제1항(1994. 12. 22. 법률 제4796호로 개정되고, 2002. 3. 7. 법률 제6663호로 개정되기 전의 것)이 헌법에 위반되지 않는다고 판시한 헌재 1999. 1. 28. 선고 97헌마253 등 결정, 구 '공직선거 및 선거부정방지법' 제38조 제1항(2004. 3. 12. 법률 제7189호로 개정되기 전의 것)이 헌법에 위반되지 않는다고 판시한 헌재 1999. 3. 25. 선고 97헌마99 결정은 이 결정과 저촉되는 범위 내에서 이를 각 변경하기로 한다.

이 결정에는 아래 7.과 같은 재판관 이공현의 별개의견과 아래 8.과 같은 재판관 조대현의 별개의견이 있는 외에는 나머지 관여 재판관들의 의견이 일치되었다.

Ⅱ. 해설

1. 정치적 인권과 선거권

1) 정치적 인권

(1) 의의

정치적 인권이란 전통적인 의미의 참정권을 말하는 것으로 국민이 국가기관의 구성과 국가의 정치적 의사형성과정에 직접 또는 간접으로 참여할 수 있는 권리를 말한다. 그러나 넓은 의미의 정치적 인권이라 함은 참정권 외에 국민이 정치적 의견을 자유로이 표명하거나 그 밖의 방법으로 국가의 의사형성에 협력하는 일련의 정치적 활동권을 총칭한다.

(2) 정치적 자유

근대적 헌법에 의하여 비로소 민주정치가 확립되었을 당시에 민주정치를 뒷받침하는 헌법상의 원칙은 정치적 자유의 보장이었다. 정치적 자유란 정치적 언론의 자유, 정치적 출판의 자유, 정치적 집회 시위의 자유, 정치적 결사의 자유를 말한다. 이러한 정치적 자유는 자유로이 정치적 언론, 출판, 집회, 결사를 할 수 있는 대국가적 방어권을 의미한다.

(3) 참정권

참정권은 국가에 대한 국민의 능동적 지위에 대응하는 권리로서 국민이 국정에 참여하거나 국가기관을 구성하는 권리를 말한다. 참정권은 정치적 인권의 핵심이다. 국민발안권, 국민표결권, 국민소환권 등으로 구성된다. 현행법에 규정된 참정권에는 (i) 헌법개정안에 대한 국민표결권(제130조), (ii) 국가안위에 관한 중요정책에 대한 국민표결권(제72조), (iii) 주민투표권(지방자치법 제13조의 2), (iv) 선거권(제24조), (v) 공무담임권(제25조) 등이 있다.

(4) 정치적 활동권

정치적 활동권이란 고전적 의미의 정치적 언론, 출판, 집회, 결사의 자유와 참정권 이외에 현대적 상황에서 특히 요청되는 보다 적극적이고 포괄적인 정치적 활동 일반에 관한 권리를 말한다. 정당활동을 할 권리, 투표나 선거과정에서 투표나 선거에 영향을 미치는 활동을 할 수 있는 권리, 소비자 보호, 환경보호, 공해추방 등을 위한 주민운동권 등을 들 수 있다.

2) 선거권

(1) 선거권의 의의

헌법 제24조는 "모든 국민은 법률이 정하는 바에 의하여 선거권을 가진다"라고 하여 선거권을 헌법상의 인권으로 규정하고 있다. 선거권이란 추상적으로는 선거시에 투표에 참여할 수 있는 권리를 의미하지만, 구체적으로는 선거인단의 구성원으로서 각급 공무원을 선임할 수 있는 권리를 의미한다.

(2) 선거권의 행사의 요건

일반적으로 선거권을 행사할 수 있으려면 국적, 연령, 주소에 관하여 적극적 요건을 충족할 것이 요구된다. 우리나라의 공직선거법에서는 선거연령을 제한하고 있는데, 투표가 정치적 판단능력을 전제로 하는 것인바, 연령에 의한 제한은 합리적이라 할 수 있다. 또한, 선거권을 행사하려면 소극적 요건으로서 일정한 결격사유, 예컨대 금치산자나 수형자 등에 해당하지 않을 것이 필요하다.

(3) 선거권의 제한과 한계

선거권의 제한은 불가피하게 요청되는 개별적, 구체적 사유가 존재함이 명백할 경우에만 정당화될 수 있고, 막연하고 추상적인 위험이나 국가의 노력에 의해 극복될 수 있는 기술상의 어려움이나 장애 등을 사유로 그 제한이 정당화될 수 없다.

(4) 본 사안의 경우

본 사안의 경우 정부측은 북한주민이나 조총련계 재일동포가 선거에 영향을 미칠 가능성, 선거의 공정성, 선거기술적 이유 등을 이유로 그간 재외국민의 선거권을 제한하여 왔다. 그러나 이러한 문제점은 재외국민등록제도나 재외국민 거소신고제도, 해외에서의 선거운동방법에 대한 제한이나 투표자 신분확인제도, 정보기술의 활용 등을 통해 극복할 수 있다.

또한 정부는 그간 재외국민이 납세의 의무를 지지 않는다는 것도 선거권제한의 이유로 내세워 왔다. 그러나 납세나 국방의무와 선거권 간의 필연적 견련관계도 인정되지 않는다는 점 등에 비추어 볼 때, 단지 주민등록이 되어 있는지 여부에 따라 선거인명부에 오를 자격을 결정하여 그에 따라 선거권 행사 여부가 결정되도록 함으로써 엄연히 대한민국의 국민임에도 불구하고 주민등록법상 주민등록을 할 수 없는 재외국민의 선거권 행사를 전면적으로 부정하고 있는 법 제37조 제1항은 어떠한 정당한 목적도 찾기 어려우므로 헌법 제37조 제2항에 위반하여 재외국민의 선거권과 평등권을 침해하고 보통선거원칙에도 위반된다.

직업이나 학문 등의 사유로 자진 출국한 자들이 선거권을 행사하려고 하면 반드시 귀국해야 하고 귀국하지 않으면 선거권 행사를 못하도록 하는 것은 헌법이 보장하는 해외체류자의 국외 거주·이전의 자유, 직업의 자유, 공무담임권, 학문의 자유 등의 인권을 희생하도록 강요한다는 점에서 부적절하며, 가속화되고 있는 국제화시대에 해외로 이주하여 살 가능성이 높아지고 있는 상황에서, 그것이 자발적 계기에 의해 이루어졌다는 이유만으로 국민이면 누구나 향유해야 할 가장 기본적인 권리인 선거권의 행사가 부인되는 것은 타당성을 갖기 어렵다.

따라서 선거인명부에 오를 자격이 있는 국내거주자에 대해서만 부재자신고를 허용함으로써 재외국민과 단기해외체류자 등 국외거주자 전부의 국정선거권을 부인하고 있는 법 제38조 제1항은 정당한 입법목적을 갖추지 못한 것으로 헌법 제37조 제2항에 위반하여 국외거주자의 선거권과 평등권을 침해하고 보통선거원칙에도 위반된다.

2. 헌법불합치결정과 잠정적용명령

1) 헌법불합치결정

헌법불합치 결정이란 법률의 위헌성을 실질적으로 인정하지만, 법의 공백에서 오는 혼란을 피하기 위하여 일정기간 해당 법률의 효력을 인정하는 결정형식이다.

헌법불합치결정을 하는 경우 일정기간을 정하여 그 때까지 위헌성을 제거하여 줄 것을 요청한다. 예를 들면, 집회 및 시위에 관한 법률 제10조 등 위헌제청(2009. 9. 24. 2008헌가25)에서 헌법재판소는 '집회 및 시위에 관한 법률 제10조 중 "옥외집회" 부분 및 제23조 제1호 중 "제10조 본문의 옥외집회" 부분은 헌법에 합치되지 아니한다. 위 조항들은 2010. 6. 30.을 시한으로 입법자가 개정할 때까지 계속 적용된다.'고 결정한 바 있는데 이 경우가 전형적인 사례에 해당할 것이다. 이상과 같이 헌법불합치결정은 입법촉구결정을 동반하기 마련이다.

한편 헌법불합치 결정은 입법자에게 구체적인 법 개정의무를 부여하는데 비하여 입법촉구결정은 추상적인 입법개선의무를 부여하는 것이라고 보는 견해도 있다. 하지만, 헌법불합치결정과 입법촉구결정을 별도의 결정양식으로 보기는 어려울 것이다. 헌법불합치결정은 결정양식의 취지상 입법촉구를 수반하기 마련이고, 입법촉구결정은 헌법불합치를 전제로 하고 있기 때문이다.

헌법불합치결정에 따른 일정기간이 지났음에도 불구하고 법 개정이 이루어지지 않으면 당해 법률 또는 법률조항은 효력을 상실한다. 실제 집회 및 시위에 관한 법률 제10조에 대한 개정이 2010년 6월 30일까지 이루어지지 않아 이 조항 해당부분 즉 '옥외집회 금지'규정은 효력을 잃었다.

2) 본 사안의 경우

(1) 이 사건 법률조항들은 대한민국 국민임에도 불구하고 주민등록이 되어 있지 않다는 이유로 대통령 및 국회의원 선거권과 국민투표권을 행사할 수 없도록 하고, 국민인 주민임에도 불구하고 역시 주민등록이 되어 있지 않다는 이유로 지방선거 선거권과 피선거권을 부인함으로써, 주민등록을 할 수 없는 재외국민의 인권을 침해한다. 그럼에도 불구하고 아래에서 보는 바와 같이 이 사건 법률조항들에 대해서 단순위헌결정을 하는 것은 적절하지 않다고 보고 있다.

(2) 법률이 헌법에 위반되는 경우 헌법의 규범성을 보장하기 위하여 원칙적으로 그 법률에 대하여 위헌결정을 하여야 하는 것이지만, 위헌결정을 통하여 위헌법률조항을 법질서에서 제거하는 것이 법적 공백과 그로 인한 혼란을 초래할 우려가 있는 경우에는 위헌조항의 잠정적 적용을 명하는 헌법불합치결정을 할 수 있다는 것이다.

위헌적인 법률조항을 잠정적으로 적용하는 위헌적인 상태가, 위헌결정으로 말미암아 발생하는 법적 규율이 없는 합헌적인 상태보다 오히려 헌법적으로 더욱 바람직하다고 판단되면, 헌법재판소는 법적 안정성의 관점에서 용인하기 어려운 법적 공백과 그로 인한 혼란을 방지하기 위하여 입법자가 합헌적인 방향으로 법률을 개선할 때까지 일정기간 위헌적인 법규정을 존속케 하고 또한 잠정적으로 적용하게 할 필요가 있기 때문이다(헌재 2005. 6. 30. / 2005헌가1).

(3) 헌재는 이 사건 법률조항들에 대하여 헌법불합치결정을 선고하되, 다만 입법자의 개선입법이 있을 때까지 계속적용을 명하기로 하였다. 입법자는 늦어도 2008. 12. 31.까지 개선입법을 하여야 하며, 그때까지 개선입법이 이루어지지 않으면 이 사건 법률조항들은 2009. 1. 1.부터 그 효력을 상실한다고 하였다.

3. 재외국민선거권 불합치 결정 이후

재외국민의 선거권을 인정하지 않던 구 공직선거법에 대해 헌법불합치결정이 내려짐에 따라, 국회에서도 공직선거법 개정 움직임이 있었다. 그러나 여・야간의 의견불일치로 2008년 12월 31일까지 개정안이 마련되지 못하였다.

지난 2009년 2월 12일 이를 허용하는 내용의 공직선거법 개정안이 국회를 통과하였고, 영주권자는 '재외선거인'으로서, 선거 기간 중 국외 체류 예정자 또는 일시 체류자들은 '국외부재자'로서 지방선거를 제외하고 제한적이나마 선거권을 행사할 수 있게 되었다. 다행히 2008년 1월 1일부터 2009년 2월 12일 사이에 선거가 없어서 혼란은 없었지만, 법의 공백사태가 일시적으로나마 존재하였다는 점은 반성재료로 삼아야 할 것이다.

개정된 공직선거법에 따르면, 영주권자와 같이, "주민등록이 되어 있지 아니하고 국내거소신고도 하지 아니한 사람으로서 외국에서 투표하려는 선거권자"는 '재외선거인'으로서 대통령선거와 임기만료에 따른 비례대표국회의원선거에 참여할 수 있으며, 공관을 직접 방문하여 중앙선거관리위원회에 등록신청을 해야 한다(공직선거법 제218조의4). 또한 "주민등록이 되어 있거나 국내거소신고를 한 사람"으로서 '부재자투표기간 개시일 전 출국하여 선거일 후에 귀국이 예정된 경우' 또는, '외국에 머물거나 거주하여 선거일까지 귀국하지 아니할 경우' 외국에서 투표하려는 선거권자인 '국외부재자'는 대통령선거와 임기만료에 따른 국회의원선거에 참여할 수 있으며, 신고 기간에 국내에 있으면 해당 시장・군수・구청장에게 신고를 해야 하고, 외국에 있는 경우에는 해당 재외공관에 거쳐 신고서를 제출하여야 한다(동법 제218조의5).

이러한 선거인등록 신청 및 국외부재자 신고의 기간은 선거일 전 150일부터 선거일 전 60일까지이며, 재외 선거권자를 대상으로 한 선거운동은 인터넷, 전자우편, 전화 또는 말로 하는 방법, 위성방송을 이용한 방송광고・방송연설, 인터넷 광고만 허용되며, 단체는 그 명의나 대표의 명의로 선거운동을 할 수 없다(동법 제218조의14). 투표는 선거일 전 14일부터 선거일 전 9일까지 6일 동안 해당 재외공관에 설치・운영되는 투표소에서 이루어지고, 투표방식은 재외투표소에 가서 재외선거관리위원회위원과 투표참관인 앞에서 구・시・군 선거관리위원회로부터 받은 투표용지, 발송용 봉투, 회송용 봉투와 신분증명서를 제시하여 본인임을 확인 받은 다음 기표소에 들어가 후보자의 성명이나 정당의 명칭 또는 기호를 적은 다음 이를 회송용 봉투에 넣어 봉함하고 투표참관인의 앞에서 투표함에 넣어야 한다

(동법 제218조의17).

공정한 선거가 이루어지도록 각 공관에 재외선거관리위원회가 설치되어 '재외투표소 설치장소와 운영기간 등의 결정 · 공고', '재외투표소의 투표관리', '재외투표소 투표사무원 위촉 및 투표참관인 선정', '재외투표관리관이 행하는 선거관리사무 감독', '선거범죄 예방 및 단속에 관한 사무' 등의 업무를 담당한다(동법 제218조).

생각해 보기

- 공직선거법 제15조 2항 2호의 규정에 따르면 영주의 체류자격 취득일로부터 3년이 경과한 19세 이상의 외국인은 일정한 요건 하에 지방선거 선거권을 부여하고 있다. 이에 대해 논평하라.

◈읽어보기

외국인 6,500여명 지방선거 첫 투표

중앙선거관리위원회는 26일 "작년 8월 바뀐 선거법에 따라 5 · 31 지방선거부터 외국에게도 투표권이 주어진다"고 밝혔다.

대상은 국내 영주권을 취득한 후 만 3년이 지난 19세 이상 외국인이다. 투표권을 갖는 외국인은 모두 6579명이다. '화교'가 대부분인 대만 출신이 6511명으로 가장 많고, 이어 일본인 51명, 미국인 8명, 중국인 5명, 독일인 2명 등이다.

선관위 관계자는 "한국 사람과 결혼하거나, 사업차 영주권을 얻어 장기 체류하는 사람들이 대부분"이라고 했다.

이 관계자는 그러나 "대선과 총선은 헌법에 주민이 아닌 국민이 투표권을 갖도록 돼 있어 이들이 대한민국 국적을 취득하지 않는 한 투표권은 주어지지 않는다"고 했다.

〈조선일보〉, 2006년 4월 1일

2010년 6.2 지방선거 외국인 선거권자 1만2천여명

내달 2일 치러지는 '제5회 전국동시지방선거 '에서 투표권을 행사할 수 있는 국내 거주 외국인은 1만2천여명으로 2006년 제4회 선거 때의 약 2배로 늘어난 것으로 집계됐다. 19일 중앙선거관리위원회에 따르면 6.2 지방선거의 선거인 명부를 작성한 결과 총 선거인 3천886만 1천763명중 투표권 행사가 가능한 외국인은 1만2천899명이라고 밝혔다. 4년 전 지방선거에서의 외국인 유권자는 6천726명에 비하면 1.9배 수준이다.

외국인 유권자 수를 시도별로 보면 서울이 3천426명으로 가장 많고 이어 ▲경기도(1천615명) ▲인천(1천424명) ▲부산(861명) 순이다. 유권자가 가장 적은 곳은 제주특별자치도로 153명이다.

법무부에 따르면 국내 등록 외국인 중 영주권자(F5 비자 소유)는 지난 3월 현재 2만9천978명으로 역시 4년 전 같은 시기(1만3천957명)에 비해 약 2배로 늘어났다. 이번 선거에서 전체 영주권자중 43%가 투표를 할 수 있는 셈이다.

현행 공직선거법에는 "영주권 취득 후 3년이 경과한 외국인으로서 해당 지방 자치단체의 외국인 등록대장에 올라 있는 경우에 한해 선거권을 행사할 수 있다"고 규정하고 있다.

〈연합뉴스〉, 2010년 5월 19일

귀화 외국인 여성 첫 경기도의회 입성

2일 치러진 '제5회 전국동시지방선거'는 한치 앞을 예상할 수 없는 접전지역이 많았을 뿐 아니라 이색적인 당선자들도 상당수 배출되면서 눈길을 끌었다.

이라(33 · 여 · 경기 성남 · 사진)씨는 귀화 외국인 여성으로는 처음으로 경기도의회 입성한 인물이다.

한나라당 도의원 비례대표 1순위로 공천을 받은 몽골 출신의 이 당선자는 2003년 몽골에서 만난 엄모씨와 결혼해 입국한 뒤 2008년 10월 한국 국적을 획득했다.

그는 지난달 4일 한나라당 경기도당이 광역의원 비례대표 후보자 16명의 명단을 발표 때부터 주목을 받았지만, 자신이 직접 공천을 신청해 후보 1번을 따냈다는 사실이 알려지면서 더욱 주변을 놀라게 했다.

특히 이 당선자는 다문화 가정 행사에서 몽골 출신의 경기도청 직원을 만나면서부터 올바른 결혼이민자 정책 수립에 관심을 갖기 시작하면서 정치에 참여하기로 결심했다. 성(姓)은 '성남 이씨'로, 이름은 기억하기 쉽도록 '라'라는 외자를 선택했다.

한국에 온 뒤에는 서울출입국관리사무소 결혼이민자 네트워크 부회장, 성남시 다문화가족지원센터 자원봉사자로 활동하기도 했다. 2008년 5월 세계인의 날에는 성남시 다문화 가족지원센터에서의 활동 공로를 인정받아 법무부장관 표창도 받았다.

현재는 현재 신구대학 산업디자인과 2학년에 재학 중이다.

〈아시아경제〉, 2010년 6월 3일

◉읽을거리

주요국의 재외선거제도70)

	일본	미국	영국	독일
유권자[1]	3개월 이상의 거주	제한 없음	출국으로부터 15년 미만	출국으로부터 25년 미만[2]
대상 선거	중·참의원 비례대표 및 지역구 선거	연방 상하 양원 선거의 본선거 및 예비선거[3]	하원선거	하원선거
등록 신청 방법	재외공관에 나가 신청함. 사전에 최종 거주지에서 전출계를 제출하는 것이 필요. 주민표의 사본 등의 요청이 필요한 경우도 있다.	소정의 서식의 엽서(FPCA)를 우송한다. 기한까지 시간이 없는 경우에는 Fax나 e메일로의 신청도 가능한 주가 있다. 등록은 4년간 유효하다.	등록용지 및 증명서류를 우송. 등록의 유효기간은 1년으로 매년 등록이 필요	신청용지 및 선서서를 우송
투표 방법[4]	우편투표 또는 재외공관투표. 우편투표의 경우에는 투표용지를 스스로 청구하여야 한다.	우편투표. 기한까지 시간이 없는 경우에는 Fax투표도 가능. 투표용지를 스스로 청구해야 하는 경우도 있다.	우편투표 또는 대리투표. 우편투표의 경우에는 등록자에 대하여 자동적으로 투표용지가 송부된다.	우편투표. 등록자에 대하여는 자동적으로 투표용지가 송부된다.
투표 선거구	최종거주지 또는 본적지	최종거주지	최종선거인등록지	최종거주지
정보 주지 방법	후보자 및 신고정당의 일람을 각 재외공관에 비치하고, 각 지역 선관위 홈페이지에 상기 정보를 기재한다. 인터넷에 의한 선거 운동은 금지되고 있다.	각주의 선거관리, 투표지원관 및 국방총성 투표정보센터 등이 인터넷 등으로 정보를 발신. 미디어나 정당 등도 정보를 발신하고 있어, 후보자 정보의 취득은 시민의 책임	후보자는 재외 선거인을 포함한 모든 유권자 앞에 무료로 팜플렛 등을 우송할 수 있다. 공적인 정보는 제공되지 않는다.	재외공관 HP에서는 각 정당 HP에로 연결되는 링크가 있어, 인터넷을 이용한 선거운동이 중심이 되고 있다고 생각된다.

70) 정상우, 국외부재자 선거제도 도입방안에 관한 연구, 공법학연구 제8권 제4호, 2007.11; 손형섭, 일본 재외선거제도와 그 시사점에 대한 연구, 공법연구 제39집 제3호, 2011.2.

	프랑스			캐나다	이탈리아
	대통령선거	하원선거[5]	상원선거(APE선거)		
유권자[1]	제한없음	제한없음	제한없음	출국으로부터 5년 미만으로, 귀국·재거주할 의사가 있는 사람	제한없음
대상선거	대통령선거	하원선거	상원선거(APE선거)	하원선거	하원선거 및 상원선거
등록신청방법	재외공관에 나가 신청	본국의 선거인명부를 사용하기 때문에 특단의 신청은 불요[6]	재외공관에 나가 신청	신청용지 및 증명서류를 우송 또는 Fax 송신	재외공관으로부터 송부된 서류에 소정의 사항을 기입하여 반송
투표방법[4]	재외공관투표 또는 재외공관 혹은 국내에 있어서의 대리투표	국내에 있어서의 대리투표	재외공관투표(재외공관에 갈 수 없는 사람은 우편투표도 가능). 일부에서는 인터넷 투표도 가능	우편투표 또는 재외공관투표. 등록자에 대해서 자동적으로 투표용지가 송부된다.	우편투표. 등록자에 대해서는 자동적으로 투표용지가 송부된다.
투표선거구	(전국 1구)	최종주거지 또는 출생지 등으로부터 선택	해외선거구	최종주거지	해외선거구
정보주지방법	후보자 등에 의한 삐라(전단), 투표용지의 봉서에 의한 송부 및 재외공관 내의 게시를 제외해 선거선전은 금지된다.	국내의 선거인에게 투표가 위임되기 때문에, 재외 선거인에 대한 정보주지는 특별히 행해지지 않는다.	후보자 등에 의한 삐라, 투표용지를 넣어 봉한 편지에 의한 송부 및 재외공관 내의 게시를 제외해 선거선전은 금지된다.	선거관리 HP에 후보자 명부가 게재되는 것 외에 투표용지와 함께 후보자 명부도 송부된다. 후보자도 인터넷에 의해 정보를 제공하고 있다.	투표용지와 함께 후보자 명부도 송부된다. 선거운동의 규제에 대해서는 이탈리아 정부와 재외 선거인의 거주하는 나라가 합의한 다음 행해진다.

1. 국내에서의 선거권과 같은 조건(국적 및 선거권 연령 등) 및 선거인명부에 게재되고 있는 것에 대하여는 생략하고 있다.
2. 유럽평의회 가맹국 거주자는 출국 후의 연수에 제한이 없다.
3. 일부의 주에서는 지방선거도 대상이 된다. 군인·선원 등에 대해서는 모든 주에서 지방선거도 대상이 된다.
4. 귀국 투표에 대해서는 생략하고 있다.
5. 지방선거도 같은 내용으로 투표 가능하다.
6. 대리투표를 위한 수속으로서 위임장의 작성이 필요하다.

❖ 참고문헌

박정은, 성낙인, 재외국민의 선거권제한, 고시계, 제52권 제3호 (통권601호) 2007년 2월
서보건, 재외국민선거권 제한의 위헌여부, 고시계, 제52권 제9호 (통권 607호) 2007년 8월
정상우, 국외부재자 선거제도 도입방안에 관한 연구, 공법학연구 제8권 제4호, 2007년 11월

제 4 절 주민소환과 주권

I. 사례

갑은 2006. 5. 31. 전국 동시에 실시된 기초자치단체장 선거에서 하남시 총 유권자 103,677명 중 50.6%인 52,431명의 투표와 그 중 40.3%인 21,140명의 선출로 시장에 당선되었다.

그 후 갑은 하남시에 광역장사시설을 설치하고 경기도로부터 관련 인센티브를 지원받아 지역발전을 도모한다는 선거공약에 따라 2006. 8. 25. 경기도지사에게 유치를 건의하고, 2006. 10. 16. 하남시의회에 그 계획을 보고하여 동의를 구하며, 지역주민을 위한 설명회 및 공청회를 계획하는 등 노력을 기울였으나, 지역주민들의 잇단 반대시위로 그 사업을 제대로 추진하지 못하였다.

그러던 중 전년도 말의 하남시 총 유권자 105,054명 중 31.2%인 32,848명은 갑이 주민의 여론을 충분히 수렴하지도 않은 채 독선적으로 광역장사시설을 유치하려 한다는 등의 이유로, 2007. 7. 23. 유○준을 대표자로 하여 갑에 대한 주민소환투표를 청구하였다.

그러자 갑은 '주민소환에 관한 법률'(이하 '주민소환법'이라 한다) 제1조(목적), 제11조(주민소환투표 청구의 각하) 및 제12조(주민소환투표의 발의)가 주민소환의 구체적인 청구사유를 규정하지 않아 정치적으로 입장을 달리하거나 이해관계가 상반되는 소수 주민들의 소환의사가 관철될 수 있도록 한 것은 자신의 공무담임권 등 기본권을 침해한다며 2007. 7. 25. 헌법소원심판을 청구하였다.

참조 : 주민소환에 관한 법률 제1조 등 위헌확인 (헌재 2009.3.26./ 2007헌마843)

[공부거리]

대의제 민주주의와 소환권
지방자치제와 소환권

[심판대상조문]

주민소환에 관한 법률(2006. 5. 24. 법률 제7958호로 제정된 것)

제7조(주민소환투표의 청구) ① 전년도 12월 31일 현재 주민등록표 및 외국인등록표에 등록된 제3조 제1항 제1호 및 제2호에 해당하는 자(이하 "주민소환투표청구권자"라 한다)는 해당 지방자치단체의 장 및 지방의회의원(비례대표선거구시·도의회의원 및 비례대표선거구자치구·시·군의회의원은 제외하며, 이하 "선출직 지방공직자"라 한다)에 대하여 다음 각 호에 해당하는 주민의 서명으로 그 소환사유를 서면에 구체적

으로 명시하여 관할선거관리위원회에 주민소환투표의 실시를 청구할 수 있다.

1. 생략
2. 시장·군수·자치구의 구청장 : 당해 지방자치단체의 주민소환투표청구권자 총수의 100분의 15이상
3. 생략

②~⑤ 생략

제8조(주민소환투표의 청구제한기간) 제7조 제1항 내지 제3항의 규정에 불구하고 다음 각 호의 어느 하나에 해당하는 때에는 주민소환투표의 실시를 청구할 수 없다.

1. 선출직 지방공직자의 임기개시일부터 1년이 경과하지 아니한 때
2. 선출직 지방공직자의 임기만료일부터 1년 미만일 때
3. 해당선출직 지방공직자에 대한 주민소환투표를 실시한 날부터 1년 이내인 때

제9조(서명요청 활동) ① 주민소환투표청구인대표자(이하 "소환청구인대표자"라 한다)와 서면에 의하여 소환청구인대표자로부터 서명요청권을 위임받은 자는 대통령령이 정하는 서명요청 활동기간 동안 주민소환투표의 청구사유가 기재되고 관할선거관리위원회가 검인하여 교부한 주민소환투표청구인서명부(이하 "소환청구인서명부"라 한다)를 사용하여 주민소환투표청구권자에게 서명할 것을 요청할 수 있다. 이 경우 제10조의 규정에 따라 서명이 제한되는 기간은 서명요청 활동기간에 산입하지 아니한다.

②~③ 생략

제21조(권한행사의 정지 및 권한대행) ① 주민소환투표대상자는 관할선거관리위원회가 제12조 제2항의 규정에 의하여 주민소환투표안을 공고한 때부터 제22조 제3항의 규정에 의하여 주민소환투표결과를 공표할 때까지 그 권한행사가 정지된다.

②~③ 생략

제22조(주민소환투표결과의 확정) ① 주민소환은 제3조의 규정에 의한 주민소환투표권자 총수의 3분의 1이상의 투표와 유효투표 총수 과반수의 찬성으로 확정된다.

②~③ 생략

[참조조문]

주민소환에 관한 법률(2006. 5. 24. 법률 제7958호로 제정된 것)

제7조(주민소환투표의 청구) ① 전년도 12월 31일 현재 주민등록표 및 외국인등록표에 등록된 제3조 제1항 제1호 및 제2호에 해당하는 자(이하 "주민소환투표청구권자"라

한다)는 해당 지방자치단체의 장 및 지방의회의원(비례대표선거구시·도의회의원 및 비례대표선거구자치구·시·군의회의원은 제외하며, 이하 "선출직 지방공직자"라 한다)에 대하여 다음 각 호에 해당하는 주민의 서명으로 그 소환사유를 서면에 구체적으로 명시하여 관할선거관리위원회에 주민소환투표의 실시를 청구할 수 있다.

1. 특별시장·광역시장·도지사(이하 "시·도지사"라 한다) : 당해 지방자치단체의 주민소환투표청구권자 총수의 100분의 10이상
2. 시장·군수·자치구의 구청장 : 당해 지방자치단체의 주민소환투표청구권자 총수의 100분의 15이상
3. 지역선거구시·도의회의원(이하 "지역구시·도의원"이라 한다) 및 지역선거구자치구·시·군의회의원(이하 "지역구자치구·시·군의원"이라 한다) : 당해 지방의회의원의 선거구 안의 주민소환투표청구권자 총수의 100분의 20이상

제11조(주민소환투표청구의 각하) 관할선거관리위원회는 제27조 제1항의 규정에 의하여 준용되는 「주민투표법」 제12조 제1항의 규정에 의하여 소환청구인대표자가 제출한 주민소환투표청구가 다음 각 호의 어느 하나에 해당하는 경우에는 이를 각하하여야 한다. 이 경우 관할선거관리위원회는 소환청구인대표자에게 그 사유를 통지하고 이를 공표하여야 한다.

1. 유효한 서명의 총수[제27조 제1항의 규정에 의하여 준용되는 「주민투표법」 제12조 제7항의 규정에 의하여 보정(보정)을 요구한 때에는 그 보정된 서명을 포함한다]가 제7조 제1항 내지 제3항의 규정에 의한 요건에 미달되는 경우
2. 제8조의 규정에 의한 주민소환투표의 청구제한기간 이내에 청구한 경우
3. 주민소환투표청구서(이하 "소환청구서"라 한다)와 소환청구인서명부가 제27조 제1항의 규정에 의하여 준용되는 「주민투표법」 제12조 제1항의 규정에 의한 기간을 경과하여 제출된 경우
4. 제27조 제1항의 규정에 의하여 준용되는 「주민투표법」 제12조 제7항의 규정에 의한 보정기간 이내에 보정하지 아니한 경우

제12조(주민소환투표의 발의) ① 관할선거관리위원회는 제7조 제1항 내지 제3항의 규정에 의한 주민소환투표청구가 적법하다고 인정하는 경우에는 지체 없이 그 요지를 공표하고, 소환청구인대표자 및 해당선출직 지방공직자에게 그 사실을 통지하여야 한다.
② 관할선거관리위원회는 제1항의 규정에 따른 통지를 받은 선출직 지방공직자(이하 "주민소환투표대상자"라 한다)에 대한 주민소환투표를 발의하고자 하는 때에는 제14

조 제2항의 규정에 의한 주민소환투표대상자의 소명요지 또는 소명서 제출기간이 경과한 날부터 7일 이내에 주민소환투표일과 주민소환투표안(소환청구서 요지를 포함한다)을 공고하여 주민소환투표를 발의하여야 한다.

제14조(소명기회의 보장) ① 관할선거관리위원회는 제7조 제1항 내지 제3항의 규정에 의한 주민소환투표청구가 적법하다고 인정하는 때에는 지체 없이 주민소환투표대상자에게 서면으로 소명할 것을 요청하여야 한다.

② 제1항의 규정에 의하여 소명요청을 받은 주민소환투표대상자는 그 요청을 받은 날부터 20일 이내에 500자 이내의 소명요지와 소명서(필요한 자료를 기재한 소명자료를 포함한다)를 관할선거관리위원회에 제출하여야 한다. 이 경우 소명서 또는 소명요지를 제출하지 아니한 때에는 소명이 없는 것으로 본다.

③ 제12조 제2항의 규정에 의하여 주민소환투표일과 주민소환투표안을 공고하는 때에는 제2항의 규정에 의한 소명요지를 함께 공고하여야 한다.

[참조판례]

구 의료보험법 제32조제1항 등 위헌소원 (헌재 2002.10.31./ 99헌바76등)

1. 당사자의 주장

1) 갑의 주장

(1) 주민소환법 제7조(주민소환 투표의 청구) 중 시장 부분

주민소환은 민주적 정당성을 배신한 공직자의 권한을 제한하거나 박탈하는 제도로서 그 사유는 어느 정도 법률로 구체화할 수 있는데도, 이에 관하여 아무런 제한을 두지 아니한 것은 청구인의 공무담임권을 침해하는 것이다.

특히 주민소환은 지방자치단체장의 직권남용과 위법, 부당한 행위를 막기 위한 것일 뿐 정당한 공무집행 행위와 정책의 수립 및 집행마저 위축시키려는 제도가 아닌데도, 다른 선진국에 비하여 선거가 과열되고 선거 후에도 정치적 혼란이 심하며 낙선자가 선거 결과에 흔쾌히 승복하지 아니하는 정치상황이 빈발하고 있는 우리나라에서 주민소환의 사유를 제한하지 아니하는 것은 정치적인 소수자가 제도를 악용하거나 남용할 우려가 크다.

또한 주민소환투표 청구에 필요한 주민수를 주민소환투표 청구권자 총수의 100분의 15 이상으로 지나치게 가볍게 정함으로써 주민소환 발의를 너무 쉽게 할 수 있도록 한 것은 입법재량의 범위를 넘어 청구인의 공무담임권을 침해하는 것이다.

(2) 주민소환법 제21조 제1항(권한행사의 정지)

주민소환 사유에 관하여 주민소환법에 아무런 정함이 없고, 그 발의요건도 기초자치단체장의 경우 당해 지방자치단체의 주민소환투표 청구권자 총수의 100분의 15 이상으로 가벼운데도, 위 조항이 주민소환투표가 발의되어 주민소환투표안이 공고되었다는 이유만으로 주민소환투표 대상자의 권한행사가 곧바로 정지되도록 함으로써 주민소환제도가 정치적으로 오용되거나 남용될 가능성이 더욱 커진다.

탄핵의 소추는 직무집행에 있어서 **헌법이나 법률에 위배한 때**에 한하여 의결할 수 있고(헌법 제65조 제1항), 국회 재적의원 3분의 1이상의 발의와 국회 재적의원 과반수의 찬성을 거쳐야 하는데 반하여(헌법 제65조 제2항), 주민소환투표는 주민소환투표 청구권자 총수의 100분의 10 내지 20 이상 주민의 서명만 있으면 실시될 수 있어 너무도 용이하게 소환대상이 될 수 있다는 점에서, 대통령 등 법률이 정한 공무원이 탄핵소추 의결을 받은 경우 탄핵심판이 있을 때까지 권한행사가 정지된다고 하여(헌법 제65조 제3항) 지방자치단체의 선거직 공무원도 주민소환투표가 발의되어 확정되기까지 반드시 권한행사가 정지되어야 한다고 볼 수는 없다.

(3) 주민소환법 제22조 제1항(소환투표결과의 확정)

국회의원의 경우 국회 재적의원 3분의 2 이상의 찬성이 있어야 제명할 수 있고(헌법 제64조 제3항), 주식회사의 이사의 경우에도 출석한 주주의 의결권의 3분의 2이상의 수와 발행주식 총수의 3분의 1 이상의 찬성이라는 주주총회 특별결의가 있어야 해임할 수 있는데 반하여(상법 제385조 제1항, 제434조), 주민소환투표권자 총수의 3분의 1의 투표와 유효투표 총수 과반수의 찬성으로 주민소환투표권자 총수의 약 16.7%의 찬성만 있으면 주민소환이 확정되어 대상자는 그 직을 상실하게 한 것은, 주민소환에 의한 공직상실의 요건을 너무 완화함으로써 청구인의 공무담임권과 평등권을 침해하는 것이다.

2) 행정안전부장관의 의견

(1) 주민소환은 그 사유를 불문하고 선출직 공직자에 대하여 정치적 책임을 묻는 제도로서, 청구사유를 제한할 경우 그 적법성 여부는 최종적으로 사법부가 판단할 것이므로, 선출직 공직자의 정치적 책임을 묻는 주민소환제도가 법적 책임을 묻는 제도로 전환될 우려가 있고, 청구사유에 해당하는지 여부에 관한 판단에 장기간이 소요되어 지방행정의 불

안정 상태가 지속되며, 임기 중 소환투표까지 이어지지 못하는 상황이 발생할 수 있어 제도가 유명무실해질 수 있다.

국회 입법과정에서도 청구사유를 제한하는 것에 대한 논의가 있었으나 결국 정치적 책임을 묻는 제도로 보아 이를 명시하지 않았으며, 주민소환제를 실시하는 대부분의 국가에서도 청구사유를 제한하지 않고 있으므로, 주민소환법이 주민소환의 청구사유를 제한하지 않았다 하여 위헌이라고 볼 수는 없다.

(2) 주민소환법 제8조에서 주민소환투표의 청구제한 기간을 설정한 것은 선출직 공직자의 임기 초에는 과오 등을 입증하기 어렵고 임기종료에 임박할 때에는 잔여임기가 얼마 남지 않아 소환의 실익이 없는 점과 주민소환투표를 실시하여 부결되었음에도 반복적으로 소환투표를 청구하는 폐해를 방지할 필요가 있기 때문이다.

관할 선거관리위원회가 적법하다고 인정하여 수리한 청구가 있다 하더라도 또 다른 사유로 주민소환투표 청구를 추진할 경우도 있을 것이므로, 입법목적인 주민의 직접 참여를 확대하기 위하여 또 다른 청구를 제한하지 않는 것이 옳다.

주민소환법 제13조 제2항은 주민소환투표 공고일 이후 90일 이내의 동일 또는 다른 지방 선출직 공직자에 대한 주민소환투표는 병합하거나 동시에 실시할 수 있도록 하여 반복청구 허용에 따른 비용의 낭비를 막도록 하고 있고, 청구인의 주장처럼 "주민소환투표청구가 적법하다고 인정되어 수리된 때"를 주민소환투표 청구 제한사유로 규정한다면 오히려 주민소환투표 청구권을 지나치게 제한하는 결과가 될 것이다.

(3) 주민소환법 제9조는 주민소환투표의 청구를 위한 서명요청 활동을 보장하면서도 주민소환투표 대상자에 대하여는 반대활동을 보장하고 있지 않으나, 주민소환의 남용을 막기 위하여 일정한 수의 주민소환투표청구 서명을 요건으로 하는 이상, 서명요청 활동은 주민소환 제도를 실시하기 위하여 필수적으로 보장되어야 하는 활동인 반면, 통·반 단위까지 매우 세밀한 행정력을 보유하고 있는 지방자치단체장 등 지방자치단체의 공직자로 하여금 주민소환투표가 발의되지도 않은 상태에서 주민들의 서명요청 활동에 대하여 갖가지 반대운동을 할 수 있도록 허용하면, 실제로 주민소환투표 제도는 소환대상 공직자의 반대활동에 부딪혀 투표청구조차 하기 어려울 정도로 유명무실하게 될 우려가 크다 할 것이므로, 소환대상 공직자에게 서명요청 활동 단계에서 주민소환투표에 대한 반대운동을 할 권한을 명시적으로 보장하지 않았다 하여 이를 불균형한 것이라고 할 수 없다.

(4) 주민소환법 제21조가 주민소환투표가 발의되어 공고되었다는 이유만으로 주민소환투표 결과를 공표할 때까지 주민소환투표 대상자의 권한행사를 정지시킨 것은, 주민소환투표 관리의 공정성과 객관성, 지방행정의 안정성과 효율성을 고려한 입법정책적인 판단의 결과로서, 청구인의 공무담임권을 침해한다고 할 수 없고, 지방자치단체에 관한 사항은 헌법 제117조 제2항 및 제118조 제2항에서 법률로 정하도록 위임되어 있어 지방자치단체장 및 지방의회의원의 권한행사 정지 등은 국가가 정책적인 차원에서 결정할 입법재량에 속하는 사항이다.

2. 헌법재판소의 판단

1) 기본권 침해 여부

(1) 주민소환법 제7조 제1항 제2호 중 시장 부분(청구사유)

① 주민소환은 지방자치에 관하여 주민의 직접적인 참여를 확대하고 지방행정의 민주성과 책임성을 제고하기 위한 제도이다(주민소환법 제1조).

그리고 주민소환법이 주민소환의 청구사유에 제한을 두지 않은 것은 주민소환제를 기본적으로 정치적인 절차로 설계함으로써 위법행위를 한 공직자뿐만 아니라 정책적으로 실패하거나 무능하고 부패한 공직자까지도 그 대상으로 삼아 공직에서의 해임이 가능하도록 하여 책임정치 혹은 책임행정의 실현을 기하려는데 그 목적이 있고, 이러한 입법목적은 결과적으로 주민자치를 실현하기 위하여 주민소환제가 잘 기능할 수 있도록 한다는 점에서 그 정당성을 인정할 수 있다.

또 이로써 지방자치단체장은 행정의 민주성과 투명성을 높이려고 노력하는 효과를 가져올 것이 분명하여 앞서 본 입법목적의 증진에 기여할 수 있는 유용한 수단이 될 것이다.

② 입법자는 기본적으로 주민소환제의 형성에 있어 광범위한 입법재량을 가지고, 따라서 주민소환제의 핵심을 이루는 청구사유의 존재 여부에 대하여도 우리의 정치적 현실을 고려하여 자유롭게 정할 수 있는 것이다.

주민소환제는 역사적인 기원을 따져 볼 때 기본적으로 정치적인 행위로 이해하는 것이 타당하고, 주민소환제를 두고 있는 대부분의 국가에서도 이러한 취지에서 청구사유에 제한을 두고 있지 않은 것은 앞서 본 바와 같다.

그리고 대의민주주의 아래에서 대표자에 대한 선출과 신임은 선거의 형태로 이루어지는 것이 바람직하고, 주민소환은 대표자에 대한 신임을 묻는 것으로서 그 속성은 재선거와 다를 바 없으므로, 선거와 마찬가지로 그 사유를 묻지 않는 것이 제도의 취지에도 부합한다 할 것이다.

주민소환제는 역사적으로도 위법·탈법행위를 한 공직자를 규제한다기보다 지역주민의 의사에 반하여 비민주적·독선적으로 정책을 추진하고 예산을 낭비하는 것을 광범위하게 통제하여야 한다는 이유에서 그 필요성이 강조되어 왔으므로, 이를 반영하기 위하여는 주민소환의 청구사유에 제한을 둘 필요가 없고, 또 업무의 광범위성이나 입법기술적인 측면에서 보아도 지방자치단체장의 소환사유를 구체적으로 적시하는 것 또한 쉽지 않다.

한편 이와 같이 청구사유를 제한하지 아니하였다는 점만으로 공직자가 바로 공직에서 퇴출되거나 이러한 구체적인 위험에 처하게 되는 것이 아니고, 단지 주민소환투표가 청구될 추상적인 위험이 있을 뿐, 이후 그 투표결과가 확정될 때에 이르러서야 비로소 위험이 구체화되는 것이므로, 이 조항에 의한 제한의 정도가 과도한 것이라고 할 수는 없을 것이다.

그리고 청구사유를 제한하는 경우 그 해당 여부를 사법기관에서 심사하는 것이 과연 가능하고 적정한지 의문이고, 사법절차를 거칠 때 주민소환 청구를 둘러싼 지역 내의 대립이 심화되고 절차가 지연됨으로써 조기에 문제를 해결하지 못할 위험성이 크다 할 수 있으며, 만일 청구사유를 제한한다 하더라도 여기에 포함될 것으로 예상되는 위법행위의 유형은 통상의 형사사법 절차로도 그 책임을 추궁할 수 있을 것으로 보여 굳이 주민소환제를 둘 제도적 필요성을 느끼지 못하게 될 것이다.

(2) 주민소환법 제7조 제1항 제2호 중 시장 부분(발의요건)

① 청구인은, 이 조항이 시장에 대한 주민소환투표 청구에 유권자의 100분의 15 이상의 서명을 요구하여 그 요건을 지나치게 가볍게 함으로써 청구인의 공무담임권을 침해한다고 주장한다.

② 그러나 주민소환투표의 구체적인 요건을 설정하는 데 있어 입법자의 재량이 매우 크다 할 수 있고, 이 청구요건이 너무 낮아 남용될 위험이 크다는 의미에서 현저하게 자의적이라고 볼 수 없으며, 외국의 입법례에 비하여 낮은 수준이라고 단정하기도 어렵다.

③ 또한 주민소환법 제7조 제3항에 따르면, 시장에 대한 주민소환투표를 청구함에 있어서는 당해 시장의 선거구 안의 읍·면·동 전체의 수가 3개 이상인 경우에는 3분의 1 이상의 읍·면·동에서 주민소환투표청구권자 총수의 1만분의 5 이상 1천분의 10 이하의 범위 안에서 대통령령이 정하는 수 이상의 서명을 받도록 하되, 다만 당해 시장 선거구 안의 읍·면·동 전체의 수가 2개인 경우에는 각각 주민소환투표 청구권자 총수의 100분의 1 이상의 서명을 받도록 하고 있고, 주민소환법 시행령 제2조(주민소환투표 청구 서명인 수)

에 따르면, 주민소환법 제7조 제2항 본문에 따라 시장의 주민소환투표 청구를 위하여 해당 선거구 안의 읍·면·동의 전체의 수가 3개 이상인 경우에 3분의 1 이상의 읍·면·동에서 받아야 할 서명인 수는 해당 읍·면·동별 주민소환투표청구권자 총수의 100분의 15 이상(2호), 또는 산정된 서명인 수가 각각 해당 지방자치단체의 장 또는 해당 지방의회의원 선거구 안의 주민소환투표 청구권자 총수의 1만분의 5 미만인 경우에 서명을 받아야 할 서명인 수는 1만분의 5로 하고, 1만분의 100을 초과하는 경우에 서명을 받아야 할 서명인 수는 1만분의 100으로 하고 있으므로, 특정 지역 주민의 의사에 따라 청구가 편파적이고 부당하게 이루어 질 위험성은 거의 없고 주민들의 전체 의사가 어느 정도 고루 반영되도록 하고 있다.

④ 결국 이러한 사정을 종합적으로 고려할 때 이 조항이 과잉금지원칙에 위반하여 청구인의 공무담임권을 침해한다고 볼 수 없다.

(3) 주민소환법 제8조(청구제한 기간)

① 청구인은, 이 조항은 해당 선출직 지방공직자에 대한 주민소환투표를 실시한 날부터 1년 이내에는 주민소환투표의 실시를 청구할 수 없도록 하고 있을 뿐, 오히려 주민소환법 제13조 제2항 3호가 주민소환투표 공고일 90일 이내에 동일한 선출직 지방공직자에 대한 주민소환투표가 있으면 1차 청구와 2차 청구를 병합하여 실시할 수 있도록 규정하고 있으므로, 주민소환투표가 실시된 때부터 1년 이내가 아니라면 동일한 선출직 지방공직자에 대한 중복된 주민소환투표 청구가 허용된다 할 것이고, 이 조항이 이와 같이 동일한 사유로 재차 주민소환투표를 청구하는 것을 금지하지 아니하는 것은 자신의 공무담임권을 침해한다고 주장한다.

② 이 조항에서 주민소환투표의 청구기간을 제한한 것은, 선출직 공직자의 임기 초에는 일정 기간 소신에 따라 정책을 추진할 수 있는 기회를 주어야 하고, 임기 초 단기간 내에는 과오 등을 입증하기 어려울 뿐만 아니라, 임기 종료가 임박한 때에는 소환의 실익이 없는 점을 고려하고, 주민소환투표를 실시하여 부결되었음에도 불구하고 반복적으로 주민소환투표를 청구하는 폐해를 방지하려는데 그 입법목적이 있고, 그러한 입법목적은 정당한 것으로 판단된다.

따라서 동일한 사유로 한 번 주민소환투표에 회부되어 부결되었음에도 불구하고 소정의 기간 내에 반복적으로 소환투표를 청구하는 경우가 아닌 한, 다른 청구사유 또는 일정 기간이 경과한 후 같은 사유로도 제2, 제3의 청구를 할 수 있을 것이고 그것을 제한하여야 할 이유도 없으며, 더욱이 주민소환법은 예산낭비 등에 대비하여 투표를 병합하여 실시할 수 있도록 규정하고 있다(주민소환법 제13조 제2항).

(4) 주민소환법 제9조 제1항(서명요청 활동)

① 청구인은, 이 조항이 주민소환투표 청구인 대표자와 그로부터 서명요청권을 위임받은 자에게 서명요청 활동을 보장하면서도, 그에 대응하여 서명요청 활동기간 동안 **소환대상 공직자의 반대운동을 보장하지 않아** 청구인의 공무담임권을 침해한다고 주장한다.

② 주민소환투표 청구는 일정 수 이상 주민의 서명을 요하므로, 이와 관련한 서명요청은 필수적으로 보장되어야 하는 활동이자 주민소환투표 청구의 준비행위에 해당한다 할 것이나, 이는 주민소환투표가 발의된 후 진행되는 주민소환투표와는 별개이므로, 이러한 서명요청 활동을 주민소환투표 운동에 속하는 것으로 보기 어렵다 할 것이다.

③ 서명요청 활동이 있다고 하더라도 실제로 청구요건을 갖추어 주민소환투표청구가 이루어질 것인지 사전에 알 수 없으므로, 주민소환투표 청구가 이루어지기 전 단계에서부터 소환대상 공직자에게 소환반대 활동의 기회를 보장하여야 할 필요가 없고, 이를 허용한다면 그 기간만큼 직무수행에 지장을 주게 되어 행정공백의 상태가 불필요하게 늘어날 위험성이 있다.

④ 관할 선거관리위원회는 주민소환투표 청구가 이루어진 후 적법요건을 확인하면 대상자에게 소명할 기회를 제공하고(주민소환법 제14조), 주민소환투표가 발의된 이후에는 주민소환투표 청구인 측의 찬성 활동에 대하여 소환대상자의 반대운동이 가능하며(주민소환법 제17조, 제18조) 이때의 활동이 소환대상자에게 더욱 중요하고 긴요한 것이므로, 전체적으로 공정한 반대활동 기회가 보장되었다고 볼 수 있다.

⑤ 다만, 주민소환투표 대상자는 주민소환투표안이 공고된 때부터 주민소환투표 결과 공표 시까지 그 권한행사가 정지되므로(주민소환법 제21조 제1항), 그 전에 반대활동을 보장하여야 할 필요성이 있다고 볼 여지가 있으나, 위 공고로 인한 불이익은 완전한 직무박탈이 아니라 약 20-30일 정도 권한행사가 정지되는 것에 불과하여 그 정도가 매우 크다고 할 수 없고, 또한 주민소환청구 전에 반대활동을 허용할 경우, 청구인측은 소환에 찬성해 달라는 적극적인 선거운동을 함에 반하여 소환 대상자측은 소환에 반대하거나 투표에 참여하지 말 것을 독려하는 소극적인 내용의 선거운동을 하게 되어, 그 속성상 서로 자신을 선출하여 달라는 내용의 적극적 선거운동을 하는 통상의 선거에 비하여 선거운동 과정에 마찰을 빚거나 충돌할 가능성이 더욱 커져, 이로 인한 혼란과 부작용도 적지 않을 것으로 예상된다.

⑥ 이러한 사정들을 종합적으로 고려하면, 위 조항이 과잉금지원칙에 반하여 청구인의

공무담임권을 침해한다고 볼 수 없다.

(5) 주민소환법 제21조(권한행사의 정지 및 권한대행)

① 이 조항은 주민소환투표가 공고된 날부터 주민소환투표의 결과가 공표될 때까지 주민소환투표 대상자의 권한행사를 정지하고, 그 기간 동안 권한대행자로 하여금 권한을 행사하도록 규정하여, 주민소환투표 운동기간 및 투표일까지 주민소환 대상자의 공무담임권을 제한하고 있다.

② 그러나 이 조항의 입법목적은, 주민소환투표가 발의된 경우 공직자로서 신뢰성을 의심받고 있는 상황에서 업무의 원활한 수행이 어렵다는 점을 고려하고, 소환대상 공직자가 공직의 행사를 통하여 주민소환투표에 영향을 미치는 것을 방지함으로써, 행정의 정상적인 운영과 공정한 선거관리라는 공익을 달성하려는데 있고, 이러한 입법목적은 정당하다 할 것이다.

그리고 주민소환투표가 공고된 날로부터 그 결과가 공표될 때까지 주민소환투표 대상자의 권한행사를 정지하는 것은 위와 같은 입법목적을 달성하기 위한 상당한 수단이 된다 할 것이다.

(6) 주민소환법 제22조 제2항(주민소환투표 결과의 확정요건)

청구인은, 이 조항이 주민소환투표권자 총수의 3분의 1 이상의 투표와 유효투표 총수 과반수의 찬성으로 주민소환이 확정되도록 한 것은, 그 요건이 너무 낮아 과잉금지원칙에 반하여 청구인의 공무담임권을 침해한다고 주장한다.

그러나 객관적으로 볼 때 그 요건이 너무 낮아 주민소환의 확정이 아주 형식적으로 쉽게 이루어질 수 있는 정도라고 보기 어렵고, 외국의 입법례에 비하여도 이를 지나치게 낮은 수준이라고 보기도 어렵다.

또 선거에서 당선자 확정을 위해서는 투표율을 묻지 않고 결정하는데 비하여 주민소환투표에서는 최소한 3분의 1 이상의 투표율을 요구한 것은 일반선거에 비하여 상대적으로 엄격한 요건을 설정한 것이라고 볼 수 있고, 이는 오히려 임기가 정해진 소환대상자의 공무담임권을 충분히 배려한 결과라 할 것이다.

주민소환의 확정요건이 지나치게 엄격한지 여부는 주민소환투표의 투표율과 연관하여 논의할 것으로서, 요즈음 지방선거의 투표율이 30 내지 40%대에 불과하고, 주민소환투표가 공휴일이 아닌 평일에 실시되며, 전국적인 선거나 다른 지방의 선거 등과도 연계되지 아니한 채 독자적으로 실시될 가능성이 많은 점 등을 감안해 볼 때 위 요건은 오히려 너무 엄격한 것으로 볼 여지도 있다 할 것이다.

또한 근본적으로 이는 입법자가 현실을 고려하여 결정할 수 있는 입법재량 사항인 점을 함께 고려하면, 이 조항이 과잉금지원칙을 위반하여 청구인의 공무담임권을 침해한다고 볼 수 없다.

Ⅱ. 해설

1. 대의제 민주주의와 소환권

1) 국민주권의 원리와 대의제 민주주의

(1) 국민주권의 성립

헌법 제1조 제2항은 "대한민국의 주권은 국민에게 있고 모든 권력은 국민으로부터 나온다."고 규정하여 국민주권주의를 천명하고 있다.

그런데 이러한 자명한 듯한 국민주권의 의의와 내용에 대해서는 대립되는 상반된 헌법의식이 존재한다. 먼저 주권을 둘러싼 상반된 의견이 있다. 주권의 권력적 계기를 중요시하는 입장에서는 주권이라는 것은 권력의 근원이 어디에 있느냐라는 개념이 아니라 주권자가 실질적으로 권력을 행사할 수 있는가의 측면을 강조한다. 주권의 권력적 계기를 중요시하지 않는다면 주권이라는 말 자체가 의미 없다는 것이다. 군주주권의 경우 군주가 실제 권력을 행사할 수 있기 때문에 군주의 주권을 얘기하듯이 국민이 주권이라면 국민이 직접 권력을 행사할 수 있는 계기가 있어야 한다는 것이다.

반면에 주권을 정당성의 계기로 이해하는 입장에서는 주권은 주권자가 현실적으로 행사할 수 있다는 의미가 아니라 주권의 정당성이 어디에 있느냐라는 의미에 불과하다는 것이다. 주권을 실질적으로 행사할 수 있을려면 여러 가지 기술적 문제가 수반되지 않겠냐는 것이다.

주권을 누가 행사할 것인가와 관련하여서도 논란이 있다. 우리 헌법에 따르면 모든 권력은 '국민'으로부터 나온다고 되어 있는데 이 국민은 전체로서만 주권을 행사할 수 있는 존재인가 아니면 개개인으로도 자기 몫만큼의 주권을 행사할 수 있는 존재인가 하는 점이다. 외국의 경우 전체로서만 주권을 행사할 수 있는 존재는 Nation이라고 표현하고 개별적 가분적으로 주권을 행사할 수 있는 존재를 People이라고 하였으나 우리나라의 경우 Nation

과 People 모두를 국민으로 번역하면서 그 혼란은 더욱 가중 되었다.

Nation과 People을 구별하여 사용한 것은 1789년 프랑스 혁명기에서부터이다. 프랑스혁명은 절대군주권력을 무너뜨리는 과정이었는데 귀족(제1신분)과 승려(제2신분)를 제외한 제3신분(신흥사회세력인 부르주아와 국민의 절대다수를 차지하고 있는 하층민들)의 연합에 의한 혁명이었다. 혁명 후 주도세력이 된 부르주아계급은 하층민들의 참여를 배제하기 위해 주권자를 Nation이라고 하였고 이를 명문화하였다. Nation은 전체로서만 주권을 행사할 수 있고 개별적으로는 주권을 행사할 수 없었다.

(2) Nation 주권과 대의제

전체로서만 주권을 행사할 수 있도록 되었다는 의미는 주권을 실질적으로 행사할 수 있기 위해서는 대표가 필요하다는 의미이다. 대표는 전국민의 의사를 대의하게 되었는데 이를 대의제라고 한다. 그러한 의미에서 대의제는 직접제를 부정하기 위한 제도였고 또한 직접제와 대항관계에 있었다고 할 수 있을 것이다.

대의제하에서는 제한선거를 실시하였다. 교양있고 납세능력이 있는 자로 한정하게 되었는데 그러다보니 유권자의 다수는 부르주아세력이 되었다. 국민의 절대다수를 차지하였던 노동자 등 하층민들은 주권행사로부터 배제되었다.

(3) 대의제로부터 대의제 민주주의

1800년대 중반부터 일어나기 시작한 보통선거권운동은 대의제의 정치지형을 변화시켰다. 국민의 다수가 선거에 참여하면서부터는 국민참여 배제적인 대의제가 국민참여적인 대의제로 변모하였는데 이를 대의제 민주주의라고 한다.

대의제 민주주의는 국민의 정치참여를 선거에 한정하지 않고 소환권, 국민결정권, 국민제안권에 이르기까지 확장하였다. 그러한 의미에서 대의제 민주주의와 소환권은 원리적으로 모순되지 않는다.

현대의 대의제를 민주주의가 가미된 대의제 즉 대의제 민주주의로 이해한다면 국민주권의 원리는 국가권력의 행사에 주권자가 선거권, 소환권, 국민결정권, 국민제안권 등의 형태로 참여하게 되는 것을 의미한다.

그러나 헌법재판소는 국민주권의 원리를 여전히 대의제로 이해하고 국민주권의 원리를 "어떤 실천적 의미보다는 국가권력의 정당성이 국민에게 있고 모든 통치권력의 행사를 최후적으로 국민의 의사에 귀착시킬 수 있어야 한다는 등 국가권력 내지 통치권을 정당화하는 원리로 이해하고 있다(헌재 2000.3.30./ 99헌바113).

2) 대의제 민주주의와 소환권

(1) 예외로서의 소환권인가

헌법재판소는 "국민주권주의를 구현하기 위하여 헌법은 국가의 의사결정 방식으로 대의제를 채택하고, 이를 가능하게 하는 선거 제도를 규정함과 아울러 선거권, 피선거권을 기본권으로 보장하며, 대의제를 보완하기 위한 방법으로 직접민주제 방식의 하나인 국민투표제도를 두고 있다(제72조, 제130조 제2항). 이러한 국민주권주의는 국가권력의 민주적 정당성을 의미하는 것이기는 하나, 그렇다고 하여 **국민전체가 직접 국가기관으로서 통치권을 행사하여야 한다는 것은 아니므로 주권의 소재와 통치권의 담당자가 언제나 같을 것을 요구하는 것이 아니고,** 예외적으로 국민이 주권을 직접 행사하는 경우 이외에는 국민의 의사에 따라 통치권의 담당자가 정해짐으로써 국가권력의 행사도 궁극적으로 국민의 의사에 의하여 정당화될 것을 요구하는 것이다"라고 보고 있다.

또한 헌법재판소는 "대의제는 국민주권의 이념을 존중하면서도 현대국가가 지니는 민주정치에 대한 현실적인 장애요인들을 극복하기 위하여 마련된 통치구조의 구성원리로서, 기관구성권과 정책결정권의 분리, 정책결정권의 자유위임을 기본적 요소로 하고, 특히 국민이 선출한 대의기관은 일단 국민에 의하여 선출된 후에는 법적으로 국민의 의사와 관계없이 독자적인 양식과 판단에 따라 정책 결정에 임하기 때문에 자유위임 관계에 있게 된다는 것을 본질로 하고 있다."고 보고 있다.

이러한 이해에 기초한다면 국민소환과 같은 직접민주제적 요소는 대의제의 예외에 불과하다. 헌법재판소의 표현처럼 "오늘날 세계 각국은 전통적인 의미의 대의제가 문제점들을 노출하자 이를 보완하기 위하여 각자의 고유한 사정을 감안하여 국민발안·국민투표 및 국민소환과 같은 직접민주주의의 방식을 일부 도입"하는 것에 불과하다.

헌법재판소에 있어서 소환권과 같은 "직접민주제는 대의제가 안고 있는 문제점과 한계를 극복하기 위하여 예외적으로 도입된 제도라 할 것이므로, 헌법적인 차원에서 직접민주제를 직접 헌법에 규정하는 것은 별론으로 하더라도 법률에 의하여 직접민주제를 도입하는 경우에는 기본적으로 대의제와 조화를 이루어야 하고, 대의제의 본질적인 요소나 근본적인 취지를 부정하여서는 아니된다는 내재적인 한계를 지닌" 권리에 불과하다.

(2) 본질로서의 소환권인가

소환권을 민주주의가 가미된 대의제 즉 대의제 민주주의 요소로 이해하게 되면 소환권은 대의제 민주주의의 본질적 내용의 하나이지 대의제의 근본적인 취지를 부정하는 인권이 아니다.

사실 우리 헌법은 제한선거에 기반한 대의제가 이미 아니다. 우리 헌법 제24조는 "모든 국민은 법률이 정하는 바에 의하여 선거권을 가지다"고 명문으로 규정하고 있으며, 제41조 제1항에서는 보통선거권을 규정하고 있다. 나아가 헌법 제24조의 개별적 법률유보조항에 근거하여 국민의 선거권을 구체화하고 있는 공직선거법에서는 19세 이상의 성인 남녀의 보통선거권을 구체화하고 있다.

헌법 제72조에서는 '국가안위에 관한 중요한 사항'에 대한 국민결정제도를 도입하고 있다. 물론 국가정책 모두에 대한 보편적 국민결정제도가 아니고 국가안위에 관한 선택적 국민결정제도이며 강행규정이 아니고 임의규정이라는 점에서의 일정한 한계가 있는 것은 분명하다. 그러나, 국민결정제도도 이미 헌법에 도입되어 있음을 알 수 있다. 헌법 개정에 대해서는 국민투표에 의해 결정하도록 되어 있다. 나아가 현행 헌법은 명령적 위임을 명문으로 금지하고 있지도 않다.

이러한 점에 비추어 본다면 소환제는 대의제 원리의 보완물이 아니라 대의제 원리 자체가 현대적으로 변하여 대의제 민주주의로 전화한 것이라고 보아야 할 것이다.

(3) 중앙정치와 국민소환제

이상과 같은 의미에서 보면 중앙정치차원에서도 소환제를 도입하는 것이 원리적으로 문제가 있는 것은 아니다.

실제로 국민들의 대다수의 헌법의식도 이미 소환제의 도입에 전향적이다. 열린우리당 강창일(제주시. 북제주군 갑), 김재윤(서귀포시) 의원에 따르면 여론조사기관인 ㈜아이알씨(IRC)에 맡겨 2005년 전국 성인남녀 519명을 대상으로 국민소환제 도입에 따른 의식 조사를 벌인 결과 '도입해야 한다'는 응답이 67.8%, '필요하지만 시기상조'라는 대답이 17.1%를 각각 차지했다. 필요하지 않다는 응답은 5.2%에 그쳤다는 지적은 경청할 만하다. (상세한 내용은 생각해보기 참조)

국회의원들도 국민소환제의 도입을 당론으로 채택하였다. 민주노동당은 창당 때부터, 열린우리당, 민주당, 그리고 한나라당은 2004년 총선 전후에 국회의원에 대한 소환제 도입을 찬성했다.

다만, 국민소환제를 도입하기 위해서는 헌법개정이 필요하다는 반론이 헌법연구자들 사이에 존재하는 것도 사실이다. 그 근거는 "국회의원 소환은 대의제의 원리에 반하며 헌법을 개정해야만 가능하다", "우리 헌법은 국민들에게 선거권만을 부여했을 뿐 해임권은 부여하지 않았다"는 것이다. 그러나 대의제가 대의제 민주주의로 전화하여 원리적으로 통용되고 우리 헌법에 명령적 위임금지와 같은 소환제 금지규정이 없다는 점을 고려한다면 굳이 개헌을 하지 않더라도 국민소환법을 만들면 충분할 것이다.

결국 중앙정치 차원의 소환권 현실화 문제는, 헌법학자 다수의 용인불가능성 압박을 받을 수 있지만, 중앙정치 차원에서 법제화 노력을 시도하느냐에 달려 있다고 해도 과언이 아닐 것이다.

2. 지방자치와 주민소환제

중앙정치와 달리 지방자치 차원에서는 이미 소환제가 추상적 권리로 인식되고 있는 차원을 넘어 이미 법제화되어 있다. 주권의 지역적 주체인 주민에 의하여 자기통치를 실현하는 것으로 소환제를 보고 있다고 할 것이다. 헌재 결정을 중심으로 이를 살펴보면 다음과 같다.

1) 지방자치의 의의와 성격

지방자치는 지역 중심의 지방자치단체가 독자적인 자치기구를 설치하여 그 고유사무를 국가기관의 간섭 없이 스스로의 책임 아래 처리하는 것을 말한다.

전통적으로 지방자치는 주민의 의사에 따라 지방행정을 처리하는 '주민자치'와 지방분권주의를 기초로 하여 국가내의 일정한 지역을 토대로 독립된 단체가 존재하는 것을 전제로 하여 그 단체의 의회와 기관이 그 사무를 처리하는 '단체자치'를 포함하고, 이러한 지방자치는 헌법상의 제도적 보장으로 이해되고 있다.

이러한 지방자치는 민주주의의 요체이고, 현대의 복합사회가 요구하는 정치적 다원주의를 실현시키기 위한 제도적 장치로서 지방의 공동 관심사를 자율적으로 처결함과 동시에 주민의 자치역량을 배양하여 국민주권주의와 자유민주주의의 이념구현에 이바지함을 목적으로 하는 제도이며(헌재 1991.3.11./ 91헌마21), 이러한 지방자치제의 헌법적 보장은 국민주권의 기본원리에서 출발하여 주권의 지역적 주체인 주민에 의하여 자기통치를 실현하는 것으로 요약될 수 있고, 이러한 지방자치의 본질적이고 핵심적인 내용은 입법 기타 중앙정부의 침해로부터 보호되어야 한다는 것이 헌법상의 요청이기도 하다(헌재 2003.1.30./ 2001헌가4).

2) 지방자치단체장의 선거와 대의제 민주주의

헌법재판소는 주민소환제를 적극적으로 용인하면서도 그 권리성에 대해서는 명쾌한 결론을 내리고 있지 못하다. 즉 "헌법은 지방자치단체장에 대한 선거권을 직접 규정하지 않고 그 선임 방법을 법률에 위임하여(제118조 제2항) 지방자치법이 이를 정하고 있으므로, 지방자치단체장에 대한 선거권이 헌법상의 권리인지 법률상의 권리인지 분명하지 아니하다."

다만, 중앙정치와 달리 지방자치에서는 무기속위임이 약해지므로 소환제와 같은 명령적 위임이 가능하다는 논지로 지방자치단체장에 대한 소환이 대의제 하에서도 가능하다고 다음과 같이 설명하고 있다.

"대의제는 선거를 전제로 한 개념으로서, 지방자치단체장에 대한 선거권을 헌법상의 권리로 이해하면 이에 대하여도 헌법상의 대의제의 원리가 적용될 것이나, 단순한 법률상의 권리로 보면 이를 헌법에서 명문으로 선거권을 인정하는 대통령이나 국회의원, 지방의회의원과 같은 수준의 대의제의 원리가 당연히 작용된다고 볼 수는 없어, 지방자치단체장의 주민들에 대한 무기속 위임성은 좀 더 약해진다 할 것이므로, 이로써 주민들의 지방자치단체장에 대한 통제는 더욱 강화될 수 있다고 보아야 할 것이다."

그럼에도 불구하고 여전히 소환제를 원리적으로 대의제와 결합시키지 아니하고 대의제의 예외적인 현상으로 보고 있다. 즉 "지방자치단체장에 대한 선거권의 성격이 어떻다 하더라도, 현행 지방자치제에 있어 대의제는 원칙적인 요소이고, 직접민주제로서의 주민소환은 예외적으로 대의제의 결함을 보완하는 것으로 볼 수 있을 것이다.".

그러나 위의 '중앙정치와 소환제'에서 살펴본 것처럼 대의제가 대의제 민주주의로 전화하면서 소환제가 현대적 대의제의 내용으로 자리잡았다고 보는 것이 논리개방적일 것이다.

3) 주민소환제의 의의와 목적

위와 같이 소환권을 대의제 민주주의에 위치지웠을 때 비로소 헌재의 다음 설명은 보다 명쾌해진다. 즉 "주민소환은 주민의 의사에 의하여 공직자를 공직에서 해임시키는 것으로서 직접민주제 원리에 충실한 제도이다."

아무튼, 지방자치법 제20조 제1항은 "주민은 그 지방자치단체의 장 및 지방의회의원(비례대표 지방의회의원은 제외한다)을 소환할 권리를 가진다."고 하고, 같은 조 제2항은 "주민소환의 투표 청구권자·청구요건·절차 및 효력 등에 관하여는 따로 법률로 정한다"고 하며, 이에 따른 주민소환법 제1조는 "이 법은 지방자치법 제20조의 규정에 의한 주민소환의 투표 청구권자·청구요건·절차 및 효력 등에 관하여 규정함으로써 지방자치에 관한 주민의 직접참여를 확대하고 지방행정의 민주성과 책임성을 제고함을 목적으로 한다."고 하여 주민소환에 관하여 규정하고 있다.

이러한 주민소환은 주민이 지방의원·지방자치단체장 기타 지방자치단체의 공무원을 임기 중에 주민의 청원과 투표로써 해임하는 제도이고, 이는 주민에 의한 지방행정 통제의 가장 강력한 수단으로서 주민의 참정기회를 확대하고 주민대표의 정책이나 행정처리가 주민의사에 반하지 않도록 주민대표자기관이나 행정기관을 통제하여 주민에 대한 책임성을 확보하는 데 그 목적이 있다.

4) 주민소환의 성격

주민소환제를 규범적인 차원에서 정치적인 절차로 설계할 것인지, 아니면 사법적인 절차로 할 것인지는 논란거리일 수 있다.

그런데 주민소환법에 주민소환의 청구사유를 두지 않은 것은 입법자가 주민소환을 기본적으로 정치적인 절차로 설정한 것으로 볼 수 있고, 외국의 입법례도 청구사유에 제한을 두지 않는 경우가 많다는 점을 고려할 때 우리의 주민소환제는 기본적으로 정치적인 절차로서의 성격이 강한 것으로 평가될 수 있다.

위법·탈법행위를 한 공직자를 규제하기 위한 수단으로 소환권을 이해한다면 주민소환법에 소환권을 규정한 의의도 찾아보기 힘들 것이다. 위법·탈법행위를 한 공직자는 해당 법률에 따라 사법처리하면 되는 것이기 때문이다.

주민소환제는 지역주민의 의사에 반하여 비민주적·독선적으로 정책을 추진하고 예산을 낭비하는 것을 광범위하게 통제하기 위해 만들어진 제도이며, 이를 반영하기 위하여 주민소환의 청구사유에 제한을 두지 않는 것으로 이해하는 것이 타당할 것이다.

생각해 보기

↠ 다음은 대의제에 대한 일반적 논술이다. 이에 대하여 논평하시오.

> 국민주권주의를 구현하기 위하여 헌법은 국가의 의사결정 방식으로 대의제를 채택하고, 이를 가능하게 하는 선거 제도를 규정함과 아울러 선거권, 피선거권을 기본권으로 보장하며, 대의제를 보완하기 위한 방법으로 직접민주제 방식의 하나인 국민투표제도를 두고 있다(제72조, 제130조 제2항).
>
> 이러한 국민주권주의는 국가권력의 민주적 정당성을 의미하는 것이기는 하나, 그렇다고 하여 국민전체가 직접 국가기관으로서 통치권을 행사하여야 한다는 것은 아니므로 주권의 소재와 통치

권의 담당자가 언제나 같을 것을 요구하는 것이 아니고, 예외적으로 국민이 주권을 직접 행사하는 경우 이외에는 국민의 의사에 따라 통치권의 담당자가 정해짐으로써 국가권력의 행사도 궁극적으로 국민의 의사에 의하여 정당화될 것을 요구하는 것이다.

생각해 보기

➻ 다음은 직접민주적 요소의 하나인 소환권을 지방자치에 적용할 수 있다는 논거에 대한 설명이다. 이에 대하여 논평하시오.

대의제는 선거를 전제로 한 개념으로서, 지방자치단체장에 대한 선거권을 헌법상의 권리로 이해하면 이에 대하여도 헌법상의 대의제의 원리가 적용될 것이나, 단순한 법률상의 권리로 보면 이를 헌법에서 명문으로 선거권을 인정하는 대통령이나 국회의원, 지방의회의원과 같은 수준의 대의제의 원리가 당연히 작용된다고 볼 수는 없어, 지방자치단체장의 주민들에 대한 무기속 위임성은 좀 더 약해진다.

생각해 보기

➻ 다음은 자치의 성격에 대한 설명이다. 이에 따르면 소환제는 주민에 의한 자기통치의 실현을 그 성격으로 한다는 것을 알 수 있는데, 중앙정치에서 국민에 의한 자기통치의 실현의 일환으로서 국민소환제는 허용될 수 있는가?

자료 1

지방자치는 민주주의의 요체이고, 현대의 복합사회가 요구하는 정치적 다원주의를 실현시키기 위한 제도적 장치로서 지방의 공동 관심사를 자율적으로 처결함과 동시에 주민의 자치역량을 배양하여 국민주권주의와 자유민주주의의 이념구현에 이바지함을 목적으로 하는 제도이며(헌재 1991.3.11./ 91헌마21; 헌재 1998.4.30/. 96헌바62), 이러한 지방자치제의 헌법적 보장은 국민주권의 기본원리에서 출발하여 주권의 지역적 주체인 주민에 의하여 자기통치를 실현하는 것으로 요약될 수 있고…

주민소환에 관한 법률 제1조 등 위헌확인,(2009.3.26./ 2007헌마843) 중

자료2 "국민 85%, 국민소환제 도입 찬성"

국회의원을 임기중에라도 국민의 손으로 파면할 수 있는 '국민소환제' 도입에 대해 80% 이상이 찬성한다는 설문조사 결과가 나왔다.

21일 열린우리당 강창일(제주시·북제주군 갑), 김재윤(서귀포시) 의원에 따르면 여론조사기관

인 ㈜아이알씨(IRC)에 맡겨 최근 전국 성인남녀 519명을 대상으로 국민소환제 도입에 따른 의식 조사를 벌인 결과 '도입해야 한다'는 응답이 67.8%, '필요하지만 시기상조'라는 대답이 17.1%를 각각 차지했다. 필요하지 않다는 응답은 5.2%에 그쳤다.

이는 국민소환제에 대해 대체로 생소(알고 있다 31.4%, 전혀 또는 잘 모른다 68.6%)하게 느끼는 응답자들에게 구체적 설명을 곁들인 후 나온 결과지만, 선출직 공직자에 대한 잠재된 불만이 적지않음을 시사했다. 도입 필요성에 공감을 표시한 연령층은 30대가 72.4%로 가장 많았고, 여성보다는 남성이 많았다.

'국민소환제를 도입하려면 개헌을 해야 한다'는 헌법학자들의 의견이 있다는 설명을 덧붙인 후에도 찬성의견을 보인 응답자의 61.1%는 '개헌을 해서라도 도입해야 한다'고 적극적인 도입 필요성을 제기했다. 불필요하다는 응답자들은 ▲정치적으로 악용될 우려가 있기 때문(46.2%) ▲선거제도가 있기 때문(23.1%) ▲비용이 많이 들기 때문(19.2%) ▲헌법에 위배되기 때문(7.7%) 등의 이유를 들었다.

소환발의를 하기 위한 적정인원은 '해당지역 유권자의 20%이상 서명'으로 하자는 의견이 73.8%로 가장 많았다. 적정인원을 비교적 많이 잡은 것은 남용 또는 정치적 악용 소지를 우려한 것으로 해석된다. 국회의원 해임가결을 위한 소환투표의 적정인원은 유권자 과반수 투표에 과반수 찬성 34.9%, 과반수 투표에 2/3이상 찬성 23.9%, 당일 투표수에 과반수 찬성 20.4% 등 순으로 나타났다. 국민소환제 주관 기관은 중앙선관위가 맡아야 한다는 의견이 74%로 압도적이었고, 국민소환제 이외의 대안으로는 면책특권 등 권한 축소가 47.4%로 가장 많았다.

〈뉴시스〉, 2005년 9월 21일

◈읽어보기

"'제멋대로' 대통령과 선량, 두고보기만 할 건가"

[화제의책] '유권자의 권리찾기, 국민소환제'

국민.주민 소환제. 어쩌면 대단히 큰 이름일 수 있다는 생각이 든다. 국민·주민이 직접 뽑아놓고 대통령이든 지자체 수장이든 천하의 우스운 짓거리를 하게 되면 두말 않고 다시 내친다. 상상만 해도 신바람난다. 그렇다. 바로 그런 정치가 도래해야 조금이나마 민중이 살맛나지 않겠는가.

군부독재 하에서 대통령직선제 요구는 민주화의 절대조건이었으며, 1987년은 그 요구를 쟁취한 희망의 이정표였다. 그러나 직선제가 민주주의의 모든 것을 보증해주지는 않는다. 선거 때마다 '누구'를 찍어줘야 하느냐의 논란이 계속되었고, 그렇게 해서 찍어주면 유권자 가슴에 배신 때리는 짓거리를 하기 일쑤며, 그 때야 땅을 치고 후회한들, 임기는 보장되어 있고, 어찌 할 방도가 없다. 민주화 시대라는 탈을 쓰고 한국 사회를 탈민주주의 사회로 제멋대로 운전해버리는 대통령과 선량들, 그들을 실시간으로 심판하고자 하는 게 바로 소환제 아닌가.

투표 행위만으로 유권자들의 주권행사는 완료됐다고 보며 뽑아주기만 하면 민주주의를 망각해 버리는 기억상실증 환자들을 치유해낼 수 있는 강력한 무기가 소환제라면, 소환제 입법운동은 직선제 쟁취를 넘어서는 제2의 민주주의 운동이 될 수 있다. 그 운동이 전국 최초로 광주광역시·전라남도에서 있었다.

이경주, <유권자의 권리 찾기, 국민소환제>(책세상, 2005). ⓒ프레시안

시민운동 차원에서 지역 주민 1만8915명의 서명을 받아 조례안을 청구한 결과, 2004년 4월 29일 광주시의회와 전라남도의회는 시장 및 도지사와 시도의원에 대한 소환권 행사관련 내용을 규정한 '공직자 소환에 관한 조례안 '을 만장일치로 의결했고, 같은 해 7월 8일 공포했다.

민주노동당이 창당 때부터, 열린우리당, 민주당, 그리고 한나라당이 2004년 총선 전후에 국회의원에 대한 소환제 도입을 찬성했다. 그에 앞서 2003년 1월 노무현 당선자 대통령직 인수위원회에서는 지방자치단체장에 대한 주민소환제 도입을 적극 검토하겠다고 밝혔었다.

그러나 대법원은 2004년 말 국회 입법이 되지 않았다는 이유로 광주시와 전남도의 소환제 조례에 대해 무효 판결을 내리고 말았다. 그러자 광주·전남개혁연대 등 26개 시민·사회단체가 참여한 주민소환조례제정운동본부는 2004년 11월 주민소환제 법제화를 촉구한 바 있다. 국민 소환권 쟁취를 위한 100만인 서명운동도 있었다. 그러나 지금은 다시 잠잠하다.

"헌법 개정 없이도 '국민소환제' 가능하다"

마침 이러한 때에 출간된 이경주의 〈유권자의 권리 찾기, 국민소환제〉(책갈피, 2005)는 국민·주민 소환제 논의를 사회적 이슈로 부상시키도록 요청하고 있다. 저자는 "거듭되는 대표와 유권자 간의 정책 결정의 괴리를 막기 위해 좀 더 제도화되고 정교한 모습의 국정 통제력 확보 방안과 주장이 도처에서 제기되고 있는데, 그 중의 하나가 다름 아닌 국민소환제 운동"이라고 환기하면서 "국민주권 국가에서 주권자의 참된 주권을 찾기 위한 몸부림"이 곧 소환제라고 말한다. 그러나 소환제 법제화는, 다수 헌법학자들의 견해에 따르면, 위헌이라는 것이다.

다수 헌법학자들은 "국회의원 소환은 대의제의 원리에 반하며 헌법을 개정해야만 가능하다", "우리 헌법은 국민들에게 선거권만을 부여했을 뿐 해임권은 부여하지 않았다", "대의제 민주주의에서 소환제 같은 직접민주주의 제도는 헌법에 어긋날 수 있다"고 주장한다. 그들에 있어서 대의제란 '주권자인 국민이 국가 의사나 정책을 직접 결정하지 않고 대표자를 선출하여 그들로 하여금 결정하게 하는 원리'다. 따라서 국회의원에게 유권자의 의사에 따르도록 하며 그에 근거하여 소환이 가능하도록 하는 '명령적 위임' 따위는 대의제의 원리에 반한다는 것이다.

그러나 저자는 개헌을 해야만 국회의원 소환이 가능하다는 다수 헌법학자들과 달리 헌법 개정 없이도 소환제를 도입할 수 있다고 주장하며, 그 근거를 국민주권 개념의 재정의에서 찾는다. 저자는 프랑스 혁명기에 역사적으로 경험된 국민주권 개념의 형성사를 추적하여, '국민'을 '국적 보유자의 총체'로 이해하며 대의제와 대표의 권력을 정당화하는 국민(nation)주권 개념(1791년 헌

법)이 아니라, '국민'을 '유권자의 총체'로 이해하며 유권자의 의사에 반하는 대표를 해임할 수도 있는 새로운 국민(people) 주권 개념(1789년 인권선언 시사)을 제시한다.

전자의 국민주권 개념에서는 국민에 의한 주권의 직접행사 가능성이 부정되고 주권은 헌법이 정하는 조건 아래에서 헌법이 정하는 국민대표의 손에 의해서만 행사된다는 구조를 갖게 된다면, 후자의 국민주권 개념에서는 주권은 국민의 것이므로 국민이 직접 주권을 행사하고 국가 의사를 결정하며 집행과 관련된 통제권을 갖게 된다는 것이다.

저자가 소환제를 헌법 개정 없이 가능하다고 주장하는 데에는 무엇보다도 저자 자신의 오래된 주권론에 기원한다. 다시 말해 저자는 주권자가 실제 헌법 정치의 과정에 참여하여 민주주의를 진전시키기 위해서는 주권론을 권리론적 측면에서 재구성할 필요를 인식해 왔고, 2004년 탄핵정국의 소용돌이 속에서는 유권자들의 정치참여 동력에 힘입어 협애화된 참정권을 확대하기 위해 소환권을 적극적으로 법제화할 필요가 있다고 주장했다.

이런 맥락에서 저자는 "국민주권을 헌법 전반을 관철하는 가장 중요하고 핵심적인 민주주의 원리로 해석한다면, 국회의원이 소환되었을 경우에 대한 명문 규정이 없음을 이유로 주권자의 의사를 곧바로 위헌이라고 할 수 있을 것인지에 대해서는 의문" 이라고 말한다. 요컨대 소환은 주권자로서의 권리 행위라는 것이다.

실제 '공직자 소환에 관한 조례안'에 대한 대법원의 무효판결도 소환제를 도입하려면 헌법을 개정해야 함을 전제한 것이 아니라고 저자는 해석하고 있다. 저자는 "대법원의 판결은 소환권을 전면적으로 부정한 것이라기보다는 조례안이 규정하고 있는 지방의회 의원과 자치단체장의 소환이나 소환투표를 통한 자격 박탈 등을 법률로 정하거나 법률의 구체적인 위임이 있는 경우에 한해 조례로 정할 수 있다고 하여 중앙정치 차원의 입법을 통한 해결의 길을 열어두고 있다"고 본다.

따라서 소환권의 현실화 문제는, 헌법학자 다수의 용인불가능성 압박을 받을 수 있지만, 중앙정치 차원에서 법제화 노력을 시도하느냐에 달려 있다. 물론 주권자인 국민·주민 집단과 시민운동이 압박을 해야 할 것이다.

"언제까지 '대의제 정치' 타령할 건가"

다음으로 저자는, 소환제 도입 논의가 구체화되면서 소환권 발동의 대상 및 사유가 쟁점이 될 거라고 전망한다. 아마도 이를 둘러싸고 논란이 치열해질 것이다. 민주노동당은 국회의원, 지방의회 의원, 지방자치단체 단체장, 나아가 대통령까지 모두 소환 대상에 포함되어야 한다고 주장한다. 또한 소환 요건에 있어서도 '민의에 반하는 모든 반공익적 행위'를 포괄하고 있어 부정부패나 위법 행위 외에도 이라크 파병과 같은 정치적 현안까지 확대하려는 길을 열어두고 있다.

반면 열린우리당은 '위법 부당한 행위나 직권남용'의 경우로만 한정하려 하고 있으며, 더 나아가 유권자들의 소환 여부가 타당한지를 국회가 판단해 결정하는 방안을 검토한다고 한다. 여기서 저자는 '정치적 의사표현'을 소환대상에 포함시키는 것의 헌법적 타당성에 공감하면서 소환권을 행사하기 위한 요건을 확대해야 한다고 주장한다.

이 역시 저자 자신의 주권 개념과 관련된다. 전통적인 의미, 즉 국민주권론에서의 주권 개념은 국가 영역에서 주권의 소재를 둘러싼 개념이었던 데 반해, 시민사회적 민주주의에서의 주권 개념은 권력의 소재나 정당성 개념에서 더 나아가 '권력에의 참여' 개념으로 재정립해야 한다는 것이다. 권력에의 참여란 선거권으로 협소하게 이해하는 방식이 아니라, "선거권은 물론이고 정치적 의사표현의 자유까지 의미하고 이를 통해 정치적 공론 형성에 참여하기 위한 권리"이자 "항상적으로 행사되는 주권"이며, "국가영역과 비국가적 공공영역에서의 공론 형성을 위한 인권"의 문제('주권의 인권화')로 확대되는 바, 요컨대 주권자의 정치 참여에 의한 실시간 참여민주주의를 제기한다.

여기서 소환권은 직접민주제, 즉 무매개적인 정치를 어떻게 실현할 것인가를 전망하며 '실시간 민주주의'의 문제로 나아갈 때 정치적 상상력의 지평을 더욱 증폭시킬 수 있다. '무매개적인 정치'를 상상한다는 것은 대의제 정치에 반기를 든다는 것이면서도 삶의 세계와 정치의 세계를 분리시키지 않겠다는 새로운 주체성의 정치를 의미하되 소위 '현실정치'로 환원되지 않으며 다양한 욕망이 사회적으로 배치되는 복합성의 문화정치를 실천하겠다는 발상이다.

따라서 소환제의 도입은 단순히 국민/주민의 소환권을 쟁취하는 것을 넘어서서 직접민주주의의 원리에 따르는 인민주권의 회복운동이자 오늘날의 문화정치를 접속시키는 새로운 민주주의의 가능성을 함축한다. 주권은 이제 권력을 둘러싼 언덕배기에서의 감시 및 참여 방식으로서가 아니라 '욕망과 권리의 주체성' 개념으로 적극적인 생산의 구성체로 진화되어야 한다. 실시간 민주주의는 주권을 4년 혹은 5년마다 회생하는 하루살이 삶으로 유예시키려는 것에 저항하며 욕망과 권리가 일상적으로 배합되는 속도의 정치로 집행하고자 한다.

이런 점에서 저자의 헌법 개정 없이 소환제 도입이 가능하다는 주장은 소환제 도입 자체를 봉쇄하려는 대의제 헌법학자들의 정치적 해석에 맞서는 것으로 이해되면서도 사실상 직접민주주의를 지향하는 저자의 욕망이 숨겨져 있는 듯하다. 저자는 소환권이 법제화된다면 그 자체로서 새로운 정치개혁 프로그램으로 기능할 것이며 권력 문화 및 유권자의 정치참가가 획기적으로 변할 것으로 내다보면서, "시민사회적 민주주의의 실현을 한국사회에서 전망하기 위해서는 노동자 계급만을 권리투쟁의 주체로 협소화시킬 필요도 없지만 헌법 개정 내지 권력투쟁적 요소가 강한 권리투쟁, 이른바 토대 변혁적 권리투쟁도 전망하지 않으면 안 될 것이다"고 말한다.

어쨌거나 헌법 개정 없이도 소환제 도입이 가능하다는 저자의 주장이 좀 더 설득력을 갖기 위해서는 현행 헌법에서 어떻게 가능한지를 함께 분석해주었으면 하는 아쉬움이 있다.

"고통 받는 유권자들, 자기 보호 수단 강구해야"

그러나 국민·주민 소환제는 헌법적 정체성의 문제를 떠나 현실에서 고통 받는 유권자들의 주권적 요구다. 선출된 대통령, 지자체장, 의원들에 대한 실시간적 욕망이자 권리이다. 사람들은 실시간적으로 어찌할 수 없어 "다음 선거 때 두고 보자"라는 말로 자위하고 말지만, 그것은 소극적일 뿐이다. 헌법 제5조 1항은 "대한민국은 국제평화의 유지에 노력하고 침략적 전쟁을 부인한다"고 되어 있음에도 미국의 이라크 침략전쟁을 지지하면서 파병한 노무현 대통령을 당장 소환이라도 하고 싶지만 유권자들은 겨우 지지도 철회만 할 수 있을 뿐이지 할 수 있는 거라곤 욕 외에는 아무 것도 없다. 부안 주민들을 '폭도' '반란자'로 몰아가면서 경찰계엄으로 다스린 노 대통령에 대해 '저것이 한 나라의 대통령이냐'고 분노만 했지 어찌할 방도가 없다.

그러나 대통령의 잘못에 대해서는 사회 여론이라도 형성할 수 있지만 지방자치단체장이나 의회의원들의 잘못에 대해서는 여론 형성이 어려워 유권자들의 의사가 묻혀버리는 경우가 허다하다. 부안사태에서 그것은 노골적으로 드러난다. 부안군수는 핵폐기장을 유치하던 2003년 7월부터 지금까지 군수독재체제로 군정을 운영하고 있다. 핵폐기장을 독선적으로 유치한 행위에서부터 공무원 인사, 부안영화제의 예술회관 사용 불허, 부당한 부안자활후견기관 지정변경 시도, 줄포매립장 건설, 모항 갯벌올림픽, 〈불멸의 이순신〉 세트장 및 이미지화 등에 있어서 독재 행위를 일삼아 왔다. 대다수의 반핵 군민들과는 어떠한 소통도 존재하지 않을뿐더러 찬핵 집단과 공권력의 비호를 받으며 군정을 휘두르고 있다. 그뿐만 아니라 2003년 신청한 핵폐기장 유치가 군민들의 거센 반대로 무산되자 올해 다시 핵폐기장 유치 동의안을 군의회에 요청했으나 반핵의원들의 반대 표현으로 과반수 의석 확보에 실패했고, 그럼에도 찬핵 의원들만의 '가결'로 산업자원부에 신청했다 반려당하는 수모의 한가운데에는 김종규 군수의 독재가 있다. 그에게는 군민도 없고 여론도 없다.

지금으로서는 자신들의 가슴에 비수를 꽂는 군수의 행태에 대해 대다수 군민들은 고통을 삭히면서 다음 선거를 기다리는 수밖에 없다. 이 얼마나 홧병 나는 일인가. 도대체 군정독재 체제를 비호하는 공권력이 필요한가, 아니면 유권자의 소환이 필요한가.

소환권에 관한 법적 장치가 없다보니 부안 군민들은 군수소환 서명운동도 벌였고 독자적 주민투표로 72% 투표율에 92%가 반대표를 찍었어도 군수를 퇴출시키지 못했다. 소환제가 빨리 법제화되어야 할 이유다. 저자의 표현대로 주권자는 "추상적인 집합으로서의 국민이 아니라 구체적인 표정을 지닌 국민, 즉 유권자의 모습"을 하고 있다. 직선제가 민주화에 기여했다면, 소환제는 민주주의에 기여할 것이다.

〈프레시안〉, 2005년 8월 26일, 고길섶 문화비평가

❖ 참고문헌

김영기, 미국의 주민소환제도, 대영문화사, 2002년.
박병섭, 대의제에 관한 비판적 연구, 민주법학 14호, 1998년.
이경주, 유권자의 권리찾기 국민소환제, 책세상, 2005년.
이경주, 대표제의 역사적 변화와 소환권, 민주법학 26호, 2004년.
장병구, 일본의 지방분권과 주민자치, 북피닷컴, 2002년.

제 5 절 토지거래허가제와 재산권

I. 사례

갑은 도지사의 허가없이 1988.3. 중순경부터 같은 해 5월말경까지의 사이에 규제구역으로 고시된 충남 당진군 송○면 영천리 소재 임야 2,000평외 5건 도합 5,690평을 미등기 전매하여 2,275만원의 전매차익을 취득한 혐의 등으로 1988.11.3. 구속 기소되어 위 지원에서 심리, 같은 해 12.5. 징역 1년의 구형을 받았다.

갑은 재판 계속 중 이 재판의 전제가 된 국토이용관리법 제21조의3 제1항, 제31조의2의 위헌여부심판을 제청신청하였다.

참조 : 국토이용관리법 제21조3 위헌심판 (헌재 89.12.22./ 88헌가13)

[공부거리]

재산권의 제한
토지공개념

[심판대상조문]

국토이용관리법

제21조의3 (토지등의 거래계약허가)

① **규제구역내에 있는 토지에 관한 소유권 또는 지상권 기타 사용·수익을 목적으로 하는 권리(이러한 권리의 취득을 목적으로 하는 권리를 포함한다)로서 대통령령이 정하는 권리를 이전 또는 설정(대가를 받고 이전 또는 설정하는 경우에 한한다)하는 계약(예약을 포함한다. 이하 "토지등의 거래계약"이라 한다)을 체결하고자 하는 당사자는 공동으로 대통령령이 정하는 바에 의하여 관할도지사의 허가를 받아야 한다. 허가받은 사항을 변경(계약예정금액을 감액하는 경우를 제외한다)하고자 할 때에도 또한 같다.**

② 일반경제 및 지가의 동향과 거래단위면적등을 종합적으로 고려하여 대통령령이 정하는 용도별 면적이하의 토지에 대한 토지등의 거래계약에 대하여는 당사자가 그 계약을 체결한 후에 관할시장·군수 또는 구청장에게 신고하여야 한다.

③ 제1항의 규정에 의한 허가를 받고자 하는 자는 그 허가신청서에 대통령령이 정하는 권리의 종류·면적·용도·계약예정금액등 계약내용과 그 토지의 이용계획등을 기재

하여 관할시장·군수 또는 구청장을 거쳐 도지사에게 제출하여야 한다.

④ 시장·군수 또는 구청장은 제3항의 규정에 의한 허가신청서를 받은 때에는 지체없이 그 의견서를 첨부하여 도지사에게 송부하여야 한다.

⑤ 도지사는 제3항의 규정에 의한 허가신청서를 받은 때에는 그 허가신청서를 받은 날로부터 25일내에 허가 또는 불허가의 처분을 하고 그 신청인에게 허가증을 교부하거나 불허가처분사유를 서면으로 통지하여야 한다.

⑥ 제5항의 규정에 의한 기간내에 허가증의 교부 또는 불허가처분사유의 통지가 없을 때에는 당해 기간의 만료일의 익일에 제1항의 규정에 의한 허가가 있는 것으로 보며 이 경우 도지사는 지체없이 신청인에게 허가증을 교부하여야 한다.

⑦ 제1항의 규정에 의한 허가를 받지 아니하고 체결한 토지등의 거래계약은 그 효력을 발생하지 아니한다.

⑧ 제2항의 규정에 의한 토지의 면적산정방법에 관하여 필요한 사항은 대통령령으로 정한다.

[참조조문]

국토이용관리법

제21조의 2 (규제구역의 지정)

① 건설부장관은 토지의 투기적인 거래가 성행하거나 성행할 우려가 있고, 지가가 급격히 상승하거나 상승할 우려가 있는 구역을 5년내의 기간을 정하여 규제구역으로 지정할 수 있다.

② 건설부장관이 제1항의 규제에 의하여 규제구역을 지정하고자 할 때에는 국토이용계획심의회의 심의를 거쳐야 한다.

③ 건설부장관이 제1항의 규정에 의하여 규제구역을 지정한 때에는 지체없이 대통령령이 정하는 바를 공고하고, 그 공고내용을 도지사에게 통지하여야 한다.

④ 제3항의 규정에 의하여 통지를 받은 도지사는 지체없이 공고내용을 그 규제구역을 관할하는 등기소의 장과 시장·군수 또는 구청장에게 통지하여야 하며, 그 통지를 받은 시장·군수 또는 구청장은 지체없이 이를 일정기간 공시하고, 공고내용을 15일간 일반의 열람에 공하여야 한다.

⑤ 규제구역의 지정은 제3항의 규정에 의한 공고일로부터 일정기간 경과 후 효력이 발생한다.

⑥ 건설부장관은 규제구역의 지정사유가 없어졌다고 인정될 때에는 지체없이 규제구역의 일부를 축소하여야 한다.

⑦ 제2항 내지 제4항의 규정은 제6항의 규정에 의한 해제 또는 축소의 경우에 이를 준용한다.

제21조의4 (허가기준)

① 도지사는 제21조의3제1항의 규정에 의한 허가신청이 다음 각호의 1에 해당하는 경우에는 허가를 하여서는 아니된다.

1. 토지소유권이전의 경우 그 계약예정금액이 표준지가[당해 토지에 적용되는 제29조의 규정에 의한 기준지가(이하 "기준지가"라 한다)를 기준으로 하여 기준지가대상지역공고일로부터 허가신청일까지의 도매물가상승률·지가변동률과 인근유사토지의 정상거래가격 및 기타 사항을 충분히 참작하여 평가한 액을 말한다]에 대통령령이 정하는 적정률을 곱한 금액과 당해 토지에 대하여 대통령령이 정하는 취득·관리에 소요된 비용액의 원리금을 합산한 금액을 초과한 경우
2. 토지등의 거래로 취득한 토지의 이용목적이 다음 각호의 1에 해당되지 아니한 경우
   가. 자기의 **거주용 주택용지**에 공하고자 하는 것인 때
   나. 규제구역내에 거주하는 자의 **복지 또는 편익**을 위한 시설로서 관할시장·군수 또는 구청장이 확인한 시설의 설치용에 공하고자 하는 것인 때
   다. 규제구역내에 거주하는 농·어민이 당해 규제구역내에서 농업·축산업·임업 또는 어업을 영위하기 위하여 필요한 것인 때
   라. 토지수용법 기타 법률에 의하여 토지를 수용 또는 사용할 수 있는 사업을 시행하는 자가 그 사업의 용에 공하고자 하는 것인 때
   마. 규제구역을 포함한 지역의 건전한 발전을 위하여 필요하며 또한 당해 규제구역의 토지이용상 적절하다고 인정되는 사업을 시행하는 자 또는 시행하고자 하는 자가 그 사업의 용에 공하고자 하는 것인 때
   바. 규제구역의 지정당시 당해 구역내에서 사업을 시행하고 있는 자가 그 사업의 용에 공하고자 하는 것인 때 또는 그 자의 사업과 밀접한 관련이 있는 사업을 행하는 자가 그 사업의 용에 공하고자 하는 것인 때
   사. 규제구역내에 거주하고 있는 자의 일상생활 및 통상적인 경제활동에 필요한 것으로서 대통령령이 정하는 용도에 공하고자 하는 것인 때

국토이용관리법

제21조의5 (이의신청)

① 제21조의3의 규정에 의한 처분에 대한 이의가 있는 자는 그 처분을 받은 날로부터 1월내에 토지이용심사위원회에 이의를 신청할 수 있다.

② 제1항의 규정에 의한 이의신청을 받은 토지이용심사위원회는 이에 대한 결정을 하여야 한다.

③ 제2항의 규정에 의한 결정을 받은 후가 아니면 제21조의3의 규정에 의한 처분의 취소 또는 변경을 구하는 소송을 제기할 수 없다. 다만, 제1항의 규정에 의한 이의를 신청한 날로부터 2월이 경과되도록 제2항의 규정에 의한 처분이 없을 때에는 그러하지 아니하다.

④ 제2항의 규정에 의한 토지이용심사위원회는 도에 두며 그 구성과 운영에 관하여 필요한 사항은 대통령령으로 정한다.

제21조의15 (토지 등에 관한 매수청구)

① 제21조의3제1항의 규정에 의한 허가신청을 한 경우에 있어서 불허가의 처분을 받은 토지등의 소유자는 도지사에 대하여 당해 토지등에 관한 권리의 **매수를 청구**할 수 있다.

② 제1항의 규정에 의한 토지등에 관한 권리의 매수청구를 받은 도지사는 당해 토지등에 대하여 국가·지방자치단체·한국토지개발공사 기타 대통령령이 정하는 정부투자기관 및 공공단체중에서 매수할 자를 지정하여 당해 토지를 예산과 제21조의4제1항 제1호에 규정된 가격의 범위내에서 매수하게 하여야 한다.

제31조의2 (벌칙) 다음 각호의 1에 해당하는 자는 2년이하의 징역 또는 500만원이하의 벌금에 처한다. 다만, 제5호의 경우에는 3년이하의 징역 또는 500만원이하의 벌금에 처한다.

1. 제21조의3제1항의 규정에 위반하여 허가없이 토지등의 거래계약을 체결하거나 사위 기타 부정한 방법으로 토지등의 거래계약허가를 받은 자

[참조판례]

택지소유상한에관한법률 제7조등 위헌소원 (헌재 99.4.29./ 96헌바6)

토지초과이득세법 제10조등 위헌소원 (헌재 94.7.29./ 92헌바49)

개발이익환수에관한법률 제10조제3항 단서 위헌소원 (헌재 98.6.25./ 95헌바35)
도시계획법 제21조의 위헌여부에 관한 헌법소원 (헌재 98.12.24./ 89헌마214)

1. 당사자의 주장

1) 갑의 주장

(1) 제청법원의 위헌여부심판제청의 이유

헌법 제23조는 사유재산권을 보장하고 있고, 헌법 제37조 제2항에 의하면 이러한 재산권은 법률로써 제한할 수 있으나, 그 경우에도 재산권의 **본질적인 내용이 침해**될 수 없는데, 국토이용관리법 제21조의3 제1항, 제31조의2는 재산권의 주된 내용인 처분의 자유를 제한(허가)내지 금지(불허가)하는 것이므로 헌법 제23조, 제37조 제2항에 위반되는 규정이라고 해석될 여지가 있으므로 위헌여부의 심판을 제청한다.

(2) 제청신청인 대리인의 의견

오늘날 소유권관념의 변천에 따라 소유권의 사회성을 인정하여야 하지만 소유권의 사회성을 강조한다고 하여 자본주의, 자유민주주의의 근본이념을 훼손하여서는 안된다.

법률에 의한 기본권의 제한은 헌법 제37조 제2항에 나타나 있는 최소제한의 원칙과 본질적 내용 침해금지의 원칙에 따라야 한다. 그런데 토지거래허가제는 토지의 처분과 취득을 금지하는 것이므로 이는 계약자유의 원칙을 완전히 부정하고 **재산권의 본질적 내용을 침해**하는 것인 동시에 토지거래규제에 있어서 가장 극단적인 방법에 해당되어 최소제한의 원칙도 부정하고 있는 것이다.

2) 관계인의 의견

(1) 법무부장관의 의견

① 헌법 제23조 제1항 후문 및 제122조에 의하면 사유재산권 특히 토지소유권의 내용과 한계는 법률로 정하도록 되어 있다. 그런데 국토이용관리법 소정의 토지거래허가제는 투기적인 거래라고 인정되는 경우 일정한 기간 동안만 토지의 처분권을 제한하는 것이므로 헌법상의 재산권 법정주의에 형식적으로나 실질적으로 합치되는 것이어서 위헌이라고 볼 수 없고, 오히려 토지의 정상적인 거래를 유도함으로써 헌법 **제23조 제2항의 이념**을 실현시키는 것이다.

② 재산권의 본질적인 내용의 침해라 함은 그 침해로 재산권이 그의 본래 목적을 달성할 수 없을 정도로 유명무실하게 되는 것을 말하는데, 토지거래허가제는 토지의 처분을 전면적으로 금지하는 것이 아니라 특정지역에 한해서 일정한 기간을 정하여 정상거래가 아닌 투기적 거래 등일 경우에만 제한하는 것이고, 또한 구제절차로서 토지소유자에게 불허가처분에 대한 이의신청권과 토지매수청구권을 부여하고 있으므로 사유재산권의 본질적인 내용을 침해하는 것이라 할 수 없다.

③ 토지거래허가제는 선진 외국의 여러 나라에서도 이미 시행하고 있으며 특히 우리나라는 국토면적이 협소한데다 이용가능한 면적이 세계에서 유래가 없을 정도로 협소하여 그 한정된 국토의 효율적인 이용에 대한 노력이 더 많이 요구되고 있는 만큼 토지재산권에 대한 제한과 의무가 더 많이 따르게 된다. 따라서 토지거래허가제에 따른 제한은 국민모두가 수인하여야 할 토지재산권에 내재된 부담으로서 토지재산권의 본질적인 내용을 침해하는 것으로 볼 수 없다.

(2) 건설부장관의 의견

① 1989.4.25. 현재까지 토지거래허가제 실시를 위한 규제구역은 1985.8월초 28평방킬로미터를 지정한 이래 1988.2.19. 653평방킬로미터, 1988.9.7. 8,638평방킬로미터(전 국토의 9.4%)를 지정한 바 있고, 그 지정기간은 각각 3년이었다. 1988년 한 해 동안 2회에 걸쳐 규제구역을 지정하게 된 것은 1987년부터 전국의 지가가 전년대비 23%이상 급격히 상승하였고 1988년에는 전년대비 46%이상 극심하게 상승하였기 때문이다.

우리나라의 국토는 9만9천2백평방킬로미터인데 인구는 4천 2백만이나 되며 2000년대에는 5천만명을 넘을 전망이다. 전 국토 중 산림이 66%, 농경지 23%, 여타 11%인데 그 중에서도 도로, 철도, 하천 등 공공시설과 산업용지를 제외하면 국민의 주거에 이용될 수 있는 토지는 4%에 불과한 것이다. 그런데 전국적으로 상위 소득계층 5%가 전체사유지의 65.2%를, 상위 10%가 전체 사유지의 76.9%를, 상위 20%가 전체사유지의 90.8%를 소유하고 있는 실정이다.

② 투기적 거래 및 지가의 급격한 상승을 억제하는 데는 토지거래신고제로서는 그 한계가 명백히 드러났고 조세적 방법도 실제 과표의 현실화율이 지나치게 낮고, 단기 전매시에 그 실효성이 적을 뿐 아니라 그 기능이 사후적 조치에 불과하여 사전방지의 효과를 기대할 수 없었기 때문에 토지거래허가제를 실시하였다.

또한 실제로 규제구역을 지정함에 있어서는 투기우심지역을 엄선하고 구역범위를 최소화하여 시범적으로 실시함으로써 투기의 외연확산을 방지한다는 기본방침하에 투기적거래 및 지가의 급격한 상승지역을 대상으로 집중조사를 실시한 후 토지거래허가제의 실시가 불가피하다고 인정되는 지역을 극히 제한적으로 선정하였다.

③ 토지거래허가제의 실효성을 확보하기 위하여는 위법한 무허가거래 계약행위를 무효화시키는 외에 행정형벌에 의한 제재가 불가피하고, 투기적 거래에 따르는 고액의 불로소득 및 부동산범죄의 계속적인 증가추세 등을 감안하건대 벌금형 이외에 자유형을 통한 제재는 필요하고도 적정하다.

2. 헌법재판소의 판단

1) 토지재산권의 특성과 제한

우리 헌법은 재산권은 보장하되 "그 내용과 한계는 법률로 정한다"(헌법 제23조 제1항 후문)라고 하여 법률로 재산권을 규제할 수 있음을 명백히 하고 있을 뿐만 아니라 "재산권의 행사는 공공복리에 적합하도록 하여야 한다"(헌법 제23조 제2항)라고 하여 재산권행사의 사회적 의무성도 강조하고 있는 것이다.

재산권행사의 공공복리 적합의무는 헌법상의 의무로써 입법형성권의 행사에 의해 현실적인 의무로 구체화되고 있는데, 이 사건 국토이용관리법외에도 국토건설종합계획법, 도시계획법, 건축법, 주택건설촉진법, 토지수용법, 지방공업개발법, 낙농진흥법, 농촌근대화촉진법, 농업기본법, 농지개혁법, 산림법, 환경보전법(구 공해방지법) 기타 여러 법률에서 토지소유자에게 여러 가지 의무와 부담을 과하고 있는 것이다.

재산권행사의 사회적 의무성을 헌법 자체에서 명문화하고 있는 것은 사유재산제도의 보장이 타인과 더불어 살아가야 하는 **공동체생활과의 조화와 균형을 흐트러뜨리지 않는 범위 내에서의 보장임을 천명한 것으로서 재산권의 악용 또는 남용으로 인한 사회공동체의 균열과 파괴를 방지하고 실질적인 사회정의를 구현하겠다는 국민적 합의의 표현**이라고 할 수 있으며 사법영역에서도 신의성실의 원칙이라든가 권리남용금지의 원칙, 소유권의 상린관계 등의 형태로 그 정신이 투영되어 있는 것이다. 재산권행사의 사회적 의무성은 헌법 또는 법률에 의하여 일정한 행위를 제한하거나 금지하는 형태로 구체화될 이치이나 이는 (토지)재산의 종류, 성질, 형태, 조건, 상황, 위치 등에 따라 달라질 것이다.

그런데 토지의 수요가 늘어난다고 해서 공급을 늘릴 수 없기 때문에 시장경제의 원리를 그대로 적용할 수 없고, 고정성, 인접성, 본원적 생산성, 환경성, 상린성, 사회성, 공공성, 영토성 등 여러 가지 특징을 지닌 것으로서 자손만대로 향유하고 함께 살아가야 할 생활터

전이기 때문에 그 이용을 자유로운 힘에 맡겨서도 아니되며, 개인의 자의에 맡기는 것도 적당하지 않은 것이다.

토지의 자의적인 사용이나 처분은 국토의 효율적이고 균형있는 발전을 저해하고 특히 도시와 농촌의 택지와 경지, 녹지 등의 합리적인 배치나 개발을 어렵게 하기 때문에 올바른 법과 조화 있는 공동체질서를 추구하는 사회는 토지에 대하여 다른 재산권의 경우보다 더욱 강하게 사회공동체 전체의 이익을 관철할 것을 요구하는 것이다.

그래서 토지에 대하여서는 헌법이 명문으로 "국가는 국민 모두의 생산 및 생활의 기반이 되는 **국토의 효율적이고 균형있는 이용·개발과 보전을 위하여** 법률이 정하는 바에 의하여 그에 관한 필요한 제한과 의무를 과할 수 있다"라고 하여 일반 재산권규정(헌법 제23조)과는 별도로 규정하고 있고(헌법 제122조), 그 중에서도 식량생산의 기초인 농지에 대하여서는 제121조 등에서 소작제도금지 등 특별한 규제를 하고 있다. 우리 국민의 토지에 대한 강한 소유욕은 전통적으로 내려 온 가족주의적 농업사회에서 비롯된 것인데, 농업사회에 있어서는 토지가 생계의 절대수단이고 가족중심적 가치관은 토지를 후대에 상속시켜 안전한 생활을 보장해 주려는 의식을 낳게 하였던 것이다. 이러한 관념은 고도의 산업사회가 된 오늘날에 와서도 그대로 이어져 기업가나 개인이나 생산과 주거에 필요한 면적이상의 토지를 보유하여 토지가격의 등귀를 치부의 수단으로 하려는 경향이 있는 것이다.

그렇기 때문에 토지재산권에 대하여서는 입법부가 다른 재산권보다 더 엄격하게 규제를 할 필요가 있다고 하겠는데 이에 관한 입법부의 입법재량의 여지는 다른 정신적 기본권에 비하여 넓다고 봐야 하는 것이다.

2) 재산권 제한의 한계

입법부라고 할지라도 수권의 범위를 넘어 자의적인 입법을 할 수 있는 것은 아니며 사유재산권의 본질적인 내용을 침해하는 입법을 할 수 없음은 물론이다(헌법 제37조 제2항 후단).

토지재산권의 본질적인 내용이라는 것은 토지재산권의 핵이 되는 실질적 요소 내지 근본요소를 뜻하며, 따라서 재산권의 본질적인 내용을 침해하는 경우라고 하는 것은 그 침해로 사유재산권이 유명무실해지고 사유재산제도가 형해화되어 헌법이 재산권을 보장하는 궁극적인 목적을 달성할 수 없게 되는 지경에 이르는 경우라고 할 것이다.

사유재산제도의 전면적인 부정, 재산권의 무상몰수, 소급입법에 의한 재산권박탈 등이 본질적인 침해가 된다는데 대하여서는 이론의 여지가 없으나 본건 심판대상인 토지거래허가제는 헌법의 해석이나 국가, 사회공동체에 대한 철학과 가치관의 여하에 따라 결론이 달라질 수 있는 것이다. 그리고 헌법의 기본정신(헌법 제37조 제2항)에 비추어 볼 때 기본권의 본질적인 내용의 침해가 설사 없다고 하더라도 과잉금지의 원칙에 위반되면 역시 위헌임을 면하지 못한다고 할 것이다.

(1) 토지거래허가제는 사유재산제도의 본질적인 내용을 침해하는 제도인가.

헌법상 국가는 개인이 가지는 불가침의 기본권 인권을 확인하고 이를 보장할 의무를 지고(헌법 제10조 후문), 사회보장·사회복지의 증진에 노력할 의무를 지며(헌법 제34조 제2항), 환경보전과 주택개발 등을 통하여 국민의 쾌적한 주거생활을 보장하도록 노력하여야 할 의무를 지고 있고(헌법 제35조 제1항, 제3항), 아울러 국토의 효율적이고 균형있는 이용·개발·보전을 위하여 그에 필요한 제한과 의무를 과할 권한을 가지고 있으므로(헌법 제122조) 토지거래허가제는 위에 적시한 국가의 헌법상의 권한과 의무를 실현하거나 이행하기 위하여 마련된 것이라 할 수 있는 것이다.

토지거래허가제는 거래목적, 거래면적, 거래가격 등을 통제하기 위한 제도이나 실제에 있어서는 토지의 거래가격을 허가기준가격의 범위내로 억제하는 것이 주목적이라 할 수 있어 어떤 의미에서는 토지거래의 상한가격을 통제하는 제도라 할 수 있고 이러한 의미의 물가통제는 시장경제원리를 채택하고 있는 자유민주주의국가에서도 흔히 볼 수 있는 것이며 우리나라에만 있는 것은 아닌 것이다.

국토이용관리법이 규제하고자 하는 것은 모든 사유지가 아니고 투기우심지역 또는 지가폭등지역의 토지에 한정하고 있다는 점과 규제기간이 5년 이내인 점, 설사 규제되더라도 거래목적, 거래면적, 거래가격 등에 있어서 기준에 위배되지 않는 한 당연히 당국의 거래허가를 받을 수 있어 처분권이 완전히 금지되는 것은 아닌 점 및 당국의 거래불허가처분에 대하여서는 불복방법이 마련되어 있는 점 등을 종합해볼 때 토지거래허가제는(토지 등의 거래계약이 허가되었을 경우에는 제한의 해제로서 별 문제될 것이 없고 토지 등의 거래계약이 불허가되었을 경우에도) 사유재산제도의 부정이라 보기는 어렵고 다만 **그 제한의 한 형태**라고 봐야 할 것이다. 생산이 자유롭지 않은 토지에 대하여 처분의 자유를 인정하지 않고 이를 제한할 수 밖에 없음은 실로 부득이한 것이며 토지거래허가제는 헌법이 명문으로 인정하고 있는(헌법 제122조) 재산권의 제한의 한 형태로서 재산권의 본질적인 침해라고는 할 수 없는 것이다.

(2) 토지거래허가제와 사적자치의 원칙 내지 보충의 원리위배 여부

자유민주주의국가에서는 각 개인의 인격을 존중하고 그 자유와 창의를 최대한으로 존중해 주는 것을 그 이상으로 하고 있는 만큼 기본권주체의 활동은 일차적으로 그들의 자결권과 자율성에 입각하여 보장되어야 하고 국가는 예외적으로 꼭 필요한 경우에 한하여 이를 보충하는 정도로만 개입할 수 있고, 이러한 헌법상의 보충의 원리가 국민의 경제생활영역에도 적용됨은 물론이므로 사적자치의 존중이 자유민주주의국가에서 극히 존중되어야 할 대원칙임은 부인할 수 없다. 그러나 그것은 어디까지나 타개인이나 사회공동체와 조화와 균형을 유지하면서 공존공영하는데 있어서 그것이 유익하거나 적어도 유해하지 않는 범위 내에서 용인된다는 것이지 무조건 무제한으로 존중된다는 뜻은 아닌 것이다. 외형상 유무해관계가 확연히 식별되지 않는 행위라 할지라도 개인의 자의에 맡겨 두면 결과적으로 타인에게 해를 끼칠 우려가 있는 행위도 사적자치의 원칙이 제한받는 분야라고 할 것인데 하물며 토지투기와 같이 외견상 사회공동체에 유해한 경우 사적자치가 인정될 수 없음은 췌언을 요치 않는다.

그런데 국민의 건전한 양식과 양심에 따른 자율적 규제로 토지투기가 억제되기 어렵다는 것은 수많은 토지투기의 사례와 지가폭등의 현실이 이를 잘 보여 주고 있는 것이며, 그에 대한 정부의 규제는 불가피한 것이라고 아니할 수 없는 것이다.

그렇다면 토지거래허가제는 헌법이 정하고 있는 경제질서와도 아무런 충돌이 없다고 할 것이므로 이를 사적자치의 원칙이나 헌법상의 보충의 원리에 위배된다고 할 수 없을 것이다.

(3) 토지거래허가제와 헌법상 과잉금지의 원칙의 위배 여부

국가가 어떠한 목적을 달성함에 있어서는 어떠한 조치나 수단 하나만으로서 가능하다고 판단할 경우도 있고 다른 여러 가지의 조치나 수단을 병과하여야 가능하다고 판단하는 경우도 있을 수 있으므로 **과잉금지의 원칙이라는 것이 목적달성에 필요한 유일의 수단선택을 요건으로 하는 것이라고 할 수는 없는 것이다.** 물론 여러 가지의 조치나 수단을 병행하는 경우에도 그 모두가 목적에 적합하고 필요한 정도내의 것이어야 함은 말할 필요조차 없다. 그렇다면 토지의 투기적거래 억제라는 목적달성을 위하여서도 한 가지 또는 여러 가지의 조치나 수단을 취할 수 있다고 할 것이고, 그 방법의 선택은 현실의 토지의 상태, 투기적 거래의 상황, 정도 등 여러 요인들에 의해서 결정될 성질의 것이며, 이는 입법권자의 입법재량의 범위에 속하는 문제라고 할 것이다. 토지의 투기적 거래를 억제하는 조치나 수단으로서는 등기제도, 조세제도, 행정지도, 개발이익환수제, 토지거래신고제, 토지거래실명제 등의 활용 또는 제도개선으로 충분하다는 견해도 있으나 위 제도만으로 투기억제에 미흡함은 건설부의 소상한 설명을 들을 필요도 없이 토지거래의 현실에서 국민 대다수의 체험으로 확인되고 있는 것이다. 따라서 국가가 토지거래허가제라는 보다 강한 규제수단을 선택한 것은 결국 그 당시 토지의 투기적 거래의 상황과 정도에 비추어 불가피했던 것으로 상황과 정도의 변화에 따라 새로운 정책이 입안되고 그에 따라서 새로운 조치나 수단이 취해지거나 기존제도의 내용이 변경될 수도 있는 것이다.

그렇다면 결국 토지거래허가제가 과잉금지의 원칙에 위반되느냐는 이미 살펴본 토지소유권의 상대성, 토지소유권 행사의 사회적 의무성, 우리나라의 토지문제와 그와 밀접히 결부된 산업·경제상의 애로, 주택문제의 심각성, 토지의 거래실태, 투기적 거래의 정도 등을 종합하여 판단하지 않을 수 없고, 또 현재 그것이 전혀 목적에 적합하지 아니하다거나 따로 최소침해의 요구를 충족시켜 줄 수 있는 최선의 방법이 제시되어 있다거나 아니면 쉽게 찾을 수 있다거나 함과 같은 사정이 없는 상황에서는 토지거래허가제를 비례의 원칙 내지 과잉금지의 원칙에 어긋난다고 할 수는 없다고 할 것이다.

(4) 벌칙규정과 과잉금지의 원칙 위반 여부

투기에서 얻어지는 이득은 막대하여 벌금형으로서는 그 범죄에의 유혹을 차단하기 어렵고 따라서 벌칙의 일반예방적 기능을 기대하기 어렵기 때문에 벌금형으로 투기적 거래를 억제하는 데는 스스로 한계가 있다고 할 것이다. 그리고 우리나라에서는 중간생략의 등기와 명의신탁제도가 오랜 판례법으로 인정되고 있는 실정이기 때문에 등기가 뒤따르지 않는 사실상의 토지거래가 얼마든지 행하여질 수 있을 것이라는 것도 쉽게 예상할 수 있다. 따라서 위와 같은 사정을 고려에 넣지 않고 단순한 법률행위의 효력부인이나 벌금형만으로 토지의 투기적 거래를 규제할 수 있다는 주장은 사태의 진상을 꿰뚫어 보지 못한 것이라고 하지 아니할 수 없다. 국가가 행정의 실효성을 보장하기 위하여 통상의 가벼운 수단으로 그 목적을 달성할 수 없는 경우에는 자유형으로 처벌할 수 있고, 이러한 법리는 행정벌의 이론과 제도에 의해 뒷받침되고 있고 실제로도 그 예가 허다한 것이다. 토지투기 억제를 위하여 벌금형으로 미흡하다고 판단될 경우 자유형으로 규제하는 것은 부득이하다고 할 것이고 따라서 벌금형과 선택적으로 징역형을 규정한 것은 입법재량의 문제이며 과잉금지의 원칙에 위반된다고 할 수 없는 것이다.

(5) 벌칙규정과 명확성의 원칙 위배 여부

우선 국토이용관리법 제21조의3 제1항과 같은 법률 제31조의2 내용을 살펴보면 「…토지

등의 거래계약을 체결…」이라고 규정하고 있고, 위 법률의 시행령 제24조 제1항에 보면 허가신청서의 기재사항의 하나로 제4호에 「이전 또는 설정하고자 하는 권리의 종류」, 제5호에 「계약예정금액」이라고 규정하고 있어 위 법률과 시행령을 비교해보면 당국의 허가를 받기 이전의 당사자 간의 거래계약을 금하거나 적어도 바람직하지 않게 여기고 있음을 알 수 있는 것이다.

죄형법정주의에서 구성요건이 명확하여야 한다는 것은 그 법률을 적용하는 단계에서 가치판단을 전혀 배제한 무색투명한 서술적 개념으로 규정되어져야 한다는 것을 의미하는 것은 아니고 입법자의 입법의도가 건전한 일반상식을 가진 자에 의하여 일의적으로 파악될 수 있는 정도의 것을 의미하는 것이라고 할 것이다. 따라서 다소 광범위하고 어느 정도의 범위에서는 법관의 보충적인 해석을 필요로 하는 개념을 사용하여 규정하였다고 하더라도 그 적용단계에서 다의적으로 해석될 우려가 없는 이상 그 점만으로 헌법이 요구하는 명확성의 요구에 배치된다고는 보기 어렵다 할 것이다. 그렇지 않으면 처벌법규의 구성요건이 지나치게 구체적이고 복잡하게 정형화되어 다양하게 변화하는 생활관계를 제대로 규율할 수 없게 될 것이기 때문이다.

국토이용관리법 제31조의2 소정의 처벌규정은 그 제정경위와 배경을 살펴보건대, 당국의 허가없이는 토지거래의 본 계약은 물론 예약도 체결할 수 없게 한 것은 당사자 간에 채권적 효력이 남는 거래행위 내지 사실상의 이행행위 조차도 이를 바람직하지 않다고 보겠다는 의지의 표현이라고 해석할 수 있는 것이다. 다시 말하면 당국의 허가 전에 당사자 간에 거의 완벽할 정도의 의사의 합치가 있으면 그것을 토대로 해서 등기 없이도 사실상 전전매매될 우려가 있고 그렇게 되면 투기억제의 행정목적을 달성하기 어렵다고 봤기 때문에 아예 그러한 거래가 행하여 질 소지를 없애기 위하여 당국의 허가 전에 거래계약이나 예약을 체결하는 것을 금하고 있는 것이라고 할 수 있는 것이다.

(6) 토지거래허가제와 매수청구제와의 관계

국토이용관리법 제21조의3 제1항, 제3항 내지 제7항, 제21조의4에서 토지거래허가제를 규정하고 있고 그 구제방법으로 같은 법률 제21조의5에서 이의신청제를 규정하고 있는 외에 같은 법률 제21조의15에서 매수청구제를 규정하고 있는 바, 불허가의 처분을 받은 토지 등의 소유자로 하여금 도지사에 대하여 당해 토지 등에 관한 권리의 매수를 청구할 수 있게 하고 있고, 이때 "매수청구를 받은 도지사는 당해 토지 등에 대하여 국가·지방자치단체·한국토지개발공사 기타 대통령령이 정하는 정부투자기관 및 공공단체 중에서 매수할 자를 지정하여 토지를 예산과 같은 법률 제21조의4 제1항 제1호에 규정된 가격의 범위내에서 매수하게 하여야 한다"라고 규정하고 있는 것이다. 이는 토지소유자의 토지매각 욕구를 충족시키기 위한 규정인데 법규정 형식상 토지매수청구권을 형성권으로 규정하고 있지 않기 때문에 이론상 국가 등 매수기관이 협의과정에서 매수를 거부하는 경우를 예상할 수 있고, 그러한 경우 토지소유자는 그 의사에 반하여 처분권을 행사하지 못하여 당해 토지를 계속 보유할 수 밖에 없기 때문에 그 점에 위헌적 요소가 있다는 의견이 있을 수 있다.

그러나 위 규정은 「…매수하게 하여야 한다」라고 도지사에게 의무를 부담시키고 있는 점에 중점이 있다고 보여지기 때문에 별로 문제될 것이 없다.

또한 국토이용관리법에 규정되어 있는 토지거래허가제는 토지 등 거래계약에 있어서 허가의 목적과 허가의 절차 및 허가의 기준을 그 내용으로 하고 있고, 매수청구제는 위 이의 신청제와 함께 토지거래허가제에 따르는 피해를 줄이기 위한 구제의 한 방법으로 규정되어 있는 것이므로 제도의 구조논리상 매수청구제는 토지거래허가제와 상호 관련이 있는 제도이기는 하지만 그것이 심판상 불가분의 일체관계에 있는 제도는 아니라고 할 것이다.

Ⅱ. 해설

1. 재산권의 역사

1) 기본이념

헌법은 제23조 제1항에서 "모든 국민의 재산권은 보장된다"고 하는 재산권 보장에 대한 일반적인 원칙규정을 두고 있으며, 아울러 제13조 제2항은 소급입법에 의한 재산권의 박탈을 금지하고, 제119조 제1항은 "대한민국의 경제질서는 개인과 기업의 경제상의 자유와 창의를 존중함을 기본으로 한다"고 규정하고 있다.

그러나 현행 헌법의 경제질서는 사회정의와 경제민주화의 실현을 기본 목표로 하고 있다. 헌법 제119조 2항이 "국가는 균형있는 국민경제의 성장 및 안정과 적정한 소득의 분배를 유지하고, 시장의 지배와 경제력의 남용을 방지하며, 경제주체간의 조화를 통한 경제의 민주화를 위하여 경제에 관한 규제와 조정을 할 수 있다"고 하여, 우리나라의 경제질서가 민주화를 지향하고 있음을 표명하고 있다.

경제 민주화의 주된 내용으로는 첫째, 독과점 및 경제력 집중의 규제, 둘째, 민주적인 노동조합, 소비자 조직 등의 결성, 셋째, 실질적인 기업공개와 주식분산, 넷째, 금융자율화 등을 들 수 있다.[71] 이러한 내용의 달성을 통하여 경제 활동에 관한 의사결정의 분산이 이루어지고 경제주체 간의 견제와 균형이 이루어질 수 있을 것이다.[72]

2) 재산권 관념의 역사적 변천

(1) 절대적 권리로부터 상대적 권리로

역사적으로 볼 때 고대사회에서 토지에 대한 소유권개념은 부락 주민 전체의 총유라는 관념으로 인식되었다. 그러나 중세봉건제도의 확립과 함께 토지소유권의 개념은 토지에 대한 관리처분권(영유권)과 그 이용권으로 구분하는 분할소유권의 관념이 형성되어 관리처분권은 봉건 영주에게 귀속되고 그 이용권은 지세나 소작료를 부담하는 조건으로 예속 영민에게 귀속되는 것으로 변천되었다.

봉건 영주는 토지영유권을 토대로 하여 예속 영민에 대하여 병역동원이나 노무차출 등으로 신분구속적인 지배를 할 수 있었고 예속 영민은 토지를 경작할 수 있게 해준 영주의 은사에 대한 보답으로 각종의 의무와 부담을 감내하고 있었던 것이다.

봉건사회가 붕괴되고 난 후 성립한 근대시민사회는 근대초기의 계몽사상 및 자연법사상과 로마법의 영향으로 모든 사람을 평등한 인격자로 관념하고 그의 이윤추구 욕구를 바탕으로 한 자유스러운 사회활동(계약자유)과 여러 가지 제약이나 부담이 따르지 않는 소유권 즉, 절대적인 소유권의 보장을 요구하였고, 그것을 배경으로 개인주의·자유주의 및 자본주의의 급속한 발달과 함께 생산과 부의 비약적인 증대와 경제번영을 이룩하였다. 그리하여 근대 초기자본주의하에서의 토지소유권의 개념은 개인적 재산권으로서 타의 제약을 받지 않는 절대적 사권으로서 존중되게 되었으며, 토지소유권의 불가침성, 자유성, 우월성을 의미하는 토지소유권의 절대성은 1789. 8. 27. 프랑스 인권선언 제17조의 「소유권은 신성불가침」이라는 규정으로 극명하게 표현되었다.

그러나 위와 같은 개인주의·자유주의에 바탕을 둔 자본주의도 초창기의 기대, 즉, 모든 사람을 평등한 인격자로 보고 그 자유로운 계약활동과 소유권의 절대성만 보장해 주면 개인적으로나 사회적으로 무궁한 발전을 기약할 수 있다는 이상이 노동을 상품으로 팔 수밖에 없는 도시노동자나 소작민에게는 아무런 의미가 없고, 계약자유의 미명아래 "있는 자, 가진 자"로부터 착취당하여 결국에는 빈부의 격차가 현격해지고, 사회계층간의 분화와 대립갈등이 첨예화하는 사태에 이르게 됨에 따라 대폭 수정되기에 이르렀으니, 모든 사람들

71) 변형윤, 경제민주화의 길, 비봉출판사, 1992년, 11쪽 이하 참조.
72) 권영성, 『헌법학원론』, 법문사, 2007년, 172쪽 이하 참조.

에게 인간으로서의 생존권을 보장해 주기 위하여서는 토지소유권은 이제 더 이상 절대적인 것일 수가 없었고 공공의 이익 내지 공공복리의 증진을 위하여 의무를 부담하거나 제약을 수반하는 것으로 변화되었으며, 토지소유권은 신성불가침의 것이 아니고 실정법상의 여러 의무와 제약을 감내하지 않으면 안 되는 것으로 되었으니 이것이 이른바, "토지공개념 이론"이다.

그리하여 대부분의 현대국가에서는 재산권의 내용과 한계를 법률로 정할 수 있도록 하고 있고, 의무를 수반하는 상대적 권리로 규정하고 있다.

재산권의 사회적 제약 내지 사회기속성을 강조하는 것은 재산권의 절대적 보장에서 배태되는 사회적 폐단을 최소화함과 아울러 사유재산제도의 기본이념을 보호하려는 것으로서 사유재산제도의 유지존속을 위한 사유재산제도의 최소한의 자기희생 내지 양보이다.

1919년에 제정된 독일의 바이마르(Weimar)헌법 제153조가 「소유권은 헌법에 의해서 보장된다. 그 내용과 한계는 법률로 정한다.」, 「소유권은 의무를 진다. 소유권의 행사는 동시에 공공의 복리에 대한 봉사이어야 한다.」고 규정한 것은 위와 같은 소유권의 개념변화를 잘 표현하고 있는 것이다.

(2) 한국헌정사와 재산권

우리나라의 경우 일제의 식민지지배에서 해방되어 미군정기간을 거쳐 1948.7.12. 제헌헌법이 제정되었는 바, 이 헌법 제15조에서 위와 같은 재산권 관념의 변천에 상응하여 재산권의 상대성, 재산권 행사의 공공복리 적합의무를 명시하고 있으며, 그 후 제정된 우리 민법(1958.2.22. 법률 제471호)에서도 소유권의 내용을 규정함에 있어서 "소유자는 법률의 범위내에서 그 소유물을 사용, 수익, 처분할 권리가 있다"(민법 제211조), "토지의 소유권은 정당한 이익있는 범위내에서 토지의 상하에 미친다"(민법 제212조)라고 규정하고 있으며 "절대 무제한으로 목적물을 이용하고 처분할 권리"라든가 "하고 싶은 대로 이용하는 권리"라는 내용으로 규정하고 있지 않다.

제3공화국이 출범하면서 공업입국의 기치아래 산업사회의 고도의 발달, 국민소득의 증가를 이룩하였으나 급속한 산업화·도시화와 함께 인구의 폭발적인 증가로 도시지역을 선두로 전국의 토지가격이 급등하여 토지가 투기의 대상이 되는 현상이 생겨나게 되고 아울러 공해문제에 따른 환경보전의 필요성이 절실하여지게 되었다.

오늘날 이러한 상황은 비단 우리나라에만 한정되는 것이 아니어서 국제적으로도 토지규제의 필요성이 크게 강조되고 있는 터인데, 1976년에 개최된 국제연합인간거주회의(HABITAT)에서 이미 채택된 국내행동권고에서는 "토지문제에 대해 토지는 인간거주에 있어서 극히 중요한 역할을 담당하고 있으며 시장에 방치되는 보통의 자산으로 취급할 수 없으므로 국가 전체이익을 위한 규제 하에 있어야 한다. 토지의 소유, 이용, 개발을 공적으로 규제하는 것은 환경보전·주거수준의 향상을 위하여 불가결한 것"이라는 논거로 토지소유권의 규제 내지 제한을 권고하고 있다.

2. 재산권의 내용

1) 사유재산권의 보장

헌법이 개인을 위하여 구체적인 재산권을 보장한다는 것은 재산을 소유하고 상속할 수 있을 뿐 아니라 재산을 사용, 수익, 처분할 수 있는 권능을 보장한다는 뜻이다. 개인을 위한 주관적 공권으로서의 재산권 보장은 (i) 재산권의 내용과 한계는 반드시 법률로 정해야 한다는 것, (ii) 현재 누리고 있는 재산권을 제한하는 경우에는 법률에 그 근거가 있어야 한다는 것, (iii) 법률로써 재산권을 제한하는 경우에도 그 법률은 헌법상의 제원칙(제10조, 제11조, 제34조 등)과 제약(제126조, 제23조)에 따라야 한다는 것, (iv) 소급입법에 의해서는 재산권을 침해할 수 없다는 것, (v) 사인에 의하여 재산권이 침해되는 일이 없도록 국가의 보호를 요구할 수 있다는 것 등을 의미한다.

2) 소급입법에 의한 재산권박탈의 금지

헌법 제13조 제2항은 소급입법에 의한 재산권의 박탈을 금지하고 있다. 헌법재판소의 결정에 의하면, 소급입법은 (i) 과거에 완성된 사실 또는 법률관계를 규율대상으로 하는 진정소급입법과 (ii) 과거에 시작되었으나 아직 완성되지 아니하고 진행과정에 있는 사실관계 또는 법률관계를 규율하는 부진정 소급입법으로 구분된다. 진정소급입법은 신뢰보호와 법적 안정성을 위하여 특단의 사정이 없는 한 위헌이 된다. 그러나 부진정 소급입법은 구법질서를 신뢰하였던 당사자의 신뢰보호보다 입법자의 입법형성권을 존중해야 할 것이므로 특단의 사정이 없는 한 원칙적으로 허용된다.

3) 국가의 자의적 과세권행사의 금지

국가의 자의적 과세권 행사는 조세법률주의를 무시하게 되고, 헌법 제23조 제1항이 보장하는 국민의 재산권을 침해하게 되어 위헌이다. 조세법률주의는 과세요건법정주의, 과세요건명확주의, 소급과세금지의 원칙, 실질과세의 원칙, 납세자권리보호의 원칙 등을 그 내용으로 한다.

3. 재산권의 제한

1) 재산권 제한의 목적

재산권 제한의 목적은 공공복리를 위한 경우(제37조 제2항)와 공공필요를 위한 경우(제23조 제3항)가 있다. 공공복리는 국민공동의 이익을 의미하는 것인데, 공공필요는 갖가지 국가적 목적을 실현하기 위한 정책적 고려는 물론이고, 사회정의를 위하여 필요한 경우까지를 포함하는 개념이다. 따라서 공공필요는 공공복리보다 넓은 개념이다.

2) 재산권 제한의 형식

(1) 원칙

재산권제한의 형식은 원칙적으로 형식적 의미의 법률이어야 한다. 특히 헌법 제23조 제3항은 수용, 사용 또는 제한 등 재산권제한의 유형과 그 보상의 기준 및 방법 등을 법률로써 규정하도록 하고 있다. 헌법 제23조 제3항은 이른바 불가분조항에 해당한다.

(2) 불가분조항

불가분조항이란 헌법이 입법위임을 하면서 동시에 그 법률이 일정한 요건을 충족해야 한다거나 일정한 내용을 규정해야 한다는 취지를 규정하고 있는 조항을 뜻한다. 동일한 법률 중에 재산권의 제한과 보상의 방법 및 기준을 하나로 묶어서 규정해야 한다는 조항을 말한다. 우리 헌법 제23조 제3항을 불가분조항으로 본다면, 보상에 관한 규정이 없다면 공용수용 등을 규정하는 법률은 그 효력이 부정된다. 헌법 제23조 제3항은 졸속한 재산권침해행위의 저지조항으로서 개인의 재산권을 보장하기 위한 헌법적 배려라고 할 수 있다.

3) 재산권 제한의 유형

(1) 공용수용

공용수용이라 함은 공공필요를 위하여 국가, 공공단체 또는 사업주체가 개인의 비대체적인 특정의 재산권을 법률에 의하여 종국적, 강제적으로 취득하는 것을 말한다. 공용수용은 국민의 재산권을 그 의사에 반하여 강제적으로라도 취득해야 할 공익적 필요성이 있을 것, 법률에 의거할 것, 정당한 보상을 지급할 것의 요건을 모두 갖추어야 한다. 그리고 공용수용의 요건을 갖추어 수용절차가 종료되었다고 하더라도 그 후에 수용의 목적인 공공사업이 수행되지 아니하거나 또는 수용된 재산권이 당해 공공사업에 필요없게 되었다고 한다면, 수용의 헌법상 정당성과 공공필요에 의한 재산권의 취득의 근거가 장래를 향하여 소멸하였다고 보아야 한다.

(2) 공용사용

공용사용이라 함은 공공필요를 위하여 국가, 공공단체 또는 사업주체가 개인의 토지 기타의 재산권을 법률에 의하여 일시적, 강제적으로 사용하는 것을 말한다.

(3) 공용제한

공용제한이라 함은 공공필요를 위하여 국가, 공공단체 또는 사업주체가 개인의 특정의 재산권에 대하여 과하는 공법상의 제한(계획제한, 보전제한, 사업제한, 공물제한, 사용제한 등)으로서 물적 공용부담의 일종이다. 그 중 토지에 대한 공용제한을 공용지역이라 한다.

4. 재산권제한의 조건으로서의 손실보상

1) 손실보상의 의의 및 요건

손실보상청구권은 공용수용, 공용사용, 공용제한 등 적법한 공권력의 행사로 말미암아 재산상 특별한 희생을 당한 자가 공평부담의 견지에서 국가에 대하여 재산적 손실의 전보를 청구할 수 있는 청구권적 기본권이다. 헌법상 손실보상청구권이 성립하기 위해서는 (i) 개인의 재산권이 (ii) 공공필요를 위하여 (iii) 적법한 공권력의 행사로 말미암아 (iv) 특별한 희생을 당한 경우라야 한다.

2) 보상규정이 없는 공용침해

법률이 공용침해를 하면서도 보상규정을 두고 있지 아니한 경우를 해결하기 위한 방안으로 두 가지가 제시되고 있다. (i) 보상규정이 없는 공용침해를 위헌 무효로 보고 국가배상법이 정하는 바에 따라 손해배상청구를 인정하려는 입장과 (ii) 독일에서 학설 판례를 통해 발전되어온 수용유사적 침해이론에 따라 직접 헌법 제23조 제3항에 근거하여 보상을 청구할 수 있다고 보려는 입장이 있다.

3) 손실보상의 기준

헌법 제23조 제3항에 규정된 "정당한 보상"이 무엇인가에 대하여 견해가 대립한다. 완전보상설은 피침해재산이 가지는 재산적 가치를 충분하고 완전하게 보상해야 한다는 주장이고, 상당보상설은 적당한 보상이면 충분하다고 보는 견해이다. 현대에 와서는 손실보상의 문제를 개인의 재산권보장이라는 시각에서만이 아니라, 개인의 생활보장이라는 측면에서서도 파악해야 한다는 관점에서 생활보상이 강조되고 있다.

5. 토지공개념

1) 토지공개념 도입의 배경

1986년까지 안정세를 보이던 토지가격은 1987년 이후 다시 상승하였고, 우리나라가 처음으로 경상수지 흑자로 돌아서고 경제가 호황에 접어들고 올림픽 개최 주택 2백만 호 건설 공약 등으로 부동산가격이 급등하는 양상이 나타났다. 정부는 1988년 8월 10일 부동산가격 상승 심리를 냉각시키기 위해 부동산종합대책을 발표하였다.

이 조치의 주요내용을 보면, 특정지역을 확대 고시하고, 양도소득세를 강화하고, 공공주택을 개발하고 임대주택의 공급을 확대하고, 부동산 투기 근절을 위해 토지거래허가제의 확대 실시하고 관인계약서 추진하고 등기의무화를 추진하고, 과표현실화를 통해 부동산보유세를 강화하고 양도소득세를 누진 과세하고, 토지보유과다보유세를 개선하여 1990년부터 종합토지를 실시할 수 있도록 토지전산화작업을 완결하도록 하였다.

정부는 이 조치를 발표하면서 토지의 공개념을 바탕으로 하여 토지제도를 근본적으로 개혁하기로 하고 토지공개념연구위원회를 구성하여 토지공개념의 도입방안을 검토하도록 하였다. 정부가 당시에 토지공개념 도입이 불가피하다고 판단한 근거는 다음과 같다. 첫째, 도시화, 산업화로 토지수요가 급증하는 것에 비해 토지공급이 제한되어 주택 등 건축가능한 1인당 평균대지가 점차 줄어들고 있다. 둘째, 지가가 지나치게 상승하여 이로 인한 소득불균형이 심화되고, 공공사업비가 증가하고 물가불안도 커진다. 셋째, 토지개발에 따른 지각의 급격한 상승으로 개발이익이 발생하는데, 이것이 토지소유주 개인의 사익으로 변질되고 있다. 넷째, 법인이 과도하게 토지를 소유하여 개인의 토지가 적고, 그것도 소수에 집중되어 있다.

토지가 사유재인 동시에 공공적인 특성을 가지므로 공익을 우선으로 하여 토지소유를 제한하여 토지소유를 적정화하고, 토지거래를 규제하여 실수요자의 토지소유를 지원하고, 개발이익을 불로소득으로 환수하고, 기업의 과다토지 보유를 억제하여 토지이용의 효율성을 높이고자 하는 것이 토지공개념 도입의 취지이었다. 정부가 이러한 취지에 따라 '택지소유상한에 관한 법률', '개발이익환수에 관한 법률', '토지초과이득세'라는 토지공개법 3법을 제정하였고, 이 법들은 국회를 통과하여 1989년 12월 18일에 공포되었다. 이 법의 기초가 되는 '지가공시 및 토지 등의 평가에 관한 법률'도 제정 · 공포되었다.

2) 내용

토지공개념 3법이라는 '택지소유상한에 관한 법률', '개발이익환수에 관한 법률', '토지초과이득세법'을 말하는데 각 법의 주요내용을 다음과 같다.

'택지소유상한제'는 저소득층의 주거안정을 도모하기 위해 서울 등 6대 도시는 200평, 시급도시는 300평, 읍면지역은 400평을 지역별 한 가구당 택지소유 상한을 설정하였고, 법인에 대해서는 택지사용계획은 허가로 받도록 하였다. 법 시행 2년 후부터는 나대지는 연 6%(두 번째 부과시부터 연 11%), 주택부속토지는 연 4%의 초과소유 부담금을 부과하도록 하였다. 다만 새로 주택을 구입해 이사가는 사람이 일시적으로 1가구 2주택을 소유하는 경우에 대해서는 6개월의 적용유예기간을 설정하였으며, 기업이 종업원용 주택을 건설하기 위해 취득하는 택지에 대해서는 동 법을 적용하지 않기로 하였다.

'개발이익환수법'에 의하면, 도시계획사업 등 개발사업, 토지의 형질변경사업 및 이와 유사한 사업을 대상으로 하고, 개발이익은 개발완료시기의 지가(개발사업 착수시의 지가 + 개발기간중 정상지가 상승분 + 개발비용 + 적정이윤)에 의거 환산하고, 공익사업을 제외한 1천평 이상의 각종 개발사업으로부터 얻는 개발이익의 50%를 개발부담금으로 환수하도록 하였다. 이 징수금은 중앙정부와 지방자치단체가 반반으로 나누기로 하였다. 이 법은 1990년 3월부터 시행되었다.

'토지초과이득세제'는 법인소유 토지 중에서 정당한 사유없이 고유업무에 사용하지 않은 토지와 각종 유휴토지에 대해 매 3년마다 가격을 조사하여 정상 지가상승분을 초과하는 금액, 즉 개발이익에 대해서는 50%의 토지초과이득세를 부과하도록 하였다. 그러나 중앙정부나 지방자치단체가 소요하는 토지, 도로, 하천 등 공공용지, 개발부담금 부과대상 토지는 이로부터 제외하기로 하였다. 이 징수금도 중앙정부와 지방자치단체가 반반으로 나누기로 하였다. 이 법의 최초 과세기간은 1990년 초부터 1992년 말까지 3년간으로 하고 납세시기는 과세기간 종료일 다음 해 9월 중으로 하였다

생각해 보기

↠ 토지공개념은 무용한가?

토지공개념 백지화

토지공개념이 실종될 위기에 처했다. 택지소유상한제가 하반기에 폐지되고, 개발부담금제가 유보되며, 토지초과이득세제도 새 정부 공약에 따라 곧 없어질 전망이다. 토지공개념을 실현하는 세 가지 중요한 제도가 사실상 폐기될 운명을 맞은 것이다. 거기다 이미 토지거래허가구역이 전면 해제됐으며, 그린벨트까지 재조정을 기다리고 있다. 나라경제가 나락으로 떨어질 조짐을 보이면서 토지공개념이 껍데기만 남게 된 셈이다. 토지공개념을 이렇게 내쳐도 되는 것인가. 적이 걱정스럽다.

정부가 이러는 데는 물론 그럴 만한 이유가 있다. 국내경기가 워낙 나쁘기 때문이다. 이를 부동산경기를 부추겨 타개해보겠다는 것이다. 실제로 부동산경기는 얼어붙다시피한 상태다. 거래가 안되는 것은 말할 것도 없고, 값마저 급락해 자산디플레 우려가 높아지고 있다. 다른 실물부문도 침체의 수렁에서 허우적거려, 자칫 금융과 실물 모두 불황 상태인 이른바 복합불황에 빠져들 가능성도 없지 않다. 이를 막기 위해 토지공개념 제도를 크게 손질해 건설투자를 부추기고 고용창출을 꾀한다는 게 정부의 계획이다. 아울러 외국 자본의 유치도 촉진하겠다는 구상이다. 타당성이 없는 이야기가 아니다.

그렇다고 토지공개념을 껍데기로 만들어도 되는지는 의문이다. 알다시피 토지공개념은 토지라는 자원의 특성에서 생겨났다. 토지는 재생이나 확대가 거의 불가능한 유한한 자연자원이다. 독점 폐해가 다른 어느 부문보다 클 수밖에 없다. 토지 독점에 따른 이득인 지대에 대해 비생산적 불로소득이라는 비판이 나오는 것도 이런 연유에서다. 그래서 사유재산 보호를 기본으로 하는 자본주의 체제에서도 특히 토지에 규제를 가하는 등 공개념을 적용하고 있다. 더욱이 지난 90년 토지공개념 3개 주요 제도가 도입될 때의 상황을 돌이켜 보면 문제는 분명해진다. 당시는 부동산 투기 광풍으로 나라경제가 휘청거리고 수십명의 사람들이 목숨을 끊었다. 이 와중에서 토지공개념 제도들이 우여곡절 끝에 도입돼 투기를 한풀 꺾는 데 적잖은 기여를 했다. 그런 제도들을 백지화할 때의 부작용은 불보듯 뻔하다.

정부가 노리는 경기부양 효과에 대해서도 일부에서는 기대에 못미칠 것으로 내다본다. 고금리가 위세를 떨치고 있기 때문이다. 설사 부동산이 다소 살아나더라도 일반 실수요자가 아닌 투기꾼의 배만 채워준다는 우려도 나온다. 토지공개념 백지화는 이래저래 상당한 문제를 안고 있다. 뿔을 고치려다 소를 죽이는 어리석음을 범할 수 있는 것이다. 정부의 재검토를 바란다.

한겨레 1998년 4월 18일

◈읽어보기

토지공개념 정책 주요 일지

▷1989년 12월 30일=택지소유상한제·개발부담금제·토지초과이득세제 시행
▷1994년 7월 29일=토지초과이득세법(92헌바49)헌법불합치
▷1998년 6월 25일=개발이익환수에 관한 법률(95헌바35)-일부위헌결정
▷1998년 12월 5일=토지초과이득세제 폐지
▷1998년 12월 28일=택지소유상한제 폐지
▷1999년 4월 29일=택지소유상한에 관한 법률 위헌(96헌바6)결정
▷2000년 1월 1일=개발이익 부담금 종전 50%에서 25%로 인하
▷2002년 1월 1일=개발이익 부담금 부과 대상 수도권이외 지역 제외
▷2004년 1월 1일부터=개발이익 부담금 수도권 부과 중지

❖ 참고문헌

권오승, 토지소유권의 법적 성질과 그 제한, 법과토지, 삼영사, 1982년.
김남진, 토지공개념, 월간고시 1988년 12월.
______, 토지거래허가제의 합헌성, 고시연구, 1989년 9월.
______, 한국에서의 토지공개념 확대도입을 위한 입법, 고시연구, 1990년 12월.
김문현, 우리헌법상 토지소유권의 범위와 한계, 부동산법학, 1991년.
김상용, 토지공개념 실천입법에 대한 연구, 고시행정, 1989년 11월.

제 6 절 최저생계비와 인간다운 생활을 할 권리

I. 사례

정신지체 1급 장애자 갑은 2000. 10. 5. 국민기초생활보장법에 따른 생계급여 수급자로 선정되어 그 무렵부터 생계급여를 지급받고 있다.

한편, 보건복지부장관은 2001. 12. 1. 보건복지부 고시 제2001-63호로 2002년도 국민기초생활보장법(이하 '보장법'이라 한다)상의 최저생계비를 결정 · 공표하였다.

○2002년도 최저생계비

가구규모	1인가구	2인가구	3인가구	4인가구	5인가구	6인가구
금액(원/월)	345,412	572,058	786,827	989,719	1,125,311	1,269,809

이에 갑은 2002. 5. 14. 위 최저생계비 고시가 자신의 인간다운 생활을 할 권리 및 평등권 등을 침해하는 것이라고 주장하면서 헌법소원심판을 청구하였다.

참조 : 2002년도 국민기초생활보장최저생계비 위헌확인 (헌재 2004.10.28./ 2002헌마328)

[공부거리]

인간다운 생활을 할 권리
평등권

[심판대상]

보건복지부 고시 제2001-63호

2002년도 국민기초생활보장최저생계비

국민기초생활보장법 제6조 제2항에 의거 2002년도 최저생계비를 다음과 같이 고시합니다.

2001년 12월 1일

보건복지부장관

2002년도 최저생계비

○2002년도 최저생계비

가구규모	1인가구	2인가구	3인가구	4인가구	5인가구	6인가구
금액(원/월)	345,412	572,058	786,827	989,719	1,125,311	1,269,809

○2002년도 현금급여기준

가구규모	1인가구	2인가구	3인가구	4인가구	5인가구	6인가구
금액(원/월)	304,100	503,639	692,722	871,348	990,723	1,117,939

※ 현금급여기준은 최저생계비에서 의료비·교육비 및 타법령 지원액을 차감한 금액으로서, 소득이 전혀없는 수급자에게 현금으로 지급되는 최고금액 기준임(생계비·주거비)

- 수급자에게 현금급여기준금액에서 가구소득을 제외한 금액을 생계비·주거비로 지급함(주거비 일부는 점검·수선서비스로 대체가능)
- 단, 교육비·의료비는 해당 가구원이 있는 경우 별도지급

[참조조문]

국민기초생활보장법(1999. 9. 7. 법률 제6024호로 제정된 것)

제2조(정의) 이 법에서 사용하는 용어의 정의는 다음과 같다.

1.~5. 생략

6. "최저생계비"라 함은 국민이 건강하고 문화적인 생활을 유지하기 위하여 소요되는 최소한의 비용으로서 제6조의 규정에 의하여 보건복지부장관이 공표하는 금액을 말한다.

7.~9. 생략

제6조(최저생계비의 결정) ① 보건복지부장관은 국민의 소득·지출수준과 수급권자의 생활실태, 물가상승률 등을 고려하여 최저생계비를 결정하여야 한다.

② 보건복지부장관은 매년 12월 1일까지 제20조 제2항의 규정에 의한 중앙생활보장위원회의 심의·의결을 거쳐 다음 연도의 최저생계비를 공표하여야 한다.

③ 보건복지부장관은 최저생계비를 결정하기 위하여 필요한 계측조사를 5년마다 실시하며, 이에 필요한 사항은 보건복지부령으로 정한다.

제8조(생계급여의 내용) 생계급여는 수급자에게 의복·음식물 및 연료비와 기타 일상생활에 기본적으로 필요한 금품을 지급하여 그 생계를 유지하게 하는 것으로 한다.

[참조판례]

국가유공자예우등에관한법률 제9조 본문 위헌제청 (헌재 1995.7.21./ 93헌가14)

1994년생계보호기준 위헌확인 (헌재 1997.5.29./ 94헌마33)

국가유공자예우등에관한법률 제9조 위헌제청 (헌재 1998.2.27./ 97헌가10등)

국가유공자등예우및지원에관한법률 제20조제2항등 위헌확인 (헌재 2000.6.1./ 98헌마216)

국가유공자등예우및지원에관한법률시행령 제22조등 위헌확인 (헌재 2003.5.15./ 2002헌마90)

1. 당사자의 주장

1) 갑의 주장

최저생계비는 '국민이 건강하고 문화적인 생활을 유지하기 위하여 소요되는 최소한의 비용'으로서 국민기초생활보장법(이하 보장법)상의 수급자가 받게 될 생계급여 액수를 결정하는 기준이 되는 것인바, 보건복지부장관이 이 사건 고시를 하면서 장애인이 포함된 가구(이하 '장애인가구'라 한다)가 부담하는 교통비, 의료비, 교육비, 보호·간병인비, 보장구 구입·유지비 등 장애로 인한 월 평균 158,000원의 추가지출비용을 반영한 최저생계비를 별도로 정하지 아니한 채 가구별 인원수를 기준으로 한 최저생계비만을 결정·공표함으로써 생활능력 없는 장애인가구의 구성원에게 최소한도의 인간다운 생활을 보장할 정도에 못 미치는 적은 액수의 생계급여를 받게 하였으므로 인간으로서의 존엄과 가치 및 행복추구권, 인간다운 생활을 할 권리를 침해하는 것이고, 장애인가구와 비장애인가구에게 동일한 최저생계비를 적용함으로써 비장애인가구와 비교하여 상대적으로 적은 액수의 생계급여를 받게 되는 것은 평등권을 침해하는 것이다.

2) 보건복지부장관의 의견

국가가 생활능력 없는 장애인을 보호하는 수준은 **보장법상의 최저생계비**뿐만 아니라 생계급여 액수를 산정하기 위하여 최저생계비에서 공제하는 개별가구의 소득평가액의 산정 방식과도 관련이 있고, 그 외에 장애인복지법, 의료급여법에 의한 각종 수당 및 급여와 각종 복지시책, 지방자치단체 기타 공공기관에서 실시하고 있는 각종 급여나 부담감면 등을 종합적으로 고려할 때, 이 사건 고시가 생활능력 없는 장애인가구 구성원의 인간으로서의 존엄과 가치 및 행복추구권, 인간다운 생활을 할 권리, 평등권을 침해한다고 볼 수 없다.

2. 헌법재판소의 판단

1) 인간다운 생활을 할 권리의 침해 여부

(1) 생활능력 없는 장애인의 인간다운 생활을 할 권리에 관한 헌법규정

우리 헌법은 사회국가원리를 명문으로 규정하지 않고, 헌법 전문, 인간다운 생활을 할 권리를 비롯한 사회적 기본권의 보장(헌법 제31조 내지 제36조), 경제 영역에서 적극적으로 계획하고 유도하고 재분배하여야 할 국가의 의무를 규정하는 경제에 관한 조항(헌법 제119조 제2항 이하) 등을 통하여 간접적으로 사회국가원리를 수용하고 있다.

사회국가란 사회정의의 이념을 헌법에 수용한 국가, 사회현상에 대하여 방관적인 국가가 아니라 경제·사회·문화의 모든 영역에서 정의로운 사회질서의 형성을 위하여 사회현상에 관여하고 간섭하고 분배하고 조정하는 국가이며, 궁극적으로는 국민 각자가 실제로 자유를 행사할 수 있는 그 실질적 조건을 마련해 줄 의무가 있는 국가를 의미한다(헌재 2002. 12. 18. 2002헌마52).

헌법 제34조 제1항은 "모든 국민은 인간다운 생활을 할 권리를 가진다"고 규정하면서, 제34조 제2항에서 "국가는 사회보장·사회복지의 증진에 노력할 의무를 진다"고 규정함과 아울러 제34조 제5항에서 "신체장애자 및 질병·노령 기타의 사유로 생활능력이 없는 국민은 법률이 정하는 바에 의하여 국가의 보호를 받는다"고 규정하고 있는바, 이러한 헌법규정들은 생활능력 없는 신체장애자에게 인간다운 생활을 할 권리가 있고, 이에 대응하여 국가에게 생활능력 없는 장애인을 보호할 헌법적 의무가 있음을 명시하고 있다.

(2) 인간다운 생활을 할 권리의 의의와 법적 성격

헌법 제34조 제1항이 보장하는 인간다운 생활을 할 권리는 사회권적 기본권의 일종으로서 인간의 존엄에 상응하는 최소한의 물질적인 생활의 유지에 필요한 급부를 요구할 수 있는 권리를 의미하는데, 이러한 권리는 국가가 재정형편 등 여러 가지 상황들을 종합적으로 감안하여 법률을 통하여 구체화할 때에 비로소 인정되는 법률적 권리라고 할 것이다(헌재 1995. 7. 21./ 93헌가14; 2003. 5. 15./ 2002헌마90).

나아가 모든 국민은 인간다운 생활을 할 권리를 가지며 국가는 생활능력 없는 국민을 보호할 의무가 있다는 헌법의 규정은 모든 국가기관을 기속하지만 그 기속의 의미는 동일하지 아니한데, 입법부나 행정부에 대하여는 국민소득, 국가의 재정능력과 정책 등을 고려하여 가능한 범위 안에서 최대한으로 모든 국민이 물질적인 최저생활을 넘어서 인간의 존엄성에 맞는 건강하고 문화적인 생활을 누릴 수 있도록 하여야 한다는 행위의 지침, 즉 행위규범으로서 작용하지만, 헌법재판에 있어서는 다른 국가기관, 즉 입법부나 행정부가 국민으로 하여금 인간다운 생활을 영위하도록 하기 위하여 객관적으로 필요한 최소한의 조치를 취할 의무를 다하였는지를 기준으로 국가기관의 행위의 합헌성을 심사하여야 한다는 통제규범으로 작용하는 것이다(헌재 1997. 5. 29./ 94헌마33; 2001. 4. 26./ 2000헌마390).

또한, 국가가 행하는 생계보호가 헌법이 요구하는 객관적인 최소한도의 내용을 실현하고 있는지 여부는 결국 국가가 국민의 '인간다운 생활'을 보장함에 필요한 최소한도의 조치를 취하였는가의 여부에 달려있다고 할 것인데 생계보호의 구체적 수준을 결정하는 것은 입법부 또는 입법에 의하여 다시 위임을 받은 행정부 등 해당기관의 광범위한 재량에 맡겨져 있다고 보아야 할 것이므로, 국가가 인간다운 생활을 보장하기 위한 헌법적 의무를 다하였는지의 여부가 사법적 심사의 대상이 된 경우에는, 국가가 생계보호에 관한 입법을 전혀 하지 아니하였다든가 그 내용이 현저히 불합리하여 헌법상 용인될 수 있는 재량의 범위를 명백히 일탈한 경우에 한하여 인간다운 생활을 할 권리를 보장한 헌법에 위반된다고 할 수 있다(헌재 1997. 5. 29./ 94헌마33).

(3) 국민기초생활보장법상 급여의 보충성

1997.이후 IMF 관리체제 하에서 대량의 실업자가 발생하고 빈곤 인구가 급증하는 등 인간다운 생활을 할 권리를 위협받는 국민들이 대폭 증가하게 되었으나 구 생활보호법만으로는 그 해결의 한계에 봉착하자 국가는 최소한의 사회안전망(social safety net)으로서 1999. 9. 7. 국민기초생활보장법(법률 제6024호)을 제정하였다.

보장법은 생활이 어려운 자에게 필요한 급여를 행하여 이들의 최저생활을 보장하고 자활을 조성하는 것을 목적으로(제1조) 시행일인 2000. 10. 1.부터 수급권자의 범위에 대한 특례 적용기한인 2002. 12. 31.까지는 부양의무자가 없거나, 부양의무가 있어도 부양능력이 없거나 부양을 받을 수 없는 자로서 최저생계비를 감안하여 보건복지부장관이 개별가구의 소득평가액과 재산을 기준으로 매년 정하는 수급권자 선정기준에 해당하는 자로 수급권자의 범위를 정하고(제5조, 부칙 제5조) 있다.

생계급여를 기본으로 하여 수급자의 필요에 따라 주거급여, 의료급여, 교육급여, 해산급여, 장제급여, 자활급여를 병행하여 지급하되, 시행일인 2000. 10. 1.부터 소득인정액에 대한 특례 적용기한인 2002. 12. 31.까지는 해산급여와 장제급여를 제외한 나머지 급여들과 개별가구의 소득평가액을 포함하여 최저생계비 이상이 되도록 하고 있다.

한편(제7조, 부칙 제6조), 보건복지부장관으로 하여금 최저생계비를 결정하기 위하여 필요한 계측조사를 5년마다 실시하도록 하고, 매년 12. 1.까지 중앙생활보장위원회의 심의·의결을 거쳐 국민의 소득·지출수준, 수급권자의 생활실태, 물가상승률 등을 고려하여 다음 연도의 최저생계비를 결정하여 공표하도록 하며(제6조), 이 법에 의한 급여의 기준을 건강하고 문화적인 최저생활을 유지할 수 있는 것으로 정하면서도(제4조), 이 법에 의한 급여는 수급자가 자신의 생활의 유지·향상을 위하여 그 소득·재산·근로능력 등을 활용하여 최대한 노력하는 것을 전제로 이를 보충·발전시키는 것을 기본원칙으로 하며, 부양의무자의 부양과 다른 법령에 의한 보호는 이 법에 의한 급여에 우선하여 행하여지는 것으로 한다고 함으로써(제3조), 이 법에 의한 급여가 어디까지나 보충적인 것임을 명시하고 있다.

(4) 이 사건 고시와 생계급여

보건복지부장관은 2001년도 최저생계비를 3.5% 인상하여 가구별 인원수를 기준으로 2002년도 최저생계비를 결정하여 이 사건 고시를 하였는데, 당시 가구유형(성, 연령, 장애여부, 질병여부 등)을 고려한 최저생계비를 계측할 수 있는 모형개발이 미흡했고, 예산상의 이유로 가구유형별 최저생계비를 계측하기 위한 충분한 표본수를 확보할 수 없었음을 이유로 장애인가구의 추가지출비용을 반영한 장애인가구용 최저생계비는 따로 결정하지 아니하였다.

보장법에 근거하여 고시된 최저생계비와 개별가구의 소득평가액 등의 차액으로 액수가 결정되어 지급되는 생계급여는 수급자에게 의복·음식물 및 연료비와 기타 일상생활에 기본적으로 필요한 금품으로서(제8조) 사회부조의 한 형태이다.

(5) 이 사건 고시가 인간다운 생활을 할 권리를 침해하였는지 여부

국가가 행하는 보장법상의 “생활능력 없는 장애인에 대한 최저생활보장을 위한 생계급여 지급”이 헌법이 요구하는 객관적인 최소한도의 내용을 실현하고 있는지의 여부는 국가가 인간다운 생활을 보장함에 필요한 최소한도의 조치를 취하였는가의 여부에 달려있다고 할 것인바, “인간다운 생활”이란 그 자체가 추상적이고 상대적인 개념으로서 그 나라의 문화의 발달, 역사적·사회적·경제적 여건에 따라 어느 정도는 달라질 수 있다.

“최소한도의 조치” 역시 국민의 사회의식의 변화, 사회·경제적 상황의 변화에 따라 가변적인 것이므로, 국가가 인간다운 생활을 보장하기 위한 생계급여의 수준을 구체적으로 결정함에 있어서는 국민 전체의 소득수준과 생활수준, 국가의 재정규모와 정책, 국민 각

계층의 상충하는 갖가지 이해관계 등 복잡 다양한 요소를 함께 고려해야 한다. 따라서, 생활이 어려운 장애인의 최저생활보장의 구체적 수준을 결정하는 것은 입법부 또는 입법에 의하여 다시 위임을 받은 행정부 등 해당기관의 광범위한 재량에 맡겨져 있다고 보아야 한다.

그러므로 국가가 인간다운 생활을 보장하기 위한 헌법적 의무를 다하였는지의 여부가 사법적 심사의 대상이 된 경우에는, 국가가 최저생활보장에 관한 입법을 전혀 하지 아니하였다든가 그 내용이 현저히 불합리하여 헌법상 용인될 수 있는 재량의 범위를 명백히 일탈한 경우에 한하여 헌법에 위반된다고 할 수 있다.

한편, 국가가 생활능력 없는 장애인의 인간다운 생활을 보장하기 위하여 행하는 사회부조에는 보장법에 의한 생계급여 지급을 통한 최저생활보장 외에 다른 법령에 의하여 행하여지는 것도 있으므로, 국가가 행하는 최저생활보장 수준이 그 재량의 범위를 명백히 일탈하였는지 여부, 즉 인간다운 생활을 보장하기 위한 객관적 내용의 최소한을 보장하고 있는지 여부는 보장법에 의한 생계급여만을 가지고 판단하여서는 아니되고, 그 외의 법령에 의거하여 국가가 최저생활보장을 위하여 지급하는 각종 급여나 각종 부담의 감면 등을 총괄한 수준으로 판단하여야 한다.

2002년도를 기준으로 볼 때, 생활능력 없는 장애인가구의 구성원에게는 2002년도 최저생계비에서 장애인가구의 소득평가액 등을 공제한 액수의 생계급여가 지급되는데, 이때 최저생계비에서 공제하는 소득평가액은 장애인가구의 실제소득에서 장애인가구의 특성에 따른 지출요인을 반영한 금품인 장애인복지법에 의한 장애수당, 장애아동부양수당 및 보호수당, 만성질환 등의 치료·요양·재활로 인하여 6개월 이상 지속적으로 지출하는 의료비를 공제하여(보장법시행규칙 제2조) 산정되므로, 결과적으로 최저생계비에 장애로 인한 추가지출비용을 반영하여 생계급여액을 상향조정함과 비슷한 효과를 나타내고 있다.

그 외에도 의료급여법에 따른 지체장애인용 지팡이, 목발, 휠체어, 의지·보조기, 시각장애용 저시력 보조기(안경, 돋보기, 망원경, 콘택트렌즈, 의안), 흰지팡이, 보청기, 체외용 인공 후두 등 보장구 구입대금 지원, 장애인복지법에 따른 장애인재활보조기구 무료 교부, 장애인 의료비 지원, 장애인자녀교육비 지원, 장애수당 및 장애아동부양수당 지급, 철도·도시철도·공영버스 요금감면, 고궁, 능원, 국·공립박물관 및 미술관, 국·공립 공원, 국·공립공연장, 공공체육시설 요금 감면, 특별소비세법에 따른 승용자동차에 대한 특별소비세 면제, 액화석유가스의안전및사업관리법에 따른 승용자동차 LPG연료 사용 허용, 지방세법에 따른 장애인용 차량에 대한 등록세·취득세·자동차세 면제, 각 도의 지역개발기금설치관련조례에 따른 차량 구입시 지역개발공채 구입 면제, 방송법에 따른 시 · 청각 장애인에 대한 텔레비전 수신료 면제, 전기통신사업법에 따른 이동통신요금 할인, 유료도로법에 따른 고속도로통행료 할인 등 각종 급여와 부담감면이 행하여지고 있는바, 이러한 각종 급여 및 부담감면으로 인하여 최저생계비의 비목에 포함되어 있는 보건의료비, 교통 · 통신비, 교육비, 교양 · 오락비, 비소비지출 등을 추가적으로 보전 받는 효과를 나타내고 있다.

또한, 청구인들이 주장하는 장애인가구의 평균 추가지출비용 월 158,000원은 한국보건사회연구원 장애인복지팀이 2000년 장애인 실태조사 보고에서 산출한 평균추가생계비로서 '최저개념'이 반영되지 않은 소비지출에서 나타난 평균적인 추가비용을 제시한 것에 불과하여 이를 직접 최저생계비에 반영하는 것은 불가능하다 할 것이다.

이러한 사정들에 비추어 보면, 보건복지부장관이 이 사건 고시를 하면서 **장애인가구의 추가지출비용을 반영한 최저생계비를 별도로 정하지 아니한 채 가구별 인원수를 기준으로 한 최저생계비만을 결정 · 공표함으로써 장애인가구의 추가지출비용이 반영되지 않은** 최저생계비에 따라 장애인가구의 생계급여 액수가 결정되었다 하더라도 그것만으로 국가가 생활능력 없는 장애인의 인간다운 생활을 보장하기 위한 조치를 취함에 있어서 국가가 실현해야 할 객관적 내용의 최소한도의 보장에도 이르지 못하였다거나 헌법상 용인될 수 있는 재량의 범위를 명백히 일탈하였다고는 보기 어렵다 할 것이어서 이 사건 고시로 인하여 생활능력 없는 장애인가구 구성원의 인간다운 생활을 할 권리가 침해되었다고 할 수 없다.

2) 평등권의 침해 여부

(1) 헌법 규정

헌법 제11조는 "모든 국민은 법 앞에 평등하다. 누구든지 성별 · 종교 · 사회적 신분에 의하여 정치적 · 경제적 · 사회적 · 문화적 생활의 모든 영역에 있어서 차별을 받지 아니한다"라고 규정하여 모든 국민에게 평등권을 보장하고 있다. 이는 국가권력이 본질적으로 같은 것은 같게, 본질적으로 다른 것은 다르게 취급해야 한다는 것을 의미하지만, 합리적 근거에 의한 차별까지 금지하는 것은 아니다.

(2) 평등권의 침해 여부

① 차별의 대상

이 사건 고시는 장애인가구의 추가지출비용을 반영한 별도의 최저생계비를 결정하지 않은 채 일률적으로 **가구별 인원수**만을 기준으로 한 최저생계비를 결정함으로써 사회부조의 일종인 보장법상의 생계급여를 지급받을 자격을 갖춘 생활능력 없는 장애인가구와 비장애인가구에게 동일한 최저생계비를 기준으로 하여 생계급여를 지급받게 하였다는 점에서 본질적으로 다른 것을 같게 취급하는 상황을 초래하였다고 볼 수 있다.

② 심사의 기준

평등위반 여부를 심사함에 있어 엄격심사에 의할 것인지, 완화된 심사에 의할 것인지는 입법자 내지 입법의 위임을 받은 행정부에게 인정되는 형성의 자유 정도에 따라 달라진다 할 것인데, 이 사건 고시로 인한 장애인가구와 비장애인가구의 차별취급은 헌법에서 특별히 평등을 요구하는 경우 내지 차별대우로 인하여 자유권의 행사에 중대한 제한을 받는 경우에 해당한다고 볼 수 없는 점, 국가가 국민의 인간다운 생활을 보장하기 위하여 행하는 사회부조에 관하여는 입법부 내지 입법에 의하여 위임을 받은 행정부에게 사회보장, 사회복지의 이념에 명백히 어긋나지 않는 한 광범위한 형성의 자유가 부여된다는 점을 고려하면, 이 사건 고시로 인한 장애인가구와 비장애인가구의 차별취급이 평등위반인지 여부를 심사함에 있어서는 완화된 심사기준인 자의금지원칙을 적용함이 상당하다.

③ 침해 여부

장애인가구와 비장애인가구에게 일률적으로 이 사건 고시상의 최저생계비를 적용한다고 하더라도 보장법상의 생계급여 액수가 최저생계비와 동일한 액수로 결정되는 것이 아니라 앞서 본 바와 같이 최저생계비에서 개별가구의 소득평가액 등을 공제한 차액으로 지급되기 때문에 장애인가구와 비장애인가구에게 지급되는 생계급여까지 동일한 액수가 되는 것은 아니라는 점, 이때 공제되는 개별가구의 소득평가액은 장애인가구의 실제소득에서 장애인가구의 특성에 따른 지출요인을 반영한 금품인 장애인복지법에 의한 장애수당, 장애아동부양수당 및 보호수당, 만성질환 등의 치료·요양·재활로 인하여 6개월 이상 지속적으로 지출하는 의료비를 공제하여 산정하므로 결과적으로 장애인가구는 비장애인가구에 비교하여 볼 때 최저생계비에 장애로 인한 추가비용을 반영하여 생계급여액을 상향조정함과 비슷한 효과를 받고 있는 점, 장애인가구는 비장애인가구와 비교하여 앞서 본 바와 같이 각종 법령 및 정부시책에 따른 각종 급여 및 부담감면으로 인하여 최저생계비의 비목에 포함되는 보건의료비, 교통·통신비, 교육비, 교양·오락비, 비소비지출비를 추가적으로 보전받고 있는 점을 고려할 때, 비록 이 사건 고시를 장애인가구와 비장애인가구에게 일률적으로 적용하였다 하더라도 그러한 취급에는 합리성이 있다 할 것이고 이를 자의적인 것이라고 할 수는 없다 할 것이다. 따라서 이 사건 고시가 생활능력 없는 장애인가구 구성원의 평등권을 침해한다고 할 수 없다.

Ⅱ. 해설

1. 인간다운 생활권의 의의

인간다운 생활권이란 인간의 존엄성에 상응하는 건강하고 문화적인 생활을 영위할 권리를 말한다. 인간다운 생활권 조항은 사회적 기본권[73] 조항 중에서도 핵심이 되는 조항으로 인간다운 생활권을 규정한 헌법 제34조 제1항은 사회적 기본권에 관한 이념적, 총칙적 규정이라 할 수 있다. 사회보장수급권(제34조 제2항, 제3항), 교육을 받을 권리(제31조), 근로의 권리(제32조), 근로3권(제33조), 환경권(제35조), 보건권(제36조) 등은 인간다운 생활권을 실현하기 위한 수단적 권리하고 할 수 있다.

2. 법적 성격

1) 프로그램권리설

프로그램권리설에 따르면 인간다운 생활권에 관한 헌법규정은 모든 국민이 건강하고 문화적인 생활을 영위할 수 있도록 국정을 운영할 것을 국가의 책무로 선언한 것에 불과하고, 개개의 국민을 위한 구체적 현실적 권리를 보장한 것은 아니라고 한다.

2) 추상적 권리설

추상적 권리설에 따르면 인간다운 생활권은 권리이기는 하나 그것은 단지 인간다운 생활에 필요한 조치를 국가에 대해 요구할 수 있는 추상적 권리를 규정한 것에 불과하고, 이에 관한 구체적 입법이 없는 한 개개인은 인간다운 생활의 보장을 구체적인 권리로서 주장할 수는 없다고 한다.

헌법재판소는 "인간다운 생활을 할 권리로부터는 인간의 존엄에 상응하는 생활에 필요한 최소한의 물질적인 생활의 유지에 필요한 급부를 요구할 수 있는 구체적인 권리가 상황에 따라서는 직접 도출될 수 있다. 동 기본권이 직접 그 이상의 급부를 내용으로 하는 구체적인 권리를 발생케 한다고는 볼 수 없다. 이러한 구체적 권리는 국가가 재정형편 등

73) 사회적 기본권이란 단체주의적 사회정의의 실현을 목적으로 하는 사회국가에서 국민이 인간다운 생활을 확보하기 위하여 일정한 국가적 급부와 배려를 국가에 대해 요구할 수 있는 권리를 말한다.

여러 가지 상황들을 종합적으로 감안하여 법률을 통하여 구체화할 때 비로소 인정되는 법률적 권리이다"라고 판시하여 이러한 입장을 따르고 있다.[74)]

3) 구체적 권리설

구체적 권리설에 따르면 인간다운 생활권은 구체적 권리이기 때문에 개개의 국민은 인간다운 생활에 관한 입법이 없거나 불완전·불충분할 경우 법률의 제·개정을 요구할 수 있고, 직접 헌법 제34조 제1항에 의거하여 인간다운 생활을 국가에 대하여 구체적이고 현실적인 권리로서 주장할 수 있다고 한다.

4) 본 사례의 경우

인간다운 생활을 할 권리의 법적 성격에 대한 논의는 입법이 없는 경우에 큰 논란거리이다. 그러나 2000년 10월부터 '국민기초생활보장법'이 제정되었고, 여기에는 '수급권자'개념을 규정하여 사회보장수급권이 권리라고 하는 것을 법률상 확인하였다. 또한 최저생계비의 급여수준을 '국민의 건강하고 문화적인 생활의 유지'를 위한 것으로 선언하였는바, 적어도 인간다운 생활을 할 권리의 법적 성격에 대한 논의의 실익은 그다지 많지 않다.

3. 인간다운 생활권의 침해 판단기준

문제는 '국민이 건강하고 문화적인 생활을 유지'하는 수준을 어떻게 판단할 것인가이다.

1) 학설

인간다운 생활권을 인간의 존엄에 상응하는 건강하고 문화적인 생활로 보는 견해, 건강하고 문화적인 최저한도의 생활로 보는 견해, 최소한의 물질적 생활로 보는 견해가 대립한다.

2) 헌법재판소의 태도

헌재는 이에 대한 명백한 입장은 밝히고 있지 않지만, "국가가 생활능력 없는 장애인의 인간다운 생활을 보장하기 위하여 행하는 사회부조에는 국민기초생활보장법에 의한 생계급여 지급을 통한 최저생활보장 외에 다른 법령에 의하여 행하여지는 것도 있으므로, 국가가 행하는 최저생활보장 수준이 그 재량의 범위를 명백히 일탈하였는지 여부, 즉 인간다운

74) 헌재 1995.7.21./ 93헌가14; 헌재 2003.5.15./ 2002헌마90.

생활을 보장하기 위한 객관적 내용의 최소한을 보장하고 있는지 여부는 보장법에 의한 생계급여만을 가지고 판단하여서는 아니되고, 그 외의 법령에 의거하여 국가가 최저생활보장을 위하여 지급하는 각종 급여나 각종 부담의 감면 등을 총괄한 수준으로 판단하여야 한다"고 서술하고 있는 것을 보면 "최소한의 물질적인 생활"을 인간다운 생활의 최소한의 보장수준으로 파악하고 있는 것으로 보인다.

3) 본 사례의 경우

헌법재판소는 "인간의 존엄에 상응하는 생활에 필요한 최소한의 물질적인 생활의 유지에 필요한 급부를 요구할 수 있는 구체적인 권리가 상황에 따라서는 직접 도출될 수 있다"고 하거나, "인간다운 생활을 영위하도록 하기 위하여 객관적으로 **필요한 최소한의 조치**를 취할 의무를 다하였는지를 기준으로 국가기관의 행위의 합헌성을 심사하여야 한다"고 판시하여 입법권과 행정권의 재량을 폭넓게 인정하고 있다.

그러나 이러한 논리는 인간다운 생활을 완전히 무력화시키고 말 가능성이 있다. 사회권 개념이 추상적인 측면이 있고 행정부의 재량의 여지가 있다는 점을 인정한다 하더라도 재량의 폭을 지나치게 넓게 보는 것은 위헌통제 심사권을 스스로 무력화시키고 있다는 비난에 직면할 수도 있다.

생각해 보기

- 보건복지부장관의 고시도 헌법소원의 대상이 될 수 있는가?

◉읽을거리

장애인의 장애로 인한 추가 지출비용

단위 : 천원

구분	지체 장애	뇌병변 장애	시각 장애	청각 장애	언어 장애	정신 지체	발달 (자폐)	정신 장애	신장 장애	심장 장애	계
총 추가비용	132.6	199.0	86.1	124.9	132.4	217.5	338.0	147.0	383.9	192.7	157.9
교통비	35.5	25.2	17.1	12.5	24.4	44.0	54.1	27.3	64.7	24.1	29.1
의료비	67.9	130.1	39.7	24.7	85.1	67.6	30.6	109.7	287.5	153.7	83.3
교육비	2.0	1.6	0.9	6.8	10.1	91.5	191.9	0.0	0.0	0.0	7.5
보호·간병인	5.8	27.4	4.0	1.3	11.0	0.7	17.8	1.0	26.5	6.5	9.6
보장구 구입·유지비	15.3	7.8	12.2	64.7	1.2	0.7	0.8	0.0	4.8	1.2	15.6
기타	1.6	6.1	1.5	5.8	0.0	11.6	25.5	12.3	0.4	7.3	4.2

◉읽을거리

최저생계비의 문제점[75)]

국민기초생활보장제도가 시행된 지도 이제 만 1년이 지났다. 분명히 국민기초생활보장제도는 기존 생활보호제도보다 진일보한 제도이다. 국민기초생활보장제도가 생활보호제도보다 진일보한 측면 중의 하나는 5년마다 실제 계측에 의해 객관적이며, 과학적으로 산출되는 최저생계비를 기준으로 해서 대상자를 선정하고, 모든 대상자에게 최저생계비 수준의 급여를 제공함으로서 원칙적으로 모든 국민의 최저생활을 보장한다는 국민기초생활보장법의 기본 정신이라고 할 수 있다. 그렇다면, 현 국민기초생활보장제도는 실제로 모든 국민에게 최저생활을 보장하고 있는가? 이러한 질문에 대해 대다수의 사회복지전문가들은 그렇지 못하다고 답할 것이다. 그러면, 현행 국민기초생활보장제도는 제도의 기본 취지와는 달리 왜 모든 국민의 최저생활을 실제로 보장하지 못하고 있는가?

75) 손병돈, 최저생계비의 문제점, 복지동향, 2001년 12월, 10-13쪽.

왜 최저생활이 보장되지 못하는가

그 원인은 여러 가지 측면에서 찾을 수 있겠지만, 제도와 관련하여서는 현 국민기초생활보장제도의 최저생계비와 관련된 문제들이 핵심적인 요인 중에 하나라고 할 수 있다.

현 국민기초생활보장제도는 전국적으로 단일 기준의 가구규모별 최저생계비만 설정하고 있으며, 중소도시 지역의 최저생계비를 가구규모별 최저생계비의 기준으로 이용하고 있다. 이러한 현 최저생계비는 가구의 크기에 따른 최저생계비의 차이만을 반영하고, **지역별 최저생계비의 차이를 전혀 반영하지 못하고 있다. 서울과 같은 대도시 지역이 지방의 중소 도시보다 물가나 주거비가 더 많이 든다는 점을 고려할 때, 현 국민기초생활보장제도는 대도시 지역 빈곤자들의 최저생활을 보장하지 못하는 한계를 드러내고 있다.** 현행 최저생계비가 대도시 지역 빈곤자들의 최저생활을 보장하지 못하는 점은 다음의 두 가지 측면에서 나타난다.

대도시 지역 빈곤자 수급자 되기 어려워

하나는 현재 국민기초생활보장제도로부터 급여를 받고 있는 대도시 지역 수급자들의 최저생활을 보장하지 못하는 점이다. 현 최저생계비는 중소도시를 기준으로 하여 설정되고 있으므로, 최저생활 보장 수준은 중소도시의 최저생계비 수준을 보장하는 것이다. 따라서 중소도시보다 실질적인 최저생계비가 높은 대도시 지역 수급자들은 대도시 지역의 실질적인 최저생계비보다 낮은 수준의 급여를 받음으로서 최저생활을 영위하지 못하고 있다. 다른 하나는 대도시 지역 빈곤자들 중 일부는 실질적인 최저생계비보다 낮은 수준의 소득을 갖고 있음에도 불구하고 대상자 선정에서 제외됨으로서 최저생활을 보장받지 못하고 있다. 국민기초생활보장제도에서 최저생계비는 급여수준을 결정하는 기준이 될 뿐만 아니라 대상자를 결정하는 기준으로도 활용된다. 따라서 대도시 지역 빈곤자들 중에서 현행 최저생계비보다는 높지만, 대도시 지역의 실질적인 최저생계비보다 낮은 수준의 소득을 가지고 있는 사람들은 최저생활을 유지하지 못하고 있음에도 불구하고 국민기초생활보장제도의 대상자 선정에서 제외되고 있다.

장애, 아동, 노인 등 추가비용 보장 안돼

또한 현행 최저생계비 설정방식은 가구 특성의 차이에 따른 최저생계비의 차이를 반영하지 못하는 문제를 안고 있다. 즉 장애, 아동, 노령과 같이 일반 가구들보다 더 많은 지출을 필요로 하는 가구들의 특성을 최저생계비에 전혀 반영하지 못하고 있다. 그러므로 **현행 국민기초생활보장제도는 장애, 아동, 노령과 같은 추가적인 지출을 요하는 빈곤가구들의 최저생활을 보장하지 못한다.** 예를 들어 월 소득이 60만원인 장애 1급 중증장애인이 있는 2인 가구의 경우 다른 자격조건을 충족할지라도 소득기준(55만원)을 초과하여 국민기초생활보장제도의 수급자로 선정되지 못한다. 장애 1급 장애인은 일반인보다 월 평균 20만원 정도의 추가적인 지출이 필요하다. 이런 추가적인 지출을 고려하면, 이 가구의 월소득은 40만원의 월소득을 가지고 있는 일반 가구와 동일하다고 할 수 있다.

그리고 장애, 노령, 아동과 같은 추가적인 욕구가 있는 국민기초생활보장제도의 현 수급자들도 최저생활을 보장받지 못하고 있다. 현행 국민기초생활보장제도는 장애, 노령, 아동과 같은 추가적인 욕구가 있는 가구의 경우도 일반가구와 동일한 수준의 생계급여를 제공하고 있다. 물론 **장애나 노령과 같은 추가적인 욕구가 있는 대상자에 대해서는 장애수당제도나 노령연금제도를 통해**

장애수당과 노령연금이 제공되고 있다. 하지만 현재 이러한 제도들의 급여수준은 장애나 노령이 있는 가구의 추가적인 지출수준 보다 훨씬 낮다. 그러므로 장애, 아동, 노령과 같은 추가적인 욕구를 고려할 경우 이러한 욕구가 있는 수급가구들은 국민기초생활보장제도의 급여를 수급할지라도 실질적으로 최저생계비 이하의 생활을 하고 있는 것이다.

교재비, 의료장비 구입비가 빠진 현금급여

국민기초생활보장제도가 최저생활을 보장하지 못하는 또 다른 요인은 현금급여 기준선과 관련되어 있다. 현행 국민기초생활보장제도의 급여는 크게 현금급여와 현물급여로 구분된다. 현금급여 형태의 급여로는 모든 대상자 가구에게 제공되는 생계급여가 있고, 현물급여 형태의 급여에는 의료급여와 교육급여가 있으며, 이러한 현물급여는 그러한 욕구가 있는 가구에게만 제공된다. 그러므로 국민기초생활보장제도는 최저생계비 외에 생계급여 수준을 결정하는 기준으로서 현금급여 기준선을 설정하여, 사용하고 있다. 현재 현금급여 기준선이 결정되는 방식은 〈표 1〉과 같다. 〈표 1〉에서 보는 바와 같이 현금급여 기준선은 근본적으로 최저생계비에 기초하여 결정된다.

〈표 1〉 현금급여 결정방식

현금급여기준선 = 가구규모별 최저생계비 - 소득평가액-최저생계비 중 최저의료 및 최저교육비 - 타법지원액[1]

1) TV 시청료, 주민세, 교육세, 의료보험료, 국민연금보험료 등

최저생활 보장의 측면에서 현금급여 기준선의 문제는 **현행 현금급여 기준선을 산정할 때 최저생계비 중 최저의료비 및 최저교육비를 일괄적으로 제외함으로서 현물급여로 충족되지 못하는 부분까지 제외하고 있다는 점이다.** 예컨대 최저의료비에는 의료급여의 항목에 포함되는 진료비 외에도, 의료급여의 대상이 아닌 의약품 및 보건의료용품구입비 등이 포함되는데, 현금급여 기준선을 산정할 때 의료급여를 통해 제공되지 않는 의료비 항목의 지출까지 일괄적으로 제외하고 있다. 교육비의 경우도 마찬가지이다. 최저교육비에는 교육급여에 포함되는 납입금 및 보충교육비 뿐만 아니라 교육급여에 포함되지 않는 가정학습지 등의 교재비도 포함하고 있다. 최저교육비의 경우도 현금급여 기준선을 산정할 때 교육급여를 통해 지원되지 항목들도 최저생계비에서 일괄적으로 제외되고 있다. 이러한 사실은 현 국민기초생활보장제도의 급여수준이 최저생계비보다 낮게 설정되어 있음을 보여 주는 것으로서 현 수급자들의 실질적인 최저생활을 보장하지 못하고 있음을 드러내는 것이다.

최저생계비, 5년 전의 생활의 질 유지해라?

끝으로 현 국민기초생활보장제도가 최저생활을 보장하지 못하는 측면은 비계측연도의 최저생계비 산출과정에서 나타나고 있다. 국민기초생활보장제도는 5년 단위로 직접 최저생계비를 실측하고, 실측하지 않은 연도의 최저생계비는 실측된 연도의 최저생계비에 기초하여 결정하고 있다. 국민기초생활보장제도가 탄생한 이후 비계측연도인 **2001년도, 2002년도의 최저생계비 결정은 1999년에 실측된 최저생계비에 소비자물가상승율 수준만큼 인상하여 결정하였다. 이렇게 결정되는 비계측연도의 최저생계비는 실제 최저생계비보다 낮은 수준으로 결정될 가능성이 매우 크다.** 왜냐

하면 최저생계비는 최저생계비를 구성하는 필수품의 내용과 가격에 의해 결정되는데, 물가인상율만 고려하여 비계측연도의 최저생계비를 결정하는 것은 필수품의 가격변화만을 반영하는 것이기 때문이다. 즉 최저생계비를 구성하는 필수품의 내용과 질의 변화는 전혀 반영하지 못하는 것이다. 최저생계비를 구성하는 필수품의 내용과 질은 일반적으로 소득, 기호의 변화 및 기술의 발전에 따라 변화한다. 예를 들어 소득수준이 낮은 시기에는 TV의 경우 흑백 TV가 필수품의 항목에 포함되었지만, 소득수준이 상승함에 따라 필수품의 항목에서 흑백 TV는 컬러 TV로 대체된다. 일반적으로 소득수준은 향상되고, 기호수준 역시 향상되며, 기술도 발전한다는 점을 고려할 때, 2001, 2002년도의 최저생계비는 실제 최저생계비보다 낮게 설정되었을 가능성이 크다. 따라서 현행과 같은 비계측연도의 최저생계비 결정방식은 소득이 실제 최저생계비보다 낮은 가구들도 대상자 선정에서 제외됨으로서 최저생활을 보장받지 못하게 되고, 국민기초생활보장제도의 수급자의 경우도 최저생계비가 실제보다 낮게 설정됨으로서 현금급여 기준선이 낮게 설정되어, 국민기초생활보장제도의 급여를 수급함에도 불구하고 실질적인 최저생활을 영위하지 못하는 결과가 초래되게 된다.

이상에서 살펴 본 바와 같이 현행 국민기초생활보장제도는 최저생계비 설정방식에서 실질적인 최저생활을 보장하지 못하는 여러 문제들을 안고 있다. 국민기초생활보장제도가 원래 취지에 맞게 모든 국민의 최저생활을 보장하기 위해서는 이러한 문제점들을 개선하기 위한 노력이 절실히 요구된다 하겠다.

❖ 참고문헌

손병돈, 최저생계비의 문제점, 복지동향, 2001년 12월.

송상교, 사회권에 대한 헌법재판소의 일관된 그러나 실망스런 결정, 복지동향, 2004년 12월.

제 7 절 찬양고무죄와 정치적 의사표현

I. 사례

갑은 1996. 9. 19.경 "그들이 무장간첩일까?"라는 제목의 글을 컴퓨터통신망인 'ㅇㅇ'의 사회비평동호회 게시판에 게시하여 반국가단체의 활동을 고무·동조하고 그러한 목적으로 표현물을 제작·반포하고, 도서출판 백두가 발간한 "변증법적 유물론" 등 5권의 책을 보관함으로써 국가의 존립·안전이나 자유민주적 기본질서를 위태롭게 한다는 정을 알면서 반국가단체인 북한공산집단의 활동을 찬양·고무·선전 또는 이에 동조하는 행위를 목적으로 표현물을 취득·소지하였다는 범죄사실로 국가보안법 제7조 제1항 및 제5항(이하 "이 사건 법률조항"이라고 한다)을 적용법조로 하여 1996. 11. 22. 서울지방법원에 공소가 제기되었다.

갑은 1997. 4. 25. 위 법원에서 무죄를 선고받고, 검사의 항소에 따라 같은 법원 항소심에서 재판을 받던중, 이 사건 법률조항에 대하여 위헌여부심판의 제청신청을 하였다가 1998. 8. 12. 기각되자, 같은 달 14. 이 사건 헌법소원심판을 청구하였다.

참조 : 국가보안법 제7조 제1항 등 위헌소원 (헌재 1999.4.29./ 98헌바66)

[공부거리]

사상의 자유
죄형법정주의
헌법합치적 해석

[심판대상조문]

국가보안법(1991. 5. 31. 법률 제4373호로 개정된 것)

제7조(찬양·고무 등) ① 국가의 존립·안전이나 자유민주적 기본질서를 위태롭게 한다는 정을 알면서 반국가단체나 그 구성원 또는 그 지령을 받은 자의 활동을 찬양·고무·선전 또는 이에 동조하거나 국가변란을 선전·선동한 자는 7년 이하의 징역에 처한다.

② 제1항·제3항 또는 제4항의 행위를 할 목적으로 문서·도화 기타의 표현물을 제작·수입·복사·소지·운반·반포·판매 또는 취득한 자는 그 각항에 정한 형에 처한다.

구 국가보안법(1991. 5. 31. 법률 제4373호로 **개정되기 전의 것, 이하 "구 법"이라 한다**)

제7조(찬양 · 고무 등) ① 반국가단체나 그 구성원 또는 그 지령을 받은 자의 활동을 찬양 · 고무 또는 이에 동조하거나 **기타의 방법**으로 반국가단체를 이롭게 한 자는 7년 이하의 징역에 처한다.

② 제1항 내지 제4항의 행위를 할 목적으로 문서 · 도화 기타의 표현물을 제작 · 수입 · 복사 · 소지 · 운반 · 반포 · 판매 또는 취득한 자는 그 각항에 정한 형에 처한다.

[참조판례]

국가보안법 제7조1항등 위헌 (헌재 1996.10.4./ 95헌가2)

국가보안법 제6조1항 등에 대한 헌법소원 (헌재 1997.1.16./ 92헌바6등)

1. 당사자의 주장

1) 갑의 주장

(1) 헌법재판소는 구 법 제7조 제1항 및 제5항은 각 그 소정의 행위가 국가의 존립 · 안전을 위태롭게 하거나 자유민주적 기본질서에 위해를 줄 경우에 적용된다고 해석하는 한 헌법에 위반되지 아니한다고 해석하면서, 국가의 존립 · 안전을 위태롭게 한다 함은 대한민국의 독립을 위협 침해하고 영토를 침략하며 헌법과 법률의 기능 및 헌법기관을 파괴하고 마비시키는 것으로 외형적인 적화공작 등이 이에 해당하며, 자유민주적 기본질서에 위해를 준다 함은 모든 폭력적 지배와 자의적 지배 즉 반국가단체의 일인독재 내지 일당독재를 배제하고 다수의 의사에 의한 국민의 자치, 자유 · 평등의 기본원칙에 의한 법치주의적 통치질서의 유지를 어렵게 만드는 것을 말하고, 이러한 경우를 해석하는 기준으로 국가의 존립 · 안전이나 자유민주적 기본질서에 실질적 해악을 줄 명백한 위험성이 있는 경우를 제시하고 있다.

(2) 그러나, 대법원은 국가보안법상의 "반국가단체의 활동을 고무 · 동조하는 행위, 찬양 · 고무 · 선전 또는 이에 동조하는 행위를 목적으로 하는 표현물"이란 "대한민국의 안전과 자유민주주의체제를 위협하는 적극적이고 공격적인 표현물"을 말한다고 해석하고 있고, 국가보안법 제7조 제5항 중 "제1항 · 제3항 또는 제4항의 행위를 할 목적으로"의 규정에 관하여 그 내용이 객관적으로 보아 반국가단체인 북한의 대남선전, 선동 등의 활동에 동조

하여 반국가단체나 그 활동을 이롭게 하거나 그 이익이 될 수 있는 내용이 담겨있는 이적표현물을 그와 같은 인식을 하면서도 취득·소지 또는 제작·반포하였다면 그 행위자에게는 그 표현물의 내용과 같은 **이적행위가 될지 모른다는 미필적 인식은 있는 것으로 추정되는 것**이고, 따라서 학문적인 연구나 오로지 영리추구 및 호기심에 의한 것이라는 등의 이적목적이 없었다고 보여지는 자료가 나타나지 않는 한 초과주관적 위법요소인 목적의 요건은 충족된다고 해석하고 있다.

(3) 따라서, 대법원의 **위와 같은 해석은 헌법재판소의 해석의 범위를 벗어난 확장해석**이며, 특히 대법원의 국가보안법 제7조 제5항 규정의 '목적'을 추정하는 해석은 헌법 제12조의 적법절차, 제27조의 무죄추정의 원칙, 제11조의 평등권 및 **제19조의 사상과 양심의 자유조항에 위배되어 위헌이다.**

2) 서울지방법원의 위헌제청신청기각이유

(1) 신청인은 이 사건 법률조항에 대한 대법원의 해석이 이 사건에 관한 재판의 전제가 된다는 이유로 그 위헌여부에 대하여 제청신청을 하고 있다.

(2) 그러나, 헌법재판소법 제41조 제1항은 "법률이 헌법에 위반되는 여부가 재판의 전제가 된 때에는 당해 사건을 담당하는 법원은 직권 또는 당사자의 신청에 의한 결정으로 헌법재판소에 위헌여부의 심판을 제청한다"고 규정하고 있다.

(3) 따라서, 위헌법률심판의 제청은 형식상의 법률 또는 법률의 효력을 가진 규범의 위헌여부가 재판의 전제가 된 경우에만 할 수 있는 것이어서 법률 또는 법률의 효력을 가진 규범이 아닌 대법원의 판례의 판시내용이 위헌이라는 신청은 이유없다.

2. 헌법재판소의 판단

1) 다수의견

(1) 적법요건에 대한 판단

청구인은 당해 소송사건의 재판계속중에 이 사건 법률조항에 대한 위헌여부심판의 제청신청을 하였다가 기각되자 헌법재판소법 제68조 제2항에 따라 이 사건 헌법소원심판을 청구하였다. 따라서 이 사건 헌법소원심판청구는 청구인이 법원의 재판이나 법률해석이 위헌이라는 헌법소원심판을 청구한 것이 아니라 이 사건 법률조항이 그 개념을 명백히 규정하지 아니함으로 인하여 법원의 자의적·편파적 해석을 가능하게 한 것으로서 헌법에 위반된다는 이유로 이 사건 법률조항 자체에 대하여 위헌여부의 심판을 구하는 것으로 보아야 할 것이므로 청구인의 이 사건 심판청구는 적법하다고 할 것이다.

(2) 본안판단

① 우리 재판소는 1996. 10. 4. 선고 95헌가2 결정과 1997. 1. 16. 선고 92헌바6등 결정에서 이 사건 법률조항이 헌법에 위반되지 아니한다고 판시하였는바, 그 이유의 요지는 다음과 같다.

국가보안법 제7조 제1항은 구 법 제7조 제1항과 대비하여 보면 두 가지 점에서 뚜렷한 변경이 있었다. 그 하나는 "국가의 존립·안전이나 자유민주적 기본질서를 위태롭게 한다는 정을 알면서"라는 주관적 구성요건을 추가한 점이고 다른 하나는 구 법 제7조 제1항 후단의 "기타의 방법으로 반국가단체를 이롭게 한 자"라는 부분을 삭제한 대신 "국가변란을 선전·선동한 자"라는 부분을 삽입한 점이다.

국가보안법 제7조 제1항에 위와 같은 주관적 구성요건이 추가된 것은 입법자가 구 법 제7조 제1항 및 제5항에 대한 우리 재판소의 1990. 4. 2. 선고 89헌가113 결정의 취지를 받아들인 것으로 보이는 바 구 법 규정보다는 그 구성요건이 훨씬 명확히 규정되었다고 보여지며 그래도 남는 용어의 추상성은 법적용·집행자의 합리적 해석에 맡겨도 된다.

즉, 구 법 제7조 제1항의 가장 큰 위헌적 요소는 법문의 다의성과 적용범위의 광범성 때문에 이를 법문의 문리대로 해석하는 경우 행위자의 행위의 동기나 그 행위가 국가의 존립·안전이나 그 헌법적 기반인 자유민주적 기본질서에 미치는 영향 등을 불문하고 객관적으로 나타난 언행만을 형식논리의 잣대로 재어서 이 조항을 함부로 적용할 위험성이 있었기 때문인데, 국가보안법 제7조 제1항에서는 "국가의 존립·안전이나 자유민주적 기본질서를 위태롭게 한다는 정을 알면서"라는 주관적 구성요건이 추가됨으로써 이 법의 입법목적(신·구 국가보안법 제1조)을 일탈하는 확대해석의 위험은 거의 제거되었다고 볼 수 있다. 더구나 현행법은 제2조 "반국가단체"의 정의규정에서 이 법의 적용대상이 되는 반국가단체의 범위를 축소하였고, 나아가 제1조 제2항에서 "이 법을 해석적용함에 있어서는 제1항의 목적달성을 위하여 필요한 최소한도에 그쳐야 하며, 이를 확대해석하거나 헌법상 보장된 국민의 기본적 인권을 부당하게 제한하는 일이 있어서는 아니된다"고 규정함으로써 법집행자의 합헌적인 법해석과 적용을 이끌어 내는데 중대한 역할을 할 수 있도록 하였다.

국가보안법 제7조 제1항의 "국가의 존립·안전이나 자유민주적 기본질서를 위태롭게 한다는 정을 알면서"라는 구성요건 중 "자유민주적 기본질서"가 무엇을 말하는가에 관하여는 앞서 본 우리 재판소의 결정내용이나 학설, 판례에 의하여 그 개념정립이 되어 있고, "위태롭게 한다는 정을 알면서"라는 부분도 우리 재판소의 위 결정의 판시취지에 따라 이를 합리적으로 해석한다면 개념의 불명확성은 제거될 수 있다. 이러한 관점에서 풀이하면, 국가보안법 제7조 제1항은 그 소정의 행위가 국가의 존립·안전이나 자유민주적 기본질서에 해악을 끼칠 명백한 위험성이 있는 경우에만 적용되어야 한다.

그리고 국가보안법 제7조 제1항 후단에 새로이 신설된 "국가변란을 선전·선동한 자"라는 구성요건 중 "변란"이라는 개념은 1948. 12. 1. 법률 제10호로 공포, 시행되었던 구 법에서부터 계속 사용되어온 용어이고 국가보안법 제2조의 "반국가단체"의 정의규정에서도 사용되고 있는 용어로서 이미 판례에 의하여 그 개념이 상당한 정도로 정립되어 있어 개념의 불명확성은 제거되었다고 볼 수 있고, 또 국가보안법 제7조 제1항에서도 "구성원", "활동", "동조" 등의 개념이 사용되고 있으나 구 법 규정과는 달리 이들 개념은 모두 같은 항 앞머리의 "국가의 존립·안전이나 자유민주적 기본질서를 위태롭게 한다는 정을 알면서"라는 주관적 구성요건과 결합하여 하나의 구성요건을 이루고 있고 이 주관적 구성요건을 우리 재판소의 위 견해와 같이 제한해석한다면 이들 개념의 다의성과 적용범위의 광범성은 제거된다.

다음으로, 국가보안법 제7조 제5항에 관하여 보면, 이 조항은 같은 조 제1항을 전제로 하는 조항으로서 위에서 본 바와 같이 제1항에서 그 위헌성이 제거된 이상 이 조항도 구 법규정이 띠고 있던 위헌성은 제거된 것으로 보여지고 달리 이 조항 그 자체에 독자적인 위헌적 요소가 있다고도 볼 수 없다.

그렇다면, 이 사건 법률조항은 표현의 자유의 본질적 내용을 침해하거나 이를 필요 이상으로 지나치게 제한할 위험성이 있다고 할 수 없고 또 죄형법정주의에 위배된다고도 할 수 없다.

② 위 결정의 판시이유는 이 사건 심판에서도 그대로 타당하다고 할 것이고, 위 결정의 선고 이후에 그 견해를 변경할만한 특별한 사정변경이 있다고 할 수 없다.

③ 그리고 대법원이 이 사건 법률조항에 대하여 청구인의 주장과 같이 위헌적으로 해석하고 있다고 하여 이 사건 법률조항 자체가 헌법에 위반된다고 볼 수도 없다.

2) 소수의견(재판관 조승형의 반대의견)

우리재판소가 1996. 10. 4. 선고한 95헌가2 결정, 1997. 1. 16. 선고한 92헌바6등 결정을 인용하여 이 사건 심판대상의 법조항들이 헌법에 위반되지 아니한다는 다수의견에 대하여, 마찬가지로 위 사건들 결정시에 밝힌 나의 반대의견을 그대로 인용하여 반대하며 그 요지는 다음과 같다.

이 사건 심판대상 조항들은 그 개정에 불구하고 헌법재판소 1990. 4. 2. 선고 89헌가113 결정 등이 지적한 헌법상의 언론·출판·학문·예술 및 양심의 자유를 위축시킬 염려, 형벌과잉을 초래할 염려, 국가안전보장이나 자유민주적 기본질서의 수호와 관계없는 경우까지 확대적용될 만큼 불투명하고 구체성이 결여되어 헌법 제37조 제2항의 한계를 넘는 제한인 점, 법집행자의 자의적 집행을 허용할 소지가 있는 점, 죄형법정주의에 위배된다는 점 등이 충분히 해소되지 않고 있으므로 헌법에 위배된다.

Ⅱ. 해설

1. 찬양고무죄와 정치적 의사표현

1) 찬양고무죄와 내용규제

국가보안법 제7조는 표현내용을 규제하는 가장 강력한 형태의 제한 법률이다. 즉 표현의 내용이 반국가단체를 찬양하고 고무하는 경우에 처벌하겠다는 것이다. 일반적으로 표현의 자유를 규제하는 입법은 형식, 장소에 대한 규제와 같은 비내용적인 규제와 내용적인 규제로 나뉘는데, 내용적인 규제는 표현의 자유를 형해화시킬 수 있어 금지된다. 그러나 국가보안법 제7조는 표현의 내용이 반국가단체를 찬양하고 고무한다는 이유로 규제하는 법률이라는 점에 문제의 심각성이 있다.

표현의 내용에 대한 규제는 민주정치의 근간이 되는 표현의 자유 특히 정치적 의사표현을 차단하는 기제로 활용될 수 있다. 실제로 한국헌정사를 돌이켜 보면 국가보안법 적용은 정치적 반대자를 원천적으로 차단하는 역할을 하였다.

내용을 규제하는데 있어서도 명확하지 않은 불확정 개념을 가지고 규제하고 있어 더욱 문제이다. 찬양·고무는 자의적 적용이 가능한 개념이다. 예를 들어 금강산 관광시 북한 교예단의 현란한 곡예에 감동하여 박수를 치고 칭찬을 하고 감탄사를 연발하였다고 한다면 이것 역시 찬양·고무의 대상이 된다.

2) 찬양고무죄와 주관적 구성요건

이러한 문제점으로 인하여 1990년 4월2일 헌법재판소는 국가보안법 제7조 제1항에 대하여 한정위헌결정(89헌가113)을 하였고, 1990년 6월 25일에도 같은 법에 대한 한정위헌결정(90헌가11) 결정이 이어진 끝에 1991년 5월 31일 국가보안법 제7조에 대한 개정이 이루어졌다.

이 개정에서 국회는 '기타의 방법으로'를 삭제하고, 헌법재판소의 한정합헌의 취지를 받아들인다는 명분으로 '국가의 존립이나 자유민주적 기본질서를 위태롭게 한다는 정을 알면서'라는 주관적 구성요건을 추가하였다.

그런데 한정합헌의 취지를 반영한다고 하면서도 한정합헌 해석 중 "국가의 존립 안전이나 자유민주적 기본질서에 실질적 해악을 미칠 명백한 위험이 있는 경우"라는 축소 해석 부분은 고스란히 빠지고 말았다. 헌재는 "실질적 해악을 미칠 명백한 위험이 있는 경우"로 한정축소했을 때에만 합헌적이라고 했는데도 이러한 취지는 법 개정에서 고스란히 빠지고 '정을 알면서'라는 부분, 즉 주관적 구성요건에 관한 부분이 추가되는데 그쳤다는 것이다. 즉 명백현존하는 위험의 원칙이 적용되었다고 볼 수 있는 부분이 빠지게 되었다.76)

이후 헌법재판소는 개정된 국가보안법 제7조는 헌법재판소의 한정위헌결정을 받아들여 위헌적 요소를 제거하였으므로 합헌(헌재 1996.10.4./ 95헌가5)이라는 일관된 태도를 취하고 있다. 즉, '국가의 존립 안전이나 자유민주적 기본질서를 위태롭게 한다는 정을 알면서'라는 주관적 구성요건이 추가됨으로써 이 법의 입법목적을 일탈하는 확대해석의 위험이 제거되었고, 구성원 동조 등 다의적 개념도 '신설된 주관적 구성요건과 결합해 하나의 구성요건을 이루고 있고, 이 주관적 구성요건을 가미하여 국가보안법 제7조를 한정해석한다면 이들 개념의 다의성과 적용의 광범위성도 제거된다고 보고 있다.

이러한 헌법재판소의 결정태도는 명백하고 현존하는 위험의 원칙을 국가보안법 제7조 제1항 개정에서 탈락시킨 국회의 편법개정에 일종의 면죄부를 가져다 준 모양이 되었다.77)

그러나 주관적 구성요소가 추가되었다고 하지만 이는 여전히 표현의 자유를 명백하고 현존하는 위험이 없는데도 규제할 수 있다는 현실인식을 낳고 있다. 실제로 대법원은 '정을 알면서'라는 주관적 구성요건을 더욱 완화되게 해석하고 있어 표현의 자유 침해가 더 심각해지고 있다. 즉 이적목적에 대하여 적극적인 의욕이나 확정된 인식까지도 필요없고 이적행위가 될 지도 모른다는 미필적 인식만으로도 족하다는 전제 아래 이적표현물을 취

76) 임지봉, 명백현존하는 위험의 원칙과 우리나라에서의 적용 실제, 세계헌법연구 제12권2호, 129-130쪽.
77) 임지봉, 같은 논문, 131쪽.

득 소지 또는 제작 배포하는 행위가 있으면 국가보안법상의 이적표현물 소지 등의 죄가 성립하는 것으로 보고 있다.

2. 유엔동시 가입과 반국가 단체

정치적 의사표현의 자유를 강력하게 규제할 수 있게 하는 논리는 반국가단체인 북한의 주장과의 일치성여부이다. 다시 말해 국가보안법 적용논리의 시작은 북한이 반국가단체라는 것인데 이에 대해서는 많은 논란이 있다.

대법원은 "우리 정부가 북한당국자의 명칭을 사용하고, 남북 동포간에 자유로운 왕래와 상호교류를 제의하였으며, 남북 국회회담 등과 같은 회담을 병행하고, 나아가 남북한이 유엔에 동시가입하였다거나 '남북사이의 화해와 불가침 및 교류 협력에 관한 합의서'에 서명하였다는 등의 사유가 있다하여 북한이 국가보안법상의 반국가 단체가 아니라고 할 수 없다"는 입장을 취하고 있다.[78]

헌법재판소 역시 "현 단계에 있어서의 북한은 조국의 평화적 통일을 위한 대화와 협력의 동반자임과 동시에 대남적화노선을 고수하면서 우리 자유민주체제의 전복을 획책하고 있는 반국가단체라는 성격도 함께 갖고 있음이 엄연한 현실임에 비추어…"[79]라고 하여 근본적으로는 대법원과 마찬가지의 인식을 하고 있다.

"그러나 국제정치면에서 이데올로기적 대결의 종식으로 동서 간에 화해분위기가 급속히 확산되면서 그 동안 북한의 배후지원국으로 우리의 적대국이었던 러시아와 중국과도 국교관계가 정상화되고, 국내정치면에서도 남북한 통일이 조속히 성취되어야 할 민족적 과업으로 인식되어 가고 있는 현실에 비추어 볼 때, "한반도에서 유일한 합법정부는 대한민국"이라거나 "휴전선 이북지역은 인민공화국이 불법으로 점령한 미수복지역"이라는 대한민국의 영역에 대한 종래의 해석논리는 많은 비판을 받고 있다.[80]

3. 한정합헌결정 문제점

한정합헌결정이 우리 법제상 허용되는가도 문제이다. 법률조항에 위헌적인 요소가 있으면 헌법재판소로서는 반드시 위헌결정을 하여야 하며, 위헌적 요소의 제거는 입법권이 법

78) 대법원 1993.9.28./ 93도1730.
79) 헌법재판소 1993.7.29./ 92헌바48.
80) 김종서, 국가보안법의 적용논리비판, 민주법학 16호, 7쪽.

률을 개정함으로써만 가능하다.

헌법 제107조 제1항은 "법률이 헌법에 위반되는 여부가 재판의 전제가 된 경우에는 법원은 헌법재판소에 제청하여 그 심판에 의하여 재판한다"라고 규정하고 있다. 그리고 이 헌법규정을 받아서 헌법재판소법 제41조 제1항은 "법률이 헌법에 위반되는 여부가 재판의 전제가 된 때에는 당해 사건을 담당하는 법원(군사법원을 포함)은 직권 또는 당사자의 신청에 의한 결정으로 헌법재판소에 위헌여부의 심판을 제청한다."라고 규정하고 있다.

나아가서 같은 법 제45조는 헌법해석의 기초가 되는 문리해석에 따르면, 헌법재판소는 제청된 법률 또는 법률조항의 위헌여부만을 결정한다고 규정하여 어떤 법률의 위헌여부가 구체적 사건의 재판의 전제가 되었을 경우 당해 사건을 담당하는 법원은 위헌여부의 심판을 제청하고 헌법재판소 또한 제청된 법률의 위헌여부만을 결정하도록 하였고, 같은 법 제47조 제1항은 법률의 위헌결정은 법원 기타 국가기관 및 지방자치단체를 기속한다고 규정하여 위헌결정에만 기속력을 인정하고 한정위헌결정이나 한정합헌결정 등 이른바 변형결정에는 기속력을 인정하고 있지 않다.

따라서 헌법재판소가 주문과 같은 형식의 한정합헌 결정을 하고 "국가보안법 제7조 제5항은 그 소정행위가 대한민국의 안전존립을 위태롭게 하거나 자유민주적 기본질서에 위해를 줄 경우에 적용된다고 할 것이므로…"라는 합헌결정이유를 주문에 기재하더라도 이것은 국가보안법을 그와 같이 엄격하게 해석·적용하여 달라는 헌법재판소의 희망 내지는 권고에 불과할 뿐이지 그러한 해석에 법원 기타 국가기관이 따라야 할 기속력이 있는 것이 아니다.

다수의견이 즐겨 쓰는 한정합헌결정 등 이른바 변형결정형식은 독일연방헌법재판을 본뜬 것이나 독일연방헌법재판소는 우리 헌법재판소와는 제도에 있어 큰 차이가 있다.

독일연방헌법재판소는 우리의 경우와는 달리 위헌법률심사에 있어 구체적 규범통제기능만 가지는 것이 아니라 추상적 규범통제기능도 가지며(연방헌법재판소법 제13조 제6호, 제11호), 또한 독일연방헌법재판소는 다른 연방재판소와 함께 사법권을 행사하고(연방기본법 제92조), 연방헌법재판소의 판결이나 결정 등 모든 재판(Entscheidungen)은 연방 및 주의 모든 헌법기관과 모든 법원 및 행정기관을 구속하며, 헌법소원이나 위헌법률심사에서 내린 결정은 그것이 합헌결정이건 위헌결정이건 또는 한정합헌결정이건을 막론하고 법률적 효력이 있다(연방헌법재판소법 제31조 제1, 2항).

더 나아가 연방헌법재판소법은 연방헌법재판소가 법률을 위헌이라고 인정한 경우 법률을 무효로 선언하는 것이 원칙이지만 무효선언을 아니하고 헌법불합치 결정을 할 수 있는 근거규정을 두고 있으며(제78조, 제31조 제2항), 법원의 재판도 헌법소원의 대상으로 하고 있고(제90조 제1항), 연방헌법재판소에 재판에 대한 집행력까지 부여하는 등(제35조) 우리의 헌법재판소와는 그 지위 및 기능에 있어 현저한 차이가 있다.

위와 같은 제도적 보장이 있음으로 해서 독일연방헌법재판소는 법률의 위헌무효선언, 헌법불합치선언, 합헌선언, 한정합헌선언, 국회에 대한 입법촉구결정 등 상황에 따라 다양한 재판을 할 수 있는 것이고 그러한 재판에 모든 국가기관이나 법원이 복종하지 않을 수 없는 것이다. 다수의견이 이와 같은 두 나라 헌법재판소의 지위와 기능에 대한 제도적인 차이점을 무시하고 왜 독일연방헌법재판소의 재판이라고 하면 이를 무조건 모방하려고 하는 것은 문제이다.

헌법재판소가 한정합헌결정 등 이른바 변형결정을 하려면 먼저 현행 헌법재판소법에 대한 전반적인 개정이 이루어져 이에 대한 근거규정이 마련되어야 할 것이며, 그렇지 아니하는 한 지금의 법제 하에서는 헌법재판소가 한정합헌결정 등 이른바 변형결정을 할 권한도 없고 그러한 결정을 내린다 하더라도 그러한 결정에 법원이나 기타 국가기관이 기속될 리도 없는 것이다. 이처럼 한정합헌결정이 제도적으로 불가능한 것은 말할 것 없고, 특히 이를 삼가야 하는 것은 이러한 재판형식이 자칫 이 사건과 같이 명백한 위헌법률에 대하여 위헌결정을 회피하는 수단으로 이용되기 쉽기 때문이다.

실지로 정치적 의사표현과 관련된 헌법재판소의 결정, 주로 국가보안법 관련 결정이 이러한 헌법재판소법상 체계성을 결여한 변형결정을 애용하는 것에 대해서는 많은 비판이 있는 것도 사실이다.

◉읽을거리

다수의견이 국가보안법 제7조 제1항 및 제5항의 적용기준으로 내세운 "대한민국의 안전·존립을 위태롭게 하거나 자유민주적 기본질서에 위해를 줄 경우"라는 것도 불명확하기 짝이 없는 표현이다. 대한민국의 안전·존립을 위태롭게 하는 행위냐, 아니냐 또는 자유민주적 기본질서에 위해를 주는 행위냐, 아니냐 역시 객관적으로 뚜렷한 기준 내지 그 한계를 정할 수 없는 매우 애매모호한 것이어서 결국 수사기관이나 법관의 주관적 해석에 맡길 수밖에 없는 구성 요건이므로 이것 또한 죄형법정주의에 반한다.

다수의견은 위 법률조항의 구성요건이 불명확하고 광범위하므로 그 적용범위를 되도록 축소하여 보자는 취지일 것이나 그렇지 않아도 불명확하고 광범위한 구성요건에다 또다시 불명확한 구성요건을 보태는 것이 되어 과연 위 법률조항의 남용을 어느 정도 억제할 수 있을 것인지 의문이며 국가보안법 남용에 그다지 제동역할을 하지 못할 것이다. 헌법재판소가 지난번 국가보안법 제

7조 제1항 및 제5항에 관하여 주문과 같이 한정합헌결정을 내렸음에도 불구하고(헌재 1990.4.2./89헌가113) 이후 수사기관이나 법원에서의 위 법률조항의 운용실태가 종전과 별로 달라지지 아니한 것을 보아서도 알 수 있다.

생각해 보기

- 변형결정은 헌법재판소법상 허용되는가?
- 자유민주적 기본질서란 무엇인가?

◈읽어보기

대 법 원

제 1 부

판 결

사 건	2004도56 가. 국가보안법위반(찬양,고무 등) 나. 폭력행위등처벌에관한법률위반(집단,흉기등상해) 다. 일반교통방해 라. 업무방해(일부 인정된 죄명 : 업무방해방조) 마. 화염병사용등의처벌에관한법률위반
피 고 인	김○○ (7*****-*******), 대학생 주거 본적
상 고 인	피고인
변 호 인	동화법무법인 담당변호사
원 심 판 결	서울지방법원 2003. 12. 16. 선고2003노8793 판결
판 결 선 고	2005. 5. 26.

주 문

상고를 기각한다.

이 유

상고이유를 판단한다.

1. 국가보안법 제7조 제1항과 제5항의 위헌여부에 대하여

국가보안법 제7조 제1항과 제5항은 관계법률의 체계적인 해석으로 구체화될 수 있을 뿐만 아니라, 국가의 존립·안전을 위하여 비례의 원칙 범위 내에서 양심, 사상, 학문, 예술, 언론, 출판의 자유를 제한하는 것으로서, 그 본질적 내용을 침해하거나 이를 지나차게 제한하는 것이라고는 인정되지 않으므로(헌법재판소 2004. 8. 26. 2003헌바85·302 결정 참조), 위와 다른 견해에 입각한 피고인의 상고이유의 주장은 받아들이지 아니한다.

2. 이적표현물의 점에 대하여

국가보안법상 이적표현물로 인정되기 위하여는 그 표현물의 내용이 국가보안법의 보호법익인 대한민국의 존립·안정과 자유민주주의 체계를 위협하는 적극적이고 공격적인 것이어야 하고, 표현물에 이와 같은 이적성이 있는지 여부는 표현물의 전체적인 내용 뿐만 아니라 그 작성의 동기는 물론 표현행위 자체의 태양 및 외부와의 관련사항, 표현행위 당시의 정황 등 모든 사정을 종합하여 결정하여야 한다(대법원 1996. 12. 23. 선고 95도 1035 판결, 2003. 5. 13. 선고 2003도604 판결 등 참조).

원심이 채택한 증거들에 의하면, 이 사건 각 표현물들은 궁극적으로 노동자계급의 계급투쟁을 통한 자본주의의 타도 및 민중민주주의 혁명에 의한 사회주의 건설의 당위성을 역설하고 그와 같은 주장을 널리 선전하는 내용으로 이루어져 있어 그 내용이 국가보안법의 보호법익인 대한민국의 존립·안전과 자유민주주의 체제를 위협하는 적극적이고 공격적인 것이고, 그 작성의 동기, 표현행위 자체의 태양 및 당시의 정황 등 제반 사정을 종합해 보면 이 사건 각 표현물들은 국가보안법상의 이적표현물에 해당한다 할 것이고, 비록 위 각 표현물들이 피고인이 독창적으로 창작한 것들이 아니라 일반서점에서 판매되고 있거나 대학도서관에 소장되어 있거나 대학교에서 강의교재로 사용되고 있는 출판물의 일부 내용을 재인용한 것들 또는 누구나 접속이 가능한 인터넷 사이트에서 전송받은 것들이라 하더라도 위 각 표현물들에 이적성이 없다고 할 수는 없으므로, 원심이 이 사건 각 표현물을 이적표현물에 해당한다고 판단한 다음, 이사건 각 이적표현물의 제작·반포·소지행위에 대한 공소사실을 입증할 증거가 있다고 보아 피고인에 대하여 유죄를 선고한 조치는 정당한 것으로 수긍이 가고, 거기에 상고이유에서 주장하는 바와 같은 사실오인이나 이적표현물에 관한 법리오해 등의 위법이 있다고 할 수 없다.

3. 이적행위의 목적에 대하여

국가보안법 제7조 제5항의 목적은 같은법 제1항의 행위에 대한 적극적 의욕이나 확정적 인식까지는 필요 없고 미필적 인식으로 족한 것이고, 표현물의 내용이 객관적으로 보아 국가변란을 선전·선동하는 등의 이적성을 담고 있는 것임을 인식하면서도 이를 취득·소지 또는 제작· 반포하였다면 그 행위자에게는 위 표현물의 내용과 같은 **이적행위가 될지도 모른다는 미필적 인식은 있는 것으로 추정되는 것이며,** 따라서 학문적인 연구나 오로지 영리 추구 및 호기심에 의한 것이라는 등의 그 이적 목적이 없었다고 보여지는 자료가 나타나지 않는 한 초과주관적 위법요소인

목적의 요건은 충족되는 것이다(대법원 1992. 3. 31. 선고 90도2033 전원합의체 판결 참조)

위 법리에 따라 이 사건 기록을 살펴보면, 피고인이 이 사건 각 표현물의 내용이 객관적으로 보아 국가변란을 선전·선동하는 등의 이적성을 담고 있는 것임을 인식하면서도 이를 제작·반포·소지한 사실이 인정되어 피고인에게는 위 표현물의 내용과 같은 이적행위가 될지도 모른다는 미필적 인식이 있는 것으로 추정되고, 기록상 피고인에게 학문적인 연구나 오로지 영리 추구 및 호기심에 의한 것이어서 그 이적 목적이 없었다고 보여지는 자료도 나타나지 않으므로, 피고인에게는 초과주관적 위법요소인 이적행위를 할 목적이 있었다고 할 것이다. 그렇다면, 이와 결론을 같이 한 원심판결은 정당하고, 거기에 상고이유에서 주장하는 바와 같은 사실오인이나 이적행위의 목적에 관한 법리오해 등의 위법이 있다고 할 수 없다.

4. 그러므로 상고를 기각하기로 관여 대법관의 의견이 일치되어 주문과 같이 판결한다.

❖ 참고문헌

국순옥, 자유민주적 기본질서란 무엇인가, 민주법학 8호, 1994년.
김종서, 국가보안법 적용논리 비판, 민주법학 16호, 1999년.
박원순, 국가보안법연구, 역사비평사, 1997년.

제 8 절 사죄광고와 양심의 자유

I. 사례

주식회사 ○○일보사는 일간신문 및 월간잡지인 여성○○ 등의 정기간행물을 발행하는 신문사이고, 갑은 ○○일보사의 대표이사 겸 위 여성○○의 발행인이며 을은 위 여성○○의 주간이고 병은 위 여성○○의 기자이다.

정은 위 여성○○ 1988년 6월호에 게재된 기사가 자기의 명예를 훼손하였다는 이유로 1988.7.18. 갑 등을 상대로 서울민사지방법원에 손해배상 및 민법 제764조에 의한 사죄광고를 청구하는 이 사건 관련소송을 제기하였다.

갑 등은 위 소송사건에서 민법 제764조가 명예훼손의 경우에 사죄광고를 명할 수 있도록 한 것이라면 이는 헌법에 위반된다는 이유로 헌법재판소법 제41조 제2항에 의한 위헌제청을 신청하였으나 서울민사지방법원은 1989.7.10. 위 위헌제청신청을 기각하였고, 이에 갑 등은 같은 달 15. 위 기각결정을 송달받고서 같은 달 24. 헌법재판소에 위 민법 제764조에 대하여 헌법재판소법 제68조 제2항에 의한 헌법소원을 청구하였다.

참조 : 민법 764조 위헌여부에 관한 헌법소원 (헌재 1991.4.1./ 89헌마160)

[공부거리]

양심의 자유
명예회복에 적당한 처분
질적일부위헌

[심판대상조문]

민법

제764조(명예훼손의 경우의 특칙) 타인의 명예를 훼손한 자에 대하여는 법원은 피해자의 청구에 의하여 손해배상에 갈음하거나 손해배상과 함께 명예회복에 적당한 처분을 명할 수 있다.

[참조조문]

시민적 및 정치적 권리에 관한 국제규약

제18조 ① 생략

② 어느 누구도 스스로 선택하는 종교나 신념을 가지거나 받아들일 자유를 침해하게 될 강제를 받지 아니한다.

③~④ 생략

민법

제394조(손해배상의 방법) 다른 의사표기가 없으면 손해는 금전으로 배상한다.

제750조(불법행위의 내용) 고의 또는 과실로 인한 위법행위로 타인에게 손해를 가한 자는 그 손해를 배상할 책임이 있다.

1. 당사자의 주장

1) 갑 등의 주장

민법 제764조 소정의 "명예회복에 적당한 처분"이란 주로 사죄광고를 뜻하는데, 법원이 판결로서 사죄광고를 명하고 이를 강제집행하도록 하는 것은 본인의 본심에 반하여 사물의 시비와 선악의 판단을 외부에 표현하게 하는 것으로서 헌법 제19조 소정의 양심의 자유의 한 내용인 침묵의 자유를 침해하는 것일 뿐만 아니라 헌법 제21조 제1항 소정의 언론·출판의 자유를 침해하는 것이므로 민법 제764조는 헌법 제19조 및 제21조 제1항에 위반된다.

2) 서울민사지방법원의 위헌제청신청 기각 이유

사죄광고의 내용이 채무자의 인격을 무시하고 현저히 그 명예를 훼손하는 것이 아니라 채권자의 명예를 훼손한 채무자로서 사실의 진상 등을 밝히고 진지한 사과의 뜻을 표명함에 그치는 정도의 것이라면 사죄광고의 명령이 양심의 자유를 침해하는 것은 아닐 뿐만 아니라 타인의 명예나 권리 등을 침해하여서는 아니 되는 언론·출판의 자유의 한계(헌법 제21조 제4항)를 벗어난 행동에 대하여 사죄광고를 명하는 것은 공공복리를 위하여 헌법상 가능한 언론·출판의 자유의 제한이므로 헌법에 위반된다고 할 수 없고, 또한 민법 제764조의 규정은 단지 "명예회복에 적당한 처분"이라고만 되어 있을 뿐 사죄광고를 손해전보의 방법으로 명시하고 있는 것은 아니므로 위 조문 자체를 헌법위반이라고 주장할 수는 없다.

2. 헌법재판소의 판단

1) 양심의 자유

헌법 제19조는 "모든 국민은 양심의 자유를 가진다."라고 하여 양심의 자유를 기본권의 하나로 보장하고 있는바, 여기의 양심이란 세계관·인생관·주의·신조 등은 물론, 이에 이르지 아니하여도 보다 널리 **개인의 인격형성에 관계되는 내심에 있어서의 가치적·윤리적 판단도 포함**된다고 볼 것이다. 그러므로 양심의 자유에는 널리 사물의 시시비비나 선악과 같은 윤리적 판단에 국가가 개입해서는 안되는 내심적 자유는 물론, 이와 같은 윤리적 판단을 국가권력에 의하여 외부에 표명하도록 강제받지 않는 자유 즉 윤리적 판단사항에 관한 침묵의 자유까지 포괄한다고 할 것이다.

이와 같이 해석하는 것이 다른 나라의 헌법과 달리 양심의 자유를 신앙의 자유와도 구별하고 사상의 자유에 포함시키지 않은 채 별개의 조항으로 독립시킨 우리헌법의 취지에 부합할 것이며, 이는 개인의 내심의 자유, 가치판단에는 간섭하지 않겠다는 원리의 명확한 확인인 동시에 민주주의의 정신적 기초가 되고 인간의 내심의 영역에 국가권력의 불가침으로 인류의 진보와 발전에 불가결한 것이 되어 왔던 정신활동의 자유를 보다 완전히 보장하려는 취지라고 할 것이다.

우리나라가 1990년에 가입한 시민적 및 정치적 권리에 관한 국제규약(이른바 국제인권규약 B규약) 제18조 제2항에서도 스스로 선택하는 신념을 가질 자유를 침해하게 될 어떠한 강제도 받지 않는다고 규정하고 있다. 그런데 사죄광고제도란 타인의 명예를 훼손하여 비행을 저질렀다고 믿지 않는 자에게 본심에 반하여 깊이 "사과한다"고 하면서 죄악을 자인하는 의미의 사죄의 의사표시를 강요하는 것이므로, 국가가 재판이라는 권력작용을 통해 자기의 신념에 반하여 자기의 행위가 비행이며 죄가 된다는 윤리적 판단을 형성강요하여 외부에 표시하기를 명하는 한편 의사·감정과 맞지 않는 사과라는 도의적 의사까지 강제시키는 것이다.

따라서 사죄광고의 강제는 양심도 아닌 것이 양심인 것처럼 표현할 것의 강제로 인간양심의 왜곡·굴절이고 겉과 속이 다른 이중인격형성의 강요인 것으로서 침묵의 자유의 파생인 양심에 반하는 행위의 강제금지에 저촉되는 것이며, 따라서 우리 헌법이 보호하고자 하는 정신적 기본권의 하나인 양심의 자유의 제약(법인의 경우라면 그 대표자에게 양심표명의 강제를 요구하는 결과가 된다)이라고 보지 않을 수 없다.

더 나아가 살피건대 원래 깊이 "사과한다"는 행위는 윤리적인 판단·감정 내지 의사의 발로인 것이므로 본질적으로 마음으로부터 우러나오는 자발적인 것이라야 할 것이며 그때 비로소 사회적 미덕이 될 것이고, 이는 결코 외부로부터 강제하기에 적합치 않은 것으로 이의 강제는 사회적으로는 사죄자 본인에 대하여 굴욕이 되는 것에 틀림없다. 사과의 정도에 따라 굴욕감의 차이는 있을 수 있지만, 적어도 "사과"의 문구가 포함되는 한 그것이 마음에 없는 것일 때에는 당사자의 자존심에 큰 상처요 치욕임에 다름없으며, "사과문", "진사문", "해명서" 등 어떠한 명목의 것이든 관계없이 그러하다.

더구나 사죄광고란 양심의 자유에 반하는 굴욕적인 의사표시를 자기의 이름으로 신문·잡지 등 대중매체에 게재하여 일반 세인에게 널리 알리는 것이다. 이러한 굴욕적인 내용을 온 세상에 알리면서도 그것이 소송의 성질상 형식적 형성의 소에 준하는 것임에 비추어 그 구체적 내용이 국가기관에 의하여 결정되는 것이며 그럼에도 불구하고 마치 본인의 자발적 의사형성인 것 같이 되는 것이 사죄광고이며 또 본인의 의사와는 무관한 데도 본인의 이름으로 이를 대외적으로 표명되게 되는 것이 그 제도의 특질이다.

따라서 사죄광고 과정에서는 자연인이든 법인이든 인격의 자유로운 발현을 위해 보호받아야 할 인격권이 무시되고 국가에 의한 인격의 외형적 변형이 초래되어 인격형성에 분열이 필연적으로 수반되게 된다. 이러한 의미에서 사죄광고제도는 헌법에서 보장된 인격의 존엄과 가치 및 그를 바탕으로 하는 인격권에 큰 위해도 된다고 볼 것이다.

2) 양심의 자유 제한과 헌법 제37조

이렇듯 양심표명의 강제이고 인격권의 제한임에 틀림없는 사죄광고제도가 명예훼손을 당한 피해자의 명예회복 즉 그 인격권보호와의 상관관계에서 헌법 제37조 제2항의 규정에 의하여 정당화될 수 있는 제한이라고 할 것인가를 다음에서 살핀다.

(1) 민법 764조(명예회복에 적당한 처분)와 사죄광고

민법 제764조에서 명예회복을 위한 필요한 처분을 명할 수 있게 한 것은 그 처분에 의하여 사죄를 시킴으로써 피해자에게 응보적 주관적인 만족을 주기 위한 것이라기보다는 금전에 의한 손해배상만으로는 전보가 안되는 훼손된 피해자의 인격적 가치에 대한 사회적·객관적인 평가 자체를 회복시키는 것을 가능케 하기 위한 데 있다고 할 것이다. 대저 하기 싫은 사죄의 의사표시를 본인의 이름으로 강제적으로 온누리에 광포시키는 것은 보복감정의 만족에 중범을 둔 고대법적 발상과 궤를 같이 한다고 할 것이며 명예훼손죄에 의한 형사적 처단으로 만족하여야 할 보복감정을 민사책임에서까지 확장하여 충족시키려고 했다 할 것으로 민사책임 속에 형사책임이 혼재된 전근대적인 것이며 이점에서 어디까지나 민사책임을 규정한 민법 제764조의 제도적 의의와 목적에는 적합치 않은 처분이라 볼 것이다.

현재 명예훼손의 경우에 곧 사죄광고가 주된 구제방법이 되어 왔기 때문에 그 역작용을 이때에 함께 청구할 수 있는 금전배상은 한낱 부수적 · 장식적 의미밖에 없게 되어 그 배상액은 극히 미미한 정도의 낮은 수액으로 고착되게 됨으로써 헌법 제21조 제4항 후단에서도 밝히고 있는 명예훼손의 경우에 손해전보라는 배상제도의 본질적 기능발휘에 오히려 장애요인이 되고 있다.

(2) 사죄광고제도와 과잉금지의 원칙

사죄광고제도가 피해자의 명예회복을 위한 유일한 제도는 결코 아닌 것이다.

비교법적으로 고찰하여 현재 일본에서만 사죄광고의 강제가 인정되고 있으나 그 곳에서도 위헌론이 강력하게 대두되고 있으며, 영미, 독일, 프랑스, 스위스 등 많은 국가에서는 현재 훼손된 명예회복의 방법으로 사죄광고를 인정하지 않고 있다.

영미의 경우도 명예훼손이 된 때에 회복방법으로 손해배상을 원칙으로 하고, 가해자의 자발적 사죄는 배상액의 감경사유로 그치고 있으며, 독일, 불란서, 스위스에서는 가해자의 주장의 취소를 명하거나, 명예훼손의 사실을 확인하는 판결 또는 명예훼손을 이유로 위자료의 지급을 명하는 판결 또는 명예훼손을 이유로 위자료의 지급을 명하는 판결의 요지공시 등에 의하여 피해자의 명예를 회복하는 방법을 인정하고 있다.

우리 민법 제764조의 적용에 있어서도 사죄광고를 구하는 판결이 아니고도 ① 가해자의 비용으로 그가 패소한 민사손해배상판결의 신문 · 잡지 등에 게재 ② 형사명예훼손죄의 유죄판결의 신문 · 잡지 등에 게재 ③ 명예훼손기사의 취소광고 등의 방법을 상정할 수 있다고 할 것인데, 이 경우에는 강제집행을 하게 된다 하여도 사죄광고의 경우처럼 양심결정의 강제나 인격권을 무시하는 등의 헌법위반의 문제는 별로 생길 수가 없다. 취소광고라 하더라도 윤리적 판단이 여기에 게재된 것이 아니고 공연히 적시된 사실의 존재의 취소를 명하는 데 그치는 것이기 때문이다. 민법 제764조에 기하여 명하는 처분이라 함은 피해자에 대하여 일단 생긴 사회로 부터의 부정적 평가를 가능한 한 정정시키려는 처분 곧 부정적 평가의 자료가 되었던 정보의 정정의 효과가 있는 처분을 뜻한다 한다면 사죄광고 아닌 위에서 본 다른 방법도 민법 제764조의 소기의 목적을 달하기에 필요하고 충분한 방법이 된다고 할 것이다.

이렇듯 국민의 기본권을 보다 덜 제한하는 명예회복에 필요한 다른 처분도 충분히 상정할 수 있고 또 금전배상청구도 배제하지 않는 터이며 결코 사죄광고만이 명예회복에 유일무이의 수단이 아니라고 한다면 구태여 가해자에게 양심표명의 강제 내지 굴욕감수를 강요하는 사죄광고제도는 어디까지나 과도한 것이며 또한 불필요한 국민의 기본권의 제한이 된다고 할 것이다.

3) 결론

따라서 민법 제764조가 사죄광고제도를 포함하는 취지라면 그에 의한 기본권 제한에 있어서 그 선택된 수단이 목적에 적합하지 않을 뿐 아니라 그 정도 또한 과잉하여 비례의 원칙이 정한 한계를 벗어난 것으로 헌법 제37조 제2항에 의하여 정당화 될 수 없어 헌법 제19조에 위반되는 동시에 헌법상 보장되는 인격권의 침해에 이르게 된다고 할 것이다. 그렇다면 민법 제764조가 동조 소정의 "명예회복에 적당한 처분"에 사죄광고를 포함시키는 것이라면 동 규정은 헌법에 위반될 수 밖에 없다. 바꾸어 말하면 민법 제764조는 동조 소정의 "명예회복에 적당한 처분"에 사죄광고가 포함되지 않는다고 하여야 헌법에 위반되지 않는다. 이는 민법 제764조와 같이 불확정개념으로 되어 있거나 다의적인 해석 가능성이 있는 조문에 대하여 한정축소해석을 통하여 얻어진 일정한 합헌적 의미를 천명한 것이며, 그 의미를 넘어선 확대를 바로 헌법에 위반되어 채택할 수 없다는 뜻이다(헌재 1989.7.21./89헌마38 참조).

Ⅱ. 해설

1. 사죄광고에 대한 비교법적 논의

1) 사죄광고와 유럽 및 영미법계

명예훼손에 대한 회복조치로 사죄광고제도가 인정되고 있는 나라는 일본과 우리나라뿐이다. 독일에서는 일반적으로 명예 등 일반적 인격권을 침해당한 자에게 독일민법 제823조에 근거하여 불법행위로 인한 손해배상청구권을 인정하고 있다. 영미법상에서도 명예훼손에 대한 구제수단으로는 일반적으로 금전배상만이 인정될 뿐 사과의 강제는 인정되지 않는다.[81]

2) 사죄광고와 일본

일본에서는 사죄광고제도와 관련하여 제한적인 의미에서 행하는 사죄광고는 다음과 같이 합헌으로 판시하고 있다. "광고의 내용에 따라서는 이것을 강제하는 것이 채무자의 인격을 무시하고 현저하게 명예를 훼손해서 의사결정의 자유 내지 양심의 자유를 부당하게 제한하는 것이 되고 이른바 강제집행에 적합하지 않은 경우에 해당하는 것도 있을 수 있으나, 단지 사태의 진상을 고백하고 사죄하는 뜻을 표명함에 그치는 정도의 게재명령은 대체집행도 가능하고, 그것은 상고인에게 굴욕적 또는 고역적인 노고를 부과하는 것으로 해석되지 아니하며, 상고인이 가지는 윤리적 의사 양심의 자유를 침해하는 것이라고 해석되지 아니하며, 이는 민법 제723조의 명예회복에 적당한 처분이라고 하여야 할 것이다."[82)]

다만, 합헌이라고 하더라도 거기에는 두 가지 설이 나뉘어 있다. 첫째 주장은 양심의 자유를 좁게 보는 입장에 서 있다. 이에 따르면 사죄광고는 양심의 자유와는 무관계하다는 입장이다. 즉 양심의 자유란 단순한 감정적인 호오나 세계관, 인생관과 관계없는 우연적 판단을 의미하지 않고, 인격형성을 위한 세계관, 인생관 또는 종교적 신념이나 윤리적 가치판단의 체계이므로 사죄광고는 이러한 것과 직접관계가 없는 바, 위헌이 아니라는 것이다.

둘째 주장은 양심의 자유는 넓게 보아야 한다는 입장에 서 있다. 양심의 자유는 좋고 싫고에 대한 판단, 인생관과 관계없는 비체계적인 양심가지를 포함하여야 한다는 것이다. 그러나 그렇다하더라도 사죄광고는 특정한 도덕률에 따를 것을 강제하는 제도가 아니고 사실의 존부에 대한 인정문제에 불과하므로 합헌이라는 것이다.

3) 본 사례의 경우

우리나라의 경우 일본의 사례를 참조하면서도 결론을 달리하고 있다. 또한 법인에게도 양심의 자유의 주체성을 인정하고 있다는 점에서 대단히 이례적인 결정이라고 할 수 있다.

헌법재판소와 이와 같은 이례적인 결정을 내린 것과 관련하여서는 여러 가지 비판과 의문이 일었던 것도 사실이다. 대표적인 것은 법인은 양심의 주체가 될 수 없는데도 청구인들 중 법인인 신문사에 양심의 자유의 원고적격을 인정하는 것은 논증상 문제가 있었다는 것이다.

본 사례의 경우 양심의 자유의 주체성을 인정받은 법인은 다름 아닌 유력 일간지였다.

---

81) 윤진수, 사죄광고제도와 민법 제764조의 위헌여부, 사법행정, 1991년 11월, 78-79쪽 참조.
82) 양심의 자유와 사죄광고의 강제, 최고재판소 1956.7.4(민사판례집107-785).

반면에 이 유력 일간지가 발행하는 여성지에 의해 명예를 훼손당한 자는 일개 여성이었다. 헌법재판소가 출범한지 얼마 되지 않은 시점에서 논리적 무리를 하면서까지 유력 일간지 측의 손을 들어 준 것에 대해서는 적지 않은 사회적 비판이 따랐다.

"군림하는 언론 핍박받는 국민"이라는 말이 회자될 정도로 한국에서의 언론의 힘은 막강하다. 그러나 공기(公器)로서의 사회적 책임을 다하지 못하는 언론이나 국민위에 군림하는 언론에 의한 폐해가 간과할 수 없을 정도로 만연하고 있다. 자신들에게 주어진 모든 권리는 행사하면서도 그로 인하여 발생되는 책무를 외면한다면 그것은 법의 일반원칙에도 부합되지 못하는 것이다.[83]

2. 질적 일부위헌 결정

본 사례는 법원이 명예훼복에 적당한 처분으로서 사죄광고를 명하는 것이 위헌이라고 하면서도 종래 사죄광고명령의 근거로 여겨왔던 민법 제764조가 위헌이라고 하지 않고, '명예회복에 적당한 처분에 사죄광고를 포함시키는 것'이 위헌이라고 하였다. 이는 그간 강학상으로만 논란이 되었던 질적 일부위헌이라는 주문을 채택한 사례이다.

본 사례에 대한 헌재의 위헌결정 이후에도 민법 제764조는 존속하고 있고, 다만 법원이 민법 제764조에 근거하여 명예회복에 적당한 처분의 일환으로 사죄광고를 명하지 못하게 되었을 뿐이다. 이는 같은 일부위헌이라도 하더라도 법규정자체가 축소되는 이른바 '양적 일부위헌'과는 대비되는 주문형태이다.

이러한 주문형태는 독일연방헌법재판소가 취하는 질적 일부무효선언(qualitative Teilnichitigkeitserklärung)에 해당한다. 독일연방헌법재판소 1982년 11월 3일 결정(BVerfGE 61, 291ff)에 따르면 "보호를 위하여 지정된 동물의 점유, 소지, 양도 등을 금지하는 주 법률은 오직 연구, 강의 또는 교육 목적에만 사용되는 사체로 발견된 조류의 점유 등에 적용되는 한 직업의 자유를 규정한 기본법 제12조 제2항에 저촉되어 무효"[84]라고 판시하였다. 이 결정의 결과로 해당 주 법률 자체가 무효가 된 것은 아니었고 적용범위가 제한되게 되었다.

질적 일부위헌 결정은 한정합헌결정과도 밀접한 관련이 있다. 왜냐하면 민법 제764조의 명예회복에 적당한 처분에 사죄광고를 포함시키지 않는 것으로 해석하는 한, 헌법에 위반되지 않는다는 결정형태를 취하여도 아무런 차이가 없기 때문이다. 헌법재판소도 현재는

83) 윤철홍, 명예훼손과 사죄광고를 명하는 판결에 관한 소고, 숭실대 법학논총 13집, 104쪽.
84) 윤진수, 사죄광고제도와 민법 제764조의 위헌여부, 사법행정, 1991년 11월, 85쪽.

질적 일부위헌결정을 하지 않고 한정위헌결정을 하고 있다.

생각해 보기

➜ 준법서약제와 양심의 자유와의 관계에 대하여 논하라.

양심수사면과 관련해 P법무부장관은 사상전향제가 양심의 자유를 침해하고 비인도적이며 실효성도 없다는 견해를 밝히고 대신 준법서약제도를 신설하여 석방하겠다고 밝혔다.

이에 대하여 W변호사는 "양심의 자유란 무엇이 옳고 그른 것인가에 대한 확신인데 준법서약서는 양심의 자유 안에 포함된 침묵의 자유를 침해한다"며 "준법서약서 방침이 일부 보수세력을 달래기 위한 방침이라고 하지만 인권의 완전한 복원에는 절충이 있을 수 없다고"고 주장했다.

또한 H교수는 "양심의 자유는 절대적으로 인정되어야 한다. 전향강제는 양심의 자유에 절대적으로 저촉된다. 준법서약서도 그에 응하지 않을 경우 마치 국법질서를 준수하지 않겠다는 의사로 독해된다면 역시 양심의 자유를 침해하는 것이다"고 주장하였다.

이에 대하여 법무부의 Y과장은 "준법서약서는 사상과 이념의 포기를 강요한 것도, 국가에 대한 충성서약을 강요한 것도 아니며 다만 법질서 준수의지를 확인하려는 것일 뿐"이라고 항변하였다.

◈읽어보기

중의원선거에 입후보한 갑은 선거운동 중 라디오와 신문을 통하여 대립후보인 을이 부지사 재식 시 발전소 관련 건으로 뇌물을 받았다고 공표하였다. 갑은 명예가 훼손되었다고 하여 민소소송을 제기하였다. 1심에서는 을의 주장을 인정하여 갑에게 '위 방송 및 기사는 진실과 다르고, 귀하의 명예를 손상하여 피해를 끼쳤습니다. 이에 사과의 뜻을 표합니다'라는 내용의 사죄광고를 신문에 게재할 것을 명하였다. 항소심에서도 1심 판결을 인정하였다. 이에 을은 최고재판소에 위 사죄광고는 양심의 자유를 침해한다고 상고하였다.

이에 대하여 최고재판소는 '사죄광고의 강제는 양심의 자유를 침해하지 않는다'고 판시하였다. 사죄광고를 신문 등에 게재하는 명령은 종래의 학설과 판례가 긍정하는 것이며, 사죄광고를 신문 등에 게재하는 것은 국민생활 속에서 이루어지고 있는 일이다. 물론 사죄광고에는 채무자의 인격을 무시하고 그 명예를 현저히 훼손하고 의사결정의 자유 및 양심의 자유를 부당히 제한하는 경우가 없는 것은 아니지만, 단순히 사태의 진상을 고백하고 사죄의 뜻을 표명하는 정도의 것에 대해서는 양심의 자유 침해라고 할 수 없다.

이 판결에서는 양심의 자유를 폭넓게 보아 세계관, 인생관, 주의, 신조에 한정하지 않고 내심에 있어서의 논리적 윤리적 판단을 포함하는 것으로 보았다. 그러나 그렇다고 하더라도, 사죄공고의 강제는 사실에 대한 인식의 잘못을 표명하는 것에 불과하여 양심의 자유에 반하는 것은 아니라고 판시하였다. (최고재판소 1956.7.4/민사판례집10-7-785)

❖ 참고문헌

윤진수, 사죄광고제도와 민법 제764조의 위헌여부, 사법행정, 1991년 11월.
윤철홍, 명예훼손과 사죄광고를 명하는 판결에 관한 소고, 숭실대 법학논총 13집.

제9절 청소년보호와 예술의 자유

I. 사례

갑은 충남 서천군 소재 ○○중학교의 미술교사로 재직 중이던 2000. 1.경 인터넷상의 한국통신 메가패스 개인홈페이지 공간에 자신의 홈페이지를 개설한 후 그곳에 자신이 제작한 미술작품, 사진 등 영상들을 게시하였다.

대전지방검찰청 홍성지청 검사는 만화의 주인공을 모델로 한 청소년이 성기가 발기된 채 양 주먹을 불끈 쥐고 있는 "남자라면 한번쯤 이런 삶을 꿈꾸지 않는가"라는 제하의 그림 영상 1개를 게시한 행위는 청소년의 성보호에 관한 법률 제2조 제3호 소정의 '청소년이용음란물' 제작행위를 처벌하는 같은 법률 제8조 제1항에 해당한다는 이유로, 2001. 6. 13. 갑를 대전지방법원 홍성지원에 전기통신기본법 위반 및 청소년의 성보호에 관한 법률 위반의 각 죄로 불구속 기소하였다.

재판 계속 중 홍성지원 재판부는 2001. 10. 11. 직권으로 청소년의 성보호에 관한 법률 제2조 제3호 및 제8조 제1항의 위헌 여부에 관하여 이 사건 위헌법률심판제청을 하였다.

참조 : 청소년의 성보호에 관한 법률 제2제 제3호등 위헌제청 (헌재 2002.4.25./ 2001헌가27)

[공부거리]

죄형법정주의
예술표현의 자유
과잉금지의 원칙

[심판대상조문]

청소년의 성보호에 관한 법률

제2조(정의) 이 법에서 사용하는 용어의 정의는 다음과 같다.

1. "청소년"이라 함은 19세 미만의 남녀를 말한다.
2. "청소년의 성을 사는 행위"라 함은 청소년, 청소년을 알선한 자 또는 청소년을 실질적으로 보호·감독하는 자 등에게 금품 기타 재산상 이익이나, 직무·편의제공 등 대가를 제공하거나 이를 약속하고 다음 각목의 1에 해당하는 행위를 하는 것을 말한다.
   가. 청소년과의 성교행위
   나. 청소년과의 구강·항문 등 신체의 일부 또는 도구를 이용한 유사성교행위

3. "청소년이용음란물"이라 함은 청소년이 등장하여 제2호 각목의 1에 해당하는 행위를 하거나, 청소년의 수치심을 야기시키는 신체의 전부 또는 일부 등을 노골적으로 노출하여 음란한 내용을 표현한 것으로서, 필름·비디오물·게임물 또는 컴퓨터 기타 통신매체를 통한 영상 등의 형태로 된 것을 말한다.

제8조(청소년이용음란물의 제작·배포 등) ①청소년이용음란물을 제작·수입·수출한 자는 5년 이상의 유기징역에 처한다.

②, ③, ④ 생략

전기통신기본법 [법률 제6231호, 2000. 1.28, 일부개정]

제48조의2(벌칙) 전기통신역무를 이용하여 음란한 부호·문언·음향 또는 영상을 반포·판매 또는 임대하거나 공연히 전시한 자는 1년 이하의 징역 또는 1천만원 이하의 벌금에 처한다.

[본조신설 1996.12.30.][삭제 2001.1.16.]

[참조조문]

청소년의 성보호에 관한 법률

제18조(비밀누설금지) ① 제5조 내지 제10조의 규정에 의한 죄의 조사 또는 재판을 담당하거나 이에 관여하는 공무원은 대상 청소년 및 피해청소년의 주소·성명·연령·학교 또는 직업·용모 기타 이들을 특정하여 파악할 수 있게 하는 인적사항과 사진 등을 공개하거나 타인에게 누설하여서는 아니된다.

②~④ 생략

⑤ 제1항 내지 제3항의 규정을 위반한 자는 2년 이하의 징역 또는 1천만원 이하의 벌금에 처한다.

⑥ 생략

[참조판례]

1. 폭력행위등처벌에관한법률의 위헌여부에 관한 헌법소원(헌재 1989.9.29./ 89헌마53)
   남북교류협력에관한법률 제3조 위헌소원(헌재 1993.7.29./ 92헌바48)
2. 국토이용관리법 제31조의2제1호 및 제21조의3의 위헌심판제청(헌재 1989.12.22./ 88헌가13)

국가공무원법 제66조에 대한 헌법소원(헌재 1992.4.28./ 90헌바27등)
3. 공권력에 의한 재산권침해에 대한 헌법소원(헌재 1989.9.4./ 88헌마22)
교육법 제157조에 관한 헌법소원(헌재 1992.11.12./ 89헌마88)
영화법 제12조등 위헌제청(헌재 1996.10.4./ 93헌가13등)
영화진흥법 제21조제4항 위헌제청(헌재 2001.8.30./ 2000헌가9)

1. 당사자의 주장

1) 제청법원의 위헌제청이유

(1) 죄형법정주의의 위반

이 사건 법률 제2조 제3호가 '청소년이용음란물'의 하나로 규정하고 있는 "청소년의 수치심을 야기시키는 신체의 전부 또는 일부 등을 노골적으로 노출하여 음란한 내용을 표현한 것으로서, 필름·비디오물·게임물 또는 컴퓨터 기타 통신매체를 통한 영상 등의 형태로 된 것"이라는 부분 중 "청소년의 수치심을 야기시키는" 부분 전체가 "신체의 전부 또는 일부"를 수식하는 것인지, "청소년의" 부분이 위 "신체의 전부 또는 일부"를 수식하는 것인지의 여부가 불명하다.

전자로 해석하면, 그 표현물에 청소년이 등장하는지 여부에 관계없이, 즉 신체 노출자가 청소년인지 여부에 관계없이 청소년의 입장에서 보아 그 노출된 신체의 전부 또는 일부가 수치심을 야기시키면 '청소년이용음란물'에 해당하나, 후자로 해석하는 경우에는 그 표현물에 청소년이 등장할 것을 전제로 청소년이 수치심을 야기시키는 신체의 전부 또는 일부를 노출시켜야 그에 해당한다고 말할 수 있다.

청소년을 이용하여 음란물을 제작·배포하는 행위 등으로부터 청소년을 보호·구제한다는 이 사건 법률의 제정목적에 비추어 보면 후자의 해석이 타당하다고 할 것이나 청소년에 대한 폭넓은 보호를 염두에 둔다면 전자의 해석도 무시할 수 없는바, 그 해석 여하에 따라 이 사건 법률 제8조 제1항의 구성요건 해당성 여부도 달라지게 된다는 점에서 위 각 규정은 명확성의 원칙을 내용으로 하는 죄형법정주의에 위반된다는 의심이 있고, 특히 본건에 있어서와 같이 그 표현물에 실제인물이 아닌 만화의 주인공이 등장하는 경우에는 그 등장인물이 청소년, 즉 19세 미만의 남녀에 해당하는지 여부를 판단하기 어렵다.

(2) 평등의 원칙 위반

이 사건 법률 제2조 제3호 및 제8조 제1항은 '청소년이용음란물'을 제작·수입·수출(이하 "제작"이라고만 한다)한 자를 다른 일반적 음란물을 제작한 자에 비하여 지나치게 엄벌함으로써 평등의 원칙에 위배된다.

우선, 다른 처벌법규와의 비교 측면에서, '청소년이용음란물'을 제작한 자에 대하여는 이 사건 법률의 위 각 규정에 의하여 "5년 이상의 유기징역"에 처할 수 있음에 비하여, 인터넷 등 전기통신역무를 이용하여 음란물을 배포하거나 공연히 전시한 자에 대하여는 그 행위시기(2001. 7. 1. 기준)에 따라 위 전기통신기본법 제48조의2 또는 정보통신망이용촉진및정보보호등에관한법률 제65조 제1항 제2호에 의하여 "1년 이하의 징역 또는 1천만원 이하의 벌금"에 처할 수 있고, 형법 제243조의 음화반포 등의 죄나 제244조의 음화제조 등의 죄를 범한 자에 대하여는 "1년 이하의 징역 또는 500만원 이하의 벌금"에 처할 수 있게 규정되어 있으므로, 아무리 이 사건 법률의 입법목적이 정당하다 하더라도 그 법정형의 차이가 너무 크다는 점에서 위 각 규정은 '청소년이용음란물'의 게시자를 일반 음란물의 게시자보다 엄벌하여 합리적 이유 없이 차별하는 결과를 낳아 평등의 원칙에 위배된다.

또한, 행위객체의 측면에서 본건에 있어서와 같이 표현물에 등장하는 청소년이 실제인물이 아니고 만화의 주인공인 경우에는 그 음란성의 정도가 현저히 떨어진다고 할 수 있어 다른 '청소년이용음란물'이나 일반 음란물의 경우보다 처벌의 정도를 낮추는 것이 타당하므로, 위와 같은 '청소년이용음란물'의 게시자와 실제 청소년이 등장하는 다른 '청소년이용음란물' 또는 일반 음란물의 게시자와의 사이에 평등원칙 위반의 문제가 발생한다.

뿐만 아니라 행위주체의 측면에서도, 청소년이 만화, 그림 등의 방법으로 '청소년이용음란물'을 제작, 게시하는 경우 그 등장인물은 자연히 청소년이 될 가능성이 높고, 이러한 경우에는 성인이 같은 방법으로 '청소년이용음란물'을 제작, 게시하는 경우보다 비난가능성이 낮다고 보아야 하므로, 행위주체가 청소년인지 성인인지 여부에 관계없이 이 사건 법률의 위 각 규정에 의하여 처벌하는 것은 청소년을 일반 성인에 비하여 합리적 이유 없이 차별하는 것이 된다.

(3) 과잉금지의 원칙 위반

'청소년이용음란물'의 제작행위를 다른 음란물의 제작행위에 비하여 엄벌하는 이 사건 법률의 위 각 규정은 그 입법목적의 정당성과 방법의 적정성을 갖추었다고 하겠으나, 위와 같이 음란성이나 비난가능성의 정도가 비교적 낮은 경우에까지 일반 음란물 제작, 배포의 경우보다 무거운 법정형을 적용한다는 것은, 보호하고자 하는 공익에 비하여 기본권 침해의 정도가 과중하여 법익균형성의 원칙에 위배됨으로써 헌법상 과잉금지의 원칙에도 반한다.

2) 청소년보호위원회위원장의 의견

(1) 재판의 전제성에 관하여

이 사건 법률의 입법취지 및 입법연혁에 비추어 같은 법률 제2조 제3호 및 제8조 제1항은 청소년을 "실제로" 이용하여 음란물을 제작한 경우, 즉 소위 '아동포르노(Child Pornography)'를 제작한 경우를 처벌대상으로 삼는 규정이므로, '청소년이용음란물'은 표현물 제작의 매개체가 청소년이거나 그 대상으로서 청소년이 참여하는 경우를 말하는 것으로서 이는 일정한 표현물에 대한 청소년의 접근을 차단하는 규제장치(예컨대 청소년보호법상의 '청소년유해매체물' 제도)와는 전혀 다른 차원의 개념이다.

따라서 실제 청소년이 등장하지 않는 만화로서 청소년을 음란하게 묘사하는 것은 형법상의 음화반포 등 또는 음화제조 등의 죄, 혹은 전기통신기본법 제48조의2 등에 의하여 규율될 수 있을지언정 이 사건 법률의 위 각 규정에 의한 규율대상은 될 수 없으므로 위 각 규정의 위헌 여부는 당해사건에 있어서 재판의 전제성이 없다.

(2) 죄형법정주의에 관하여

이 사건 법률 제2조 제3호의 해석이 문리적으로 다소 모호하다 하더라도, 위 (1)항에서 살핀 바와 같이 이 사건 법률 제1조의 입법목적 및 입법연혁에 비추어 제3호에 있어서 "신체의 전부 또는 일부"를 수식하는 것은 "청소년의 수치심을 야기시키는"이 아닌 "청소년의"라는 부분으로 보아야 함이 명백하다.

특히, 앞에서 살핀 바와 같이 청소년보호법에서 '청소년유해매체물' 제도라는 규제장치를 통하여 청소년에게 유해한 표현물을 청소년에게 배포, 판매하는 등의 유통행위를 형사처벌의 대상으로 하고 있는 이상, 그 표현물에 청소년이 등장하는지 여부에 관계없이 청소년의 입장에서 보아 노출된 신체의 전부 또는 일부가 수치심을 야기시키면 '청소년이용음란물'에 해당한다고 보는 것은 무리한 해석이다.

따라서, 위와 같이 입법목적을 고려한 목적론적 해석과 다른 법률과의 체계조화적 해석에 의하면 이 사건 법률의 위 각 규정은 「청소년의 수치심을 야기시킬 정도로 청소년의 신체의 전부 또는 일부 등을 노골적으로 노출시켜 음란한 내용을 표현한 경우」의 처벌규정으로 볼 수밖에 없어 명확성의 원칙에 반하지 아니한다.

(3) 평등의 원칙에 관하여

우선, 이 사건 법률 제2조 제3호 및 제8조 제1항의 보호법익은 청소년의 성의 보호 내지 성적 학대 내지 성적 착취로부터의 청소년의 보호에 있음에 비하여 정보통신망이용 음란죄를 규정하고 있는 전기통신기본법 제48조의2 또는 정보통신망이용촉진및정보보호등에관한법률 제65조 제1항 제2호와 일반적인 음란물죄에 관한 형법 제243조 및 제244조의 보호법익은 선량한 성 풍속의 보호에 있으므로, 이 사건 법률의 위 각 규정과 다른 처벌법규와의 비교는 본질적으로 다른 것을 다르게 취급한다는 전제하에 이루어지는 것이다.

가사, 차별취급이 존재한다 하더라도 청소년의 보호라는 공익의 중요성에 비추어 그 차별에는 객관적으로 합리적인 이유가 있다 할 것이므로, 결국 이 사건 법률의 위 각 규정은 평등의 원칙에 위배되지 아니한다.

(4) 과잉금지의 원칙에 관하여

본건에 있어서와 같이 표현물에 등장하는 청소년이 실제인물이 아니고 만화의 주인공인 경우 또는 청소년이 만화, 그림 등의 방법으로 청소년이용음란물을 제작, 게시하는 경우 그 음란성이나 비난가능성의 정도가 낮다 하더라도 위와 같은 경우는 이 사건 법률의 규율대상이 아니므로 과잉금지의 원칙 위반 여부를 논할 필요가 없다.

가사 이 사건 법률의 위 각 규정에 의한 규율대상이 된다 하더라도 입법목적의 정당성과 방법의 적정성이 인정될 뿐 아니라, 미성년자에 대하여 윤락행위를 하게 하는 때에 10년 이하의 징역에 처하도록 규정된 윤락행위등방지법 제24조 제3항, 13세 미만의 여자에 대한 강간의 죄를 범한 때에는 5년 이상의 유기징역에, 13세 미만의 사람에 대한 강제추행의 죄를 범한 때에는 1년 이상의 유기징역 또는 벌금에 처하도록 규정된 성폭력범죄에 관한 성폭력범죄의처벌및피해자보호등에관한법률 제8조의2 등 다른 법률과 비교할 때 이 사건 법률 제2조 제3호 및 제8조 제1항에 의한 처벌에 있어서 그 법정형이 지나치게 무겁다고 말할 수 없어 피해의 최소성이나 법익 균형성도 인정될 수 있을 것이므로, 이 사건 법률의 위 각 규정은 과잉금지의 원칙에 위배되지 아니한다.

2. 헌법재판소의 판단

1) 죄형법정주의에 위반하는지 여부

(1) 죄형법정주의

죄형법정주의에서 파생되는 명확성의 원칙은, 누구나 법률이 처벌하고자 하는 행위가 무엇이며 그에 대한 형벌이 어떠한 것인지를 예견할 수 있고 그에 따라 자신의 행위를 결정지울 수 있도록 구성요건이 명확할 것을 의미한다.

여기에서 구성요건이 명확하여야 한다는 것은, 그 법률을 적용하는 단계에서 가치판단을 전혀 배제한 무색투명한 서술적 개념으로 규정되어져야 한다는 것을 의미하는 것이 아니라, 입법자의 입법의도, 즉 그 적용대상자가 누구이며 구체적으로 어떠한 행위가 금지되고 있는지에 관하여 건전한 일반상식과 통상적인 법감정을 가진 자에 의하여 일의적으로 파악될 수 있는 정도의 것을 의미한다고 본다.

따라서 **다소 광범위하고 어느 정도의 범위에서는 법관의 보충적인 해석을 필요로 하는 개념을 사용하여 규정하였다고 하더라도 그 적용단계에서 다의적(多義的)으로 해석될 우려가 없는 이상 그 점만으로 헌법이 요구하는 명확성의 요구에 배치된다고는 보기 어려운바,** 그렇지 않으면 처벌법규의 구성요건이 지나치게 구체적이고 정형적이 되어 부단히 변화하는 다양한 생활관계를 제대로 규율할 수 없게 될 것이기 때문이다.

(2) 구체적 검토

이 사건 법률 제2조 제3호가 '청소년이용음란물'의 하나로 규정하고 있는 "청소년의 수치심을 야기시키는 신체의 전부 또는 일부 등을 노골적으로 노출하여 음란한 내용을 표현한 것으로서, 필름·비디오물·게임물 또는 컴퓨터 기타 통신매체를 통한 영상 등의 형태로 된 것"이라는 부분에 있어서, 우선 "음란한"이라는 부분은 그 개념과 관련하여 명확성의 원칙에 반하지 않는다 할 것이나(헌재 1998.4.30./ 95헌가16; 헌재 2002.2.28./ 99헌가8 등 참조), "신체의 전부 또는 일부"가 과연 청소년의 신체를 의미하는 것인지, 즉 그 표현물에 실제인물인 청소년이 등장하여야 하는 것인지의 여부가 명확하지 않다는 점에 관하여 문리해석상 의문이 있을 수 있음은 분명하다.

그러나 문리적으로 이 사건 법률 제2조 제3호에서 금지하는 행위의 대상이 다소 분명치 않다고 판단될 여지가 있다 하더라도, 위 법률조항 소정의 '청소년이용음란물'은 실제인물인 청소년을 이용하여 음란한 내용을 표현한 것을 가리키고, 같은 법률 제8조 제1항은 이러한 '청소년이용음란물'의 제작 · 수입 · 수출행위를 처벌하는 규정이라고 보아야 할 것인바, 그 근거는 다음과 같다.

① 이 사건 법률의 입법 배경 및 목적

이 사건 법률의 제정이유는 소위 "원조교제"라는 형태의 성인과 청소년간의 금전을 매개로 한 성관계와 함께 청소년을 대상으로 한 성범죄 또는 청소년을 이용한 음란물의 제작 및 인터넷 등 컴퓨터를 이용한 음란물의 제작 · 배포 등이 사회문제화되면서 이에 대처하기 위하여 특별히 청소년의 성을 보호하기 위한 새로운 입법이 필요하였기 때문이므로, "청소년을 이용한 음란물"의 규제에 있어서는 그 음란 표현물에 실제 청소년이 등장하는 것을 전제로 한다고 봄이 해석상 자연스럽다.

이는 이 사건 법률의 입법목적에 관한 조항인 제1조에서 "……청소년을 이용하여 음란물을 제작 · 배포하는 행위 및 ……함을 목적으로 한다."고 규정하고 있는 기재형식에 비추어 보더라도 그러하다.

② 이 사건 법률의 입법경과

이 사건 법률의 입법과정을 살펴보면, 국민회의 제정법안은 당초 규제대상의 명칭을 '청소년음란표현물'이라고 하여 그 내용에 "그림"을 포함시켰다가 최종 확정안에서는 이를 '아동 · 청소년이용음란물'이라고 표현을 바꾸는 한편 위 "그림"을 배제시켰는바, 규제대상의 명칭 변화에 비추어 볼 때 그 이유는 특별법인 이 사건 법률에서는 실제 청소년을 이용한, 즉 이들을 등장시킨 음란물만 규제대상으로 하고 그림, 만화 등의 음란물은 청소년보호법상의 '청소년유해매체물' 또는 일반 형법상의 음란물로 규제하려는 의도에 있었다고 보여진다.

또한, 한나라당 개정법안의 주요골자는 청소년을 이용한 유해매체물의 제작을 금지하고 "청소년을 성비디오물의 제작에 출연 · 관여하게 하는 행위"를 청소년유해행위로 규정하여 이를 규제 · 처벌하려는 것이므로, 위 법안 역시 실제 청소년이 등장하는 음란 표현물을 규제하기 위하여 제안된 것이라고 봄이 상당할 것이다.

③ 관계부처의 해석

이 사건 법률이 2000. 2. 3. 공포된 후 같은 해 12.경 청소년보호위원회에서 발간한 [청소년의성보호에관한법률 해설] 에서는, '청소년이용음란물'에 관하여 실제의 청소년을 출연시켜 성교 또는 유사성교행위를 하는 것 뿐 아니라 성적 수치심을 느끼게 하는 신체부분을 노출시키는 것까지 포함하되 **만화 · 소설 등 청소년이 실연(實演)하지 않는 매체는 규제 대상에서 제외하고 있다**는 취지로 기술하고 있는바, 이 사건 법률의 주무부서라고 할 수 있는 청소년보호위원회의 발간자료에 기재된 위와 같은 내용을 참작하면, '청소년이용음란물'은 실제 청소년이 등장하는 것을 전제로 규정되어 있음이 분명하다 할 것이다.

④ 이 사건 법률의 각 규정들

이 사건 법률 제3호가 '청소년이용음란물'에 관하여 "청소년이 등장하여 제2호 각목의 1에 해당하는 행위를 하거나, ……신체의 전부 또는 일부 등을 노골적으로 노출하여 음란한 내용을 표현한 것으로서,"라고 규정하고 있는 점에 비추어 보면 위 "**청소년이 등장하여**"라는 부분이 "신체의 전부 또는 일부"의 부분도 수식하는 것으로 볼 수 있으므로, 이 사건 법률은 **'청소년이용음란물'의 내용으로 실제의 청소년이 등장하여 1) 성교행위 또는 유사성교행위를 하여 음란한 내용을 표현한 것과 2) 성적 수치심을 느끼게 하는 신체부분을 노출하여 음란한 내용을 표현한 것의 두 가지 형태를 규정하고 있다고 해석될 여지가 있다.**

또한, 이 사건 법률 제18조 제1항, 제5항에서 같은 법률 제8조 제1항 위반죄의 수사 및 재판을 담당한 공무원에 대하여 대상 청소년 및 피해 청소년의 신상 누설을 금지하고 이를 위반하는 경우 형사처벌까지 할 수 있도록 규정하고 있는 점에 비추어 보더라도, 제8조 제1항은 실제 청소년이 등장하는 '청소년이용음란물'의 제작 등 행위를 전제로 하고 있다 할 것이다.

⑤ 이 사건 법률의 특별법적 성격 등

물론, 제청법원의 의견과 같이 청소년에 대한 폭넓은 보호 측면에서는 그 표현물에 청소년이 등장하는지 여부에 관계없이 청소년의 입장에서 보아 그 노출된 신체의 전부 또는 일부가 수치심을 야기시키면 '청소년이용음란물'에 해당한다고 볼 수도 있을 것이나, 그렇게 해석하게 되면 청소년에게 수치심 또는 성적 충동을 불러일으킬 가능성이 있는 표현물, 예컨대 의학서적이나 예술품 등까지도 모두 이 사건 법률의 규제대상인 '청소년이용음란물'에 포함되어 같은 법률 제8조 제1항의 중벌에 처해지게 되는 결과를 낳게 될 뿐 아니라, 일반 형법상의 음란물 관련 처벌법규나 청소년보호법 등과 달리 별도의 새로운 특별법으로 이 사건 법률이 제정된 점에 비추어 보면, 실제인물이 아닌 청소년(예컨대, 본건에 있어서와 같은 만화의 주인공)이 등장하는 표현물은 형법 제243조의 음화반포등 죄, 같은 법 제244조의 음화제조등 죄 또는 청소년보호법 제6장 벌칙 부분에 규정된 청소년유해매체물 관련 죄 등의 규율대상이 된다고 할 것이다.

⑥ 다른 처벌법규와의 법정형 비교

더욱이, '청소년이용음란물'의 제작 등 행위에 대하여는 5년 이상의 유기징역에 처하도록 규정되어 있는데, 미성년자를 약취·유인한 행위의 경우 형법 제287조에 의하여 법정형이 10년 이하의 징역이고, 영리의 목적으로 사람을 약취 또는 유인한 행위의 경우는 형법 제288조에 의하여 법정형이 1년 이상의 유기징역이며, 13세 미만의 여자 또는 여자 청소년에 대한 강간 및 준강간과 위계 또는 위력에 의한 간음은 성폭력범죄의처벌및피해자보호등에관한법률 제8조의2 제1항, 제3항, 제4항 또는 이 사건 법률 제10조 제1항, 제3항, 제4항에 의하여 법정형이 "5년 이상의 유기징역"이고, 13세 미만의 사람 또는 청소년에 대한 강제추행 및 준강제추행과 위계 또는 위력에 의한 추행은 위 성폭력범죄의처벌및피해자보호등에관한법률 제8조의 2 제2항, 제3항, 제4항 또는 이 사건 법률 제10조 제2항, 제3항, 제4항에 의하여 법정형이 "1년 이상의 유기징역 또는 500만원 이상 2천만원 이하의 벌금"인 점 등 비슷한 유형의 다른 처벌법규들과 비교하여 보면, 그 위법성이나 비난가능성의 측면에서 청소년을 영리의 목적으로 약취, 유인하거나 청소년에 대하여 강간, 강제추행 등 성폭력행위를 하는 경우와 동일한 또는 유사한 수준의 범죄행위로 볼 수 있다.

그렇다면, 이 사건 법률의 '청소년이용음란물'에는 만화의 주인공이 아닌 실제 청소년을 강요, 위계 등의 방법으로 등장시키는 경우에만 높은 위법성 및 비난가능성을 인정할 수 있다는 점에서 그림이나 만화 등의 방법으로 청소년을 등장시킨 음란 표현물은 위 '청소년이용음란물'의 규제대상이 아니라고 보아야 할 것이다.

(3) 소결론

이 사건 법률 제2조 제3호의 규정에 표현상 약간의 의문점이 있는 것은 사실이다.

그러나 건전한 상식과 통상적인 법감정을 가지고 있는 사람이라면 위에서 살핀 바와 같은 이 사건 법률의 입법경과와 입법목적, 같은 법률의 다른 규정들과의 체계조화적 해석, 관계부처의 법률해석, 다른 처벌법규와의 비교 등을 고려하여 목적론적으로 해석할 때, 이 사건 법률의 '청소년이용음란물'에는 실제인물인 청소년이 등장하여야 한다고 보아야 함이 명백하고, 따라서 법률적용단계에서 다의적으로 해석될 우려가 없이 건전한 법관의 양식이나 조리에 따른 보충적인 해석에 의하여 그 의미가 구체화되어 해결될 수 있는 이상 죄형법정주의에 있어서의 명확성의 원칙을 위반하였다고 볼 수 없다.

2) 표현의 자유를 침해하는지 여부

(1) 표현의 자유

헌법 제21조에서 보장하고 있는 언론·출판의 자유 즉 표현의 자유는 전통적으로는 사상 또는 의견의 자유로운 표명(발표의 자유)과 그것을 전파할 자유(전달의 자유)를 의미하고, 개인이 인간으로서의 존엄과 가치를 유지하고 행복을 추구하며 국민주권을 실현하는데 필수불가결한 것으로서, 종교의 자유, 양심의 자유, 학문과 예술의 자유 등의 정신적인 자유를 외부적으로 표현하는 자유라고 할 수 있으며, 위 언론·출판의 자유의 내용으로서는 의사표현·전파의 자유, 정보의 자유, 신문의 자유 및 방송·방영의 자유 등이 있는데, 이러한 언론·출판의 자유의 내용 중 의사표현·전파의 자유에 있어서 의사표현 또는 전파의 매개체는 어떠한 형태이건 가능하며 그 제한이 없으므로, 담화·연설·토론·연극·방송·음악·영화·가요 등과 문서·소설·시가·도화·사진·조각·서화 등 **모든 형상의 의사표현 또는 의사전파의 매개체를 포함**한다.

(2) 구체적 검토

본건에 있어서 문제되고 있는 '청소년이용음란물' 역시 의사형성적 작용을 하는 의사의 표현·전파의 형식 중 하나임이 분명하므로 언론·출판의 자유에 의하여 보호되는 의사표현의 매개체라는 점에는 의문의 여지가 없는바, 이 사건 법률 제2조 제3호 및 제8조 제1항은 이의 제작·수입·수출 행위를 처벌함으로써 위와 같은 의사표현의 매개체에 의한 일정한 내용의 표현을 금지하고 있다는 점에서 헌법상 보장되고 있는 표현의 자유, 즉 언론·출판의 자유를 제한하는 것으로 볼 수 있다.

그러나 '청소년이용음란물'이 헌법상 표현의 자유에 의한 보호대상이 되고 따라서 그 제작 등의 행위에 대하여 형사상 중한 처벌을 가하는 것이 이러한 기본권을 다소 제한하게 되는 결과가 된다 하더라도, 이는 공공복리를 위하여 필요한 제한으로서 헌법 제37조 제2항의 비례의 원칙에 반하지 아니한다 할 것이다.

① 입법목적의 정당성

이 사건 법률 제2조 제3호 및 제8조 제1항이 '청소년이용음란물'의 제작 등 행위를 처벌하는 이유는 앞에서 살펴본 바와 같이 공중도덕이나 사회윤리의 차원에서 청소년의 성을 보호한다는 정당한 입법목적에 그 기초를 두고 있는바, 청소년의 성의 상품화, 즉 청소년의 성매매 및 이의 알선행위, 청소년을 이용하여 음란물을 제작·배포하는 행위 및 청소년에 대한 성폭력행위 등 청소년에 대한 성적 착취가 심각한 사회문제로 대두되면서, 이로부터 청소년을 보호·구제하여 이들의 인권을 보장하고 건전한 사회구성원으로 성장할 수 있도록 한다는 이 사건 법률의 입법목적에 따라, 청소년에 대한 성적 착취의 대표적 사례인 청소년을 이용한 필름, 비디오테이프, 컴퓨터 기타 통신매체를 통한 영상 등의 음란물 제작행위에 대하여 처벌을 강화하려는 이유에서 입법이 이루어졌다고 말할 수 있다.

이는 청소년 보호라는 명목으로 일반 음란물에 대한 성인의 접근까지 전면 차단시켜 성인의 알 권리의 수준을 청소년의 수준으로 맞출 것을 국가가 강요함으로써 성인의 알 권리를 침해하거나 성인의 표현의 자유를 제한하게 되는 경우와는 달리, '청소년이용음란물'이라는 행위객체의 특성에 따른 규제라는 측면에서 그 입법목적의 정당성이 인정된다고 본다.

② 수단의 적정성

청소년은 정신적·육체적 미성숙성과 경제적 의존성 때문에 사회공동체 내에서 책임 있는 인격체로 성장할 때까지 사회로부터 보호되어야 하고, 청소년 역시 인간으로서의 존엄과 가치를 가진 존재로서 타인의 행위의 단순한 객체로 전락되어서는 안 된다.

그럼에도, 이와 같은 청소년의 미숙성이나 의존성을 이용하여 음란물을 제작하게 되면, 위 음란물이 다른 청소년들이나 성인들에게 미치는 해악, 예컨대 성에 관한 가치관에 좋지 못한 영향을 주거나 변태적 일탈행위와 같은 비정상적 성행위를 용인하는 풍조의 조장 등의 문제는 별론으로 하더라도, 그 제작행위에 관여된 해당 청소년에게는 위 음란 표현물이 영구히 씻을 수 없는 기록으로 남게 될 뿐 아니라 이후의 유통으로 인하여 상처는 더욱 커지게 될 것이고, 이로 인한 인격의 왜곡과 정신적·육체적 충격은 사후에 교정하거나 치유하기에 너무 늦다 할 것이다.

따라서 위와 같은 보호법익의 중요성 및 공익적 성격에 비추어 '청소년이용음란물'의 제작 등 행위를 처벌하는 것, 나아가 다른 음란물의 경우보다 엄벌하는 것은 필요·적절한 입법조치라고 볼 수밖에 없다.

더욱이, 최근에 인터넷 등 정보통신매체를 통해 음란물이 무차별적으로 유통되고 있는 현실과 이러한 대중매체의 역기능적 측면 및 선정적 표현물은 성인들보다 훨씬 충동적이고 예민한 청소년들에게는 별다른 여과 없이 직접적으로 전달된다는 점 등을 반영하여 '청소년이용음란물'의 규제대상 매체에 종전의 필름·비디오물 뿐 아니라 디스켓이나 CD롬 등을 이용한 게임물, 그리고 컴퓨터 등 통신매체를 이용한 영상물까지 포함시키고 있는 점 역시 적절한 입법조치로 보인다.

③ 침해의 최소성 및 법익균형성

나아가, 이 사건 법률의 위 각 규정이 도모하는 입법취지와 보호법익의 중요성, '청소년이용음란물'의 성격 및 그 제작행위 등 범죄의 죄질과 이에 대한 위법성 및 비난가능성, 일반예방적 목적을 달성하기 위한 형사정책적 측면, 특히 비디오물이나 컴퓨터 등 통신매체를 이용한 영상물과 같은 '청소년이용음란물'은 그 제작 · 유통에 따른 파급효과가 막대할 것이라는 점, 그리고 "5년 이상의 유기징역"이라는 법정형에 대하여는 1회의 법률상 감경 또는 작량감경에 의하더라도 집행유예의 선고가 가능한 점 등에 비추어 보면, 이 사건 법률의 위 각 규정에 의한 처벌은 최소한의 합리적 제한일 뿐 아니라 이로 인하여 제한되는 표현의 자유보다 청소년의 성보호라는 공익의 중요성이 중하지 않다고는 결코 말할 수 없는 것이다.

(3) 소결론

그렇다면, 이 사건 법률의 위 각 규정에 의하여 언론 · 출판 등 표현의 자유가 다소 제한된다 하더라도 헌법 제37조 제2항의 과잉금지의 원칙 내지 비례의 원칙에 반하지 아니하여 표현의 자유를 침해한다고 할 수 없을 뿐 아니라 그 본질적인 내용을 침해한다고 볼 수도 없다.

3) 과잉처벌에 해당하는지 여부 및 평등의 원칙에 위반하는지 여부

(1) 형벌법규에 있어서의 입법권의 범위와 한계에 관한 판단 기준

범죄의 처벌에 관한 문제, 즉 법정형의 종류와 범위의 선택은 그 범죄의 죄질과 보호법익에 대한 고려뿐 만 아니라 우리의 역사와 문화, 입법 당시의 시대적 상황, 국민 일반의 가치관 내지 법감정 그리고 범죄예방을 위한 형사정책적 측면 등 여러 가지 요소를 종합적으로 고려하여 입법자가 결정할 사항으로서 **광범위한 입법재량** 내지 **형성의 자유가 인정되어야 할 분야**라 할 것이다.

그러나 국회의 입법재량 내지 입법정책적 고려에 있어서도 국민의 자유와 권리의 제한은 필요한 최소한에 그쳐야 하며, 기본권의 본질적인 내용을 침해하는 입법은 할 수 없으므로, 헌법이나 법률에 의하여 명시된 죄형법정주의와 소급효의 금지 및 이에 유래하는 유추해석금지의 원칙 외에 지켜져야 할 입법원칙이 있다.

우선, 입법자는 법관들에게 구체적 양형을 선고함에 있어서 그 책임에 상응한 형벌을 선고할 수 있도록 형벌개별화의 원칙이 적용될 수 있는 폭넓은 범위의 법정형을 설정하여야

한다. 다만, 입법자가 앞서 본 바와 같은 법정형 책정에 관한 여러 가지 요소의 종합적 고려에 따라 법률 그 자체로 법관에 의한 양형재량의 범위를 좁혀 놓았다고 하더라도, 그것이 당해 범죄의 보호법익과 죄질에 비추어 범죄와 형벌간의 비례의 원칙상 수긍할 수 있는 정도의 합리성이 있다면 이러한 법률을 위헌이라고 할 수는 없을 것이다.

또한, 어느 범죄에 대한 법정형이 그 범죄의 죄질 및 이에 따른 행위자의 책임, 처벌규정의 보호법익 및 형벌의 범죄예방효과 등에 비추어 지나치게 가혹한 것이어서 현저히 형벌체계상의 균형을 잃음으로써 다른 범죄자와의 관계에 있어서 헌법상 평등의 원칙에 반하거나 그러한 유형의 범죄에 대한 형벌 본래의 목적과 기능을 달성함에 있어 필요한 정도를 일탈함으로써 헌법상 비례의 원칙에 위배되어서는 안 될 것이다.

(2) 구체적 검토

이 사건 법률 제8조 제1항은 제2조 제3호 소정의 '청소년이용음란물'을 제작 · 수입 · 수출한 자는 "5년 이상의 유기징역"에 처한다고 규정하고 있다.

이와 같은 처벌규정이 입법화된 것은, 앞에서 살핀 바와 같이 청소년을 이용하여 음란물을 제작 · 배포하는 행위 등 청소년의 성을 착취하고 이를 상품화하는 것을 막아 청소년들을 보호하여 건전한 사회구성원으로 성장할 수 있도록 하려는 이유에서 비롯되었는바, '청소년이용음란물'은 미성숙한 다른 청소년들은 물론 성인들에게까지 성에 대한 왜곡된 인식과 비정상적 가치관을 심어 줄 뿐 아니라, 해당 청소년에게는 이후의 인생에 있어서 육체적 · 정신적으로 치유될 수 없는 충격으로 남게 될 것이기 때문이다.

그런데, 기존의 형법 제243조 및 제244조의 음란물에 관한 일반적 처벌규정이나 전기통신기본법 제48조의2 또는 성폭력범죄의처벌및피해자보호등에관한법률 제14조의 인터넷 등 전기통신역무를 이용하여 음란물을 배포하거나 공연히 전시하는 행위 등에 대한 처벌규정은 그 규제대상의 범위가 한정되어 있거나 처벌의 정도가 너무 가볍다고 할 수 있다.

따라서 입법자는 청소년에 대한 성적 착취나 청소년의 성의 상품화를 예방하는 한편 기존의 처벌규정들만으로는 이에 적절히 대처하여 청소년의 성을 보호하기에 미흡하다는 형사정책적 고려 하에 특별법인 이 사건 법률을 제정하여, 그 규제대상 매체에 종전의 필름 · 비디오물 뿐 아니라 디스켓이나 시디롬 등을 이용한 게임물, 그리고 컴퓨터 등 통신매체를 이용한 영상물까지 포함시킨 '청소년이용음란물'의 제작 등 행위에 대한 처벌규정을 신설함으로써 그 처벌정도를 달리하였다고 볼 수 있으므로, 이러한 입법조치는 그 목적의 정당성 및 필요 · 적절한 내용의 입법이라는 측면에서 합리적 이유가 있다 할 것이다.

(3) 소결론

따라서 이 사건 법률 제2조 제3호 및 제8조 제1항이 '청소년이용음란물'의 제작 등 행위를 일반 음란물에 대한 동종의 행위보다 다소 무겁게 처벌하는 것은 합리적 근거에 의한 것으로서 그 처벌의 정도도 지나치게 가혹하다고 할 수 없으므로, 이로 인하여 신체의 자유나 행복추구권 등 헌법상 기본권이 침해되거나 평등의 원칙에 위반된다고 말할 수 없다.

4) 결 론

그렇다면, 이 사건 법률 제2조 제3호 및 제8조 제1항은 헌법상 죄형법정주의의 명확성의 원칙에 반하지 않고 표현의 자유를 침해하지 아니하며 과잉처벌에 해당하거나 평등의 원칙에 위반된다고도 말할 수 없을 뿐 아니라, 달리 헌법상 기본권을 침해하거나 기본원칙에 위반되는 특별한 사정도 없어 위 각 규정은 헌법에 위반되지 아니하므로, 이에 주문과 같이 결정한다.

Ⅱ. 해설

1. 죄형법정주의

1) 신체의 자유의 실체적 보장과 죄형법정주의

신체의 자유에 대한 실체적 보장이란 신체의 자유를 보장하기 위한 일련의 법원칙을 의미한다. 법률유보의 원칙, 죄형법정주의, 일사부재리의 원칙이 대표적이며, 현행 헌법의 경우 연좌제의 금지를 규정하고 있다.

법률유보의 원칙이란 법률에 의하지 아니하고는 어떤 형태의 그리고 어떤 정도의 신체의 자유에 대한도 허용하지 않는다는 원칙이다. 이는 죄형법정주의의 전제이기도 하다.

2) 죄형법정주의

죄형법정주의란 행위시의 법률에 의해 범죄를 구성하지 아니하는 행위로 소추되지 않는다는 것(제13조 제1항)으로 법률없으면 범죄없다는 말과도 같은 의미이다. 또한 죄형법정주의는 법률과 적법한 절차에 의하지 아니하고는 처벌, 보안처분 또는 강제노역을 받지 아니한다(제12조 제1항 제2문)는 의미도 포함한다.

죄형법정주의는 무엇이 범죄행위가 되고 무엇이 처벌될 행위인가를 국민이 예측가능한 형식으로 미리 규정하도록 하여 개인의 법적 안정성을 보호하기 위함이다. 이와 같이 성문의 형벌법규체제를 확립한다고 하는 것은 국가형벌권의 자의적 행사로부터 개인의 자유와 권리를 보호하기 위한 것이기도 하다.

3) 죄형법정주의의 내용

죄형법정주의는 형벌법규를 법률로 정해야 한다. 이는 관습형법금지의 원칙을 의미하기도 한다. 이때의 법률이란 형식적 의미의 법률을 의미한다. 따라서 명령이나 규칙으로써는 원칙적으로 범죄와 형벌을 규정할 수 없다. 또한 형벌법규를 법률로 정해야 한다는 의미는 관습법으로 새로운 구성요건을 추가하거나 가중처벌하는 것을 금지함을 의미한다.

헌법 제13조 제1항 전단은 '모든 국민은 행위시의 법률에 의하여 범죄를 구성하지 아니하는 행위로 소추되지 아니한다'고 하여 형벌불소급의 원칙을 규정하고 있다. 이는 범죄의 성립과 처벌을 행위시의 법률에 의하게 함으로써 사후입법에 의한 처벌을 금지하여 국민의 법적 안정성을 도모하기 위함이다.

끝으로 범죄와 형벌은 법률에 규정하는 것만으로는 충분하지 않고 명확하게 규정하여야 한다. 일반국민으로 하여금 어떠한 행위가 형법에서 금지되고 또 그 행위에 대하여 어떠한 형벌이 과하여지는가를 예측할 수 있어야 한다. 이는 수범자의 예측가능성뿐만 아니라 법집행자의 자의적 형벌권 남용을 배제하기 위한 법원칙이기도 하다. 사실 법규내용이 애매하거나 그 적용범위가 지나치게 광범위하면 어떤 경우에 법을 적용하여야 합헌이 되는지 알 수 없다. 이렇게 되면 법운영 당국의 재량의 폭이 넓어져 죄형법정주의에 반하게 된다. 영미에서는 '막연하기 때문에 무효'라는 이론이 확립되어 법규내용의 명확성이 죄형법정주의의 중요한 내용임을 강조하고 있다.

4) 본 사례의 경우

이 사건 법률 제2조 제3호가 '청소년이용음란물'의 하나로 규정하고 있는 "청소년의 수치심을 야기시키는 신체의 전부 또는 일부 등을 노골적으로 노출하여 음란한 내용을 표현한 것으로서, 필름·비디오물·게임물 또는 컴퓨터 기타 통신매체를 통한 영상 등의 형태로 된 것"이라는 부분 중 "청소년의 수치심을 야기시키는" 부분 전체가 "신체의 전부 또는 일부"를 수식하는 것인지, "청소년의" 부분이 위 "신체의 전부 또는 일부"를 수식하는 것인지의 여부가 불명하다.

전자로 해석하면, 그 표현물에 청소년이 등장하는지 여부에 관계없이, 즉 신체 노출자가 청소년인지 여부에 관계없이 청소년의 입장에서 보아 그 노출된 신체의 전부 또는 일부가 수치심을 야기시키면 '청소년이용음란물'에 해당하나, 후자로 해석하는 경우에는 그 표현물에 청소년이 등장할 것을 전제로 청소년이 수치심을 야기시키는 신체의 전부 또는 일부를 노출시켜야 그에 해당한다고 말할 수 있어 법규내용이 명확하지 않다.

다만, 본 사례의 경우 이 법이 합헌이 되기 위해서는 청소년을 이용한 성범죄를 처벌하기 위하여 제정되었다는 입법목적을 고려한 해석이 필요하다.

2. 예술의 자유

1) 예술의 자유의 의의

예술의 자유는 예술적 표현의 자유에 대한 국가의 간섭배제요청권이다. 그러나 예술이 무엇인가 또는 예술의 본질이 무엇인가에 대해서는 많은 논란이 있는 것도 사실이다.

이에 대하여 독일연합헌법재판소는 예술의 개념을 기술적 형식적 측면으로 한정하지 않고 실질적 측면에서 보아야 한다고 판시한 바 있다. 독일연방헌법재판소는 '메피스토-클라우스만' 결정에서 '예술적 활동의 본질은 예술가의 인상, 견문, 체험 등을 일정한 형태언어를 매개로 하여 직접적인 표상으로 나타내는 자유로운 창조적 형성에 있다. 모든 예술적 활동은 논리적으로는 해명할 수 없는 의식적·무의식적 과정들의 혼합이다'고 한 바 있다.

2) 예술의 자유의 내용

예술창작의 자유는 예술의 자유의 핵심내용이다. 예술작품의 창작에 이르는 전 과정, 즉 창작을 위한 준비, 연습, 소재선택, 작품형태의 선택, 창작진행의 자유 등이 포함된다.

자유로이 창작된 예술은 자유로이 외부에 표현되고 전파될 수 있어야 한다. 예술작품의 전시, 연주, 공연 등이 헌법상의 보호를 받는 것은 이러한 예술표현의 자유에 기초한다.

자유로운 예술창작과 표현을 위해서는 예술적 집회·결사의 자유가 보장되어야 한다. 예술적 활동은 고도의 자율성이 요청되므로 예술적 집회·결사의 자유는 일반적인 집회결사의 자유에 비하여 폭넓게 보장된다.

3) 예술의 자유의 제한과 한계

예술의 자유는 일차적으로는 공권력에 의한 침해나 간섭배제 요청권이며, 다른 인권에 비하여 특별한 헌법적 보장을 받는다. 다만, 우리 헌정사를 돌이켜 보면 1962년 헌법 제18

조 제2항에서와 같이 영화나 연예에 대해서는 검열을 할 수 있다고 하여 오히려 예술의 자유의 중요한 장르 중의 하나인 영화나 연예에 대해서는 검열을 할 수 있다고 한 바 있다. 현행 헌법은 이러한 검열규정이 없지만, 영화나 연예는 그 대중성, 오락성, 직접성으로 인하여 해석론과 입법론으로 그 제한 가능성이 높은 것 또한 사실이다.

또한, 음란 또는 청소년 보호라는 이름으로 가해지는 과잉된 제한은 예술작품을 통해서 메시지를 전달하고자 기회자체를 봉쇄하기도 한다.

4) 본 사례의 경우

본 사례의 경우 소재선택, 작품형태의 선택의 자유, 즉 예술창작의 자유에 해당한다고 할 수 있다. 본 사례의 경우 부부사진을 통하여 과연 아름다운 성이라는 것이 무엇인가, 행복한 성이 무엇인가를 부부의 사진을 통하여 말하고 싶었을 뿐인데도 나체가 노출된 사진=음란이라는 사회적 통념으로 규정하고 기소하였던 것은 문제가 아닐 수 없다.

예술은 단지 관습이나 사회적 통념 등의 사고의 한계에 의해 제약받지 않아야 하는 창작의 영역이다. 만일 사회적으로 주어진 경계 내에서의 표현에 그친다면 그것은 오락일뿐 더 이상 예술이라는 이상을 실현하지 못한다는 갑의 지적을 다시 한번 경청하여 볼 필요가 있다.

생각해 보기

↔ 예술과 외설의 차이점은?

청소년의 성보호라는 것

나는 청소년 성교육이 지금처럼 가급적 성에 대해 무관심하도록 만드는 것이 아니라, 과연 행복한 성이 무엇인지 이야기하는 시간이어야 한다고 생각한다. 무엇보다도 그들이 성인이 되어 행복한 성생활을 영위하기 위한 교육이어야 하는 것이다. 그들이 성적인 개체로 충분히 행복하게 살아갈 미래에 대한 고민과 연구여야 하는 것이다. 우리나라 어른들, 특히 남성들이 그야말로 음탕하기 그지없는 잘못된 성습관을 가지게 되는 것은 올바른 성교육의 부재로부터 비롯된 것이다. 성을 단지 더러운 욕망의 배설 정도로 여기는, 성이란 음란한 것으로 오로지 감춰지고 가려져야 한다는 성의식으로부터 비롯된 것이다.

내가 우리 부부 사진을 통해서 진정으로 이야기하고 싶은 것은 바로 그런 것들이었다. 과연 아름다운 성이라는 것이 무엇인지 말하고 싶었던 것이다. 그냥 그렇게 감춰져야 하는 것이 아니라,

행복한 성에 대해 진지하게 고민할 수 있는 기회가 되기를 원했던 것이다. 그러나 그들은 그러한 논의의 기회 자체를 음란하다고 했다. 그들에게는 성에 대해 이야기하는 것조차 음란했다.

김인규, 나의 그림은 실제상황이다, 190쪽

음란의 애매한 기준

흔히들 말하는 그 '음란'이라는 것이 무엇일까? 그것은 사실 지극히 애매모호한 용어이다. 막연하여, 아주 습관적인 느낌을 준다. 만일 어떠한 성적인 느낌조차 부정한 행동처럼 여겨지는 사회라면 성에 관련한 모든 것이 음란이 될 것이다. 알다시피 중세에는 여성은 그 자체로 음란한 존재로 여겨졌다. 그래서 여성을 그림으로 그리는 것조차 금지되었다. 오직 성스러워야 하는 성모 마리아가 그런 금기를 깨는 데 기여했다는 것은 아이러니이기도 하다. 이슬람권에서는 아직도 여성은 몸의 대부분을 감추고 살아야 한다. 여성의 뽀얀 살이 남성을 성적으로 자극할 수 있다는 이유일 게다. 이에 대해 서구 사회에서는 여성에 대한 성적 억압이나 인권의 심각한 침해라고 하여 강력하게 비판하고 있다. 그리고 문화적 차이인지, 아니면 인간의 보편적 권리에 위배되는지에 관한 견해 차이를 불러일으키고 있다.

음란이라는 문제는 그렇게 애매하며 사회적 배경에 따라 차이를 보인다. 법에서 음란이라는 것의 판단 기준은 '사회 통념상 평균인의 견해를 토대로 한다'고 검찰은 나에게 누누이 강조했다. 말하자면 당시 사회의 보통 사람들의 생각과 신념을 존중한다는 의미이다. 그러면서 나의 작품이 사회 통념상의 정도를 넘어서고 있다고 주장했다. 검찰의 주장대로 나의 작품이 사회 통념을 넘어서고 있는지 아닌지 나로서는 정확히 알 수도 없지만, 그 통념이라는 것을 어떻게 판단할 것인가로 넘어가면 또 한층 복잡해지고 만다. 과연 그것을 누가 판단할 것이며, 그 통념의 실체가 무엇인가. 그것은 우리가 극복해야 하는 편협한 선입견일 수도 있고, 집단적 악의이거나 상황에 맞지 않는 지체된 문화적 습관일 수도 있다.

더군다나 예술의 문제에서는 더욱 복잡해진다. 예술은 단지 관습이나 사회적 통념 등의 사고의 한계에 의해 제약받지 않아야 하는 창작의 영역이기 때문이다. 관습적 시야와 편벽한 삶을 깨뜨리고 끝없이 그것을 재평가하는 경계에 위치한 행동이기 때문이다. 만일 사회적으로 주어진 경계 내에서의 놀음에 그친다면, 그것은 오락일 뿐 더 이상 예술이라는 이상을 실현하지 못한다. 또한 그 사회적 통념이라는 것이 옹호할 만한 가치가 있느냐의 문제도 있다. '그냥 그렇게 생각해'가 아니라 그렇게 생각해야만 하는 납득할 만한 이유를 가져야 하는 것이다. 더군다나 그 판단이 그냥 관습에 맡겨지는 것이 아니라, 법을 동원해서 사람들을 처벌해 가며 지켜야 할 것이라면, 당연히 그럴 만한 가치를 전제해야 한다.

김인규, 위의 책, 166~168쪽

◈읽어보기

<판결> "미술교사 홈피에 부부 나체사진 음란성 인정"

대법원 무죄원심 파기환송...표현의 자유 둘러싼 논쟁 재연될 듯

대법원이 임신한 아내와 자신의 나체사진 등을 인터넷 홈페이지에 올린 혐의로 기소된 중학교 미술교사에 대해 무죄를 선고한 1,2심을 뒤집고 일부 유죄를 선고했다. '예술'이냐 '외설'이냐를 놓고 큰 관심을 끌어온 이번 사건에 대해 대법원이 유죄판결을 내림에 따라 법조계와 예술계에서는 표현의 자유의 한계를 둘러싸고 또 한차례 뜨거운 논쟁이 벌어질 전망이다.

대법원 형사3부(주심 박재윤 대법관)는 전기통신기본법위반 혐의로 기소된 충남 모 중학교 미술교사 김모씨(43)에 대한 상고심(2003도2911) 선고공판에서 지난 22일 무죄를 선고한 원심을 파기하고 일부 유죄취지로 사건을 대전고법으로 돌려보냈다.

대법원이 음란성이 있다고 판단한 작품은 검찰이 공소를 제기한 6건 중 김씨 부부의 나체사진인 '우리부부'와 여성의 성기를 근접 묘사한 '그대 행복한가' 및 남성의 성기를 세밀하게 묘사한 '남근주의' 등 세 작품이다.

재판부는 판결문에서 "예술성과 음란성은 차원을 달리하는 관념이고 어느 예술작품에 예술성이 있다고 해 그 작품의 음란성이 당연히 부정되는 것은 아니다"라며 "다만 작품의 예술적 가치, 주제와 성적표현의 관련성 정도 등에 따라서는 그 음란성이 완화되어 결국은 처벌대상을 삼을 수 없게 되는 경우가 있을 뿐이므로 피고인의 작품들에 예술성이 있다고 해 그 이유만으로 이 작품들의 음란성이 당연히 부정된다고 볼 수는 없다"고 밝혔다.

재판부는 이어 "그럼에도 불구하고 원심이 (유죄가 인정된 세 작품이) 전체적으로 보았을 때 사회통념상 허용범위를 벗어날 정도로 주로 호색적 흥미를 돋구기 위한 것이라거나 공연히 성욕을 흥분 또는 자극시키고 또한 보통인의 정상적 수치심을 해하고 선량한 성적 도의관념에 반하는 것임을 인정하기 어렵다고 보고 무죄를 선고한 것은 잘못"이라고 덧붙였다.

김씨는 지난 2000년 충남 모 중학교 미술교사로 근무하던 중 자신의 개인 홈페이지에 만삭의 아내 이모씨와 전라인 상태로 나란히 서서 찍은 사진인 '우리부부' 등 6점의 작품을 게시한 혐의로 기소돼 1,2심에서는 무죄가 선고됐었다.

〈법률신문〉, 2005년 07월 28일

◈읽어보기

정보통신망 이용촉진 및 정보보호 등에 관한 법률 제65조 제1항 제2호 위헌소원

(2009. 5. 28. 2006헌바109, 2007헌바49 · 57 · 83 · 129(병합))

[판시사항]

1. 헌법재판소법 제68조 제2항에 의한 헌법소원심판 청구인이 당해 사건인 형사사건에서 무죄의 확정판결을 받은 경우 재판의 전제성 존부(소극)
2. 엄격한 의미의 음란표현은 헌법 제21조가 규정하는 언론·출판의 자유의 보호영역에 해당하지 아니한다는 취지로 판시한 선례를 변경한 사례
3. 이 사건 법률조항의 '음란' 개념이 명확성의 원칙에 위반되는지 여부(소극)
4. 이 사건 법률조항에 의한 표현의 자유 제한이 과잉금지의 원칙에 반하는 것인지 여부(소극)

[결정요지]

1. 헌법재판소법 제68조 제2항에 의한 헌법소원심판 청구인이 당해사건인 형사사건에서 무죄의 확정판결을 받은 때에는 처벌조항의 위헌확인을 구하는 헌법소원이 인용되더라도 재심을 청구할 수 없고, 청구인에 대한 무죄판결은 종국적으로 다툴 수 없게 되므로 법률의 위헌 여부에 따라 당해 사건 재판의 주문이 달라지거나 재판의 내용과 효력에 관한 법률적 의미가 달라지는 경우에 해당한다고 볼 수 없으므로 더 이상 재판의 전제성이 인정되지 아니하는 것으로 보아야 한다.

2. 음란표현이 언론·출판의 자유의 보호영역에 해당하지 아니한다고 해석할 경우 음란표현에 대하여는 언론·출판의 자유의 제한에 대한 헌법상의 기본원칙, 예컨대 명확성의 원칙, 검열 금지의 원칙 등에 입각한 합헌성 심사를 하지 못하게 될 뿐만 아니라, 기본권 제한에 대한 헌법상의 기본원칙, 예컨대 법률에 의한 제한, 본질적 내용의 침해금지 원칙 등도 적용하기 어렵게 되는 결과, 모든 음란표현에 대하여 사전 검열을 받도록 하고 이를 받지 않은 경우 형사처벌을 하거나, 유통목적이 없는 음란물의 단순소지를 금지하거나, 법률에 의하지 아니하고 음란물출판에 대한 불이익을 부과하는 행위 등에 대한 합헌성 심사도 하지 못하게 됨으로써, 결국 음란표현에 대한 최소한의 헌법상 보호마저도 부인하게 될 위험성이 농후하게 된다는 점을 간과할 수 없다.

이 사건 법률조항의 음란표현은 헌법 제21조가 규정하는 언론·출판의 자유의 보호영역 내에 있다고 볼 것인바, 종전에 이와 견해를 달리하여 음란표현은 헌법 제21조가 규정하는 언론·출판의 자유의 보호영역에 해당하지 아니한다는 취지로 판시한 우리 재판소의 의견(헌재 1998. 4. 30. 95헌가16, 판례집 10-1, 327, 340-341)을 변경한다.

3. 이 사건 법률조항의 '음란' 개념은, 비록 보다 구체화하는 것이 바람직스럽다고 볼 여지가 있으나, 현 상태로도 수범자와 법집행자에게 적정한 판단기준 또는 해석기준을 제시하고 있다고 볼 수 있고, 이와 같은 기준에 따라 어떤 표현이 '음란' 표현에 해당하는지 여부에 관한 자의적인 법해석이나 법집행을 배제할 수 있다 할 것이므로, 결국 이 사건 법률조항의 '음란' 개념은 명확성의 원칙에 위반되지 않는다고 할 것이다.

4. 이 사건 법률조항에 의한 표현의 자유 제한은 음란표현이 헌법상 표현의 자유에 의한 보호대상이 되고 따라서 음란물 정보의 배포 등의 행위에 대하여 형사상 중한 처벌을 가하는 것이 이러한 기본권을 다소 제한하게 되는 결과가 된다 하더라도 이는 공공복리를 위하여 필요한 제한으로서 헌법 제37조 제2항의 과잉금지의 원칙에 반하는 것이라고 보기 어렵다.

각하 결정 부분에 대한 재판관 조대현, 재판관 김종대의 반대의견

헌법 제107조 제1항의 "법률이 헌법에 위반되는 여부가 재판의 전제로 된 경우"라 함은 어느 법률이 사건의 재판에 적용되는 관계에 있고 그 법률의 위헌 여부에 따라 논리적·추상적으로 재판의 의미와 내용이 달라질 가능성이 있는 경우를 말하는 것이다. 이와 같은 재판의 전제성이 있으면 헌법에서 정하는 위헌법률심판을 개시하기 위한 요건은 충족되는 것이지 더 나아가 그 위헌법률심판이 실제로 제청신청인이나 헌법소원 청구인을 유리하게 하거나 재심의 기회를 주는 경우라야 비로소 위헌법률심판을 개시할 수 있다고 해석할 수는 없다.

따라서 이 사건 법률조항은 청구인 최○호, 손○익, 엄○춘, 양○현에 대한 공소사실에 적용되는 것으로서 위헌이라면 무죄판결의 이유가 달라지는 경우에 해당하므로, 위 청구인들의 청구 또한 본안에 들어가 이 사건 법률조항의 위헌 여부를 심판하여야 한다.

합헌 결정 부분에 대한 재판관 김희옥, 재판관 이동흡, 재판관 목영준의 별개의견(선례변경에 대한 반대)

헌법에 열거되어 있는 기본권의 고유한 보호영역을 확정하는 문제는 위헌성 심사의 첫 단계로서의 중요한 의미를 가지는 것으로서, 개개의 사건에서 문제된 모든 표현이 언론·출판의 자유의 보호영역에 포함될 수 없음은 자명한 것인바, 언론·출판의 자유의 보호영역에 관한 논의는 언론·출판의 자유에 관한 위헌성 심사를 위한 필수적인 전제가 된다.

한편, 우리 헌법 제21조 제4항은 언론·출판의 자유의 헌법적 한계를 명시하고 있으므로, 그 한계를 벗어난 표현은 헌법상 언론·출판의 자유의 보호영역에 속하지 아니한다고 할 것이고, 이른바 음란 표현이 언론·출판의 자유의 보호영역에 속하는지, 속하지 않는지는 규범적 개념인 음란의 판단기준을 어떻게 정립하느냐에 따라 달려있는 문제라고 할 수 있다.

그런데 이 사건 법률조항에서 정한 '음란' 개념은 이른바 엄격한 의미의 '음란', 즉 "인간존엄 내지 인간성을 왜곡하는 노골적이고 적나라한 성 표현으로서 오로지 성적 흥미에만 호소할 뿐 전체적으로 보아 하등의 문학적, 예술적, 과학적 또는 정치적 가치를 지니지 않은 것"을 뜻한다고 볼 것인바, 이에 의하면 예술의 자유나 학문의 자유 등 정신적 자유의 보호영역에 포함될 수 있는 진지한 문학적, 예술적 가치를 지닌 성적 표현은 '음란' 표현에 해당할 여지도 없는 것이 되고, 결국 이와 같은 '음란' 표현에는 미국 연방대법원이 수정헌법 제1조의 보호영역에 속하지 않는다고 보는 음란물(obscenity) 또는 독일 형법에 규정된 '하드코어 포르노그래피'와 유사하거나 그 이상의 해악을 지닌 성적 표현만이 해당될 수 있는 것이다. 따라서 이른바 엄격한 의미의 '음란' 표현은 헌법 제21조 제4항의 헌법적 한계를 벗어난 것이어서, 언론·출판의 자유에 의해서 보호되지 않는다.

한편, 이러한 엄격한 의미의 '음란' 표현은 헌법상 언론·출판의 자유에 의하여 보호되지 아니하므로, 이 사건 법률조항에서 '음란' 표현물을 정보통신망을 통하여 배포하는 행위 등을 처벌하고 있다고 하여도 언론·출판의 자유의 제한에 관한 과잉금지원칙 위반 여부의 심사는 불필요하다.

❖ 참고문헌

김인규, 나의 그림은 실제상상이다. 푸른나무, 2002년.

조연하, 인터넷상 청소년이용 성표현물의 법적 규제체계에 관한 전문가 인식연구, 언론과 사회 13권3호, 2005년.

황성기, 청소년 성보호에 관한 법적 고찰, 한림법학 포럼 제12권, 2003년.

제10절 국가배상청구권

I. 사례

1986.11.12. 19:30경 경기 남양주군 ○○ 앞 국도상에서, 청구외 갑 소유의 승용차를 운전하던 청구외 을의 자동차운전자로서의 과실과, 직무를 집행하던 육군중사인 청구외 병을 뒷좌석에 태우고 90cc 오토바이를 운전하여 직무를 집행하던 육군 중사인 청구외 정의 오토바이 운전자로서의 과실이 경합하여 교통사고가 발생하였고, 위 병은 전치 약 8주를 필요로 하는 우슬관절내측부인대파열 및 전방십자인대파열 등의 상해를 입었다. 이에 청구인인 ○○화재해상보험주식회사는 위 갑에 대한 자동차종합보험 보험자로서 위 갑을 대위하여 위 병에게 손해배상을 하였다.

청구인은 위 정의 과실로 인한 손해배상부담부분에 관하여 그 사용자인 대한민국을 상대로 서울민사지방법원에 구상금청구소송을 제기하였으나 청구가 기각되었고, 항소한 결과 서울고등법원은 국가와 제3자가 직무집행 중인 군인 등 공무원에게 공동하여 불법행위를 한 경우 피해자인 군인 등은 동 법조의 규정상 국가와의 사이에서는 국가에 대한 손해배상청구권이 면제되어 직접 손해배상청구를 할 수 없는 것이지만 이는 그들 사이에서만 상대적으로 효력이 있을 뿐 그에게 손해를 배상한 공동불법행위자인 제3자는 동 규정과 관계없이 국가에 대하여 구상권을 행사할 수 있는 것이라고 해석함이 상당하다고 판단하여 청구인의 청구를 일부 인용하는 판결을 선고하였다.

그러나 대한민국이 상고한 결과, 대법원은 국가배상법 제2조 제1항 단서는 헌법 제29조 제2항에 근거를 둔 규정으로서 군인·군무원 등 위 법률규정에 열거된 자가 전투·훈련 기타 직무집행과 관련하여 공상을 입은 데 대하여 재해보상금·유족연금·상이연금 등 별도의 보상제도가 마련되어 있는 경우에는 이중배상의 금지를 위하여 이들의 국가에 대한 국가배상법 또는 민법상의 손해배상청구권 자체를 절대적으로 배제하고 있는 규정이므로 이들이 직접 국가에 대하여 손해배상청구권을 행사할 수 없음은 물론 국가와 공동불법행위의 책임이 있는 자가 그 배상채무를 이행하였음을 이유로 국가에 대하여 구상권을 행사하는 것도 허용되지 아니한다는 이유로 사건을 원심으로 환송하였다. 위 소송이 서울고등법원에 계속중 청구인은 국가배상법 제2조 제1항 단서에 의하여 청구인이 국가에 대하여 구상권을 행사할 수 없다고 해석하는 한 국가배상법 제2조 제1항 단서는 헌법에 위반된다고 주장하여 위헌제청신청을 하였으나, 서울고등법원은 1993.5.25. 이를 기각하는 결정을 하였고, 청구인은 같은 해 6.1. 그 결정의 정본을 송달받고 6.9. 이 사건 헌법소원심판을 청구하였다.

한편 서울고등법원은 위 소송에서 1993.12.1. 청구인의 청구를 모두 기각하는 판결을 선고하였고, 청구인이 상고하였지만 대법원은 1994.5.27. 청구인의 상고를 기각하는 판결을 선고하였다.

참조 : 국가배상법 제2조 제1항 단서 위헌소원 (헌재 1994.12.29./ 93헌바21)

[공부거리]

국가배상청구권 변형결정

[심판대상조문]

국가배상법

제2조 (배상책임) ① 국가 또는 지방자치단체는 공무원이 그 직무를 집행함에 당하여 고의 또는 과실로 법령에 위반하여 타인에게 손해를 가하거나, 자동차손해배상보장법의 규정에 의하여 손해배상의 책임이 있는 때에는 이 법에 의하여 그 손해를 배상하여야 한다. **다만, 군인·군무원·경찰공무원 또는 향토예비군대원이 전투·훈련·기타 직무집행과 관련하거나 국방 또는 치안유지의 목적상 사용하는 시설 및 자동차·선박·항공기·기타 운반기구 안에서 전사·순직 또는 공상을 입은 경우에 본인 또는 그 유족이 다른 법령의 규정에 의하여 재해보상금·유족연금·상이연금 등의 보상을 지급받을 수 있을 때에는 이 법 및 민법의 규정에 의한 손해배상을 청구할 수 없다.**

② 생략

[참조조문]

헌법

제29조 ① 생략

② 군인·군무원·경찰공무원 기타 법률이 정하는 자가 전투·훈련 등 직무집행과 관련하여 받은 손해에 대하여는 법률이 정하는 보상 외에 국가 또는 공공단체에 공무원의 직무상 불법행위로 인한 배상은 청구할 수 없다.

1. 당사자의 주장

1) 청구인측의 주장

이 사건 심판대상부분은, 일반국민이 직무집행 중인 군인과의 공동불법행위로 다른 군인에게 직무집행과 관련하여 공상을 입히고 그 피해군인에게 공동의 불법행위로 인한 손해를 전부 배상한 다음 공동불법행위자인 군인의 부담부분에 관하여 국가에 대하여 구상권을 행사하는 것을 허용하지 아니한다고 해석한다면, 이는 다른 일반국민과 함께 공동불법행위를 한 일반국민에 비하여 합리적인 이유 없이 직무집행 중인 군인과 공동불법행위를 한 일반국민을 차별하여 가해군인의 불법행위로 인한 국가의 손해배상채무를 일반국민에게 전가하는 것이어서, 헌법 제11조, 제23조 제1항 및 제29조 제1항에 위반된다.

2) 법원의 위헌제청신청기각 이유

국가배상법 제2조 제1항 단서는, 군인과 공동으로, 직무집행 중인 다른 군인에 대하여 불법행위를 한 자가 혼자서 피해군인에게 손해배상을 한 후 불법행위를 한 군인의 부담부분에 대하여 국가에 구상권을 행사할 수 없다고 해석하는 경우에도 헌법 제29조 제2항에 합치되므로 헌법에 위반되지 아니한다.

3) 법무부장관의 의견 요지

군인 등이 전사한 경우보다 후방에서 안전사고로 사망한 경우 더 많은 배상을 받게 되는 모순을 방지하기 위하여 구 국가배상법 (1967.3.3. 법률 제1899호) 제2조 제1항 단서를 제정하였지만 대법원에 의하여 위헌으로 선고되자 이 법 제2조 제1항 단서에 대한 헌법적 근거를 마련하기 위하여 헌법 제29조 제2항이 제정되었는바, 그 입법목적은 군인·경찰관 등에 대하여 이중배상을 금지하지 아니하면 ① 군인·경찰관 등이 국가배상청구소송과 관련하여 법정에 출석·증언할 경우 군사기밀 내지 수사기밀이 누설될 위험이 있어서 군인·경찰관 등의 고유업무에 지장을 초래할 우려가 있고, ② 전우·동료끼리 원·피고가 되어 소송을 하거나, 업무수행 중 사상한 경우 손해배상청구권이 인정되는 자와 그렇지 아니한 자가 있게 되어 군인·경찰관 등의 사기와 단합에 나쁜 영향을 미칠 우려가 있고, ③ 지휘관은 업무 중 손해배상책임의 발생 여부를 항상 염두에 두게 되어 업무수행의 부담을 가중시키므로, 이와 같은 부작용을 방지하여 원활한 업무수행을 도모하기 위한 것이다. 그러므로 헌법 제29조 제2항은 일반국민이 직무집행 중인 군인과의 공동불법행위로 직무집행 중인 다른 군인에게 공상을 입혀 그 피해군인에게 공동의 불법행위로 인한 손해를 전부 배상하고 공동불법행위자인 군인의 부담부분에 관하여 국가에 대하여 구상권을 행사하는 것까지도 허용하지 아니한다고 해석된다.

그렇다면 헌법 제29조 제2항에 근거하고 있는 이 사건 심판대상부분에 대하여 위와 같이 해석한다고 하더라도 이는 헌법 제11조, 제23조 제1항 및 제29조에 위반되지 아니한다.

2. 헌법재판소의 판단

1) 헌법 제29조 제2항의 구상권행사 배제 여부에 관하여

헌법 제29조 제1항은 "공무원의 직무상 불법행위로 손해를 받은 국민은 법률이 정하는 바에 의하여 국가 또는 공공단체에 정당한 배상을 청구할 수 있다. 이 경우 공무원 자신의 책임은 면제되지 아니한다"고 규정하면서, 같은 조 제2항에서 "군인 · 군무원 · 경찰공무원 기타 법률이 정하는 자가 전투 · 훈련 등 직무집행과 관련하여 받은 손해에 대하여는 법률이 정하는 보상 외에 국가 또는 공공단체에 공무원의 직무상 불법행위로 인한 배상은 청구할 수 없다"고 규정하여, 국가배상청구권이 인정되는 국민 중에서 군인 등에 한하여 국가배상청구권을 제한하고 있다. 따라서 문리해석상 헌법 제29조 제2항은, 공무원의 직무상 불법행위로 직무집행과 관련하여 손해를 입은 군인 등이 법률이 정하는 보상을 지급받을 수 있을 때에는 직접 국가 또는 공공단체에 대하여 손해배상청구권을 행사하는 것을 허용하지 아니한 것은 명백하다. 그러나 위 규정이 이 사건과 같은 사안에서 일반국민이 국가에 대하여 구상권을 행사하는 것까지 허용하지 아니하는가 여부는 분명하지 아니하다. 그렇다면 이 문제는 위 규정의 입법목적과 헌법의 일반원칙에 따라 해석하여야 할 것이다.

(1) 일반국민이 직무집행 중인 군인과의 공동불법행위로 직무집행 중인 다른 군인에게 공상을 입힌 경우 그 일반국민은 피해군인이 법률로 정하는 보상을 지급받는 것과는 별도로 공동불법행위이론에 의하여 공동불법행위자인 군인의 부담부분을 포함한 전부의 손해를 배상할 책임을 지게 된다.

그런데 헌법 제29조 제2항을 피해군인 등에게 발생한 국가에 대한 손해배상청구권을 그 군인 등과 국가 사이에서만 상대적으로 소멸시키는 규정으로 해석한다면, 일반국민은 공동불법행위자인 군인의 부담부분에 관하여 국가에 대하여 구상권을 행사할 수 있게 된다. 이리하여 일반국민은 다른 공동불법행위로 인한 손해배상사건에서와 마찬가지로 자신의 부담부분에 한하여만 손해를 배상하고 국가도 공동불법행위자인 군인의 사용자로서의 책임을 부담하는 결과가 되어 형평의 원칙에 부합하게 된다. 이와 반대로 헌법 제29조 제2항을 국가의 불법행위책임 자체를 절대적으로 배제하는 규정으로 해석한다면, 이 사건과 같은 사안에서 일반국민은 공동불법행위자인 군인의 부담부분에 관하여 국가에 대하여 구상권을 행사할 수 없게 되고, 설사 공동불법행위자인 군인 개인에 대하여 구상권을 행사할 수 있다고 하더라도 그 군인 자신에게 변제할 자력이 없을 경우에는 일반국민은 현실적으로 구상을 받을 수 없게 된다. 그 결과 국가는 공동불법행위자인 군인의 사용자로서 그 군인의 불법행위로 인한 손해배상책임을 전혀 지지 아니하고 그 부담부분을 일반국민에게 전가시키거나 전가시키는 결과가 되어 형평의 원칙에 위배되고 아울러 법률에 근거 없이 일반국민에게 재산상의 의무를 부과하는 것으로 국민의 재산권을 침해하게 된다.

국가는 국민의 기본권을 보장할 의무가 있고, 헌법 제29조 제2항은 제1항 의하여 보장되는 국가배상청구권을 헌법내재적으로 제한하는 규정이므로 그 적용범위에 대하여는 엄격하고도 제한적으로 해석하여야 할 것이다. 그러므로 헌법 제29조 제2항의 입법목적은, 피해자인 군인 등이 법률이 정하는 보상 외에 국가에 대하여 직접 손해배상청구권을 행사하지 못하게 하는 범위 내에서, 즉 일반국민에게 경제적 부담을 전가시키지 아니하는 범위 내에서 군인 등의 국가에 대한 손해배상청구권을 상대적으로 소멸시킴으로써 군인 등에 대한 이중배상을 금지하여 국가의 재정적 부담을 줄인다고 하는 의미로 제한하여 이해하여야 할 것이다.

그러므로 헌법 제29조 제2항은 이 사건의 쟁점이 되고 있는 사안에서와 같이 일반국민이 직무집행 중인 군인과 공동불법행위를 한 경우에는 일반국민의 국가에 대한 구상권의 행사를 허용하지 아니한다고 해석하여서는 아니될 것이다.

더욱이 이 사건과 같은 교통사고의 경우 위 승용차의 운전자는 위 오토바이의 승객이 누구인지 전혀 알 수 없는 상태에서 사고를 일으켰는데, 위 오토바이의 승객이 일반국민이면 국가가 구상책임을 지고, 군인 등이면 국가가 구상책임을 지지 아니한다고 한다면 위 승용차의 운전자는 우연한 사정에 의하여 그 손해배상의 부담부분이 크게 달라지게 되어 법적 안정성을 해하게 된다.

2) 이 사건 심판대상 부분의 위헌여부에 대하여

이 사건 심판대상 부분은 그 규정의 내용이 헌법상 근거규정인 헌법 제29조 제2항과 동일하므로 위 가항에서 살펴본 바와 같이 일반국민의 국가에 대한 구상권의 행사를 허용하지 아니한다고 해석되지 아니한다. 그런데 법원은 이 사건 심판대상 부분을 근거로 일반국민의 국가에 대한 구상권의 행사를 허용하지 아니한다고 해석하고 있으므로 그와 같이 해석하는 경우 이 사건 심판대상 부분이 헌법에 위반되는지 여부를 살펴보기로 한다.

(1) 이 사건 심판대상 부분의 입법목적은 헌법 제29조 제2항의 입법목적과 동일하다고 할 수 있다. 그 입법목적의 정당성 여부는 헌법 제29조 제2항에 의하여 헌법적으로 해결되

어 있다고 하더라도 헌법상 보장되는 일반국민의 국가배상청구권을 제한하는 범위와 정도는 헌법 제37조 제2항에 의한 기본권제한의 한계 내에서만 가능한 것이다. 앞서 일반국민의 국가에 대한 구상권의 행사가 인정되는지 여부를 검토하면서 살펴본 바와 같이, 이 사건 심판대상 부분이 일반국민의 국가에 대한 구상권의 행사를 허용하지 아니한다고 해석한다면, 이는 국가가 공동불법행위자인 군인의 사용자로서 그 군인의 불법행위로 인한 손해배상책임을 합리적인 이유 없이 일반국민에게 전가시키거나 전가시키는 결과가 되어, 입법목적을 달성하기 위한 정당한 입법수단의 한계를 벗어나는 것이 된다고 할 것이다.

(2) 더구나 1994.1.5. 법률 제4705호로 공포되어 7.1.부터 시행된 군인연금법 제41조 제2항은, "국방부장관은 제3자의 행위로 인하여 급여의 사유가 발생하여 급여를 지급하는 때에는 그 급여액의 범위 안에서 수급권자가 제3자에 대하여 가지는 손해배상청구권을 취득한다"고 규정하고 있고, 같은 조 제3항은, "제2항의 수급권자가 제3자로부터 동일한 사유로 인하여 이미 손해배상을 받은 때에는 그 배상액의 범위 안에서 급여를 지급하지 아니한다"고 규정하고 있다. 위 규정에 의하여, 직무집행 중인 군인과 공동불법행위를 한 일반국민이 직무집행과 관련하여 공상을 입은 다른 피해군인에게 손해배상을 하지 아니하면, 국가의 피용자인 군인의 복리증진 등을 위한 군인연금기금의 관리운용자인 국방부장관은 피해자인 군인에게 지급한 재해보상금·유족연금·상이연금 등의 범위 내에서 군인연금법 제41조 제2항에 의하여 공상을 입은 그 군인의 일반국민에 대한 손해배상청구권을 취득하여 공동불법행위자인 일반국민에게 손해배상을 청구할 수 있다. 반대로 공동불법행위자인 일반국민이 직무집행과 관련하여 공상을 입은 피해자인 군인에게 손해배상을 하게 되면, 그 금액의 범위 안에서 그 군인에게 군인연금법에 의한 재해보상금·유족연금·상이연금 등을 지급하지 아니하게 된다.

이와 같이 국방부장관은 피해자인 군인에게 국고의 부담에 의한 재해보상금(군인연금법 제31조, 제32조), 군인연금기금의 부담에 의한 상이연금·유족연금 등(군인연금법 제23조, 제26조, 제37조 등 참조)을 취급한 때에는 그 군인의 일반국민에 대한 손해배상청구권을 취득하는 방식으로 사실상 일반국민에게 구상권을 행사할 수 있게 되고, 그 군인측이 일반국민으로부터 손해배상을 받은 경우에는 그 금액의 범위 안에서 재해보상금·유족연금·상이연금 등을 지급하지 아니하여 국고 또는 군인연금기금은 사실상 재정적인 이득을 얻게 된다. 그럼에도 불구하고 이 사건 심판대상 부분에 의하여 이 사건과 같은 사안에서 일반국민은 공동불법행위자인 군인의 부담부분에 관하여 국가에 대하여 구상권을 행사할 수 없다고 한다면, 이는 불법행위로 인한 손해배상문제를 둘러싼 사경제적 법률관계에서 합리적인 이유 없이 국가를 지나치게 우월하게 취급함으로써 입법목적을 달성하기 위한 정당한 입법수단의 한계를 더욱 벗어나게 된다.

(3) 이상과 같은 이유로 이 사건 심판대상 부분에 의하여 이 사건의 쟁점이 되고 있는 사안에서 일반국민이 공동불법행위자인 군인의 부담부분에 관하여 국가에 대하여 구상권을 행사할 수 없다고 해석한다면, 이는 이 사건 심판대상 부분의 헌법상 근거규정인 헌법 제29조가 구상권의 행사를 배제하지 아니하는데도 이를 배제하는 것으로 해석하는 것으로서 합리적인 이유 없이 일반국민을 국가에 대하여 지나치게 차별하는 경우에 해당하므로 헌법 제11조, 제29조에 위반된다. 또한 국가에 대한 구상권은 헌법 제23조 제1항에 의하여 보장되는 재산권이고 위와 같은 해석은 그러한 재산권의 제한에 해당하며 재산권의 제한은 헌법 제37조 제2항에 의한 기본권 제한의 한계 내에서만 가능한데, 위와 같은 해석은 헌법 제37조 제2항에 의하여 기본권을 제한할 때 요구되는 비례의 원칙에 위배하여 일반국민의 재산권을 과잉 제한하는 경우에 해당하여 헌법 제23조 제1항 및 제37조 제2항에도 위반된다고 할 것이다.

3) 이해관계기관의 의견에 대한 판단

그런데 법무부장관은, 헌법 제29조 제2항은 입법적으로 해결된 것이며 그 입법목적에 비추어 보더라도 이 사건에서 일반국민의 국가에 대한 구상권의 행사가 허용되지 아니한다고 주장하고 있으므로 이에 관하여 판단하기로 한다.

(1) 먼저 입법적으로 해결된 것이란 주장에 대하여 살펴본다. 헌법 제29조 제2항은 1972.12.27. 제7차 개헌시 처음으로 헌법 제26조 제2항(다만 당시 "군무원"은 "군인"으로 표시되었다)으로 규정되었고, 1980.10.27. 제8차 개헌시 헌법 제28조 제2항으로 조문의 위치가 변경되었다가 1987.10.29. 제9차 개헌시 현행헌법과 같이 개정되었다. 그런데 제7차 개헌 이전인 1967.3.3. 법률 제1899호로 제정된 구 국가배상법 제2조 제1항 단서는 현행 국가배상법 제2조 제1항 단서와 유사한 내용으로 군인·군속에 대한 이중배상금지를 규정하였고, 그 규정이 이들의 국가에 대한 국가배상법 또는 민법에 의한 손해배상청구를 배제하는 것의 위헌여부가 논의되어 오던 중, 대법원은 1971.6.22. 선고, 70다1010 사건 판결에서 공무원의 직무상 불법행위로 인하여 피해를 입은 때에 그 피해자가 군인이라 하여 손해배상청구권을 부인하는 구 국가배상법 제2조 제1항 단서는 헌법에 위반된다고 위헌판결을

하였던 것이다. 이리하여 군인 등의 이중배상금지를 규정한 구 국가배상법 제2조 제1항 단서의 위헌문제를 헌법적으로 해결하기 위하여 제7차 개헌에서 위와 같이 헌법 제26조 제2항이 신설된 것이다.

대법원에서 위헌판결이 선고된 위 사건에서는 피해자인 군인이 직접 국가에 대하여 손해배상청구권을 행사하는 것을 배제하는 것이 쟁점으로 되어 있었기 때문에, 연혁적으로 보더라도 헌법 제29조 제2항은 피해자인 군인이 법률에 의한 보상 이외에 공무원의 사용자인 국가 또는 공공단체에 직접 손해배상청구권을 행사하는 것을 허용하지 아니한다고 주장하고 있다. 그러나 헌법 제29조 제2항은 피해자인 군인이 불법행위자인 일반국민에 대하여 손해배상청구권을 행사하는 것을 금하지는 아니하므로, 비록 구 국가배상법 제2조 제1항 단서는 군인 등이 전사한 경우보다 후방에서 안전사고로 사망한 경우 더 많은 배상을 받게되는 모순을 방지하기 위하여 제정되었다고 하는 사정을 고려한다 하더라도, 그와 같은 사정은 위에서 본 바와 같이 일반국민의 직무집행 중인 군인과 공동불법행위를 한 경우 일반국민의 국가에 대한 구상권의 행사를 허용하지 아니한다고 해석할 수 있는 합리적인 이유가 될 수 없다고 할 것이다.

(2) 다음으로 입법목적과 관련한 주장을 살펴본다.

첫째, 법무부장관은 헌법 제29조 제2항의 입법목적은 소송절차상 군사기밀 내지 수사기밀이 누설되어 고유업무에 지장을 초래할 우려가 있으므로 이를 방지하기 위한 것이라고 주장한다. 그러나 소송절차상 군사기밀 내지 수사기밀이 누설될 위험이 있으면 재판을 비공개로 진행하여 이를 방지할 수 있을 것이고, 나아가 피해자인 군인이 가해자인 국민을 상대로 손해배상청구소송을 할 경우에도 군사기밀 내지 수사기밀이 누설될 위험은 있는 것인데도 이를 금지하지 아니하고 있다.

둘째, 법무부장관은 전우·동료끼리 원·피고가 되어 소송을 하거나 업무수행 중 사상한 경우 손해배상청구권이 인정되는 자와 그러하지 아니한 자가 있게 되면 군인·경찰관 등의 사기와 단합에 나쁜 영향을 줄 수 있으므로 이를 방지하기 위한 것도 헌법 제29조 제2항의 입법목적의 하나라고 주장한다. 그러나 국가가 가해자인 군인 등에게 구상권을 행사하는 경우에도 전우·동료끼리 원·피고가 되어 소송을 하는 것과 유사한 결과가 발생하고, 손해배상청구권이 인정되는 자와 그러하지 아니한 자가 있다고 하더라도 이는 사고발생의 경위가 다르기 때문에 발생하는 것이지 동일한 사안에서 그와 같은 차별이 발생하는 것은 아니다.

셋째, 그 외 법무부장관은 지휘관이 업무 중 손해배상책임의 발생 여부를 항상 염두에 두게 되어 업무수행의 부담을 가중시키므로 이를 방지하기 위한 것도 헌법 제29조 제2항의 입법목적의 하나라고 주장한다. 그러나 지휘관은 항상 업무수행 중 사상자가 발생하지 않도록 주의할 의무가 있는 것이다.

이상과 같이 법무부장관이 주장하는 헌법 제29조 제2항의 입법목적은 그 정당성이 미약하고, 비록 그 정당성을 인정한다 하더라도 이는 어디까지나 부차적인 입법목적이 될 수 있을 뿐이다. 또한 이와 같은 입법목적을 달성하기 위한 헌법 제29조 제2항의 적용범위는 입법수단의 정당성을 인정할 수 있는 범위 내로 제한적으로 해석되어야 하는데, 이 사건의 쟁점이 되고 있는 사안에서 일반국민이 국가에 대하여 구상권을 행사하는 것을 허용하지 아니한 것은 법무부장관이 주장하는 입법목적을 달성하기 위하여 반드시 필요한 것도 아니므로 이는 정당한 입법수단이 될 수 없는 경우에 해당한다고 하겠다.

그러므로 법무부장관이 주장하는 입법목적도 헌법 제29조 제2항이 이 사건의 쟁점이 되고 있는 사안에서 일반국민의 국가에 대한 구상권의 행사를 허용하지 아니한다고 해석할 수 있는 합리적인 이유가 될 수 없다고 할 것이다.

4) 결론

그렇다면, 이 사건 심판대상 부분은, 일반국민이 직무집행 중인 군인과의 공동불법행위로 직무집행 중인 다른 군인에게 공상을 입혀 그 피해자에게 공동의 불법행위로 인한 손해를 배상한 다음 공동불법행위자인 군인의 부담부분에 관하여 국가에 대하여 구상권을 행사하는 것을 허용하지 아니한다고 해석하는 한, 헌법 제117조, 제23조 제1항, 제29조 및 제37조 제2항에 위반되어 위헌이므로, "국가배상법 제2조 제1항 단서 중 "군인… 이…… 직무집행과 관련하여…… 공상을 입은 경우에 본인 또는 그 유족이 다른 법령의 규정에 의하여 재해보상금 · 유족연금 · 상이연금 등의 보상을 지급받을 수 있을 때에는 이 법 및 민법의 규정에 의한 손해배상을 청구할 수 없다"는 부분은, 일반국민이 직무집행 중인 군인과의 공동불법행위로 직무집행 중인 다른 군인에게 공상을 입혀 그 피해자에게 공동의 불법행위로 인한 손해를 배상한 다음 공동불법행위자인 군인의 부담부분에 관하여 국가에 대하여 구상권을 행사하는 것을 허용하지 아니한다고 해석하는 한, 헌법에 위반된다"고 결정한다.

Ⅱ. 해설

1. 청구권

1) 국가배상청구권

(1) 의의 및 헌법적 근거

국가배상청구권이란 공무원의 직무상 불법행위로 말미암아 재산 또는 재산 이외의 손해를 받은 국민이 국가 또는 공공단체에 대하여 그 손해를 배상하여 주도도록 청구할 수 있는 권리를 말한다.85)

헌법 제29조 제1항은 "공무원의 직무상 불법행위로 손해를 받은 국민은 법률이 정하는 바에 의하여 국가 또는 공공단체에 정당한 배상을 청구할 수 있다. 이 경우 공무원 자신의 책임은 면제되지 아니한다."라고 규정하고, 제2항은 "군인·군무원·경찰공무원 기타 법률이 정하는 자가 전투·훈련 등 직무집행과 관련하여 받은 손해에 대하여는 법률이 정하는 보상 외에 국가 또는 공공단체에 공무원의 직무상 불법행위로 인한 배상은 청구할 수 없다."고 규정하여, 국가배상청구권을 헌법상의 인권으로 보장함과 동시에 일정한 경우에 있어 헌법규정으로 이를 직접 제한하고 있다.

(2) 법적 성격

국가배상청구권의 실질적 성격이 무엇인가 하는 점에 대해 재산권설과 청구권설이 나뉜다. 재산권설은 헌법상 국가배상청구권이 헌법 제23조 제1항에 의해 보호되는 재산권의 한 내용이라 보는 견해이다. 반면 청구권설은 국가배상청구권이 재산적 가치를 가지고 있음을 부정할 수는 없지만, 헌법이 국가배상청구권에 대해 재산권규정과는 별도의 규정을 두고 있으며, 그 성질이 재산의 보호라기보다는 위법행위에 대한 권리구제수단의 보호라는 성격이 강하므로 청구권이라고 보는 견해이다(통설).

헌법재판소의 판례에는 국가배상청구권을 재산권으로 본 판례도 있고86), 재산권의 보장이라는 가치와 청구권의 보장이라는 양면적 성격을 인정한 판례도 있다.87) 여기서 손해전

85) 헌재 1997.2.20./ 96헌바24.
86) 헌재 1996.6.13./ 94헌바20.
87) 헌재 1997.2.20./ 96헌바24.

보의 측면으로 보면 금전청구권으로서 일정부분 재산권적 성격을 가지며, 공권력에 대해 그 권리구제를 요청한다는 점에서 청구권적 성격을 갖는다.

(3) 성립요건

국가배상법 제2조에 의하여 공무원의 직무상 불법행위에 대한 국가배상청구를 위해서는 ① 공무원의 행위에 의할 것, ② 공무원이 직무상의 행위를 할 것, ③ 불법행위가 직무집행에 당하여 발생할 것, ④ 공무원의 행위가 고의·과실에 의할 것, ⑤ 그 행위가 법령에 위반하는 행위일 것, ⑥ 손해가 발생하고 손해와 공무원의 행위 사이에 인과관계가 인정될 것 등의 요건이 필요하다.

2) 국가보상청구권

국가보상청구권은 적법한 또는 무과실의 공권력발동으로 말미암아 권익을 침해당한 국민이 국가에 대해 보상을 청구할 수 있는 권리를 말한다. 그 대표적인 경우가 손실보상청구권과 형사보상청구권이다.

(1) 손실보상청구권

① 의의

손실보상청구권은 공용수용·공용사용·공용제한 등 적법한 공권력의 행사로 말미암아 재산상 특별한 희생을 당한 자가 공평부담의 견지에서 국가에 대하여 재산적 손실의 전보를 청구할 수 있는 청구권적 인권의 하나이다.

이에 대해 헌법은 제23조 제3항에서 "공공필요에 의한 재산권의 수용·사용 또는 제한 및 그에 대한 보상은 법률로써 하되, 정당한 보상을 지급하여야 한다."고 규정함으로써 이 권리를 인정하고 있다.

② 법적 성격

헌법은 제26조에서 제30조에 걸쳐 일련의 청구권적 기본권을 규정하고 있으면서도, 손실보상청구권은 재산권조항인 제23조에 규정되어 있고, 손실보상제도는 사유재산제도와 사유재산권의 존중을 이론적 근거로 하고 있으므로, 손실보상청구권은 재산권확보를 위한 수단적 권리라 할 수 있다.

③ 성립요건

손실보상청구권이 성립하기 위해서는 i) 개인의 자유권이 ii) 공공필요를 위한 iii) 적법한 공권력의 행사로 말미암아 iv) 특별한 희생을 당한 경우라야 한다.

(2) 형사보상청구권

① 의의

형사보상청구권이란 형사피의자 또는 형사피고인으로 구금되었던 자가 불기소처분을 받거나 확정판결에 의하여 무죄를 선고받은 경우에 물질적·정신적 손실을 보상하여 주도록 국가에 대하여 청구할 수 있는 권리를 말한다.

헌법 제28조는 "형사피의자 또는 형사피고인으로서 구금되었던 자가 법률이 정하는 불기소처분을 받거나 무죄판결을 받은 때에는 법률이 정하는 바에 의하여 국가에 정당한 보상을 청구할 수 있다."고 하여 이를 보장하고 있다. 이와 관련된 법률로는 형사보상법이 있다.

② 성립요건

형사보상을 청구할 수 있으려면 형사피의자로서 구금되었던 자가 법률이 정하는 불기소처분을 받거나(피의자 보상) 형사피고인으로서 구금되었던 자가 무죄판결을 받아야 한다(피고인 보상). 여기서 관계기관의 고의 또는 과실은 필요없는데, 형사보상청구권의 본질이 손실보상청구권에 있기 때문이다.

3) 재판청구권

(1) 의의 및 헌법적 근거

헌법에 규정된 인권이 종이 위의 권리가 아니라 그 보장이 실효를 거두려면, 기본권이 침해되지 아니하도록 사전예방책이 강구되어야 하고, 일단 침해된 경우에는 사후구제절차가 완비되어야 한다. 인권의 사후구제절차를 의미하는 절차적 보장에는 행정절차적 보장과 사법절차적 보장이 있다. 형사절차와 관련된 사법절차적 보장 중에서도 결정적인 의미를 가지는 것이 재판청구권이다.

헌법 제27조는 "① 모든 국민은 헌법과 법률이 정한 법관에 의하여 법률에 의한 재판을 받을 권리를 가진다. ② 군인 또는 군무원이 아닌 국민은 대한민국의 영역 안에서는 중대한 군사상 기밀·초병·초소·유독음식물공급·포로·군용물에 관한 죄 중 법률이 정한 경우와 비상계엄이 선포된 경우를 제외하고는 군사법원의 재판을 받지 아니한다. ③ 모든 국민은 신속한 재판을 받을 권리를 가진다. 형사피고인은 상당한 이유가 없는 한 지체없이 공개재판을 받을 권리를 가진다. ④ 형사피고인은 유죄의 판결이 확정될 때까지는 무죄로 추정된다. ⑤형사피해자는 법률이 정하는 바에 의하여 당해 사건의 재판절차에서 진술할 수 있다."라고 하여, 재판청구권을 보장하고 있다.

(2) 법적 성격

재판청구권은 재판이라는 국가적 행위를 청구할 수 있는 적극적 측면과 헌법과 법률이 정한 법관이 아닌 자에 의한 재판 및 법률에 의하지 아니한 재판을 받지 아니하는 소극적 측면을 아울러 가지고 있다. 그러므로 재판 청구권은 청구권과 자유권이라는 양면적 성격을 가진 권리이다.

(3) 요건

재판이라 함은 당사자 간에 권리·의무에 관한 구체적인 분쟁이 발생한 경우에 당사자의 청구에 따라 독립적 지위에 있는 법원이 사실을 확인하여 당사자가 주장하는 권리·의무의 존부를 종국적으로 확정하는 작용을 말한다. 그러므로 재판을 청구하려는 재판을 청구할 자격이 있는 자(당사자적격)가 법적 판단을 구하기에 적합한 사건(권리보호사건)에 관하여 소를 제기할 이익(소의 이익)이 있는 경우라야 한다.

(4) 헌법과 법률이 정한 법관에 의한 재판을 받을 권리

'헌법과 법률이 정한 법관'이라 함은 헌법 제101조 제1항과 제3항이 정하는 법관을 말하며, 헌법 제104조와 법원조직법 제41조에 규정된 절차에 따라 법관으로 임명되고, 헌법 제103조 및 제106조에 의하여 직무상 독립과 신분상 독립이 보장된 법관을 말한다. 법관의 자격에 대하여는 구체적으로 법원조직법 제42조가 정하고 있다.

4) 범죄피해자구조청구권

(1) 의의

범죄피해자구조청구권은 본인에게 귀책사유가 없는 타인의 범죄행위로 말미암아 생명을 잃거나 신체상 피해를 입은 국민이나 그 유족이 가해자로부터 충분한 피해배상을 받지 못한 경우에 국가에 대하여 일정한 보상을 청구할 수 있는 권리를 말한다. 헌법 제30조는 "타인의 범죄행위로 인하여 생명·신체에 대한 피해를 받은 국민은 법률이 정하는 바에 의하여 국가로부터 구조를 받을 수 있다."고 규정함으로써 이를 보장하고 있다.

학자에 따라서는 범죄피해자구조제도를 헌법에서 정할 필요가 있는가 하는 점에 대해 헌법정책상 의문을 갖는 경우(정종섭)가 있다. 이를 법률정책적인 수준에서 제도화하여도 무리가 없고, 구조청구권을 헌법상 인권으로 설정하는 것이 합당한 것인지에 의문이 된다는 것이 그 근거이다.

(2) 법적 성격

범죄피해자보상제도는 범죄피해자에 대한 재정적 지원이 범죄피해에 대한 국가책임에 근거한 배상의 성격을 띠는 것인지(국가배상청구권설), 피해자를 구조하는 사회보장적 성격을 갖는 것인지(생존권설)에 대해 견해가 갈린다.

공동체생활에서 국민은 언제나 안전하게 생활할 권리가 있으며, 국민의 안전을 보장하는 것은 국가의 의무에 속한다. 따라서 범죄의 예방과 방지는 치안의 책임을 지고 있는 국가가 제1차적으로 부담하는 의무에 속하며, 범죄발생에 대한 사회공동체적 책임도 부인할 수 없다. 따라서 범죄행위는 범죄자에 의해 이루어지지만 범죄의 발생에 대해서는 국가가 이를 미연에 방지하지 못한 책임도 있으며, 특히 범죄피해자가 가해자로부터 그 피해의 전보를 받기 어려운 경우에는 국가는 국민의 공평부담으로 일정한 경우에 필요한 구조를 해줄 필요가 있다. 이러한 점에서 범죄피해자의 구조청구권은 생존권적 성격을 띤 청구권이라고 할 것이다.

(3) 내용

헌법이 정하는 피해가 발생한 경우에 국가는 범죄피해자에 구조금을 지급하며, 이에 해당하는 범죄피해자는 이러한 구조금을 청구할 권리를 가진다. 범죄피해자보호법은 구조금 지급요건으로 ⅰ) 범죄로 인하여 사망한 자의 유족이나 장애 또는 중상해를 당한 자일 것, ⅱ) 구조피해자가 피해의 전부 또는 일부를 배상받지 못하는 경우, 또는 ⅲ) 자기 또는 타인의 형사사건의 수사 또는 재판에서 고소·고발 등 수사단서를 제공하거나 진술, 증언 또는 자료제출을 하다가 구조피해자가 된 경우를 그 요건으로 하고 있다(동법 제3항 제1항 제4호 및 제16조).

2. 헌법재판소의 변형결정

1) 의의

헌법재판소법 제45조 본문은 “헌법재판소는 제청된 법률 또는 법률조항의 위헌여부만을 결정한다.”고 하였고, 위헌소원의 경우에도 헌법재판소법 제75조 제6항에 의해 이것이 준용된다. 이것을 법문상으로만 해석하면, 위헌법률심판절차에서 위헌결정과 합헌결정의 두

가지 결정만을 선고할 수 있다고 함이 자연스럽다.

그러나 헌법재판소 제도를 운용하면서, 이러한 양자택일의 결정만을 내릴 수 없다는 어려움에 부딪히게 되었고 사회의 복잡다단한 현상이나 다양한 헌법현실을 고려할 때 헌법재판소가 법률의 위헌이나 합헌만을 내린다면 매우 어려운 상황에 빠질 수 있음이 드러났다. 이에 따라 헌법재판소는 1989.9.8./ 88헌가6결정에서 변형결정의 근거를 다음과 같이 제시하였다.

"헌법재판소법 제45조 본문의 "헌법재판소는 제청된 법률 또는 법률조항의 위헌여부만을 결정한다"라는 뜻은 헌법재판소는 법률의 위헌여부만을 심사하는 것이지 결코 위헌제청된 전제사건에 관하여 사실적, 법률적 판단을 내려 그 당부를 심판하는 것은 아니라는 것으로 해석하여야 한다. 전제사건에 관한 재판은 법원의 고유권한에 속하기 때문이다.

그리고 현대의 복잡다양한 사회현상, 헌법상황에 비추어 볼 때 헌법재판은 심사대상 법률의 위헌 또는 합헌이라는 양자택일 판단만을 능사로 할 수 없다. <u>**양자택일 판단만이 가능하다고 본다면 다양한 정치·경제·사회현상을 규율하는 법률에 대한 합헌성을 확보하기 위한 헌법재판소의 유연 신축성있는 적절한 판단을 가로막아 오히려 법적공백, 법적혼란 등 법적안정성을 해치고, 입법자의 건전한 형성자유를 제약하는 등 하여, 나아가 국가사회의 질서와 국민의 기본권마저 침해할 사태를 초래할 수도 있다**</u>. 이리하여 헌법재판소가 행하는 위헌여부 판단이란 위헌 아니면 합헌이라는 양자택일에만 그치는 것이 아니라 그 성질상 사안에 따라 위 양자의 사이에 개재하는 중간영역으로서의 여러 가지 변형재판이 필수적으로 요청된다. 그 예로는 법률의 한정적 적용을 뜻하는 한정무효, 위헌법률의 효력을 당분간 지속시킬 수 있는 헌법불합치, 조건부 위헌, 위헌성의 소지있는 법률에 대한 경고 혹은 개정촉구 등을 들 수 있고, 이러한 변형재판은 일찍이 헌법재판제도를 도입하여 정비한 서독 등 국가에서 헌법재판소가 그 지혜로운 운영에서 얻어 낸 판례의 축적에 의한 것이다. 헌법재판소법 제45조의 취지가 위와 같다면 동법 제47조 제2항 본문의 "위헌으로 결정된 법률 또는 법률의 조항은 그 결정이 있는 날로부터 효력을 상실한다"라는 규정취지도 이에 상응하여 변형해석하는 것이 논리의 필연귀결이다. 즉 제45조에 근거하여 한 변형재판에 대응하여 위헌법률의 실효여부 또는 그 시기도 헌법재판소가 재량으로 정할 수 있는 것으로 보아야 하며 이렇게 함으로써 비로소 헌법재판의 본질에 적합한 통일적, 조화적인 해석을 얻을 수 있는 것이다.

… <u>**재판 주문을 어떻게 내느냐의 주문의 방식문제는 민사소송에서 그러하듯 헌법재판에 대하여서도 아무런 명문의 규정이 없으며, 따라서 재판의 본질상 주문을 어떻게 표시할 것인지**</u>

<u>는 재판관의 재량에 일임된 사항</u>이라 할 것이다."(밑줄은 필자)

이에 따라 헌법재판소는 변형결정으로 한정합헌결정, 한정위헌결정, 일부위헌결정, 헌법불합치결정, 입법촉구결정을 내리고 있다.

2) 한정합헌결정 · 한정위헌결정 · 일부위헌결정

한정합헌결정은 위헌법률심판의 대상이 된 법률, 법률조항이 여러 개의 의미 해석가능성을 갖고 있는데 어느 것은 합헌, 어느 것은 위헌으로 파악된다면 그 중에서 헌법에 합치되는 내용의 해석·적용을 부각시켜 법률, 법률조항의 효력을 유지하게 하는 결정이다. 이에 따라 한정합헌결정의 주문은 대개 "○○법은 …(이)라고 해석하는 한 헌법에 위반되지 아니한다."로 표시된다. 이에 대한 전형적인 결정으로 '국가보안법 제7조에 대한 위헌심판(헌재1990.4.2./ 89헌가113)'을 들 수 있으며 여기서 헌법재판소는 "어떤 법률의 개념이 다의적이고 그 어의의 테두리 안에서 여러 가지 해석이 가능할 때 헌법을 그 최고 법규로 하는 통일적인 법질서의 형성을 위하여 헌법에 합치되는 해석 즉 합헌적인 해석을 택하여야 하며, 이에 의하여 위헌적인 결과가 될 해석을 배제하면서 합헌적이고 긍정적인 면은 살려야 한다는 것이 헌법의 일반 법리이다. 이러한 합헌적 제한해석과 주문 예는 헌법재판제도가 정착된 여러 나라에 있어서 널리 활용되는 통례인 것으로서 법률에 일부 합헌적 요소가 있음에도 불구하고 위헌적 요소 때문에 전면위헌을 선언할 때 생길 수 있는 큰 충격을 완화하기 위한 방안이기도 하다."라고 하였다.

한정위헌결정은 위헌법률심판의 대상이 된 법률 또는 법률조항에 다의적인 해석이 가능한 경우 일단 그 사건과 관련하여 위헌으로 해석되는 여지가 있다고 판단될 경우 다른 해석의 부분이 합헌, 위헌임을 고려하지 않고 위헌으로 해석되는 의미부분만을 해당 법률, 법률조항의 의미에서 위헌으로 선언함으로써 제거하는 결정이다. 이에 따라 한정위헌결정의 주문은 대개 "○○법은 …(이)라고 해석하는 한 헌법에 위반된다.", "○○법은 …(이)라는 범위 내에서 헌법에 위반된다."는 식으로 표시된다. 재판소원을 금지하는 헌법재판소법 제68조 제1항 위헌확인(헌재 1997.12.24./ 96헌마172)결정이 대표적인 예인데, 여기서 주문은 "헌법재판소법 제68조 제1항 본문의 '법원의 재판'에 헌법재판소가 위헌으로 결정한 법령을 적용함으로써 국민의 기본권을 침해한 재판도 포함되는 것으로 해석하는 한도 내에서, 헌법재판소법 제68조 제1항은 헌법에 위반된다."라고 하였다.

이러한 한정합헌헌결정과 한정위헌결정은 심판의 대상이 된 법률 또는 법률조항을 헌법재판소가 합헌 또는 위헌이라고 해석한 의미 이외의 내용으로 해석·적용하는 것은 헌법에 위반하는 것이 된다. 따라서 이를 '질적 일부위헌결정'이라고도 한다. 이는 법문의 외형은 그대로 둔 채 그것이 갖는 의미 내용 중 일부에 대해 위헌이라고 결정하여 이를 제거시키는 것이다. 따라서 법문 자체에는 아무런 변화도 초래하지 않는다. 반면 법률, 법률조항에서 그 일부 즉 법률의 일부 조항, 본문이나 단서 혹은 문구의 일부 등을 떼어 이것을 위헌선고함으로써 외형적으로 이를 제거하는 것은 '양적 일부위헌결정'이라고 한다.

3) 헌법불합치결정 · 입법촉구결정

헌법불합치결정은 해당 법률이나 법률조항이 헌법에 위반되는 경우에도 단순위헌결정을 하는 것이 아니라 헌법에 합치하지 않는다는 것을 선언하고, 그 효력을 일정기간까지 유지시키는 것을 말한다. 이에 따라 헌법불합치결정의 주문은 대개 "1. ○○법은 …헌법에 합치하지 아니한다. 2. 이 조항은 ○○○○. ○○. ○○.을 시한으로 입법자가 개정할 때까지 계속 적용된다."로 표시된다. 이는 단순위헌결정으로 인하여 법적 공백이 발생하거나 평등조항의 위반으로 법률의 효력을 없앨 경우에 국가로부터 받는 급부가 중단되는 것을 회피하기 위하여, 헌법에 합치하지 않는 법률이나 법률조항이라도 일정기간 동안 효력을 유지시킬 필요가 있는 경우에 행한다.

헌법불합치결정은 본질상 단순위헌결정과 같고, 심판대상인 법률이나 법률조항의 효력을 일정한 시점까지 유지시키는 점에서만 단순위헌결정과 구별된다. 따라서 효력상실시기가 도과하여 법률조항의 효력을 상실하면 위헌결정으로 효력을 상실한 경우와 동일한 상태가 된다. 따라서 소급효의 문제는 위헌결정의 경우와 원칙적으로 동일하며 헌법재판소의 판례도 헌법불합치결정의 소급효를 인정한다.

헌법불합치결정을 할 때에는 통상 '법률개선촉구'의 결정을 함께 한다. 헌법재판소도 헌법불합치결정을 할 때에는 통상 법률개선촉구의 결정을 함께 하고 있다.

3. 이 사건에 대한 대법원의 판단

1) 대법원의 판단과 그 근거

헌법재판소법 제47조 제1항은 위헌법률심판의 기속력에 관하여 "법률의 위헌결정은 법원 기타 국가기관 및 지방자치단체를 기속한다."라고 규정함으로써 기속력에 대한 법적 근거를 명시하고 있다. 기판력은 원칙적으로 당사자 사이에만 미치는 데 반하여 기속력은 모든 국가기관을 구속한다는 점에서 헌법재판의 기속력은 일반법원의 재판에서는 통상적으로 볼 수 없는 헌법소송상의 특이한 효력이다. 기속력에 따라 모든 국가기관이 헌법재판소의 구체적인 결정에 따라야 하며, 그들이 장래에 어떤 처분을 행할 때 헌법재판소의 결정을 존중하여야 한다(결정준수의무). 또한 기속력은 모든 국가기관이 헌법재판소의 결정에서 문제된 심판대상뿐만 아니라 동일한 사정하에서 동일한 이유에 근거한 동일내용의 공권력의 행사 또는 불행사를 금지한다(반복금지의무).88)

이에 따라 이 사건의 원고는 헌법재판소의 한정위헌결정을 근거로 헌법재판소법 제75조 제7항에 정한 재심사유가 된다고 하면서 재심을 청구하였다. 하지만 이 사건에 대해 대법원은 한정위헌결정은 기속력이 없다는 이유로 원고가 주장하는 재심사유에 해당하지 않으므로 이를 기각한다고 판결하면서(대법원 2001.4.27./ 95재다14), 다음과 같은 근거를 들었다.

"첫째, 한정위헌결정의 경우에는 헌법재판소의 결정에 불구하고 법률이나 법률조항은 그 문언이 전혀 달라지지 않은 채 효력을 상실하지 않고 존속하게 되므로, **이러한 한정위헌결정은 유효하게 존속하는 법률이나 법률조항의 의미 · 내용과 그 적용 범위에 관한 해석기준을 제시하는 법률해석**이라고 이해하지 않을 수 없다.

그런데 헌법 제101조는, 사법권은 법관으로 구성된 법원에 속하고(제1항), 법원은 최고법원인 대법원과 각급법원으로 조직된다(제2항)고 규정하고 있는바, 구체적 분쟁사건의 재판에 즈음하여 **법률 또는 법률조항의 의미 · 내용과 적용 범위가 어떠한 것인지를 정하는 권한, 곧 법령의 해석 · 적용 권한은 사법권의 본질적 내용을 이루는 것이고, 법률이 헌법규범과 조화되도록 해석하는 것은 법령의 해석 · 적용상 대원칙이므로, 합헌적 법률해석을 포함하는 법령의 해석 · 적용 권한은 대법원을 최고법원으로 하는 법원에 전속하는** 것이다.

이러한 법원의 권한에 대하여 다른 국가기관이 법률의 해석기준을 제시하여 법원으로 하여금 그에 따라 당해 법률을 구체적 분쟁사건에 적용하도록 하는 등의 간섭을 하는 것은 우리 헌법에 규정된 국가권력 분립구조의 기본원리와 사법권 독립의 원칙상 허용될 수 없다. 따라서 법률의 해석기준을 제시하는 헌법재판소의 한정위헌결정은 법원에 전속되어 있는 법령의 해석 · 적용 권한에 대하여 기속력을 가질 수 없는 것이다.

만일 이러한 한정위헌결정에 기속력을 부여한다면, 법원이 구체적 분쟁사건을 처리하는 사법권의 행사에 관하여 헌법재판소의 법률해석에 따를 수밖에 없게 되어 법원에 속하는 법률의 해석 · 적용 권한이 침해되고, 또한 헌법재판소가 헌법 제101조에 규정된 사법권을 행사하는 법원이 아니면서 사실상 최고법원의 지위에 들어서는 결과가 됨으로써, 이는 사

88) 헌법재판소, 헌법재판실무제요, 2008, 83쪽.

법권을 법원에 전속시킴과 아울러 사법권의 독립성과 대법원의 최고법원성을 선언한 헌법에 위배된다.

둘째, 우리 헌법이 설정한 법률의 위헌여부심판제도 및 헌법소원제도를 구체화하고 있는 헌법재판소법의 규정내용으로 보더라도, 법률이나 법률조항의 전부 또는 일부의 효력을 상실시키지 않고 단지 그 해석기준을 제시할 뿐인 한정위헌결정에는 기속력이 없음을 알 수 있다.

즉, 헌법재판소법은 헌법재판소로 하여금 제청된 법률 또는 법률조항의 위헌 여부만을 결정하도록 하고(제45조), 법률의 위헌결정에 기속력을 부여하면서(제47조 제1항) 위헌으로 결정된 법률 또는 법률조항은 효력을 상실하도록 규정하고 있으므로(제47조 제2항), 법률 또는 법률조항 자체의 효력을 상실시키는 위헌결정은 기속력이 있지만, 한정위헌결정과 같은 해석기준을 제시하는 형태의 헌법재판소 결정은 기속력을 인정할 근거가 없다. 또한 헌법재판소법은 법원의 재판을 헌법소원심판의 대상에서 제외하도록 규정하면서(제68조 제1항), 그 당연한 귀결로서 법원의 재판을 헌법소원심판의 대상으로 할 경우의 심판내용 및 후속절차 등에 관하여 아무런 규정을 두고 있지 않는바, 이 점에서도 헌법재판소가 법원의 재판을 취소하는 경우 사건을 법원에 환송하도록 하는 규정을 두고 있는 독일의 경우와는 제도상 현격한 차이가 있다."

이러한 이유로 그 주문에서 법률조항의 해석기준을 제시함에 그치는 한정위헌결정은 법원에 전속되어 있는 법령의 해석·적용 권한에 대하여 기속력을 가질 수 없으므로, 재심대상판결의 소송사건이 확정된 후 헌법재판소에서 이 사건 결정이 선고되었다고 하여 헌법재판소법 제75조 제7항에서 규정한 재심사유가 존재한다고 할 수 없다고 판결하였다.

2) 비판

이러한 대법원의 판결은 몇 가지 문제가 있다. 첫째로 대법원은 규범통제의 성격을 오해하고 있다. 법률의 위헌여부를 다루는 규범통제의 영역은 일반 민사사건의 경우와는 달리 인용 아니면 기각이라고 하는 양자택일로만 결정될 수 없는 수많은 중간적 영역이 존재하기 때문에 대부분의 나라에서 다양한 변형결정이 형성되어 왔으며 그만큼 소송자율이 강하게 지배하고 있는 분야이다. 그러므로 한정위헌결정이 법률적 근거가 없다고 하여 헌법재판소법 제75조 제7항의 '헌법소원이 인용된 경우'에 해당하지 않는다고 주장하는 것은 헌법재판의 특성을 간과한 채 지나치게 법률문언에만 얽매인 것으로 헌법재판소의 권한과 기능을 최대한 억제하려는 발상에 지나지 않는다. 특히 헌법불합치결정도 법률적 근거가 없음에도 불구하고 법원은 이를 인정하고 있다.

둘째 대법원은 한정위헌결정의 기속력 근거를 찾을 수 없다고 하였지만, 이는 헌법에서 찾을 수 있다. 헌법 제10조에 따라 모든 국가기관은 국민의 기본권을 최대한 보장할 의무가 있으며, 헌법과 기본권의 의미내용을 해석하는 최종적이고 유권적인 해석기관은 헌법재판소인 바, 모든 국가기관은 그러한 헌법재판소의 헌법과 기본권해석에 기속되어야 한다는 것은 위헌법률심판권한과 헌법소원심판권한을 헌법재판소에 독점시킨 우리 헌법 제107조 제1항, 제111조 제1항 제1호 및 제5호의 규정이기도 하다. 이렇게 될 때에만 법치국가원리에서 요청되는 법질서의 통일성이 보장될 수 있다.

셋째 법률해석권한이 법원에 전속된 권한이라고 볼 수 없다. 이러한 대법원의 판시는 위헌법률심판권한을 헌법재판소에 독점시키고 이에 따라 법률의 해석권한을 전제로 하고 있는 헌법 제107조 제1항, 제111조 제1항 제1호 및 헌법재판소법 제41조 제1항에 위반될 뿐만 아니라, 헌법재판소의 법률해석권한을 명시하고 있는 헌법재판소법 제23조 제2항 제2호 규정 등에 정면으로 반하는 주장이다. 즉 법률에 대한 해석이 헌법해석과 상관없는 중립적 해석이라면 그것은 법원에 전속된 사항이며 헌법재판소는 이를 존중하여야 한다. 하지만 헌법해석과 관련된 법률해석이 문제되는 경우 이러한 법률해석은 결코 법원의 전속적 권원이라고 볼 수 없다.

마지막으로 법률의 해석기준을 제시하는 것이 사법권독립을 해치는 것이라고 볼 수 없다. 위와 같이 법률에 대한 해석권이 헌법재판소에게 인정될 뿐만 아니라 헌법해석과 관련한 법률해석권은 헌법재판소의 최종적이고도 유권적인 권한이라고 볼 때 헌법재판소 역시 사법기관이라 할 수 있다. 따라서 헌법재판소가 위헌법률심판의 일환으로 법률을 해석하며, 법률의 위헌적 해석내용을 법질서에서 제거하는 것은 우리 헌법이 부여하고 있는 헌법재판소의 고유한 권한행사이지 그것이 사법권독립을 해치는 것은 아닌 것이다.

생각해 보기

↔ 제주 4.3사건을 재판청구권의 관점에서 논평하시오.

현행 헌법 제26조는 물론 역대 우리 헌법에서는 '모든 국민은 헌법과 법률이 정한 법관에 의하여 법률에 의한 재판을 받을 권리를 가진다'고 규정하고 있다. 이 때 재판의 주체는 군사법원이 아닌 일반법원을 의미하나, 다만 예외적으로 계엄과 같은 비상사태에 있어서는 일반 국민도 군사법원의 재판을 받을 수 있을 것이다. 그러나 이때의 군사재판도 앞에서 살펴본 것처럼 국가긴급권의 내재적 한계에 비추어 본다면, 국가긴급권 발동 하에서의 재판을 받을 권리도 그 내용이 자명하여진다 할 것이다. 즉, 합헌적인 법률에 근거한 재판이어야 하며, 둘째 청문권 등이 보장된 공정한 재판이어야 할 것이다.

◈읽어보기

대법원 1971.6.22. 선고 70다1010 전원합의체 판결

[판시사항]
국가배상법 제2조 1항 단행과 법원조직법 제59조 1항 단행의 각 규정은 위헌이다.

[원고, 피상고인] 원고 1외 3인
[피고, 상고인] 대한민국

[주 문]
상고를 기각한다.
상고소송비용은 원고의 부담으로 한다.

[이 유]
피고소송수행자의 상고이유를 본다.

헌법 제26조는 공무원의 직무상 불법행위로 손해를 받은 국민은 국가 또는 공공단체에 배상을 청구할 수 있다고 규정하여 공무원의 불법행위로 손해를 받은 국민은 그 신분에 관계 없이 누구든지 국가 또는 공공단체에 그 불법행위로 인한 손해전부의 배상을 청구할 수 있는 기본권을 보장하였고 한편 헌법 제32조 제2항에는 국민의 모든 자유와 권리는 질서유지 또는 공공복리를 위하여 필요한 경우에 한하여 법률로써 제한할 수 있으며 제한하는 경우에도 자유와 권리의 본질적인 내용을 침해할 수 없다고 규정하여 헌법 제26조의 규정에 의하여 보장된 국민의 손해배상청구권은 질서유지 또는 공공복리를 위하여 필요한 경우에 한하여 그 배상청구권의 본질적 내용을 침해하지 않는 범위안에서 법률로써 제한할 수 있으나 헌법 제32조 제2항에 의하여 손해배상청구권을 법률로써 제한하는 경우에도 다시 헌법 제9조의 모든 국민은 법 앞에 평등하다.

누구든지 성별, 종교 또는 사회적 신분에 의하여 정치적, 경제적, 사회적, 문화적 생활의 모든 영역에 있어서 차별을 받지 아니한다는 규정에 위반되지 않아야 하며 또 헌법 제8조의 모든 국민은 인간으로서의 존엄과 가치를 가지며 이를 위하여 국가는 국민의 기본적 인권을 최대한으로 보장할 의무를 진다는 규정에도 적합하여야 하므로 결국 **헌법 제26조에 의하여 보장된 손해배상청구권을 법률로써 제한함에는 첫째 질서유지 또는 공공복리를 위하여 제한할 필요가 있어야 하고 둘째, 위 제한은 질서유지 또는 공공복리를 위하여 필요한 최소한도에 끝임으로써 손해배상청구권을 최대한도로 보장하여야 하며 어떠한 이유로도 헌법 제26조에 보장된 손해배상청구권의 본질적 내용을 침해하는 정도로 제한할 수 없으며 셋째, 위 제한은 국민평등의 원칙에 적합하게 모든 피해국민에게 평등하게 제한하여야 하며 일부국민 특히 군인군속에 대하여서만 제한하는 경우에는 헌법 제9조의 평등의 원칙에 반하지 않는 합리적인 이유와 범위안에서만 할 수 있다 할 것이요, 이 제한의 범주를 넘은 손해배상청구권의 부인은 위 헌법이 보장한 기본권 자체의 박탈이므로 어떠한 이유로도 헌법의 규정상 불가능하다** 할 것인바

한편 국가배상법 제2조 제1항 단행의 입법이유의 하나는 군인군속이 공무수행중에 신체 또는 생명에 피해를 입은 경우에는 군사원호보상법, 군사원호보상급여금법, 군인연금법, 군인재해보상규정, 군인사망급여금규정 등에 의하여 재해보상금, 유족일시금, 또는 유족연금 등을 지급받게 되어 있음으로 불법행위로 인한 손해배상도 받게 하면 이중이 된다는 것이나, 위 법들의 규정에 의한 재해보상금 등은 군인군속 등의 복무중의 봉사 및 희생에 대하여 이를 보상하고 퇴직 후의 생활 또는 유족의 생활을 부조함에 그 사회보장적 목적이 있고 손해배상제도는 불법행위로 인한 손해를 전보하는데 그 목적이 있으므로 양자는 그 제도의 목적이 다르며,

군인연금법 제41조 등에는 타 법령에 의하여 국고 또는 지방자치단체의 부담으로 같은 법에 의한 급여와 같은 류의 급여를 받는 자에게는 그 급여금에 상당하는 액에 대하여는 같은 법에 의한 급여를 지급하지 않도록 규정하여 불법행위로 인한 손해배상과 같은 성질의 급여가 손해배상과 이중으로 지급되지 않게 하고 있으며 판례도 양청구권은 경합할 수 있고 같은 성질의 손해전보는 어느 한 쪽의 행사에 의하여 만족되면 다른 청구권은 그 범위 안에서 소멸한다는 전제 아래에서 재해보상금, 유족일시금 또는 유족연금이 이미 지급된 경우에는 손해배상을 명함에 있어서는 같은 성질의 손해액에서 이를 공제하여 손해액을 산정하여야 한다고 하여 같은 성질의 돈이 이중으로 지급되지 않도록 하고 있고

또 이러한 재해보상 등은 군인군속 뿐 아니라 경찰관(상이 또는 전몰경찰관)에 대하여도 지급되며 일반 공무원에 대하여도 지급되며 일반공무원에 대하여도 공무원연금법(군속인사법 21조에 의하여 군속에도 이 법이 준용된다)등에 의하여 같은 보상제도가 마련되어 있으며 심지어 사기업의 피용자에게도 근로기준법 등에 의하여 같은 제도가 마련되어 있음으로 위와 같은 이유로써는 군인군속에 대하여서만 별도로 다루어 손해배상청구권을 제한할 이유가 되지 못하고 다음 위 입법이유의 또 하나는 군인군속이 피해자가 된 불법행위 사고가 많아서 국고손실이 많으므로 이를 최소한으로 감소 내지 방지함에 있다는 것인바 그러한 불법행위가 많다는 이유만으로는 군인군속에 대하여서만 배상청구권을 부인하여 그들의 희생위에 국고손실을 방지하여야 할 이유가 되지

못한다 할 것이며

또 군인군속은 국가에 대하여 무정량의 위험근무임무를 부담하는 이른바 특별권력관계에 있음으로 그러한 근무임무의 성실상 공무중의 피해에 대하여는 일반국민과는 달리 이를 자담수인할 의무가 있다고 주장하나 그것은 어디까지나 군인 또는 군속으로 근무함에 있어서 전투 또는 훈련 등의 각 그 직무상 불가피하고 정당한 것으로 인정되는 행위로 인한 피해로서 불법행위의 결과가 아닌 경우의 희생에 한하여 수긍할 수 있는 이론이라 할 수 있을 뿐이고, 다른 공무원의 고의 또는 과실 있는 직무상의 위법행위로 인하여 군인 또는 군속이 공무중에 입은 손해는 군인 또는 군속이 복종하는 특별권력관계의 내용이나 근무임무에 당연히 포함되는 희생은 아니므로 특별권력관계를 이유로 그 배상청구권을 부인할 수 없을 뿐 아니라 위험근무임무에 당하거나 특별권력관계에 있음은 비단 군인 또는 군속에 국한되지 않고 경찰공무원이나 다른 위험근무에 당하는 기타 공무원도 다를 바 없다 할 것이므로 유독 군인 또는 군속에 대하여서만 차별을 할 하등의 합리적 이유도 없다 할 것이니

군인 또는 군속이 공무원의 직무상 불법행위의 피해자인 경우에 그 군인 또는 군속에게 이로 인한 손해배상청구권을 제한 또는 부인하는 국가배상법 제2조 제1항 단행은 헌법 제26조에서 보장된 국민의 기본권인 손해배상청구권을 헌법 제32조 제2항의 질서유지 또는 공공복리를 위하여 제한할 필요성이 없이 제한한 것이고 또 헌법 제9조의 평등의 원칙에 반하여 군인 또는 군속인 피해자에 대하여서만 그 권리를 부인함으로써 그 권리자체의 본질적 내용을 침해하였으며 기본권 제한의 범주를 넘어 권리 자체를 박탈하는 규정이므로 이는 헌법 제26조, 같은법 제8조, 같은법 제9조 및 같은법 제32조 제2항에 위반한다 할 것이니 원심이 이 점에 관하여 이와 같은 취지로 판단하여 피해자가 군인인 이 사건에 국가배상법 제2조 제1항 단행을 적용하지 아니한 것은 정당하고 이를 논란하는 상고논지는 채용할 수 없다.

◈읽어보기

제1차 사법파동

제1차 사법파동은, 1971년 7월 28일 서울형사지방법원 항소 3부의 이범렬 부장판사, 최공웅 판사, 이남영 서기관에 대해 구속영장이 신청되면서 일어났다. 이들이 같은 해 4월 2일부터 4일까지 증인신문을 위해 제주도로 출장을 갔을 때 변호사로부터 왕복여비, 숙박비 등 10만원의 향응을 제공받았다는 것이 표면적인 이유였다. 하지만 실제 이유는 행정부와 정치권력 간의 갈등 때문이었다. 대법원이 **군인 등의 국가배상청구권을 인정하지 않은 국가배상법 조항을 위헌으로 판결한 일이 원인이었던 것**이다.

검찰의 구속영장 신청은 담당 판사에 의해 거부되긴 하였지만, 영장이 청구되었다는 것 자체가 법관들의 반발을 불러왔으며, 이후 서울형사지방법원, 서울민사지방법원, 부산, 광주, 대구, 대전, 전주, 청주 등 전국 법원에서 집단 사표 제출 움직임이 있었다. 그럼에도 불구하고 검찰은 7월 29일 영장을 재청구하였고, 영장의 내용이 기자들에게 공표되기도 하였다.

영장이 재청구되자, 같은 날 서울형사지방법원 판사 39명은 집단으로 사표를 제출한다. 그리고 그 다음날인 30일에는 서울민사지방법원 판사들이 검찰의 사법권 침해 사례 7가지를 성명으로 발표하였다. 그 내용은 첫째, 반공법·국가보안법 위반사건의 영장발부부터 선고에 이르기까지 검찰과 견해를 달리하는 법관을 용공분자로 단정하여 심리적 압력을 가한 사실, 둘째, 정부가 관심을 갖고 있는 사건의 검사가 담당판사에게 판결내용을 미리 알려달라고 강요한 사실과 알려주지 않을 경우 합의실에 도청장치를 설치한 사실, 셋째, 형사 사건에서 검사가 무죄 내지 공소유지가 곤란한 영장을 청구하거나, 무죄가 선고되면 부정한 재판인 양 공공연히 비난하고 판사의 예금을 조사한 사실, 넷째, 검사가 일부 판사의 전화를 도청하고 미행, 사찰 등을 행하여 함정수사를 한 사실, 다섯째, 구속영장을 청구할 때 직접 판사실에 찾아와 발부를 강요하는 등 압력을 가한 사실, 여섯째, 법원에서 사고가 생기면 무고한 법관을 피의자 취급하여 모욕, 협박, 폭언을 서슴지 않은 사실, 일곱째, 이번 사건의 경우도 미행, 함정수사, 피의사실 공표, 영장 계속 신청 등으로 지금까지의 위협작용을 다시 반복한 것에 불과하다는 것 등이었다.

이후 사태가 계속 확산되자, 박정희 대통령은 법무부 장관에게 수사 중단을 지시하였으며, 민복기 당시 대법원장도 법관들을 면담하였다. 그 자리에서 법관들은 대법원장이 대통령과 면담하여 사법권 독립을 보장받을 것을 요구하였다. 그러나 대통령과의 면담은 끝내 이루어지지 않았으며, 시간이 지나 흐지부지되어 버리고 말았다.

❖ 참고문헌

김순태, 과거청산과 인권: "제주 4.3사건 위원회"의 활동과 평가, 민주법학, 제24호, 2003년.
이경주, 재판을 받을 권리와 국가긴급권-제주 4·3 수형자명부를 중심으로-, 4.3과 역사 제2권, 2002년.
이재승, "제주4.3사건 진상조사보고사"에 대한 평가, 민주법학, 제25호, 2004년.
이헌환, 역사 속의 법: 한국 사법사에 비추어본 1971년의 사법파동, 법과 사회, 제15호, 1997년.
정광희, 헌법상의 형사보상청구권과 국가배상청구권, 고시월보, 제18권 제12호, 1994년 12월.
한인섭, 신영철 사태를 통해서 본 "사법파동"의 역사적 의미, 법과 사회, 제36호, 2009년.

제8장

종합연습

제 1 절 일반논술형

제 2 절 기록제시 논술형 1

제 8 장

종합연습

제 1 절 일반 논술형

▶ 사례 1

만화가 甲은 수감 중인 교도소를 탈주하여 도주행각을 벌여 온 乙의 범죄행위와 도주행위를 만화로 제작하여 판매하였다. 그런데 판매 직후부터 청소년들의 폭발적인 인기를 얻으면서 동 만화 내용과 유사한 범죄들이 수차례 발생하게 되자 청소년보호위원회는 이를 청소년유해매체물로 결정하였고, 그럼에도 불구하고 위 만화가 계속 판매되자 서울지방검찰청 소속검사 丙은 甲을 청소년보호법 위반으로 서울지방법원에 공소제기 하였으며 동 사건이 계속 중에 있다.

1. 甲이 청구할 수 있는 헌법적 구제 방법에 관하여 논술하시오.

2. 甲이 위 만화의 내용을 인터넷을 통하여 유료로 배포하였다고 할 경우, 동 사이트의 내용이 사회질서와 미풍양속에 위배한다는 이유로 동 사이트를 행정처분에 의하여 폐쇄할 수 있게 하는 법률이 있다고 한다면, 이 경우 제기될 수 있는 헌법상의 논점들을 언급하시오.

[참조조문] 청소년보호법 제8조, 제10조, 제17조, 제50조

청소년보호법(2001.5.24 제6479호 개정법률)

제8조 (청소년유해매체물의 심의·결정)

① 제27조의 규정에 의한 청소년보호위원회(이하 "청소년보호위원회"라 한다)는 제7조의 규정에 의한 매체물의 청소년에 대한 유해여부를 심의하여 청소년에게 유해하다고 인정되는 매체물에 대하여는 청소년유해매체물로 결정하여야 한다. 다만, 다른 법령의 규정에 의하여 당해 매체물의 윤리성·건전성의 심의를 할 수 있는 기관(이하 "각 심의기관"이라 한다)이 있는 경우에는 그러하지 아니하다.

제10조 (청소년유해매체물의 심의기준)

① 청소년보호위원회와 각 심의기관은 제8조의 규정에 의한 심의를 함에 있어서 당해 매체물이 다음 각 호의 1에 해당하는 경우에는 청소년유해매체물로 결정하여야 한다.

2. 청소년에게 포악성이나 범죄의 충동을 일으킬 수 있는 것
3. 성폭력을 포함한 각종 형태의 폭력행사와 약물의 남용을 자극하거나 미화하는 것
4. 청소년의 건전한 인격과 시민의식의 형성을 저해하는 반사회적·비윤리적인 것
5. 기타 청소년의 정신적·신체적 건강에 명백히 해를 끼칠 우려가 있는 것

제17조 (판매금지등)

① 청소년유해매체물을 판매·대여·배포하거나 시청·관람·이용에 제공하고자 하는 자는 그 상대방의 연령을 확인하여야 하고, 청소년에게 이를 판매·대여·배포하거나 시청·관람·이용에 제공하여서는 아니된다.

제50조 (벌칙) 다음 각 호의 1에 해당하는 자는 3년 이하의 징역 또는 2천만원 이하의 벌금에 처한다.

1. 영리를 목적으로 제17조제1항의 규정에 위반하여 청소년에게 청소년유해매체물을 판매·대여·배포하거나 시청·관람·이용에 제공한 자

▶ **사례 2**

공립 초등학교의 여성교원의 비율이 80%에 이르고, 국공립 대학교의 남성교원의 비율이 90%에 이른다는 통계자료가 발표되었다. 이에 국회는 2006.3.20. 초등학교 학생들의 전인격적 교육을 위하여, 또 대학교원에 대한 종전의 여성 차별적 채용관행의 적극적 개선을 위하여 '교원할당제에 관한 법률'을 제정하였다.

위 법률 제5조에 의하면 초등학교 교원임용시험에 남성 합격자의 비율은 전체 합격자의 30% 이상이 되어야 한다. 또한 위 법률 제6조에 의하면 국공립 대학의 신규교원 임용에서 여성 교원의 비율은 25% 이상이 되어야 한다. 위 법률은 2006.4.1. 공포되었으며 부칙 제1조에 따라 공포일로부터 시행된다.

2006년도 초등학교 교원임용시험계획은 2006.1.3. 공고되었고, 2006.7.1. 동 시험이 실시될 예정이다. 그런데 위 법률 부칙 제1조에 의하여 동 시험에도 위 법률 제5조가 적용되게 되었다. 동 시험에 응시하기 위해 이미 2006.3.3. 응시원서를 접수한 여성 甲은 위 법률 제5조가 자신의 기본권을 침해한다며 2006.6.1. 헌법소원을 청구하였다. 한편 위 법률 시행 후 A국립 대학교의 교원공개채용에 지원한 남성 乙은 위 법률 제6조가 자신의 기본권을 침해한다며 헌법소원을 청구하였다. (통계수치와 날짜 등 본 사례의 내용은 가상적인 것임)

1. 甲女가 청구한 헌법소원의 적법성 여부를 논하시오.(10점)

2. 위 법률이 甲女와 乙男의 기본권을 침해하는지 여부를 논하시오.(30점)

3. 위 법률 부칙 제1조가 소급입법으로서 신뢰보호원칙에 어긋난다는 甲女의 주장에 대하여 판단하시오.(10점)

▶ 사례 3

국내 주요 신문사의 기자인 甲은 군사기밀보호법상의 군사 1급 비밀로 분류되어 소수의 국가 중요정책 담당자만이 알고 있는 정보를 입수하게 되었다. 甲은 위 군사 1급 비밀을 담당하는 A와의 인터뷰를 통하여 위 정보가 사실임을 확인하였다. A는 언론사가 위 정보를 보도하는 경우 우리나라의 국가안전보장에 치명적인 위험을 초래할 것이 명백하므로 보도하지 말아 줄 것을 강력히 요구하였다. 그러나 甲은 위 정보를 보도하였을 뿐 아니라, 그 과정에서A와의 인터뷰 내용을 임의로 편집하여 마치 A가 부정한 이익을 취득한 것처럼 기사화함으로써 A의 명예도 훼손하였다.

1. 이 사안과 관련하여 보도의 자유는 어떠한 한계를 가지는가?

2. 위 군사 1급 비밀을 담은 보도를 사전에 억제할 목적으로 민사집행법상의 가처분 제도를 이용할 수 있는가?

3. A가 취할 수 있는 사후적 권리구제수단을 서술하시오.

▶ 사례 4

PD김 아무개는 매주 화요일 밤 11시에 MBC TV로 방영되는 시사고발 프로그램인 "PD수첩"을 통하여 1999. 4. 15.경부터 ○○교회와 그 대표자인 당회장 이□□에 대한 이단성 문제, 당회장과 여자신도들 사이의 성추문 및 도박문제 등을 방영할 예정으로 프로그램을 제작 중이었는데, ○○교회와 이□□은 위 프로그램의 내용이 자신들의 명예를 훼손한다는 이유로 1999. 4.경 서울지방법원 남부지원에 방영금지가처분신청을 하여, 같은 해 5. 11. 이□□과 여자신도들 사이의 성추문 관련부분의 방영을 금지한다는 일부 인용의 판결을 선고받았다.

이에 PD 김아무개는 서울고등법원에 항소하면서, 같은 해 12.경 민사소송법 제714조 제2항의 가처분에 방송프로그램의 방영금지가처분을 포함시키는 것은 언론의 자유를 침해한다는 등의 이유로 위헌법률심판제청신청을 하였는바, 2000. 4. 20. 제1심 판결을 일부 변경하되 이□□과 여자신도들 사이의 성추문 관련부분은 방영을 금지한다는 취지의 항소심 판결이 선고되면서 위 신청이 기각되었다.

1. 피고인들이 청구할 수 있는 헌법적 구제 방법에 관하여 논술하시오

2. 이 경우 헌법재판소는 어떻게 판단하여야 하는가.

[참조조문]

구 민사소송법

제714조(가처분의 목적) ① 계쟁물에 관한 가처분은 현상의 변경으로 당사자의 권리를 실행하지 못하거나 이를 실행함에 현저히 곤란할 염려가 있는 때에 한다.
② 가처분은 쟁의있는 권리관계에 대하여 임시의 지위를 정하기 위하여도 할 수 있다. 다만, 이 처분은 특히 계속하는 권리관계에 현저한 손해를 피하거나 급박한 강폭을 방지하기 위하여 또는 기타 필요한 이유에 의하여야 한다. 〈개정 1990·1·13〉

[참조조문]
헌법 제21조 제1항, 제2항

[참조판례]
헌재 1992. 6. 26. 90헌바26, 판례집 4, 362, 370-371
헌재 1992. 11. 12. 89헌마88, 판례집 4, 739, 759-760
헌재 1996. 10. 4. 93헌가13등, 판례집 8-2, 212, 222-223
헌재 1996. 10. 31. 94헌가6, 판례집 8-2, 395, 402-403
헌재 1998. 2. 27. 96헌바2, 판례집 10-1, 118, 125-126
헌재 1999. 6. 24. 97헌마265, 판례집 11-1, 768, 777

〈당사자의 주장〉

가. PD 김아무개

이 사건 법률조항은 임시의 지위를 정하는 가처분에 관한 규정으로서, 만약 방영금지가처분이 이에 포함되어 TV를 통한 방영 전에 법원이 그 방송프로그램의 방영을 금지할 수 있게 된다면, ① 이는 방송 프로그램이 제작 또는 방영되기 이전에 법원이 미리 그 내용을 심사, 선별하여 방영내용을 사전 억제하는 것으로서 헌법 제21조 제2항의 사전검열에 해당하여, 방송, 방영의 자유를 포함하는 언론의 자유의 본질적 내용을 침해하는 것일 뿐 아니라, ② 방영금지가처분의 피보전권리인 당사자의 명예 등 인격권이 침해되는 경우 현행법상 반론보도청구권, 손해배상청구권, 형사상 처벌 등 다양한 구제방법이 마련되어 있으므로, 이 사건 법률조항에 의한 방영금지가처분의 허용은 과잉금지의 원칙에 위반된다.

나. 서울고등법원의 위헌법률심판제청신청 기각이유

헌법 제21조 제2항이 금지하는 언론에 대한 사전검열이란, 행정권이 주체가 되어 사상이나 의견 등이 발표되기 이전에 예방적 조치로서 그 내용을 심사, 선별하여 발표를 사전에 억제하는, 즉 허가받지 아니한 것의 발표를 금지하는 제도를 뜻하고, 이 사건 법률조항에 의한 방영금지가처분은, 개별적 분쟁에 관하여 사법부가 당사자의 신청에 의하여 방영금지청구권 등 사법상 피보전권리의 존부와 보전의 필요성 유무를 심리하여 결정하는 것이므로 위 '검열'에 해당되지 아니할 뿐만 아니라, 이 사건 법률조항이 방영금지가처분을 허용한다 하여 언론 자유의 본질적 내용을 침해하거나 기본권제한의 한계를 규정한 헌법 제37조 제2항에 반한다고 볼 수 없다.

다. 법원행정처장의 의견

(1)이 사건 심판청구는 법률조항 자체의 위헌을 다투는 것이 아니라 법률조항을 "……라고 해석하는 한 위헌"이라는 판단을 구하는 것으로서 부적법하고, 이를 법률조항의 불명확성을 다투는 것이라고 본다 하더라도 가처분제도의 특성상 다소의 불명확성은 피할 수 없는 것이므로 청구인의 논리라면 모든 가처분제도가 위헌이라는 결론이 된다.

(2)가사, 헌법소원의 대상이 된다 하더라도, ① 사전억제 내지 검열 금지의 원칙은 부당한 행정권의 행사로부터 언론을 보호하기 위하여 확립된 이론일 뿐, 언론에 의하여 피해를 받은 개인의 입장에서 일단 피해를 수용한 다음 사후구제조치를 취하는 의미의 원칙이 아니고, 가처분제도는 임시적, 잠정적 조치로서 최종 판단은 달라질 수 있어 그에 따른 사후 방영이 가능하다는 점에서 순수한 의미의 사전억제와는 차이가 있으므로, 이 사건 법률조항이 언론의 자유를 침해하는 것은 아니라 할 것이며, ② 또한, 방영금지가처분에 의하여 보호되는 당사자의 인격권과 비교할 때 위 가처분을 허용하는 것이 과잉금지의 원칙에 위배된다고도 볼 수 없다.

▶ 사례 5

> 갑은 대학생 연합학술동아리 '자본주의연구회'를 결성하고 신자유주의와 국가간 자유무역협정(FTA)의 문제점과 대안을 연구하는 학술활동을 하였다. 이들은 유명교수들을 초청하여 대안경제 포럼, FTA의 문제점 등에 대한 현안진단 프로그램을 개최한 바 있다.
>
> 그러나 경찰청 보안국은 2010년 3월 21일 1.2대 회장을 지낸 갑과 회원 2명 등 3명을 체포하고, 23일 회원 2명은 석방하였으나 갑에 대하여서는 국가보안법 제7조 찬양고무죄를 적용하여 구속영장을 신청하였다.
>
> 경찰청 보안국에서 구속수사를 받던 갑은 3월 31일 국가보안법 제19조 제1항에 의하여 구속기간이 1차 연장되었고, 4월 10일 서울지방검찰청에 송치되어 수사를 받던 중 4월 11일부터 구속기간이 1차 연장되고, 국보법 제19조 제2항에 의해 같은 달 26일부터 다시 구속기간이 2차 연장되었다가, 4월 21일 국가보안법 제7조 위반으로 00형사지법에 공소제기되었다.

당신이 갑의 소송대리인이라고 한다면, 어떤 헌법상의 주장을 할 것인지 서술하시오. (20점)

[참조조문]

국가보안법

제7조 (찬양·고무 등) ① 반국가단체나 그 구성원 또는 그 지령을 받은 자의 활동을 찬양·고무 또는 이에 동조하거나 기타의 방법으로 반국가단체를 이롭게 한 자는 7년 이하의 징역에 처한다.
② 국외공산계열의 활동을 찬양·고무 또는 이에 동조하거나 기타의 방법으로 반국가단체를 이롭게 한 자도 제1항의 형과 같다.
③ 제1항 및 제2항의 행위를 목적으로 하는 단체를 구성하거나 이에 가입한 자는 1년 이상의 유기징역에 처한다.
④ 제3항에 규정된 단체의 구성원으로서 사회질서의 혼란을 조성할 우려가 있는 사항에 관하여 허위사실을 날조·유포 또는 사실을 왜곡하여 전파한 자는 2년 이상의 유기징역에 처한다.
⑤ 제1항 내지 제4항의 행위를 할 목적으로 문서·도화 기타의 표현물을 제작·수입·복사·소지·운반·반포·판매 또는 취득한 자는 그 각항에 정한 형에 처한다.
⑥ 제1항 내지 제5항의 미수범은 처벌한다.
⑦ 제1항 내지 제5항의 죄를 범할 목적으로 예비 또는 음모한 자는 5년 이하의 징역에 처한다.

제10조 (불고지) 제3조 내지 제9조의 죄를 범한 자라는 정을 알면서 수사기관 또는 정보기관에 고지하지 아니한 자는 5년 이하의 징역 또는 200만원 이하의 벌금에 처한다. 다만, 본범과 친족관계가 있는 때에는 그 형을 감경 또는 면제할 수 있다.

제19조 (구속기간의 연장) ① 지방법원판사는 제3조 내지 제10조의 죄로서 사법경찰관이 검사에게 신청하여 검사의 청구가 있는 경우에 수사를 계속함에 상당한 이유가 있다고 인정한 때에는 형사소송법 제202조의 구속기간의 연장을 1차에 한하여 허가할 수 있다.
② 지방법원판사는 제1항의 죄로서 검사의 청구에 의하여 수사를 계속함에 상당한 이유가 있다고 인정한 때에는 형사소송법 제203조의 구속기간의 연장을 2차에 한하여 허가할 수 있다.
③ 제1항 및 제2항의 기간(期間)의 연장(延長)은 각 10일 이내로 한다.

형사소송법

제202조 (사법경찰관의 구속기간) 사법경찰관이 피의자를 구속한 때에는 10일이내에 피의자를 검사에게 인치하지 아니하면 석방하여야 한다.

제203조 (검사의 구속기간) 검사가 피의자를 구속한 때 또는 사법경찰관으로부터 피의자의 인치를 받은 때에는 10일 이내에 공소를 제기하지 아니하면 석방하여야 한다.

제205조 (구속기간의 연장) ① 지방법원판사는 검사의 신청에 의하여 수사를 계속함에 상당한 이유가 있다고 인정한 때에는 10일을 초과하지 아니하는 한도에서 제203조의 구속기간의 연장을 1차에 한하여 허가할 수 있다.
② 생략

▶ 사례 6

갑은 2009년 12월 30일, 2010년 1월 17일 경 구글코리아(kr.youtube.com), 오마이뉴스(ohmynews.com), 그리고 와이티엔(ytn.co.kr) 등의 인터넷 게시판에 자신의 인적사항을 등록하지 않고 댓글 또는 게시글의 형태로 자신의 의견을 개진하고자 하였다.

갑은 유튜브 게시판에 글을 올리기 위해서는 로그인을 하여야 하고, 로그인을 하기 위해서는 회원가입을 하여야 하지만 회원가입을 하기 위하여 반드시 자신의 실명이나 주민등록번호 등을 기입할 필요가 없는 것으로 알고 있었다.

그런데, 갑이 회원가입을 한 후 글을 쓰려고 하자 "본인확인제로 인하여 한국 국적 설정시 동영상/댓글 업로드 기능을 자발적으로 비활성화 합니다. We have voluntarily disabled this functionality on kr.youtube.com because of the Korean real name verification law."라는 메시지가 뜨면서 결국 갑은 글을 올리거나 의견을 개진할 수 없었다.

"정보통신망 이용 촉진 및 정보보호에 관한 법률(이하 정보통신망법)" 제44조의5 제1항 제2호와, "정보통신망 이용 촉진 및 정보보호에 관한 법률 시행령(이하 정보통신망법 시행령)"제30조 제1항에 의하여 본인확인제의 대상 웹사이트가 확대됨에 따라 로그인에 실명을 요구하지 않던 구글 코리아는 기존의 로그인 시스템으로는 게시판에 글을 올릴 수 있는 기능을 더 이상 유지할 수 없게 되었으며, 이로 인하여 결국 갑은 익명으로 자신의 의견을 개진할 수 없게 되었던 것이다.

한편, 오마이뉴스와 와이티엔의 경우도, 위 법률조항으로 인하여 이름과 주민등록번호 등의 인적 사항을 기재하도록 하고, 게시판에 글을 올리거나 의견을 피력하기 위하여는 로그인을 하여야 하는 형태로 운영되는 것을 강제받게 되었다.

이에 갑은 자신의 인권이 침해당했다고 생각하고 헌법적 구제수단을 강구하기에 이르렀다.

1. 갑이 강구할 수 있는 헌법적 구제수단은 무엇인가?(10점)

2. 이 경우 갑의 주장은 정당한가?(30점)

정보통신망 이용촉진 및 정보보호 등에 관한 법률

제44조의5 (게시판 이용자의 본인 확인) ① 다음 각 호의 어느 하나에 해당하는 자가 게시판을 설치·운영하려면 그 게시판 이용자의 본인 확인을 위한 방법 및 절차의 마련 등 대통령령으로 정하는 필요한 조치(이하 "본인확인조치"라 한다)를 하여야 한다.

1. 국가기관, 지방자치단체, 「공공기관의 운영에 관한 법률」 제5조 제3항에 따른 공기업·준정부기관 및 「지방공기업법」에 따른 지방공사·지방공단(이하 "공공기관등"이라 한다)
2. 정보통신서비스 제공자로서 제공하는 정보통신서비스의 유형별 일일 평균 이용자 수가 10만명 이상이면서 대통령령으로 정하는 기준에 해당되는 자

② 방송통신위원회는 제1항 제2호에 따른 기준에 해당되는 정보통신서비스 제공자가 본인확인조치를 하지 아니하면 본인확인조치를 하도록 명령할 수 있다.

③ 정부는 제1항에 따른 본인 확인을 위하여 안전하고 신뢰할 수 있는 시스템을 개발하기 위한 시책을 마련하여야 한다.

④ 공공기관등 및 정보통신서비스 제공자가 선량한 관리자의 주의로써 제1항에 따른 본인확인조치를 한 경우에는 이용자의 명의가 제3자에 의하여 부정사용됨에 따라 발생한 손해에 대한 배상책임을 줄이거나 면제받을 수 있다.

제76조 (과태료) ① 다음 각 호의 어느 하나에 해당하는 자와 제7호부터 제11호까지의 경우에 해당하는 행위를 하도록 한 자에게는 3천만원 이하의 과태료를 부과한다.

6. 제44조의5 제2항에 따른 방송통신위원회의 명령을 이행하지 아니한 자

정보통신망 이용촉진 및 정보보호 등에 관한 법률 시행령

제30조 (정보통신서비스 제공자 중 본인확인조치의무자의 범위 〈개정 2009.1.28〉) ① 법 제44조의5 제1항 제2호에서 "대통령령으로 정하는 기준에 해당되는 자"란 전년도 말 기준 직전 3개월간의 일일평균 이용자수가 10만명 이상인 정보통신서비스 제공자를 말한다. 〈개정 2009.1.28〉

② 방송통신위원회는 법 제44조의5에 따른 본인확인조치에 필요한 준비기간, 적용기간 및 제1항에 해당하는 자 등을 인터넷 홈페이지에 게시하는 방법으로 공시하여야 한다.

제30조 (정보통신서비스제공자 중 본인확인조치의무자의 범위 〈개정 2008.2.29.〉) ① 법 제44조의5 제1항 제2호에서 "대통령령이 정하는 기준에 해당하는 자"란 다음 각 호의 어느 하나에 해당하는 자를 말한다.

1. 전년도말 기준 직전 3개월간의 포털서비스(다른 인터넷주소·정보 등의 검색과 전자우편·커뮤니티 등을 제공하는 서비스) 일일평균 이용자수가 30만명 이상인 정보통신서비스제공자

② 방송통신위원회는 법 제44조의5에 따른 본인확인조치에 필요한 준비기간, 적용기간 및 제1항 각 호에 해당하는 자 등을 인터넷 홈페이지에 게시하는 방법으로 공시하여야 한다.

정보통신망법 제44조 5 제1항 2호의 입법취지

"정보통신망을 이용한 신규서비스의 보급 및 이용 확산 등 정보통신환경의 변화에 따라 새롭게 등장하는 개인정보침해 문제에 적극 대처하기 위하여 개인정보의 수집, 이용, 제공 등에 관한 절차를 강화하고, 정보통신망의 특성상 익명성 등에 따라 발생하는 역기능 현상에 대한 예방책으로 사회적 영향력이 큰 정보통신서비스 제공자와 공공기관의 책임성을 확보, 강화하기 위하여 제한적인 본인확인제도를 도입하며……"

(2006년 12월 21일, 과학기술정보통신위원장)

정보통신망법 시행령 제30조 제1항의 개정취지

"본인확인조치 의무대상 사업자를 확대하여 제한적 본인확인제의 실효성을 높일 수 있도록 하는 등 현행 규정의 운영상 나타난 일부 미비점을 개선 보완하려는 것임. …… (1) 현행 본인확인제는 포털, 인터넷언론, 전문 손수제작물 매개서비스(UCC) 등의 특정 서비스 유형에 한정적으로 시행하고 있어, 인터넷 게시판을 통한 익명성으로 인한 역기능이 서비스 유형에 관계없이 모든 게시판에서 발생하고 있는 점을 고려할 때 본인확인제도의 실효성이 떨어지는 문제가 있음. (2) 본인확인조치 의무자의 범위를 전년도 말 기준 직전 3개월간의 일일평균 이용자수가 10만명 이상인 정보통신 서비스 제공자로 확대함. (3) 본인확인조치 의무자의 범위가 확대됨에 따라 건전한 인터넷 게시판 이용문화의 조성을 도모하고, 이용자의 자기책임성이 높아질 것으로 기대됨."

▶ 사례 7

고용노동부 일반직 7급 공무원인 甲은, 평소 비정규직 정책을 고수하는 A정당에 대하여 비판적인 입장을 가지고 있었다. 甲은 2011. 9. 22. 23:00경 자신의 집에서 Y인터넷포털 사이트에 있는, 자신의 블로그에 "수백만 비정규직 방치, 이대로 좋은가"라는 제목으로 "비정규직 노동자의 생존권을 외면하는 A정당을 반대한다. 비정규직 전면 철폐를 추진하는 B정당만이 비정규직 노동자의 생존권을 보장하는, 국민을 위한 참된 정당으로서 강추!!! 비정규직 철폐를 결사반대하는, A정당 소속 국회의원 乙은, 있는 자만을 대변하고 부동산투기로 축재한 부패한 정치인이다. 그런 乙이 다음 총선에 또 나오기 위해 후보자로 등록한 것은 민주주의의 수치다."라는 글을 게시하였다.

甲의 위 글이 네티즌의 폭발적인 관심과 지지를 받았고, 고용노동부장관은 甲이 특정 정당을 지지, 반대하는 행위를 함으로써 공무원에게 금지된 정치적 행위를 하였다는 이유로 甲에게 감봉 2개월의 징계처분을 하였다. 이에 甲은 징계처분에 대하여 법령에 따른 소청심사를 거쳐 취소를 구하는 행정소송을 제기하였다. 甲은 위 소송 계속 중, 국가공무원법 제78조 제1항 제1호, 제65조 제4항 및 동법 시행령 제27조 제1항 제2호, 제2항 제3호가 헌법상 표현의 자유를 침해한다고 주장하면서, 위헌법률심판제청을 신청하였으나, 2011. 11. 4. 기각당하였다. 이에 甲은 같은 달 22. 위 기각결정문을 송달받고 2011. 12. 16. 위 법령조항들에 대하여 헌법소원심판을 제기하였다.

1. 甲의 위 법령조항들에 대한 헌법소원심판청구는 적법한가?(30점)

2. 국가공무원법 제65조 제4항 및 동법 시행령 제27조 제1항 제2호, 제2항 제3호는 과잉금지의 원칙에 위배되어 甲의 헌법상 정치적 표현의 자유를 침해하는가?(45점)

3. C선거관리위원회는 甲의 위 게시글이 공직선거법 제82조의4 제2항에 위반되는 정보라는 이유로 동법 제82조의4 제3항, 제4항에 따라 Y인터넷포털 사이트 운영자에게 삭제를 요청하여 글은 삭제되었다. 甲은 동법 제82조의4 제3항, 제4항이 검열금지원칙에 위배된다고 주장한다. 甲의 주장의 정당성을 판단하시오.(25점)

제 2 절 기록제시 논술형1

1. 인터넷 실명제

▶ 사례

사단법인 참언론은 2005. 8. 5. 설립된 사단법인으로 2005. 11. 8.「신문등의 자유와 기능보장에 관한 법률」에 따라 "참언론"이라는 제호로 인터넷신문을 등록하고 다양한 분야의 기사를 보도하고 여론 형성에 기여하고자 설립되었다고 밝히고 있다.

그러나 비룡구 선거관리위원회는 2007. 12. 3. 공직선거법에 따라 사단법인 참언론에게 "참언론"의 '덧글쓰기, 현장기자석, 참새게시판'에 대해 제17대 대통령선거의 선거운동기간이 시작되는 2007. 12. 6.까지 이용자가 실명확인을 받도록 하는 기술적 조치를 하도록 명령하였다.

이에 사단법인 참언론은 자신들이 운영하는 "참언론"에서 덧글 사용방법을 일정하게 변경하였으나, 비룡구 선거관리위원회는 2007. 12. 19. 사단법인 참언론이 2007. 12. 7.부터 12. 18.까지 인터넷실명확인조치를 이행하지 않았다고 하며 공직선거법 제82조의6 제1항및 제261조 제1항을 근거로 청구인에게 1,000만원의 과태료를 부과하였다.

그러자 사단법인 참언론은 2008. 1. 7. 위 과태료 부과처분에 대해 이의를 제기하였고(인천 남부 지방법원 2008과53호), 2008. 4. 4. 위 처분의 근거규정인 공직선거법 제82조의6 제1항, 제3항 내지 제7항 및 제261조 제1항에 관하여 헌법재판소에 위헌여부의 심판을 제청해 달라는 신청(같은 법원 2008카기681호)을 제기하였다.

그러나 위 법원은 2008. 4. 10. 위 처분청의 부과금액인 과태료 1,000만원을 그대로 유지하는 과태료부과결정을 하였으며, 위 결정에 대한 사단법인 참언론의 이의신청에 대해서도 2009. 2. 16. 원결정을 그대로 유지하는 결정을 하면서, 같은 날 사단법인 참언론의 위헌법률심판제청신청을 기각하는 결정을 하였다. 사단법인 참언론은 위 기각결정을 2009. 2. 20. 송달받았다.

그 후, 사단법인 참언론은 자신들에 대한 위 사건의 과태료 부과처분은 공직선거법 제82조의6 제1항 및 제261조 제1항(이하 제82조의6 제2항을 제외하고, 제82조의6 제3항 내지 7항을 포함하여 '이하 이 사건 법률조항'이라 함)을 근거로 한 것이고, 이 사건 법률조항이 위헌이라며 위 사건의 과태료 부과처분도 위법을 면하지 못할 것이므로, 이 사건 법률조항의 위헌 여부는 위 과태료 재판의 전제임은 명백하다고 주장하였다. 그러나 위 법원이 위 위헌법률심판제청신청을 기각하였으므로, 사단법인 참언론은 헌법재판소법 제68조 제2항에 따라 이 사건 헌법소원심판청구를 하였다.

1. 당신이 사단법인 참언론의 소송대리인이라고 한다면, 어떠한 헌법상의 주장을 할 것인지 서술하시오.

2. 관계기관의 의견(반론)을 상정하여 보고, 헌법상의 문제점들을 검토하여 자신의 견해를 서술하시오.

I. 대상 법률조항

공직선거법

제82조의6 (인터넷언론사 게시판 · 대화방 등의 실명확인)

① 인터넷언론사는 선거운동기간 중 당해 인터넷홈페이지의 게시판 · 대화방 등에 정당 · 후보자에 대한 지지 · 반대의 글을 게시할 수 있도록 하는 경우에는 행정자치부장관이 제공하는 실명인증방법으로 실명을 확인받도록 하는 기술적 조치를 하여야 한다.

② 정당 · 후보자는 자신의 명의로 개설 · 운영하는 인터넷홈페이지의 게시판 · 대화방 등에 정당 · 후보자에 대한 지지 · 반대의 글을 게시할 수 있도록 하는 경우에는 제1항의 규정에 따른 기술적 조치를 할 수 있다.

③ 행정자치부장관은 제1항 및 제2항의 규정에 따라 제공한 실명인증자료를 실명인증을 받은 자 및 인터넷홈페이지별로 관리하여야 하며, 중앙선거관리위원회가 그 실명인증자료의 제출을 요구하는 경우에는 지체 없이 이에 따라야 한다.

④ 인터넷언론사는 제1항의 규정에 따라 실명인증을 받은 자가 글을 게시한 경우 당해 인터넷홈페이지의 게시판 · 대화방 등에 "실명인증" 표시가 나타나도록 하는 기술적 조치를 하여야 한다.

⑤ 인터넷언론사는 당해 인터넷홈페이지의 게시판 · 대화방 등에서 글을 게시하고자 하는 자에게 주민등록번호를 기재할 것을 요구하여서는 아니된다.

⑥ 인터넷언론사는 당해 인터넷홈페이지의 게시판 · 대화방 등에 "실명인증"의 표시가 없는 정당이나 후보자에 대한 지지 · 반대의 글이 게시된 경우에는 지체 없이 이를 삭제하여야 한다.

⑦ 인터넷언론사는 정당 · 후보자 및 각급선거관리위원회가 제6항의 규정에 따른 글을 삭제하도록 요구한 경우에는 지체 없이 이에 따라야 한다.

제261조 (과태료의 부과 · 징수등)

제82조의6(인터넷언론사 게시판 · 대화방 등의 실명확인)제1항의 규정을 위반하여 기술적 조치를 하지 아니한 자는 1천만원 이하의 과태료에 처한다.

Ⅱ. 2007 인터넷 선거실명제 실시 개요(중앙선거관리위원회 자료 중)

- 이용대상 : 인터넷언론사, 정당・후보자 (공직선거법 제82조의 6)

  ※ 중앙선관위(인터넷선거보도심의위원회)에서 확정 행자부로 통보한 인터넷언론사
- 서비스 기간 : 선거운동기간 중 ('07. 11. 27 ~ 12. 18)
- 서비스 내용 : 글 게시를 위한 실명확인 요청시, 주민등록정보시스템을 이용한 글 게시자의 실명확인(성명 및 주민등록번호의 진위확인) 결과 제공

  ※ 행정자치부의 실명확인 지원시스템을 기본으로 하되 신용정보의 이용 및 보호에 관한 법률 제2조(정의) 제4호의 규정에 의한 "민간 신용정보업자"에 의한 실명확인도 인정하여 보완적으로 적용
- 실명확인 조치가 필요한 게시판・대화방 등의 범위

  ㅇ정치・선거기사에 대한 댓글이 게시되는 게시판・대화방 등

  ㅇ정치・선거에 관한 토론이 주로 이루어지는 게시판・대화방 등

  ㅇ기타 선거운동기간 중 정당・후보자에 대한 지지・반대의 글이 다수 게시될 것이 예상되는 게시판・대화방 등

  ※ 정당・후보자에 대한 선거운동에 해당되는 글 뿐만 아니라 지지・반대에 대한 의사를 표시한 글도 실명확인 대상에 포함되며, 게시판의 특성상 음성이나 영상물만 게시되는 형태는 없으므로 음성・영상물도 해당됨 (다만, 순수 음성・영상물은 글에 해당되지 않음)
- 실명 미확인 게시물의 삭제 : 인터넷 언론사가 정당・후보자에 대한 지지・반대의 글이 게시된 경우 삭제하여야 하는 게시판 등의 범위는 당해 인터넷 언론사가 관리・운영하는 모든 게시판・대화방 등으로 함.

  ※ 인터넷 언론사가 관리・운영하지 아니하는 카페, 블로그 등은 인터넷언론사의 홈페이지에 해당하지 아니함.
- 과태료 부과

  ㅇ실명확인을 위한 기술적 조치를 취하도록 명령을 받고 정해진 기한까지 이행하지 아니한 때 ⇒ 실명확인 조치 이행기한은 이행명령을 받은 날부터 3일까지로 함 (법정상한액 : 1,000만원)

  ※ 기준금액 500만원과 이행기한을 초과하는 매 1일마다 가산액 50만원(공직선거법

§261①, 규칙§143②)

○ 실명미확인의 글에 대한 삭제명령을 받고 정해진 기한까지 이행하지 아니한 때 (법정상한액 : 300만원) => 삭제이행기한은 이행명령을 받은 날의 다음 날까지로 함

※ 기준금액 100만원과 이행기한을 초과한 매 1일마다 가산액 20만원(공직선거법 §261②, 규칙§143②)

Ⅲ. 이 사건 법률조항의 연혁, 입법취지

이 사건 법률조항은 2004. 3. 12. 법률제7189호로 개정된 「공직선거 및 선거부정방지법」에 신설된 제82조의6과 그 벌칙조항인 제261조 제1항(이하 '개정전 조항')을 모법으로 한다. '개정전 조항'이 2005. 8. 4. 법률 제7681호로 개정되어 이 사건 법률조항이 되었다.

위 개정전 조항에 대해서는 인터넷 이용자와 인터넷 언론사들에 의해 헌법소원심판청구가 제기되었으나, 헌법재판소는 2007. 12. 27. '개정전 조항'이 2005. 8. 4.자 개정(이 사건 법률조항)으로 그 내용과 적용범위가 대폭 수정되었고 2006. 5. 31. 실시된 지방선거에서부터 개정법이 시행되었으므로, 청구인들에게 '개정전 조항'에 대해 위헌확인을 구할 권리보호의 이익이 없다는 이유로 신청을 각하한 바 있다.(2004헌마218, 2004헌마221 병합).

'개정전 조항'은 제16대 국회 정치개혁특별위원장이 제안하여 소관위원회인 정치개혁특별위원회에서 2004. 3. 2. 의결되고 본회의에서 2004. 3. 9. 의결된 「공직선거 및 선거부정방지법」개정법률에 신설 규정되었으나, 위 법안에 대한 검토보고서는 없는 듯하고 정치개혁특별위원회나 본회의 회의록에 도 그 입법취지를 알 수 있을만한 기재를 찾을 수 없다.

다만, '개정전 조항'은 중앙선거관리위원회(이하 '중앙선관위')가 2003. 7. 21.국회에 제출한 「정치관계법 개정의견(선거 · 정당 · 정치자금)」(이하 '2003년정치관계법 개정의견')에서 처음으로 제안되어 입법화되었으므로, 그 입법취지는 중앙선관위의 '2003년 정치관계법 개정의견'에 의해 추측해 볼 수 있다. 또한 위 '2003년 정치관계법 개정의견'에 관한 중앙선관위의 구체적인 의견은 중앙선관위가 2003. 8. 21. 한국언론재단 등과 함께 주최한 「선거법 개정과 인터넷언론」이라는 제목의 토론회에서 "선거법 개정 방향과 과제-정치제도개혁방안과 인터넷 언론을 중심으로-"라는 제목의 발표문을 통해 확인할 수 있으므로, 이 발표문 또한 '개정전 조항'의 입법취지를 이해할 수 있는 근거가 될 수 있을 것이다.

중앙선관위의 '2003년 정치관계법 개정의견'에 의하면, '개정전 조항'은 원래 "인터넷을 통해서는 누구든지 선거기간 전 · 중에 관계없이 자유롭게 선거운동을 할 수 있도록 허용"

하는 것을 전제로 하고, 인터넷 선거운동을 '전면' 자유화할 경우 예상되는 폐해를 방지하기 위한 몇 가지 장치 중의 하나로 제안되었다. 폐해 방지를 위한 장치는 '인터넷게시판 실명인증제', '위법 게시물의 삭제 강화', 사이버선거부정감시단 설치, 인터넷선거보도심의위원회 설치 등이라는 것이나(위 정치관계법 개정의견 16-17쪽), '2003년 정치관계법 개정의견'에 의하더라도, '인터넷게시판 실명인증제'에 의해 인터넷 선거운동의 폐해가 어떻게 방지될 수 있다는 것인지는 알 수 없다.

다만, 위 "선거법 개정 방향과 과제"에 의하면, "익명성을 바탕으로 이루어지는 각종 불법적인 글이나 사진 등이 게시되어 선거질서를 해치는 것을 방지"할 목적에서 '실명인증제'를 도입해야 하며, '실명인증제', 즉, "인터넷 이용자는 그의 신원이 확인될 수 있는 인증절차를 거친 다음에는 자신의 이름이나 ID를 사용하여 선거에 관한 의견이나 주장 등을 게시할 수 있도록 하고", 이를 통해 "책임있는 의견이나 주장 등을 하도록 함"과 동시에 "간접적으로 인터넷문화 또는 선거문화를 개선하는 효과를 거둘 수 있다"는 것이다.

즉, '인터넷게시판 실명인증제'는 실명인증절차를 거친 인터넷 이용자에 한하여 자신의 이름이나 ID를 사용하여 의견이나 주장을 게시하도록 함으로써 "책임있는 의견이나 주장을 하도록 하고", "익명성을 악용한 비방·허위사실공표 등을 방지"하는 것을 입법목적으로 하는 것으로 보인다.

'개정전 조항'을 모법으로 하여 2005. 8. 4. 개정된 이 사건 법률조항도 회의록이 충실하지 않은 정치개혁특별위원회를 소관위원회로 하였고 검토보고서 등이 따로 있지 않기 때문에 그 제안이유나 국회 회의록으로는 그 입법취지를 분명히 알 수 없다.

중앙선관위는 2005. 3. 「정치관계법 개정의견(선거·정당·정치자금)」(이하 '2005년 정치관계법 개정의견')을 국회에 제출하였고 '2005년 정치관계법개정의견'은 이 사건 법률조항의 입법자료로 이용된 것으로 보이기는 하나, '2005년 정치관계법 개정의견'에도 "인터넷언론사가 발급하는 아이디(ID)를 기록하여 의견을 게시할 수 있도록 함"으로써 "인터넷실명제를 완화"한다는 기재만 있을 뿐이어서, 위 개정의견을 통해서도 이 사건 법률조항의 개정이 유를 분명히 알기는 어렵다.

다만, '개정전 조항'에 대해 효력발생 직후 위헌을 주장하는 헌법소원이 제기되었다는 점, 정부는 '개정전 조항'을 실제로 시행하지 못했다는 점 등을 함께 고려하면, 이 사건 법률조항은 '개정전 조항'의 적용범위를 축소하는 방향으로 개정함으로써 위헌시비를 피하고자 개정된 것으로 추측된다.

그렇다면, 이 사건 법률조항의 입법취지는 '개정전 조항'의 입법취지와 차이가 없는 것으로 보아도 무방해 보인다.

IV. 선거운동기간중 모든 게시판에 실명확인을 요구하는 사례 - 프레시안

아래 기사는 실명확인제가 적용되는 2008. 3. 27. 등록된 비정치적 기사이다. 이 기사는 익명인이 학내 문제점을 동영상으로 고발한 사건을 다루고 있다.

"1000명의 인권을 구해주세요"

"진성고 동영상" 확산 - 학교 "음해세력이 조작한 것"

이른바 '입시 명문 사립고'라고 알려진 경기도 광명 소재의 진성고등학교. 이 학교 재학생이 인권침해와 학생을 대상으로 폭리를 취하는 학교 현실을 담아 제작한 동영상이 최근 인터넷을 달구고 있다.

8분이 조금 넘는 분량으로 제작된 이 동영상은 서두에 "지난 10월 KBS <시사투나잇> '만화 같은 현실 사립청글고등학교'에서 언급된 00고등학교는 진성고"라며 "이 UCC를 통해 방송과 외부에 잘 알려지지 않은 진성고의 실체를 알리려 한다"고 제작 의도를 밝혔다.

'샤워실은 1개, 형광등 드러난 급식 가격은 그대로'

동영상은 우선 열악한 학교 시설을 고발하며 시작한다. 제작한 학생은 "40~50인 1실을 쓰는 기숙사에 놓인 좁은 침대는 철제이고, 사물함 또한 다 녹이 슬었다"며 "샤워시설과 화장실 시설 또한 열악하다. 그나마 이렇게 열악한 샤워실도 남자 1개, 여자 작은 규모로 5개가 전부"라고 밝혔다. 진성고는 학생 전원이 기숙사 생활을 하고 있다.

이 학생은 "워낙 부족한 시설이다 보니 샤워실에서 머리를 감지 못하고 결국 세면대에서 머리를 감는다"고 밝혔다. 이 학생은 "학생들은 매년 개선을 요구하지만 재단은 늘 '예산이 부족하다'고 말한다"고 지적했다.

위의 기사내용에 대하여 평소 실명인증을 하지 않아도 되는 비회원이 선거운동기간 중에 덧글을 쓰려면 다음과 같은 절차를 거쳐야만 한다. 즉, 선거운동기간 중에는 실명인증 시스템은 정치, 선거 관련 기사가 아닌 모든 기사에 적용되고 있으며, 선거운동과 무관한 과거에 올라온 기사에 대해서도 댓글을 쓰기 위해서는 실명인증이 요구된다.

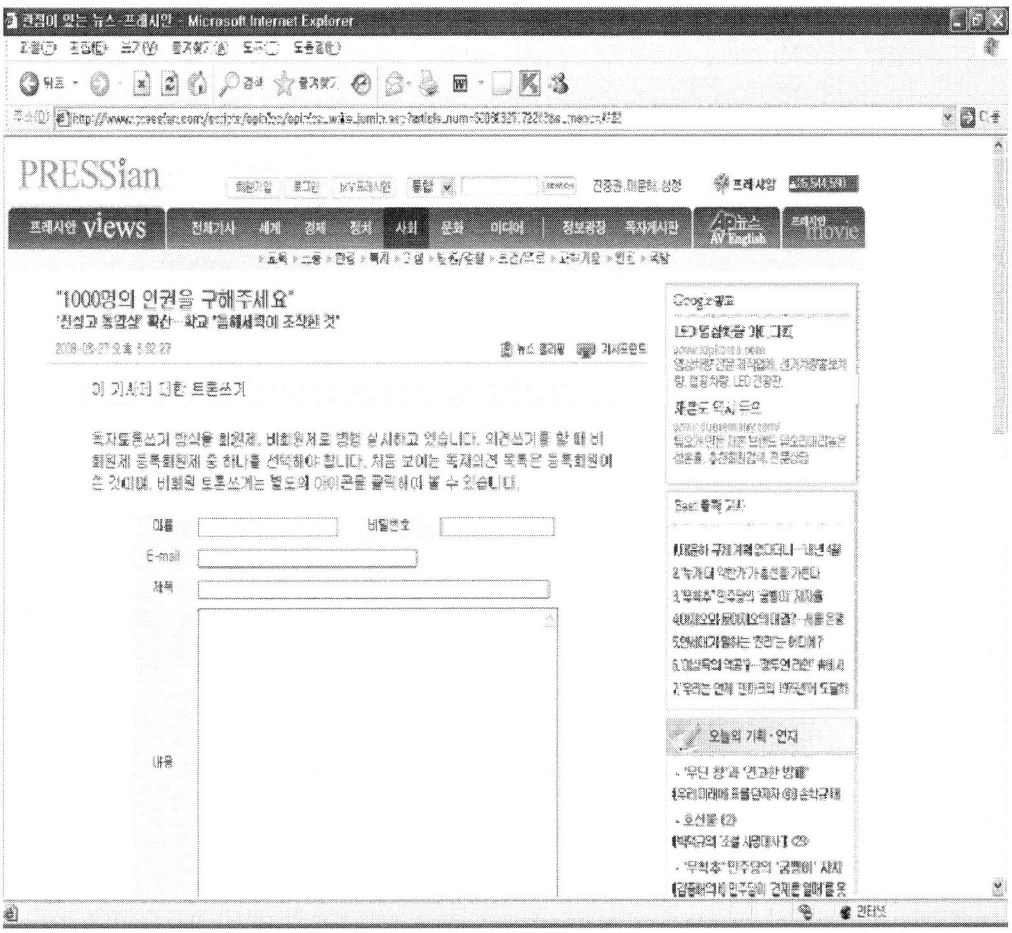

우리는 희망을 이야기 합니다

V. 보도 협조 요청

“익명 표현의 자유를 보장하라”
“인터넷실명제는 위헌이다”

-- 실명제 거부 인터넷언론에 대해, 인권단체 지지 입장 발표
-- 지난 대선 실명제 거부로 1천만원 과태료 처분받은 〈민중언론 참세상〉, 공직선거법상 인터넷실명제에 위헌법률심판제청 신청

----

1. 언론개혁과 진실보도를 위해 애쓰시는 기자여러분께 감사드립니다.
2. 2008년 국회의원 선거를 앞두고 3월 27일부터 공직선거법상 인터넷실명제가 실시되는 가운데, 선관위의 실명인증시스템 설치 요구를 거부하는 인터넷언론들이 꾸준히 늘고 있습니다.

※ 2008 총선시기 인터넷실명제 거부 인터넷 언론 (2008.4.4 현재 20개)

노동넷방송국 nodong.net, 대자보 www.jabo.co.kr, 레디앙 www.redian.org, 미디어스 www. mediaus.co.kr, 미디어충청 www.cmedia.or.kr, 민중언론참세상 www.newscham.net, 민중의소리 www.vop.co.kr, 부안21 www.buan21.com, 에큐메니안 www.ecumenian.com, 울산노동뉴스 www.nodongnews.or.kr, 이주노동자방송국 www.migrantsinkorea.net, 인권오름 www. sarangbang.or.kr/kr/oreum/, 인터넷저널 www.injournal.net, 인천뉴스 www.incheonnews. com, 일다 www.ildaro.com, 참소리 www.cham-sori.net, 컬처뉴스 www.culturenews.net, 코카뉴스 www.cocanews.com, 함께걸음 www.cowalknews.co.kr, PD저널 www.pdjournal.com

3. 이처럼 시행 3년째를 맞는 선거시기 실명제에 대한 반대 여론이 식지 않는 가운데, 18개 인권단체가 실명제를 거부하는 인터넷 언론을 지지하는 입장을 발표하여 주목을 끌고 있습니다. 인권단체들은 ‘익명 표현의 자유’는 헌법에서 보장하는 기본권이라고 주장하였습니다.

4. 한편, 〈참언론〉은 지난 2007 대통령선거 당시 덧글게시판에 실명인증시스템을 설치하

지 않았다는 이유로 부과된 과태료 1천만원에 대하여 위헌법률심판제청 신청서를 오늘 재판부에 제출할 예정입니다. 이 신청서에서는 공직선거법상 인터넷실명제가 검열금지의 원칙, 명확성의 원칙, 포괄위임입법금지의 원칙, 수단의 적합성과 최소침해의 원칙에 위배될 뿐만 아니라, 그 입법목적의 정당성이 인정되지 않으며, 인터넷언론 이용자에게 권리구제 수단을 부여하지 않음으로써 적법절차의 원칙에도 위배되어 위헌이라고 주장하였습니다.

5. 많은 관심과 취재 부탁드립니다. 끝.

[별첨] 2008년 총선시기 인터넷실명제에 대한 인권단체 입장

우리는 익명 표현의 자유를 지지한다

- 2008년 총선시기 인터넷실명제에 대한 인권단체 입장-

지난 3월 27일부터 공직선거법에 따른 인터넷실명제가 실시되고 있다. 선거운동기간 중에는 주민등록번호를 제시하고 실명을 확인받은 사람만이 인터넷언론 기사에 덧글을 달 수 있다. 공공기관이나 포털 등 주요 인터넷사이트에는 이미 정보통신망이용촉진및정보보호등에관한법률에 의해 상시적인 인터넷실명제가 실시되고 있으며, 최근 불법 소프트웨어 단속을 빌미로 인터넷실명제가 더욱 확대될 조짐이 보이고 있다. 이런 추세대로라면 대한민국에서는 오직 실명 확인을 한 사람만이 인터넷을 사용할 수 있을 것이다.

우리 인권단체들은 인터넷실명제의 확산에 대하여 깊이 우려하고 있다. 우리는 익명으로 글을 쓸 수 있는 권리가 보장되어야 한다고 생각한다. 그런 의미에서 실명인증 시스템의 설치를 거부하며 꾸준히 독자들의 익명 표현의 자유를 옹호해온 인터넷언론들을 지지해 마지 않는다.

익명 표현의 자유는 표현의 자유의 중요한 일부분이다. 표현의 자유는 민주주의에서 가장 기본적이고 핵심적인 자유권이고, 소수자와 약자가 두려움 없이 표현의 자유를 누릴 수 있으려면 익명으로 발언할 수 있는 자유 또한 반드시 보장되어야 한다. 이름없는 시민의 과감한 비판과 용감한 고발은 언제나 사회를 바꾸는 원동력이 되어 왔고, 익명 표현을 보장하는 것은 민주주의의 오랜 전통이다.

특히 어느 나라에서나 선거시기에는 국민에게 정치적 표현의 자유를 최대한 보장하고 있으며, 비밀투표의 원칙에서도 볼 수 있듯 선거시기 익명의 자유는 중요한 권리 중 하나이다. 그런데 선거시기에 실명으로만 자신의 의견을 표현하도록 하는 인터넷실명제는 국민의 정치참여를 중대하게 가로막는 것이다.

실명을 사용할 것인지 익명을 사용할 것인지는 개인과 공동체가 선택할 문제이다. 국가가 과태료 1천만원을 부과해가며 국민에게 실명을 밝히도록 강제하고 의견 발표를 위축시키는 것은 헌법에서 금지하고 있는 검열에 다름이 없다. 또한 소수의견이기 때문에, 편견 때문에, 불이익을 받을까봐, 개인정보 침해의 우려 때문에 의견 밝히기를 꺼리는 사람들을 차별하는 것이다.

물론 우리는 불공정한 선거운동이나 다른 사람의 권리를 침해하는 발언에 대하여 반대한다. 하지만 인터넷에서 그런 일이 벌어진다면 현실 공간에서 그러하듯 사후에 법률에 따라 공정하게 처리하면 될 일이다. 인터넷을 이용하는 모든 국민이 허위사실을 유포하거나 후보자를 비방하거나 악플을 올릴 것이라고 전제하고 사전에 주민등록번호를 확인하는 것은, 인권 침해이다.

국가적인 인터넷실명제를 빌미로 수많은 인터넷사이트에서 주민등록번호와 개인정보를 마구 수집하고 있다. 이런 상황은 개인정보에 대한 자기결정권을 위협하고 개인정보의 오남용과 유출 위험성을 증가시키고 있다. 최근 정부도 이런 문제점 때문에 인터넷사이트에서 주민등록번호의 대체수단을 도입하겠다고 밝혔다. 하지만 인터넷에서 정보인권을 온전히 실현하는 길은 무차별적인 실명 확인과 개인정보 수집을 중단하는 길 뿐이다.

익명이 범죄시되는 사회 속에서 인권은 기대할 수 없다. 실명 확인의 강박 속에 용기있는 발언이 사라지고 민주주의는 후퇴할 것이다. 특히 수사편의를 명분으로 확대되는 실명제는 경찰국가의 부활을 가져올 것이다. 아무리 인터넷 실명 확인이 우리 생활에서 흔한 일이 되었다 하더라도 이것이 참으로 기괴한 인권침해라는 점은 분명하다. 올해 총선에도 실명확인시스템 설치를 거부하며 저항하는 인터넷언론들이 여전히 존재한다는 점이 가장 큰 증거이다.

2008년 4월 4일

광주인권운동센터, 다산인권센터, 동성애자인권연대, 문화연대, 민주화실천가족운동협의회, 부산인권센터, 불교인권위원회, 빈곤과차별에저항하는인권운동연대, 새사회연대, 울산인권운동연대, 인권과 평화를 위한 국제민주연대, 인권운동사랑방, 장애와인권발바닥행동, 천주교인권위원회, 청소년인권행동 아수나로, 피자매연대, 한국게이인권단체 친구사이, 한국레즈비언상담소

Ⅳ. 국회입법조사처의 의견

○ 최근의 미국산 쇠고기 문제로 인해 인터넷 포털 등을 통하여 형성된 인터넷 여론 및 오프라인에서의 촛불시위로의 확산은 인터넷 실명제에 대한 논의를 더욱 가열하고 있음.

인터넷이라는 사이버 공간의 익명성을 전제로 이용자들은 자신의 의견을 자유롭게 표현하며, 기존의 매체를 통해 쟁점화 된 사안을 토론을 통해 확대하거나새로운 쟁점을 만들어 내기도 함.

그러나 익명성을 전제로 한 인터넷 게시판 이용은 때로는 개인정보 침해, 프라이버시 침해, 허위사실 유포, 명예 훼손 등의 사이버 역기능을 초래하여 한 개인이나 집단에 피해를 입히기도 함.

○ 우리나라는 현재 사이버 공간에서의 게시판 이용의 문제점을 해결하기 위하여 「정보통신망 이용촉진 및 정보보호 등에 관한 법률」 제44조의5에 근거하여 '인터넷 제한적 본인확인제'라는 제도를 시행하고 있음.

'본인확인제'란 인터넷 이용자가 게시판에 정보를 게재할 경우 실명이 공개되는 대신 해당 게시판 관리·운영자가 이용자 본인 여부를 확인하는 제도임.

한편 OECD 회원국을 비롯한 주요국에서는 '인터넷 실명제'와 같은 포괄적인 의미의 게시판 이용 규제를 하지 않고 있으며 익명표현의 자유를 중요하게 여김.

○ 인터넷 실명제와 관련해서는 정부, 전문가, 인터넷 사업자, 네티즌의 찬반 의견이 대립되어 있는 상태임.

사이버폭력이 인터넷의 익명성에 기반하고 있기 때문에 전면적인 인터넷 실명제를 통해 대응하여야 한다는 찬성의 의견이 있는 반면에 실명제가 표현의 자유를 위축시키고 민주주의에 역행한다는 의견도 있음.

○ 모든 인터넷 게시물에 실명을 입력하는 포괄적인 인터넷 실명제는 표현의 자유 침해라는 견해가 전반적으로 설득력이 있는 상황이며 '인터넷본인확인제' 확대 실시에는 적용범위와 방식, 규제의 강도에 관한 보다 심층적인 논의가 있어야 할 것임.

법이나 제도를 통해 규제하는 것보다는 건전한 사이버 문화 조성과 네티즌들의 미디어 교육 등을 통해 자율과 책임을 기반으로 사이버 공간의 개방성과 익명성을 지켜나갈 수 있는 분위기를 조성할 필요가 있다고 생각됨.

2. 불온서적과 알권리

▶ 사례

2008년 7월 22일 국방부는 국방부 장관의 지시로 각 군 본부 및 예하부대에 소위 '군내 불온서적 차단대책 강구'지시를 내리고 각 군에 불온서적 군대 반입 차단 공문을 발송했다. 국방부는 해당 공문에서 "불온서적 무단 반입시 장병의 정신전력에 저해요소가 될 수 있어 수거를 지시하니 적극 시행하라"며 북한 찬양, 반정부-반미, 반자본주의 등 세 분야로 나눈 23권의 '불온서적' 목록을 첨부자료로 명기했다.

군법무관 甲을 비롯한 군법무관 7명은 국방부가 '불온서적 '을 지정해 군내 반입 금지 조치시킨 것은 위헌이라고 주장한다.

이에 대하여 국방부 대변인 乙은 "국군기무사령부가 2008. 7.경 한총련(한국대학총학생회연합의 약자)이 반정부・반미 의식화 사업을 2008. 7~8월 방학기간 중의 사업으로 추진(제16기 한총련 7~8월 방중사업계획서 참조)하면서 위 사업계획서상 교양도서로 추천된 도서들을 대상으로 '병영 내 도서보내기 운동'을 전개한다는 첩보를 입수하고, '군인복무규율' 제16조의2 (불온표현물 소지・전파 등의 금지)에 근거하여, 같은 해 7. 15.경 병영 내 무단 반입시 장병 정신전력에 부정적 영향을 줄 수 있는 도서들을 검토・분류하여 23종의 도서목록을 선정한 다음, 같은 달 17. 이러한 사실을 국방부에 보고하였다."고 하고, 또한 이들 도서의 선정과 관련하여서도, "각 군에 위와 같은 지시를 하달하였던 같은 달 22.부터 정신교육 관련 전문가들로 구성된 정훈・문화자료심의위원회(정훈문화활동규정에 따라 위원장 국방교육정책관, 간사 정신전력과장, 위원으로 문화정책과장 등 7인으로 구성)를 소집하여 위 도서들의 세부적 내용을 검토한 결과, 같은 해 8. 15. 위 23종의 도서들 모두가 장병 정신전력을 저해할 수 있다고 재확인하는 한편 이를 구체적으로 친북성향 6종, 반정부・반미 14종, 반자본주의 3종으로 분류하였다."고 하면서 '불온서적 '을 지정해 군내 반입 금지 조치시킨 것은 군인사법 제47조의2 및 군사복무규율 제16조의2 등에 따른 것으로 위헌이 아니라고 주장한다.

1. 甲의 주장은 이유 있는가?(20점)

2. 乙의 주장은 이유 있는가?(10점)

3. 甲이 취할 수 있는 법적 구제수단은?(10점)

대한민국헌법

제37조 ① 국민의 자유와 권리는 헌법에 열거되지 아니한 이유로 경시되지 아니한다.

② 국민의 모든 자유와 권리는 국가안전보장 · 질서유지 또는 공공복리를 위하여 필요한 경우에 한하여 법률로써 제한할 수 있으며, 제한하는 경우에도 자유와 권리의 본질적인 내용을 침해할 수 없다.

제75조 대통령은 법률에서 구체적으로 범위를 정하여 위임받은 사항과 법률을 집행하기 위하여 필요한 사항에 관하여 대통령령을 발할 수 있다

군인사법

제1조(목적) 이 법은 군인의 책임 및 직무의 중요성과 신분 및 근무조건의 특수성을 고려하여 그 임용 · 복무 · 교육훈련 · 사기 · 복지 및 신분보장등에 관하여 국가공무원법에 대한 특례를 규정함을 목적으로 한다.

제47조의2(복무규율) 군인의 복무에 관하여는 이 법에 규정한 것을 제외하고는 따로 대통령령이 정하는 바에 의한다.

군인복무규율

제1조 (목적) 이 영은 「군인사법」 제47조의2에 따라 군인의 복무 기타 병영생활에 관한 기본사항을 규정함을 목적으로 한다.

제16조의2 (불온표현물 소지 · 전파 등의 금지) 군인은 불온유인물 · 도서 · 도화 기타 표현물을 제작 · 복사 · 소지 · 운반 · 전파 또는 취득하여서는 아니되며, 이를 취득한 때에는 즉시 신고하여야 한다.

정훈문화활동규정

제28조 심의는 장병의 정신교육, 문화활동을 지원할 목적으로 편찬 제작하거나 구입 또는 획득하는 정훈 문화자료에 대한 적합성 필요성 활용성 등을 심의하기 위함을 목적으로 한다.

[자료 1] '군내 불온서적 차단대책 강구(지시)'(장관,'08.7.22)

1. 개요

부대 내에 불온서적 무단 반입시 장병 정신전력 저해요소가 될 수 있어, 일제수거 및 강조지시 하는 내용임.

2. 관련규정/근거

가. 군인복무규율(대통령 제20282호)제16조의 2

나. 국군병영생활규정(국방부훈령 600호) 제47조(물품반입 및 소지의 제한)

다. 정훈문화활동규정(국방부 훈령 제790호)제28(정훈 문화자료 심의위원회)

3. 대책

가. 장병 정신교육 실시

- 불온서적 취득 즉시 지휘계통 보고 및 지원 기무부대 보고

나. 개인별 부대 반입 통제(연중 지속)

- 휴가 및 외출 외박 복귀자 반입물품확인
- 우편물 반입 시 간부 입회 하 본인 개봉/확인 등
- 불온서적 목록

다. 불온서적 반입여부 일제 점검

(사무실, 분임실, 휴게실, 독신자 숙소 포함)

- 기간: '08.7.28~8.4
- 점검결과 다음 서식에 의거 보고(보고기일: '08.8.5)

*보안의 날 행사 또는 부대계획에 의거 지속점검 실시

라. 불온서적 목록

- 북한찬양 분야 불온서적

'북한의 미사일 전략', **'북한의 우리식 문화'**, **'지상에 숟가락 하나'**, '역사는 한번도 나를 비껴가지 않았다', '왜 80이 20에게 지배당하는가?', '북한의 경제발전 전략', **'통일 우리 민족의 마지막 블루오션'**, '벗', **'미국이 진정으로 원하는 것은'**, '대학시절', '핵과 한반도'

- 반정부. 반미 분야 불온서적

'미군 범죄와 SOFA', **'소금 꽃나무'**, '꽃 속에 피가 흐른다', '507년, 정복은 계속된다', '우리역사 이야기', '나쁜 사마리아인들', '김남주 평전', **'21세기 철학이야기'**, **'대한민국사'**, **'우리들의 하느님'**

- 반자본주의 분야 불온서적

'세계화의 덫', **'삼성왕국의 게릴라들'**

[자료 II] 관련기사

[이슈] 한총련 권장도서면 '불온 서적' 인가?

국방부 어떻게 선정했나, '책읽기 운동' 도서 중에서 뽑아 지정

"출판계 불황을 해소하는 데 도움을 준 공로로 연말에 국방부 장관에게 감사패라도 줘야 할 것 같다. 더군다나 지금이 전통적으로 책이 잘 나가지 않는 휴가철이라는 점에서 더 고맙다."

사회과학 출판사 후마니타스 안중철 편집장의 말이다. 이 출판사가 지난해 5월 출간한 '소금꽃 나무'는 지난 일주일 사이에 주문과 판매가 급증했다. 후마니타스 영업담당 박경춘 대리는 "7월 31일 이후 일주일 사이에 주문이 1,000부 들어왔고, 실제 판매량은 5배 정도 늘었다"고 말했다. 민노총 부산지역본부 김진숙 지도위원이 노동자로 살아오면서 겪은 체험을 질박하면서도 호소력 있는 문체에 담은 이 책은 초판을 2,000부 찍었고 지난해 5월부터 올해 7월까지 1만부가량 판매됐다.

문광부 선정 우수도서도 포함

국방부가 얼어붙어 있던 인문사회과학 도서 시장에서 불쏘시개 노릇을 톡톡히 하고 있다. 발단은 공군에서 나온 공문이다. 7월 31일 '한겨레'는 공군이 7월 24일 각급 부대에 "불온서적 무단 반입 시 장병 정신 전력 저해요소가 될 수 있어 수거 지시하니 적극 시행"하라는 내용이 담긴 공군참모총장 명의의 공문을 내려보냈다고 보도했다. 신문은 이보다 앞선 7월 19일 이상희 국방부 장관의 지시에 따라 국방부 보안정책과가 '군내 불온서적 차단 대책'을 마련했으며, 이 공문에는 '북한 찬양', '반정부 반미', '반자본주의' 세 분야로 나눈 23권의 '불온서적 목록'이 담겨 있다고 전했다.

국방부의 '불온서적' 지정이 시대착오적이라는 데는 이론의 여지가 없다. 관심의 초점은 목록을 선정한 경위와 선정 기준이다. 북한을 찬양하고 반미 관련 도서가 수두룩하고 이보다 훨씬 과격한 이념 서적이 버젓이 유통되는 데도 이런 서적은 이번 목록에 빠져 있기 때문이다. 이들 '불온서적'의 기준을 도무지 판단하기 어렵다는 것이다. 출판평론가 표정훈씨는 "기준이 아주 자의적인데다 국방부의 지적 수준이 의심스럽다"고 못박고는 "어떤 과정을 거쳐 선정된 것인지, 누가 결정했는지 궁금하다"고 말했다.

국방부는 7월 31일 브리핑에서 "공개를 통해 논란이 확산되는 것은 적절치 않다"며 분류 근거를 공개하라는 요구를 거부했다. 그러나 해당 출판사 관계자들은 제대로 된 분류 근거라는 게 애초에 있기나 했을까라는 의문을 제기한다. 국방부가 '북한 찬양' 도서로 분류한 북한 작가 백남룡의 '벗'을 출간한 출판사 살림터 영업담당 정광일씨는 "'벗'은 북한 남녀의 사랑과 연애, 이혼 문제를 다룬 책으로 1992년 출간 당시 안기부에서도 문제삼지 않았던 책이다. 국방부에서 책을 읽지 않은 듯하다"라고 말했다. 후마니타스 안중철 편집장은 "국방부가 '반미 반정부' 도서로 분류한 '소금꽃 나무'에는 반미 관련 내용은 일절 없고, 책에 기록된 노동탄압도 이전 정부와 관련한 일들이다. 반자본주의나 반체제라면 몰라도 '반미 반정부'로 분류한 건 이해가 안 된다"고 말했다. 이 책은 2007년 문화관광부가 선정한 우수교양도서다. '나쁜 사마리아인들'이 '반정부 반미' 도서로 분류된 것은 더욱 황당하다는 반응이다. 이 책은 지난해만 10만 부 이상 팔린 대중적인 베스트셀러일 뿐 아니라 저자 장하준 교수는 이 책에서 '한국 경제는 더 많이 성장해야 한다'는 논지를 펼치고 있기 때문이다. 오히려 진보 진영 경제학자들은 장 교수가 재벌 편향적인 인식을 갖고 있다며 비판해왔다. 출판평론가 표정훈씨는 "장하준 교수는 조선일보에 칼럼을 쓰고 있고 재벌을 현실적으로 인정할 수밖에 없다는 주장을 하는 분인데 반정부라는 건 말이 안 된다"고 지적했다. '나쁜 사마리아인들'은 얼마 전 대한민국 학술원이 선정한 우수학술도서에 뽑히기도 했다.

국방부 대변인실은 "사회의 기준과 군대의 기준이 다를 수 있으니 이해해달라"고 말했다. 이와 관련하여 국방부 대변인실은 "한총련이 군대에 책 보내기 운동을 한다는 첩보를 입수하고 한총련이 만든 도서목록을 국방부 보안정책과의 현역 군인들이 분류한 것"이라고 밝혔다.

한총련 도서목록을 재분류했다는 국방부의 주장은 사실인 것처럼 보인다. 한국대학총학생회연합('한총련')이 올해 6월 19일자로 이 단체 홈페이지에 올린 '16기 한총련 7~8월 방중사업계획서'에는 '6.15~8.15 한총련 방중 책읽기 운동'이라는 제목 아래 31권의 책을 담은 도서목록이 나와 있는데, 국방부가 발표한 23개 도서 가운데 20개가 이 목록과 일치한다. 국방부 목록에 있는 책 중 한총련 목록에 없는 것은 '미군범죄와 한미SOFA'(주한미군범죄근절운동본부, 두리미디어), '정복은 계속된다'(촘스키, 이후), '우리 역사 이야기'(조성오, 돌베개) 세 개다. 이 가운데 '정복은 계속된다'는 한총련 목록에 나오는 '미국이 진정으로 원하는 것'을 쓴 세계적 석학 노엄 촘스키의 저서이고, '우리 역사 이야기'는 1980년대 학생운동권에서 널리 읽힌 '철학에세이'의 저자가 쓴 책이다.

"군대에 책보내기 운동은 사실무근"

국방부는 목록의 출처로 한총련만 지적했지만, 한총련 도서목록은 한국대학생연합('한대련')이 올해 4월 9일자로 이 단체 홈페이지에 올린 '학생회 일군 책읽기 선정도서' 목록과 정확히 일치한다. 그 이유는 한총련과 한대련이 펼치고 있는 책읽기 운동이 남북공동선언실천연대 부설기관인 한국민권연구소에서 제안한 것이기 때문이다. 국방부 불온서적 목록에 '북한의 미사일 전략'과 '북한의 경제발전 전략' 등 자신의 책 두 권이 포함된 전영호 한국민권연구소 상임연구위원은 "민권연구소에서 올해 4월 3일에 31개 도서를 뽑아 한총련과 한대련에 공동으로 책읽기 운동을 제안했다"고 밝혔다.

그렇다면 한총련과 한대련은 국방부의 주장처럼 군대에 책을 보내는 운동을 계획했던 걸까. 한총련 소속 대학생 20명은 지난 8월 1일 국방부 청사 앞에서 기자회견을 열고 "한총련이 군대에 책보내기 운동을 계획했다는 것은 사실무근"이라고 주장했다. 한대련 홈페이지에 올라 있는 책읽기 운동 제안서는 "학생회 일꾼들에게 어느 때보다 절실하게 필요한 것이 바로 실력"이라고 전제하고 "책 속에는 이 사회를 바라보는 올바른 관점, 또 다른 세계에 대한 대안 제시, 삶을 풍성하고 아름답게 살아가는 방법 등이 있다"고 밝히고 있을 뿐, 군대에 책을 보내는 것에 대한 언급은 없다. 게다가 이 행사는 "5권 이상 책을 읽은 일군에게 소정의 상품을 증정"하는 이벤트일 뿐이다.

보도가 나간 후 인터넷 서점과 오프라인 서점에 해당 도서를 찾는 주문이 쇄도하는 한편 '불온도서'를 출간한 출판사와 출판인들은 조직적인 대응을 준비하고 있다. 15개 출판사와 3개 출판 관련 단체, 저자 13명이 참여한 공동대책위원회는 6일 성명서를 발표해 "이번 일은 기본적으로 학문 사상의 자유와 출판의 자유를 침해한 것이며 글을 집필한 저자와 책을 출간한 출판사의 명예를 훼손한 것"이라고 지적했다. '왜 80이 20에게 지배당하나'를 출간한 출판사 철수와영희 박정훈 대표는 "성명서에 대한 국방부의 반응을 지켜보고 있으며 국방부 장관을 대상으로 한 고소 고발도 논의 중이다"면서 국방부가 다시는 이런 일을 하지 못하도록 근본적인 대책을 마련하도록 촉구할 것"이라고 밝혔다.

뉴스메이커 788호, 2008년 8월 19일

미군도서관 '빨간책' 수두룩…카투사도 제약 없이 출입해

"주한미군에서 30년 넘게 근무했지만, 미군 병사들에게 특정 책을 읽지 말라거나 영내 반입 금지 같은 조처를 들어본 적이 없다."

김영규 주한미군 공보관은 23일 한국 국방부의 '불온서적' 목록 지정에 대해, 부대 안에서 지내야 하는 한국군 병사들과 일과 뒤 외출이 자유로운 미군이 처한 상황이 다르다는 것을 전제로 이렇게 말했다.

김 공보관은 "주한미군은 '불온서적' 지정·차단을 정책으로 채택한 적이 없다"라며 "어떤 책을 읽는 문제와 관련해 미군의 권리는 일반인과 다르지 않다"고 말했다. 군 임무의 특수성을 내세워 장병 정신교육에 부적합한 책은 일정한 제한이 불가피하다는 한국군의 논리는 찾아볼 수 없다는 것이다. 김 공보관은 "요즘은 미군 병사들이 인터넷서점에서 책을 많이 주문하기 때문에, 미군 당국이 장병들이 어떤 책을 읽는지 일일이 확인하는 것 자체가 쉽지 않다"고 말했다.

미군은 책 반입뿐 아니라 영내 도서관에도 '불온서적'이란 이유로 책의 비치·열람을 제한하지 않는다. 기지 12곳에 장서 15만9천여권을 갖추고 있는 미군 도서관에는 카를 마르크스, 레닌, 마오쩌둥, 체 게바라 등 좌익 혁명가 관련 책들도 있는 것으로 알려졌다. 이들 도서관에는 미군에 배속된 한국군인 '카투사'도 특별한 제약 없이 출입할 수 있다.

〈한겨레〉, 2008년 10월 24일

[자료 III] 국방부가 규정한 불온서적 목록 및 주요목차

순번	제목	저자	출판사
1	북한의 미사일 전략	전영호	615
2	북한의 우리식 문화	주강현	당대
3	지상에 숟가락 하나	현기영	실천문학사
4	역사는 한 번도 나를 비껴가지 않았다	허영철	보리
5	왜 80이 20에게 지배당하는가?	박준성, 안건모, 이임하, 정태인, 하종강, 홍세화	철수와영희
6	북한의 경제발전 전략	전영호	615
7	통일, 우리 민족의 마지막 블루오션	전상봉	시대의창
8	벗	백남룡	살림터
9	미국이 진정으로 원하는 것은	노암 촘스키	한울
10	대학시절		
11	핵과 한반도	최안욱	615
12	미군 범죄와 한미SOFA	주한미군범죄근절운동본부 엮음	두리미디어
13	소금꽃나무	김진숙	후마니타스
14	꽃 속에 피가 흐른다	김남주	창비
15	507년, 정복은 계속된다	노암 촘스키	이후
16	우리 역사 이야기	조성오	돌베개
17	나쁜 사마리아인들	장하준	부키
18	김남주 평전	강대석	한얼미디어
19	21세기 철학 이야기	21세기코리아연구소 엮음	코리아미디어
20	대한민국史	한홍구	한겨레출판
21	우리들의 하느님	권정생	녹색평론사
22	세계화의 덫	하랄드 슈만, 한스 피터 마르틴	영림카디널
23	삼성왕국의 게릴라들	프레시안 엮음	프레시안북

3. 최저생계비고시

▶ 사례

뇌성마비 1급 1호인 중증지체장애인 甲은 국민기초생활보장법 제5조 제1항에서 정한 부양의무자가 없는 법 제2조 제1호에서 정한 "수급권자"이며, 국민기초생활보장법 시행 이전에는 생활보호대상자로서, 시행 이후에는 법률상의 수급권자로서 급여를 지급받아 왔으며 현재도 아무런 소득이 없는 중증 장애인으로 2000년도의 법률상의 수급권자로서 급여를 지급받을 지위에 있다.

갑은 1992년 역시 장애인인 김모씨와 결혼했지만, 1998년 이혼해 혼자 살아왔으며, 1999년 전 남편 집안이 아들(9)을 못 만나게 하자 2001년 1월 양육권 소송을 준비하기도 했다. 그러나 2000년 최저생계비 수급권을 위해 노점상을 포기했던 최씨는 아들의 양육권을 주장하기 위해서는 돈이 필요하지만 그 돈이 모이면 수급권을 반납해야 되는 딜레마에 처해 고민이 많았다. 심한 우울증에 시달리던 최씨는 지난달 21일 소독약에 수면제 20알을 타먹고 자살을 기도해 한달여간 입원치료를 받아 왔다.

그러던 중 2001년 12월 1일 복건복지부는 고시 제2001-63호로 2002년도 국민기초생활보장법상의 최저생계비를 결정 공표하였다.

이에 甲은 2002년 1월14일 위 최저생계비 고시가 자신의 인권을 침해하는 것이라고 주장하고 헌법소송을 제기하기에 이르렀다.

1. 갑의 소송대리인의 입장에서 헌법재판소에 어떤 심판을 청구해야 할지 결정하고, 해당 심판청구서를 직접 작성하시오.(20점)

2. 보건복지부 등 피청구인의 의견을 감안하여 본안에 대하여 판단하시오.(20점)

I. 관계법령

가. 헌 법

○ 제10조 모든 국민은 인간으로서의 존엄과 가치를 가지며 행복을 추구할 권리를 가진다.
○ 제11조 ① 모든 국민은 법 앞에 평등하다. 누구든지 성별, 종교 또는 사회적 신분에 의하여 정치적, 경제적, 사회적, 문화적 생활의 모든 영역에 있어서 차별을 받지 아니한다.
○ 제34조 ① 모든 국민은 인간다운 생활을 할 권리를 갖는다.
⑤ 신체장애자 및 질병・노령 기타의 사유로 생활능력이 없는 국민은 법률이 정하는 바에 의하여 국가의 보호를 받는다.

나. 국민기초생활보장법(수급권자의 권리 관련)

제1조(목적) 이 법은 생활이 어려운 자에게 필요한 급여를 행하여 이들의 최저생활을 보장하고 자활을 조성하는 것을 목적으로 한다.
제2조(정의)
제1호 "수급권자"라 함은 이 법에 의한 급여를 받을 수 있는 자격을 가진 자를 말한다.
제6호 "최저생계비"라 함은 국민이 건강하고 문화적인 생활을 유지하기 위하여 소요되는 최소한의 비용으로서 제6조의 규정에 의하여 보건복지부장관이 공표하는 금액을 말한다.
제4조(보장의 기준 등)
① 이 법에 의한 생활보장은 건강하고 문화적인 최저생활을 유지할 수 있는 것이이야 한다.
② 이 법에 의한 급여의 기준은 보건복지부장관이 수급자의 연령, 가구규모, 거주지역 기타 생활여건 등을 고려하여 급여의 종류별로 정한다.
제5조(수급권자의 범위)
① 수급권자는 부양의무자가 없거나, 부양의무자가 있어도 부양능력이 없거나 부양을 받을 수 없는 자로서 소득인정액이 최저생계비 이하인 자를 말한다.
제6조(최저생계비의 결정)
① 보건복지부장관은 국민의 소득 지출수준과 수급권자의 생활실태,물가상승률 등을 고려하여 최저생계비를 결정하여야 한다.
제7조(급여의 종류)
② 이 법에 의한 급여는 제1항 제1호의 생계급여와 수급자의 필요에 따라 동항 제2호 내지 제7호의 급여를 함께 행하는 것으로 한다. 이 경우 급여의 수준은 제1항 제1호 내지 제4호 및 제7호의 급여와 수급자의 소득인정액을 포함하여 최저생계비 이상이 되도록 하여야 한다.
제8조(급여의 내용) 생계급여는 수급자에게 의복 음식물 및 연료비와 기타 일상생활에 기본적으로 필요한 금품을 지급하여 그 생계를 유지하게 하는 것으로 한다.

Ⅱ. 보건복지부 고시(제2001-63)

-2002년도 국민기초생활보장법상 최저생계비-

국민기초생활보장법 제6조 제2항에 의거 2002년도 최저생계비를 다음과 같이 고시합니다.

2001년 12월 1일

보건복지부장관

〈가구규모별 2002년도 최저생계비〉

가구규모	1인가구	2인가구	3인가구	4인가구	5인가구	6인가구
금액(원/월)	345,412	572,058	786,827	989,719	1,125,311	1,269,809
2001년도	333,731	552,712	760,218	956,250	1,087,256	1,226,868

〈2002년도 현금급여기준〉

가구규모	1인가구	2인가구	3인가구	4인가구	5인가구	6인가구
금액(원/월)	304,100	503,639	692,722	871,348	990,723	1,117,939

※ 현금급여기준은 최저생계비에서 의료비·교육비 및 타법령 지원액을 차감한 금액으로서, **소득이 전혀없는 수급자에게 현금으로 지급되는 최고금액 기준임**(생계비·주거비)

- 수급자에게는 현금급여기준금액에서 가구소득을 제외한 금액을 생계비·주거비로 지급함(주거비 일부는 점검·수선서비스로 대체가능)
- 단, 교육비·의료비는 해당 가구원이 있는 경우 별도지급

Ⅲ. 국민기초생활보장법의 제정 배경과 주요 내용

1) 제정 배경

과거 '생활능력없는 국민'에 대하여는 생활보호법에 따라 국가 및 지방자치단체가 공공부조 제도를 시행하여 오다가 97년 IMF구제금융 시행이라는 초유의 경제적인 위기 상황에서 대량실업과 상당수 국민들의 빈곤층으로의 전락이라는 국가적인 위기에서 과거의 생활보호제도로는 '누구든지 절대적 빈곤층으로 전락될 수 있는 상황에서 적절한 사회안전망 역할을 할 수 없다'는 것이 입증되었습니다. 실제로 구조조정에 따른 대량실업으로 근로능력 있는 빈곤 인구가 급증하고 자살, 노숙자 증가, 가정해체 등 사회문제가 확대되었습니다. 그러나, 기존의 생활보호제도는 근로능력자에게는 생계비를 지급하지 않는 것이 원칙이었으므로 최후의 사회안전망으로서 한계가 그대로 드러난 것이었습니다. 그리하여 적어도 '최저생계비' 이하의 소득을 가진 수급권자에 대하여는 해당 가구별 소득과 최저생계비의 차액에 대하여 그 소득을 보충하는 생계급여 등을 지급함으로써 최저생계비 이상의 생활 수준을 실정법상으로 보장하고, 해당 최저생계비 이하의 소득을 가진 자에 대하여는 그 보충급여를 청구할 수 있는 법률상의 권리를 보장하는 내용으로 99. 12. 7.자 법률 제6024호 국민기초생활보장법을 제정·시행하기에 이른 것입니다. 이와 같은 법률 제정의 배경은 '가난의 책임은 그 개인뿐만 아니라 사회에도 있다'는 빈곤관의 일대전환에 힘입은 바 컸다는 것 역시 사실이라고 하겠습니다.

2) 국민기초생활보장제도의 주요 내용

○수급대상자

-소득 및 재산이 일정 기준 금액 이하이고, 부양능력이 있는 부양의무자가 없는 자

○급여내용 및 수준

-가구의 소득이 최저생계비보다 부족한 만큼을 지원하여 모든 수급자가 최저생계비 이상이 되도록 맞춤 급여

○근로능력자의 자립 지원

-근로유인을 위한 근로소득공제제도 도입

-근로능력자에 대해서는 스스로 일자리를 찾거나, 직업훈련, 공공근로, 자활공동체, 자원봉사 등에 참가를 조건부로 생계비 지급

–근로의욕과 근로능력, 가구여건 등을 감안하여 자활지원프로그램 및 사회복지서비스를 제공

〈생활보호제도와 기초생활보장제도 비교〉

구 분	생 활 보 호 법	국 민 기 초 생 활 보 장 법
법적용어	○국가에 의한 보호적 성격 –보호대상자, 보호기관	○저소득층의 **권리**적 성격 –수급권자, 보장기관, 생계급여 등
대 상 자 선정기준	○소득과 재산이 기준 이하인 자 ※ '99년 –소득 23만원(인·월) –재산 2,900만원(가구)	○2002년까지 소득평가액과 재산이 기준 이하인 자 ○2003년부터 소득인정액이 최저생계비 이하인 자 ※ 소득인정액 = 소득평가액 + 재산의 소득환산액
대 상 자 구 분	○ **인구학적 기준**에 의한 대상자 구분 –거택보호자 : 18세미만 아동, 65세이상 노인 등 근로무능력자 –자활보호자 : 인구학적으로 경제활동 가능한 근로능력자	○**근로능력에 따른 대상자 구분** –근로무능력자는 조건없이 급여 –근로능력자는 자활사업참가 조건부 급여
급여수준	○생계보호 –거택보호자에게만 지급 ○의료보호 –거택보호 : 의료비 전액지원 –자활보호 : 의료비의 80% ○교육보호 : 중고생자녀 학비 전액 지원 ○장제보호, 해산보호 등	○생계급여 –모든 대상자에게 지급 ○주거급여 신설 –임대료, 유지수선비 등 주거안정을 위한 수급품 ○긴급급여 신설 –긴급필요시에 우선 급여를 실시 ○의료·교육·해산장제보호 등은 현행과 동일
자활지원 계 획	<신 설>	○근로능력자 가구별 자활지원계획 수립 –근로능력, 가구특성, 자활욕구 등을 토대로 자활방향 제시 –자활에 필요한 서비스를 체계적으로 제공

Ⅳ. "2000년 장애인실태조사"(보건복지부) 및 수급자 선정

1) 보건복지부에서 발표한 "2000년 장애인실태조사"에 따르면 장애인가구는 보장구·의료비·간병비·특수교육비 등의 추가 지출로 인하여, 장애유형·등급별로 다양하나 평균적으로 월 157,900원의 추가 생계비를 지출하는 것으로 나타나고 있다.

〈장애인의 장애로 인한 추가 지출비용〉

단위 : 천원

구분	지체 장애	뇌병변 장애	시각 장애	청각 장애	언어 장애	정신 지체	발달 (자폐)	정신 장애	신장 장애	심장 장애	계
총 추가비용	132.6	199.0	86.1	124.9	132.4	217.5	338.0	147.0	383.9	192.7	157.9
교통비	35.5	25.2	17.1	12.5	24.4	44.0	54.1	27.3	64.7	24.1	29.1
의료비	67.9	130.1	39.7	24.7	85.1	67.6	30.6	109.7	287.5	153.7	83.3
교육비	2.0	1.6	0.9	6.8	10.1	91.5	191.9	0.0	0.0	0.0	7.5
보호·간병인	5.8	27.4	4.0	1.3	11.0	0.7	17.8	1.0	26.5	6.5	9.6
보장구 구입·유지비	15.3	7.8	12.2	64.7	1.2	0.7	0.8	0.0	4.8	1.2	15.6
기타	1.6	6.1	1.5	5.8	0.0	11.6	25.5	12.3	0.4	7.3	4.2

2) 수급자 선정

(1) 수급자 선정 기준 중 재산기준은 소득평가액이 기준보다 낮은 가구를 수급 대상자로 규정.

*소득평가액 산정방식 (시행규칙 제2조)

> 소득평가액 = 실제소득 - 가구특성에 따른 지출요인을 반영한 금품 - 근로활동을 통해 얻은 소득에 대한 공제액

(2) 그러나 **소득평가액의 기준이 되는 최저생계비에 장애가구의 추가비용이 포함되어 있지 않고, 소득평가액에서도 장애가구의 추가 생계비 지출 비용이 공제되지 않고 있음.**

(3) 이로 인하여 현행 산정방식은 장애로 인한 추가생계비 지출이 최저생계비에도 소득평가액에도 반영되지 않아, 장애인가구는 상대적으로 수급권자 선정에 있어 불리한 위치에 놓여 있음.

즉, 이른바 '차상위 계층' 장애인 가구의 경우, 장애로 인한 추가생계비로 인하여 실질소득이 오히려 국민기초생활보장제도 수급자보다 낮음에도 불구하고 수급자로 선정되지 못하고 있으며, 장애로 인한 추가생계비 부담이 장애인 개인 혹은 가족에게 모두 전가되고 있다.

(4) 생계급여액

- 생계급여액 역시 소득평가액과 마찬가지로 최저생계비를 기준으로 하고 있음. 그러나 앞서 지적한 바와 같이 최저생계비에 장애로 인한 추가비용이 포함되어 있지 않아 장애인가구는 비장애인가구와 동일한 생계급여를 지급 받고 있다.
- 장애인가구가 장애로 인한 추가지출 비용이 포함되지 않은 채 비장애인가구와 동일한 생계급여를 받을 경우, 장애인가구는 생계급여의 상당부분을 장애로 인한 추가비용으로 지출함으로 인하여 비장애인가구와 비교하여 상대적으로 낮은 생계급여를 받게 된다.

V. 외국의 제도 예

1) 미 국

미국의 공공부조는 SSI, TANF, Food Stamp, 메디케이드, EITC의 5종류로 구분할 수 있으나, 여기서는 SSI(Supplemental Security Income : 빈곤 노인·장애인을 위한 보충적 소득보장)만을 소개.

SSI는 매월 빈곤한 노인과 장애인에게 제공되는 연방정부의 현금급여로 연방 규정에 따라 모든 주에서 동일한 자격기준과 급여기준이 적용됨.[89] 재원은 연방정부의 일반재정에 의해 조달.

미국은 공공부조의 내용마다 다소 차이가 있으나 통일된 기준은 장애가구에 대하여는 장애로 인하여 발생한 모든 비용을 소득에서 전액 공제하고 있고, 이와 별도로 의료부조(Medi-caid)에서 전액 현물 및 현금급여를 실시하여 장애로 인한 추가 비용부담이 발생하지 않도록 하여 장애로 인한 차별이 발생되지 않도록 보장하고 있음.

---

89) 연방정부의 SSI 급여와는 별도로 주정부마다 SSI 급여를 보충하기 위한 급여를 제공하고 있음. 2000년 현재 Texas, Georgia 등 8개주를 제외한 모든 주에서 시행하고 있음.

2) 영 국

영국은 소득지원제도(Income Support) 형태로 운영하고 있는데 특히 장애인의 경우에는 수당제도와 별도로 소득지원 제도를 차등 운영함으로써 빈곤선 이상의 생활을 보장.

3) 일 본

일본의 경우도 "최저생활비"를 기준으로 하여 생활부조 급여에서 장해자가산 부조를 실시함으로써 장애인 및 장애인 가구에 대한 차별이 발생하지 않도록 제도화.

Ⅵ. 2002년도 최저생계비 확정에 대한 논평

(참여연대)빈곤분배 /문혜진 2001-11-30

1. 보건복지부는 2002년도 최저생계비를 2001년에 비해 3.5% 인상하여 4인 가구 기준 월 98만9,719원으로 확정, 발표하였다. 이에 따라 2002년 국민기초생활보장법의 수급자 선정기준이 99만원, 현금급여기준은 4인가구 기준 87만1천원으로 인상되었다. 이러한 최저생계비와 현금급여기준은 여전히 수급자들의 최저생계를 보장하기에는 부족한 금액으로, 최저생계비 현실화를 요구해 온 수급자들의 목소리를 외면한 결과이다.
2. 최저생계비와 현금급여기준 결정과정에는 세 가지 문제점이 있다. 첫째, 최저생계비의 결정과 적용방식을 개선하여 지역별, 가구유형별 차등화된 최저생계비 지원을 요구하였으나, 이러한 내용이 논의조차 이루어지지 못하고 여전히 중소도시를 기준으로 일률적인 최저생계비가 확정되었다는 점이다. 대도시 수급자들은 물가 등의 차이로 인해 중소도시를 기준으로 확정된 최저생계비로는 최저생계를 유지할 수 없으며, 장애인·영아 및 취학아동이 있는 가구 등 최저생계비에 포함되어 있지 않은 추가적인 비용이 소요되는 유형의 가구는 표준적인 가구의 최저생계비로는 도저히 최저생계를 유지할 수 없게 된다.
3. 둘째, 최저생계비 인상방식의 문제이다. 2001년도 최저생계비에 단순히 3.5%를 인상하는 방식으로는 최저생계의 일정한 지출 수준을 유지할 수 없으며, 이는 99년 이후 최저생계비가 일반 가구 소비지출과의 상대적 차이가 더욱 벌어지는 결과로 나타났다(99년 당시 최저생계비는 평균소비지출의 56.4%, 2001년에는 49.1%에 해당). 2001

년도에도 2000년의 최저생계비에 예상 물가상승률 3.0%를 인상하였으나, 실제 2001년 소비자물가상승률은 4.4%, 생활물가상승률은 6.4%에 달해 올 한 해 동안 수급자들이 급여의 부족을 호소할 수밖에 없는 상황을 초래하였다.

4. 셋째, 현금급여기준에서 교육비와 의료비의 부족이 내년에도 보충되지 못했다는 점이다. 현재 기초생활보장제도는 최저생계비에서 타법지원액(수급자가 되면 내지 않아도 되는 국민연금과 건강보험료, 교육세와 주민세 등)과 현물급여비용을 제외하고 현금으로 지급되는 급여의 기준을 정한다. 이 중 현물로 지급되는 교육(납입금과 보충수업비만 지원)과 의료비(의료서비스 이용비만 지원)를 공제하는 방식에 있어서, 급여로 제공되지 않는 교재비와 문방구비, 의약품과 보건의료용품구입비로 책정된 비용이 최저생계비에서 일괄적으로 공제됨으로써 2002년도 최저생계비 중 2만2,700원 가량이 과도하게 삭감되는 결과가 초래되는 것이다.

5. 이렇듯 최저생계비 결정과 그 적용 방법이 합리화되지 못하고 예산의 폭이나 정치적 고려가 작용하고, 기본적인 최저생계보장에 필요한 급여의 부족이 일어나므로 "모든 국민의 최저생계를 국가가 보장한다"는 법규정은 선전문구로 전락하고 말았다. 국민기초생활보장제도는 우리 사회의 "최소한"의 사회적 안전망을 보장하는 것임에도 불구하고 이 제도의 합리적 운영에 대한 정책 고려가 없다면, 결국 국민들의 삶의 질 향상은 더욱 요원해질 뿐이다.

Ⅶ. 관련 보도자료

생존권 쟁취와 최저생계비 현실화를 위한 농성단

노들장애인야학/노동자의힘/뇌성마비 부모회/민주노동당/보건복지민중연대[준](민중복지연대, 보건복지기획단, 사회진보를 위한민주연대, 진보와연대를위한 보건의료운동연합, 평등사회를위한 민중의료연합, 한국노동이론정책연구소) 빗장을 여는 사람들/서울지역실업운동연대(실업자종합지원센터, 북부실업자사업단 성북・노원・강북 지부,관악주민연대, 관악사회복지, 성동희망나눔, 금호행동하왕실업극복위원회, 광진주민연대, 위례시민연대, 천주교빈민사목위원회, 강북평화의집,독립문평화의집, 성동평화의집, 민주노총서울본부)/작은사랑큰사랑회/장애인실업자종합지원센터/전국불안정노동철폐연대(준)/전국실업극복단체연대회의/참여연대/한국뇌성마비장애인연합회ㅂ롬/한국빈곤상담연구소/피노키오자립생활센터

서울시 동작구 대방동 23번지 삼하빌딩 지층 / 전화 : 825-0143 / 전송 822-8033 / e-mail : duss21@chollian.net

수 신	국무총리
참 조	담당자
제 목	국민기초생활보장제도 수급자 최옥란 생계급여 반납 건
날 짜	2001. 12. 5.
담 당	장애인실업자종합지원센터 엄태근 (016-123-4567) 서울지역실업운동연대 유의선 (018-123-4567) 보건복지민중연대 한 진 (016-123-6789)
첨 부	
분 량	총 2 매 (표지포함)

1. 지난해 10월부터 시행된 국민기초생활보장제도는 빈곤의 일차적 책임을 국가가 지고, 모든 국민의 최저생계를 보장한다는 목적으로 시행되었습니다. 그러나 1년이 지난 지금 본래의 목적과는 달리, 수급자 선정 기준의 엄격함과 비현실적인 최저생계비, 형식적인 자활사업 등으로 인하여 수급자의 대부분이 최저생계비는커녕 생존조차 어려운

상황에 직면해 있습니다.

2. 뇌성마비 1급 중증장애인인 최옥란씨를 비롯하여 기초법 수급권자와 시민・사회・복지・실업・장애인단체는 "생존권 쟁취와 최저생계비 현실화를 위한 농성단"을 구성하고, 12월 3일부터 명동성당에서 1주일간의 농성을 진행하고 있습니다.
3. "생존권 쟁취와 최저생계비 현실화를 위한 농성단"은 12월 일(수) 최옥란씨의 위임으로 최옥란씨의 11월 생계급여를 대리하여 반납합니다.
4. 수고하십시오.

생존권 쟁취와 최저생계비 현실화를 위한 농성단

2001년 11월 생계급여를 반납합니다.

반납자 : 최옥란 (36세, 여)
주민등록번호 : 660123 - 1234567
주 소 : 경기도 광명시 하한동 주공아파트 253호

대리인 : 생존권 쟁취와 최저생계비 현실화를 위한 농성단
주 소 : 서울시 동작구 대방동 23번지 삼하빌딩 지층

국민기초생활보장제도 수급권자인 최옥란은 월 생계급여 28만원으로는 영구임대아파트 관리비 16만원과 장애로 인하여 발생한 질병을 치료하는 데 들어가는 비용 20여만원을 감당할 수가 없어, "생존권 쟁취와 최저생계비 현실화를 위한 농성단"에 위임하여, 본인의 11월분 생계급여를 반납하는 바입니다. 아울러 국민기초생활보장제도를 통하여 최저생계는 고사하고 생존조차도 보장받지 못하는 수급자가 대부분임을 명심하시고, 이후에는 저 같이 국무총리 님을 원망하며, 최저생계를 반납하는 수급자가 나오지 않도록, 최저생계비와 생계급여를 현실화시켜 줄 것을 부탁드립니다.

2001. 12. 7일

보건복지부장관 귀하

4. 게임물 수입추천제

▶ 사례

김판매는 게임물심의위원회의 수입추천을 받지 아니하고, 2009. 7. 1.부터 2010. 6. 3.까지 사이에 자신의 집에서 미국의 amazon.com 등의 사이트를 통해 폭력적이고 음란하여 미풍양속을 해치거나 사회질서를 문란하게 할 우려가 있는 화면들로 이루어진 'EXTRAME' 등 게임 DVD 500여장을 우송받아 외국의 게임물을 수입하였다.

2009. 7. 1.부터 2010. 6. 3.까지 자신의 집에서 게임물심의위원회의 수입추천을 받지 아니하고 수입한 게임 DVD 300여장을 자신이 개설한 인터넷 홈페이지(game****.co.kr)를 통하여 판매하는 방법으로 유통하였으며, 2010. 6. 3. 게임물심의위원회의 수입추천을 받지 아니하고 수입한 게임 DVD 중 팔다 남은 게임 DVD 219장을 유통목적으로 보관하였다.

1. 의뢰인 김판매는 게임문화진흥법위반죄로 기소된 후, 이권리 변호사를 변호인으로 선임하였다.

2. 이권리 변호사는 수사기록을 검토한 바, 의뢰인에게 적용된 법률조항들이 헌법에 위반되는지 여부를 다투어볼 만하다고 판단하여 위헌법률제청신청을 하였다.

3. 위 위헌법률심판제청신청서를 작성하시오.

[유의사항]
1. 설문의 위 「게임문화진흥법」은 가상의 것이며, 이와 다른 내용의 현행 법률이 있다면 현행 법률에 우선하는 것으로 함.
2. 위헌법률심판제청신청서는 이권리 변호사가 작성했던 날에 접수한 것으로 함.
3. 각종 서류 등에 필요한 서명과 날인 또는 무인과 간인 등은 모두 적법하게 갖추어진 것으로 볼 것.
4. 서술어는 경어를 사용할 것.

I. 위헌법률심판제청신청서 서식 예

위헌법률심판제청신청

사 건 : ○○지방법원 2002가합0000 분담금
원 고 : 교통안전공단
피 고 : ○○해운(주)

신청인: 피고

신청 취지

"교통안전공단법 제13조 제2항 제1호의 위헌 여부에 대한 심판을 제청한다."라는 결정을 구합니다.

신청 이유

Ⅰ. 쟁점의 정리

Ⅱ. 재판의 전제성

…… 따라서 위 법률의 위헌 여부는 현재 ○○지방법원 2002가합0000호로 계속 중인 분담금청구소송에서의 재판의 전제가 됩니다.

Ⅲ. 위 법률조항의 위헌 이유

Ⅳ. 결 어

앞에서 살펴본 바와 같이 …… 위헌이라고 판단되므로, 신청인의 소송대리인은 귀원에 위헌법률심판을 제청해 주실 것을 신청합니다.

20 . . .

위 신청인의 대리인 변호사 ○○○ (인)

○○지방법원 제3민사부 귀중

Ⅱ. 관계법령

◈ 게임문화진흥법 (발췌)

제1조 (목적) 이 법은 게임물의 이용에 관한 사항을 정하여 게임산업을 진흥하고 국민의 건전한 게임문화를 확립함으로써 국민의 문화적 삶의 질 향상에 이바지함을 목적으로 한다.

제2조 (정의) 이 법에서 사용하는 용어의 정의는 다음과 같다.

1. "게임물"이라 함은 컴퓨터프로그램 등 정보처리 기술이나 기계장치를 이용하여 오락을 할 수 있게 하거나 이에 부수하여 여가선용, 학습 및 운동효과 등을 높일 수 있도록 제작된 영상물 또는 그 영상물의 이용을 주된 목적으로 제작된 기기 및 장치를 말한다.
2. 게임물의 "수입"이라 함은 외국에서 제작된 게임물(게임물의 원판을 포함한다. 이하 "외국게임물"이라 한다)을 영리를 목적으로 외국게임물을 국내로 들여오는 것을 말한다.
3. 게임물의 "반입"이라 함은 외국게임물을 영리를 목적으로 하지 아니하고 국내로 들여오는 것을 말한다.
4. "게임물 제작업자"라 함은 게임물의 기획제작 또는 복제제작을 통하여 영업을 영위하는 자를 말한다.
5. "게임물 유통관련업자"라 함은 영리를 목적으로 다음 각목의 영업을 영위하는 자를 말한다.
   가. 게임물 유통업
      (1) 게임물 배급업 : 게임물을 수입(원판 수입을 포함한다)하거나 그 저작권을 소유·관리하여 게임물의 유통을 주된 부분으로 하는 영업
      (2) 게임물 판매업 : 게임물 자체를 직접 판매 또는 배포(영리를 목적으로 하지 아니하는 경우를 제외한다)하는 영업
   나. 게임제공업 : 게임시설 또는 게임기구를 갖추고 게임물을 이용하여 대중오락을 제공하는 영업(다른 영업을 경영하면서 이용자의 유치 또는 광고 등을 목적으로 게임시설 또는 게임기구를 설치하여 대중오락을 하게 하는 경우를 포함한다)을 말하며, 필요한 경우에는 대통령령으로 업종을 세분할 수 있다. 다만, 「사행행위 등 규제 및 처벌특례법」에 의한 사행기구를 갖추어 사행행위를 하는 경우 및 관광진흥법에 의한 카지노업을 하는 경우를 제외한다.

제3조 (게임산업 진흥시책의 수립·시행) ① 문화체육관광부장관은 게임산업의 진흥을 위한 시책(이하 "진흥시책"이라 한다)을 수립·시행하여야 한다.

② 진흥시책에는 다음 각 호의 사항이 포함되어야 한다.

1. 게임산업 진흥의 기본방향
2. 창작활동의 활성화에 관한 사항
3. 기술개발과 기술수준의 향상에 관한 사항
4. 유통시설의 확충, 유통업체의 전문화등 유통구조의 개선에 관한 사항
5. 게임산업의 진흥을 위한 재원확보 및 운영에 관한 사항

6. 전문인력 양성에 관한 사항
7. 기타 게임산업의 진흥에 관한 중요사항

③ 문화체육관광부장관은 진흥시책을 수립하거나 이의 시행을 위하여 필요한 때에는 관계행정기관단체 또는 개인 등에게 협조를 요청할 수 있다. 이 경우 협조요청을 받은 자는 특별한 사정이 없는 한 이에 협조하여야 한다.

제4조 (등록) ① 게임물 제작업자 또는 유통관련업자가 되고자 하는 자는 대통령령이 정하는 바에 의하여 문화체육관광부장관에게 등록하여야 한다. 다만, 다음 각 호의 1에 해당하는 경우에는 그러하지 아니하다.

1. 국가 또는 지방자치단체가 제작하는 경우
2. 법령에 의하여 설립된 교육연수기관이 자체교육·연수의 목적에 사용하기 위하여 제작하는 경우
3. 「정부투자기관 관리기본법」 제2조의 규정에 의한 정부투자기관 또는 정부출연기관이 그 사업의 홍보에 사용하기 위하여 제작하는 경우
4. 그 밖에 게임기기 자체만으로는 오락을 할 수 없는 기기를 제작하는 경우 등 대통령령이 정하는 경우

② 게임제공업을 하고자 하는 자는 문화체육관광부령이 정하는 시설을 갖추고 제1항의 등록을 하여야 한다.

제5조 (결격사유) 다음 각 호의 1에 해당하는 자는 게임물 제작업 또는 유통관련업의 등록을 할 수 없다.

1. 미성년자·한정치산자 또는 금치산자
2. 파산선고를 받고 복권되지 아니한 자
3. 이 법에 위반하여 금고이상의 형의 선고를 받고 그 형의 집행이 종료되거나 집행을 받지 아니하기로 확정된 후 1년이 경과되지 아니한 자
4. 이 법에 위반하여 형의 집행유예의 선고를 받고 그 집행유예기간 중에 있는 자
5. 제1호 내지 제4호의 1에 해당하는 자가 그 대표자 또는 임원으로 되어 있는 법인

제6조 (표시의무) ① 영리를 목적으로 게임물을 제작 또는 수입하거나 이를 복제한 자는 당해 게임물마다 제작 또는 수입하거나 이를 복제한 자의 상호, 등록번호, 제조연월일·수입연월일, 제22조 제2항 각 호의 규정에 의한 등급 또는 출판사의 상호(도서에 부수되는 게임물에 한한다) 등을 표시하여야 한다.

② 기타 표시사항, 표시방법 등 표시에 관하여 필요한 사항은 문화체육관광부령으로 정한다.

제7조 (등록사항의 변경) 제4조에 의하여 등록을 한 자(이하 "등록업자"라 한다)가 대통령령이 정하는 중요사항을 변경하고자 하는 경우에는 문화체육관광부장관 또는 시장·군수·자치구의 구청장(이하 "등록청"이라 한다)에게 변경등록을 하여야 하며, 기타 등록사항을 변경하고자 할 때에는 대통령령이 정하는 바에 의하여 등록청에 신고하여야 한다.

제8조 (등록증 등) ① 등록청은 등록업자에게 그 업종을 구분하여 등록증을 지체 없이 교부하여야 하며, 제7조의 규정에 의한 변경등록 또는 변경신고를 한 경우에는 등록증을 갱신교부하여야 한다.

② 등록업자가 당해 영업을 폐지한 때에는 폐지한 날부터 7일 이내에 등록증을 등록청에 반납

하여야 한다.

③ 제1항의 규정에 의하여 등록증을 반납하지 아니하는 경우에는 등록청은 사실확인절차를 거쳐 직권으로 등록을 말소할 수 있다.

제9조 (게임물 유통관련업자의 준수사항) 게임물 유통관련업자는 다음 각 호의 사항을 지켜야 한다.

1. 게임제공업소를 운영하는 자는 이용자에게 게임물을 이용하여 도박 기타 사행행위를 하게 하거나 이를 하도록 내버려 두어서는 아니된다.
2. 게임물 유통관련업자는 이 법 또는 이 법에 의한 명령에 위반하여 제작된 게임물을 이용하여 영업하여서는 아니된다.
3. 게임제공업소를 운영하는 자는 연소자(18세미만의 자를 말한다. 이하 같다)를 대통령령이 정하는 출입시간 외에 출입하게 하여서는 아니된다.
4. 게임물 유통관련업자는 영업장 내에서 화재 또는 안전사고 예방을 위한 조치를 강구하여야 한다.
5. 게임물 유통관련업자는 건전한 영업질서의 유지를 위하여 제1호 내지 제4호 외에 대통령령이 정하는 사항을 준수하여야 한다.

제10조 (등록취소 등) ① 등록청은 등록업자가 다음 각 호의 1에 해당하는 때에는 그 등록을 취소하거나 6월 이내의 기간을 정하여 당해 영업의 정지를 명할 수 있다.

1. 허위 기타 부정한 방법으로 등록한 때
2. 제4조 제2항의 규정에 의한 시설기준을 위반할 때
3. 제5조 각 호의 1에 해당하게 된 때(법인의 대표자나 임원이 그 사유에 해당하게 된 경우로서 3월 이내에 그 대표자나 임원을 개임한 경우를 제외한다)
4. 제6조의 규정에 의한 표시의무를 이행하지 아니한 때
5. 제7조의 규정에 의한 변경등록 또는 변경신고를 하지 아니한 때
6. 제9조의 규정에 의한 준수사항을 위반한 때
7. 정당한 사유 없이 1년 이상 계속하여 국산게임물의 제작실적이 없을 때(제작업자에 한한다)
8. 제31조 제1항 각 호의 규정에 해당하는 게임물을 유통 또는 오락제공을 하거나 유통 또는 오락제공의 목적으로 진열 또는 보관한 때
9. 기타 이 법 또는 이 법에 의한 명령에 위반한 때

② 제1항의 규정에 의하여 등록이 취소된 자는 그 등록취소의 통지를 받은 날부터 7일 이내에 등록증을 등록청에 반납하여야 한다.

③ 다음 각 호의 1에 해당하는 때에는 제4조의 규정에 의한 등록을 할 수 없다.

1. 제1항의 규정에 의하여 등록이 취소된 후 1년이 경과되지 아니하거나 정지명령을 받은 후 그 기간이 종료되지 아니한 자(법인인 경우에는 그 대표자 또는 임원을 포함한다)가 같은 업종을 다시 영위하고자 하는 때
2. 제1항의 규정에 의하여 등록이 취소된 후 1년이 경과되지 아니하거나 정지명령을 받은 후 그 기간이 종료되지 아니한 경우에 같은 장소에서 같은 업종을 다시 영위하고자 하는 때(유통관련업자에 한한다)

④ 등록청은 제10조 제1항의 규정에 의하여 등록을 취소하고자 하는 경우에는 대통령령이 정하는 바에 의하여 청문을 실시하여야 한다.

제12조 (게임물심의위원회) 게임물의 윤리성 및 공공성을 확보하고 청소년을 보호하기 위하여 게임물심의위원회(이하 "위원회"라 한다)를 둔다.

제13조 (구성) ① 위원은 문화예술 · 문화산업 · 청소년 · 법률 · 교육 · 언론 · 정보통신 분야와 「비영리민간단체 지원법」에 의한 비영리민간단체 등에서 종사하고 게임산업 · 아동 또는 청소년에 대한 전문성과 경험이 있는 자 중에서 대통령이 위촉한다.

② 위원회의 구성방법 및 절차에 관하여 필요한 사항은 대통령령으로 정한다.

③ 위원회에 위원장 1인과 부위원장 1인을 둔다.

④ 위원장과 부위원장은 위원 중에서 호선한다.

⑤ 위원장은 위원회를 대표하고 위원회의 업무를 총괄한다.

⑥ 위원장이 부득이한 사유로 직무를 수행할 수 없을 때에는 부위원장이 그 직무를 대행하며, 위원장과 부위원장이 모두 직무를 수행할 수 없을 때에는 위원 중 연장자의 순으로 그 직무를 대행한다.

⑦ 위원장을 제외한 위원은 비상임으로 한다.

제14조 (위원의 임기) ① 위원장 · 부위원장 · 위원의 임기는 3년으로 한다.

② 위원의 결원이 생겼을 때에는 결원된 날부터 30일 이내에 보궐위원을 위촉하여야 하며, 보궐위원의 임기는 전임자의 잔임기간으로 한다.

제15조 (위원의 대우 및 겸직금지) ① 위원 중 상임위원에 대하여는 보수를 지급하며, 비상임위원은 명예직으로 하되 위원회의 규정이 정하는 바에 따라 직무수행경비 등 실비를 지급할 수 있다.

② 상임위원은 위원회의 규정이 정하는 경우를 제외하고는 영리를 목적으로 하는 다른 직무를 겸직할 수 없다.

제16조 (위원의 결격사유) 다음 각 호의 1에 해당하는 자는 위원이 될 수 없다.

1. 공무원(교육공무원 및 법관은 제외한다)
2. 정당법에 의한 당원
3. 국가공무원법 제33조 각 호의 1에 해당하는 자
4. 기타 대통령령이 정하는 자

제17조 (위원의 직무상 독립과 신분보장) ① 위원은 임기 중 직무상 어떠한 지시나 간섭을 받지 아니한다.

② 위원은 다음 각 호의 1에 해당하는 경우를 제외하고는 그의 의사에 반하여 면직되지 아니한다.

1. 제16조의 결격사유에 해당하는 경우
2. 장기간의 심신상의 장애로 직무를 수행할 수 없게 된 경우

제18조 (위원회의 직무 등) 위원회는 다음 각 호의 사항을 심의 · 의결한다.

1. 게임물의 수입추천 · 등급분류에 관한 사항
2. 청소년 유해성 확인에 관한 사항
3. 게임물의 사행성 확인에 관한 사항
4. 게임물의 등급분류에 따른 제작 · 유통 또는 이용제공 여부의 확인 등 등급분류의 사후관리에 관한 사항
5. 게임물의 등급분류의 객관성 확보를 위한 조사 · 연구에 관한 사항

6. 위원회규정의 제정·개정 및 폐지에 관한 사항
7. 기타 이 법 또는 다른 법률에 의하여 위원회의 직무 또는 권한으로 규정된 사항

제19조 (위원회 규정의 제정과 개정 등) 위원회의 규정을 제정 또는 개정 등을 하고자 할 때에는 20일 이상 미리 예고하여야 하며, 필요한 경우 위원회는 이를 관보 등에 게재·공포할 수 있다.

제20조 (지원) 위원회의 운영에 필요한 경비는 국고에서 보조할 수 있다.

제21조 (게임물의 수입) ① 외국게임물을 수입하고자 하는 자는 위원회의 추천을 받아야 한다.

② 제1항의 규정에 의한 수입추천을 받지 아니한 외국게임물을 국내에서 제작하고자 할 경우에도 제1항의 규정에 의한 추천을 받아야 한다.

③ 위원회는 외국게임물이 다음 각 호의 1에 해당하는 경우에는 수입추천을 할 수 없다.

1. 헌법의 민주적 기본질서에 위배되거나 국가의 권위를 손상할 우려가 있는 경우
2. 폭력·음란 등의 과도한 묘사로 미풍양속을 해치거나 사회질서를 문란하게 할 우려가 있는 경우
3. 국제적 외교관계, 민족의 문화적 주체성 등을 훼손하여 국익을 해할 우려가 있는 경우

제22조 (등급분류) ① 게임물을 유통 또는 오락제공을 목적으로 제작하거나 수입 또는 반입 추천을 받고자 하는 자는 미리 당해 게임물의 내용에 관하여 위원회의 등급분류를 받아야 한다. 다만, 문화체육관광부장관이 추천하는 전시회 등에 오락제공하는 게임물과 대통령령이 정하는 경우에는 그러하지 아니하다.

② 제1항의 규정에 의한 등급은 다음 각 호와 같고, 등급의 분류기준과 절차는 위원회의 규정으로 정한다. 다만, 게임제공업소에서만 사용하고자 하는 게임물은 제1호 및 제3호의 등급만 분류할 수 있다.

1. 전체이용가 : 연령에 제한 없이 누구나 이용할 수 있는 게임물
2. 12세이용가 : 12세 미만의 자가 이용할 수 없는 게임물
3. 18세이용가 : 18세 미만의 자가 이용할 수 없는 게임물

③ 위원회는 사행성이 지나쳐서 제2항 제1호 내지 제3호의 등급을 부여할 수 없다고 인정하는 게임물에 대해서는 제2항의 규정에 불구하고 사용불가로 결정할 수 있다. 이 경우 사용불가로 결정된 게임물은 어떤 방식으로든지 유통 또는 오락제공되어서는 아니된다.

④ 위원회는 제3항의 규정에 의하여 등급을 분류함에 있어서 게임물의 내용이 제21조 제3항 각 호의 1에 해당된다고 인정되는 경우에는 당해 게임물의 충분한 내용검토 등을 위하여 3월 이내의 기간을 정하여 그 등급의 분류를 보류할 수 있다.

⑤ 누구든지 제1항의 규정에 의하여 등급분류를 받지 아니하거나 등급분류를 받은 게임물과 다른 내용의 게임물을 제작·유통 또는 오락제공하여서는 아니되며, 제2항 제3호에 해당하는 게임물은 연소자에게 유통 또는 오락제공을 하여서는 아니된다.

⑥ 위원회는 게임물의 등급판정을 위하여 게임물을 제작하거나 수입 또는 반입을 하고자 하는 자에게 자료제출 등 필요한 요구를 할 수 있다.

제23조 (재등급분류 등의 신청) ① 제22조의 규정에 의한 등급의 분류 및 등급분류의 보류에 관한 위원회의 결정에 대하여 이의가 있는 자는 그 결정을 통지받은 날부터 30일 이내에 구체적인 사유를 명시하여 위원회에 재등급분류 등을 신청할 수 있다.

② 위원회는 제1항의 규정에 의한 재등급분류 등의 신청을 받은 때에는 15일 이내에 재등급분

류 등을 실시하여야 하고 재등급분류 등의 내용은 당사자 또는 대리인에게 공개하여야 한다.

③ 제1항의 규정에 의한 재등급분류 등의 절차·방법 등 필요한 사항은 위원회의 규정으로 정한다.

제24조 (선전물의 배포·게시 제한) ① 위원회는 게임물에 관한 광고와 선전물이 배포·게시되는 경우에 연소자에 대한 유해성여부를 확인할 수 있다.

② 제1항의 규정에 의하여 위원회에서 연소자에 대하여 유해성이 있다고 확인한 광고나 선전물은 배포·게시할 수 없다.

③ 제1항 및 제2항의 규정에 의한 유해성여부의 확인방법, 절차 기타 필요한 사항은 위원회의 규정으로 정한다.

제25조 (자료의 요구) 문화체육관광부장관은 시·도지사, 시장·군수·구청장(자치구의 구청장을 말한다. 이하 같다) 또는 위원회의 이 법에 의한 업무에 관하여 자료의 제출을 요구할 수 있다.

제31조 (폐쇄 및 수거조치 등) ① 문화체육관광부장관, 시·도지사, 시장·군수·구청장은 다음 각 호의 1에 해당하는 게임물을 발견한 때에는 관계공무원으로 하여금 이를 수거하여 폐기하게 할 수 있다.

1. 제21조 제1항 또는 제2항의 규정에 의한 추천을 받지 아니하고 수입·제작 또는 반입된 게임물
2. 제22조 제5항의 규정에 의한 등급분류를 받지 아니하거나 등급분류를 받은 게임물과 다른 내용의 게임물

② 제1항의 규정에 의하여 관계공무원이 당해 게임물을 수거한 때에는 그 소유자 또는 점유자에게 수거증을 교부하여야 한다.

③ 제2항의 규정에 의하여 게시물의 부착·봉인·수거 기타 처분을 하는 관계공무원은 그 권한을 표시하는 증표를 지니고 관계인에게 이를 내보여야 한다.

제45조 (벌칙) 다음 각 호의 1에 해당하는 자는 5년 이하의 징역 또는 5천만 원 이하의 벌금에 처한다.

1. 도박, 기타 사행행위에 제공할 목적으로 게임물을 제작·판매 또는 변조하거나 이를 위하여 게임물을 소지한 자
2. 제21조 제1항 또는 제2항의 규정에 의한 추천을 받지 아니하고 외국게임물을 수입한 자
3. 제22조 제5항의 규정을 위반하여 등급분류를 받지 아니하거나 등급분류를 받은 게임물과 다른 내용의 게임물을 제작·유통 또는 오락제공한 자

제46조 (벌칙) 다음 각 호의 1에 해당하는 자는 2년 이하의 징역 또는 2천만 원 이하의 벌금에 처한다.

1. 제21조 제1항 또는 제2항의 규정에 위반하여 외국게임물을 부정한 방법으로 수입추천 또는 제작추천을 받은 자
2. 제31조 제1항 각 호의 규정에 해당하는 게임물을 유통 또는 오락제공을 하거나 유통 또는 오락제공의 목적으로 진열 또는 보관한 자

부록 헌법관계법령

대한민국헌법

전 문

유구한 역사와 전통에 빛나는 우리 대한민국은 3.1 운동으로 건립된 대한민국임시정부의 법통과 불의에 항거한 4.19 민주이념을 계승하고, 조국의 민주개혁과 평화적 통일의 사명에 입각하여 정의·인도와 동포애로써 민족의 단결을 공고히 하고, 모든 사회적 폐습과 불의를 타파하며, 자율과 조화를 바탕으로 자유민주적 기본질서를 더욱 확고히 하여 정치·경제·사회·문화의 모든 영역에 있어서 각인의 기회를 균등히 하고, 능력을 최고도로 발휘하게 하며, 자유와 권리에 따르는 책임과 의무를 완수하게 하여, 안으로는 국민생활의 균등한 향상을 기하고 밖으로는 항구적인 세계평화와 인류공영에 이바지함으로써 우리들과 우리들의 자손의 안전과 자유와 행복을 영원히 확보할 것을 다짐하면서 1948년 7월 12일에 제정되고 8차에 걸쳐 개정된 헌법을 이제 국회의 의결을 거쳐 국민투표에 의하여 개정한다.

1987년 10월 29일

제1장 총강

제1조 ① 대한민국은 민주공화국이다.
② 대한민국의 주권은 국민에게 있고, 모든 권력은 국민으로부터 나온다.

제2조 ① 대한민국의 국민이 되는 요건은 법률로 정한다.
② 국가는 법률이 정하는 바에 의하여 재외국민을 보호할 의무를 진다.

제3조 대한민국의 영토는 한반도와 그 부속도서로 한다.

제4조 대한민국은 통일을 지향하며, 자유민주적 기본질서에 입각한 평화적 통일정책을 수립하고 이를 추진한다.

제5조 ① 대한민국은 국제평화의 유지에 노력하고 침략적 전쟁을 부인한다.
② 국군은 국가의 안전보장과 국토방위의 신성한 의무를 수행함을 사명으로 하며, 그 정치적 중립성은 준수된다.

제6조 ① 헌법에 의하여 체결·공포된 조약과 일반적으로 승인된 국제법규는 국내법과 같은 효력을 가진다.
② 외국인은 국제법과 조약이 정하는 바에 의하여 그 지위가 보장된다.

제7조 ① 공무원은 국민전체에 대한 봉사자이며, 국민에 대하여 책임을 진다.
② 공무원의 신분과 정치적 중립성은 법률이 정하는 바에 의하여 보장된다.

제8조 ① 정당의 설립은 자유이며, 복수정당제는 보장된다.
② 정당은 그 목적·조직과 활동이 민주적이어야 하며, 국민의 정치적 의사형성에 참여하는 데 필요한 조직을 가져야 한다.
③ 정당은 법률이 정하는 바에 의하여 국가의 보호를 받으며, 국가는 법률이 정하는 바에 의하여 정당운영에 필요한 자금을 보조할 수 있다.
④ 정당의 목적이나 활동이 민주적 기본질서에 위배될 때에는 정부는 헌법재판소에 그 해산을 제소할 수 있고, 정당은 헌법재판소의 심판에 의

하여 해산된다.

제9조 국가는 전통문화의 계승·발전과 민족문화의 창달에 노력하여야 한다.

제2장 국민의 권리와 의무

제10조 모든 국민은 인간으로서의 존엄과 가치를 가지며, 행복을 추구할 권리를 가진다. 국가는 개인이 가지는 불가침의 기본적 인권을 확인하고 이를 보장할 의무를 진다.

제11조 ① 모든 국민은 법 앞에 평등하다. 누구든지 성별·종교 또는 사회적 신분에 의하여 정치적·경제적·사회적·문화적 생활의 모든 영역에 있어서 차별을 받지 아니한다.

② 사회적 특수계급의 제도는 인정되지 아니하며, 어떠한 형태로도 이를 창설할 수 없다.

③ 훈장 등의 영전은 이를 받은 자에게만 효력이 있고, 어떠한 특권도 이에 따르지 아니한다.

제12조 ① 모든 국민은 신체의 자유를 가진다. 누구든지 법률에 의하지 아니하고는 체포·구속·압수·수색 또는 심문을 받지 아니하며, 법률과 적법한 절차에 의하지 아니하고는 처벌·보안처분 또는 강제노역을 받지 아니한다.

② 모든 국민은 고문을 받지 아니하며, 형사상 자기에게 불리한 진술을 강요당하지 아니한다.

③ 체포·구속·압수 또는 수색을 할 때에는 적법한 절차에 따라 검사의 신청에 의하여 법관이 발부한 영장을 제시하여야 한다. 다만, 현행범인인 경우와 장기 3년 이상의 형에 해당하는 죄를 범하고 도피 또는 증거인멸의 염려가 있을 때에는 사후에 영장을 청구할 수 있다.

④ 누구든지 체포 또는 구속을 당한 때에는 즉시 변호인의 조력을 받을 권리를 가진다. 다만, 형사피고인이 스스로 변호인을 구할 수 없을 때에는 법률이 정하는 바에 의하여 국가가 변호인을 붙인다.

⑤ 누구든지 체포 또는 구속의 이유와 변호인의 조력을 받을 권리가 있음을 고지받지 아니하고는 체포 또는 구속을 당하지 아니한다. 체포 또는 구속을 당한 자의 가족 등 법률이 정하는 자에게는 그 이유와 일시·장소가 지체없이 통지되어야 한다.

⑥ 누구든지 체포 또는 구속을 당한 때에는 적부의 심사를 법원에 청구할 권리를 가진다.

⑦ 피고인의 자백이 고문·폭행·협박·구속의 부당한 장기화 또는 기망 기타의 방법에 의하여 자의로 진술된 것이 아니라고 인정될 때 또는 정식재판에 있어서 피고인의 자백이 그에게 불리한 유일한 증거일 때에는 이를 유죄의 증거로 삼거나 이를 이유로 처벌할 수 없다.

제13조 ① 모든 국민은 행위시의 법률에 의하여 범죄를 구성하지 아니하는 행위로 소추되지 아니하며, 동일한 범죄에 대하여 거듭 처벌받지 아니한다.

② 모든 국민은 소급입법에 의하여 참정권의 제한을 받거나 재산권을 박탈당하지 아니한다.

③ 모든 국민은 자기의 행위가 아닌 친족의 행위로 인하여 불이익한 처우를 받지 아니한다.

제14조 모든 국민은 거주·이전의 자유를 가진다.

제15조 모든 국민은 직업선택의 자유를 가진다.

제16조 모든 국민은 주거의 자유를 침해받지 아니한다. 주거에 대한 압수나 수색을 할 때에는 검사의 신청에 의하여 법관이 발부한 영장을 제시하여야 한다.

제17조 모든 국민은 사생활의 비밀과 자유를 침해받지 아니한다.

제18조 모든 국민은 통신의 비밀을 침해받지 아니한다.

제19조 모든 국민은 양심의 자유를 가진다.

제20조 ① 모든 국민은 종교의 자유를 가진다.

② 국교는 인정되지 아니하며, 종교와 정치는 분리된다.

제21조 ① 모든 국민은 언론·출판의 자유와 집회·결사의 자유를 가진다.

② 언론·출판에 대한 허가나 검열과 집회·결사에 대한 허가는 인정되지 아니한다.

③ 통신·방송의 시설기준과 신문의 기능을 보장하기 위하여 필요한 사항은 법률로 정한다.

④ 언론·출판은 타인의 명예나 권리 또는 공중도덕이나 사회윤리를 침해하여서는 아니된다. 언

론·출판이 타인의 명예나 권리를 침해한 때에는 피해자는 이에 대한 피해의 배상을 청구할 수 있다.

제22조 ① 모든 국민은 학문과 예술의 자유를 가진다.

② 저작자·발명가·과학기술자와 예술가의 권리는 법률로써 보호한다.

제23조 ① 모든 국민의 재산권은 보장된다. 그 내용과 한계는 법률로 정한다.

② 재산권의 행사는 공공복리에 적합하도록 하여야 한다.

③ 공공필요에 의한 재산권의 수용·사용 또는 제한 및 그에 대한 보상은 법률로써 하되, 정당한 보상을 지급하여야 한다.

제24조 모든 국민은 법률이 정하는 바에 의하여 선거권을 가진다.

제25조 모든 국민은 법률이 정하는 바에 의하여 공무담임권을 가진다.

제26조 ① 모든 국민은 법률이 정하는 바에 의하여 국가기관에 문서로 청원할 권리를 가진다.

② 국가는 청원에 대하여 심사할 의무를 진다.

제27조 ① 모든 국민은 헌법과 법률이 정한 법관에 의하여 법률에 의한 재판을 받을 권리를 가진다.

② 군인 또는 군무원이 아닌 국민은 대한민국의 영역 안에서는 중대한 군사상 기밀·초병·초소·유독음식물공급·포로·군용물에 관한 죄 중 법률이 정한 경우와 비상계엄이 선포된 경우를 제외하고는 군사법원의 재판을 받지 아니한다.

③ 모든 국민은 신속한 재판을 받을 권리를 가진다. 형사피고인은 상당한 이유가 없는 한 지체없이 공개재판을 받을 권리를 가진다.

④ 형사피고인은 유죄의 판결이 확정될 때까지는 무죄로 추정된다.

⑤ 형사피해자는 법률이 정하는 바에 의하여 당해 사건의 재판절차에서 진술할 수 있다.

제28조 형사피의자 또는 형사피고인으로서 구속되었던 자가 법률이 정하는 불기소처분을 받거나 무죄판결을 받은 때에는 법률이 정하는 바에 의하여 국가에 정당한 보상을 청구할 수 있다.

제29조 ① 공무원의 직무상 불법행위로 손해를 받은 국민은 법률이 정하는 바에 의하여 국가 또는 공공단체에 정당한 배상을 청구할 수 있다. 이 경우 공무원 자신의 책임은 면제되지 아니한다.

② 군인·군무원·경찰공무원 기타 법률이 정하는 자가 전투·훈련 등 직무집행과 관련하여 받은 손해에 대하여는 법률이 정하는 보상 외에 국가 또는 공공단체에 공무원의 직무상 불법행위로 인하여 배상은 청구할 수 없다.

제30조 타인의 범죄행위로 인하여 생명·신체에 대한 피해를 받은 국민은 법률이 정하는 바에 의하여 국가로부터 구조를 받을 수 있다.

제31조 ① 모든 국민은 능력에 따라 균등하게 교육을 받을 권리를 가진다.

② 모든 국민은 그 보호하는 자녀에게 적어도 초등교육과 법률이 정하는 교육을 받게 할 의무를 진다.

③ 의무교육은 무상으로 한다.

④ 교육의 자주성·전문성·정치적 중립성 및 대학의 자율성은 법률이 정하는 바에 의하여 보장된다.

⑤ 국가는 평생교육을 진흥하여야 한다.

⑥ 학교교육 및 평생교육을 포함한 교육제도와 그 운영, 교육재정 및 교원의 지위에 관한 기본적인 사항은 법률로 정한다.

제32조 ① 모든 국민은 근로의 권리를 가진다. 국가는 사회적·경제적 방법으로 근로자의 고용의 증진과 적정임금의 보장에 노력하여야 하며, 법률이 정하는 바에 의하여 최저임금제를 시행하여야 한다.

② 모든 국민은 근로의 의무를 진다. 국가는 근로의 의무의 내용과 조건을 민주주의원칙에 따라 법률로 정한다.

③ 근로조건의 기준은 인간의 존엄성을 보장하도록 법률로 정한다.

④ 여자의 근로는 특별한 보호를 받으며, 고용·임금 및 근로조건에 있어서 부당한 차별을 받지 아니한다.

⑤ 연소자의 근로는 특별한 보호를 받는다.

⑥ 국가유공자·상이군경 및 전몰군경의 유가족은 법률이 정하는 바에 의하여 우선적으로 근로의

기회를 부여받는다.

제33조 ① 근로자는 근로조건의 향상을 위하여 자주적인 단결권·단체교섭권 및 단체행동권을 가진다.

② 공무원인 근로자는 법률이 정하는 자에 한하여 단결권·단체교섭권 및 단체행동권을 가진다.

③ 법률이 정하는 주요방위산업체에 종사하는 근로자의 단체행동권은 법률이 정하는 바에 의하여 이를 제한하거나 인정하지 아니할 수 있다.

제34조 ① 모든 국민은 인간다운 생활을 할 권리를 가진다.

② 국가는 사회보장·사회복지의 증진에 노력할 의무를 진다.

③ 국가는 여자의 복지와 권익의 향상을 위하여 노력하여야 한다.

④ 국가는 노인과 청소년의 복지향상을 위한 정책을 실시할 의무를 진다.

⑤ 신체장애자 및 질병·노령 기타의 사유로 생활능력이 없는 국민은 법률이 정하는 바에 의하여 국가의 보호를 받는다.

⑥ 국가는 재해를 예방하고 그 위험으로부터 국민을 보호하기 위하여 노력하여야 한다.

제35조 ① 모든 국민은 건강하고 쾌적한 환경에서 생활할 권리를 가지며, 국가와 국민은 환경보전을 위하여 노력하여야 한다.

② 환경권의 내용과 행사에 관하여는 법률로 정한다.

③ 국가는 주택개발정책 등을 통하여 모든 국민이 쾌적한 주거생활을 할 수 있도록 노력하여야 한다.

제36조 ① 혼인과 가족생활은 개인의 존엄과 양성의 평등을 기초로 성립되고 유지되어야 하며, 국가는 이를 보장한다.

② 국가는 모성의 보호를 위하여 노력하여야 한다.

③ 모든 국민은 보건에 관하여 국가의 보호를 받는다.

제37조 ① 국민의 자유와 권리는 헌법에 열거되지 아니한 이유로 경시되지 아니한다.

② 국민의 모든 자유와 권리는 국가안전보장·질서유지 또는 공공복리를 위하여 필요한 경우에 한하여 법률로써 제한할 수 있으며, 제한하는 경우에도 자유와 권리의 본질적인 내용을 침해할 수 없다.

제38조 모든 국민은 법률이 정하는 바에 의하여 납세의 의무를 진다.

제39조 ① 모든 국민은 법률이 정하는 바에 의하여 국방의 의무를 진다.

② 누구든지 병역의무의 이행으로 인하여 불이익한 처우를 받지 아니한다.

제3장 국회

제40조 입법권은 국회에 속한다.

제41조 ① 국회는 국민의 보통·평등·직접·비밀선거에 의하여 선출된 국회의원으로 구성한다.

② 국회의원의 수는 법률로 정하되, 200인 이상으로 한다.

③ 국회의원의 선거구와 비례대표제 기타 선거에 관한 사항은 법률로 정한다.

제42조 국회의원의 임기는 4년으로 한다.

제43조 국회의원은 법률이 정하는 직을 겸할 수 없다.

제44조 ① 국회의원은 현행범인인 경우를 제외하고는 회기중 국회의 동의 없이 체포 또는 구금되지 아니한다.

② 국회의원이 회기 전에 체포 또는 구금된 때에는 현행범인이 아닌 한 국회의 요구가 있으면 회기중 석방된다.

제45조 국회의원은 국회에서 직무상 행한 발언과 표결에 관하여 국회 외에서 책임을 지지 아니한다.

제46조 ① 국회의원은 청렴의 의무가 있다.

② 국회의원은 국가이익을 우선하여 양심에 따라 직무를 행한다.

③ 국회의원은 그 지위를 남용하여 국가·공공단체 또는 기업체와의 계약이나 그 처분에 의하여 재산상의 권리·이익 또는 직위를 취득하거나 타인을 위하여 그 취득을 알선할 수 없다.

제47조 ① 국회의 정기회는 법률이 정하는 바에 의

하여 매년 1회 집회되며, 국회의 임시회는 대통령 또는 국회재적의원 4분의 1 이상의 요구에 의하여 집회된다.

② 정기회의 회기는 100일을, 임시회의 회기는 30일을 초과할 수 없다.

③ 대통령이 임시회의 집회를 요구할 때에는 기간과 집회요구의 이유를 명시하여야 한다.

제48조 국회는 의장 1인과 부의장 2인을 선출한다.

제49조 국회는 헌법 또는 법률에 특별한 규정이 없는 한 재적의원 과반수의 출석과 출석의원 과반수의 찬성으로 의결한다. 가부동수인 때에는 부결된 것으로 본다.

제50조 ① 국회의 회의는 공개한다. 다만, 출석의원 과반수의 찬성이 있거나 의장이 국가의 안전보장을 위하여 필요하다고 인정할 때에는 공개하지 아니할 수 있다.

② 공개하지 아니한 회의내용의 공표에 관하여는 법률이 정하는 바에 의한다.

제51조 국회에 제출된 법률안 기타의 의안은 회기중에 의결되지 못한 이유로 폐기되지 아니한다. 다만, 국회의원의 임기가 만료된 때에는 그러하지 아니하다.

제52조 국회의원과 정부는 법률안을 제출할 수 있다.

제53조 ① 국회에서 의결된 법률안은 정부에 이송되어 15일 이내에 대통령이 공포한다.

② 법률안에 이의가 있을 때에는 대통령은 제1항의 기간 내에 이의서를 붙여 국회로 환부하고, 그 재의를 요구할 수 있다. 국회의 폐회중에도 또한 같다.

③ 대통령은 법률안의 일부에 대하여 또는 법률안을 수정하여 재의를 요구할 수 없다.

④ 재의의 요구가 있을 때에는 국회는 재의에 부치고, 재적의원 과반수의 출석과 출석의원 3분이 2 이상의 찬성으로 전과 같은 의결을 하면 그 법률안은 법률로써 확정된다.

⑤ 대통령이 제1항의 기간 내에 공포나 재의의 요구를 하지 아니한 때에도 그 법률안은 법률로서 확정된다.

⑥ 대통령은 제4항과 제5항의 규정에 의하여 확정된 법률을 지체없이 공포하여야 한다. 제5항에 의하여 법률이 확정된 후 또는 제4항에 의한 확정법률이 정부에 이송된 후 5일 이내에 대통령이 공포하지 아니할 때에는 국회의장이 이를 공포한다.

⑦ 법률은 특별한 규정이 없는 한 공포한 날로부터 20일을 경과함으로써 효력을 발생한다.

제54조 ① 국회는 국가의 예산안을 심의·확정한다.

② 정부는 회계연도마다 예산안을 편성하여 회계연도 개시 90일 전까지 국회에 제출하고, 국회는 회계연도 개시 30일 전까지 이를 의결하여야 한다.

③ 새로운 회계연도가 개시될 때까지 예산안이 의결되지 못한 때에는 정부는 국회에서 예산안이 의결될 때까지 다음의 목적을 위한 경비는 전년도예산에 준하여 집행할 수 있다.

1. 헌법이나 법률에 의하여 설치된 기관 또는 시설의 유지·운영
2. 법률상 지출의무의 이행
3. 이미 예산으로 승인된 사업의 계속

제55조 ① 한 회계연도를 넘어 계속하여 지출할 필요가 있을 때에는 정부는 연한을 정하여 계속비로서 국회의 의결을 얻어야 한다.

② 예비비는 총액으로 국회의 의결을 얻어야 한다. 예비비의 지출은 차기 국회의 승인을 얻어야 한다.

제56조 정부는 예산에 변경을 가할 필요가 있을 때에는 추가경정예산안을 편성하여 국회에 제출할 수 있다.

제57조 국회는 정부의 동의 없이 정부가 제출한 지출예산 각항의 금액을 증가하거나 새 비목을 설치할 수 없다.

제58조 국채를 모집하거나 예산 외에 국가의 부담이 될 계약을 체결하려 할 때에는 정부는 미리 국회의 의결을 얻어야 한다.

제59조 조세의 종목과 세율은 법률로 정한다.

제60조 ① 국회는 상호원조 또는 안전보장에 관한 조약, 중요한 국제조직에 관한 조약, 우호통상항해조약, 주권의 제약에 관한 조약, 강화조약, 국가나 국민에게 중대한 재정적 부담을 지우는 조

약 또는 입법사항에 관한 조약의 체결·비준에 대한 동의권을 가진다.

② 국회는 선전포고, 국군의 외국에의 파견 또는 외국군대의 대한민국 영역 안에서의 주류에 대한 동의권을 가진다.

제61조 ① 국회는 국정을 감사하거나 특정한 국정사안에 대하여 조사할 수 있으며, 이에 필요한 서류의 제출 또는 증인의 출석과 증언이나 의견의 진술을 요구할 수 있다.

② 국정감사 및 조사에 관한 절차 기타 필요한 사항은 법률로 정한다.

제62조 ① 국무총리·국무위원 또는 정부위원은 국회나 그 위원회에 출석하여 국정처리상황을 보고하거나 의견을 진술하고 질문에 응답할 수 있다.

② 국회나 그 위원회의 요구가 있을 때에는 국무총리·국무위원 또는 정부위원은 출석·답변하여야 하며, 국무총리 또는 국무위원이 출석요구를 받은 때에는 국무위원 또는 정부위원으로 하여금 출석·답변하게 할 수 있다.

제63조 ① 국회는 국무총리 또는 국무위원의 해임을 대통령에게 건의할 수 있다.

② 제1항의 해임건의는 국회재적의원 3분의 1 이상의 발의에 의하여 국회재적의원 과반수의 찬성이 있어야 한다.

제64조 ① 국회는 법률에 저촉되지 아니하는 범위 안에서 의사와 내부규율에 관한 규칙을 제정할 수 있다.

② 국회는 의원의 자격을 심사하며, 의원을 징계할 수 있다.

③ 의원을 제명하려면 국회재적의원 3분의 2 이상의 찬성이 있어야 한다.

④ 제2항과 제3항의 처분에 대하여는 법원에 제소할 수 없다.

제65조 ① 대통령·국무총리·국무위원·행정각부의 장·헌법재판소 재판관·법관·중앙선거관리위원회 위원·감사원장·감사위원 기타 법률이 정한 공무원이 그 직무집행에 있어서 헌법이나 법률을 위배한 때에는 국회는 탄핵의 소추를 의결할 수 있다.

② 제1항의 탄핵소추는 국회재적의원 3분의 1 이상의 발의가 있어야 하며, 그 의결은 국회재적의원 과반수의 찬성이 있어야 한다. 다만, 대통령에 대한 탄핵소추는 국회재적의원 과반수의 발의와 국회재적의원 3분의 2 이상의 찬성이 있어야 한다.

③ 탄핵소추의 의결을 받은 자는 탄핵심판이 있을 때까지 그 권한행사가 정지된다.

④ 탄핵결정은 공직으로부터 파면함에 그친다. 그러나, 이에 의하여 민사상이나 형사상의 책임이 면제되지는 아니한다.

제4장 정부

제1절 대통령

제66조 ① 대통령은 국가의 원수이며, 외국에 대하여 국가를 대표한다.

② 대통령은 국가의 독립·영토의 보전·국가의 계속성과 헌법을 수호할 책무를 진다.

③ 대통령은 조국의 평화적 통일을 위한 성실한 의무를 진다.

④ 행정권은 대통령을 수반으로 하는 정부에 속한다.

제67조 ① 대통령은 국민의 보통·평등·직접·비밀선거에 의하여 선출한다.

② 제1항의 선거에 있어서 최고득표자가 2인 이상인 때에는 국회의 재적의원 과반수가 출석한 공개회의에서 다수표를 얻은 자를 당선자로 한다.

③ 대통령후보자가 1인일 때에는 그 득표수가 선거권자 총수의 3분의 1 이상이 아니면 대통령으로 당선될 수 없다.

④ 대통령으로 선거될 수 있는 자는 국회의원의 피선거권이 있고 선거일 현재 40세에 달하여야 한다.

⑤ 대통령의 선거에 관한 사항은 법률로 정한다.

제68조 ① 대통령의 임기가 만료되는 때에는 임기만료 70일 내지 40일 전에 후임자를 선거한다.

② 대통령이 궐위된 때 또는 대통령 당선자가 사망하거나 판결 기타의 사유로 그 자격을 상실한

때에는 60일 이내에 후임자를 선거한다.

제69조 대통령은 취임에 즈음하여 다음의 선서를 한다.

"나는 헌법을 준수하고 국가를 보위하며 조국의 평화적 통일과 국민의 자유와 복리의 증진 및 민족문화의 창달에 노력하여 대통령으로서의 직책을 성실히 수행할 것을 국민 앞에 엄숙히 선서합니다."

제70조 대통령의 임기는 5년으로 하며, 중임할 수 없다.

제71조 대통령이 궐위되거나 사고로 인하여 직무를 수행할 수 없을 때에는 국무총리, 법률이 정한 국무위원의 순서로 그 권한을 대행한다.

제72조 대통령은 필요하다고 인정할 때에는 외교·국방·통일 기타 국가안위에 관한 중요정책을 국민투표에 붙일 수 있다.

제73조 대통령은 조약을 체결·비준하고, 외교사절을 신임·접수 또는 파견하며, 선전포고와 강화를 한다.

제74조 ① 대통령은 헌법과 법률이 정하는 바에 의하여 국군을 통수한다.

② 국군의 조직과 편성은 법률로 정한다.

제75조 대통령은 법률에서 구체적으로 범위를 정하여 위임받은 사항과 법률을 집행하기 위하여 필요한 사항에 관하여 대통령령을 발할 수 있다.

제76조 ① 대통령은 내우·외환·천재·지변 또는 중대한 재정·경제상의 위기에 있어서 국가의 안전보장 또는 공공의 안녕질서를 유지하기 위하여 긴급한 조치가 필요하고 국회의 집회를 기다릴 여유가 없을 때에 한하여 최소한으로 필요한 재정·경제상의 처분을 하거나 이에 관하여 법률의 효력을 가지는 명령을 발할 수 있다.

② 대통령은 국가의 안위에 관계되는 중대한 교전상태에 있어서 국가를 보위하기 위하여 긴급한 조치가 필요하고 국회의 집회가 불가능한 때에 한하여 법률의 효력을 가지는 명령을 발할 수 있다.

③ 대통령은 제1항과 제2항의 처분 또는 명령을 한 때에는 지체없이 국회에 보고하여 그 승인을 얻어야 한다.

④ 제3항의 승인을 얻지 못한 때에는 그 처분 또는 명령은 그때부터 효력을 상실한다. 이 경우 그 명령에 의하여 개정 또는 폐지되었던 법률은 그 명령이 승인을 얻지 못한 때부터 당연히 효력을 회복한다.

⑤ 대통령은 제3항과 제4항의 사유를 지체없이 공포하여야 한다.

제77조 ① 대통령은 전시·사변 또는 이에 준하는 국가비상사태에 있어서 병력으로써 군사상의 필요에 응하거나 공공의 안녕질서를 유지할 필요가 있을 때에는 법률이 정하는 바에 의하여 계엄을 선포할 수 있다.

② 계엄은 비상계엄과 경비계엄으로 한다.

③ 비상계엄이 선포된 때에는 법률이 정하는 바에 의하여 영장제도, 언론·출판·집회·결사의 자유, 정부나 법원의 권한에 관하여 특별한 조치를 할 수 있다.

④ 계엄을 선포한 때에는 대통령은 지체없이 국회에 통고하여야 한다.

⑤ 국회가 재적의원 과반수의 찬성으로 계엄의 해제를 요구한 때에는 대통령은 이를 해제하여야 한다.

제78조 대통령은 헌법과 법률이 정하는 바에 의하여 공무원을 임면한다.

제79조 ① 대통령은 법률이 정하는 바에 의하여 사면·감형 또는 복권을 명할 수 있다.

② 일반사면을 명하려면 국회의 동의를 얻어야 한다.

③ 사면·감형 및 복권에 관한 사항은 법률로 정한다.

제80조 대통령은 법률이 정하는 바에 의하여 훈장 기타의 영전을 수여한다.

제81조 대통령은 국회에 출석하여 발언하거나 서한으로 의견을 표시할 수 있다.

제82조 대통령의 국법상 행위는 문서로써 하며, 이 문서에는 국무총리와 관계국무위원이 부서한다. 군사에 관한 것도 또한 같다.

제83조 대통령은 국무총리·국무위원·행정각부의 장 기타 법률이 정하는 공사의 직을 겸할 수 없다.

제84조 대통령은 내란 또는 외환의 죄를 범한 경우

를 제외하고는 재직 중 형사상의 소추를 받지 아니한다.

제85조 전직대통령의 신분과 예우에 관하여는 법률로 정한다.

제2절 행정부

제1관 국무총리와 국무위원

제86조 ① 국무총리는 국회의 동의를 얻어 대통령이 임명한다.

② 국무총리는 대통령을 보좌하며, 행정에 관하여 대통령의 명을 받아 행정각부를 통할한다.

③ 군인은 현역을 면한 후가 아니면 국무총리로 임명될 수 없다.

제87조 ① 국무위원은 국무총리의 제청으로 대통령이 임명한다.

② 국무위원은 국정에 관하여 대통령을 보좌하며, 국무회의의 구성원으로서 국정을 심의한다.

③ 국무총리는 국무위원의 해임을 대통령에게 건의할 수 있다.

④ 군인은 현역을 면한 후가 아니면 국무위원으로 임명될 수 없다.

제2관 국무회의

제88조 ① 국무회의는 정부의 권한에 속하는 중요한 정책을 심의한다.

② 국무회의는 대통령·국무총리와 15인 이상 30인 이하의 국무위원으로 구성한다.

③ 대통령은 국무회의의 의장이 되고, 국무총리는 부의장이 된다.

제89조 다음 사항은 국무회의의 심의를 거쳐야 한다.

1. 국정의 기본계획과 정부의 일반정책
2. 선전·강화 기타 중요한 대외정책
3. 헌법개정안·국민투표안·조약안·법률안 및 대통령령안
4. 예산안·결산·국유재산처분의 기본계획·국가의 부담이 될 계약 기타 재정에 관한 중요사항
5. 대통령의 긴급명령·긴급재정경제처분 및 명령 또는 계엄과 그 해제
6. 군사에 관한 중요사항
7. 국회의 임시회 집회의 요구
8. 영전수여
9. 사면·감형과 복권
10. 행정각부간의 권한의 획정
11. 정부 안의 권한의 위임 또는 배정에 관한 기본계획
12. 국정처리상황의 평가·분석
13. 행정각부의 중요한 정책의 수립과 조정
14. 정당해산의 제소
15. 정부에 제출 또는 회부된 정부의 정책에 관계되는 청원의 심사
16. 검찰총장·합동참모의장·각군참모총장·국립대학교총장·대사 기타 법률이 정한 공무원과 국영기업체관리자의 임명
17. 기타 대통령·국무총리 또는 국무위원이 제출한 사항

제90조 ① 국정의 중요한 사항에 관한 대통령의 자문에 응하기 위하여 국가원로로 구성되는 국가원로자문회의를 둘 수 있다.

② 국가원로자문회의의 의장은 직전대통령이 된다. 다만, 직전대통령이 없을 때에는 대통령이 지명한다.

③ 국가원로자문회의의 조직·직무범위 기타 필요한 사항은 법률로 정한다.

제91조 ① 국가안전보장에 관련되는 대외정책·군사정책과 국내정책의 수립에 관하여 국무회의의 심의에 앞서 대통령의 자문에 응하기 위하여 국가안전보장회의를 둔다.

② 국가안전보장회의는 대통령이 주재한다.

③ 국가안전보장회의의 조직·직무범위 기타 필요한 사항은 법률로 정한다.

제92조 ① 평화통일정책의 수립에 관한 대통령의 자문에 응하기 위하여 민주평화통일자문회의를 둘 수 있다.

② 민주평화통일자문회의의 조직·직무범위 기타 필요한 사항은 법률로 정한다.

제93조 ① 국민경제의 발전을 위한 중요정책의 수립에 관하여 대통령의 자문에 응하기 위하여 국민경제자문회의를 둘 수 있다.

② 국민경제자문회의의 조직·직무범위 기타 필요

한 사항은 법률로 정한다.

제3관 행정각부

제94조 행정각부의 장은 국무위원 중에서 국무총리의 제청으로 대통령이 임명한다.

제95조 국무총리 또는 행정각부의 장은 소관사무에 관하여 법률이나 대통령령의 위임 또는 직권으로 총리령 또는 부령을 발할 수 있다.

제96조 행정각부의 설치·조직과 직무범위는 법률로 정한다.

제4관 감사원

제97조 국가의 세입·세출의 결산, 국가 및 법률이 정한 단체의 회계검사와 행정기관 및 공무원의 직무에 관한 감찰을 하기 위하여 대통령 소속하에 감사원을 둔다.

제98조 ① 감사원은 원장을 포함한 5인 이상 11인 이하의 감사위원으로 구성한다.

② 원장은 국회의 동의를 얻어 대통령이 임명하고, 그 임기는 4년으로 하며, 1차에 한하여 중임할 수 있다.

③ 감사위원은 원장의 제청으로 대통령이 임명하고, 그 임기는 4년으로 하며, 1차에 한하여 중임할 수 있다.

제99조 감사원은 세입·세출의 결산을 매년 검사하여 대통령과 차년도 국회에 그 결과를 보고하여야 한다.

제100조 감사원의 조직·직무범위·감사위원의 자격·감사대상공무원의 범위 기타 필요한 사항은 법률로 정한다.

제5장 법원

제101조 ① 사법권은 법관으로 구성된 법원에 속한다.

② 법원은 최고법원인 대법원과 각급법원으로 조직된다.

③ 법관의 자격은 법률로 정한다.

제102조 ① 대법원에 부를 둘 수 있다.

② 대법원에 대법관을 둔다. 다만, 법률이 정하는 바에 의하여 대법관이 아닌 법관을 둘 수 있다.

③ 대법원과 각급법원의 조직은 법률로 정한다.

제103조 법관은 헌법과 법률에 의하여 그 양심에 따라 독립하여 심판한다.

제104조 ① 대법원장은 국회의 동의를 얻어 대통령이 임명한다.

② 대법관은 대법원장의 제청으로 국회의 동의를 얻어 대통령이 임명한다.

③ 대법원장과 대법관이 아닌 법관은 대법관회의의 동의를 얻어 대법원장이 임명한다.

제105조 ① 대법원장의 임기는 6년으로 하며, 중임할 수 없다.

② 대법관의 임기는 6년으로 하며, 법률이 정하는 바에 의하여 연임할 수 있다.

③ 대법원장과 대법관이 아닌 법관의 임기는 10년으로 하며, 법률이 정하는 바에 의하여 연임할 수 있다.

④ 법관의 정년은 법률로 정한다.

제106조 ① 법관은 탄핵 또는 금고 이상의 형의 선고에 의하지 아니하고는 파면되지 아니하며, 징계처분에 의하지 아니하고는 정직·감봉 기타 불리한 처분을 받지 아니한다.

② 법관이 중대한 심신상의 장해로 직무를 수행할 수 없을 때에는 법률이 정하는 바에 의하여 퇴직하게 할 수 있다.

제107조 ① 법률이 헌법에 위반되는 여부가 재판의 전제가 된 경우에는 법원은 헌법재판소에 제청하여 그 심판에 의하여 재판한다.

② 명령·규칙 또는 처분이 헌법이나 법률에 위반되는 여부가 재판의 전제가 된 경우에는 대법원은 이를 최종적으로 심사할 권한을 가진다.

③ 재판의 전심절차로서 행정심판을 할 수 있다. 행정심판의 절차는 법률로 정하되, 사법절차가 준용되어야 한다.

제108조 대법원은 법률에 저촉되지 아니하는 범위안에서 소송에 관한 절차, 법원의 내부규율과 사무처리에 관한 규칙을 제정할 수 있다.

제109조 재판의 심리와 판결은 공개한다. 다만, 심리는 국가의 안전보장 또는 안녕질서를 방해하거

나 선량한 풍속을 해할 염려가 있을 때에는 법원의 결정으로 공개하지 아니할 수 있다.

제110조 ① 군사재판을 관할하기 위하여 특별법원으로서 군사법원을 둘 수 있다.

② 군사법원의 상고심은 대법원에서 관할한다.

③ 군사법원의 조직·권한 및 재판관의 자격은 법률로 정한다.

④ 비상계엄하의 군사재판은 군인·군무원의 범죄나 군사에 관한 간첩죄의 경우와 초병·초소·유독음식물공급·포로에 관한 죄 중 법률이 정한 경우에 한하여 단심으로 할 수 있다. 다만, 사형을 선고한 경우에는 그러하지 아니하다.

제6장 헌법재판소

제111조 ① 헌법재판소는 다음 사항을 관장한다.

1. 법원의 제청에 의한 법률의 위헌여부 심판
2. 탄핵의 심판
3. 정당의 해산심판
4. 국가기관 상호간, 국가기관과 지방자치단체간 및 지방자치단체 상호간의 권한쟁의에 관한 심판
5. 법률이 정하는 헌법소원에 관한 심판

② 헌법재판소는 법관의 자격을 가진 9인의 재판관으로 구성되며, 재판관은 대통령이 임명한다.

③ 제2항의 재판관 중 3인은 국회에서 선출하는 자를, 3인은 대법원장이 지명하는 자를 임명한다.

④ 헌법재판소의 장은 국회의 동의를 얻어 재판관 중에서 대통령이 임명한다.

제112조 ① 헌법재판소 재판관의 임기는 6년으로 하며, 법률이 정하는 바에 의하여 연임할 수 있다.

② 헌법재판소 재판관은 정당에 가입하거나 정치에 관여할 수 없다.

③ 헌법재판소 재판관은 탄핵 또는 금고 이상의 형의 선고에 의하지 아니하고는 파면되지 아니한다.

제113조 ① 헌법재판소에서 법률의 위헌결정, 탄핵의 결정, 정당해산의 결정 또는 헌법소원에 관한 인용결정을 할 때에는 재판관 6인 이상의 찬성이 있어야 한다.

② 헌법재판소는 법률에 저촉되지 아니하는 범위 안에서 심판에 관한 절차, 내부규율과 사무처리에 관한 규칙을 제정할 수 있다.

③ 헌법재판소의 조직과 운영 기타 필요한 사항은 법률로 정한다.

제7장 선거관리

제114조 ① 선거와 국민투표의 공정한 관리 및 정당에 관한 사무를 처리하기 위하여 선거관리위원회를 둔다.

② 중앙선거관리위원회는 대통령이 임명하는 3인, 국회에서 선출하는 3인과 대법원장이 지명하는 3인의 위원으로 구성한다. 위원장은 위원 중에서 호선한다.

③ 위원의 임기는 6년으로 한다.

④ 위원은 정당에 가입하거나 정치에 관여할 수 없다.

⑤ 위원은 탄핵 또는 금고 이상의 형의 선고에 의하지 아니하고는 파면되지 아니한다.

⑥ 중앙선거관리위원회는 법령의 범위 안에서 선거관리·국민투표관리 또는 정당사무에 관한 규칙을 제정할 수 있으며, 법률에 저촉되지 아니하는 범위 안에서 내부규율에 관한 규칙을 제정할 수 있다.

⑦ 각급 선거관리위원회의 조직·직무범위 기타 필요한 사항은 법률로 정한다.

제115조 ① 각급 선거관리위원회는 선거인명부의 작성 등 선거사무와 국민투표사무에 관하여 관계행정기관에 필요한 지시를 할 수 있다.

② 제1항의 지시를 받은 당해 행정기관은 이에 응하여야 한다.

제116조 ① 선거운동은 각급 선거관리위원회의 관리하에 법률이 정하는 범위 안에서 하되, 균등한 기회가 보장되어야 한다.

② 선거에 관한 경비는 법률이 정하는 경우를 제외하고는 정당 또는 후보자에게 부담시킬 수 없

다.

제8장 지방자치

제117조 ① 지방자치단체는 주민의 복리에 관한 사무를 처리하고 재산을 관리하며, 법령의 범위 안에서 자치에 관한 규정을 제정할 수 있다.
② 지방자치단체의 종류는 법률로 정한다.

제118조 ① 지방자치단체에 의회를 둔다.
② 지방의회의 조직·권한·의원선거와 지방자치단체의 장의 선임방법 기타 지방자치단체의 조직과 운영에 관한 사항은 법률로 정한다.

제9장 경제

제119조 ① 대한민국의 경제질서는 개인과 기업의 경제상의 자유와 창의를 존중함을 기본으로 한다.
② 국가는 균형 있는 국민경제의 성장 및 안정과 적정한 소득의 분배를 유지하고, 시장의 지배와 경제력의 남용을 방지하며, 경제주체간의 조화를 통한 경제의 민주화를 위하여 경제에 관한 규제와 조정을 할 수 있다.

제120조 ① 광물 기타 중요한 지하자원·수산자원·수력과 경제상 이용할 수 있는 자연력은 법률이 정하는 바에 의하여 일정한 기간 그 채취·개발 또는 이용을 특허할 수 있다.
② 국토와 자원은 국가의 보호를 받으며, 국가는 그 균형있는 개발과 이용을 위하여 필요한 계획을 수립한다.

제121조 ① 국가는 농지에 관하여 경자유전의 원칙이 달성될 수 있도록 노력하여야 하며, 농지의 소작제도는 금지된다.
② 농업생산성의 제고와 농지의 합리적인 이용을 위하거나 불가피한 사정으로 발생하는 농지의 임대차와 위탁경영은 법률이 정하는 바에 의하여 인정된다.

제122조 국가는 국민 모두의 생산 및 생활의 기반이 되는 국토의 효율적이고 균형있는 이용·개발과 보전을 위하여 법률이 정하는 바에 의하여 그에 관한 필요한 제한과 의무를 과할 수 있다.

제123조 ① 국가는 농업 및 어업을 보호·육성하기 위하여 농·어촌종합개발과 그 지원 등 필요한 계획을 수립·시행하여야 한다.
② 국가는 지역간의 균형있는 발전을 위하여 지역경제를 육성할 의무를 진다.
③ 국가는 중소기업을 보호·육성하여야 한다.
④ 국가는 농수산물의 수요균형과 유통구조의 개선에 노력하여 가격안정을 도모함으로써 농·어민의 이익을 보호한다.
⑤ 국가는 농·어민과 중소기업의 자조조직을 육성하여야 하며, 그 자율적 활동과 발전을 보장한다.

제124조 국가는 건전한 소비행위를 계도하고 생산품의 품질향상을 촉구하기 위한 소비자보호운동을 법률이 정하는 바에 의하여 보장한다.

제125조 국가는 대외무역을 육성하며, 이를 규제·조정할 수 있다.

제126조 국방상 또는 국민경제상 긴절한 필요로 인하여 법률이 정하는 경우를 제외하고는, 사영기업을 국유 또는 공유로 이전하거나 그 경영을 통제 또는 관리할 수 없다.

제127조 ① 국가는 과학기술의 혁신과 정보 및 인력의 개발을 통하여 국민경제의 발전에 노력하여야 한다.
② 국가는 국가표준제도를 확립한다.
③ 대통령은 제1항의 목적을 달성하기 위하여 필요한 자문기구를 둘 수 있다.

제10장 헌법개정

제128조 ① 헌법개정은 국회재적의원 과반수 또는 대통령의 발의로 제안된다.
② 대통령의 임기연장 또는 중임변경을 위한 헌법개정은 그 헌법개정제안 당시의 대통령에 대하여는 효력이 없다.

- 제안된 헌법개정안은 대통령이 20일 이상의 기간 이를 공고하여야 한다.

제130조 ① 국회는 헌법개정안이 공고된 날로부터 60일 이내에 의결하여야 하며, 국회의 의결은 재

적의원 3분의 2 이상의 찬성을 얻어야 한다.

헌법개정안은 국회가 의결한 후 30일 이내에 국민투표에 부쳐 국회의원선거권자 과반수의 투표와 투표자 과반수의 찬성을 얻어야 한다.

③ 헌법개정안이 제2항의 찬성을 얻은 때에는 헌법개정은 확정되며, 대통령은 즉시 이를 공포하여야 한다.

부 칙 제1조 이 헌법은 1988년 2월 25일부터 시행한다. 다만, 이 헌법을 시행하기 위하여 필요한 법률의 제정·개정과 이 헌법에 의한 대통령 및 국회의원의 선거 기타 이 헌법시행에 관한 준비는 이 헌법시행 전에 할 수 있다.

제2조 ① 이 헌법에 의한 최초의 대통령선거는 이 헌법시행일 40일 전까지 실시한다.

헌법재판소법

[법률 제10278호, 2010. 5. 4, 일부개정]

제1장 총칙

제1조(목적) 이 법은 헌법재판소의 조직 및 운영과 그 심판절차에 관하여 필요한 사항을 정함을 목적으로 한다.

제2조(관장사항) 헌법재판소는 다음 사항을 관장한다.

1. 법원의 제청에 의한 법률의 위헌여부 심판
2. 탄핵의 심판
3. 정당의 해산심판
4. 국가기관상호간, 국가기관과 지방자치단체간 및 지방자치단체상호간의 권한쟁의에 관한 심판
5. 헌법소원에 관한 심판

제3조(구성) 헌법재판소는 9인의 재판관으로 구성한다.

제4조(재판관의 독립) 재판관은 헌법과 법률에 의하여 그 양심에 따라 독립하여 심판한다.

제5조(재판관의 자격) ① 재판관은 15년이상 다음 각호의 1에 해당하는 직에 있던 40세이상의 자중에서 임명한다. 다만, 다음 각호중 2이상의 직에 있던 자의 재직기간은 이를 통산한다.

1. 판사·검사·변호사
2. 변호사의 자격이 있는 자로서 국가기관, 국·공영기업체, 정부투자기관 기타 법인에서 법률에 관한 사무에 종사한 자
3. 변호사의 자격이 있는 자로서 공인된 대학의 법률학조교수이상의 직에 있던 자

② 다음 각호의 1에 해당하는 자는 재판관으로 임명할 수 없다.

1. 다른 법령에 의하여 공무원으로 임용하지 못하는 자
2. 금고이상의 형을 선고받은 자
3. 탄핵에 의하여 파면된 후 5년을 경과하지 아니한 자

제6조(재판관의 임명) ① 재판관은 대통령이 임명한다. 이 경우 재판관 중 3인은 국회에서 선출하는 자를, 3인은 대법원장이 지명하는 자를 임명한다. <개정 2005.7.29>

② 재판관은 국회의 인사청문을 거쳐 임명·선출 또는 지명하여야 한다. 이 경우 대통령은 재판관(국회에서 선출하거나 대법원장이 지명하는 자를 제외한다)을 임명하기 전에, 대법원장은 재판관을 지명하기 전에 인사청문을 요청한다. <개정 2005.7.29>

③ 재판관의 임기가 만료되거나 정년이 도래하는 때에는 임기만료일 또는 정년도래일까지 후임자를 임명하여야 한다. <개정 2010.5.4>

④ 임기 중 재판관이 결원된 때에는 결원된 날부터 30일 이내에 후임자를 임명하여야 한다. <신설 2010.5.4>

⑤ 제3항 및 제4항에도 불구하고 국회에서 선출한 재판관이 국회의 폐회 또는 휴회 중에 그 임기가 만료되거나 정년이 도래한 때 또는 결원된 때에는 국회는 다음 집회가 개시된 후 30일 이내에 후임자를 선출하여야 한다. <신설 2010.5.4>

제7조(재판관의 임기) ① 재판관의 임기는 6년으로 하며, 연임할 수 있다.

②재판관의 정년은 65세로 한다. 다만, 헌법재판소장인 재판관의 정년은 70세로 한다.

제8조(재판관의 신분보장) 재판관은 다음 각호의 1

에 해당하는 경우가 아니면 그 의사에 반하여 해임되지 아니한다.

1. 탄핵결정이 된 경우
2. 금고이상의 형의 선고를 받은 경우

제9조(재판관의 정치관여 금지) 재판관은 정당에 가입하거나 정치에 관여할 수 없다.

제10조(규칙제정권) ① 헌법재판소는 이 법과 다른 법률에 저촉되지 아니하는 범위안에서 심판에 관한 절차, 내부규율과 사무처리에 관한 규칙을 제정할 수 있다.

②헌법재판소규칙은 관보에 게재하여 이를 공포한다.

제10조의2(입법의견의 제출) 헌법재판소장은 헌법재판소의 조직·인사·운영·심판절차 그 밖에 헌법재판소의 업무에 관련된 법률의 제정 또는 개정이 필요하다고 인정하는 경우에는 국회에 서면으로 그 의견을 제출할 수 있다.[본조신설 2003.3.12]

제11조(경비) ① 헌법재판소의 경비는 독립하여 국가의 예산에 계상하여야 한다.

②제1항의 경비중에는 예비금을 둔다.

제2장 조직

제12조(헌법재판소장) ① 헌법재판소에 헌법재판소장을 둔다.

② 헌법재판소장은 국회의 동의를 얻어 재판관중에서 대통령이 임명한다.

③ 헌법재판소장은 헌법재판소를 대표하고, 헌법재판소의 사무를 통리하며, 소속공무원을 지휘·감독한다.

④ 헌법재판소장이 궐위되거나 사고로 인하여 직무를 수행할 수 없을 때에는 다른 재판관이 헌법재판소규칙이 정하는 순서에 의하여 그 권한을 대행한다. <개정 1991.11.30>

제13조 삭제 <1991.11.30>

제14조(재판관의 겸직금지) 재판관은 다음 각호의 1에 해당하는 직을 겸하거나 영리를 목적으로 하는 사업을 영위할 수 없다. <개정 1991.11.30>

1. 국회 또는 지방의회의 의원의 직
2. 국회·정부 또는 법원의 공무원의 직
3. 법인·단체등의 고문·임원 또는 직원의 직

[제목개정 1991.11.30]

제15조(헌법재판소장등의 대우) ① 헌법재판소장의 대우와 보수는 대법원장의 예에 의하며, 재판관은 정무직으로 하고 그 대우와 보수는 대법관의 례에 의한다. <개정 1991.11.30, 2002.1.19>

② 삭제 <1991.11.30>

제16조(재판관회의) ① 재판관회의는 재판관 전원으로 구성하며, 헌법재판소장이 의장이 된다.

② 재판관회의는 재판관 7인 이상의 출석과 출석인원과반수의 찬성으로 의결한다.

③ 의장은 의결에 있어 표결권을 가진다.

④ 다음 각호의 사항은 재판관회의의 의결을 거쳐야 한다. <개정 2003.3.12>

1. 헌법재판소규칙의 제정과 개정, 제10조의2의 규정에 따른 입법의견의 제출에 관한 사항
2. 예산요구, 예비금지출과 결산에 관한 사항
3. 사무처장·사무차장·헌법연구관 및 3급이상 공무원의 임면에 관한 사항
4. 특히 중요하다고 인정되는 사항으로서 헌법재판소장이 부의하는 사항

⑤ 재판관회의의 운영에 관하여 필요한 사항은 헌법재판소규칙으로 정한다.

제17조(사무처) ① 헌법재판소의 행정사무를 처리하기 위하여 헌법재판소에 사무처를 둔다.

② 사무처에 사무처장과 사무차장을 둔다.

③ 사무처장은 헌법재판소장의 지휘를 받아 사무처의 사무를 관장하며, 소속공무원을 지휘·감독한다.

④ 사무처장은 국회 또는 국무회의에 출석하여 헌법재판소의 행정에 관하여 발언할 수 있다. <개정 2003.3.12>

⑤ 헌법재판소장이 행한 처분에 대한 행정소송의 피고는 헌법재판소사무처장으로 한다. <신설 1991.11.30>

⑥ 사무차장은 사무처장을 보좌하며, 사무처장이 사고로 인하여 직무를 수행할 수 없을 때에는 그 직무를 대행한다.

⑦ 사무처에 실·국·과를 둔다.

⑧ 실에는 실장, 국에는 국장, 과에는 과장을 두되 사무처장·차장·실장 또는 국장밑에 정책의 기획, 계획의 입안, 연구·조사, 심사·평가 및 홍보업무를 보좌하는 심의관 또는 담당관을 둘 수 있다. <개정 1995.8.4>

⑨ 이 법에 규정하지 아니한 사항으로서 사무처의 조직·직무범위, 사무처에 두는 공무원의 정원 기타 필요한 사항은 헌법재판소규칙으로 정한다.

第18조(사무처공무원) ① 사무처장은 정무직으로 하고, 보수는 국무위원의 보수와 동액으로 한다. <개정 1994.12.22>

② 사무차장은 정무직으로 하고, 보수는 차관의 보수와 동액으로 한다. <신설 1994.12.22>

③ 실장은 1급 또는 2급, 국장은 2급 또는 3급, 심의관 및 담당관은 2급 내지 4급, 과장은 3급 또는 4급의 일반직국가공무원으로 보한다. 다만, 담당관중 1인은 3급상당 또는 4급상당의 별정직 국가공무원으로 보할 수 있다. <개정 2003.3.12>

④ 사무처공무원은 헌법재판소장이 임면한다. 다만, 3급이상의 공무원의 경우에는 재판관회의의 의결을 거쳐야 한다.

⑤ 헌법재판소장은 다른 국가기관에 대하여 그 소속공무원을 사무처공무원으로 근무하게 하기 위하여 헌법재판소에의 파견근무를 요청할 수 있다.

⑥ 삭제 <2003.3.12>

第19조(헌법연구관) ① 헌법재판소에 헌법재판소규칙으로 정하는 수의 헌법연구관을 둔다. <개정 1991.11.30, 2003.3.12>

② 헌법연구관은 특정직국가공무원으로 한다. <개정 2003.3.12>

③ 헌법연구관은 헌법재판소장의 명을 받아 사건의 심리 및 심판에 관한 조사·연구에 종사한다. <개정 1991.11.30, 2003.3.12>

④ 헌법연구관은 다음 각호의 1에 해당하는 자중에서 헌법재판소장이 재판관회의의 의결을 거쳐 임용한다. <개정 1991.11.30, 2003. 3.12>

1. 판사·검사 또는 변호사의 자격이 있는 자
2. 공인된 대학의 법률학조교수이상의 직에 있던 자
3. 국회·정부 또는 법원등 국가기관에서 4급이상의 공무원으로서 5년이상 법률에 관한 사무에 종사한 자
4. 법률학에 관한 박사학위 소지자로서 국회·정부·법원 또는 헌법재판소 등 국가기관에서 5년이상 법률에 관한 사무에 종사한 자
5. 법률학에 관한 박사학위 소지자로서 헌법재판소규칙이 정하는 대학 등 공인된 연구기관에서 5년 이상 법률에 관한 사무에 종사한 자

⑤ 삭제 <2003.3.12>

⑥ 다음 각호의 1에 해당하는 자는 헌법연구관으로 임용될 수 없다. <신설 2003.3.12>

1. 국가공무원법 제33조 각호의 1에 해당하는 자
2. 금고 이상의 형의 선고를 받은 자
3. 탄핵결정에 의하여 파면된 후 5년이 경과되지 아니한 자

⑦ 헌법연구관의 임기는 10년으로 하되, 연임할 수 있고, 정년은 60세로 한다. <신설 2003.3.12>

⑧ 헌법연구관이 제6항 각호의 1에 해당할 때에는 당연히 퇴직한다. 다만, 「국가공무원법」 제33조제5호에 해당할 때에는 그러하지 아니하다. <신설 2003.3.12, 2007.12.21>

⑨ 헌법재판소장은 다른 국가기관에 대하여 그 소속공무원을 헌법연구관으로 근무하게 하기 위하여 헌법재판소에의 파견근무를 요청할 수 있다. <개정 1991.11.30, 2003.3.12>

⑩ 사무차장은 헌법연구관의 직을 겸할 수 있다. <신설 2003.3.12>

⑪ 헌법재판소장은 헌법연구관으로 하여금 사건의 심리 및 심판에 관한 조사·연구업무 외의 직을 겸임하게 할 수 있다. 이 경우 헌법연구관의 수는 헌법재판소규칙으로 정하며, 보수는 그중 고액의 것을 지급한다. <신설 2007.12.21>

[제목개정 1991.11.30, 2003.3.12]

第19조의2(헌법연구관보) ① 헌법연구관을 신규임용하는 경우에는 3년의 기간 헌법연구관보로 임용하여 근무하게 한 후 그 근무성적을 참작하여 헌법연구관으로 임용한다. 다만, 경력 및 업무능

력 등을 참작하여 헌법재판소규칙이 정하는 바에 따라 헌법연구관보 임용을 면제하거나 그 기간을 단축할 수 있다.

② 헌법연구관보는 헌법재판소장이 재판관회의의 의결을 거쳐 임용한다.

③ 헌법연구관보는 별정직국가공무원으로 하고, 그 보수와 승급기준은 헌법연구관의 예에 의한다.

④ 헌법연구관보가 근무성적이 불량한 경우에는 재판관회의의 의결을 거쳐 면직시킬 수 있다.

⑤ 헌법연구관보의 근무기간은 이 법 및 다른 법령에 규정된 헌법연구관의 재직기간에 산입한다.

[본조신설 2003.3.12]

제19조의3(헌법연구위원) ① 헌법재판소에 헌법연구위원을 둘 수 있다. 헌법연구위원은 사건의 심리 및 심판에 관한 전문적인 조사·연구에 종사한다.

② 헌법연구위원은 3년 이내의 범위에서 기간을 정하여 임명한다.

③ 헌법연구위원은 2급 또는 3급 상당의 별정직공무원이나 계약직공무원으로 하고, 그 직제 및 자격 등에 관하여는 헌법재판소규칙으로 정한다.

[본조신설 2007.12.21]

제19조의4(헌법재판연구원) ① 헌법 및 헌법재판 연구와 헌법연구관, 사무처 공무원 등의 교육을 위하여 헌법재판소에 헌법재판연구원을 둔다.

② 헌법재판연구원의 정원은 원장 1인을 포함하여 40인 이내로 하고, 원장은 헌법연구관 또는 1급인 일반직국가공무원으로 임명한다.

③ 헌법재판연구원의 조직과 운영에 필요한 사항은 헌법재판소규칙으로 정한다.

[본조신설 2010.5.4]

제20조(헌법재판소장 비서실등) ① 헌법재판소에 헌법재판소장 비서실을 둔다.

② 헌법재판소장 비서실에 비서실장 1인을 두되, 비서실장은 1급상당의 별정직국가공무원으로 보하고, 헌법재판소장의 명을 받아 기밀에 관한 사무를 관장한다.

③ 제2항에 규정하지 아니한 사항으로서 헌법재판소장 비서실의 조직과 운영에 관하여 필요한 사항은 헌법재판소규칙으로 정한다.

④ 헌법재판소에 재판관 비서관을 둔다. <개정 1991.11.30>

⑤ 재판관 비서관은 4급의 일반직국가공무원 또는 4급상당의 별정직국가공무원으로 보하고, 재판관의 명을 받아 기밀에 관한 사무를 관장한다. <개정 1991.11.30>

제21조(서기 및 정리) ① 헌법재판소에 서기 및 정리를 둔다.

② 헌법재판소장은 사무처직원중에서 서기 및 정리를 지명한다.

③ 서기는 재판장의 명을 받아 사건에 관한 서류의 작성·보관 또는 송달에 관한 사무를 담당한다.

④ 정리는 심판정에 있어서의 질서유지와 기타 재판장이 명하는 사무를 집행한다.

제3장 일반심판절차

제22조(재판부) ① 이 법에 특별한 규정이 있는 경우를 제외하고는 헌법재판소의 심판은 재판관 전원으로 구성되는 재판부에서 관장한다.

② 재판부의 재판장은 헌법재판소장이 된다.

제23조(심판정족수) ① 재판부는 재판관 7인 이상의 출석으로 사건을 심리한다.

② 재판부는 종국심리에 관여한 재판관의 과반수의 찬성으로 사건에 관한 결정을 한다. 다만, 다음 각호의 1에 해당하는 경우에는 재판관 6인 이상의 찬성이 있어야 한다.

1. 법률의 위헌결정, 탄핵의 결정, 정당해산의 결정 또는 헌법소원에 관한 인용결정을 하는 경우
2. 종전에 헌법재판소가 판시한 헌법 또는 법률의 해석적용에 관한 의견을 변경하는 경우

제24조(제척·기피 및 회피) ① 재판관이 다음 각호의 1에 해당하는 경우에는 그 직무집행에서 제척된다. <개정 2005.3.31>

1. 재판관이 당사자이거나 당사자의 배우자 또는 배우자이었던 경우
2. 재판관과 당사자간에 친족의 관계가 있거나 이러한 관계가 있었던 경우
3. 재판관이 사건에 관하여 증언이나 감정을 할

경우

4. 재판관이 사건에 관하여 당사자의 대리인이 되거나 되었던 경우

5. 기타 재판관이 헌법재판소외에서 직무상 또는 직업상의 이유로 사건에 관여하였던 경우

② 재판부는 직권 또는 당사자의 신청에 의하여 제척의 결정을 한다.

③ 재판관에게 심판의 공정을 기대하기 어려운 사정이 있는 경우에는 당사자는 기피신청을 할 수 있다. 다만, 변론기일에 출석하여 본안에 관한 진술을 한 때에는 그러하지 아니하다.

④ 당사자는 동일한 사건에 대하여 2인이상의 재판관을 기피할 수 없다.

⑤ 재판관은 제1항 또는 제3항의 사유가 있는 때에는 재판장의 허가를 얻어 회피할 수 있다.

⑥ 당사자의 제척 및 기피신청에 관한 심판에는 민사소송법 제44조, 제45조, 제46조제1항·제2항 및 제48조의 규정을 준용한다. <개정 2002.1.26>

제25조(대표자·대리인) ① 각종 심판절차에 있어서 정부가 당사자(참가인을 포함한다. 이하 같다)인 때에는 법무부장관이 이를 대표한다.

② 각종 심판절차에 있어서 당사자인 국가기관 또는 지방자치단체는 변호사 또는 변호사의 자격이 있는 소속직원을 대리인으로 선임하여 심판을 수행하게 할 수 있다.

③ 각종 심판절차에 있어서 당사자인 사인은 변호사를 대리인으로 선임하지 아니하면 심판청구를 하거나 심판수행을 하지 못한다. 다만, 그가 변호사의 자격이 있는 때에는 그러하지 아니하다.

제26조(심판청구의 방식) ① 헌법재판소에의 심판청구는 심판사항별로 정하여진 청구서를 헌법재판소에 제출함으로써 한다. 다만, 위헌법률심판에 있어서는 법원의 제청서, 탄핵심판에 있어서는 국회의 소추의결서의 정본으로 이에 갈음한다.

② 청구서에는 필요한 증거서류 또는 참고자료를 첨부할 수 있다.

제27조(청구서의 송달) ① 헌법재판소가 청구서를 접수한 때에는 지체없이 그 등본을 피청구기관 또는 피청구인(이하 "피청구인"이라 한다)에게 송달하여야 한다.

② 위헌법률심판의 제청이 있은 때에는 법무부장관 및 당해 소송사건의 당사자에게 그 제청서의 등본을 송달한다.

제28조(심판청구의 보정) ① 재판장은 심판청구가 부적법하나 보정할 수 있다고 인정하는 경우에는 상당한 기간을 정하여 보정을 요구하여야 한다. <개정 1991.11.30>

② 제27조제1항의 규정은 제1항의 규정에 의한 보정서면에 준용한다.

③ 제1항의 규정에 의한 보정이 있는 때에는 처음부터 적법한 심판청구가 있은 것으로 본다.

④ 제1항의 규정에 의한 보정기간은 제38조의 규정에 의한 심판기간에 이를 산입하지 아니한다.

⑤ 재판장은 필요하다고 인정하는 경우에는 재판관 중 1명에게 제1항의 보정요구를 할 수 있는 권한을 부여할 수 있다.
<신설 2009.12.29>

제29조(답변서의 제출) ① 청구서 또는 보정서면의 송달을 받은 피청구인은 헌법재판소에 답변서를 제출할 수 있다.

② 답변서에는 심판청구의 취지와 이유에 대응하는 답변을 기재한다.

제30조(심리의 방식) ① 탄핵의 심판·정당해산의 심판 및 권한쟁의의 심판은 구두변론에 의한다.

② 위헌법률의 심판과 헌법소원에 관한 심판은 서면심리에 의한다. 다만, 재판부는 필요하다고 인정하는 경우에는 변론을 열어 당사자·이해관계인 기타 참고인의 진술을 들을 수 있다.

③ 재판부가 변론을 열 때에는 기일을 정하고 당사자와 관계인을 소환하여야 한다.

제31조(증거조사) ① 재판부는 사건의 심리를 위하여 필요하다고 인정하는 경우에는 당사자의 신청 또는 직권에 의하여 다음의 증거조사를 할 수 있다.

1. 당사자 본인 또는 증인을 신문하는 일

2. 당사자 또는 관계인이 소지하는 문서·장부·물

건 기타 증거자료의 제출을 요구하고 이를 영치하는 일

3. 특별한 학식과 경험을 가진 자에게 감정을 명하는 일

4. 필요한 물건·사람·장소 기타 사물의 성장 또는 상황을 검증하는 일

② 재판장은 필요하다고 인정할 경우에는 재판관중 1인을 지정하여 제1항의 증거조사를 하게 할 수 있다.

제32조(자료제출요구등) 재판부는 결정으로 다른 국가기관 또는 공공단체의 기관에 대하여 심판에 필요한 사실을 조회하거나, 기록의 송부나 자료의 제출을 요구할 수 있다. 다만, 재판소추 또는 범죄수사가 진행중인 사건의 기록에 대하여는 송부를 요구할 수 없다.

제33조(심판의 장소) 심판의 변론과 종국결정의 선고는 심판정에서 행한다. 다만, 헌법재판소장이 필요하다고 인정하는 경우에는 심판정외의 장소에서 이를 할 수 있다.

제34조(심판의 공개) ① 심판의 변론과 결정의 선고는 공개한다. 다만, 서면심리와 평의는 공개하지 아니한다.

② 법원조직법 제57조제1항 단서·제2항 및 제3항의 규정은 헌법재판소의 심판에 관하여 이를 준용한다.

제35조(심판의 지휘와 법정경찰권) ① 재판장은 심판정의 질서와 변론의 지휘 및 평의의 정리를 담당한다.

②헌법재판소 심판정의 질서유지와 용어의 사용에 관하여는 법원조직법 제58조 내지 제63조의 규정을 준용한다.

제36조(종국결정) ① 재판부가 심리를 마친 때에는 종국결정을 한다.

② 종국결정을 할 때에는 다음의 사항을 기재한 결정서를 작성하고 심판에 관여한 재판관 전원이 이에 서명·날인하여야 한다.

1. 사건번호와 사건명
2. 당사자와 심판수행자 또는 대리인의 표시
3. 주문
4. 이유
5. 결정일자

③ 심판에 관여한 재판관은 결정서에 의견을 표시하여야 한다. <개정 2005.7.29>

④ 종국결정이 선고되면 서기는 지체없이 결정서 정본을 작성하여 이를 당사자에게 송달하여야 한다.

⑤ 종국결정은 관보에 게재함으로써 이를 공시한다.

제37조(심판비용등) ① 헌법재판소의 심판비용은 국가부담으로 한다. 다만, 당사자의 신청에 의한 증거조사의 비용은 헌법재판소규칙이 정하는 바에 따라 그 신청인에게 부담시킬 수 있다.

② 헌법재판소는 헌법소원심판의 청구인에 대하여 헌법재판소규칙으로 정하는 공탁금의 납부를 명할 수 있다.

③ 헌법재판소는 다음 각호의 1에 해당하는 경우에는 헌법재판소규칙이 정하는 바에 따라 공탁금의 전부 또는 일부의 국고귀속을 명할 수 있다.

1. 헌법소원의 심판청구를 각하할 경우
2. 헌법소원의 심판청구를 기각하는 경우에 그 심판청구가 권리의 남용이라고 인정되는 경우

제38조(심판기간) 헌법재판소는 심판사건을 접수한 날로부터 180일이내에 종국결정의 선고를 하여야 한다. 다만, 재판관의 궐위로 7인의 출석이 불가능한 때에는 그 궐위된 기간은 심판기간에 이를 산입하지 아니한다.

제39조(일사부재리) 헌법재판소는 이미 심판을 거친 동일한 사건에 대하여는 다시 심판할 수 없다.

제39조의2(심판확정기록의 열람·복사) ① 누구든지 권리구제, 학술연구 또는 공익 목적으로 심판이 확정된 사건기록의 열람 또는 복사를 신청할 수 있다. 다만, 헌법재판소장은 다음 각 호의 어느 하나에 해당하는 경우에는 사건기록을 열람하거나 복사하는 것을 제한할 수 있다.

1. 변론이 비공개로 진행된 경우
2. 사건기록의 공개로 인하여 국가의 안전보장, 선량한 풍속, 공공의 질서유지나 공공복리를 현저히 침해할 우려가 있는 경우

3. 사건기록의 공개로 인하여 관계인의 명예, 사생활의 비밀, 영업비밀(「부정경쟁방지 및 영업비밀보호에 관한 법률」 제2조제2호에 규정된 영업비밀을 말한다) 또는 생명·신체의 안전이나 생활의 평온을 현저히 침해할 우려가 있는 경우

② 헌법재판소장은 제1항 단서에 따라 사건기록의 열람 또는 복사를 제한하는 경우에는 신청인에게 그 사유를 명시하여 통지하여야 한다.

③ 제1항에 따른 사건기록의 열람 또는 복사 등에 관하여 필요한 사항은 헌법재판소규칙으로 정한다.

④ 사건기록을 열람하거나 복사한 자는 열람 또는 복사에 의하여 알게 된 사항을 이용하여 공공의 질서 또는 선량한 풍속을 침해하거나 관계인의 명예 또는 생활의 평온을 훼손하는 행위를 하여서는 아니 된다.

[본조신설 2008.3.14]

제40조(준용규정) ① 헌법재판소의 심판절차에 관하여는 이 법에 특별한 규정이 있는 경우를 제외하고는 헌법재판의 성질에 반하지 아니하는 한도내에서 민사소송에 관한 법령의 규정을 준용한다. 이 경우 탄핵심판의 경우에는 형사소송에 관한 법령을, 권한쟁의심판 및 헌법소원심판의 경우에는 행정소송법을 함께 준용한다. <개정 2003.3.12>

② 제1항 후단의 경우에 형사소송에 관한 법령 또는 행정소송법이 민사소송에 관한 법령과 저촉될 때에는 민사소송에 관한 법령은 준용하지 아니한다.

제4장 특별심판절차

제1절 위헌법률심판

제41조(위헌여부 심판의 제청) ① 법률이 헌법에 위반되는 여부가 재판의 전제가 된 때에는 당해 사건을 담당하는 법원(군사법원을 포함한다. 이하 같다)은 직권 또는 당사자의 신청에 의한 결정으로 헌법재판소에 위헌여부의 심판을 제청한다.

② 제1항의 당사자의 신청은 제43조제2호 내지 제4호의 사항을 기재한 서면에 의하여야 한다.

③ 제2항의 신청서면의 심사에 관하여는 민사소송법 제254조의 규정을 준용한다. <개정 2002.1.26>

④ 위헌여부심판의 제청에 관한 결정에 대하여는 항고할 수 없다.

⑤ 대법원외의 법원이 제1항의 제청을 할 때에는 대법원을 거쳐야 한다.

제42조(재판의 정지등) ① 법원이 법률의 위헌여부의 심판을 헌법재판소에 제청한 때에는 당해 소송사건의 재판은 헌법재판소의 위헌여부의 결정이 있을 때까지 정지된다. 다만, 법원이 긴급하다고 인정하는 경우에는 종국재판외의 소송절차를 진행할 수 있다.

② 제1항 본문의 규정에 의한 재판정지기간은 형사소송법 제92조제1항·제2항 및 군사법원법 제132조제1항·제2항의 구속기간과 민사소송법 제199조의 판결선고기간에 이를 산입하지 아니한다. <개정 2002.1.26>

제43조(제청서의 기재사항) 법원이 법률의 위헌여부를 헌법재판소에 제청할 때에는 제청서에 다음 사항을 기재하여야 한다.

1. 제청법원의 표시
2. 사건 및 당사자의 표시
3. 위헌이라고 해석되는 법률 또는 법률의 조항
4. 위헌이라고 해석되는 이유
5. 기타 필요한 사항

제44조(소송사건당사자등의 의견) 당해 소송사건의 당사자 및 법무부장관은 헌법재판소에 법률의 위헌여부에 대한 의견서를 제출할 수 있다.

제45조(위헌결정) 헌법재판소는 제청된 법률 또는 법률조항의 위헌여부만을 결정한다. 다만, 법률조항의 위헌결정으로 인하여 당해 법률 전부를 시행할 수 없다고 인정될 때에는 그 전부에 대하여 위헌의 결정을 할 수 있다.

제46조(결정서의 송달) 헌법재판소는 결정일로부터 14일이내에 결정서 정본을 제청한 법원에 송달한다. 이 경우 제청한 법원이 대법원이 아닌 경우에는 대법원을 거쳐야 한다.

제47조(위헌결정의 효력) ① 법률의 위헌결정은 법

원 기타 국가기관 및 지방자치단체를 기속한다.

② 위헌으로 결정된 법률 또는 법률의 조항은 그 결정이 있는 날로부터 효력을 상실한다. 다만, 형벌에 관한 법률 또는 법률의 조항은 소급하여 그 효력을 상실한다.

③ 제2항 단서의 경우에 위헌으로 결정된 법률 또는 법률의 조항에 근거한 유죄의 확정판결에 대하여는 재심을 청구할 수 있다.

④ 제3항의 재심에 대하여는 형사소송법의 규정을 준용한다.

제2절 탄핵심판

제48조(탄핵소추) 다음 각호의 1에 해당하는 공무원이 그 직무집행에 있어서 헌법이나 법률을 위배한 때에는 국회는 헌법 및 국회법의 규정에 따라 탄핵의 소추를 의결할 수 있다.

1. 대통령, 국무총리, 국무위원 및 행정각부의 장
2. 헌법재판소재판관, 법관 및 중앙선거관리위원회위원
3. 감사원장 및 감사위원
4. 기타 법률이 정한 공무원

제49조(소추위원) ① 탄핵심판에 있어서는 국회법제사법위원회의 위원장이 소추위원이 된다.

② 소추위원은 헌법재판소에 소추의결서의 정본을 제출하여 그 심판을 청구하며, 심판의 변론에 있어 피청구인을 신문할 수 있다.

제50조(권한행사의 정지) 탄핵소추의 의결을 받은 자는 헌법재판소의 심판이 있을 때까지 그 권한행사가 정지된다.

제51조(심판절차의 정지) 피청구인에 대한 탄핵심판청구와 동일한 사유로 형사소송이 진행되고 있는 때에는 재판부는 심판절차를 정지할 수 있다.

제52조(당사자의 불출석) ① 당사자가 변론기일에 출석하지 아니한 때에는 다시 기일을 정하여야 한다.

② 다시 정한 기일에도 당사자가 출석하지 아니한 때에는 그 출석없이 심리할 수 있다.

제53조(결정의 내용) ① 탄핵심판청구가 이유있는 때에는 헌법재판소는 피청구인을 당해 공직에서 파면하는 결정을 선고한다.

② 피청구인이 결정선고전에 당해 공직에서 파면된 때에는 헌법재판소는 심판청구를 기각하여야 한다.

제54조(결정의 효력) ① 탄핵결정은 피청구인의 민사상 또는 형사상의 책임을 면제하지 아니한다.

② 탄핵결정에 의하여 파면된 자는 결정선고가 있은 날로부터 5년을 경과하지 아니하면 공무원이 될 수 없다.

제3절 정당해산심판

제55조(정당해산심판의 청구) 정당의 목적이나 활동이 민주적 기본질서에 위배될 때에는 정부는 국무회의의 심의를 거쳐 헌법재판소에 정당해산심판을 청구할 수 있다.

제56조(청구서의 기재사항) 정당해산심판의 청구서에는 다음 사항을 기재하여야 한다.

1. 해산을 요구하는 정당의 표시
2. 청구의 이유

제57조(가처분) 헌법재판소는 정당해산심판의 청구를 받은 때에는 청구인의 신청 또는 직권으로 종국결정의 선고시까지 피청구인의 활동을 정지하는 결정을 할 수 있다.

제58조(청구등의 통지) ① 정당해산심판의 청구가 있는 때, 가처분결정을 한 때 및 그 심판이 종료한 때에는 헌법재판소장은 그 사실을 국회와 중앙선거관리위원회에 통지하여야 한다.

② 정당해산을 명하는 결정서는 피청구인외에 국회·정부 및 중앙선거관리위원회에도 이를 송달하여야 한다.

제59조(결정의 효력) 정당의 해산을 명하는 결정이 선고된 때에는 그 정당은 해산된다.

제60조(결정의 집행) 정당의 해산을 명하는 헌법재판소의 결정은 중앙선거관리위원회가 정당법의 규정에 의하여 이를 집행한다.

제4절 권한쟁의심판

제61조(청구사유) ① 국가기관 상호간, 국가기관과 지방자치단체간 및 지방자치단체 상호간에 권한의 존부 또는 범위에 관하여 다툼이 있을 때에는

당해 국가기관 또는 지방자치단체는 헌법재판소에 권한쟁의심판을 청구할 수 있다.

② 제1항의 심판청구는 피청구인의 처분 또는 부작위가 헌법 또는 법률에 의하여 부여받은 청구인의 권한을 침해하였거나 침해할 현저한 위험이 있는 때에 한하여 이를 할 수 있다.

제62조(권한쟁의 심판의 종류) ① 권한쟁의심판의 종류는 다음과 같다. <개정 1995.8.4>

1. 국가기관 상호간의 권한쟁의심판
국회, 정부, 법원 및 중앙선거관리위원회 상호간의 권한쟁의심판
2. 국가기관과 지방자치단체간의 권한쟁의심판
가. 정부와 특별시·광역시 또는 도간의 권한쟁의심판
나. 정부와 시·군 또는 지방자치단체인 구(이하 "자치구"라 한다)간의 권한쟁의심판
3. 지방자치단체 상호간의 권한쟁의심판
가. 특별시·광역시 또는 도 상호간의 권한쟁의심판
나. 시·군 또는 자치구 상호간의 권한쟁의심판
다. 특별시·광역시 또는 도와 시·군 또는 자치구간의 권한쟁의심판

② 권한쟁의가 지방교육자치에관한법률 제2조의 규정에 의한 교육·학예에 관한 지방자치단체의 사무에 관한 것인 때에는 교육감이 제1항제2호 및 제3호의 당사자가 된다. <개정 1995.8.4>

제63조(청구기간) ① 권한쟁의의 심판은 그 사유가 있음을 안 날로부터 60일이내에, 그 사유가 있은 날로부터 180일이내에 청구하여야 한다.

② 제1항의 기간은 불변기간으로 한다.

제64조(청구서의 기재사항) 권한쟁의심판의 청구서에는 다음 사항을 기재하여야 한다. <개정 2003.3.12>

1. 청구인 또는 청구인이 속한 기관 및 심판수행자 또는 대리인의 표시
2. 피청구인의 표시
3. 심판대상이 되는 피청구인의 처분 또는 부작위
4. 청구의 이유
5. 기타 필요한 사항

제65조(가처분) 헌법재판소가 권한쟁의심판의 청구를 받은 때에는 직권 또는 청구인의 신청에 의하여 종국결정의 선고시까지 심판대상이 된 피청구인의 처분의 효력을 정지하는 결정을 할 수 있다. <개정 2003.3.12>

제66조(결정의 내용) ① 헌법재판소는 심판의 대상이 된 국가기관 또는 지방자치단체의 권한의 존부 또는 범위에 관하여 판단한다.

② 제1항의 경우에 헌법재판소는 권한침해의 원인이 된 피청구인의 처분을 취소하거나 그 무효를 확인할 수 있고, 헌법재판소가 부작위에 대한 심판청구를 인용하는 결정을 한 때에는 피청구인은 결정취지에 따른 처분을 하여야 한다. <개정 2003.3.12>

제67조(결정의 효력) ① 헌법재판소의 권한쟁의심판의 결정은 모든 국가기관과 지방자치단체를 기속한다.

② 국가기관 또는 지방자치단체의 처분을 취소하는 결정은 그 처분의 상대방에 대하여 이미 생긴 효력에 영향을 미치지 아니한다.

제5절 헌법소원심판

제68조(청구사유) ① 공권력의 행사 또는 불행사로 인하여 헌법상 보장된 기본권을 침해받은 자는 법원의 재판을 제외하고는 헌법재판소에 헌법소원심판을 청구할 수 있다. 다만, 다른 법률에 구제절차가 있는 경우에는 그 절차를 모두 거친 후가 아니면 청구할 수 없다.

② 제41조제1항의 규정에 의한 법률의 위헌여부심판의 제청신청이 기각된 때에는 그 신청을 한 당사자는 헌법재판소에 헌법소원심판을 청구할 수 있다. 이 경우 그 당사자는 당해 사건의 소송절차에서 동일한 사유를 이유로 다시 위헌여부심판의 제청을 신청할 수 없다.

[96헌마172,173(병합) 1997.12.24 1.헌법재판소법 제68조제1항 본문의 '법원의 재판 '에 헌법재판소가 위헌으로 결정한 법령을 적용함으로써 국민의 기본권을 침해한 재판도 포함되는 것으로 해석하는 한도내에서, 헌법재판소법 제68조제1항은 헌법에 위반된다.]

제69조(청구기간) ① 제68조제1항의 규정에 의한 헌법소원의 심판은 그 사유가 있음을 안 날부터 90일이내에, 그 사유가 있은 날부터 1년이내에 청구하여야 한다. 다만, 다른 법률에 의한 구제절차를 거친 헌법소원의 심판은 그 최종결정을 통지받은 날로부터 30일이내에 청구하여야 한다. <개정 2003.3.12>

② 제68조제2항의 규정에 의한 헌법소원심판은 위헌여부심판의 제청신청을 기각하는 결정을 통지받은 날부터 30일이내에 청구하여야 한다. <개정 2003.3.12>

제70조(국선대리인) ① 헌법소원심판을 청구하고자 하는 자가 변호사를 대리인으로 선임할 자력이 없는 경우에는 헌법재판소에 국선대리인을 선임하여 줄 것을 신청할 수 있다. 이 경우 제69조의 규정에 의한 청구기간은 국선대리인의 선임신청이 있는 날을 기준으로 정한다.

② 제1항의 규정에 불구하고 헌법재판소가 공익상 필요하다고 인정할 때에는 국선대리인을 선임할 수 있다. <신설 2003.3.12>

③ 헌법재판소는 제1항의 신청이 있거나 제2항의 경우에는 헌법재판소규칙이 정하는 바에 따라 변호사중에서 국선대리인을 선정한다. 다만, 그 심판청구가 명백히 부적법하거나 이유없는 경우 또는 권리의 남용이라고 인정되는 경우에는 국선대리인을 선정하지 아니할 수 있다. <개정 2003.3.12>

④ 헌법재판소가 국선대리인을 선정하지 아니한다는 결정을 한 때에는 지체없이 그 사실을 신청인에게 통지하여야 한다. 이 경우 신청인이 선임신청을 한 날로부터 그 통지를 받은 날까지의 기간은 제69조의 규정에 의한 청구기간에 이를 산입하지 아니한다.

⑤ 제3항의 규정에 의하여 선정된 국선대리인은 선정된 날부터 60일이내에 제71조에 규정된 사항을 기재한 심판청구서를 헌법재판소에 제출하여야 한다. <신설 2003.3.12>

⑥ 제3항의 규정에 의하여 선정한 국선대리인에 대하여는 헌법재판소규칙이 정하는 바에 따라 국고에서 그 보수를 지급한다. <개정 2003.3.12>

제71조(청구서의 기재사항) ① 제68조제1항의 규정에 의한 헌법소원의 심판청구서에는 다음 사항을 기재하여야 한다.

1. 청구인 및 대리인의 표시
2. 침해된 권리
3. 침해의 원인이 되는 공권력의 행사 또는 불행사
4. 청구이유
5. 기타 필요한 사항

② 제68조제2항의 규정에 의한 헌법소원의 심판청구서의 기재사항에 관하여는 제43조의 규정을 준용한다. 이 경우 제43조제1호중 "제청법원의 표시"는 "청구인 및 대리인의 표시"로 본다.

③ 헌법소원의 심판청구서에는 대리인의 선임을 증명하는 서류 또는 국선대리인 선임통지서를 첨부하여야 한다.

제72조(사전심사) ① 헌법재판소장은 헌법재판소에 재판관 3인으로 구성되는 지정재판부를 두어 헌법소원심판의 사전심사를 담당하게 할 수 있다.

② 삭제 <1991.11.30>

③ 지정재판부는 다음 각호의 1에 해당되는 경우에는 지정재판부 재판관 전원의 일치된 의견에 의한 결정으로 헌법소원의 심판청구를 각하한다.

1. 다른 법률에 의한 구제절차가 있는 경우 그 절차를 모두 거치지 않거나 또는 법원의 재판에 대하여 헌법소원의 심판이 청구된 경우
2. 제69조의 규정에 의한 청구기간이 경과된 후 헌법소원심판이 청구된 경우
3. 제25조의 규정에 의한 대리인의 선임없이 청구된 경우
4. 기타 헌법소원심판의 청구가 부적법하고 그 흠결을 보정할 수 없는 경우

④ 지정재판부는 전원의 일치된 의견으로 제3항의 각하결정을 하지 아니하는 경우에는 결정으로 헌법소원을 재판부의 심판에 회부하여야 한다. 헌법소원심판의 청구후 30일이 경과할 때까지 각하결정이 없는 때에는 심판에 회부하는 결정(이하 "심판회부결정"이라 한다) 이 있는 것으

로 본다.

⑤ 제28조·제31조·제32조 및 제35조의 규정은 지정재판부의 심리에 이를 준용한다.

⑥ 지정재판부의 구성과 운영에 관하여 필요한 사항은 헌법재판소규칙으로 정한다.

第73조(각하 및 심판회부결정의 통지) ① 지정재판부는 헌법소원을 각하하거나 심판회부결정을 한 때에는 그 결정일로부터 14일이내에 청구인 또는 그 대리인 및 피청구인에게 그 사실을 통지하여야 한다. 제72조제4항 후단의 경우에도 또한 같다.

② 헌법재판소장은 헌법소원이 제72조제4항의 규정에 의하여 재판부의 심판에 회부된 때에는 다음 각호에 열거된 자에 대하여 지체없이 그 사실을 통지하여야 한다.

1. 법무부장관
2. 제68조제2항의 규정에 의한 헌법소원심판에 있어서는 청구인이 아닌 당해 사건의 당사자

第74조(이해관계기관 등의 의견제출) ① 헌법소원의 심판에 이해관계가 있는 국가기관 또는 공공단체와 법무부장관은 헌법재판소에 그 심판에 관한 의견서를 제출할 수 있다.

② 제68조제2항의 규정에 의한 헌법소원이 재판부에 심판회부된 때에는 제27조제2항 및 제44조의 규정을 준용한다.

第75조(인용결정) ① 헌법소원의 인용결정은 모든 국가기관과 지방자치단체를 기속한다.

② 제68조제1항의 규정에 의한 헌법소원을 인용할 때에는 인용결정서의 주문에서 침해된 기본권과 침해의 원인이 된 공권력의 행사 또는 불행사를 특정하여야 한다.

③ 제2항의 경우에 헌법재판소는 기본권침해의 원인이 된 공권력의 행사를 취소하거나 그 불행사가 위헌임을 확인할 수 있다.

④ 헌법재판소가 공권력의 불행사에 대한 헌법소원을 인용하는 결정을 한 때에는 피청구인은 결정취지에 따라 새로운 처분을 하여야 한다.

⑤ 제2항의 경우에 헌법재판소는 공권력의 행사 또는 불행사가 위헌인 법률 또는 법률의 조항에 기인한 것이라고 인정될 때에는 인용결정에서 당해 법률 또는 법률의 조항이 위헌임을 선고할 수 있다.

⑥ 제5항의 경우 및 제68조제2항의 규정에 의한 헌법소원을 인용하는 경우에는 제45조 및 제47조의 규정을 준용한다.

⑦ 제68조제2항의 규정에 의한 헌법소원이 인용된 경우에 당해 헌법소원과 관련된 소송사건이 이미 확정된 때에는 당사자는 재심을 청구할 수 있다.

⑧ 제7항의 규정에 의한 재심에 있어 형사사건에 대하여는 형사소송법의 규정을, 그외의 사건에 대하여는 민사소송법의 규정을 준용한다.

제5장 전자정보처리조직을 통한 심판절차의 수행 <신설 2009.12.29.>

第76조(전자문서의 접수) ① 각종 심판절차의 당사자나 관계인은 청구서 또는 이 법에 따라 제출할 그 밖의 서면을 전자문서(컴퓨터 등 정보처리능력을 갖춘 장치에 의하여 전자적인 형태로 작성되어 송수신 또는 저장된 정보를 말한다. 이하 같다)화하고 이를 정보통신망을 이용하여 헌법재판소에서 지정·운영하는 전자정보처리조직(심판절차에 필요한 전자문서를 작성·제출·송달하는 데에 필요한 정보처리능력을 갖춘 전자적 장치를 말한다. 이하 같다)을 통하여 제출할 수 있다.

② 제1항에 따라 제출된 전자문서는 이 법에 따라 제출된 서면과 같은 효력을 가진다.

③ 전자정보처리조직을 이용하여 제출된 전자문서는 전자정보처리조직에 전자적으로 기록된 때에 접수된 것으로 본다.

④ 제3항에 따라 전자문서가 접수된 경우에 헌법재판소는 헌법재판소규칙으로 정하는 바에 따라 당사자나 관계인에게 전자적 방식으로 그 접수사실을 즉시 알려야 한다.

[본조신설 2009.12.29]

[종전 제76조는 제79조로 이동 <2009.12.29>]

第77조(전자서명 등) ① 당사자나 관계인은 헌법재판소에 제출하는 전자문서에 헌법재판소규칙으로 정하는 바에 따라 본인임을 확인할 수 있는

전자서명을 하여야 한다.

② 재판관이나 서기는 심판사건에 관한 서류를 전자문서로 작성하는 경우에 「전자정부법」 제2조제6호에 따른 행정전자서명(이하 "행정전자서명"이라 한다)을 하여야 한다.

③ 제1항의 전자서명과 제2항의 행정전자서명은 헌법재판소의 심판절차에 관한 법령에서 정하는 서명·서명날인 또는 기명날인으로 본다.

[본조신설 2009.12.29]

第78조(전자적 송달 등) ① 헌법재판소는 당사자나 관계인에게 전자정보처리조직과 그와 연계된 정보통신망을 이용하여 결정서나 이 법에 따른 각종 서류를 송달할 수 있다. 다만, 당사자나 관계인이 동의하지 아니하는 경우에는 그러하지 아니하다.

② 헌법재판소는 당사자나 관계인에게 송달하여야 할 결정서 등의 서류를 전자정보처리조직에 입력하여 등재한 다음 그 등재사실을 헌법재판소규칙으로 정하는 바에 따라 전자적 방식으로 알려야 한다.

③ 제1항에 따른 전자정보처리조직을 이용한 서류 송달은 서면으로 한 것과 같은 효력을 가진다.

④ 제2항의 경우 송달받을 자가 등재된 전자문서를 헌법재판소규칙으로 정하는 바에 따라 확인한 때에 송달된 것으로 본다. 다만, 그 등재사실을 통지한 날부터 2주 이내에 확인하지 아니하였을 때에는 등재사실을 통지한 날부터 2주가 지난 날에 송달된 것으로 본다.

⑤ 제1항에도 불구하고 전자정보처리조직의 장애로 인하여 전자적 송달이 불가능하거나 그 밖에 헌법재판소규칙으로 정하는 사유가 있는 경우에는 「민사소송법」에 따라 송달할 수 있다.

[본조신설 2009.12.29]

제6장 벌칙 <개정 2009.12.29>

第79조(벌칙) 다음 각호의 1에 해당하는 자는 1년이하의 징역 또는 100만원이하의 벌금에 처한다.

1. 헌법재판소로부터 증인·감정인·통역인 또는 번역인으로서 소환 또는 위촉을 받고 정당한 사유없이 출석하지 아니한 자
2. 헌법재판소로부터 증거물의 제출요구 또는 제출명령을 받고 정당한 사유없이 이를 제출하지 아니한 자
3. 헌법재판소의 조사 또는 검사를 정당한 사유없이 거부·방해 또는 기피한 자

[제76조에서 이동 <2009.12.29>]

국가인권위원회법

[법률 제9402호, 2009. 2. 3, 타법개정]

제1장 총칙

제1조 (목적) 이 법은 국가인권위원회를 설립하여 모든 개인이 가지는 불가침의 기본적 인권을 보호하고 그 수준을 향상시킴으로써 인간으로서의 존엄과 가치를 구현하고 민주적 기본질서의 확립에 이바지함을 목적으로 한다.

제2조 (정의) 이 법에서 사용하는 용어의 정의는 다음과 같다. <개정 2005.7.29, 2005.8.4, 2007.5.17, 2009.2.3>

1. "인권"이라 함은 「헌법」 및 법률에서 보장하거나 대한민국이 가입·비준한 국제인권조약 및 국제관습법에서 인정하는 인간으로서의 존엄과 가치 및 자유와 권리를 말한다.
2. "구금·보호시설"이라 함은 다음 각목에 해당하는 시설을 말한다.

가. 교도소·소년교도소·구치소 및 그 지소, 보호감호소, 치료감호시설, 소년원 및 소년분류심사원

나. 경찰서 유치장 및 사법경찰관리가 그 직무수행을 위하여 사람을 조사·유치 또는 수용하는 데 사용하는 시설

다. 군교도소(지소·미결수용실 및 헌병대영창을 포함한다)

라. 외국인보호소

마. 다수인보호시설

3. "다수인보호시설"이라 함은 다수의 사람을 보호·수용하는 시설로서 대통령령이 정하는 시설을

말한다.

4. "평등권침해의 차별행위"라 함은 합리적인 이유 없이 성별, 종교, 장애, 나이, 사회적 신분, 출신지역(출생지, 등록기준지, 성년이 되기 전의 주된 거주지역 등을 말한다), 출신국가, 출신민족, 용모 등 신체조건, 기혼·미혼·별거·이혼·사별·재혼·사실혼 등 혼인 여부, 임신 또는 출산, 가족형태 또는 가족상황, 인종, 피부색, 사상 또는 정치적 의견, 형의 효력이 실효된 전과, 성적(성적) 지향, 학력, 병력(병력) 등을 이유로 한 다음 각 목의 어느 하나에 해당하는 행위를 말한다. 다만, 현존하는 차별을 해소하기 위하여 특정한 사람(특정한 사람들의 집단을 포함한다. 이하 같다)을 잠정적으로 우대하는 행위와 이를 내용으로 하는 법령의 제·개정 및 정책의 수립·집행은 평등권 침해의 차별행위(이하 "차별행위"라 한다)로 보지 아니한다.

가. 고용(모집, 채용, 교육, 배치, 승진, 임금 및 임금 외의 금품 지급, 자금의 융자, 정년, 퇴직, 해고 등을 포함한다)과 관련하여 특정한 사람을 우대·배제·구별하거나 불리하게 대우하는 행위

나. 재화·용역·교통수단·상업시설·토지·주거시설의 공급이나 이용과 관련하여 특정한 사람을 우대·배제·구별하거나 불리하게 대우하는 행위

다. 교육시설이나 직업훈련기관에서의 교육·훈련이나 그 이용과 관련하여 특정한 사람을 우대·배제·구별하거나 불리하게 대우하는 행위

라. 성희롱 행위

5. "성희롱"이라 함은 업무, 고용 그 밖의 관계에서 공공기관의 종사자, 사용자 또는 근로자가 그 직위를 이용하거나 업무 등과 관련하여 성적 언동 등으로 성적 굴욕감 또는 혐오감을 느끼게 하거나 성적 언동 그 밖의 요구 등에 대한 불응을 이유로 고용상의 불이익을 주는 것을 말한다.

6. "공공기관"이라 함은 다음 각 목에 해당하는 기관을 말한다.

가. 국가기관

나. 지방자치단체

다. 「초·중등교육법」 및 「고등교육법」 그 밖의 다른 법률에 의하여 설치된 각급 학교

라. 「공직자윤리법」 제3조제1항제12호의 규정에 의한 공직유관단체

7. "장애"라 함은 신체적·정신적·사회적 요인에 의하여 장기간에 걸쳐 일상생활 또는 사회생활에 상당한 제약을 받는 상태를 말한다.

제3조 (국가인권위원회의 설립과 독립성) ① 이 법이 정하는 인권의 보호와 향상을 위한 업무를 수행하기 위하여 국가인권위원회(이하 "위원회"라 한다)를 둔다.

② 위원회는 그 권한에 속하는 업무를 독립하여 수행한다.

제4조 (적용범위) 이 법은 대한민국 국민과 대한민국의 영역안에 있는 외국인에 대하여 적용한다.

제2장 위원회의 구성과 운영

제5조 (위원회의 구성) ① 위원회는 위원장 1인과 3인의 상임위원을 포함한 11인의 인권위원(이하 "위원"이라 한다)으로 구성한다.

② 위원은 인권문제에 관하여 전문적인 지식과 경험이 있고 인권의 보장과 향상을 위한 업무를 공정하고 독립적으로 수행할 수 있다고 인정되는 자중에서 국회가 선출하는 4인(상임위원 2인을 포함한다), 대통령이 지명하는 4인, 대법원장이 지명하는 3인을 대통령이 임명한다.

③ 위원장은 위원중에서 대통령이 임명한다.

④ 위원장과 상임위원은 정무직 공무원으로 보한다.

⑤ 위원중 4인 이상은 여성으로 임명한다.

⑥ 위원의 임기가 만료된 경우에는 그 후임자가 임명될 때까지 그 직무를 수행한다.

제6조 (위원장의 직무) ① 위원장은 위원회를 대표하며 위원회의 업무를 통할한다.

② 위원장이 부득이한 사유로 직무를 수행할 수 없는 때에는 위원장이 미리 지명한 상임위원이 그 직무를 대행한다.

③ 위원장은 국회에 출석하여 위원회의 소관 사무에 관하여 의견을 진술할 수 있으며, 국회의 요구가 있을 때에는 출석하여 보고하거나 답변하여야 한다.

④ 위원장은 국무회의에 출석하여 발언할 수 있으며, 그 소관사무에 관하여 국무총리에게 의안(이 법의 시행에 관한 대통령령안을 포함한다)의 제출을 건의할 수 있다.

⑤ 위원장은 위원회의 예산관련 업무를 수행함에 있어서 「국가재정법」 제6조의 규정에 의한 중앙관서의 장으로 본다. <개정 2005.7.29, 2006.10.4>

제7조 (위원장 및 위원의 임기) ① 위원장 및 위원의 임기는 3년으로 하고, 1차에 한하여 연임할 수 있다.

② 위원이 결원된 때에는 대통령은 결원된 날부터 30일 이내에 후임자를 임명하여야 한다. <개정 2005.7.29>

③ 결원이 된 위원의 후임으로 임명된 위원의 임기는 새로이 개시된다.

제8조 (위원의 신분보장) 위원은 금고 이상의 형의 선고에 의하지 아니하고는 그 의사에 반하여 면직되지 아니한다. 다만, 위원이 신체상 또는 정신상의 장애로 직무수행이 현저히 곤란하게 되거나 불가능하게 된 경우에는 전체 위원 3분의 2 이상의 찬성에 의한 의결로 퇴직하게 할 수 있다.

제9조 (위원의 결격사유) ① 다음 각호의 1에 해당하는 사람은 위원이 될 수 없다. <개정 2005.7.29>

1. 대한민국 국민이 아닌 자
2. 「국가공무원법」 제33조 각호의 1에 해당하는 자
3. 정당의 당원
4. 「공직선거법」에 의하여 실시하는 선거에 후보자로 등록한 자

② 위원이 제1항 각호의 1에 해당하게 된 때에는 당연히 퇴직한다.

제10조 (위원의 겸직금지) ① 위원은 재직중 다음 각호의 직을 겸하거나 업무를 할 수 없다.

1. 국회 또는 지방의회의 의원
2. 다른 국가기관 또는 지방자치단체의 공무원(교육공무원을 제외한다)
3. 그 밖에 위원회 규칙으로 정하는 직 또는 업무

② 인권위원은 정당에 가입하거나 정치운동에 관여할 수 없다.

제11조 삭제 <2005.7.29>

[2005.7.29 법률 제7651호에 의하여 2004.1.29 헌법재판소에서 위헌결정된 이 조를 삭제함.]

제12조 (상임위원회 및 소위원회) ① 위원회는 그 업무 중 일부를 수행하게 하기 위하여 상임위원회와 침해구제위원회, 차별시정위원회 등의 소위원회(이하 "소위원회"라 한다)를 둘 수 있다.

② 상임위원회는 위원장과 상임위원으로 구성하고, 소위원회는 3인 내지 5인의 위원으로 구성한다.

③ 상임위원회와 소위원회에는 심의사항을 연구검토하기 위하여 성·장애 등 분야별 전문위원회를 둘 수 있다.

④ 상임위원회·소위원회 및 전문위원회의 구성·업무 및 운영과 전문위원의 자격·임기 및 위촉 등에 관하여 필요한 사항은 위원회의 규칙으로 정한다.

[전문개정 2005.7.29]

제13조 (회의 의사 및 의결정족수) ① 위원회의 회의는 위원장이 주재하며, 이 법에 특별한 규정이 없는 한 재적위원 과반수의 찬성으로 의결한다.

② 상임위원회 및 소위원회의 회의는 구성위원 3인 이상의 출석과 3인 이상의 찬성으로 의결한다. <개정 2005.7.29>

제14조 (의사의 공개) 위원회의 의사는 공개한다.다만, 위원회·상임위원회 또는 소위원회가 필요하다고 인정하는 경우에는 공개하지 아니할 수 있다. <개정 2005.7.29>

제15조 (자문기구) ① 위원회는 그 업무수행에 필요한 사항의 자문을 위하여 자문기구를 둘 수 있다.

② 자문기구의 조직과 운영에 관하여 필요한 사항은 위원회의 규칙으로 정한다.

제16조 (사무처) ① 위원회의 사무를 처리하게 하기 위하여 위원회에 사무처를 둔다.

② 사무처에 사무총장 1인과 필요한 직원을 두되, 사무총장은 위원회의 심의를 거쳐 위원장의

제청으로 대통령이 임명한다.

③ 소속 직원중 5급이상 공무원 또는 고위공무원단에 속하는 일반직공무원은 위원장의 제청으로 대통령이 임명하며, 6급 이하 공무원은 위원장이 임명한다. <개정 2005.12.29>

④ 사무총장은 위원장의 지휘를 받아 사무처의 사무를 관장하고 소속 직원을 지휘·감독한다.

제17조 (징계위원회의 설치) ① 위원회 직원의 징계처분을 의결하기 위하여 위원회에 징계위원회를 둔다.

② 징계위원회의 구성, 권한, 심의절차, 징계의 종류 및 효력 그 밖의 징계에 관하여 필요한 사항은 위원회의 규칙으로 정한다.

제18조 (위원회의 조직과 운영) 이 법에 규정된 사항외에 위원회의 조직에 관하여 필요한 사항은 대통령령으로 정하고, 위원회의 운영에 관하여 필요한 사항은 위원회의 규칙으로 정한다.

제3장 위원회의 업무와 권한

제19조 (업무) 위원회는 다음 각호의 업무를 수행한다.

1. 인권에 관한 법령(입법과정중에 있는 법령안을 포함한다)·제도·정책·관행의 조사와 연구 및 그 개선이 필요한 사항에 관한 권고 또는 의견의 표명
2. 인권침해행위에 대한 조사와 구제
3. 차별행위에 대한 조사와 구제
4. 인권상황에 대한 실태조사
5. 인권에 관한 교육 및 홍보
6. 인권침해의 유형·판단기준 및 그 예방조치 등에 관한 지침의 제시 및 권고
7. 국제인권조약에의 가입 및 그 조약의 이행에 관한 연구와 권고 또는 의견의 표명
8. 인권의 옹호와 신장을 위하여 활동하는 단체 및 개인과의 협력
9. 인권과 관련된 국제기구 및 외국의 인권기구와의 교류·협력
10. 그 밖에 인권의 보장과 향상을 위하여 필요하다고 인정하는 사항

제20조 (국가기관과의 협의) ① 관계국가행정기관 또는 지방자치단체의 장은 인권의 보호와 향상에 영향을 미치는 내용을 포함하고 있는 법령을 제정 또는 개정하고자 하는 경우 미리 위원회에 통보하여야 한다.

② 위원회는 그 업무를 수행하기 위하여 필요하다고 인정하는 경우 국가기관지방자치단체 그 밖의 공·사단체(이하 "관계기관 등"이라 한다)에 협의를 요청할 수 있다.

③ 제2항의 요청을 받은 관계기관 등은 정당한 사유가 없는 한 이에 성실히 응하여야 한다.

제21조 (정부보고서 작성시 위원회 의견청취) 국제인권규약의 규정에 따라 관계 국가기관이 정부보고서를 작성할 때에는 위원회의 의견을 들어야 한다.

제22조 (자료제출 및 사실조회) ① 위원회는 그 업무를 수행하는 데 필요하다고 인정하는 경우 관계기관 등에 필요한 자료 등의 제출을 요구하거나 사실에 관하여 조회할 수 있다.

② 위원회는 위원회의 업무를 수행하는 데 필요한 사실을 알고 있거나 전문적 지식 또는 경험을 가지고 있다고 인정되는 사람에게 출석을 요구하여 그 진술을 들을 수 있다.

③ 제1항의 규정에 의한 요구 또는 조회를 받은 기관은 지체없이 이에 응하여야 한다.

제23조 (청문회) ① 위원회는 그 업무를 수행하기 위하여 필요하다고 인정하는 경우, 관계기관 등의 대표자, 이해관계인 또는 학식과 경험이 있는 자 등에 대하여 출석을 요구하여 사실 또는 의견의 진술을 들을 수 있다.

② 제1항의 규정에 따라 위원회가 실시하는 청문회의 절차와 방법에 관하여는 위원회 규칙으로 정한다.

제24조 (시설의 방문조사) ① 위원회(상임위원회 및 소위원회를 포함한다)는 필요하다고 인정하는 경우 그 의결로 구금·보호시설을 방문하여 조사할 수 있다. <개정 2005.7.29>

② 제1항의 규정에 의한 방문조사를 하는 위원은 필요하다고 인정하는 소속직원 및 전문가를 동반할 수 있으며, 구체적인 사항을 특정하여 소

속 직원 및 전문가에게 조사를 위임할 수 있다. 이 경우 조사를 위임받은 전문가가 그 사항에 대하여 조사를 할 때에는 소속직원을 동반하여야 한다.

③ 제2항의 규정에 의하여 방문조사를 하는 위원, 소속직원 또는 전문가(이하 이 조에서 "위원 등"이라 한다)는 그 권한을 표시하는 증표를 지니고 이를 관계인에게 제시하여야 하며, 방문 및 조사를 받는 구금·보호시설의 장 또는 관리인은 즉시 방문 및 조사에 필요한 편의를 제공하여야 한다.

④ 제2항의 규정에 의하여 방문조사를 하는 위원 등은 구금·보호시설의 직원 및 구금·보호시설에 수용되어 있는 자(이하 "시설수용자"라 한다)와 면담할 수 있고 구술 또는 서면으로 사실 또는 의견을 진술하게 할 수 있다.

⑤ 구금·보호시설의 직원은 위원 등이 시설수용자를 면담하는 장소에 입회할 수 있다. 다만, 대화내용을 녹음하거나 녹취하지 못한다.

⑥ 구금·보호시설에 대한 방문조사의 절차와 방법 등에 관하여 필요한 사항은 대통령령으로 정한다.

제25조 (정책과 관행의 개선 또는 시정권고) ① 위원회는 인권의 보호와 향상을 위하여 필요하다고 인정하는 경우 관계기관 등에 대하여 정책과 관행의 개선 또는 시정을 권고하거나 의견을 표명할 수 있다.

② 제1항의 규정에 의하여 권고를 받은 기관의 장은 그 권고사항을 존중하고 이행하기 위하여 노력하여야 한다.

③ 제1항의 규정에 의하여 권고를 받은 기관의 장이 그 권고내용을 이행하지 않을 경우 그 이유를 위원회에 문서로 설명하여야 한다.

④ 위원회는 필요하다고 인정하는 경우 제1항의 규정에 의한 위원회의 권고와 의견표명 및 제3항의 규정에 의하여 권고를 받은 기관의 장이 설명한 내용을 공표할 수 있다.

제26조 (인권교육과 홍보) ① 위원회는 모든 사람의 인권의식을 깨우치고 향상시키기 위하여 필요한 인권교육과 홍보를 하여야 한다.

② 위원회는 「초·중등교육법」 제23조의 규정에 의한 학교 교육과정에 인권에 관한 내용을 포함시키기 위하여 교육인적자원부장관과 협의할 수 있다. <개정 2005.7.29>

③ 위원회는 인권교육과 연구의 발전을 위하여 필요한 사항을 「고등교육법」 제2조의 규정에 의하여 설립된 학교의 장과 협의할 수 있다. <개정 2005.7.29>

④ 위원회는 공무원의 채용시험, 승진시험, 연수 및 교육훈련과정에 인권에 관한 내용을 포함시키기 위하여 국가기관 및 지방자치단체의 장과 협의할 수 있다.

⑤ 위원회는 「정부출연연구기관 등의 설립·운영 및 육성에 관한 법률」 및 「과학기술분야 정부출연연구기관 등의 설립·운영 및 육성에 관한 법률」에 따라 설립된 연구기관 또는 연구회의 장과 협의하여 인권에 관한 연구를 요청하거나 공동으로 연구할 수 있다. <개정 2005.7.29>

⑥ 위원회는 「평생교육법」에 의한 평생교육단체 또는 평생교육시설에 대하여 그 교육내용에 인권에 관하여 필요한 사항을 포함하도록 권고할 수 있다. <개정 2005.7.29>

제27조 (인권자료실) ① 위원회는 인권자료실을 둘 수 있다.

② 인권자료실은 인권에 관한 국내외의 정보와 자료 등을 수집·정리·보존하여 일반인의 이용에 제공할 수 있다.

③ 인권자료실은 「도서관 및 독서진흥법」에 의한 도서관으로 본다. <개정 2005.7.29>

④ 인권자료실의 설치와 운영에 관하여 필요한 사항은 위원회의 규칙으로 정한다.

제28조 (법원 및 헌법재판소에 대한 의견제출) ① 위원회는 인권의 보호와 향상에 중대한 영향을 미치는 재판이 계속중인 경우 법원 또는 헌법재판소의 요청이 있거나 필요하다고 인정하는 때에는 법원의 담당재판부 또는 헌법재판소에 법률상의 사항에 관하여 의견을 제출할 수 있다.

② 제4장의 규정에 의하여 위원회가 조사 또는 처리한 내용에 관하여 재판이 계속중인 경우, 위원회는 법원 또는 헌법재판소의 요청이 있거나

필요하다고 인정하는 때에는 법원의 담당재판부 또는 헌법재판소에 사실상 및 법률상의 사항에 관하여 의견을 제출할 수 있다.

제29조 (보고서 작성 등) ① 위원회는 해마다 전년도의 활동내용과 인권상황 및 개선대책에 관한 보고서를 작성하여 대통령과 국회에 보고하여야 한다.

② 위원회는 제1항의 규정에 의한 보고 이외에도 필요하다고 인정하는 경우 대통령과 국회에 특별보고를 할 수 있다.

③ 관계기관 등은 제1항 및 제2항의 규정에 의한 보고에 관한 의견, 조치결과 또는 조치계획을 위원회에 제출할 수 있다.

④ 위원회는 제1항 및 제2항의 규정에 의한 보고서를 공개하여야 한다. 다만, 국가의 안전보장, 개인의 명예 또는 사생활의 보호를 위하여 필요하거나 다른 법률에 의하여 공개가 제한된 사항은 공개하지 아니할 수 있다.

제4장 인권침해 및 차별행위의 조사와 구제 <개정 2005.7.29.>

제30조 (위원회의 조사대상) ① 다음 각 호의 어느 하나에 해당하는 경우에 인권침해나 차별행위를 당한 사람(이하 "피해자"라 한다) 또는 그 사실을 알고 있는 사람이나 단체는 위원회에 그 내용을 진정할 수 있다. <개정 2005.7.29>

1. 국가기관, 지방자치단체 또는 구금·보호시설의 업무수행(국회의 입법 및 법원·헌법재판소의 재판을 제외한다)과 관련하여 「헌법」 제10조 내지 제22조에 보장된 인권을 침해당하거나 차별행위를 당한 경우
2. 법인, 단체 또는 사인(사인)에 의하여 차별행위를 당한 경우

② 삭제 <2005.7.29>

③ 위원회는 제1항의 진정이 없는 경우에도 인권침해나 차별행위가 있다고 믿을 만한 상당한 근거가 있고 그 내용이 중대하다고 인정할 때에는 이를 직권으로 조사할 수 있다. <개정 2005.7.29>

④ 제1항의 규정에 의한 진정의 절차와 방법에 관하여 필요한 사항은 위원회의 규칙으로 정한다.

제31조 (시설수용자의 진정권 보장) ① 시설수용자가 위원회에 진정하고자 하는 경우 그 시설에 소속된 공무원 또는 직원(이하 "소속 공무원 등"이라 한다)은 그 사람에게 즉시 진정서를 작성하는데 필요한 시간과 장소 및 편의를 제공하여야 한다.

② 시설수용자가 위원회 위원 또는 소속직원(이하 "위원 등"이라 한다) 면전에서 진정하기를 원하는 경우, 소속공무원 등은 즉시 그 뜻을 위원회에 통보하여야 한다.

③ 소속공무원 등은 제1항에 따라 시설수용자가 작성한 진정서를 즉시 위원회에 송부하고 위원회로부터 접수증명원을 발급받아 이를 진정인에게 교부하여야 한다. 제2항의 통보에 대한 위원회의 확인서 및 면담일정서는 발급 받는 즉시 진정을 원하는 시설수용자에게 교부하여야 한다.

④ 제2항의 규정에 의하여 통보를 받은 경우 혹은 시설수용자가 진정을 원한다고 믿을 만한 상당한 근거가 있는 경우 위원회는 위원 등으로 하여금 구금·보호시설을 방문하게 하여 진정을 원하는 시설수용자로부터 구술 또는 서면으로 진정을 접수하여야 한다. 이때 진정을 접수한 위원 등은 즉시 접수증명원을 작성하여 진정인에게 교부하여야 한다.

⑤ 제4항의 규정에 의한 위원 등의 구금·보호시설의 방문 및 진정의 접수에 관하여는 제24조제3항 및 제4항의 규정을 준용한다.

⑥ 시설에 수용되어 있는 진정인(진정을 하려는 자를 포함한다)과 위원 등과의 면담에는 구금·보호시설의 직원이 참여하거나 그 내용을 청취 또는 녹취하지 못한다. 다만, 보이는 거리에서 시설수용자를 감시할 수 있다.

⑦ 소속 공무원 등은 시설수용자가 위원회에 제출할 목적으로 작성한 진정서 또는 서면을 열람할 수 없다.

⑧ 시설수용자의 자유로운 진정서 작성과 제출을 보장하기 위하여 구금·보호시설에서 이행하여

야 할 조치 및 그 밖의 필요한 절차와 방법은 대통령령으로 정한다.

제32조 (진정의 각하 등) ① 위원회는 접수한 진정이 다음 각호의1에 해당하는 경우에는 그 진정을 각하한다. <개정 2005.7.29>

1. 진정의 내용이 위원회의 조사대상에 해당하지 아니하는 경우
2. 진정의 내용이 명백히 거짓이거나 이유없다고 인정되는 경우
3. 피해자가 아닌 자가 한 진정에 있어서 피해자가 조사를 원하지 않는 것이 명백한 경우
4. 진정원인이 된 사실이 발생한 날부터 1년 이상 경과하여 진정한 경우. 다만, 진정원인이 된 사실에 관하여 공소시효 또는 민사상 시효가 완성되지 아니한 사건으로서 위원회가 조사하기로 결정한 경우에는 그러하지 아니하다.
5. 진정이 제기될 당시 진정의 원인이 된 사실에 관하여 법원 또는 헌법재판소의 재판, 수사기관의 수사 또는 그 밖의 법률에 따른 권리구제절차가 진행중이거나 종결된 경우.다만, 수사기관이 인지하여 수사중인 「형법」 제123조 내지 제125조의 죄에 해당하는 사건과 동일한 사안에 대하여 위원회에 진정이 접수된 경우에는 그러하지 아니하다.
6. 진정이 익명 또는 가명으로 제출된 경우
7. 진정이 위원회가 조사하는 것이 적절하지 아니하다고 인정되는 경우
8. 진정인이 진정을 취하한 경우
9. 위원회가 기각한 진정과 동일한 사실에 관하여 다시 진정한 경우
10. 진정의 취지가 당해 진정의 원인이 된 사실에 관한 법원의 확정판결이나 헌법재판소의 결정에 반하는 경우

② 위원회는 제1항의 규정에 의하여 진정을 각하하는 경우 필요하다고 인정할 때에는 그 진정을 관계기관에 이송할 수 있다. 이 경우 진정을 이송받은 기관은 위원회의 요청이 있는 때에는 지체없이 그 처리결과를 위원회에 통보하여야 한다.

③ 위원회가 진정에 대한 조사를 시작한 후에도 그 진정이 제1항 각호의 1에 해당하게 된 경우에는 그 진정을 각하할 수 있다.

④ 위원회는 진정을 각하 또는 이송한 경우 지체없이 그 사유를 명시하여 진정인에게 통보하여야 한다. 이때 위원회는 필요하다고 인정하는 경우 피해자 또는 진정인에게 권리를 구제받는 데 필요한 절차와 조치에 관하여 조언할 수 있다.

제33조 (다른 구제절차와 이송) ① 진정의 내용이 다른 법률에 정한 권리구제절차에 따라 권한을 가진 국가기관에 제출하고자 하는 것이 명백한 경우에 위원회는 지체없이 그 진정을 그 다른 국가기관에 이송하여야 한다.

② 위원회가 제30조제1항의 규정에 의하여 진정에 대한 조사를 시작한 후에 진정의 원인이 된 사실과 동일한 사안에 관하여 피해자의 진정 또는 고소에 의하여 수사가 개시된 경우에는 그 진정을 관할 수사기관에 이송하여야 한다.

③ 제1항 및 제2항의 규정에 의하여 위원회가 진정을 이송한 경우 지체없이 그 내용을 진정인에게 통보하여야 하며, 이송받은 기관은 위원회가 요청하는 경우 그 진정에 대한 처리결과를 위원회에 통보하여야 한다.

제34조 (수사기관과 위원회의 협조) ① 진정의 원인이 된 사실이 범죄행위에 해당된다고 믿을 만한 상당한 이유가 있고 그 혐의자의 도주 또는 증거의 인멸 등을 방지하거나 증거의 확보를 위하여 필요하다고 인정할 경우에 위원회는 검찰총장 또는 관할 수사기관의 장에게 수사의 개시와 필요한 조치를 의뢰할 수 있다.

② 제1항의 규정에 의한 의뢰를 받은 검찰총장 또는 관할 수사기관의 장은 지체없이 그 조치결과를 위원회에 통보하여야 한다.

제35조 (조사의 목적) ① 위원회의 조사는 국가기관의 기능수행에 지장을 초래하지 않도록 유의하여야 한다.

② 위원회의 조사는 개인의 사생활을 침해하거나 계속중인 재판 또는 수사중인 사건의 소추에 부당하게 관여할 목적으로 하여서는 아니된다.

제36조 (조사의 방법) ① 위원회는 다음 각호에 정한 방법으로 진정에 관하여 조사할 수 있다.

1. 진정인·피해자·피진정인(이하 "당사자"라 한다) 또는 관계인에 대한 출석요구 및 진술청취 또는 진술서 제출요구
2. 당사자, 관계인 또는 관계기관 등에 대하여 조사사항과 관련이 있다고 인정되는 자료 등의 제출요구
3. 조사사항과 관련이 있다고 인정되는 장소, 시설, 자료 등에 대한 실지조사 또는 감정
4. 당사자, 관계인, 관계기관 등에 대하여 조사사항과 관련이 있다고 인정되는 사실 또는 정보에 대한 조회

② 위원회는 조사를 위하여 필요하다고 인정하는 경우 위원 등으로 하여금 일정한 장소 또는 시설을 방문하여 장소, 시설, 자료 등에 대하여 실지조사 또는 감정을 하게 할 수 있다. 이때 위원회는 그 장소 또는 시설에 당사자나 관계인의 출석을 요구하여 진술을 들을 수 있다.

③ 제1항제1호의 규정에 의하여 진술서 제출을 요구받은 자는 14일 이내에 진술서를 제출하여야 한다.

④ 제1항 및 제2항의 규정에 의한 피진정인에 대한 출석요구는 인권침해행위나 차별행위를 행한 행위당사자의 진술서만으로는 사안을 판단하기 어렵고, 제30조제1항의 규정에 의한 인권침해행위와 차별행위가 있었다고 볼 만한 상당한 이유가 있는 경우에 한하여 할 수 있다.

⑤ 제2항의 규정에 의하여 조사를 하는 위원 등은 그 장소 또는 시설을 관리하는 장 또는 직원(이하 이 조에서는 "관계자"라 한다)에게 필요한 자료나 물건의 제출을 요구할 수 있다.

⑥ 제5항의 규정에 의하여 조사를 하는 위원 등은 그 권한을 표시하는 증표를 지니고 이를 관계자에게 제시하여야 한다.

⑦ 위원회가 자료나 물건의 제출을 요구하거나 그 자료·물건 또는 시설에 대한 실지조사 또는 감정을 하려고 하는 경우 당해 자료·물건 또는 시설이 다음 각호의 1에 해당한다는 사실을 관계 국가기관의 장이 위원회에 소명하고 그 자료·물건의 제출이나 그 자료·물건 또는 시설에 대한 실지조사 또는 감정을 거부할 수 있다. 이 경우 위원회는 관계 국가기관의 장에게 필요한 사항의 확인을 요구할 수 있으며, 요구를 받은 국가기관의 장은 이에 성실히 응하여야 한다.
1. 국가의 안전보장 또는 외교관계에 중대한 영향을 미치는 국가기밀사항인 경우
2. 범죄수사나 계속중인 재판에 중대한 지장을 초래할 우려가 있는 경우

제37조 (질문·검사권) ① 위원회는 제36조의 조사에 필요한 자료 등의 소재 또는 관계인에 관하여 알고자 할 때에는 그 내용을 알고 있다고 믿을 만한 상당한 이유가 있는 사람에게 질문하거나 그 내용을 포함하고 있다고 믿을 만한 상당한 이유가 있는 서류 및 그 밖의 물건을 검사할 수 있다.

② 제36조제5항 내지 제7항의 규정은 제1항의 경우에 이를 준용한다.

제38조 (위원의 제척 등) ① 위원과 제41조의 규정에 의한 조정위원(이하 이 조에서 "위원"이라 한다)은 다음 각호의 1에 해당하는 경우에는 진정의 심의·의결에서 제척된다.
1. 위원 또는 그 배우자나 배우자이었던 자가 당해 진정의 당사자이거나 그 진정에 관하여 당사자와 공동권리자 또는 공동의무자인 경우
2. 위원이 당해 진정의 당사자와 친족관계에 있거나 있었던 경우
3. 위원이 당해 진정에 관하여 증언이나 감정을 한 경우
4. 위원이 당해 진정에 관하여 당사자의 대리인으로 관여하거나 관여하였던 경우
5. 위원이 당해 진정에 관하여 수사, 재판 또는 다른 법률에 의한 구제절차에 관여하였던 경우

② 당사자는 위원에게 심의·의결의 공정을 기대하기 어려운 사정이 있는 경우에는 위원장에게 기피신청을 할 수 있으며 위원장은 당사자의 기피신청에 대하여 위원회의 의결을 거치지 아니하고 결정한다. 다만, 위원장이 결정하기에 상당하지 아니하는 경우에는 위원회의 의결로 결정한다.

③ 위원이 제1항 각호의 1의 사유 또는 제2항의 사유에 해당하는 경우에는 스스로 그 진정의 심의·의결을 회피할 수 있다.

제39조 (진정의 기각) ① 위원회는 진정을 조사한 결과 진정의 내용이 다음 각호의 1에 해당하는 경우에는 그 진정을 기각한다. <개정 2005.7.29>

1. 진정내용이 사실이 아님이 명백하거나 사실이라고 인정할 만한 객관적인 증거가 없는 경우

2. 조사결과 제30조제1항의 규정에 의한 인권침해나 차별행위에 해당하지 아니하는 경우

3. 이미 피해회복이 이루어지는 등으로 별도의 구제조치가 필요하지 아니하다고 인정하는 경우

② 위원회는 진정을 기각하는 경우 진정의 당사자에게 그 결과와 이유를 통보하여야 한다.

제40조 (합의의 권고) 위원회는 조사중이거나 조사가 끝난 진정에 대하여 사건의 공정한 해결을 위하여 필요한 구제조치를 당사자에게 제시하고 합의를 권고할 수 있다.

제41조 (조정위원회의 설치와 구성) ① 조정의 신속하고 공정한 처리를 위하여 위원회에 성·장애 등의 분야별로 조정위원회를 둘 수 있다. <개정 2005.7.29>

② 조정위원회의 위원은 위원회의 위원과 다음 각 호의 어느 하나에 해당하는 자 중에서 성·장애 등의 분야별로 위원장이 위촉하는 자가 된다. <개정 2005.7.29>

1. 인권문제에 관하여 전문적인 지식과 경험을 가진 자로서 국가기관 또는 민간단체에서 인권과 관련된 분야에 10년 이상 종사한 자

2. 판사검사군법무관변호사의 직에 10년 이상 종사한 자

3. 대학 또는 공인된 연구기관에서 조교수 이상의 직에 10년 이상 종사한 자

③ 조정위원회의 회의는 다음의 자로 구성한다. <개정 2005.7.29>

1. 위원회의 위원인 조정위원 중 매 회의마다 위원장이 지명하는 1인

2. 제2항의 규정에 의한 분야별 조정위원 중 매 회의마다 위원장이 지명하는 2인

④ 조정위원의 위촉 및 임기, 조정위원회의 구성·운영, 조정의 절차 등에 관하여 필요한 사항은 위원회의 규칙으로 정한다. <개정 2005. 7.29>

⑤ 위원회의 조정절차에 관하여 이 법 및 위원회의 규칙에 규정되지 아니한 사항은 「민사조정법」의 규정을 준용한다. <개정 2005.7.29>

제42조 (조정) ① 조정위원회는 인권침해나 차별행위와 관련하여 당사자의 신청이나 위원회의 직권으로 조정위원회에 회부된 진정에 대하여 조정절차를 시작할 수 있다. <개정 2005.7.29>

② 조정은 조정절차의 개시 이후 당사자가 합의한 사항을 조정서에 기재한 후 당사자가 기명날인하고 조정위원회가 이를 확인함으로써 성립한다.

③ 조정위원회는 조정절차중에 당사자사이에 합의가 이루어지지 않는 경우 사건의 공정한 해결을 위하여 조정에 갈음하는 결정을 할 수 있다.

④ 조정에 갈음하는 결정에는 다음 각호의1의 사항을 포함시킬 수 있다. <개정 2005.7.29>

1. 조사대상 인권침해나 차별행위의 중지

2. 원상회복손해배상 그 밖의 필요한 구제조치

3. 동일 또는 유사한 인권침해나 차별행위의 재발을 방지하기 위하여 필요한 조치

⑤ 조정위원회는 조정에 갈음하는 결정을 한 경우에는 지체없이 그 결정서를 당사자에게 송달하여야 한다.

⑥ 당사자가 제5항의 규정에 의하여 결정서를 송달받은 날부터 14일 이내에 이의를 신청하지 아니하는 때에는 조정을 수락한 것으로 본다.

제43조 (조정의 효력) 제42조제2항의 규정에 의한 조정과 제42조제6항의 규정에 의하여 이의를 신청하지 아니하는 경우의 조정에 갈음하는 결정은 재판상의 화해와 같은 효력이 있다.

제44조 (구제조치 등의 권고) ① 위원회가 진정을 조사한 결과 인권침해나 차별행위가 일어났다고 판단하는 때에는 피진정인, 그 소속기관단체 또는 감독기관(이하 "소속기관 등"이라 한다)의 장에게 다음 각호의 사항을 권고할 수 있다. <개정 2005.7.29>

1. 제42조제4항 각호에 정한 구제조치의 이행

2. 법령·제도·정책·관행의 시정 또는 개선

② 제1항의 규정에 의하여 권고를 받은 소속기관 등의 장에 관하여는 제25조제2항 내지 제4항의 규정을 준용한다.

제45조 (고발 및 징계권고) ① 위원회는 진정을 조사한 결과 진정의 내용이 범죄행위에 해당하고 이에 대하여 형사처벌이 필요하다고 인정할 때에는 검찰총장에게 그 내용을 고발할 수 있다. 다만, 피고발인이 군인 또는 군무원인 경우에는 소속 군 참모총장 또는 국방부장관에게 고발할 수 있다.

② 위원회가 진정을 조사한 결과 인권침해가 있다고 인정할 때에는 피진정인 또는 인권침해에 책임이 있는 자에 대한 징계를 소속기관 등의 장에게 권고할 수 있다.

③ 제1항의 규정에 의하여 고발을 받은 검찰총장, 군 참모총장 또는 국방부장관은 고발을 받은 날부터 3월 이내에 수사를 종료하고 그 결과를 위원회에 통보하여야 한다. 다만, 3월 이내에 수사를 종료하지 못할 때에는 그 사유를 소명하여야 한다.

④ 제2항의 규정에 의하여 위원회로부터 권고를 받은 소속기관 등의 장은 이를 존중하여야 하며 그 결과를 위원회에 통보하여야 한다.

제46조 (의견진술기회의 부여) ① 위원회는 제44조 또는 제45조의 규정에 의한 권고 또는 조치를 하기 전에 피진정인에게 의견을 진술할 기회를 주어야 한다.

② 제1항의 경우 당사자 또는 이해관계인은 구두 또는 서면으로 위원회에 의견을 진술하거나 필요한 자료를 제출할 수 있다.

제47조 (피해자를 위한 법률구조 요청) ① 진정에 관한 위원회의 조사, 증거의 확보 또는 피해자의 권리구제를 위하여 필요하다고 인정하는 경우에 위원회는 피해자를 위하여 대한법률구조공단 또는 그 밖의 기관에 법률구조를 요청할 수 있다.

② 제1항의 규정에 의한 법률구조 요청은 피해자의 명시한 의사에 반하여 할 수 없다.

③ 제1항의 규정에 의한 법률구조의 요청의 절차·내용 및 방법에 관하여 필요한 사항은 위원회의 규칙으로 정한다.

제48조 (긴급구제조치의 권고) ① 위원회는 진정을 접수한 후 조사대상 인권침해나 차별행위가 계속중에 있다는 상당한 개연성이 있고, 이를 방치할 경우 회복하기 어려운 피해발생의 우려가 있다고 인정할 때에는 그 진정에 대한 결정이전에 진정인이나 피해자의 신청에 의하여 또는 직권으로 피진정인, 그 소속기관 등의 장에게 다음 각호의1의 조치를 하도록 권고할 수 있다. <개정 2005.7.29>

1. 의료, 급식, 피복 등의 제공
2. 장소, 시설, 자료 등에 대한 실지조사 및 감정 또는 다른 기관이 하는 검증 및 감정에 대한 참여
3. 시설수용자의 구금 또는 수용장소의 변경
4. 인권침해나 차별행위의 중지
5. 인권침해나 차별행위를 일으키고 있다고 판단되는 공무원 등의 그 직무로부터의 배제
6. 그 밖에 피해자의 생명, 신체의 안전을 위하여 필요한 사항

② 위원회는 필요하다고 인정하는 때에는 당사자 또는 관계인 등의 생명 및 신체의 안전과 명예의 보호 또는 증거의 확보나 인멸의 방지를 위하여 필요한 조치를 하거나 관계인 및 그 소속기관 등의 장에게 그 조치를 권고할 수 있다.

제49조 (조사와 조정 등의 비공개) 위원회의 진정에 대한 조사·조정 및 심의는 비공개로 한다. 다만, 위원회의 의결이 있는 때에는 이를 공개할 수 있다.

제50조 (처리결과의 공개) 위원회는 이 장에 의한 진정의 조사 및 조정의 내용과 처리결과, 관계기관 등에 대한 권고와 관계기관 등이 한 조치 등을 공표할 수 있다. 다만, 다른 법률에 의하여 공표가 제한되거나 개인의 사생활의 비밀이 침해될 우려가 있는 경우에는 그러하지 아니하다.

제5장 보칙

제51조 (자격사칭의 금지) 누구든지 위원회의 위원 또는 직원의 자격을 사칭하여 위원회의 권한을 행사하여서는 아니된다.

제52조 (비밀누설의 금지) 위원회의 위원·자문위원 또는 직원이나 그 직에 있었던 자 및 위원회에 파견되거나 위원회의 위촉에 의하여 위원회의

업무를 수행하거나 수행하였던 자는 업무처리중 알게 된 비밀을 누설하여서는 아니된다.

제53조 (유사명칭사용의 금지) 위원회가 아닌 자는 국가인권위원회 또는 이와 유사한 명칭을 사용하지 못한다.

제54조 (공무원 등의 파견) ① 위원회는 그 업무수행을 위하여 필요하다고 인정하는 경우 관계기관 등의 장에게 그 소속 공무원 또는 직원의 파견을 요청할 수 있다.

② 제1항의 규정에 의한 요청을 받은 관계기관 등의 장은 위원회와 협의하여 소속 공무원 또는 직원을 위원회에 파견할 수 있다.

③ 제2항의 규정에 의하여 위원회에 파견된 공무원 또는 직원은 그 소속기관으로부터 독립하여 위원회의 업무를 수행한다.

④ 제2항의 규정에 의하여 위원회에 공무원 또는 직원을 파견한 관계기관 등의 장은 위원회에 파견된 공무원 또는 직원에 대하여 인사 및 처우 등에 있어서 불리한 조치를 하여서는 아니된다.

제55조 (불이익 금지와 지원) ① 누구든지 이 법에 의하여 위원회에 진정, 진술, 증언, 자료 등의 제출 또는 답변을 하였다는 이유만으로 해고, 전보, 징계, 부당한 대우 그 밖에 신분이나 처우와 관련하여 불이익을 받지 아니한다.

② 위원회는 인권침해나 차별행위의 진상을 밝히거나 증거나 자료 등을 발견 또는 제출한 사람에게 필요한 지원 또는 보상을 할 수 있다. <개정 2005.7.29>

③ 제2항의 규정에 의한 지원 또는 보상의 내용, 절차 그 밖의 필요한 사항은 위원회의 규칙으로 정한다.

제6장 벌칙

제56조 (인권옹호업무방해) ① 다음 각호의 1에 해당하는 자는 5년 이하의 징역 또는 3천만원 이하의 벌금에 처한다. <개정 2005.7.29>

1. 위원회의 업무를 수행하는 위원회의 위원 또는 직원을 폭행 또는 협박한 자
2. 위원회의 위원 또는 직원에 대하여 그 업무상의 행위를 강요 또는 저지하거나 그 직을 사퇴하게 할 목적으로 폭행 또는 협박한 자
3. 위계로써 위원회의 위원 또는 직원의 업무수행을 방해한 자
4. 이 법 제4장의 규정에 의하여 위원회의 조사대상이 되는 타인의 인권침해나 차별행위사건에 관한 증거를 인멸, 위조, 또는 변조하거나 위조 또는 변조한 증거를 사용한 자

② 친족이 본인을 위하여 제1항제4호의 죄를 범한 때에는 처벌하지 아니한다. <개정 2005.3.31>

제57조 (진정서작성 등의 방해) 제31조의 규정에 위반하여 진정을 허가하지 않거나 방해한 자는 3년 이하의 징역 또는 1천만원 이하의 벌금에 처한다.

제58조 (자격사칭) 제51조의 규정에 위반하여 위원회의 위원 또는 직원의 자격을 사칭하여 위원회의 권한을 행사한 자는 2년 이하의 징역 또는 700만원 이하의 벌금에 처한다.

제59조 (비밀누설) 제52조의 규정에 위반하여 업무처리중 알게 된 비밀을 누설한 자는 2년 이하의 징역이나 금고 또는 5년 이하의 자격정지에 처한다.

제60조 (긴급구제조치방해) 제48조제1항 또는 제2항에 의하여 위원회가 하는 조치를 방해한 자는 1년 이하의 징역 또는 500만원 이하의 벌금에 처한다.

제61조 (비밀침해) 제31조제6항 또는 제7항의 규정에 위반하여 비밀을 침해한 자는 1천만원 이하의 벌금에 처한다.

제62조 (벌칙적용에 있어서의 공무원 의제) 위원회의 위원중 공무원이 아닌 자는 「형법」 그 밖의 법률에 의한 벌칙의 적용에 있어서는 이를 공무원으로 본다. <개정 2005.7.29>

제63조 (과태료) ① 다음 각호의 1에 해당하는 자는 1천만원 이하의 과태료에 처한다.

1. 정당한 이유없이 제24조제1항의 규정에 의한 방문조사 또는 제36조의 규정에 의한 실지조사를 거부, 방해 또는 기피한 자
2. 정당한 이유없이 제36조제1항제1호 또는 제2

항의 규정에 의한 위원회의 진술서 제출요구 또는 출석요구에 응하지 아니한 자

3. 정당한 이유없이 제36조제1항제2호 및 제4호 또는 제5항의 규정에 의한 자료 등의 제출요구 및 사실조회에 응하지 아니하거나 거짓의 자료 등을 제출한 자

② 제53조의 규정에 위반한 자는 300만원 이하의 과태료에 처한다.

③ 제1항 및 제2항의 규정에 의한 과태료는 대통령령이 정하는 바에 따라 위원장이 부과한다.

④ 제3항의 규정에 의한 과태료 처분에 불복이 있는 자는 그 처분의 고지를 받은 날부터 30일 이내에 위원장에게 이의를 제기할 수 있다.

⑤ 제3항의 규정에 의한 과태료 처분을 받은 자가 제4항의 규정에 의하여 이의를 제기한 때에는 부과권자는 지체없이 관할법원에 그 사실을 통보하여야 하며, 그 통보를 받은 관할법원은 「비송사건절차법」에 의한 과태료의 재판을 한다. <개정 2005.7.29>

⑥ 제4항의 규정에 의한 기간 이내에 이의를 제기하지 아니하고 과태료를 납부하지 아니한 때에는 국세체납처분의 예에 의하여 이를 징수한다.

〈사항 색인〉

(ㄱ)
간접효력설 206, 222
경성헌법 41
경제적 · 사회적 · 문화적 권리에 관한 국제규약 60
계약자유 280
고유한 의미의 헌법 12
공공복리 245
공용사용 441
공용수용 440
공용제한 441
공익의 이론 225
공적인물이론 225
과세요건명확주의 439
과세요건법정주의 439
과잉금지의 원칙 82, 246, 264, 350
관습헌법 18
관습형법금지의 원칙 500
교육을 받을 권리 455
구체적 규범통제 118, 470
국가권익위원회 175
국가배상청구권 517
국가보상청구권 518
국가안전보장 244
국가원조행위이론 198
국가인권위원회 175
국가작용의제이론 222
국가주권론 24
국가행위의제이론(state action doctrine) 207
국민(Nation)주권 23, 412
국민소환제 414
국민주권주의 411
국약헌법 41
국유재산의 이용행위이론(state property theory) 198
권력분립제 24
권리포기이론 225
규범적 헌법 41
근대적인 의미의 헌법 13, 20
근로3권 455
근로의 권리 455
기본권 55
기속력 524
기판력 524

(ㄴ)
납세자권리보호의 원칙 439
내심의 자유 196
내용적인 규제 467
노동3권 156
논리해석 89

(ㄷ)
단결권 157
단체교섭권 157
단체자치 415
단체행동권 157
대의제 412
대의제 민주주의 412
독창적 헌법 42

(ㅁ)
명목적 헌법 41
명백하고 현존하는 위험의 원칙 85, 349, 468
명확성의 원칙 85, 152, 349
모방적 헌법 42
목적의 정당성 209, 265
무죄추정의 원칙 264
문리해석 89
민정헌법 41

(ㅂ)
바이마르헌법 37, 156
반대표제 39
반론권 112
반론보도청구 227
방법의 적절성 265
범죄피해자구조청구권 520
법률유보 70, 244
법률유보의 원칙 499

법률이 다스리는 국가(Gesetzstaat) 25
법앞의 평등 293
법의 지배(Rule of Law) 25
법익의 균형성 209, 267
법인설 24
법치국가(Rechtsstaat) 25
변형결정 268, 471, 521
보건권 455
보통선거 392
본질내용 침해 금지의 원칙 79, 245
부작위청구 226
불가분조항 440
불문헌법 41
비내용적인 규제 467
비례의 원칙 209, 264, 309, 333

(ㅅ)
사법적 집행행위(judicial enforcement theory) 198
사상의 공개시장 349
사생활의 비밀과 자유 220
사생활의 비밀의 불가침 221
사생활의 자유의 불가침 221
사적 자치 155
사전억제 금지의 원칙 84
사전예방적 위헌법률심사제 118
사전제한금지의 원칙 349
사죄광고 480
사회권 156
사회적 기본권 455
사회적 신분 296
사후교정적 위헌법률심사제 118
상대적 권리 438
상대적 평등 295, 309
생명권 246
선거권 391
성문헌법 41
세계인권선언 60
소급과세금지의 원칙 439
소급입법 439
소환권 413
손실보상 441
손실보상청구권 518
손해배상청구 227
수단의 적합성 209
수용유사적 침해이론 441
시민적·정치적 권리에 관한 국제규약 60
신체의 자유 173, 263
신행정수도의 건설을 위한 특별조치법 위헌확인 18
실제적 조화 224
실제적 조화의 원칙 146, 208
실질과세의 원칙 439
실질적 의미의 헌법 15
실질적·절차적 법치주의 38

(ㅇ)
알권리 112
액세스권 112
양적 일부위헌 269, 482, 524
언론·출판의 자유 221
언론기관 설립권 112, 221
언론기관의 자유 221
여성고용할당제 306
여성채용목표제 304
연성(軟性)헌법 41
영업의 자유 204
영장주의 173
영전의 당사자 당대주의 298
예술의 자유 501
옴부즈만 175
외견 입헌주의 헌법 24
원상회복청구 227
위축효과 350
위헌법률심사 117
위헌법률심사제도 39, 43
위헌법률심판제도 161
위헌소원 159
의회제 민주주의 38
이익형량에 의한 해결 146, 208
이익형량이론 224
이중기준의 원칙 84, 285
인간다운 생활권 455
인격영역론 224
인권 55
인권보유능력 192
인권의 경합 110, 202
인권의 대사인적 효력 139, 205, 222
인권의 보호영역(Schutzbereich) 347
인권의 사인간 효력 196
인권의 충돌 146, 208, 223
인권의 효력 194

인권의 효력 확장론 196
인권행사능력 192
일반적 법률 76
일부위헌 269, 523
일사부재리의 원칙 173, 499
입법촉구결정 366, 392, 524

(ㅈ)
자기정보관리통제권 221
자연권 57
자연법 57
자의 금지의 원칙 309, 333
자의의 금지 295
장식적 헌법 42
재산권 281, 436
재심 144
재판청구권 519
적극적 조치 307
적법절차 152, 173
전부위헌 268
절대적 권리 437
절대적 평등 309
절대적 평등설 295
정당 38
정치적 인권 390
정치적 활동권 390
제도보장이론 48
제도적 보장 48
제한선거 412
조세법률주의 439
종교의 자유 145
죄형법정주의 152, 173, 499
주관적 공권 57
주민소환제 415
주민자치 415
직업선택의 자유 201
직접효력설 206, 222
질서유지 244
질적 일부위헌 269, 482, 524
집단살해범죄의 방지 및 처벌에 관한 협약 60
집회의 자유 363

(ㅊ)
참정권 390
청구권 517
체포구속적부심사 173
추상적 규범통제 118, 470

(ㅌ)
택지소유상한제 443
토지거래허가제 432
토지공개념 438, 442
토지재산권 430
토지초과이득세제 443

(ㅍ)
평등권 293
평등의 원칙 291, 332
표현의 자유 112
프랑크프르트 헌법 55
프로그램권리설 455
피해의 최소성 209, 266

(ㅎ)
한정위헌 268, 523
한정합헌결정 469, 523
행정국가 39
헌법관계 49
헌법규범 47
헌법불합치 결정 365, 392, 524
헌법소원 159
헌법위원회 162
헌법의식 45
헌법재판소 162
헌법제도 48
헌법해석 46, 88
헌법현상 45
협약헌법 41
형벌불소급의 원칙 500
형사보상청구권 519
형식적 의미의 헌법 15, 359
환경권 455
흠정헌법 41

〈기타〉

1789년 인권선언 22, 57
1830년 8월 14일 헌장 34

〈판례 색인〉

[헌법재판소 결정]

선고일자	사건번호	사 건 명	
1989.9.8.	88헌가6	국회의원선거법 제33조제34조의 위헌심판제청	522
1989.12.22.	88헌가13	국토이용관리법 제21조3 위헌심판	424
1990.4.2.	89헌가113	국가보안법 제7조에 관한 위헌심판	89, 101, 468, 523
1990.6.25.	90헌가11	국가보안법 제7조제5항의 위헌심판	468
1990.10.15.	89헌마178	법무사법 시행규칙에 대한 헌법소원	77
1991.3.11.	91헌마21	지방의회의원선거법 제36조제1항에 대한 헌법소원	415
1991.4.1.	89헌마160	민법 제764조의 위헌여부에 관한 헌법소원	204
1991.6.3.	89헌마204	화재로 인한 재해보상과 보험가입에 관한 법률 제5조1항 위헌여부에 관한 헌법소원	85, 202, 272
1991.6.3.	90헌마56	헌법재판소법 제68조제1항 등위헌확인	204
1991.7.22.	89헌가106	사립학교법 제55조 제58조 제14호 위헌심판	146, 158, 209
1991.9.16.	89헌마165	정기간행물의등록등에관한법률 제19조 제3항, 제16조 제3항의 위헌여부에 관한 헌법소원	146, 209
1992.4.14.	90헌마82	국가보안법 제19조에 대한 헌법소원	83, 256
1992.4.28.	90헌바27등(병합)	국가공무원법제66조에 대한 헌법소원	149
1992.10.31.	92헌바42	국가유공자예우에 관한 법률시행령(대통령령) 제17조에 대한 위헌소원	160
1993.5.13.	92헌마80	체육시설의설치이용에관한법률시행규칙 제5조에 대한 헌법소원	201
1994.4.28.	91헌바14	집회및시위에관한법률 제2조등에 대한 헌법소원	366
1994.7.29.	92헌바49등(병합)	토지초과이득세법 제10조등 위헌소원	445
1994.12.29.	93헌바21	국가배상법 제2조 제1항 단서 위헌소원	508
1995.7.27.	93헌바1등(병합)	토지초과이득세법 제8조 등 위헌소원	366
1996.1.25.	95헌가5	반국가행위자의처벌에관한특별조치법 제2조제1항 제2호 등위헌제청	468
1996.6.26.	96헌마200	공직선거및선거부정방지법 제16조제3항위헌확인	331
1996.10.4.	93헌가13등(병합)	영화법 제12조등 위헌제청	105
1996.11.28.	95헌바1	형법 제250조 등 위헌소원	80, 237
1996.12.26.	93헌바65	보건범죄단속에관한특별조치법 제5조위헌소원	344
1996.12.26.	96헌가18	주세법 제38조의7등위헌제청	205
1997.12.24.	96헌마172등(병합)	헌법재판소법 제68조 제1항 위헌확인	523
1998.4.30.	95헌가16	건축법 제79조제4호중"제26조의규정에위반한자"부분위헌제청	203, 344
1998.6.25.	95헌바35	개발이익환수에 관한 법률	445
1999.1.28.	97헌마253등(병합)	공직선거및선거부정방지법 제37조제1항위헌확인 등	381
1999.4.29.	98헌바66	국가보안법 제7조 제1항 등 위헌소원	462
1999.12.23.	98헌마363	전원재판부제대군인 지원에 관한 법률 제8조 제1항 등 위헌확인	307, 311, 319
2000.3.30.	99헌바113	지방교육자치에관한법률 제53조등위헌소원	412
2001.2.22.	99헌바87등(병합)	민사소송규칙(대법원규칙)에 대한 위헌소원	160
2001.2.22.	2000헌마25	국가유공자등예우및지원에관한법률 제34조제1항위헌확인	298, 313
2001.8.30.	2000헌바36	민사소송법 제741조 2항 위헌소원	113
2002.2.5.	2002헌마45	사회보호법 제5조제3호 등위헌확인	309

2002.4.25. 2001헌가27 청소년의 성보호에 관한 법률 제2제 제3호등 위헌제청 ···· 93, 485
2003.1.30. 2001헌가4 공직선거및선거부정방지법 제47조제1항 중 앞괄호부분 등위헌제청 ···· 415
2003.12.18. 2001헌마163 계구사용행위위헌확인 ···· 174
2004.9.22. 2000헌마138 변호인의 조력을 받을 권리 등 침해 위헌확인 ···· 352
2004.10.21. 2004헌마554등(병합) 신행정수도의건설을위한특별조치법위헌확인 ···· 18
2004.10.28. 2002헌마328 2002년도 국민기초생활보장최저생계비 위헌확인 ···· 446
2005.2.3. 2001헌가9등(병합) 민법 제781조 제1항 본문 후단부분 위헌제청 ···· 94
2005.5.26. 2004헌마49 계호근무준칙 제298조 등 위헌확인 ···· 176
2005.11.24. 2005헌바46 마약류관리에 관한 법률 제61조 제1항 제7호 등 위헌소원 ···· 68
2006.2.23. 2004헌마675등(병합) 국가유공자등예우및지원에관한법률 제31조제1항 등위헌확인 ···· 298, 315
2006.2.23. 2005헌마268 미군의 서울지역으로부터 평택으로의 이전에 관한 한미간 협정 등 위헌확인 ···· 67
2006.6.29. 2005헌마165등(병합) 신문등의자유와기능보장에관한법률 제16조 등 위헌확인 등 ···· 47
2007.6.28. 2005헌마360등(병합) 공직선거법 제15조2항 등 위헌확인 ···· 374
2008.4.24. 2006헌바43등(병합) 공직선거법 제266조 제1항 위헌소원 ···· 90
2008.6.26. 2005헌마506 방송법 제32조 제2항 등 위헌확인 ···· 121
2008.11.13. 2006헌바112등(병합) 구 종합부동산세법 제5조 등 위헌소원 등 ···· 47
2009.3.26. 2007헌마843 주민소환에 관한 법률 제1조 등 위헌확인 ···· 400, 418
2009.5.28. 2006헌바109등(병합) 정보통신망 이용촉진 및 정보보호 등에 관한 법률 제65조 제1항 제2호 위헌소원) ···· 505
2009.5.28. 2007헌마369 2007년 전시증원연습 등 위헌확인 ···· 59
2009.9.24. 2008헌가25 집회 및 시위에 관한 법률 제10조 등 위헌제청 ···· 354
2010.2.25. 2008헌가23 형법 제41조 등 위헌제청 ···· 249, 238
2010.12.28. 2008헌바157등(병합) 전기통신기본법 제47조 제1항 위헌소원 ···· 339

[대법원 판례]

선고일자 사건번호
1964.5.19. 63다915 ···· 207
1971.6.22. 70다1010 ···· 528
1972.7.25. 72다986 ···· 300
1982.7.13. 82도1219 ···· 147
2002.1.22. 2000다37524등(병합) ···· 231
2002.4.2. 99다3358 ···· 366
2002.11.8. 2002다35379 ···· 197
2004.7.15. 2004도2965 ···· 147
2007.5.17. 2006다19054 ···· 137
2010.4.22. 2008다38288 ···· 135

[기타 판례]

판결법원 및 기관 선고일자 사건번호
서울지방법원 1995.12.28. 95카합4466 ···· 211
서울중앙지방법원 2007.1.24. 2006가합24129 ···· 219, 229
국가인권위원회 2007.10.26. 07진인3169 ···· 170

[저자 약력]

• 이경주

1988년에 고려대학교 법학과를 졸업하고 1997년에 일본의 히토츠바시(一橋)대학에서 박사학위(헌법)를 취득하였으며, 2004년 겨울에는 독일 DAAD의 지원으로 베를린을 방문하였고, 2008년에는 미국 UC버클리 로스쿨을 방문하여 연구하였다. 1998년 경북대학교 법과대학에서 교편을 잡기 시작하여 2000년부터는 인하대학교 법과대학 및 법학전문대학원으로 이어지고 있다. 국가인권위원회 사회권 전문위원 등을 지냈으며 참여연대 평화군축센터 실행위원이기도 하다. 주권론에 대한 관심으로부터 시작된 헌법학공부가 주권과 인권, 평화와 인권, 인권과 민주주의, 헌정사 등으로 이어지고 있다.

헌법 I

2012년 3월 5일 초판인쇄
2012년 3월 10일 초판발행

저 자 이 경 주
발행인 유 성 열
발행처 **청목출판사**
서울특별시 영등포구 신길로 40길 20
전화 (02) 849-6157(代) · 2820 / 833-6090~1
FAX (02) 849-0817
등록 제318-1994-000090호

파본은 바꾸어 드립니다. 값 30,000원

http : //www.chongmok.co.kr

이 책의 무단 전재 또는 복제 행위는 저작권법 136조 1항에 의거, 5년 이하의 징역 또는 5,000만원 이하의 벌금에 처하게 됩니다.

ISBN 978-89-5565-467-7

※이 책은 2010년 인하대학교 법학연구소 교재개발 지원사업에 의하여 이루어졌음.